그림으로 배우는 딥러닝

그림으로 배우는 딥러닝

앤드류 글래스너 지음　김창엽 · 소재현 옮김

i!i
에이콘

항상 웃는 얼굴, 발바닥,

수레바퀴를 갖고 있는 니코를 위해

지은이 소개

앤드류 글래스너^{Andrew S. Glassner}

웨타 디지털^{Weta Digital}의 선임 연구 과학자다. 예술가가 딥러닝으로 영화와 텔레비전에서 시각 효과를 낼 수 있게 돕고 있다. SIGGRAPH '94의 기술 논문 좌장, 「Journal of Computer Graphics Tools^{컴퓨터 그래픽 도구 저널}」의 창립 편집자, 「ACM Transactions on Graphics^{그래픽스 관련 ACM 트랜잭션}」의 편집장을 역임했다. 이전 저서로는 『Graphics Gems』(Academic Press) 시리즈와 『Principles of Digital Image Synthesis^{디지털 이미지 합성의 원리}』(Molgan Kaufmann, 1995)가 있다. UNC-Chapel Hill에서 박사 학위를 취득했다. 여가에는 그림을 그리고, 재즈 피아노를 연주하고, 소설을 쓴다. 웹 사이트는 www.glassner.com이며, 트위터에서 @AndrewGlassner로 찾아볼 수 있다.

감사의 글

대다수의 작가들은 혼자 책을 쓰지 않는다고 말하는 것을 좋아합니다. 이는 사실이기 때문입니다. 이 책을 만들 수 있게 도와준 친구들과 동료들에게 감사하다는 말을 하게 돼 기쁩니다.

이 프로젝트에 꾸준하고 열정적인 지지를 보내고 이 프로젝트를 끝까지 잘할 수 있게 도와주신 에릭 브라운[Eric Braun], 스티븐 드러커[Steven Drucker], 에릭 헤인즈[Eric Haines], 모건 맥과이어[Morgan McGuire]에게 진심으로 감사드립니다. 컴퓨터에서 오래 작업한 후에도 항상 유쾌한 대화를 나눠주신 조지아[Georgia], 젠[Jenn], 마이클 앰브로즈[Michael Ambrose]에게도 감사드립니다.

너그럽고 통찰력 있는 논평으로 프레젠테이션을 크게 개선시켜주신 이 책의 초판 감수자 아담 핀켈스타인[Adam Finkelstein], 알렉스 콜번[Alex Colburn], 앨린 록우드[Alyn Rockwood], 안젤로 페스[Angelo Pesce], 바바라 몬스[Barbara Mones], 브라이언 와이빌[Brian Wyvill], 크레이그 카플란[Craig Kaplan], 더그 로블[Doug Roble], 에릭 브라운[Eric Braun], 그레그 터크[Greg Turk], 제프 허트퀴스트[Jeff Hultquist], 크리스티 모턴[Kristi Morton], 레슬리 이스테드[Lesley Istead], 매트 파르[Matt Pharr], 마이크 타이카[Mike Tyka], 모건 맥과이어[Morgan McGuire], 폴 베어들리[Paul Beardsley], 폴 스트라우스[Paul Strauss], 피터 셜리[Peter Shirley], 필립 슬루셀렉[Philipp Slusallek], 세반 포름베스쿠[Serban Porumbescu], 스테판너스 듀 토이트[Stefanus Du Toit], 스티븐 드러커[Steven Drucker], 원하오 유[Wenhao Yu], 재커리 에릭슨[Zackory Erickson]에게 감사드립니다.

대단한 감수자인 알렉산더 켈러[Alexander Keller], 에릭 헤인즈[Eric Haines], 제시카 호진스[Jessica Hodgins], 루이스 알바라도[Luis Alvarado]가 초판 전체를 읽고 프레젠테이션과 구조에 대한 훌륭한 피드백을 해주셔서 특별히 감사드립니다. 기술 감수자 조지 호수[George Hosu]와 론 크누셀[Ron Kneusel]의 통찰력에 감사드립니다.

책의 초판 디자인에 대한 토드 스지만스키[Todd Szymanski]의 조언과 모건 맥과이어 [Morgan McGuire]의 마크딥[Markdeep] 레이아웃 시스템 덕분에 워드프로세싱 메커니즘이 아닌 글쓰기에 집중할 수 있었습니다.

이 대규모 프로젝트를 맡아주신 노스타치 출판사의 멋진 분들께 감사드립니다. 전체 원고를 읽고 크게 개선시킨 수많은 통찰력 있는 의견과 제안을 해주신 편집자 알렉스 프리드[Alex Freed]에게 큰 감사를 드립니다. 카피 에디터인 레베카 라이더[Rebecca Rider]와 프로덕션 에디터인 모린 포리스[Maureen Forys]에게 감사드립니다. 기술과 은혜로 이 프로젝트를 완료할 수 있게 도와주신 레이첼 모나건[Rachel Monaghan]에게 감사드립니다. 책을 믿고 전 과정을 지원해 준 발행인 빌 폴락[Bill Pollock]에게 감사드립니다.

웨타 디지털[Weta Digital, Ltd.]의 훌륭한 동료들이 이 두 번째 판을 작업할 때 전문적이고 개인적인 지원과 격려를 해줬습니다. 앙투안 바우터스[Antoine Bouthors], 제드르지 보이토비치[Jedrzej Wojtowicz], 조 레터리[Joe Letteri], 루카 파시오네[Luca Fascione], 밀리 마이어 [Millie Maier], 나비 브루어[Navi Brouwer], 톰 바이스[Tom Buys], 얀 프로벤처[Yann Provencher]에게 감사합니다.

기술 감수자 소개

조지 호수^{George Hosu}

통계학과 머신러닝에 광범위한 관심이 있는 소프트웨어 엔지니어이자 세계 여행자다. MindsDB라고 불리는 AutoML과 '설명 가능한^{explainable} AI' 프로젝트에서 리드 머신러닝 엔지니어로 일하고 있다. 여가에는 인식론^{epistemology}, ML, 고전 수학에 대한 이해를 돕는 글을 쓰며, 이것들이 어떻게 함께 모여 의미 있는 세계 지도를 만들어내는지 얘기한다. https://blog.cerebralab.com/에서 그의 글을 볼 수 있다.

론 크누젤^{Ron Kneusel}

2003년부터 산업계에서 머신러닝 작업을 해왔으며 2016년 콜로라도 대볼더에서 머신러닝 박사 학위를 취득했다. 현재 L3해리스 테크놀로지스^{L3Harris Technologies, Inc}에서 근무하고 있다. 스프링거^{Springer}에서 『Numbers and Computers』(2015)와 『Random Numbers and Computers』(2018) 등 두 권의 책을 출간했다.

옮긴이 소개

김창엽(czangyeob@gmail.com)

크라우드웍스 ML 팀에서 머신러닝 엔지니어로 일하고 있다. 데이터 분석과 머신러닝에 관심이 많아 고려대학교 산업경영공학과 데이터 사이언스 및 비즈니스 애널리틱스^{DSBA} 연구실에서 박사 과정을 수료했다. 이전에는 KT와 안랩에서 12년간 근무하며 악성코드 대응 및 침해사고 분석 업무, 머신러닝을 활용한 네트워크 장애 진단 과제를 수행했다. 번역서로는 에이콘출판사에서 출간한 『텐서플로 入門』(2016), 『케라스로 구현하는 딥러닝과 강화학습』(2017), 『딥러닝 데이터 전처리 입문』(2018), 『머신러닝을 활용한 컴퓨터 보안』(2019), 『예제로 배우는 자연어 처리 기초』(2020) 등이 있다.

소재현(dorumugs@gmail.com)

지오시스 유한회사(Qoo10)에서 AI Dev. 팀장으로 일하고 있다. 주요 업무는 AI 분야 프로그램, 추천 시스템 개발, 빅데이터 플랫폼 운영 등이다. 한양대학교에서 추천 시스템 분야를 연구해 공학 석사 학위를 취득했다. 과거 안랩에서 8년간 침해사고, 포렌식 분석 및 하둡 기반 악성코드 분석 시스템을 개발했다. "대한민국 바로 알리기" AI 공모전에서 수상한 경험이 있다.

옮긴이의 말

해가 지날수록 풀기 힘든 문제를 AI로 풀어보고자 노력하는 사람들을 많이 만난다. 문제의 본질을 고민하고, 여러 아이디어로 실험해보고, 피처를 새로 만들어보고, 네트워크 구조를 바꿔보고, 데이터를 더 모아보고, 잘못된 데이터가 없는지 또 검사해보고, 실험을 실패하고 다시 시도하는 등 고군분투하는 사람이 늘고 있다.

또한 AI나 ML 팀이 아닌 다른 부서에도 AI나 머신러닝 지식을 전달하고 발표해야 하는 자리도 늘어나고 있다. 업무의 효율을 높이기 위해서는 AI를 적용해야 하고 다른 회사와의 협업이나 사업 기회를 만드려면 연구 개발 조직이 아닌 부서에도 AI와 머신러닝 지식이 요구된다.

이 책은 마주치자마자 덮어 버리고 싶은 수식과 개발자가 아니면 굳이 알고 싶지 않은 코드를 제거하고 그림만으로 머신러닝, 딥러닝 이론을 설명한 책이다. 거부 반응 없이 머신러닝과 딥러닝에 최대한 가깝게 갈 수 있도록 저자가 많은 공을 들였다. 부족한 역자로 인해 저자의 노력이 사라지지 않도록 최선을 다해 번역했다.

아무쪼록 이 책이 머신러닝과 딥러닝에 입문할 때 수식과 코드 때문에 겁먹어 포기하지 않고, 이 분야의 이론을 전반적으로 훑어보고 이해하는 데 많은 도움이 됐으면 한다.

김창엽

6년 전, 인간과 AI가 바둑 대결을 할 때만 해도 "AI가 이런 것도 가능해?"라며 탄복한 기억이 있다. 여러 해가 지난 지금은 "AI가 이런 것도 못해?"라는 생각이 들 때가 있다. 일상생활에서 사용하는 냉장고나 공기청정기, 스피커와 같은 가전에서도 이제는 AI를 찾기 어렵지 않아 기대감이 높아졌기 때문일 것이다. AI는 어느새 일상에 뿌리 깊게 자리한 기술이 됐다. 하지만 AI에 대해 과연 얼마나 알고 있을까? 개발자를 비롯한 많은 사람이 작동 원리를 완벽히 이해하진 못할 것이다. 모든 기술이 그렇듯 단순히 제공하는 기능을 사용하기보다는 작동 원리를 이해함으로써 더욱 편리하게 사용할 수 있다. 배경을 없애는 기능을 사용하고자 사진을 찍을 때 하얀 바탕을 배경으로 찍는다든가, 녹음 파일의 잡음을 제거하고자 녹음할 때는 격리된 곳으로 이동하는 식으로 말이다. AI를 더 깊이 있게 알면 더 효과적으로 사용하게 되고 나아가 직접 개발하고 개선시키고 싶을 것이다.

AI 기능을 개선하려면 이 분야의 지식에 한 발짝 더 다가가야 한다. 그래야 상황에 맞는 알고리듬을 선택하고 원하는 결과를 얻을 수 있을 것이다. 이런 면에서 이 책이 큰 의미가 있다고 생각한다. 이 책은 단순히 기술의 설명만을 늘어놓지 않고 AI 분야의 작동 원리를 알기 쉽게 풀어 설명하고 있다. 삶과 지식을 윤택하게 만들어주는 교양서일 뿐만 아니라 이 분야의 기술자에게는 다른 무언가를 개발하고 개선시킬 수 있게 하는 토르의 망치와 같은 책이 될 것이다. 기술의 겉모습에 집중하지 말고 번개와 같은 기술의 속성을 이해하면서 망치를 휘둘러보자. 훨씬 더 강력할 것이다.

소재현

차례

1부   기본 개념

3부　딥러닝 기본

4부   기초를 넘어

16장   컨볼루셔널 신경망   593

들어가며

황금 램프를 문지르고 있다고 상상해보자.

"지니, 내 세 가지 소원으로 사랑하는 사람, 거대한 부, 길고 건강한 삶을 줘."라고 말한다.

이제 집에 들어왔다고 상상해보자. "집아, 주변에 차를 불러주고, 사라에게 점심에 시간이 있는지 물어보고, 이발 일정을 예약하고, 라떼를 만들어줘. 아, 그리고 델로니어스 몽크^{Thelonious Monk}를 연주해줘."라고 말한다.

이 두 가지 상황에서 당신은 거대한 힘을 가진 영혼에게 당신의 말을 듣고, 욕망을 채워달라고 요구한다. 첫 번째 시나리오는 천 년 전으로 거슬러 올라가는 판타지다. 두 번째 시나리오는 인공지능 덕분에 오늘날 흔히 볼 수 있는 현실이다.

어떻게 이런 마법의 지니를 발명했을까? 오늘날 세상을 바꾸는 AI의 혁명은 세 가지 발전의 결과다.

첫째, 컴퓨터는 매년 더 커지고 빨라지고 있으며 이미지 생성을 위한 특수한 목적이 있는 칩은 이제 AI 기술에도 힘을 실어주고 있다.

둘째, 사람들은 새로운 알고리듬을 계속 개발하고 있다. 놀랍게도 오늘날 AI를 지원하는 알고리듬 중 일부는 수십 년 동안 사용돼 왔다. 이들은 누구나 알고 있는 것보다 더 강력했고 빛을 발할 수 있는 충분한 데이터와 컴퓨팅 성능을 기다리고 있었다. 더 새롭고 더 강력한 알고리듬은 빠른 속도로 이 분야를 발전시키고 있다. 오늘날 사용하는 가장 강력한 알고리듬 중 일부는 딥러닝이라고 하는 AI 범주에 속하며, 이 기술이 책에서 강조할 기술이다.

셋째, 가장 중요한 것은 이러한 알고리듬이 학습할 수 있는 방대한 데이터베이스가 있다는 것이다. 알고리듬은 소셜 네트워크, 스트리밍 서비스, 정부 기관, 신용카드 회사, 심지어 슈퍼마켓에서도 수집할 수 있는 모든 정보를 측정하고 저장한다. 웹상의 공개 데이터도 방대하다. 2020년 말 현재, 온라인에서 무료로 사용할 수 있는 40억 시간 이상의 비디오, 170억 개 이상의 이미지, 스포츠 역사부터 날씨 패턴, 지방 자치단체의 기록에 이르기까지 이러한 주제에 해당하는 엄청난 양의 텍스트가 있는 것으로 추정된다.

실제로 이러한 데이터베이스는 새로운 머신러닝 시스템에서 가장 가치 있는 구성 요소로 간주되는 경우가 많다. 결국 돈이 있는 사람은 누구나 컴퓨터를 살 수 있고, 이들이 실행하는 알고리듬은 연구 저널, 책, 오픈소스 저장소에서 공개적으로 이용할 수 있다. 조직이 자신을 위해서만 사용하거나 최고 입찰자에게 판매하기 위한 데이터다. 데이터베이스가 새로운 석유, 새로운 금이라고 해도 과언이 아니다.

다른 급진적인 기술과 마찬가지로 AI는 인류에게 큰 이점을 기대하는 장밋빛 치어리더와 세상을 구성하는 사회와 문화의 파괴만을 보는 어두운 파멸의 예측기predictors를 갖고 있다. 어떤 게 맞는가? 이 새로운 기술의 위험과 이점을 어떻게 판단할 수 있을까? 언제 AI를 허용해야 하고 언제 금지해야 할까?

신기술을 신중하게 다루는 가장 좋은 방법은 이를 이해하는 것이다. 이 기술이 어떻게 작동하는지, 그 힘과 한계의 본질을 알 때 어디에 어떻게 사용해 살고 싶은 미래를 만들어야 하는지 결정할 수 있다. 이 책은 딥러닝이 무엇이고 어떻게 작동하는지 이해하고자 집필했다. 여러분이 딥러닝의 강점과 약점을 알면 문화와 사회에 미치는 실제적이고 잠재적인 영향을 이해할 수 있는 더 나은 위치에 있게 될 것이다. 또한 권력을 쥔 사람과 조직이 이러한 도구를 언제 사용하는지 확인한 후 이 도구를 공공의 이익을 위해 사용하고 있는지 아니면 사적인 이익을 위해 사용하고 있는지 직접 판단할 수 있다.

이 책의 대상 독자

딥러닝이 어떻게 동작하는지 관심 있는 사람을 위해 이 책을 썼다. 수학이나 프로그래밍 경험은 필요 없다. 컴퓨터 전문가나 기술자일 필요도 전혀 없다.

딥러닝의 알고리듬 대부분이 그리 복잡하거나 이해하기 어렵지 않다는 것에 놀랄지도 모른다. 이들은 대개 단순하고 우아하며 대형 데이터베이스를 통해 수백만 번 반복해 힘을 얻게 된다.

순수하게 지적 호기심을 충족시키고 싶은 사람이나 딥러닝을 다루는 다른 사람들과 교류하는 사람이 읽기에도 좋다. AI를 이해하면 좋은 이유 중 하나는 AI를 활용할 수 있다는 것이다. 이 책을 통해 일을 더 잘하고, 취미를 더 깊게 즐기고 주변 세상을 더 완전하게 이해할 수 있도록 도와주는 인공지능 시스템을 구축할 수 있을 것이다.

이 책에는 복잡한 수학과 코드가 없다.

모든 사람은 자신만의 학습 방법이 있다. 수식이나 프로그램을 공부해 딥러닝을 이해하는 것을 원치 않는 사람들이 있다고 생각해 이 책을 썼다.

따라서 수식이나 프로그램을 나열해 알고리듬을 설명하기보다는 단어들과 그림을 사용한다. 그렇다고 해서 설명이 엉성하거나 모호하다는 뜻은 아니다. 오히려 적절하고 정확해야 할 때 가능한 한 분명하게 하고자 열심히 노력했다. 이 책을 마치면 일반 원리를 확실히 이해할 수 있을 것이다. 나중에 수학적 용어로 이해를 재구성하거나 특정한 컴퓨터 언어 또는 라이브러리로 프로그램을 작성할 때 처음부터 시작하는 것보다 훨씬 쉬워질 것이다.

보충 자료: 소스코드 다운로드

이 책을 읽는 데 프로그래밍 기술이 필요하지는 않지만 자신만의 시스템을 구축하고 훈련시키려면 아이디어를 실행으로 옮기는 것이 중요하다. 가려움증이 있다면 긁을 수 있는 도구를 제공한다.

저자의 깃허브 https://github.com/blueberrymusic에 보너스로 세 개의 장을 무료로 제공한다. 한 장은 파이썬이면서 무료인 싸이킷런$^{\text{scikit-learn}}$ 라이브러리를 사용하고, 다른 두 장은 책에서 설명하는 많은 딥러닝 시스템을 구축하는 방법을 보여준다. 실제로 실행 코드를 기반으로 작성하거나 수정하면 기존 네트워크를 활용하거나 자신만의 애플리케이션에 사용할 네트워크를 직접 설계하고 훈련시킬 수 있다. 주피터^{Jupyter} 노트북의 일반적인 형태로 제공되기 때문에 조사, 실험, 적용, 활용이 가능하다.

이 모든 프로그램은 MIT 라이선스로 공유되므로 원하는 모든 방식으로 활용할 수 있다.

이미지 다운로드

저자의 깃허브 https://github.com/blueberrymusic에서 이 책을 위해 그린 거의 모든 그림을 고품질 300dpi PNG 형식으로 확인할 수 있다.

그림들은 코드와 동일하게 MIT 라이선스에 따라 제공되므로 수업, 강연, 프레젠테이션, 논문 등 그림 중 하나가 도움이 될 것으로 생각되는 곳에 자유롭게 사용하거나 수정할 수 있다.

문의

이 책에 오류가 있다면 errata@nostarch.com으로 알려주길 부탁한다. 원서의 오탈자는 https://nostarch.com/deep-learning-visual-approach에서 확인할 수 있으며 한국어판의 정오표는 에이콘출판사 도서정보 페이지 http://www.acornpub.co.kr/book/visual-dl에서 찾아볼 수 있다.

한국어판에 관한 질문이 있다면 에이콘출판사 편집 팀(editor@acornpub.co.kr)이나 옮긴이의 이메일로 문의하길 바란다.

이 책의 구성

이 책의 1부는 확률, 통계, 나중에 필요한 정보 이론의 기초적인 아이디어들을 다룬다. 어려워 보인다고 겁먹지 말자. 수학적 표기법 없이 기본적이고 필수적인 아이디어에 집중할 것이다. 종종 명쾌한 설명과 그림으로 만날 때 얼마나 쉬운지 놀랄 수 있다.

이 책의 2부는 기본적인 아이디어와 몇 가지 고전적인 알고리듬을 포함한 기본적인 머신러닝 개념을 다룬다.

이런 배경 지식이 자리 잡으면 책의 3부와 4부 모두 이해할 수 있어서 그 자체로 딥러닝에 빠져들 것이다.

각 장에서 다루는 내용을 간략히 요약하면 다음과 같다.

1부: 기본 개념

1장, 머신러닝 개요 큰 그림을 보면서 머신러닝이 어떻게 동작하는지에 대한 발판을 마련한다.

2장, 필수 통계 딥러닝의 핵심 아이디어는 데이터에서 패턴을 찾는 것이다. 통계학은 이러한 패턴을 확인하고 설명할 수 있게 해준다.

3장, 성능 측정 알고리듬이 질문에 답할 때 답이 틀릴 가능성이 있다. 측정할 방법을 신중하게 선택해 "잘못됐다"는 것이 실제로 무엇을 의미하는지 설명할 수 있다.

4장, 베이즈 규칙 기댓값^{expectations}과 지금까지 확인한 결과를 모두 고려해 알고리듬이 올바른 결과를 제공할 수 있는 우도^{likelihood}에 대해 설명할 수 있다. 베이즈 규칙은 이를 할 수 있는 강력한 방법이다.

5장, 곡선과 표면 학습 알고리듬은 데이터에서 패턴을 찾기 때문에 가상공간에서 추상화된 곡선과 표면을 사용하는 경우가 많다. 이 책의 뒷부분에서 이러한 알고리듬을 다루는 데 도움이 되도록 곡선과 표면이 어떻게 생겼는지 설명한다.

6장, 정보 이론 머신러닝에 사용되는 강력한 아이디어는 정보를 표현하고 수정한다는 것이다. 정보 이론의 아이디어는 다양한 유형의 정보를 정량화하고 측정할 수 있게 해준다.

2부: 머신러닝 기초

7장, 분류 종종 컴퓨터가 데이터 조각에 특정 클래스나 범주를 할당하기를 원한다. 예를 들어 "어떤 동물이 사진 속에 있는가? 또는 어떤 단어가 전화기에 들렸는가?"일 수 있다. 이 문제를 해결하기 위한 기본 아이디어를 살펴본다.

8장, 훈련과 테스팅 실제로 활용할 수 있는 딥러닝 시스템을 구축하려면 우선 원하는 것을 하는 방법을 익힌 후에 성능을 테스트해 그 일을 잘하고 있는지 확인해야 한다.

9장, 과적합과 과소적합 딥러닝 시스템을 훈련시킨 놀라운 결과는 그것을 훈련시키고자 사용한 데이터를 외우기 시작한다는 것이다. 이는 명백한 역설로, 알고리듬이 배포했을 때 처음 본 데이터 처리를 더 못하게 만든다. 이 문제가 어디에서 발생하는지, 어떻게 영향을 줄일 수 있는지 알아본다.

10장, 데이터 준비 학습할 많은 데이터를 제공해 딥러닝 시스템을 훈련한다. 가능한 한 효과적으로 학습하고자 이 데이터를 어떻게 준비해야 하는지 알아본다.

11장, 분류기 데이터를 분류하기 위한 구체적인 머신러닝 알고리듬에 대해 알아본다. 이러한 방법들은 딥러닝 시스템을 훈련시키고자 시간과 노력을 투자하기 전에 데이터를 파악하는 좋은 방법이다.

12장, 앙상블 아주 간단한 학습 시스템을 훨씬 더 강력한 복합 시스템으로 결합시킬 수 있다. 때로는 많은 작은 시스템이 하나의 큰 시스템보다 더 빠르고 정확하게 답을 얻을 수 있다.

3부: 딥러닝 기본

13장, 신경망 인공 뉴런을 어떻게 연결해서 네트워크를 만드는지 살펴본다. 이러한 네트워크들은 딥러닝의 기반을 구성한다.

14장, 역전파 신경망을 실용적으로 만드는 핵심 알고리듬은 데이터에서 학습할 수 있게 훈련시키는 방법이다. 학습 과정을 구성하는 두 알고리듬 중 첫 번째 알고리듬을 자세히 살펴본다.

15장, 옵티마이저 심층 네트워크를 훈련하는 두 번째 알고리듬은 실제로 네트워크를 구성하는 숫자들을 수정해 성능을 향상시킨다. 이를 효과적으로 수행하기 위한 다양한 방법을 알아본다.

4부 기초를 넘어

16장, 컨볼루셔널 신경망 영상과 같은 공간 데이터를 처리할 수 있는 강력한 알고리듬이 개발됐다. 이러한 알고리듬이 어떻게 사용되는지 알아본다.

17장, 실제 컨볼루셔널 신경망 공간 정보를 다루는 기술을 살펴봤으니 객체들을 인식할 때 이 기술을 어떻게 활용할 수 있는지 좀 더 자세히 알아본다.

18장, 오토인코더 대규모 데이터 세트를 단순화해 크기가 더 작고 관리하기 쉽게 만들 수 있다. 또한 노이즈를 제거해 손상된 이미지를 정제할 수 있다.

19장, 순환 신경망 텍스트와 오디오 클립 같은 시퀀스를 작업할 때 특별한 도구가 필요하다. 그중 인기 있는 방식 하나를 살펴본다.

20장, 어텐션과 트랜스포머 글과 언어를 이해하는 것은 특히 중요하다. 텍스트를 해석하고 생성하도록 설계된 알고리듬을 알아보겠지만 이 알고리듬은 다른 응용 분야에서도 유용하다.

21장, 강화학습 가끔 예측할 수 없는 사람들의 실제 행동들을 스케줄링할 때처럼 컴퓨터가 제공하기를 원하는 답을 모르는 경우가 있다. 이러한 문제를 유연하게 해결하는 방법을 살펴본다.

22장, 생성적 적대 신경망 종종 갖고 있는 데이터의 새로운 인스턴스를 창조하거나 생성하기를 원한다. 예를 들어 원시 데이터로부터 신문 기사를 만들거나 사람들이 게임에서 탐험하는 세계를 만드는 것이다. 이러한 생성기를 훈련시킬 수 있는 강력한 방법을 알아본다.

23장, 창의적인 애플리케이션 사이키델릭한 이미지를 만들고, 예술가의 시그니처 스타일을 사진에 적용하고, 어떤 작가의 스타일로든 새로운 텍스트를 생성하기 위한 딥러닝 도구를 적용하는 것으로 마무리한다.

1장을 시작하기 전에

이 책에는 많은 자료가 있다. 책을 마치면 딥러닝을 제대로 이해할 수 있어 다른 사람과 딥러닝에 대해 얘기하고 통찰력과 경험을 공유하고 그들에게서 배울 수 있다. 의욕이 넘친다면 많은 무료 딥러닝 라이브러리 중 하나를 선택해 꿈꾸는 모든 목적을 위한 자체 시스템을 설계, 훈련, 테스트, 배포할 수 있다.

딥러닝은 지성과 이해의 본질에 대한 근본적인 질문을 하도록 강요하는 알고리듬을 구축하고 많은 지적 학문의 아이디어를 결합하는 매혹적인 분야다. 또한 아주 재미있다.

여행에 온 걸 환영한다. 정말 즐거운 시간을 보내게 될 것이다.

 에이콘출판의 기틀을 마련하신 故 정완재 선생님(1935–2004)

1부

기본 개념

1

머신러닝 개요

이 책은 머신러닝^{machine learning}의 하위 분야인 딥러닝^{deep learning}을 다룬다. 머신러닝이라는 용어는 데이터에서 의미 있는 정보를 추출하는 공통의 목표를 갖고 점점 커져가는 기술 분야를 말한다. 여기서 데이터는 숫자로 나타낼 수 있는 모든 것을 나타낸다. 데이터는 단순히 숫자(연이은 날들의 주가, 여러 행성의 질량, 지역 박람회를 방문하는 사람들의 키 등)일 수도 있고 소리(누군가가 휴대폰에 말하는 단어), 사진(꽃이나 고양이의 사진), 단어(신문 기사나 소설의 텍스트), 행동(누군가 즐겨하는 활동), 선호도(누군가가 좋아하는 음악이나 영화), 그 외 숫자로 수집하고 표현할 수 있는 모든 것이 될 수 있다.

목표는 의미 있는 정보를 발견하는 것이며, 여기서 의미 있는 정보를 결정하는 것은 우리에게 달려 있다. 대개 데이터를 이해하거나 과거 측정값을 사용해 미래 사건을 예측하는 데 도움이 되는 패턴을 찾으려 한다. 예를 들어 다른 사람이 이미 평점을 매긴 영화를 기반으로 좋아하는 영화를 예측하거나, 노트의 손 글씨를 읽거나, 몇 개의 음표에서 노래를 식별하길 원할 수 있다.

일반적으로 세 가지 단계로 정보를 찾는다. 찾고자 하는 정보를 식별하고, 해당 정보를 담고 있는 데이터를 수집한 다음, 가능한 한 많은 정보를 추출할 수 있는 알고리듬을 설계하고 실행한다.

1장에서는 머신러닝의 주요 동향을 다룬다. 먼저 전문가 시스템expert system이라 불리는 머신러닝의 초기 시도에 대해 알아보는 것으로 시작한다. 그런 다음 지도학습, 비지도학습, 강화학습 등 세 가지 주요 접근 방식을 다룬다. 딥러닝을 살펴보는 것으로 1장을 마무리한다.

전문가 시스템

딥러닝이 널리 실용화되기 이전에 데이터에서 학습하는 일반적인 접근 방식으로 전문가 시스템이 있다. 오늘날에도 여전히 사용되고 있는 이 방식은 의사, 엔지니어, 심지어 음악가들과 같은 전문가human experts들의 사고 과정을 요약하기 위한 컴퓨터 프로그램이다. 아이디어는 직장에서 전문가를 연구해 그들이 무엇을 하고 어떻게 하는지 관찰하고, 그들에게 과정을 큰 소리로 설명하도록 요구하는 것이다. 이 사고와 행동을 일련의 규칙으로 포착한다. 원하는 바는 컴퓨터가 이 규칙들을 따라해 전문가의 작업을 한다는 것이다.

이런 시스템들은 일단 구축하면 잘 작동하지만 만들고 유지하기가 어렵다. 잠시 시간을 할애해 이유를 알아보는 것이 좋다. 문제는 피처 엔지니어링feature engineering이라고 불리는 규칙을 만드는 핵심 단계가 비현실적일 만큼 인간의 개입과 독창성을 요구한다는 것이다. 딥러닝의 성공 중 일부는 알고리듬으로 규칙을 만들어 정확히 이런 문제를 해결한다는 점이다.

숫자 인식이라는 실제 사례를 통해 전문가 시스템이 직면한 문제를 설명하겠다. 컴퓨터가 숫자 7을 인식하게 가르치고 싶다고 하자. 사람들에게 말하고 질문해서 7을 다른 모든 숫자와 구별할 수 있는 세 가지 작은 규칙을 생각해낼 수 있다. 첫째, 7은 그림의 맨 위쪽에 수평선이 있고, 둘째, 그들은 대부분 북동쪽에서 남서쪽으로 대각선이 있고, 셋째, 두 선은 오른쪽 상단에서 만난다. 규칙은 그림 1-1에 설명돼 있다.

그림 1-2와 같은 7을 얻을 때까지는 이 방법이 충분히 잘 작동할 수 있다.

숫자 7　　=　　수평선　　+　　북동-남서 대각선　　+　　선들은 우측 상단에서 만난다.

그림 1-1: 상단: 손 글씨 7. 아래: 손 글씨 7을 다른 숫자와 구별하기 위한 규칙 집합

그림 1-2: 추가적인 수평선 때문에 그림 1-1의 규칙으로 인식할 수 없는 7

작성한 규칙 집합은 이 숫자를 7로 인식하지 않을 것이다. 처음에 일부 사람이 대각선 획의 중간에 막대를 놓는 것을 고려하지 않았기 때문이다. 따라서 이제 그 특별한 경우에 대해 다른 규칙을 추가할 필요가 있다. 실제로 전문가 시스템을 개발하는 사람이라면 누구나 이런 일이 반복된다. 문제의 복잡도에 상관없이 훌륭하고 완전한 규칙 집합을 찾는 것은 보통 엄청 어려운 일이다. 인간의 전문 지식을 일련의 명시적 지시문들로 바꾼다는 것은 종종 사람들이 자신도 모르는 사이에 내리는 추론과 결정을 힘들게 밝혀내고, 그것들을 엄청난 수의 지시문으로 바꾼 다음 처음에 간과했던 모든 상황을 처리하고자 이러한 지시들을 조정하고 손으로 바꿔보고, 거대하고 복잡한 규칙에 따라 수행되는 끝이 없어 보이는 일련의 작업에서 서로 모순되는 부분이 있는 규칙을 디버깅하는 것을 의미한다.

작업을 성공하고자 규칙을 찾는 과정은 어려운 일이다. 전문가들이 따르는 규칙은 종종 명확하지 않고, 다뤘듯이 예외와 특별한 케이스들을 간과하기 쉽다. MRI 이미지의 얼룩이 양성인지 여부를 결정하는 방사선 전문의의 사고 과정이나 항공 관제사가 과중하게 예정된 항공 교통을 처리하는 방식이나 악천후 상황에 누군가가 운전하는 방식을 모방하는 복잡한 규칙 집합을 찾는다고 가정해보자. 상황을 더욱 복잡하게 만들고자 기술, 법, 인간 활동에 대한 사회적 통념 등은 끊임없이 변화하고 있으며, 상호 연결된 규칙의 이 얽힌 거미줄을 지속적으로 모니터링, 업데이트, 수리해야 한다.

규칙 기반 전문가 시스템은 경우에 따라 동작하게 만들 수 있지만 올바른 규칙 집합을 만들고 다양한 데이터에서 제대로 작동하는지 확인하고 최신 상태로 유지하는 것이 어렵기 때문에 일반적인 해결책으로는 비실용적이다.

이 일련의 규칙을 찾고 관리할 수만 있다면 컴퓨터는 실제로 어떤 형태의 인간 의사결정을 모방할 수 있다. 이것이 바로 딥러닝의 전부다. 이러한 알고리듬들은 충분한 훈련 데이터가 주어지면 의사결정 규칙을 자동으로 발견할 수 있다. 2 또는 7을 인식하는 방법을 알고리듬에 명시적으로 알려줄 필요가 없다. 시스템이 알아서 인식하기 때문이다. MRI 얼룩이 양성인지 아닌지, 휴대폰 사진이 이상적으로 노출됐는지, 텍스트가 실제로 어떤 역사적 인물에 의해 써졌는지 여부를 알아낼 수 있다. 이는 모두 딥러닝이 이미 우리를 위해 수행하고 있는 많은 애플리케이션 중 하나다.

컴퓨터는 입력 데이터를 조사하고 패턴을 추출해 의사결정 규칙을 찾는다. 시스템은 사람처럼 시스템이 수행하는 작업을 '이해'하지 않는다. 상식도, 인식도, 이해력도 없다. 훈련 데이터의 패턴을 측정한 다음 해당 패턴을 사용해 새 데이터를 평가하고 훈련된 예제를 기반으로 결정하거나 결과를 생성한다.

일반적으로 갖고 있는 데이터와 컴퓨터가 만들어내길 바라는 것에 따라 세 가지 방법 중 하나로 딥러닝 알고리듬을 훈련한다. 간단히 조사해보자.

지도학습

먼저 지도학습^{supervised learning}을 알아보자. 여기에서 지도^{supervised}라는 단어는 "레이블이 돼 있다."의 동의어다. 지도학습에서 일반적으로 데이터 세트에서 가져온 항목과 해당 항목에 할당된 레이블 쌍을 컴퓨터에 제공한다.

예를 들어 사진에서 어떤 물체가 가장 눈에 띄는지 알려주는 것을 목표로 이미지 분류기라는 시스템을 훈련시킬 수 있다. 이 시스템을 훈련시키고자 이미지 모음을 제공하고 가장 눈에 띄는 물체를 설명하는 레이블을 각 이미지와 함께 제공한다. 예를 들어 컴퓨터에게 호랑이 그림과 호랑이라는 단어로 구성된 레이블을 제공한다.

이 아이디어는 모든 종류의 입력으로 확장할 수 있다. 시도해본 요리법으로 가득 차 있는 요리책이 몇 권 있고 각 요리를 얼마나 좋아했는지에 대한 기록을 보관했다고 가정해보자. 이 경우 레시피는 입력이 되며 등급은 해당 레시피의 레이블이 된다. 모든 요리책에 대해 프로그램을 훈련시킨 후에 훈련된 시스템에 새로운 레시피를 제공할 수 있으며, 결과로 먹는 것을 얼마나 즐길지 예측할 수 있다. 일반적으로 말해 시스템을 더 잘 훈련시킬 수 있을수록(보통 더 많은 훈련 데이터를 제공함으로써) 시스템의 예측도 더 좋아질 것이다.

데이터 유형에 관계없이 컴퓨터에 엄청난 수의 입력과 레이블 쌍을 제공함으로써 작업을 위해 설계된 성공적인 시스템은 입력에서 제공된 각 레이블을 정확하게 예측할 수 있는 충분한 규칙이나 패턴을 점차적으로 발견할 것이다. 즉, 이 학습의 결과로 시스템은 학습된 레이블 중 반환해야 하는 레이블을 식별할 수 있도록 각 입력에서 무엇을 측정할지 학습한다. 필요로 하는 만큼 자주 올바른 답을 얻을 때 시스템이 훈련됐다고 말한다.

컴퓨터는 레시피가 실제로 무엇인지 또는 음식의 맛이 어떤지 감각이 없다. 훈련 중에 학습한 규칙을 사용해 가장 근접하게 일치하는 레이블을 찾고자 입력의 데이터를 사용하는 것이다.

그림 1-3은 훈련된 이미지 분류기에 네 장의 사진을 제공한 결과를 보여준다. 이 사진은 웹에서 찾았으며 시스템은 이전에 본 적이 없다. 각 이미지에 대한 응답으로 분류기는 인식하도록 훈련된 1,000개의 레이블 각각에 대한 우도 ^likelihood(또는 가능도)를 알려준다. 여기에서는 각 사진에 대한 상위 5개 예측과 관련 확률을 보여준다.

그림 1-3의 왼쪽 상단에 있는 그림은 바나나 묶음이므로 이상적으로는 바나나 묶음과 같은 레이블을 반환하고 싶다. 하지만 이 특정 분류기는 바나나 묶음이라는 레이블이 붙은 이미지에 대해 훈련되지 않았다. 알고리듬은 알고 있는 단어로만 객체를 식별할 수 있는 것과 같은 방식으로 학습된 레이블 중 하나만 반환할 수 있다. 그것이 훈련된 레이블에서 찾을 수 있는 가장 가까운 일치는 바나나였기 때문에 레이블로 반환됐다.

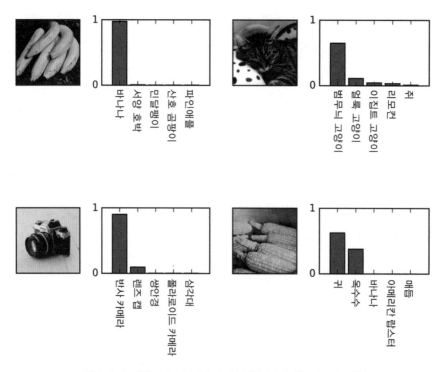

그림 1-3: 네 개의 이미지에 대해 딥러닝 분류기에서 예측 레이블과 확률

왼쪽 상단에서 컴퓨터는 바나나 레이블에 대해 매우 높은 신뢰도를 갖고 있다. 오른쪽 아래에서 컴퓨터는 적절한 레이블이 귀라고 약 60% 확신한다. 그러나 옥수수일 수 있다고 약 40% 확신한다. 일반적인 관행에 따라 이미지당 하나의 레이블만 사용자에게 반환한다면 레이블이 맞다는 컴퓨터의 확신도 반환하는 데 도움이 된다. 귀의 경우처럼 약 60%와 같이 확신이 서지 않는 경우 다른 알고리듬으로 다시 시도하거나 사람에게 도움을 요청할 수도 있다.

비지도학습

데이터와 연결된 레이블이 없는 경우 비지도학습^{unsupervised learning}이라는 기술을 사용한다. 비지도학습은 각 입력과 레이블 간의 관계가 아니라 입력 요소 간의 관계를 학습한다.

비지도학습은 관련이 있다고 생각되는 데이터 조각을 클러스터링하거나 그룹화하는 데 자주 사용한다. 예를 들어 새 집을 지을 기초를 다지려고 땅을 파다가 오래된 항아리와 화병에 진흙이 채워져 있는 것을 발견했다고 가정해보자. 고고학자 친구에게 전화를 걸고 그 친구는 분명 다양한 장소와 심지어 다른 시대와 뒤섞인 고대 도자기의 컬렉션을 발견했다는 것을 깨닫는다.

이 고고학자는 어떤 표식과 장식도 인식하지 못하기 때문에 각각의 표식과 장식이 어디에서 왔는지 확실히 말할 수 없다. 어떤 표식들은 같은 테마에서 변형된 것처럼 보이지만 다른 표식들은 다른 상징처럼 보인다. 문제를 해결하고자 표식을 문지른 다음 그룹으로 분류하려고 한다. 하지만 분류하기에는 너무 많고 대학원생들은 모두 다른 프로젝트를 하고 있기 때문에 표식을 합리적인 방법으로 자동 분류하는 머신러닝 알고리듬에 의지한다.

그림 1-4는 고고학자가 포착한 표식과 알고리듬이 찾아낼 수 있는 그룹을 보여준다.

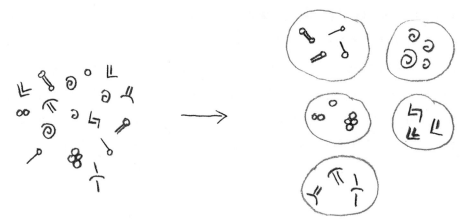

그림 1-4: 클러스터링 알고리듬을 사용해 점토 항아리에 있는 표식을 그룹화하고자 클러스터링 알고리듬을 활용한다. 왼쪽: 항아리에서 나온 마크, 오른쪽: 마크는 유사한 클러스터로 그룹화된다.

이 기술은 데이터를 관련 그룹(또는 클러스터)으로 배열하기 때문에 **클러스터링 과정**process clustering이라고 하며 이 알고리듬을 **클러스터링 알고리듬**clustering algorithm이라고 한다.

또한 비지도학습 알고리듬을 사용해 측정된 데이터의 품질을 개선하거나(예, 휴대폰 카메라로 찍은 사진의 얼룩 제거) 데이터 세트를 압축해(MP3와 JPG 인코더가 사운드와 이미지에 대해 수행하는 것과 같이) 품질에 관심을 두지 않고 디스크에서 차지하는 공간을 줄일 수 있다.

강화학습

때때로 작업을 수행하는 방법을 배우고자 컴퓨터를 훈련시키고 싶지만 스스로 수행하는 가장 좋은 방법조차 모른다. 아마도 복잡한 게임을 하거나 음악을 작곡할 수 있을 것이다. 취해야 할 다음 움직임이나 선택해야 할 음표는 무엇일까? 하나의 최선의 답이 없는 경우가 많다. 그러나 하나의 답변이 다른 답변보다 낫다고 대략적으로 말할 수는 있다. 컴퓨터가 "좋을 것이다"거나 "지난 것보다 낫다"와 같이 매우 일반적인 방법으로만 순위를 매기면 되는 가능한 접근 방식을 시도하게 함으로써 좋은 결과를 향한 최선의 단계를 찾을 수 있도록 훈련시킬 수 있다면 좋을 것이다.

예를 들어 그림 1-5에서와 같이 새 사무실 건물에서 엘리베이터 작동을 설계하는 책임이 있다고 가정하자. 임무는 엘리베이터가 필요하지 않을 때 어디에서 기다려야 하는지, 누군가가 호출 버튼을 눌렀을 때 어떤 차가 요청에 응답할지 결정하는 것이다. 목표가 모든 탑승자의 평균 대기 시간을 최소화하는 것이라고 가정해보자.

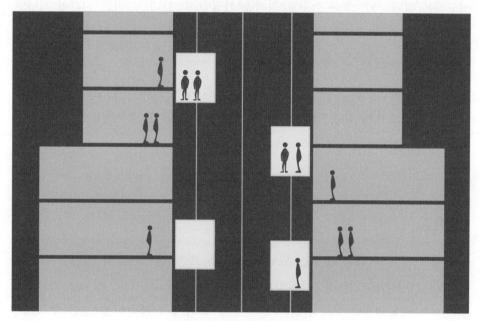

그림 1-5: 이 엘리베이터에 대한 최적의 일정을 찾고 싶다.

어떻게 하면 좋을까? 상상할 수 있는 솔루션의 품질은 전적으로 사람들이 언제 어디로 이동하고 싶은지에 대한 패턴에 달려 있을 것이다. 아침이면 다들 출근하니까 1층에는 항상 빈 차들을 가져와야 하고 새로 도착할 준비가 돼 있어야 한다. 하지만 점심시간에는 모두가 밖으로 나가고 싶어 할 수도 있어서 항상 꼭대기 층 근처에 쉬는 차들을 두고 내려오면서 1층으로 사람들을 데려갈 준비를 해야 한다. 하지만 비가 온다면 대부분의 사람은 꼭대기 층에 있는 카페테리아에 가고 싶어 할 것이다. 매일 매일, 시간 별로 최선의 방법은 무엇일까?

최선의 방법이 하나도 없어서 컴퓨터는 제공할 방법을 배울 수 없을 것이다. 할 수 있는 모든 것은 시간이 지남에 따라 다른 접근 방식을 시도하고 최고의 결과를 주는 것처럼 보이는 방법을 선택하는 것이다. 따라서 컴퓨터가 정책을 발명하게 하거나 기존 정책을 변형시켜 얼마나 잘 작동하는지 보게 할 것이다. 그럼 탑승객들의 평균 대기 시간을 기준으로 점수를 매길 것이다. 많은 변형을 시도해본 결과 가장 좋은 점수로 정책을 선정할 수 있다. 그리고 시간이 지나면 패턴이 바뀌면서 새로운 접근 방식을 시도할 수 있고, 항상 검색하며 최고의 점수를 갖는 스케줄을 유지할 수 있다.

이는 강화학습^{RL, Reinforcement Learning}의 예다. RL의 기술은 바둑과 같은 게임, 심지어 스타크래프트와 같은 온라인 전략 게임에서도 인간 고수들을 이기고 있는 최근 게임 플레이 알고리듬의 핵심이다.

딥러닝

딥러닝^{deep learning}이라는 문구는 일련의 단계들 또는 레이어들의 연산을 사용하는 머신러닝 알고리듬을 가리킨다(Bishop 2006; Goodfellow, Bengio, Courville 2017). 구조가 명확하다면 원하는 방식으로 페이지에 레이어를 그릴 수 있다. 레이어들(층들)을 세로로 그리면 아래에서 위를 올려다보며 시스템이 높다고 말하거나 위에서 내려다보며 깊다고 말하는 상상을 할 수 있다. 가로로 여러 겹을 그리면 시스템이 넓다고 할 수 있다. 특별한 이유 없이 '딥^{deep}' 언어가 인기를 끌며 딥러닝의 전체 분야에 이름을 붙였다.

이러한 시스템을 세로로 쌓을 때 모양 때문에 '깊이'라고 부른다는 것을 명심해야 한다. 딥러닝은 깊은 이해나 통찰력을 갖고 있지 않다. 딥러닝 시스템이 사진 속 얼굴에 이름을 붙이면 얼굴이 무엇인지, 사람이 무엇인지, 사람이 존재하는지조차 알 수 없다. 컴퓨터는 단지 픽셀을 측정하고 훈련 데이터에서 배운 패턴들을 사용해 가장 가능성이 높은 레이블을 만들어낸다.

그림 1-6에 표시된 심층 네트워크를 간단히 살펴보자. 이 간단한 네트워크에서는 그림 하단에 표시된 4개의 입력 숫자로 시작한다. 이는 2 × 2 그레이스케일 이미지의 4개 픽셀 값, 연속 4일 동안의 주식 종가 또는 음성 데이터 조각^{snippet}에서 추출한 4개의 샘플일 수 있다. 각 입력값은 -2.982 또는 3.1142와 같은 부동소수점 숫자다.

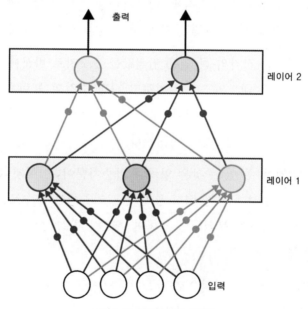

그림 1-6: 단순한 깊은 신경망

이 네 가지 값은 그림에서 위쪽으로 올라가 세 개 인공 뉴런$^{artificial neuron}$의 레이어나 그룹으로 나뉜다. 이름에 뉴런^{neuron}이라는 단어가 있고 실제 뉴런에서 멀리 떨어진 곳에서 영감을 받았지만 인공 뉴런은 아주 단순하다. 13장에서 자세히 알아보겠지만 실제 뉴런처럼 아주 작은 계산을 수행하는 단위라고 생각하는 것이 가장 좋다.

그림에서 레이어 1의 각 뉴런은 4개의 시작 숫자를 입력으로 받는다. 뉴런에 입력값을 가져오는 12개의 선 각각에는 작은 점이 있다. 이 그림에서 각 점은 그 선을 따라 이동하는 입력값에 뉴런에 도달하기 전에 가중치라고 불리는 다른 숫자를 곱한다는 아이디어를 나타낸다. 이 가중치는 네트워크에 아주 중요하기 때문에 잠시 후에 다시 살펴본다.

레이어 1에서 각 인공 뉴런의 출력은 새로운 숫자다. 그림 1-6에서 각각의 출력은 레이어 2의 각 뉴런에 공급되고 다시 각 값들은 도중에 가중치로 곱한다. 마지막으로 레이어 2의 두 뉴런에 의해 생성된 값은 네트워크의 출력이다. 이러한 출력값은 입력이 두 클래스 각각에 속할 가능성, 또는 해당 소리 조각을 말한 사람의 이름과 성 또는 다음 이틀 동안의 주식 예측 가격으로 해석할 수 있다.

인공 뉴런을 나타내는 각각의 큰 원은 입력값들을 숫자로 바꾼다. 이러한 계산은 고정돼 있다. 일단 네트워크를 설정하고 나면 각각의 뉴런은 항상 주어진 입력에 대해 동일한 출력을 계산한다. 일단 인공 뉴런을 골라 그림 1-6의 네트워크로 배열하면 거의 모든 것이 지정된다.

그림 1-6에서 변경할 수 있는 것은 입력과 가중치뿐이다. 이것이 네트워크를 훈련시키는 것을 가능하게 하는 핵심 통찰이다. 가중치는 난수로 시작한다. 즉, 네트워크 출력이 처음에는 무의미할 것이며 (행운이 따르지 않는 한) 원하는 결과를 결코 얻지 못할 것이다.

네트워크가 원하는 답을 안정적으로 만들어내게 하고자 네트워크가 출력할 때 원하는 값을 더 많이 생성할 수 있도록 각각의 잘못된 출력 다음에 한 번에 조금씩만 가중치를 신중하게 변경한다. 이 작업을 신중하게 수행하면 시간이 지남에 따라 출력값이 점차 원하는 결과에 가까워질 것이다. 제대로 일을 해내면 네트워크는 훈련 데이터베이스에 있는 거의 모든 데이터에 대한 정답을 만들어낼 것이고, 만든 네트워크를 웹에 공개하거나 제품이나 서비스로 제공할 수 있다.

간단히 말해 이 네트워크를 훈련시키거나 가르치는 것은 모든 입력이 원하는 출력을 만들어내도록 가중치에 대한 값을 찾는 것에 지나지 않는다. 놀랍게도 이것이 전부다. 네트워크가 수백 개의 다양한 레이어, 수만 개의 인공 뉴런, 수백만 개의 가중치로 커지더라도 학습은 보통 원하는 답을 얻을 때까지 가중치를 점차적으로 바꾸는 것을 의미한다. 더 정교한 네트워크는 다른 값도 학습할 수 있지만 가중치는 항상 중요하다.

이 과정의 아름다운 점 중 하나는 피처 엔지니어링^{feature engineering}의 약속을 잘 지켜낸다는 것이다. 예를 들어 사진을 입력으로 찍어 사진 속에 있는 개의 품종이 무엇인지 알려주는 시스템을 생각해보자. 이 시스템의 훈련 과정이 끝나고 가중치가 최상의 값으로 정착되면 뉴런을 작은 피처 탐지기^{feature detector}로 바꾸는 효과가 있다. 예를 들어 초기 레이어에 있는 뉴런들 중 하나는 눈이 보이면 큰 값을 만들어낼 수 있고, 다른 하나는 늘어진 귀를 보면 큰 값을 만들어낼 수 있다. 그런 다음 뉴런은 짧은 다리와 함께 뭉툭한 꼬리, 긴 코와 큰 몸을 가진 어두운 눈 등 이들의 조합을 찾아 품종을 결정할 수 있다. 간단히 말해 그들을 명시적으로 안내한 적은 없지만 뉴런들은 피처들을 찾고 있다. 피처 탐지^{feature detection}는 정답을 산출하고자 가중치를 훈련시킨 자연스러운 결과일 뿐이다.

따라서 방사선 전문의와 같은 역할을 하는 전문가 시스템을 수동으로 구축하는 것은 불가능에 가까운 작업이지만 복잡한 심층 네트워크를 만들고 성공적으로 훈련하면 해당 과제를 자동으로 구현할 수 있다. 시스템은 각 이미지의 픽셀 값을 피처로 결합한 다음 해당 피처를 사용해 해당 이미지가 건강한 조직^{tissue}을 보여주는지 여부를 결정하는 자신만의 방법을 찾는다(Saba et al. 2019).

요약

1장에서는 딥러닝에 대한 전반적인 감각을 얻었다. 전문가 시스템으로 시작했는데, 실제로 성공하려면 너무 많은 수작업이 필요했다. 딥러닝 시스템을 훈련하는 것이 보통 세 가지 접근법 중 하나를 따른다는 것을 다뤘다. 지도학습은 시스템이 새 데이터에 대한 올바른 레이블을 예측하도록 훈련할 수 있게 모든 데이터 조각으로 레이블을 제공하는 것을 의미한다. 비지도학습은 레이블 없이 시스템에 데이터만 제공하기 때문에 유사한 그룹으로 데이터를 클러스터링하도록 시스템을 훈련한다. 그리고 강화학습은 컴퓨터가 제시한 다양한 제안에 점수를 매기는 것을 의미하며, 결국 컴퓨터가 수용할 만한 좋은 해결책을 제시하기를 바란다.

그리고 나서 실제지만 아주 작은 딥러닝 시스템을 살펴봤다. 기본 구조는 인공 뉴런을 레이어로 구성했다. 각 레이어의 뉴런은 이전 레이어와 후속 레이어의 뉴런과 통신한다. 이 구조를 (레이어들의 높은 타워과 같은) 이 형태로 그릴 때 이름을 딥러닝이라고 하는 것은 바로 이 구조의 모양 때문이다.

마지막으로 가중치, 즉 인공 뉴런의 입력에 도달하기 전에 각 숫자를 곱해주는 값들의 중요성을 살펴봤다. 시스템을 가르칠 때 또는 학습하고 있다고 말할 때 보통 이 가중치를 조절하는 일만 한다. 가중치가 충분히 좋은 값을 찾으면 시스템은 요청한 작업을 수행할 수 있다.

다음 몇 개의 장에서는 딥러닝 시스템을 설계하고 구축하는 데 필요한 배경 지식을 자세히 알아본다.

2

필수 통계

데이터를 더 잘 이해할수록 해당 데이터를 최대한 활용할 수 있게 딥러닝 시스템을 더 잘 설계할 수 있다.

시작 데이터를 연구하고 분석함으로써 학습에 가장 적합한 알고리듬을 선택할 수 있다. 이러한 분석을 가능하게 하는 언어와 개념은 일반적으로 **통계**^{statistics}라는 제목 아래 함께 묶인다. 통계적 아이디어와 언어는 논문 및 소스코드 주석에서부터 라이브러리 문서에 이르기까지 머신러닝의 모든 곳에서 나타난다.

2장에서는 수학이나 세부 사항을 깊이 파고들지 않고 딥러닝을 수행하는 데 필수적인 주요 통계 아이디어를 다룬다. 아이디어는 대략 두 가지 범주로 나뉜다. 첫 번째 범주에는 난수 자체와 머신러닝에서 가장 가치 있게 난수를 설명하는 방법이 포함된다. 두 번째 범주는 컬렉션에서 개체(예, 숫자)를 선택하는 방법과 그러한 선택이 컬렉션 전체를 얼마나 잘 나타내는지 측정하는 방법을 포함한다. 여기의 목표는 머신러닝을 할 때 올바른 결정을 내리는 데 도움이 되는 충분한 이해와 직관을 개발하는 것이다.

통계 및 임의 값에 이미 익숙하더라도 최소한 2장은 훑어보자. 그렇게 하면 이 책에서 사용할 언어를 알게 될 것이며, 나중에 다시 정리할 경우 어디를 찾아 봐야 할지 알게 될 것이다.

무작위성 설명

난수$^{random\ numbers}$는 많은 머신러닝 알고리듬에서 중요한 역할을 한다. 난수를 사용해 시스템을 초기화하고 학습 과정 중 단계를 제어하며, 때로는 출력값에 영향을 주기도 한다. 난수를 올바르게 선택하는 것이 중요하다. 난수를 올바르게 선택하면 데이터를 통해 학습하고 유용한 결과를 생성하는 시스템과 학습을 완고하게 거부하는 시스템 간의 차이를 알 수 있다. 단순히 임의의 숫자를 무작위로 선택하는 대신 다양한 도구로 사용하려는 숫자의 종류와 선택 방법을 제어한다.

일반적으로 누군가가 '1에서 10까지의 숫자를 선택'하게 하는 경우와 같이 주어진 최솟값과 최댓값 사이에서 임의의 숫자를 선택한다. 이 예에서의 선택은 유한한 수의 옵션(1에서 10 사이의 정수)으로 제한돼 있음을 뜻한다. 이 책에서는 정수 사이에 있을 수 있는 실수$^{real\ numbers}$로 자주 작업할 것이다. 1에서 10(끝점 포함)까지 10개의 정수가 있지만 그 범위에는 무한대의 실수가 있다.

무작위이든 아니든 숫자 집합에 대해 얘기할 때 종종 평균^{average}에 대해서도 얘기한다. 이는 여러 값의 집합을 빠르게 특성화하는 유용한 방법이다. 평균을 계산하는 세 가지 일반적인 방법이 있으며 자주 쓰이므로 여기에서 정리한다. 실행 예제로 1, 3, 4, 4, 13의 다섯 가지 숫자 목록으로 작업해보자.

평균^{mean}은 평균^{average}이라고 말할 때 일상 언어에서 일반적으로 의미하는 값이다. 이는 모든 항목의 합계를 목록의 항목 수로 나눈 값을 말한다. 이 예에서 모든 목록 요소를 더하면 1 + 3 + 4 + 4 + 13 = 25가 된다. 5개의 요소가 있으므로 평균^{mean}은 25 / 5 또는 5다.

최빈값^{mode}은 목록에서 가장 자주 발생하는 값이다. 이 예에서 4는 두 번 나타나고 다른 세 값은 각각 한 번만 나타나므로 4가 최빈값이다. 어떤 값이 다른 값보다 더 자주 발생하지 않으면 이 목록에는 최빈값이 없다고 말한다.

마지막으로 중앙값^{median}은 가장 작은 값에서 가장 큰 값 순으로 정렬된 목록에서 중간에 있는 숫자다. 이미 정렬된 목록에서 1과 3이 왼쪽을 구성하고 4와 13이 오른쪽을 구성하며 또 다른 4가 가운데에 있다. 따라서 4는 중앙값이다. 목록에 짝수의 항목이 있는 경우 중앙값은 두 중간 항목의 평균이다. 목록 1, 3, 4, 8의 경우 중앙값은 3과 4의 평균인 3.5가 된다.

평균은 유용하지만 집합의 숫자가 어떻게 분포돼 있는지 알려주지 않는다. 예를 들어 범위에 균등하게 퍼져 있거나 하나 이상의 클러스터로 그룹화될 수도 있다. 이제 숫자가 어떻게 분포되는지 설명하는 기술을 살펴보겠다.

확률 변수와 확률 분포

세부 사항으로 들어가기 전에 실행 과정을 유추해 직관을 만들어보자. 고장난 트럭과 자동차의 사진을 많이 찍어 자동차 폐차장에 대한 기사에 게재하도록 할당된 사진작가라고 가정해보자. 모험심을 느끼며 고장난 차량이 많이 있는 폐차장으로 간다. 주인과 얘기를 나누며 멋진 사진을 찍을 수 있는 가장 좋은 방법은 사진을 찍을 차량을 하나씩 가져오는 데 비용을 지불하는 것이라는 데 동의한다. 주인은 사무실에 있는 오래된 카니발 휠을 사용해 상황을 재미있게 만든다. 그림 2-1과 같이 폐차장의 각 차량에 동일한 크기로 쪼개진 슬롯이 하나씩 할당돼 있다. 슬롯과 자동차는 각각 1부터 번호가 매겨진다.

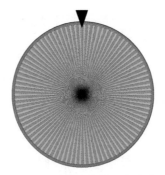

그림 2-1: 폐차장 주인의 카니발 휠. 동일한 크기의 각 슬롯 조각 하나는 부지에 있는 차 한 대를 나타낸다.

주인에게 돈을 지불하면 주인이 휠을 돌린다. 바퀴가 멈췄을 때 상단에 있는 번호를 메모하고 견인차로 해당 번호의 차량을 끌어온다. 사진을 몇 장 찍으면 주인은 차를 주차장으로 돌려보낸다. 다른 차량을 찍고 싶다면 다시 돈을 지불하고 주인이 다시 휠을 돌려 이 과정을 반복한다.

세단, 픽업트럭, 미니밴, SUV, 왜건 등 5가지 유형의 자동차 사진을 찍어야 하는 과제가 있다고 가정해보자. 주인이 바퀴를 돌렸을 때 각 유형의 차량이 나올 확률을 알고 싶다. 이를 해결하고자 모든 차량을 검사할 때 폐차장 부지에 가서 각 차량을 다섯 가지 범주 중 하나에 할당한다고 가정한다. 결과는 그림 2-2에 나와 있다.

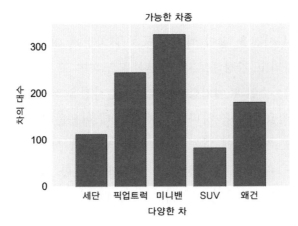

그림 2-2: 폐차장에는 다섯 종류의 차가 있다. 각 막대는 해당 유형의 자동차가 몇 대인지 알려준다.

부지에 있는 거의 950대의 자동차 중 가장 많은 것은 미니밴이고 그다음이 픽업 트럭, 왜건, 세단, SUV 순이다. 부지에 있는 모든 차량은 선택될 확률이 동일하기 때문에 바퀴를 돌릴 때마다 미니밴이 나올 가능성이 가장 높다.

그러나 구체적으로 미니밴이 나올 가능성은 얼마나 더 높을까? 각 종류의 차량이 나올 가능성을 결정하고자 그림 2-2의 각 막대 높이를 총 차량 수로 나눌수 있다. 이는 그림 2-3과 같이 주어진 유형의 자동차가 나올 확률을 제공한다.

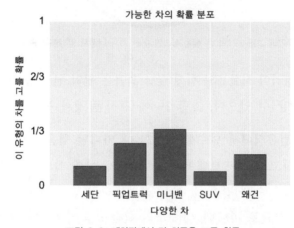

그림 2-3: 폐차장에서 각 차종을 고를 확률

그림 2-3의 숫자를 백분율로 변환하고자 100을 곱한다. 예를 들어 미니밴 막대의 높이가 약 0.34이므로 미니밴이 나올 확률은 34%다. 각 막대의 높이가 해당 종류의 차량이 나올 확률이다. 5개 막대의 높이를 모두 더하면 합계가 1.0임을 알 수 있다. 이는 숫자 목록을 확률로 바꾸는 규칙을 보여준다. 값은 모두 0과 1 사이에 있어야 하고 더하면 1이 된다.

그림 2-3을 **확률 분포**probability distribution라고 하는 이유는 가능한 옵션 중 한 차량이 나올 확률이 100%이기 때문이다. 또한 그림 2-3이 그림 2-2의 **정규화된**normalized 버전이라고 말하기도 한다. 즉, 모든 값의 합이 1이 됨을 의미한다.

확률 분포를 사용해 그림 2-4에서와 같이 단순화된 카니발 휠을 그릴 수 있다.

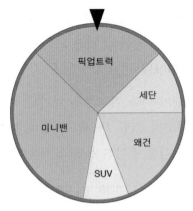

그림 2-4: 주인이 그림 2-1의 큰 휠을 돌리면 어떤 차가 나올지 알려주는 단순화된 카니발 휠

휠에서 주어진 영역이 화살표와 함께 끝날 확률은 휠의 원주 중 해당 영역이 차지하는 부분으로 알 수 있으며, 그림 2-3에 표시된 것과 동일한 비율로 그렸다.

대부분의 경우 컴퓨터에서 난수를 생성할 때 카니발 휠은 없다. 대신 프로세스를 시뮬레이션하고자 소프트웨어에 의존한다. 예를 들어 라이브러리 함수에 그림 2-3의 막대 높이와 같은 값 목록을 제공하고 값을 반환하도록 요청할 수 있다. 약 34%의 확률로 미니밴, 약 26%의 확률로 픽업트럭이 나올 것으로 예상한다.

각각 고유한 확률을 가진 옵션 목록에서 무작위로 값을 선택하는 것은 약간의 작업이 필요하다. 편의상 이 선택 프로세스를 **확률 변수**random variable라고 하는 개념적인 절차에 패키지화한다.

이 용어는 프로그래머에게 혼란을 줄 수 있다. 프로그래머는 변수를 데이터를 가질 수 있는 명명된 저장소로 생각하기 때문이다. 이러한 맥락에서 확률 변수는 저장 공간이 아니라 확률 분포를 입력으로 사용하고 단일 값을 출력으로 생성하는 함수다(Wikipedia 2017b). 분포에서 값을 선택하는 프로세스를 확률 변수에서 값을 추출한다고 한다.

그림 2-3을 확률 분포라고 불렀지만 함수로 생각할 수도 있다. 함수를 호출해

이러한 확률을 주면 차량 유형 중 하나를 반환한다. 이 아이디어는 분포에 대한 두 가지 공식적인 이름으로 이어진다. 그림 2-3의 5개 값과 같이 가능한 반환값의 수가 유한한 경우 때때로 완곡한 이름인 **확률 질량 함수**probability mass function 또는 pmf를 사용한다(이 약어는 일반적으로 소문자로 사용한다). pmf는 때에 따라 **이산 확률 분포**discrete probability distribution라고도 불린다(이 용어의 끝에 함수function를 추가하는 것은 선택 사항이다). 이 용어는 고정된 수의 가능한 출력값만이 있음을 상기시키기 위한 것이다.

연속적인 확률 분포도 쉽게 만들 수 있다. 신경망에서 값을 초기화할 때 이러한 함수의 근삿값을 사용한다. 비유적으로 폐차장 딜러가 가져온 각 차에 얼마나 많은 기름이 남아 있는지 알고 싶다고 가정해보자. 기름의 양은 임의의 실수를 취할 수 있으므로 연속 변수다. 그림 2-5는 오일량을 측정한 연속 그래프를 보여준다. 이 그래프는 몇 가지 특정 값뿐만 아니라 0(비어 있음)과 1(가득 참) 사이의 모든 실제 값을 반환할 확률을 보여준다.

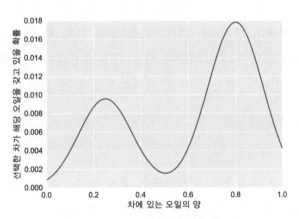

그림 2-5: 연속적인 값의 범위에 대한 확률 분포

그림 2-5와 같은 분포를 **연속 확률 분포**continuous probability distribution(또는 cpd) 또는 **확률 밀도 함수**probability density function(또는 pdf)라고 한다. 때때로 사람들은 연속 분포가 아닌 이산 분포를 나타내고자 확률 밀도 함수pdf라는 용어를 아무렇지도 않게 사용

한다. 이러한 문맥은 일반적으로 어떤 해석이 의도됐는지 분명히 드러난다.

불연속 데이터의 경우 가능한 모든 반환값의 합이 1이 돼야 함을 기억하자. 연속된 데이터의 경우 그림 2-5에서와 같이 곡선 아래의 면적이 1이 된다.

대부분의 경우 분포를 선택한 다음 라이브러리 함수를 호출해 해당 분포에서 값을 생성함으로써 난수를 얻는다(즉, 주어진 분포에서 확률 변수를 추출한다). 언제든 원할 때 자신의 분포를 만들 수 있지만 대부분의 라이브러리는 일반적인 상황에 적용할 수 있는 소수의 분포만을 제공한다. 그런 식으로 난수를 선택할 때 미리 생성된 분포 중 하나를 사용할 수 있다. 이러한 분포 중 일부를 살펴보자.

몇 가지 일반적인 분포

분포를 통해 확률 변수를 추출할 수 있다고 언급했다. 확률 변수를 추출할 때마다 이 확률 변수는 분포에 따라 숫자를 취한다. 분포에서 해당 값이 큰 숫자는 작은 숫자보다 확률이 더 높다. 다른 알고리듬은 특정 확률로 다른 값을 갖는 랜덤 변수를 사용하고자 하기 때문에 이는 매우 실용적인 가치의 분포를 만든다. 이를 달성하려면 적절한 분포를 선택하기만 하면 된다.

연속 분포

다음 분포 대부분은 주요 라이브러리에서 내장 루틴으로 제공되므로 지정하고 사용하기 쉽다. 단순화하고자 다음 두 분포를 연속 형태로 보여준다. 대부분의 라이브러리는 연속 버전과 불연속 버전 중에서 선택할 수 있는 옵션을 제공하거나 요청에 따라 연속 분포를 불연속 분포로 전환하는 범용 루틴을 제공하기도 한다. 이 절의 후반부에서 일부 개별 분포를 살펴본다.

균등 분포

그림 2-6은 **균등 분포**^{Uniform distribution}를 보여준다. 기본 균등 분포는 1의 값을 갖는 0과 1 사이를 제외하고 모든 곳에서 0이다.

그림 2-6에서는 0에 두 개의 값이 있고 1에 두 개의 값이 있는 것처럼 보일 수 있지만 그렇지 않다. 관례는 빈 원(하단 선에서와 같이)은 "이 점은 선의 일부가 아니다."를 의미하고 채워진 원(상단 선에서와 같이)은 "이 점은 선의 일부다."를 의미한다. 따라서 입력값 0과 1에서 그래프의 출력값은 1이다. 이는 이 함수를 정의하는 일반적인 방법이지만 일부 구현에서는 이러한 출력값 중 하나 또는 둘 모두를 0으로 만들므로 항상 확인해야 한다.

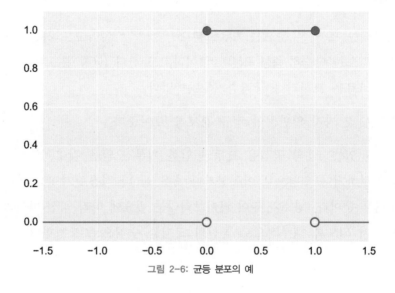

그림 2-6: 균등 분포의 예

이 분포에는 두 가지 주요 피처가 있다. 첫째, 다른 모든 값의 확률은 0이기 때문에 0과 1 사이의 값만 돌아올 수 있다. 둘째, 0에서 1까지의 범위에 있는 모든 값의 확률은 동일하다. 0.25는 0.33 또는 0.793718과 같다. 그림 2-6은 0에서 1까지의 범위에서 **균등**^{uniform}하거나 **일정**^{constant}하거나 **평탄**^{flat}하다고 말한다. 이 모든 것은 해당 범위의 모든 값이 동일할 가능성이 있음을 알려준다.

또한 0이 아닌 모든 값이 특정 범위 내에 있음을 의미하는 **유한**^{finite}이라고 말한다(즉, 0과 1이 반환할 수 있는 가장 작은 값과 가장 큰 값이라고 확실히 말할 수 있다).

균등 분포를 생성하는 라이브러리 함수는 종종 원하는 곳에서 0이 아닌 영역을 시작하고 끝내도록 선택하게 한다. 0에서 1사이의 기본값 다음으로 가장 인기 있는 선택은 −1에서 1까지일 것이다. 라이브러리는 영역이 항상 1.0이 되도록 함수의 높이^{height}를 조정하는 것과 같은 세부 사항을 처리한다. 그래프가 확률 분포를 나타내려면 이것이 필요하다는 것을 기억하자.

정규 분포

자주 사용되는 또 다른 분포는 **가우스 분포**^{Gaussian distribution}라고도 하는 **정규 분포** ^{normal distribution} 또는 단순히 **종형 곡선**^{bell curve}이라고도 한다. 균등 분포와 달리 매끄러우며 날카로운 모서리나 급격한 점프는 없다.

그림 2-7은 몇 가지 일반적인 정규 분포를 보여준다.

그림 2-7에 있는 4개의 곡선은 모두 동일한 기본 모양을 갖고 있다. 곡선의 크기를 조정하거나 수평으로 이동하거나 혹은 둘 다 적용했기 때문에 모양이 조금씩 다를 뿐이다. 평소와 같이 라이브러리는 필요에 따라 곡선 아래의 면적이 최대 1이 되도록 내부적으로 곡선의 크기를 수직으로 조정한다.

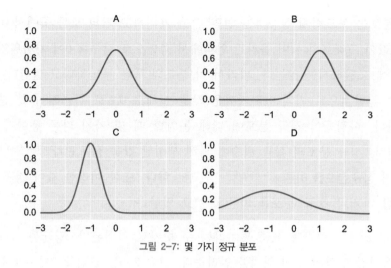

그림 2-7: 몇 가지 정규 분포

그림 2-8은 각 분포에서 값을 추출해 얻을 수 있는 몇 가지 대표적인 샘플을 보여준다. 분포 값이 높은 곳(즉, 해당 값에서 표본을 얻을 확률이 높음)에 뭉쳐 있고 분포 값이 낮은 곳(표본을 다시 가져올 확률이 낮은 곳)의 밀도가 더 낮다. 샘플을 나타내는 빨간색 점의 수직 위치는 샘플을 보기 쉽게 하고자 조금씩 움직인 것일 뿐 다른 의미는 없다.

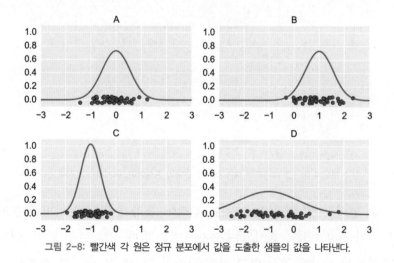

그림 2-8: 빨간색 각 원은 정규 분포에서 값을 도출한 샘플의 값을 나타낸다.

정규 분포는 부드럽게 상승하는 언덕bump을 제외하고 거의 모든 곳에서 0에 가깝다. 값이 그래프의 튀어 올라간 언덕에서 측면으로 갈수록 0에 가까워지지만 결코 0에 도달하지는 않는다. 따라서 이 분포의 폭은 무한하다고 말한다. 실전에서는 일반적으로 거의 0에 가까운 값을 실제로 0으로 취급해 유한 분포를 제공한다. 사람들이 정규 분포에 대해 논의할 때 몇 가지 다른 용어가 가끔 등장한다. 정규 분포의 확률 변수에 의해 생성된 값을 **정규 편차**normal deviates라고도 하며 **정규 분포를 이룬다**normally distributed고도 한다. 또한 이러한 값이 정규 분포에 **적합**fit하거나 정규 분포를 **따른다**follow고 말한다.

각 정규 분포는 평균과 표준 편차라는 두 숫자로 정의된다. 평균은 그래프의 튀어 올라간 언덕의 중심 위치를 알려준다. 그림 2-9는 그림 2-7의 4가지 가우스 분포를 평균과 함께 보여준다. 평균은 정규 분포의 많은 좋은 속성 중 하나로 중앙값이면서 최빈값이기도 하다.

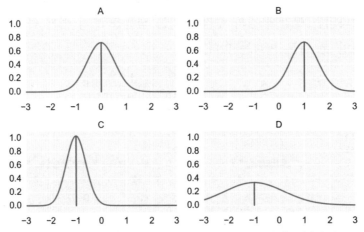

그림 2-9: 정규 분포의 평균은 그래프의 튀어 올라간 언덕의 중심이며, 여기서는 빨간색 선으로 표시된다.

또한 표준 편차standard deviation는 그래프의 튀어 올라간 언덕의 너비를 알려주는 그리스 문자 σ(시그마)로 표시되는 숫자이기도 하다. 그래프의 튀어 올라간 언덕의 중심에서 시작해 곡선 아래 전체 면적의 약 68%를 둘러쌀 때까지 대칭적으로 바깥쪽으로 이동한다고 상상해보자. 그래프의 튀어 올라간 언덕의 중심에서 이 끝 중 하나까지의 거리를 해당 곡선에 대한 하나의 표준 편차라고 한다. 그림 2-10은 하나의 표준 편차가 녹색으로 음영 처리된 4개의 가우스 분포를 보여준다.

표준 편차를 사용해 그래프의 튀어 올라간 언덕을 특성화할 수 있다. 표준 편차가 작으면 그래프의 튀어 올라간 언덕이 좁다는 의미다. 표준 편차가 커질수록 그래프의 튀어 올라간 언덕은 수평으로 더 넓게 퍼진다.

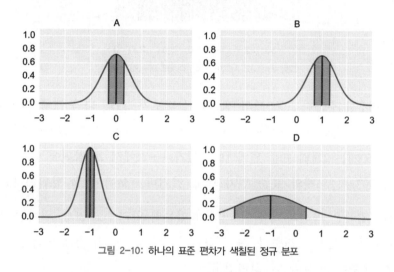

그림 2-10: 하나의 표준 편차가 색칠된 정규 분포

중심에서 한 번 더 표준 편차만큼 대칭적으로(즉, 다시 같은 거리를) 이동하면 그림 2-11과 같이 곡선 아래 영역의 약 95%를 포함하게 된다. 표준 편차 거리만큼 더 이동하면 곡선 아래 면적의 약 99.7%가 포함된다(그림 2-11 참조). 이 속성은 표준 편차에 σ를 사용하기 때문에 3 시그마 규칙이라고도 한다. 때로는 68-95-99.7 규칙이라는 이름으로 불리기도 한다.

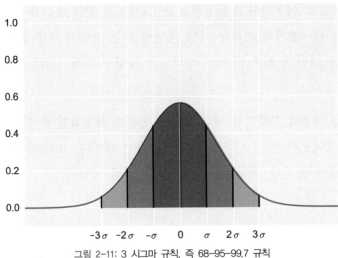

그림 2-11: 3 시그마 규칙, 즉 68-95-99.7 규칙

정규 분포에서 추출한 1,000개의 샘플을 살펴보자. 그런 다음 그중 약 680개가 해당 분포의 평균 또는 $-\sigma$에서 σ 사이의 표준 편차보다 크지 않음을 발견했다. 그중 약 950개는 2개의 표준 편차 내에 있거나 -2σ에서 2σ 범위에 있다. 그리고 그중 약 997개는 3개의 표준 편차 내에 있거나 -3σ에서 3σ 범위에 있다.

요약하면 평균은 곡선의 중심이 어디에 있는지 알려주고 표준 편차는 곡선이 얼마나 퍼져 있는지 알려준다. 표준 편차가 클수록 68%의 경계가 더 멀리 떨어져 있기 때문에 곡선이 더 넓어진다.

때때로 표준 편차 대신 분산variance이라고 하는 조금 다르지만 관련 있는 값을 사용하기도 한다. 분산은 표준 편차 자체를 제곱한 것이다. 이 값은 때때로 계산에 더 편리하다. 그러나 일반적인 해석은 동일하다. 분산이 큰 곡선이 분산이 작은 곡선보다 더 넓게 퍼져 있다.

정규 분포는 많은 실제 관찰 값을 자연스럽게 설명해주기 때문에 머신러닝 및 기타 분야에서 자주 사용된다. 어떤 지역의 성체 수컷 말의 키나 해바라기의 크기, 초파리의 수명을 측정하면 모두 정규 분포의 형태를 취하는 경향이 있음을 알 수 있다.

이산 분포

이제 두 개의 이산 분포^{Discrete distributions}를 살펴보자.

베르누이 분포

유용하지만 특별한 이산 분포는 베르누이 분포^{Bernoulli distribution}다. 이 분포는 0과 1의 두 가지 값만 반환한다. 베르누이 분포의 일반적인 예는 동전을 던졌을 때 앞면과 뒷면이 나올 확률과 같다. 일반적으로 문자 p를 사용해 1이 나올 확률을 설명한다(이것이 앞면을 의미한다고 가정하자). 동전의 옆면이 나오는 이상한 경우를 무시한다면 앞면과 뒷면의 두 확률은 합이 1이 돼야 한다. 그림 2-12는 공정한 주화와 가중 주화에 따른 값을 그래픽으로 보여준다. 값이 두 개뿐이므로 연속 분포에서 본 선이나 곡선이 막대 차트로 베르누이 분포를 그릴 수 있다.

그러한 단순한 상황에서 분포 관련 용어를 사용하는 것은 과다하게 보일 수 있지만 분포에서 값을 생성하는 라이브러리 루틴과 함께 사용할 수 있다는 이점이 있다. 루틴에 균등 분포, 가우스 또는 베르누이를 전달할 수 있으며 확률에 따라 해당 분포에서 가져온 값을 반환한다. 이것은 프로그래밍을 더 쉽게 만든다.

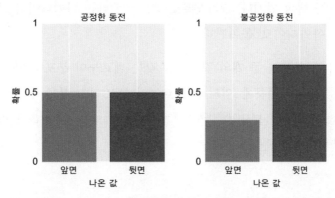

그림 2-12: 베르누이 분포는 0 또는 1이 나올 확률을 알려준다. 왼쪽: 공정한 동전. 오른쪽: 불공정한 동전

멀티누이 분포

베르누이 분포는 두 가지 가능한 값 중 하나만을 반환한다. 그러나 더 많은 수 또는 가능성 중 하나를 반환할 수 있는 실험을 실행하고 있다고 가정하자. 예를 들어 앞면이나 뒷면이 나올 수 있는 동전을 던지는 대신 20개의 값 중 하나가 나올 수 있는 20면체 주사위를 굴릴 것이다.

이 주사위를 굴린 결과를 시뮬레이션하고자 확률 변수는 1에서 20 사이의 정수를 반환할 수 있다. 그러나 다른 상황에서는 1의 값을 갖는 하나의 항목을 제외하고 모든 항목에 해당 확률이 0이 될 수 있는 값의 목록을 갖는 것이 유용하다. 이러한 목록은 입력값을 다른 카테고리로 분류하는 머신러닝 시스템을 구축할 때 유용하다. 예를 들어 사진에 10개의 사진에 각각 다른 어떤 동물이 보이는지 설명할 때 사용한다.

앨리게이터 사진이 있고 그 사진이 목록의 다섯 번째 항목이라고 가정해보자. 알고리듬이 이미지가 무엇인지 확신하지 못한다면 그림 2-13의 왼쪽과 같이 세 마리의 동물이 가능한 동물로 식별되는 결과를 얻을 수 있다. 시스템이 오른쪽에 출력을 생성하기를 원한다. 여기서의 모든 항목은 1인 앨리게이터를 제외하고는 0이다.

목록에서 단일 선택을 나타내는 이 방법은 두 개 이상의 가능한 클래스로 분류기를 훈련하는 핵심 단계다. **교차 엔트로피**^{cross entropy}라는 아이디어의 구성 요소로 6장에서 이 아이디어로 돌아간다.

그림 2-13의 각 분포는 두 개의 결괏값을 갖는 베르누이 분포를 여러 개의 결과로 일반화한 것이기 때문에 '멀티플-베르누이 분포'라고 부를 수 있지만 단어를 함께 조합해 **멀티누이 분포**^{multinoulli distribution}(또는 때로는 덜 화려한 카테고리 분포 ^{categorical distribution})라고 한다.

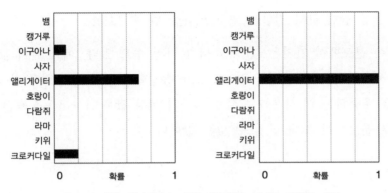

그림 2-13: 왼쪽: 앨리게이터 그림의 예상 확률. 오른쪽: 희망하는 확률

확률 변수의 집합

분포에서 임의의 값을 생성하는 방법을 살펴봤다. 어떤 반환값이 다른 값보다 선택될 가능성이 더 높은지 알려주고자 해당 분포의 확률을 사용해 확률 변수에서 값을 가져온다.

하나 이상의 확률 변수에서 많은 값을 가져온 경우 집합을 그룹이라고 할 수 있도록 특성화하는 것이 유용하다. 머신러닝에서 자주 보이는 세 가지 아이디어를 살펴보자.

기댓값

확률 분포에서 값을 선택한 다음 또 다른 값을 선택하면 시간이 지남에 따라 긴 값의 목록이 작성된다.

이러한 값이 숫자인 경우 그 평균을 **기댓값**Expected value이라고 한다. 이는 많은 애플리케이션에 유용한 정보다. 간단한 예를 들자면 -1과 1 사이에 있는 거의 같은 개수의 양수와 음수 값의 난수가 필요할 수 있다. 확률 변수의 기댓값이

0이면 균형 잡힌 값의 집합을 얻고 있음을 알 수 있다.

기댓값은 분포에서 가져온 값 중 하나가 아닐 수도 있다. 예를 들어 값 1, 3, 5, 7이 사용할 수 있는 유일한 값이고 모두 동일한 확률을 가진 경우 이 목록에서 값을 추출하는 데 사용하는 확률 변수의 예상 값은 (1 + 3 + 5 + 7) / 4 = 4이므로 분포에서 절대 얻을 수 없는 값이다.

의존성

지금까지 살펴본 확률 변수는 서로 완전히 분리돼 있다. 분포에서 값을 가져올 때 이전에 다른 값을 가져왔는지 여부는 중요하지 않다. 새로운 확률 변수를 가져올 때마다 그것은 완전히 새로운 세계다.

어떤 식으로든 서로 의존하지 않기 때문에 이러한 **독립 변수**independent variables라고 한다. 이것들은 작업하기 가장 쉬운 종류의 확률 변수다. 두 개 이상의 확률 변수가 서로에게 어떻게 영향을 미칠지 관리하는 것을 걱정할 필요가 없기 때문이다.

대조적으로 서로 의존하는 **종속 변수**dependent variables가 있다. 예를 들어 개, 고양이, 햄스터 등 다양한 동물의 털 길이에 대한 여러 분포가 있다고 가정한다. 먼저 동물 목록에서 무작위로 동물을 선택한 다음 이를 사용해 적절한 털 길이 분포를 선택할 수 있다. 그런 다음 해당 분포에서 값을 가져와 동물 털의 값을 찾는다. 동물의 선택은 다른 것에 의존하지 않으므로 독립 변수다. 그러나 털의 길이는 사용하는 분포에 따라 달라지며, 이는 선택한 동물에 따라 달라지므로 털의 길이는 종속 변수다.

독립 항등 분포된 변수

많은 머신러닝 학습 기술의 수학 및 알고리듬은 분포가 동일한 확률 변수에서 추출되고 서로 독립적인 여러 값으로 작동하도록 설계됐다. 즉, 동일한 분포에서 계속해서 값을 가져오고 연속된 값 사이에는 관련성이 없다. 사실 어떤 알고리듬은 이렇게 할 때 가장 잘 작동하는 반면 다른 알고리듬은 이런 방식으로 임의의 값을 생성해야 한다.

이 요구 사항은 이러한 변수가 i.i.d.라는 특수한 이름을 가질 정도로 매우 일반적이다. i.i.d.는 **독립 항등 분포**independent and identically distributed를 나타낸다(약어는 보통 문자 사이에 마침표가 있는 소문자로 작성하기 때문에 일반적이지 않다). 예를 들어 다음과 같이 설명된 라이브러리 함수에 대한 인자들을 볼 수 있다. "연속된 입력값이 i.i.d.인지 확인하시오."

항등identically distributed이란 문구는 "같은 분포에서 선택됐다"를 간결하게 표현한 것이다.

추출과 복원

머신러닝에서는 기존 집합의 요소 중 일부를 무작위로 선택해 기존 데이터 세트에서 새 데이터 세트를 구축하는 것이 종종 유용하게 사용된다. 다음 절에서 표본 집합의 평균값을 찾을 때 이 작업을 수행한다. 객체의 시작 풀starting pool에서 선택한 선택 목록을 만드는 두 가지 방법을 살펴보자.

복원 추출

먼저 그림 2-14에서와 같이 원본이 제자리에 유지되면 선택한 각 항목의 복사본을 만드는 접근 방식을 살펴보자. 이 접근 방식을 **복원 추출**selection with replacement 또는 SWR이라고 부른다. 이 방식은 객체를 제거하고 스스로 복사본을 만들고, 원본을 복원하는 것으로 생각할 수 있기 때문이다.

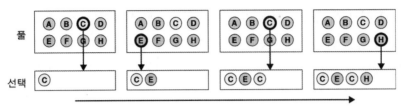

그림 2-14: 복원 추출

복원 선택의 결과로서 동일한 개체가 두 번 이상 나타날 수 있다. 극단적인 경우 새로운 데이터 세트 전체가 동일한 개체의 여러 복사본에 불과할 수 있다. 두 번째로 원본보다 작거나 같은 크기 또는 훨씬 더 큰 새로운 데이터 세트를 만들 수 있다. 원래 데이터 세트는 변경되지 않으므로 원하는 만큼 요소를 계속 선택할 수 있다.

이 프로세스의 통계적 의미는 선택이 서로 **독립적**independent이라는 것이다. 선택에 대한 히스토리가 없으므로 선택은 이전 선택의 영향을 전혀 받지 않으며 미래의 선택에도 영향을 미치지 않는다. 이를 확인하고자 그림 2-14를 보면 풀pool(또는 시작 데이터 세트)에는 항상 8개의 개체가 있으므로 각 개체를 선택할 확률은 1/8이다. 그림에서는 먼저 요소 C를 선택했다. 이제 새 데이터 세트는 요소 C가 내부에 있지만 선택한 후 해당 요소를 다시 풀에 집어넣었다. 풀을 다시 보면 8개 항목 모두 여전히 존재하고 다시 선택하더라도 각각 1/8의 확률을 가진다.

일상에서 찾을 수 있는 대체품을 포함한 샘플링의 비슷한 사례는 잘 갖춰진 커피숍에서 주문하는 것이다. 바닐라 라떼를 주문해도 메뉴에서 삭제되지 않고 다음 고객에게 계속 제공된다.

비복원 추출

새로운 데이터 세트를 무작위로 선택하는 다른 방법은 원래 데이터 세트에서 선택 항목을 제거하고 새 데이터 세트에 배치하는 것이다. 사본을 만들지 않으므로 원본 데이터 세트에서 요소 하나가 손실된다. 이 접근 방식을 **비복원 추출** selection without replacement 또는 SWOR이라고 하며 그림 2-15에 나와 있다.

비복원 추출의 일상적인 예로는 포커와 같은 카드 게임 등이 있다. 카드를 돌릴 때마다 팩에서 사라지고 (카드가 회수되고 섞일 때까지) 다시 돌릴 수 없다.

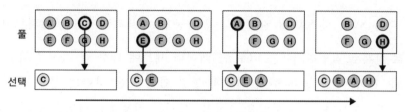

그림 2-15: 비복원 추출

SWOR의 의미와 SWR의 의미를 비교해보자. 첫째, SWOR에서는 원래 데이터 세트에서 개체를 제거하기 때문에 한 개체가 두 번 이상 선택될 수 없다. 둘째, 새로운 데이터 세트는 원본보다 작거나 같은 크기일 수 있지만 결코 더 클 수는 없다. 셋째, 선택은 이제 의존적이다. 그림 2-15에서 각 요소는 원래 처음 선택될 확률이 1/8이었다. C 항목을 선택할 때 복원이 일어나지 않았다. 또 다른 선택을 하려고 할 때 사용할 수 있는 요소는 7개뿐이며 각 요소가 선택될 확률은 1/7이 된다. 선택을 위해 경쟁하는 요소가 적기 때문에 요소 중 하나를 선택할 확률이 높아졌다. 다른 항목을 선택하면 나머지 요소는 각각 1/6의 확률로 선택되는 식이다. 그리고 7개의 항목을 선택한 후 남은 마지막 항목을 다음에 선택할 가능성은 100%다.

비교를 계속하면서 원래 풀보다 작은 새 데이터 세트를 만들고 싶다고 가정한다. 복원하거나 복원하지 않고 구축할 수 있다. 그러나 복원을 통한 샘플링은 그렇지 않은 샘플링보다 더 많은 새 컬렉션을 생성할 수 있다. 이를 보고자 원래 풀에 세 개의 개체(A, B, C라고 부름)가 있고 두 개체를 가진 새로운 컬렉션이 필요하다고 가정해보자. 복원 없이 샘플링하면 (A,B), (A,C), (B,C)의 세 가지 새 컬렉션만이 가능하다. 복원을 통한 샘플링은 여기에 (A,A), (B,B), (C,C) 세 가지를 추가로 제공한다. 일반적으로 복원을 통한 샘플링은 항상 더 많은 새 컬렉션 집합을 제공한다.

부트스트랩

방금 다룬 SWR 및 SWOR 알고리듬에 유용한 애플리케이션을 살펴보자.

때때로 실제로 작업하기에는 너무 큰 데이터 세트에 대한 몇 가지 통계를 알고 싶을 수 있다. 예를 들어 현재 세계에 살고 있는 모든 사람의 평균 키를 알고 싶다고 가정해보자. 모든 사람을 측정할 수 있는 실용적인 방법은 없다. 일반적으로 데이터 세트의 표본을 추출한 다음에 측정해 이러한 종류의 질문에 답하려고 한다. 수천 명의 키에 대한 데이터를 얻을 수는 있으며 그 측정값의 평균이 모든 사람을 측정해 얻을 수 있는 것과 비슷하기를 바랄 뿐이다.

세상의 모든 사람을 인구^{population}라고 부른다. 모두 작업하기에는 너무 많은 사람이 존재하기 때문에 인구를 대표할 수 있는 적당한 규모의 사람들을 모을 것이다. 그 작은 그룹을 **표본 집합**$^{sample\ set}$이라고 부른다. 이 표본 집합을 복원 없이 만들 것이므로 모집단에서 값(즉, 사람의 키)을 선택할 때마다 모집단에서는 제거되고 표본 집합에 배치되며 다시 선택할 수 없게 된다.

표본 집합을 신중하게 생성해 측정하려는 속성에 대한 전체 모집단의 합리적인 대안이 되기를 바란다. 그림 2-16은 21개의 원으로 구성된 모집단에 대한 아이디어를 보여준다. 표본 집합에는 모집단의 12개 요소가 포함된다.

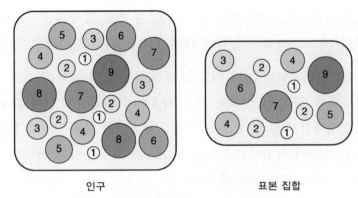

인구   표본 집합

그림 2-16: 모집단에서 비복원 추출해 표본 집합 만들기

이제 표본 집합의 평균을 측정하고 이를 모집단 평균의 추정치로 사용한다. 이 작은 예제에서는 모집단의 평균을 계산할 수 있으며 이는 약 4.3이 된다. 표본 집합의 평균은 약 3.8이다. 이 일치는 좋지는 않지만 크게 틀린 것도 아니다.

대부분의 경우 모집단을 측정할 수는 없다(이것이 처음부터 표본 집합을 구축하는 이유다). 표본 집합의 평균을 찾아 근삿값을 얻었지만 얼마나 쓸 만한가? 이것이 전체 인구에 대한 좋은 추정치로 의존해야 하는 수치일까? 그렇게 말하기는 어렵다. 결과를 신뢰 구간confidence interval으로 표현할 수 있다면 상황이 더 좋아질 것이다. 이것은 "모집단의 평균이 3.1에서 4.5 사이라고 98% 확신한다."라는 형식의 진술을 할 수 있다. 이러한 진술을 하려면 범위의 상한 및 하한(여기서는 3.1과 4.5)을 알아야 하고 값이 해당 범위에 있는 것이 얼마나 확실한지(여기서는 98%)를 측정해야 한다. 일반적으로 어떤 작업이든지 현재 필요한 신뢰도를 선택한 뒤 그로부터 해당 범위의 하한 및 상한 값을 찾는다.

평균이나 관심 있는 다른 통계적 측정에 대해 이런 종류의 진술을 할 수 있기를 바란다. 부트스트랩Bootstrapping 기술(Efron and Tibshirani 1993; Teknomo 2015)을 사용해 이를 수행할 수 있다. 여기에는 두 가지 기본 단계가 포함된다. 첫 번째는 그림 2-16에서 살펴본 단계로, SWOR을 사용해 원래 모집단에서 표본 집합을 생성한다. 두 번째 단계는 SWR을 사용해 새로운 집합을 만들고자 해당 표본 집합을 다시 샘플링하는 것이다. 이러한 새로운 집합 각각을 부트스트랩[bootstrap] 이라고 한다. 부트스트랩은 신뢰에 대한 진술을 작성하는 열쇠다.

부트스트랩을 생성하려면 먼저 시작 표본 집합에서 몇 개의 요소를 선택하고 싶은지 결정한다. 종종 훨씬 적은 수를 사용하지만 집합의 구성 요소 수만큼 원하는 수를 선택할 수도 있다. 해당 숫자를 선택하면 표본 집합에서 많은 요소를 무작위로 추출해 복원하므로 동일한 요소를 두 번 이상 선택할 수 있다. 프로세스는 그림 2-17에 설명돼 있다.

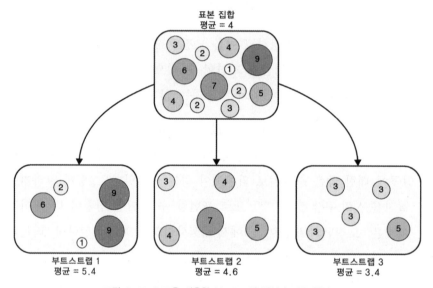

그림 2-17: SWR을 사용한 부트스트랩 생성과 평균 찾기

요약하자면 인구로 시작한다. 교체 없이 모집단 샘플링을 통해 표본 집합을 만든다. 그런 다음 복원 추출을 사용해 해당 표본 집합에서 부트스트랩을 만든다. 표본 집합과 동일한 크기의 부트스트랩을 구축하고 싶을 수도 있기 때문에 마지막 단계에서 복원 추출을 해야 한다. 이 예에서는 부트스트랩이 12개의 값을 보유하기를 원할 수 있다. 복원 추출을 하지 않으면 모든 부트스트랩이 표본 집합과 동일할 것이다.

전 세계 모든 사람의 평균 키를 찾으려면 21개 이상의 측정값이 필요하다. 샘플 수를 늘리고 범위를 축소해보자. 편의상 생후 2개월 아기의 크기를 중심으로 살펴본다. 일반적인 키가 약 500센티미터이므로 0~1,000밀리미터(즉, 1미터 또는 약 3.2피트)의 길이로 5,000회 측정된 가상의 모집단을 만들었다. 이 모집단에서 무작위로 500개의 측정값을 뽑아 표본 집합을 만든 다음 각각 20개의 요소가 있는 1,000개의 부트스트랩을 만들었다. 그림 2-18은 0에서 1,000까지의 범위에 걸쳐 약 100개의 서로 다른 각자의 빈^{bin}에서 평균값을 갖는 부트스트랩의 개수를 보여준다(200보다 작거나 800보다 큰 평균은 거의 없었다). 이와 같은 그래프는 거의 매번 대략적인 종형 곡선의 형태를 취한다. 부트스트랩의 특성으로 인해 더 많은 부트스트랩이 실제 평균에 가까운 평균값을 갖고 평균과 멀어질수록 부트스트랩의 개수가 더 적어진다.

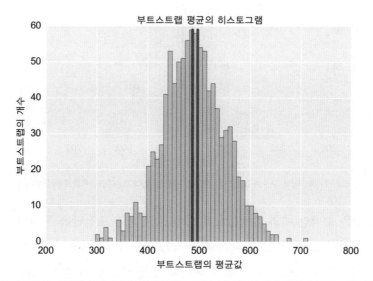

그림 2-18: 막대그래프는 주어진 값이 평균인 부트스트랩의 수를 보여준다. 약 490인 파란색 막대는 표본 집합의 평균이다. 약 500인 빨간색 막대는 모집단의 평균이다.

데이터를 생성했기 때문에 모집단의 평균이 500이라는 것을 알고 있다. 표본 집합의 평균은 약 490으로 이에 가깝다. 부트스트랩의 목적은 이 값 490을 얼마나 신뢰할 수 있는지 결정하는 데 도움이 되는 것이다. 부트스트랩은 알아야 할 모든 것을 알려준다. 신뢰도 80%로 인구의 평균을 하나로 묶는 값을 찾고 싶다고 가정해보자. 그러면 부트스트랩 값의 가장 낮은 10%와 가장 높은 10%만 잘라내면 중간 80%가 남는다(Brownlee 2017). 그림 2-19는 이 작업을 수행하는 상자를 보여준다. 신뢰도 80% 구간에 이미 알고 있는 500이라는 실제 평균값이 포함된다. 그래프를 보면 "원래 인구의 평균은 약 410에서 560 사이라는 것을 80%의 확률로 확신한다."라고 말할 수 있다.

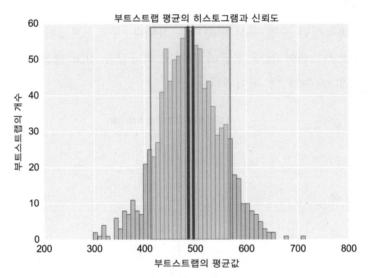

그림 2-19: 상자 구간에 모집단의 평균이 포함돼 있다고 80%의 확률로 확신한다.

부트스트랩은 수백만 개의 측정값으로 이뤄진 거대한 모집단을 통해서도 각각 10개 또는 20개의 요소만 갖는 작은 부트스트랩을 종종 사용할 수 있기 때문에 매력적이다. 각 부트스트랩은 작기 때문에 일반적으로 생성과 처리가 빠르다. 작은 크기를 보완하고자 종종 수천 개의 부트스트랩을 만든다. 더 많은 부트스트랩을 만들수록 결과가 가우시안 범프Gaussian bump처럼 보이고 신뢰 구간이 더 정확해질 수 있다.

공분산과 상관관계

때로는 변수가 서로 관련돼 있을 수 있다. 예를 들어 한 변수는 외부 온도를 제공하고 다른 변수는 눈이 올 가능성을 제공한다. 온도가 매우 높으면 눈이 올 가능성이 없으므로 변수 중 하나에 대한 지식이 있으면 다른 변수에 대해 알 수 있다. 이 경우 음의 상관관계를 갖는다. 온도가 올라가면 눈이 올 확률이 낮아지고 그 반대의 경우에는 눈이 올 확률이 높아진다. 반면 두 번째 변수는 그 지역의 호수에서 수영할 것으로 예상되는 사람들의 수를 알려줄 수 있다. 기온과 수영하는 사람들의 수 사이의 관계는 양의 상관관계다. 따뜻한 날에는 더 많은 사람이 수영을 하고 기온이 내려가면 수영하는 사람들이 줄어든다.

이러한 관계성을 찾고 그 정도를 측정할 수 있으면 유용하다. 예를 들어 데이터 세트에서 정보를 추출하는 알고리듬을 가르칠 계획이라고 가정해보자. 데이터의 두 값이 밀접하게 관련돼 있음을 발견하면(예, 온도와 눈이 올 확률) 두 값이 중복되므로 데이터에서 그중 하나를 제거할 수 있다. 이는 훈련 속도를 향상시키고 결과를 개선시킬 수 있다.

이 절에서는 이러한 관계의 정도를 결정할 수 있도록 수학자들이 개발한 **공분산**covariance이라는 측정값을 살펴본다. **상관관계**correlation라는 변형도 볼 수 있다. 이는 포함하는 숫자의 크기에 의존하지 않기 때문에 종종 더 유용하다.

공분산

두 개의 변수가 있고 그것들과 관련된 특정 숫자 패턴을 발견했다고 가정한다. 두 변수 중 하나의 값이 증가하면 다른 하나는 해당 값의 고정 배수만큼 증가하고 두 변수 중 하나가 감소할 때도 동일한 일이 발생한다. 예를 들어 변수 A가 3만큼 증가하고 변수 B가 6만큼 증가한다고 가정한다. 그런 다음 나중에 B가 4만큼 증가하고 A가 2만큼 증가한다. 그러면 A가 4만큼 감소하고 B는 8만큼 감소한다. 모든 예에서 B는 A가 증가하거나 감소한 양의 두 배만큼 증가하거나 감소하므로 고정 배수^{fixed multiple}는 2다.

이러한 관계를 보면(2뿐만 아니라 모든 임의의 배수에 대해) 두 변수가 **공변**^{covary}한 다고 말한다. **공분산**이라는 숫자를 사용해 두 변수 간의 연결 정도 또는 공변의 일관성을 측정한다. 한 값이 증가하거나 감소할 때 다른 값이 예측 가능한 양만 큼 증가하거나 감소하면 공분산은 양수이고 두 변수가 양의 공분산^{positive covariance} 을 나타내고 있다고 말한다. y의 변화가 x의 변화를 더 일관되게 따라갈수록 공분산은 더 강해진다.

공분산에 대해 얘기하는 고전적인 방법은 그림 2-20과 같이 2차원(2D)으로 점 을 그리는 것이다. 여기서 두 개의 서로 다른 공변점집합을 볼 수 있다. 각 점에 는 좌표 x와 y가 있지만 이는 비교하려는 두 변수의 대역일 뿐이다. y의 변화가 x의 변화를 더 일관되게 따라갈수록 공분산은 더 강해진다.

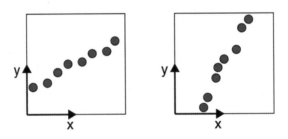

그림 2-20: 각 다이어그램은 양의 공분산을 갖는 서로 다른 점집합을 보여준다.

그림 2-20의 왼쪽을 보면 수평으로 인접한 각 쌍의 점 사이에서 y값의 변화는 거의 동일하다. 이는 양의 공분산이다. 오른쪽 도표의 각 쌍의 점 사이에서 y값 의 변화는 약간 더 가변적이며 더 약한 양의 공분산을 나타낸다. 매우 강한 양의 공분산은 두 변수가 함께 이동하므로 그중 하나가 주어진 양만큼 변경될 때마다 다른 변수가 일관되고 예측 가능한 양만큼 변경된다는 것을 알려준다.

다른 값이 증가할 때마다 한 값이 감소하면 변수가 **음의 공분산**^{negative covariance}을 갖는다고 말한다. 그림 2-21은 음의 공분산을 가진 두 가지 다른 점집합을 보여준다.

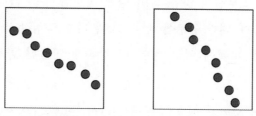

그림 2-21: 각 다이어그램은 음의 공분산을 가진 서로 다른 점집합을 보여준다.

두 변수에 일관되게 일치하는 움직임이 없으면 공분산은 0이다. 그림 2-22는 몇 가지 예를 보여준다.

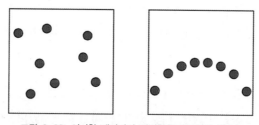

그림 2-22: 이러한 데이터의 점집합은 공분산이 0이다.

공분산에 대한 이러한 아이디어는 변화 값이 서로의 배수인 경우에만 변수 간에 관계를 갖는다. 그림 2-22의 오른쪽에 있는 그래프는 데이터 간에 명확한 패턴이 있을 수 있음을 보여주지만(여기서 점은 원의 일부를 형성함) 관계가 일관되지 않기 때문에 공분산은 여전히 0이다.

상관관계

공분산은 유용한 개념지만 문제도 있다. 수학적으로 정의되는 방식 때문에 두 개별 변수 간의 관계를 고려하지 않아 서로 다른 공분산의 연결 정도를 비교하기 어렵다. 예를 들어 기타를 설명하는 12가지 변수(나무의 두께, 목의 길이, 음이 공명하는 시간, 현의 장력 등)를 측정했다고 가정해보자. 이러한 측정값 안에서 다양한 쌍 사이의 공분산을 찾을 수 있지만 가장 강한 관계와 가장 약한 관계를 가진 쌍을 찾고자 공분산의 양을 의미 있게 비교할 수는 없다. 단위도 중요하다. 한 쌍의 측정값에 대한 공분산(센티미터)과 다른 측정값 쌍의 공분산(인치)이 있을 때 이 값들을 비교해 어느 쌍이 더 강하게 연결된 공분산인지 말할 수 없다.

공분산의 부호^{sign}가 여기서 배우는 것의 전부다. 양수 값은 양의 상관관계를 의미하고 음수 값은 음의 상관관계를 의미하며 0은 관계가 없음을 의미한다. 서로 다른 변수 집합의 비교를 원하기 때문에 부호만 있는 것은 문제가 된다. 그러면 어떤 변수가 가장 강하고 가장 약한 양의 상관관계와 음의 상관관계가 있는지와 같은 유용한 정보를 찾을 수 있다. 예를 들어 하나 이상의 강하게 연결된 쌍에서 측정값 중 하나를 제거함으로써 해당 정보를 사용해 데이터 세트의 크기를 정리할 수 있다.

이러한 비교를 수행할 수 있는 측정값을 얻고자 **상관 계수**$^{correlation\ coefficient}$ 또는 **상관관계**^{correlation}라고 하는 약간 다른 숫자를 계산할 수 있다. 이 값은 공분산으로 시작하지만 하나의 추가 계산 단계를 포함한다. 결과는 변수에 따라 선택한 개별 값에 의존하지 않는 숫자다. 상관관계는 항상 −1과 1 사이의 값을 제공하는 공분산의 확장된 버전으로 생각할 수 있다. 값 +1은 **완벽한 양의 상관관계**$^{perfect\ positive\ correlation}$가 있음을 알려주고 −1 값은 **완벽한 음의 상관관계**$^{perfect\ negative\ correlation}$를 뜻한다.

완벽한 양의 상관관계는 쉽게 발견할 수 있다. 모든 점은 그림 2-23에서와 같이 북동–남서 방향으로 이동하는 직선을 따라 떨어진다.

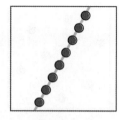

그림 2-23: 완벽한 양의 상관관계 또는 +1의 상관관계를 나타내는 그림

점 사이에 있는 어떤 종류의 관계가 0과 1 사이의 범위에 있으면서 양의 상관관계일까? y값은 x값과 함께 계속 증가하지만 비율이 일정하지 않은 관계다. 얼마나 변하는지 예측할 수는 없지만 x가 증가하면 y가 증가하고 x가 감소하면 y가 감소한다는 것을 알 수 있다. 그림 2-24는 0과 1 사이 양의 상관관계 값 중 일부에 대한 그림을 보여준다. 점이 직선에 가까울수록 상관 값correlation value은 1에 가깝다. 값이 0에 가까우면 상관관계는 약하며weak(또는 낮음low), 0.5 부근이면 보통moderate, 1에 가까우면 강하다strong(또는 높음high).

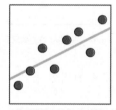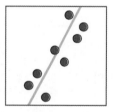

그림 2-24: 왼쪽에서 오른쪽으로 갈수록 양의 상관관계가 감소한다.

이제 상관관계 값이 0인 경우를 살펴보자. 상관관계가 0이라는 것은 한 변수의 변화와 다른 변수의 변화 사이에 관계가 없음을 의미한다. 무슨 일이 일어날지 예측할 수 없다는 의미다. 상관관계는 공분산의 척도화된 버전일 뿐이므로 공분산이 0이면 상관관계도 마찬가지다. 그림 2-25는 상관관계가 0인 일부 데이터를 보여준다.

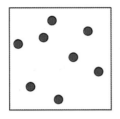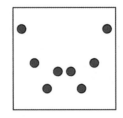

그림 2-25: 상관관계가 0인 예

음의 상관관계는 양의 상관관계와 같으며 x가 증가하면 y가 감소하는 것과 같이 변수만 반대 방향으로 움직인다. 음의 상관관계의 몇 가지 예가 그림 2-26에 나와 있다. 양의 상관관계와 마찬가지로 값이 0에 가까우면 상관관계가 약하고 (또는 낮음), -0.5 부근이면 보통, -1에 가까우면 강한(또는 높은) 상관관계다.

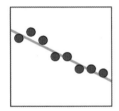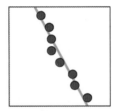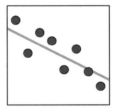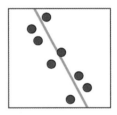

그림 2-26: 왼쪽에서 오른쪽으로 갈수록 음의 상관관계가 감소한다.

마지막으로 그림 2-27은 완벽한 음의 상관관계 또는 -1의 상관관계를 보여준다.

그림 2-27: 이러한 패턴은 완전한 음의 상관관계 또는 -1의 상관관계를 갖는다.

몇 가지 다른 용어는 때때로 문서와 문헌에 등장하기 때문에 언급할 가치가 있다. 두 변수에 대한 이전의 논의를 일반적으로 **단순 상관관계**^simple correlation라고 한다. 그러나 더 많은 변수 간의 관계를 찾을 수 있으며 이를 **다중 상관관계**^multiple correlation라고 한다. 변수가 많지만 그중 두 변수가 서로에게 어떤 영향을 미치는지 연구하는 경우 이를 부분 상관관계particle correlation라고 한다.

두 변수가 완벽한 양의 혹은 음의 상관관계를 가질 때(즉, +1과 −1의 값) (앞에서 본 것처럼) 점이 선 위에 있기 때문에 변수가 선형 상관관계linearly correlated에 있다고 말한다. 이와 다른 형태의 상관관계 값으로 설명되는 변수를 비선형 상관관계nonlinearly correlated에 있다고 한다.

그림 2-28은 서로 다른 선형 상관관계 값의 의미를 요약한 것이다.

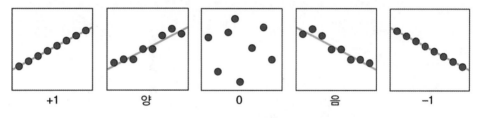

+1	양	0	음	−1

그림 2-28: 서로 다른 값의 선형 상관관계 의미 요약

통계가 모든 것을 말해주지는 않는다

2장에서 살펴본 통계는 데이터 세트에 관한 많은 것을 알려준다. 그러나 통계가 모든 것을 말해준다고 가정해서는 안 된다. 통계에 속을 수도 있는 유명한 예는 4개의 서로 다른 2차원(2D) 점집합으로 구성된다. 이 집합은 서로 비슷해보이지 않지만 모두 동일한 평균, 분산, 상관관계, 직선 적합straight-line fit을 갖는다. 이 데이터는 이 값을 발명한 수학자의 이름을 따서 엔스컴 콰르텟Anscombe's quartet으로 불린다(Anscombe 1973). 네 가지 데이터 세트의 값은 온라인에서 널리 사용 가능하다(Wikipedia 2017a).

그림 2-29는 이 콰르텟quartet에 있는 4개의 데이터 세트를 각 집합에 가장 잘 맞는 직선과 함께 보여준다.

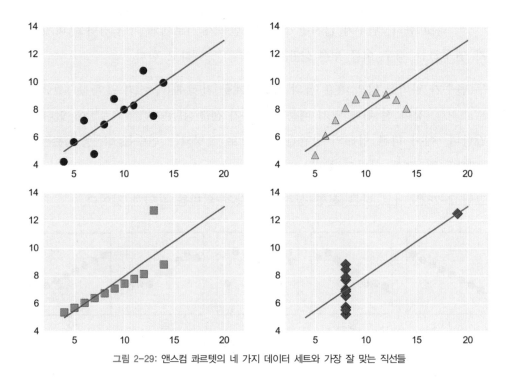

그림 2-29: 앤스컴 콰르텟의 네 가지 데이터 세트와 가장 잘 맞는 직선들

이 네 가지 다른 데이터 세트의 놀라운 점은 동일한 통계치를 많이 공유한다는 것이다. 각 데이터 세트의 x값 평균은 9.0이다. 각 데이터 세트의 y값 평균은 7.5다. 각 x값 집합의 표준 편차는 3.16이고 각 y값 집합의 표준 편차는 1.94다. 각 데이터 세트의 x와 y값 사이의 상관관계는 0.82다. 그리고 각 데이터 세트를 통과하는 가장 좋은 직선은 Y축 절편이 3이고 기울기가 0.5다.

다시 말해 이러한 7가지 통계 측정값은 모두 4가지 점집합에 대해 거의 동일한 값을 갖는다(더 많은 수치를 더 자세히 살펴보면 일부 통계치는 서로 다르다). 통계적으로 보면 이 4개의 데이터 세트가 동일하다고 가정한다.

그림 2-30은 4개의 모든 점집합과 최적의 직선 근사치를 중첩한 것이다. 네 직선이 모두 동일하므로 플롯plot에서는 하나의 직선만 볼 수 있다.

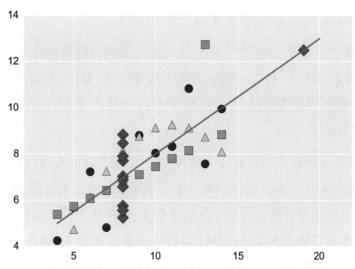

그림 2-30: 앤스컴 콰르텟의 네 가지 데이터 세트와 최적의 직선 중첩하기

이 네 가지 데이터 세트는 유명하지만 특별하지는 않다. 동일한(혹은 거의 동일한) 통계치를 가진 다른 데이터 세트를 더 만들고 싶다면 원하는 만큼 만들 수 있다(Matejka and Fitzmaurice 2017). 교훈은 통계치가 모든 데이터 세트에 대한 모든 것을 알려준다고 가정해서는 안 된다는 것이다.

새로운 데이터 세트로 작업할 때마다 항상 시간을 들여 이를 알아가는 데 시간을 할애할 가치가 있다. 여기에는 계산 통계가 포함될 수 있지만 조사 프로세스에는 그림 그리기와 기타 시각화도 포함될 수 있다. 일반적으로 말해 데이터를 더 잘 이해할수록 해당 데이터를 통해 학습하는 알고리듬을 더 잘 설계하고 훈련할 수 있다.

고차원 공간

숫자를 다루는 주제를 하나 더 살펴보자. 이는 통계 도구라기보다 개념에 가깝지만 통계나 머신러닝 또는 대규모 데이터 세트가 있는 거의 모든 작업을 수행할 때 데이터를 생각하는 방식에 영향을 미친다.

머신러닝에서는 종종 많은 숫자를 단일 샘플이나 데이터 조각으로 묶는다. 예를 들어 과일 조각을 무게, 색상, 크기로 설명할 수 있다. 여기서 각 수치를 표본의 **피처**feature라고 부른다. 사진은 각 픽셀의 색상을 설명하는 수치가 피처인 샘플로 설명된다.

종종 각 샘플이 어떻게 거대한 공간의 한 점으로 표현되는지 얘기한다. 샘플에 두 개의 피처가 있는 경우 한 피처를 X축과 연결하고 다른 피처를 Y축과 연결해 페이지의 점으로 샘플을 그릴 수 있다. 샘플에 세 가지 피처가 있는 경우 3차원(3D) 공간에 점dot을 배치할 수 있다. 그러나 샘플이 훨씬 더 많은 피처를 가진 경우가 많다. 예를 들어 너비가 1,000픽셀, 높이가 1,000픽셀인 그레이스케일 사진은 1,000 × 1,000픽셀 값으로 설명된다. 백만 개의 숫자다. 백만 차원의 공간에서 점의 그림을 그리는 것은 불가능하며 그러한 공간이 어떻게 생겼는지 상상조차 할 수 없지만 비교적 익숙한 2차원(2D) 및 3차원(3D) 공간으로 유추해 추론할 수 있다. 이것은 실제 데이터 작업을 위해 매우 중요한 관념적인 도구이므로 수많은 피처를 가진 샘플의 공간을 느껴보자.

일반적인 아이디어는 공간의 각 차원 또는 축이 샘플의 단일 피처에 해당한다는 것이다. 샘플의 모든 피처(즉, 모든 수치)가 목록을 구성하는 것으로 생각하는 것이 유용하다. 하나의 피처(예, 온도)만 있는 데이터의 경우 하나의 숫자만 있는 목록으로 해당 피처를 나타낼 수 있다. 시각적으로 그림 2-31과 같이 해당 측정치의 크기를 표시하고자 선의 길이만 표시하면 된다. 이 선을 **1차원 공간**one-dimensional space이라고 부른다. 선의 어느 지점에서라도 1차원의 혹은 하나의 방향으로만 이동할 수 있기 때문이다. 그림 2-31에서 그 하나의 선택은 수평 방향이다.

88

 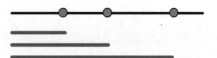

그림 2-31: 단일 값을 가진 데이터 조각은 그 값을 표시하고자 하나의 축 또는 차원만이 필요하다. 왼쪽: X축. 오른쪽: X축의 점 또는 길이가 다른 선분으로 표시되는 일부 데이터

샘플에 온도와 풍속 같은 두 가지 정보가 있는 경우 두 항목의 목록이 필요하다. 그것을 도표로 그리려면 각 측정치마다 각각 하나씩 총 두 개의 차원이 필요하다. 일반적으로 그림 2-32에서와 같이 두 개의 수직인 축을 사용한다. 점의 위치는 X축을 따라 첫 번째 측정값만큼 이동한 다음 Y축을 따라 두 번째 측정값만큼 이동한다. 이것을 2차원 공간이라고 말한다.

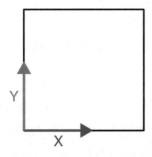 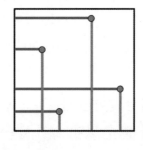

그림 2-32: 데이터에 두 개의 값이 있는 경우 해당 데이터를 표현하려면 두 개의 차원이나 축이 필요하다.

샘플에 3개의 값이 있는 경우 3개의 값을 가진 목록을 사용한다. 이전과 마찬가지로 각 값은 그것을 그릴 공간에 상응하는 차원을 갖고 있다. 이 3차원은 그림 2-33과 같이 3개의 축을 사용해 나타낼 수 있다. 이것을 3차원 공간이라고 부른다.

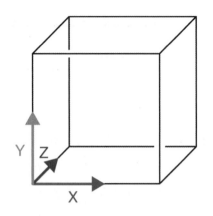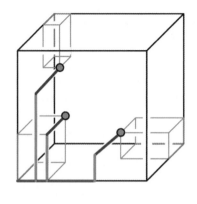

그림 2-33: 각 데이터가 3개의 값을 가질 때 이것을 그리려면 3개의 차원, 즉 축이 필요하다.

측정값이 4개라면 어떻게 될까? 몇 가지 용감한 노력에도 불구하고 2차원 공간 위에 4차원 그래프를 그리는 일반적인 방법은 없다(Banchoff 1990; Norton 2014; ten Bosch 2020). 그리고 5, 10, 100만 차원에 도달하기 시작하면 그 공간을 그림으로 그리는 것은 거의 가망이 없다.

이러한 고차원 공간은 난해하고 보기 드문 것처럼 보일 수 있지만 실제로는 흔하고 매일 볼 수 있다. 앞서 봤듯이 한 면이 1,000픽셀인 그레이스케일 그림에는 1,000,000차원에 해당하는 백만 개의 값이 있다. 같은 크기의 컬러 그림은 3,000,000개의 값을 가지므로 3,000,000차원 공간의 한 점이다. 그렇게 많은 차원으로 그림을 그릴 수 있는 방법이 없을 뿐만 아니라 머릿속에서 상상할 수 있는 방법 역시 없다. 그러나 머신러닝 알고리듬은 그러한 공간을 마치 2차원이나 3차원처럼 쉽게 처리할 수 있다. 수학과 알고리듬은 차원이 몇 개인지 상관하지 않는다.

명심해야 할 핵심은 각 데이터 조각이 광대한 공간에서 단일 지점으로 해석될 수 있다는 것이다. 2차원(2D) 점이 평면 위의 위치를 알려주고자 두 개의 숫자를 사용하는 것처럼 750,000차원 점은 750,000개의 숫자를 사용해 그 거대한 공간에서의 위치를 알려준다. 종종 공간의 이름을 지정해 공간이 설명하는 내용을 추적할 수 있으므로 이미지가 그림 공간의 단일 점으로 표현된다고 말할 수 있다.

차원이 많은 공간을 **고차원 공간**^{high-dimensional spaces}이라고 부른다. '고^{high}'라는 말을 붙일 수 있는 수치에 대한 공식적인 합의는 없지만 합리적으로 그릴 수 있는 3차원 이상의 공간에 이 문구가 자주 사용된다. 대부분의 사람에게는 확실히 수십 또는 수백 개의 차원이 적합하게 느껴질 것이다.

이 책에서 사용할 알고리듬의 가장 큰 장점 중 하나는 여러 차원의 데이터를 처리할 수 있다는 것이다. 더 많은 데이터가 포함되면 계산에 더 많은 시간이 걸리지만 이론상 2차원 데이터와 동일한 방식으로 2,000차원 데이터를 처리할 수 있다(실전에서는 일반적으로 알고리듬과 데이터 구조가 작업할 데이터 세트의 차원에서 가장 효율적으로 조정되게 한다).

추상적이고 고차원적인 공간의 점으로 생각되는 데이터로 자주 작업할 것이다. 계산에 뛰어들기보다는 방금 본 아이디어의 직관적인 일반화에 의존하며 공간을 각 데이터 조각이 있는 선, 정사각형 및 정육면체의 거대한 (시각화 불가능한) 유추로 생각할 것이다. 이 광대하고 추상적인 공간 안에서 각 방향 또는 차원은 샘플의 단일 값에 해당하는 한 점으로 표현된다. 하지만 직관에 너무 의존하는 것은 조심해야 한다. 7장에서는 고차원 공간이 항상 익숙한 2차원(2D) 및 3차원(3D) 공간처럼 작동하지는 않는다는 것을 알게 될 것이다.

요약

종종 숫자 컬렉션을 특성화해야 할 때가 있다. 통계 분야는 그러한 컬렉션을 설명하는 유용한 방법을 찾는 데 전념한다. 2장에서는 책 전반에 걸쳐 유용하게 사용할 기본적인 통계적 측정치를 살펴봤다. 머신러닝에 필요한 종류의 수치를 제어하는 편리한 방법이 분포를 사용하는 것임을 살펴봤고 몇 가지 유용한 분포를 봤다.

또 교체가 있거나 없는 방식으로 모집단에서 요소를 선택해 다양한 종류의 컬렉션을 제공할 수 있음을 확인했다. 그러한 많은 컬렉션의 통계 또는 부트스트랩을 사용해 시작 데이터인 인구 통계를 추정할 수 있었다.

한 변수의 변화가 다른 변수의 변화를 예측하는 정도를 측정하는 방법을 제공하는 공분산과 상관관계의 개념을 살펴봤다. 그리고 숫자 목록을 여러 차원의 공간에 있는 점으로 생각할 수 있다는 것을 알았다.

3장에서는 확률 개념으로 얘기를 전환한다. 3장에서는 임의의 사건을 들어 그 사건이 일어날 가능성을 설명한다. 그리고 한 사건이 다른 사건에 뒤따르거나 다른 사건과 동시에 일어날 가능성이 얼마나 되는지도 알아본다.

3

성능 측정

데이터에서 패턴을 예측, 분류하고 찾을 수 있는 시스템을 구축할 때 작업을 얼마나 잘 수행하고 있는지 논의할 방법이 필요하다. 이 목적을 위해 다양한 수치적인 측정을 사용한다. 이를 총칭해 **성능 측정지표**(performance metric)라고 한다. 이들은 시스템이 올바르게 하고 있는 것이 무엇인지, 그리고 더 중요하게는 시스템이 잘못된 답변을 했을 때 특별히 이 답변이 어떻게 잘못된 것인지 신중하게 설명할 수 있도록 설계됐다. 이러한 도구는 모든 시스템 결과를 해석하는 열쇠다.

측정지표(metric)는 확률 또는 다양한 유형의 결과가 나타날 가능성을 기반으로 한다. 따라서 가장 중요한 아이디어에 초점을 맞춰 확률에 대한 가벼운 논의로 시작할 것이다. 그런 다음 성능 측정지표를 작성하고자 적용한다.

확률은 수많은 전문 분야와 함께 거대한 주제다. 여기서 다룰 초점은 머신러닝 도구를 현명하게 사용하는 것이므로 몇 가지 기본 용어와 주제만 이해하고 있으면 된다. 다양한 종류의 확률, 정확도를 측정하는 방법, **혼동 행렬**(confusion matrix)이라고 하는 확률을 구성하는 특정 방법 등이다. 이러한 기본 아이디어를 바탕으로 나중에 사용할 도구에서 최상의 성능을 얻을 수 있도록 데이터를 준비할 수 있다. 여기에서 다룰 모든 주제와 이 분야의 다른 많은 주제에 대한 더 광범위하고 심층적인 토론은 많은 참고 문헌에서 찾을 수 있다(Jaynes 2003; Walpole et al. 2011; Kunin et al. 2020).

확률의 여러 유형

확률에는 여러 종류가 있다. 그중 몇 가지 비유로 시작하자.

다트 던지기

다트 던지기는 기본적인 확률을 논하는 전형적인 비유다. 근본적인 아이디어는 손에 다트 뭉치를 들고 벽을 마주보고 있는 방에 있다는 것이다. 코르크 표적을 거는 대신 색과 크기가 다른 얼룩으로 벽을 칠했다. 벽에 다트를 던지고 각 다트가 어느 색의 영역에 위치하는지 추적한다(배경도 영역으로 계산함). 이 아이디어는 그림 3-1에 설명돼 있다.

그림 3-1: 벽에 다트 던지기. 벽은 여러 색깔의 페인트로 칠해져 있다.

지금부터 다트가 바닥이나 천장으로 가는 것이 아니라 항상 벽 어딘가에 도달한다고 가정한다. 따라서 각각의 다트가 벽 어딘가에서 도달할 확률은 100%다. 확률에 부동소수점 숫자(또는 실수)와 백분율을 모두 사용할 것이기 때문에 1.0의 확률은 100%이고 0.75의 확률은 75%다.

다트 던지기 시나리오를 좀 더 자세히 살펴보자. 현실 세계에서 옆으로 가기보다는 바로 앞에 있는 벽의 일부에 부딪힐 가능성이 더 크다. 하지만 이 논의의 목적상 어느 지점이든 벽에 부딪힐 확률은 모든 곳에서 같다고 가정할 것이다. 즉, 벽에 있는 모든 지점에 다트가 맞을 확률이 같다. 또한 2장의 언어를 사용해 주어진 점을 타격할 확률은 **균등 분포**^{uniform distribution}를 따른다고 말할 수 있다.

나머지 논의의 핵심은 여러 영역의 면적과 각 영역에 도달할 수 있는 가능성을 비교해보는 것이다. 배경도 영역으로 계산된다는 점을 기억하자(그림 3-1에서 흰색 영역).

한 가지 예를 살펴보자. 그림 3-2는 벽에 있는 빨간 정사각형을 보여준다. 다트를 던질 때 벽에 맞을 확률이 1이라는 것을 알 수 있다.

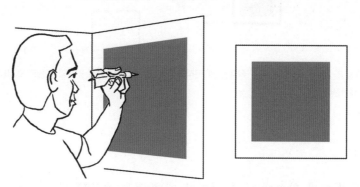

그림 3-2: 벽에 도달하는 것은 보장된다. 빨간 사각형에 도달할 확률은 얼마일까?

빨간 사각형에 도달할 확률은? 이 그림에서 정사각형은 벽 전체 면적의 절반을 차지한다. 규칙은 벽의 모든 지점이 맞을 확률이 동일하다는 것이므로 다트를 던질 때 다트가 빨간색 사각형에 떨어질 확률은 50% 또는 0.5다. 확률은 면적의 비율일 뿐이다. 사각형이 클수록 더 많은 영역을 덮고 따라서 그 안에 착륙할 가능성이 더 높아진다.

면적의 비율을 나타내는 작은 그림으로 이것을 설명할 수 있다. 그림 3-3은 벽에 대한 정사각형의 비율을 나타낸다. 다른 모양 위의 한 모양으로 구성된 '분수'를 그리는 이러한 종류의 그림은 언급하는 영역을 추적하고 상대적 크기에 대한 직관적인 느낌을 얻을 수 있는 시각적 방법을 제공한다.

그림 3-3은 상대적인 면적을 정확하게 보여주며 빨간색 사각형의 면적은 실제로 그 아래에 있는 흰색 상자 면적의 절반이다. 전체 크기를 갖는 모양을 사용하면 모양 중 하나가 다른 모양보다 훨씬 큰 경우에 그림이 어색할 수 있기 때문에 결과 그림이 페이지에 더 잘 맞게 영역을 축소했다. 괜찮다, 면적의 비율은 변하지 않으니까. 이러한 모양 비율의 목적은 다른 모양을 갖는 면적과 비교할 한 모양의 상대적인 면적을 설명하기 위한 것임을 기억하자.

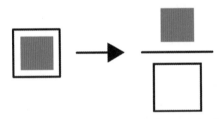

그림 3-3: 그림 3-2에서 사각형에 맞을 확률은 벽 면적에 대한 빨간색 정사각형 면적의 비율로 표시되며, 여기서는 기호 분수로 표현한다.

단순 확률

어떤 일이 일어날 확률에 대해 얘기할 때 이것을 사건^{event}이라고 부른다. 보통 A, B, C 등과 같이 대문자로 사건을 참조한다. '사건 A가 일어날 확률'이라는 문구는 단순히 A가 일어날 확률을 의미한다. 공간을 절약하고자 '사건 A가 발생할 확률' 또는 좀 더 간결하게 'A에 대한 확률'을 쓰기보다는 일반적으로 P(A)를

96

쓴다(일부 저자는 소문자 p를 사용해 p(A)로 쓴다).

그림 3-2에서 다트를 던지고 빨간 사각형을 맞추는 사건을 A라고 가정해보자. 앞에서 했던 것처럼 비율로 P(A)를 나타낼 수 있다. 그림 3-4는 이를 시각적으로 보여준다.

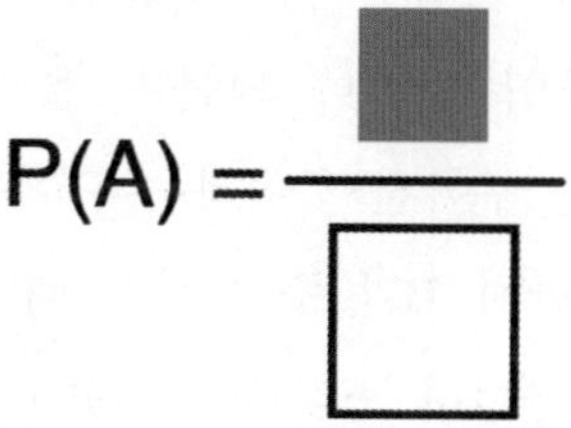

$$P(A) = \frac{\blacksquare}{\square}$$

그림 3-4: 다트로 사각형을 맞추는 것이 사건 A라고 말할 것이다. 사건 A가 발생할 확률은 그림 3-3에서 면적들의 기호 비율로 주어진다. 이 확률을 P(A)로 쓴다.

여기서 P(A)는 사각형의 면적을 벽의 면적으로 나눈 값이므로 P(A)는 1/2이다. 이 비율은 다트를 던질 때 벽의 나머지 부분이 아닌 사각형을 맞출 확률이다. P(A)를 단순 확률simple probability이라고 부른다.

조건부 확률

이제 두 사건과 관련된 확률에 대해 얘기해보자. 이 사건 중 하나가 일어날 수도 있고, 둘 다 일어날 수도 있고, 아니면 둘 다 일어나지 않을 수도 있다.

예를 들어 집에 피아노가 있을 가능성, 그리고 안에 개가 있을 가능성을 물어볼 수 있다. 이 두 가지 특징(또는 사건) 사이에는 아무런 관계가 없을 것이다. 어떤 식으로든 서로 관련이 없는 두 사건은 독립independent이라고 말한다.

많은 종류의 사건은 독립이지 않고 적어도 어떤 종류의 연관성이 있다. 이것을 종속dependent이라고 부른다. 사건이 종속일 때 이들의 관계를 찾고 싶을 수 있다. 즉, 다른 특정 사건이 발생했거나 발생한 상태임을 이미 알고 있을 때 특정 사건의 확률을 찾고자 한다. 예를 들어 어떤 집을 지나다가 안에서 개가 짖는 소리를 들었다고 가정해보자. 그러면 "개가 있다는 것을 알면서 집에 개가 씹는 장난감이 있을 확률이 얼마나 될까?"라고 물을 수도 있다. 즉, 한 사건이 일어났다는 것을 알고 있고, 다른 사건의 확률을 알고 싶다.

이것을 좀 더 추상적으로 만들어 A와 B라는 두 가지 사건에 대해 논의해보자. B가 일어났거나 동등하게 B가 참이라는 것을 안다고 가정하자. 이것을 아는 상태에서 A도 사실일 확률이 얼마나 되는지 물어볼 수 있을까? 이 확률을 P(A|B)로 쓴다. 세로 막대는 주어진^{given}이라는 단어를 나타내므로 'B가 참일 때 A가 참일 확률' 또는 더 간단히 'B가 주어 졌을 때 A의 확률'이라고 크게 말할 수 있다. 이는 B가 참인 상황이나 조건에만 적용되기 때문에 B가 주어졌을 때 A의 **조건부 확률**$^{conditional\ probability}$이라고 부른다. 또한 A가 참일 때 B가 참일 확률인 P(B|A)에 대해서도 말할 수 있다.

이것을 그림으로 설명할 수 있다. 그림 3-5의 왼쪽 그림은 벽을 나타내고 A와 B로 레이블된 두 개의 겹치는 영역을 보여준다. P(A|B)는 다트가 B 영역에 맞았다는 것을 이미 알고 있다면 다트가 A 영역에 맞았을 확률이다. 그림 3-5에서 오른쪽의 상징적인 비율에서 위에 있는 모양은 A와 B 모두에게 공통적인 영역이다. 즉, 겹쳐져 있는 영역이나 다트가 B에 맞았다는 것이 주어졌을 때 A에 맞은 영역이다.

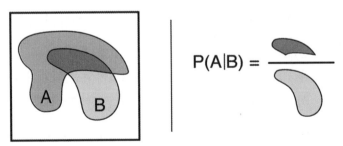

그림 3-5: 왼쪽: 두 개의 영역이 벽에 그려져 있다. 오른쪽: 다트가 이미 B에 있다고 주어졌을 때 A에 있을 확률은 A와 B가 겹치는 면적을 B의 면적으로 나눈 비율이다.

P(A|B)는 다트를 사용해 추정할 수 있는 양수다. A와 B가 겹쳐져 있는 모든

98

다트를 세고 그 수를 B의 어느 부분에 맞은 개수로 나누면 P(A|B)를 추정할 수 있다.

실제로 확인해보자. 그림 3-6에서 그림 3-5의 영역을 포함해 많은 다트를 벽에 던졌다. 두 지점이 서로 너무 가깝지 않고 전 지역에 걸쳐 커버하는 범위를 넓히고자 포인트를 배치했다. 다트 팁은 잘 보이지 않기 때문에 검은색 원으로 각 다트가 맞은 위치를 표시했고 원의 중심은 다트가 어디에 맞았는지 나타낸다.

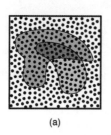 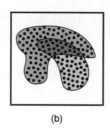 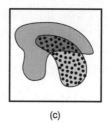 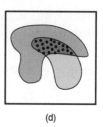

(a)   (b)   (c)   (d)

그림 3-6: P(A|B)를 찾고자 벽에 다트를 던진다. (a) 벽에 맞은 다트, (b) A 또는 B에 속한 모든 다트, (c) B의 다트만, (d) A와 B에 겹친 영역에 있는 다트

그림 3-6(a)는 모든 다트를 보여준다. 그림 3-6(b)에서 A나 B에 떨어진 다트만 분리했다(각 검정 원의 중심만 센다는 것을 기억하자). 그림 3-6(c)에서 영역 B에 떨어진 66개의 다트를 확인할 수 있고 그림 3-6(d)에서 A와 B 모두에 속한 23개의 다트를 확인할 수 있다. 23/66의 비율(약 0.35)은 B의 다트가 A에도 속할 확률을 추정한다. 따라서 P(A|B)는 약 0.35다. 즉, 다트가 B에 떨어지면 약 35%의 확률로 A에도 속하게 된다.

이 과정은 평방인치 숫자처럼 색상이 지정된 얼룩의 절대적인 영역에 의존하지 않는다. 이는 다른 영역에 대한 한 영역의 상대적 크기며, 이것이 정말로 관심을 갖는 유일한 측정지표다(벽의 크기가 두 배로 증가하고 색상이 지정된 영역도 두 배로 증가하더라도 각 영역에 위치할 확률은 변경되지 않는다).

A와 B의 겹침이 클수록 다트가 둘 다에 속할 가능성이 높아진다. 그림 3-7과 같이 A가 B를 둘러싸면 B에 속하기 때문에 A에 속할 것이다. 이 경우 A와 B가

겹치는 부분(회색으로 표시)은 B 자체의 영역이다. 따라서 B 영역에 대한 겹친 영역의 비율은 100% 또는 P(A|B) = 1이다.

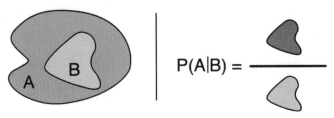

그림 3-7: 왼쪽: 벽에 두 개의 새 얼룩이 있다. 오른쪽: A가 B를 둘러싸고 있으므로 B에서 겹치는 부분이 B와 같기 때문에 B에 속한다고 가정할 때 A에 속할 확률은 1이다.

반면 그림 3-8과 같이 A와 B가 전혀 겹치지 않으면 다트가 B에 떨어졌을 때 A에 속할 확률은 0%이거나 P(A|B) = 0이다.

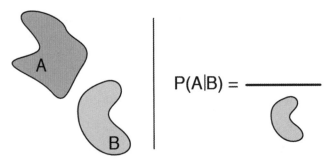

그림 3-8: 왼쪽: 벽에 두 개의 새로운 얼룩이 있다. 오른쪽: A와 B 사이에 겹치는 부분이 없기 때문에 B에 있다고 가정할 때 A에 도달할 확률은 0(또는 동등하게 0%)이다.

그림 3-8에서 도형의 비율은 중첩 영역이 0이고 0을 아무 값으로 나눈 값은 여전히 0임을 보여준다.

재미를 위해 이것을 반대로 뒤집어 P(B|A) 또는 얼룩 A에 속한 경우에 얼룩 B에 속할 확률을 물어보자. 그림 3-5와 같은 얼룩을 사용했을 때 결과는 그림 3-9에 있다.

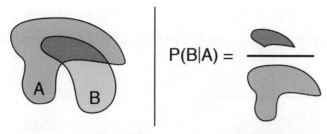

그림 3-9: 조건부 확률 P(B|A)는 A에 떨어졌을 때 B에 떨어질 확률이다.

이론은 이전과 동일하다. 겹치는 면적을 A의 면적으로 나눈 값은 A에 B가 얼마나 많이 나타나는지 알려준다. 겹치는 부분이 많을수록 A로 다트가 날아갈 확률이 B에도 떨어질 가능성이 높아진다. P(B|A)에 숫자를 지정해보자. 다시 그림 3-6을 참조하면 A에 104개의 다트가, B에 23개의 다트가 떨어지므로 P(B|A)는 23/104 또는 약 0.22다.

순서가 중요하니 주목하자. 그림 3-5와 그림 3-9에서 P(A|B)가 P(B|A)와 같은 값을 갖지 않음을 알 수 있다. A, B의 크기와 이들의 겹친 영역이 주어진 상황에서 B에 떨어졌을 때 A에 떨어질 확률이 A에 떨어졌을 때 B에 떨어질 확률보다 더 크다. 즉, P(A|B)는 약 0.35지만 P(B|A)는 약 0.22다.

결합 확률

앞 절에서는 다른 이벤트가 이미 발생했음을 감안할 때 한 이벤트가 발생할 확률을 표현하는 방법을 살펴봤다. 두 가지 일이 동시에 일어날 확률을 아는 것도 도움이 될 것이다. 얼룩의 경우에 벽에 던진 다트가 얼룩 A와 얼룩 B 모두에 떨어질 확률은 얼마일까? A와 B가 모두 발생할 확률은 P(A,B)로 쓴다. 여기서 쉼표는 단어 '외and'를 의미하는 것으로 생각한다. 따라서 P(A,B)를 'A와 B의 확률'로 큰 소리로 읽는다.

A와 B의 **결합 확률**joint probability을 P(A,B)라고 한다. 얼룩을 사용해 얼룩 A와 B가 겹치는 영역을 벽의 면적과 비교해 이 결합 확률 P(A,B)를 찾을 수 있다. 결국

다트가 A와 B 모두에 떨어질 확률을 찾고자 한다. 즉, 벽 아무 곳에나 떨어질 확률과 비교해 겹치는 영역 내부를 의미한다. 그림 3-10은 이 아이디어를 보여준다.

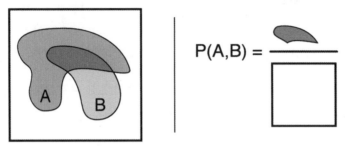

그림 3-10: A와 B가 모두 발생할 확률을 결합 확률이라고 하며 P(A,B)로 표시한다.

좀 더 어렵지만 강력한 결합 확률을 확인하는 또 다른 방법이 있다. 4장의 핵심으로 이어질 정도로 유용하다. 결합 확률에 대한 이 대안적인 관점은 단순 확률과 조건부 확률을 결합한다.

B에 맞을 확률 또는 P(B)에 대한 단순 확률을 알고 있다고 가정하자. 그리고 조건부 확률 P(A|B) 또는 B에 맞았다는 것을 알고 있을 때 A에 맞을 확률을 알고 있다고 가정하자. 이것을 일련의 추론으로 결합할 수 있다. B에 맞을 확률이 주어지면 A를 맞출 확률과 주어진 B를 맞출 확률을 결합해 A와 B에 동시에 맞을 확률을 구한다.

예제로 추론의 체인을 살펴보자. 얼룩 B가 벽의 절반을 덮고 있어 P(B) = 1/2이라고 가정하자. 또한 얼룩 A가 얼룩 B의 1/3을 덮고 있어 P(A|B) = 1/3이라고 가정하자. 그러면 벽에 던진 다트의 절반이 B에 떨어지고 그중 3분의 1이 A에 떨어질 것이다. 다트의 절반이 B에 떨어지고 그중 3분의 1이 A에 떨어지므로 B와 A 모두에 떨어지는 전체 개수는 1/2 × 1/3 또는 1/6이다.

이 예제는 일반적인 규칙을 보여준다. P(A,B)를 찾고자 P(A|B)와 P(B)를 곱한다. 이것은 정말 놀랍다. 조건부 확률 P(A|B)와 단순 확률 P(B)만을 사용해 결

합 확률 P(A,B)를 찾았다. 이것을 P(A,B) = P(A|B) × P(B)로 쓴다. 실제로 보통 명시적 곱셈 기호를 생략하고 P(A,B) = P(A|B) P(B)만 쓴다.

그림 3-11은 작은 영역 다이어그램을 사용해 방금 수행한 작업을 보여준다.

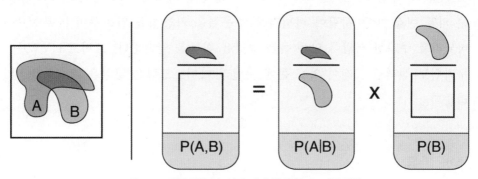

그림 3-11: 결합 확률 P(A,B)에 대해 생각하는 또 다른 방법

그림 3-11의 오른쪽을 보고 작은 기호의 비율을 실제 분수로 생각해보자. 그런 다음 영역 B의 녹색 얼룩이 서로 상쇄되고 정사각형 위에 회색 영역이 남게 돼 작은 식의 왼쪽과 오른쪽이 실제로 동일함을 보여준다.

B가 아닌 이벤트 A를 사용해 다른 방식으로도 이 작업을 수행할 수 있다. A에 떨어졌을 때 B에 떨어질 확률을 배우고자 P(B|A)로 시작하고, 그다음에 A에 떨어질 확률 또는 P(A)를 곱한다. 결과는 P(A,B) = P(B|A) P(A)이다. 시각적으로 이것은 그림 3-11과 같은 패턴을 따르지만 여기서 서로 상쇄되는 것은 A 얼룩이다.

기호에서 P(B,A) = P(A,B)인데, 둘 다 A와 B에 동시에 착륙할 확률을 나타내기 때문이다. 조건부 확률과 달리 결합 확률에서는 A와 B의 순서는 중요하지 않다.

이러한 아이디어는 다소 익숙해지기가 어려울 수 있지만 4장에서 숙달하면 효과를 볼 수 있다. 몇 가지 작은 시나리오를 구성하고 함께 해보고 다양한 얼룩과 얼룩들이 겹치는 방식을 상상하거나 실제 상황을 A와 B로 생각하는 것이 도움이 될 수 있다. 예를 들어 사람들이 와플 콘이나 컵으로 다양한 맛의 아이

스크림을 살 수 있는 아이스크림 가게를 상상해보자. 누군가 바닐라 아이스크림을 주문하면 V가 참이고 와플 콘으로 아이스크림을 주문하면 W가 참이라고 말할 수 있다. 그런 다음 P(V)는 무작위 고객이 바닐라를 주문할 가능성이고 P(W)는 독립적으로 선택된 고객이 와플 콘을 주문할 가능성이다. P(V|W)는 와플 콘을 받은 사람이 바닐라를 주문했을 가능성을 알려주며 P(W|V)는 바닐라를 주문한 사람이 와플 콘을 받았을 확률을 알려준다. 그리고 P(V,W)는 무작위로 선택한 고객이 와플 콘에 바닐라 아이스크림을 넣었을 가능성을 알려준다.

주변 확률

단순 확률에 사용되는 또 다른 용어는 **주변 확률**marginal probability이며 이 용어의 근원을 이해하면 여러 이벤트에 대한 단순 확률을 계산하는 방법을 이해하는 데 도움이 된다.

이 맥락에서 꽤 이상하게 보일 수 있는 **주변**marginal이라는 단어부터 시작해보자. 결국 **마진**margin은 확률과 어떤 관련이 있을까? 주변이라는 단어 뒤에 숨겨진 전설은 사전에 계산된 확률의 테이블들이 포함된 책에서 유래했다. 이 아이디어는 우리(또는 프린터)가 이 테이블의 각 행에 있는 합계를 합산하고 페이지 여백에 해당 합계를 쓴다(Glen 2014).

아이스크림 가게로 돌아가서 이 아이디어를 설명해보자. 그림 3-12에서는 고객이 최근에 구매한 몇 가지를 보여준다. 가게는 새로운 매장이며 와플 콘이나 컵에 바닐라와 초콜릿만 제공한다. 어제 들어온 150명의 구매를 기반으로 누군가가 컵이나 와플 콘을 살 확률, 바닐라나 초콜릿을 살 확률을 물을 수 있다. 각 행이나 열의 숫자를 더하고(여백에 숫자를 제공한다) 총 고객 수로 나눠 해당 값을 찾는다.

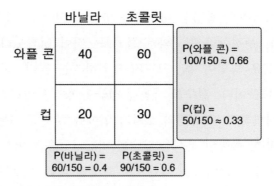

그림 3-12: 아이스크림 가게에 최근 방문한 150명의 주변 확률 찾기. 녹색 상자의 값(그리드 여백에 위치)은 주변 확률이다.

모든 고객이 둘 중 하나를 구매하기 때문에 누군가가 컵이나 와플 콘을 구매할 확률은 1이 된다. 마찬가지로 모든 사람은 바닐라 또는 초콜릿을 구입하므로 해당 확률도 합산하면 1이 된다. 일반적으로 모든 이벤트의 다양한 결과에 대한 모든 확률은 항상 합이 1이 되는 데, 이러한 선택 중 하나가 발생할 것이라고 100% 확신하기 때문이다.

정확도 측정

이제 확률에서 첫 번째 성능 측정으로 이동해보자. 불완전한 알고리듬이 주어 졌을 때 정답이 나올 가능성은 얼마나 될까? 이것은 머신러닝의 핵심 질문이다. 거의 대부분 완벽하게 정확하지 않은 시스템으로 작업하기 때문이다. 따라서 이들이 어떤 종류의 오차를 만드는지 이해하는 것이 중요하다.

클래스가 두 개뿐인 간단한 분류기를 생각해보자. 데이터 조각이 특정 클래스 에 속할 확률을 물어볼 수 있다(두 클래스는 범주에 속해 있는지 범주 바깥에 있는지 여부다). 예를 들어 사진이 개의 사진일 확률, 허리케인이 육지를 강타할 확률, 하이테크 울타리가 유전적으로 조작한 슈퍼 공룡을 수용할 만큼 충분히 강할 확률을 물어볼 수 있다.

당연히 분류기가 정확한 결정을 내리기를 바란다. 비결은 정확하다는 의미를 정의하는 것이다. 부정확한 결과의 수를 세는 것이 정확도라고 부르는 것을 측정하는 가장 쉬운 방법이지만 그다지 명확하지는 않다. 잘못된 방식이 한 가지 이상 있기 때문이다. 실수를 사용해 성능을 향상시키려면 예측이 틀리는 다양한 방법을 식별하고 각 유형의 오차가 얼마나 많은 문제를 일으키는지 고려해야 한다. 이러한 종류의 분석은 단순한 머신러닝을 넘어서도 적용된다. 다음 아이디어는 할당한 레이블을 기반으로 결정을 내리는 모든 종류의 문제를 진단하고 해결하는 데 도움이 될 수 있다.

자세히 알아보기 전에 정밀도^{precision}, 재현율^{recall}, 정확도^{accuracy}와 같이 여기에서 사용할 용어 중 일부가 대중적이고 비공식적인 글에서 아무렇게나 사용된다는 점을 주목하자. 하지만 이 책에서와 같이 기술적인 논의에서 이 단어들은 정확한 정의와 특정한 의미를 갖고 있다. 불행히도 모든 저자가 이러한 용어에 대해 동일한 정의를 사용하는 것은 아니므로 여러 종류의 혼동을 일으킬 수 있다. 이 책에서 확률과 머신러닝을 논의할 때 일반적으로 사용되는 방식을 고수하고 3장의 뒷부분에서 이것들을 다룰 때 주의 깊게 정의할 것이다. 하지만 이러한 용어는 많은 곳에 다른 의미로 나타나거나 모호한 개념으로 남겨져 있음을 유의하자. 이런 식으로 단어를 마구 사용하면 안타깝지만 그런 일들이 생긴다.

샘플 분류

사용할 언어를 당면한 작업으로 좁히자. 주어진 데이터 또는 샘플이 주어진 클래스에 속해 있는지 여부를 알고 싶다. 지금은 예/아니요 질문 형태로 생각해 보자. 이 샘플이 클래스에 속합니까? '아마도'라는 답변은 허용되지 않는다.

대답이 '예'라면 샘플은 양성^{positive}이라고 부른다. 대답이 '아니요'라면 샘플을 음성^{negative}이라고 한다. 분류기에서 얻은 답변을 사전에 할당한 실제 또는 정확한 레이블과 비교해 정확도^{accuracy}를 논의할 것이다. 샘플에 수동으로 할당한 양성 또는 음성을 선택하는 것을 실제 값(ground truth 또는 actual value)이라고 한다. 분류기에서 반환되는 값은 예측값이라고 말할 것이다. 완벽한 세계에서 예측값은 항상 정답과 일치한다. 현실 세계에는 종종 오차가 있으며 여기서 목표는 이러한 오차를 특성화characterize하는 것이다.

2차원(2D) 데이터로 논의해보자. 즉, 모든 샘플 또는 데이터 포인트에는 두 개의 값이 있다. 이는 사람의 키와 체중, 습도와 풍속의 날씨 측정 또는 음표의 주파수와 볼륨일 수 있다. 그런 다음 X축이 한 측정에 해당하고 Y축이 다른 측정에 해당하는 2D 그리드에 각 데이터 조각을 그릴 수 있다.

샘플은 각각 두 클래스 중 하나에 속한다. 이것들을 양성과 음성이라고 부르자. 샘플의 정확한 분류 또는 실제 값을 식별하고자 그림 3-13에서와 같이 색상과 기호를 사용한다.

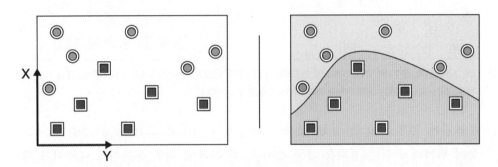

그림 3-13: 두 개의 다른 클래스에 속하는 2차원 데이터

점들의 집합 사이로 경계 또는 곡선을 그려 예측 결과를 표시한다. 경계는 매끄럽거나 구불구불할 수 있다. 분류기의 의사결정 과정을 요약한 것으로 생각할 수 있다. 곡선의 한쪽에 있는 모든 점은 한 클래스로 예측하고 다른 쪽의 모든 점은 다른 클래스에 있는 것으로 예측한다. 그림 3-13의 오른쪽 그림에서 분류기는 각 샘플의 정답을 완벽하게 예측했다. 드문 일이다.

종종 경계가 양성 측면과 음성 측면을 갖고 있다고 말한다. 분류기를 "이 샘플이 클래스에 속합니까?""라는 질문에 답하는 것으로 생각하면 이 클래스와 일치한다. 대답이 양성이면 예측값은 '예'이고 그렇지 않으면 예측값은 '아니요'다. 그림 3-13에서 했던 것처럼 경계의 양쪽에 있는 영역에 색상을 지정하면 어느 쪽이 양성 예측이고 어느 쪽이 음성 예측인지 쉽게 알 수 있다.

이 데이터 세트의 경우 그림 3-14와 같이 20개의 표본 집합을 사용한다. 정답(또는 수동 레이블)이 양성인 샘플은 녹색 원으로 표시하고 정답(또는 수동 레이블)이 음성인 샘플은 빨간색 사각형으로 그린다. 따라서 각 샘플의 색상과 모양은 실제 값에 해당하고 배경색은 분류기가 할당한 값을 나타낸다.

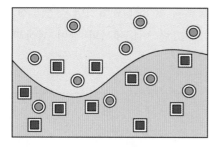 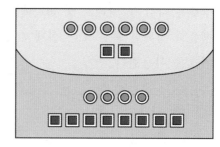

그림 3-14: 왼쪽: 분류기의 곡선은 데이터를 분류하는 데에는 문제가 없지만 몇 가지 실수가 있다. 오른쪽: 동일한 그림의 개략도 버전. 곡선 경계는 실제 경계가 거의 직선이 아님을 상기시킨다.

분류기의 역할은 모든 양성 샘플이 한쪽에 위치하고 모든 음성 샘플이 다른 쪽에 위치하게 하는 경계를 찾는 것이다. 각 샘플에 대한 분류기의 예측이 실제 값과 얼마나 잘 일치하는지 확인하고자 해당 샘플이 분류기 경계 곡선의 올바른 쪽에 있는지 확인할 수 있다. 이 곡선은 공간을 두 영역으로 나눈다. 밝은 녹색을 사용해 양성 영역을 표시하고 밝은 빨간색을 음성에 사용했으므로 밝은 녹색 영역의 모든 점이 양성으로 예측되거나 분류되고 연한 빨간색 영역의 모든 점은 음성으로 분류된다.

완벽한 세계에서 모든 녹색 원(양성 정답을 갖는 원들)은 경계 곡선의 녹색 면에 있고(분류기가 양성으로 예측했음을 나타냄) 모든 빨간색 사각형은 빨간색 면에 있다. 하지만 그림에서 볼 수 있듯이 이 분류기는 몇 가지 실수를 범했다. 그림

3-14의 왼쪽에는 분류기의 결정을 특성화하는 경계 곡선(및 영역)과 함께 두 값을 사용해 각 데이터 조각을 표시했다. 이 논의에서 점의 특정 위치나 곡선의 모양에 대해 별로 신경 쓰지 않는다. 관심은 얼마나 많은 점이 정확하고 부정확하게 분류돼 경계의 옳은 쪽에 위치하는지와 잘못된 쪽에 위치하는지에 있다. 따라서 오른쪽 그림에서는 샘플을 한 눈에 쉽게 셀 수 있도록 위치 배열을 정리했다.

이 그림은 실제 데이터 세트에 대해 분류기를 실행할 때 일반적으로 발생하는 일을 나타낸다. 일부 데이터는 올바르게 분류되고 일부는 그렇지 않다. 분류기가 충분히 잘 수행되지 않으면 분류기를 수정하거나 버리고 새 분류기를 만드는 것과 같은 일종의 조치를 취해야 할 것이다. 따라서 얼마나 잘하고 있는지를 유용하게 특징지을 수 있는 것이 중요하다.

몇 가지 방법을 찾아보자. 분류기의 성능 특성이나 그 예측이 주어진 레이블과 얼마나 잘 일치하는지 알려주는 방식으로 그림 3-14의 오차를 특성화하고 싶다. "맞았다", "틀렸다"보다 더 많은 것을 아는 것이 좋을 것이다. 실수의 본질을 알고 싶다. 어떤 실수는 많이 중요할 수 있지만 다른 실수는 별로 중요하지 않을 수 있기 때문이다.

혼동 행렬

분류기의 답변을 특성화하고자 각 예측 클래스에 대해 하나씩, 실제 또는 정답 클래스에 대해 하나씩 두 개의 열이 있는 작은 테이블을 만들 수 있다. 이것은 2 × 2 그리드가 되며, 이를 **혼동 행렬**confusion matrix이라고 한다. 이름은 그리드 또는 행렬이 분류기가 예측값에 대해 실수하거나 혼동한 방식을 보여 주는 방법을 나타낸다. 분류기의 출력은 혼동 행렬과 함께 그림 3-15에서 반복된다.

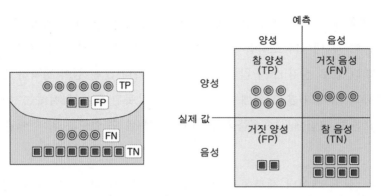

그림 3-15: 그림 3-14(왼쪽에서 레이블과 함께 반복)의 위치를 4개의 클래스 각각에 얼마나 많은 샘플이 위치하는지 보여주는 혼동 행렬로 요약할 수 있다.

그림 3-15에서 볼 수 있듯이 테이블의 네 개 셀 각각에는 예측값과 실제 값들의 특정한 조합을 설명하는 일반적인 이름이 있다. 여섯 개의 양성 녹색 원은 양성 으로 올바르게 예측됐으므로 **참 양성**true positive 범주에 포함된다. 즉, 이들은 양성 으로 예측됐고 실제로도 양성이었으므로 양성 예측이 맞거나 **참**true이었다. 음성 으로 잘못 분류된 네 개의 녹색 원은 부정확하거나 잘못 음성으로 레이블이 지정됐기 때문에 **거짓 음성**false negative 범주에 속한다. 여덟 개의 빨간색 음성 사각 형은 음성으로 올바르게 분류됐으므로 모두 **참 음성**true negative 범주에 속한다. 마 지막으로 양성으로 잘못 예측된 두 개의 빨간색 사각형은 양성으로 부정확하게 예측됐거나 잘못 예측됐기 때문에 **거짓 양성**false positive에 속한다.

네 개의 클래스에 대한 두 글자 약어와 각 범주에 속하는 샘플수를 설명하는 숫자를 사용해 이것을 보다 간결하게 작성할 수 있다. 그림 3-16은 혼동 행렬을 일반적으로 표시하는 형식을 보여준다.

불행히도 혼동 행렬 그림에서 다양한 레이블이 어디에 위치하는지에 대한 보편 적인 합의는 없다. 어떤 저자는 예측값을 왼쪽에 놓고 실제 값을 맨 위에 놓고 어떤 저자는 여기에 표시된 것과 반대 위치에 양성과 음성을 놓는다. 혼동 행렬 을 마주치면 레이블을 보고 각 상자가 무엇을 나타내는지 확인하는 것이 중요 하다.

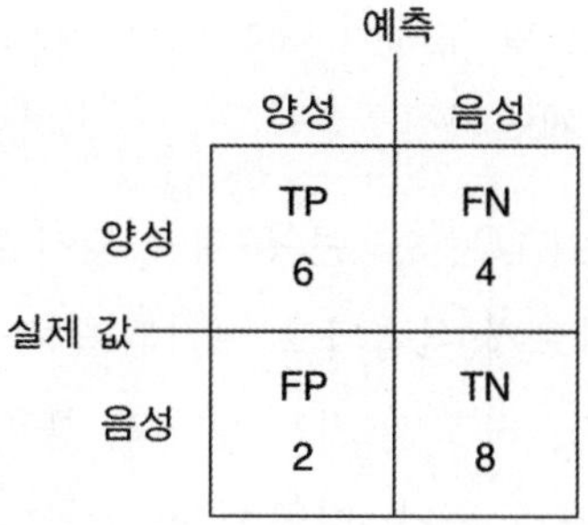

예측

	양성	음성
양성	TP 6	FN 4
음성	FP 2	TN 8

실제 값 —

그림 3-16: 그림 3-15에 있는 혼동 행렬을 숫자로 표시한 형태

잘못된 예측값 특성화

일부 오차가 다른 오차보다 더 중요할 수 있다고 앞서 언급했다. 그럴 수 있는 이유를 알아보자.

인기 있는 TV 캐릭터를 닮은 장난감 인형을 만드는 회사에서 일한다고 가정해 보자. 장난감은 지금 히트를 쳤고 생산 라인이 최대로 가동되고 있다. 임무는 제작된 피규어를 가져와 상자에 넣어 소매점으로 보내는 것이다.

어느 날 갑자기 회사에서 글라스 맥글라스페이스[Glasses McGlassface]라는 특정 캐릭터를 판매할 수 있는 권리를 잃었다는 소식을 들었다. 실수로 해당 피규어를 배송하면 소송을 당하게 되므로 공장을 떠나는 사람이 없게 하는 것이 중요하다. 불행히도 기계는 여전히 그것들을 작동시키고 있고, 기계를 업데이트하고자 생산 라인을 중단한다면 주문이 밀리게 될 것이다. 더 나은 접근 방식은 금지된 인형을 계속 만드는 것이라고 결정하고 만든 후에는 발견해 재활용을 위해 쓰레기통에 버린다. 따라서 목표는 각 글라스 맥글라스페이스를 식별해 쓰레기통에 버리고 아무것도 문 밖으로 나가지 않게 하는 것이다.

그림 3-17은 그 상황을 보여준다.

빨리 일해야 하기 때문에 약간의 실수를 할 수 있다. 그림 3-17에서 잘못 재활용한 한 인형을 보여준다. 즉, "글라스 맥글라스페이스인가?"라는 질문에 답할 때다. '예'라고 잘못 말했다. 앞 절에서 다룬 것에 따르면 이 인형은 거짓 양성이다. 이것이 얼마나 큰 문제인가?

이 경우에는 (너무 자주 하지 않는 한) 큰 문제가 되지 않는다. 목표는 모든 글라스 맥글라스페이스가 올바르게 식별되고 제거되게 하는 것이다. 하나라도 놓치면 많은 비용이 들 것이다. 하지만 거짓 양성은 플라스틱을 녹여서 재사용할 것이기 때문에 약간의 비용만 든다. 따라서 이 상황에서 거짓 양성은 바람직하지 않지만 용인될 수 있다.

그림 3-17: 글라스 맥글라스페이스는 윗줄에서 가장 첫 번째 캐릭터다. 이 캐릭터에 해당하는 모든 인형은 제거하길 원한다. 선택은 중간 행이다.

나중에 일부 피규어의 눈이 제대로 칠해지지 않은 것을 발견했다고 가정해보자. 눈이 없는 장난감을 아이에게 주는 것은 트라우마가 될 수 있으므로 확실히 이들을 모두 찾고 싶다. 이전과 마찬가지로 모든 장난감을 살펴보고 이번에는 "눈이 있습니까?"라고 묻는다. 그렇지 않은 경우 재활용을 위해 피규어를 쓰레기통에 버린다. 그림 3-18은 이 아이디어를 보여준다.

입력

눈이 있다.

눈이 없다.

거짓 음성

그림 3-18: 새로운 장난감 그룹. 이제 잘못 칠한 눈을 갖고 있는 것을 찾고 있다. 선택은 맨 아래 줄에 있다.

여기 거짓 양성이 있다. 인형의 눈에 페인트를 칠했지만, 그렇지 않다고 말했다. 이런 상황에서 몇 가지 거짓 음성은 그리 나쁘지 않다. 눈이 없는 인형을 모두 제거가 한 것이 확실하다면 눈이 있는 몇 개를 제거하는 상황도 괜찮다.

요약하자면 참 양성과 참 음성은 이해하기 쉬운 경우다. 어떻게 거짓 양성과 거짓 음성에 대응해야 할지는 상황과 목표에 달려 있다. 질문이 무엇인지, 정책이 무엇인지 아는 것이 중요하며 이러한 다양한 유형의 오차에 어떻게 대응하기를 원하는지 알 수 있다.

옳고 그름의 측정

혼동 행렬로 요약한 참과 거짓 양성과 음성의 개요로 돌아가 보자. 혼동 행렬을 보는 것은 헛갈릴 수 있기 때문에 사람들은 분류기가 얼마나 잘하고 있는지에 대해 얘기하는 것을 돕고자 다양한 용어를 만들었다.

의학 진단 시나리오를 사용해 이러한 용어를 설명할 것이다. 여기서 양성은 누군가가 특정 상태를 갖고 있음을 의미하고 음성은 그들이 건강함을 의미한다. MP$^{morbus\ pollicus}$라고 하는 끔찍하지만 완전 상상속의 질병 발병을 경험하고 있는 도시에 온 공중 보건 종사자라고 가정해보자. MP가 있는 사람은 즉시 엄지손가락을 수술로 제거해야 한다. 그렇지 않으면 질병으로 몇 시간 내에 사망한다. 따라서 MP가 있는 모든 사람을 올바르게 진단하는 것이 중요하다. 하지만 생명이 위험하지 않은 경우 누군가의 엄지손가락을 제거하는 잘못된 진단을 하고 싶지 않다. 엄지손가락은 중요하다.

MP를 탐지하기 위한 실험실 테스트가 있다고 가정해보자. 실험실 테스트는 완벽하기 때문에 항상 정확한 답을 제공한다. 양성 진단은 MP가 있다는 것을 의미하고 음성 진단은 MP가 없다는 것을 의미한다. 이 테스트를 사용해 마을의 모든 사람을 확인했고 이제 MP가 있는지 여부를 알 수 있다. 하지만, 실험실 테스트는 느리고 비용이 많이 든다. 미래의 발병이 걱정되기 때문에 방금 학습한 것을 기반으로 누군가 MP가 있는지 없는지를 즉시 예측할 수 있는 빠르고 저렴하며 휴대할 수 있는 필드 테스트를 개발한다.

불행히도 필드 테스트는 완벽하게 신뢰할 수 없으며 가끔 잘못된 진단을 내린다. 필드 테스트에 결함이 있다는 것을 알고 있지만 발병이 한창일 때 갖고 있는 유일한 도구가 될 수 있다. 따라서 필드 테스트가 얼마나 자주 맞추고 얼마나 자주 틀리는지 특성화하고 싶고, 언제 틀리는지 틀리는 방식을 특성화하길 원한다.

이를 해결하려면 데이터가 필요하다. 소수의 사람이 MP에 걸린 또 다른 마을에 대해 들었다. 완벽한(그러나 느리고 비싼) 실험실 테스트와 불완전한(그러나 빠르고 저렴한) 필드 테스트라는 두 가지 테스트를 통해 마을의 모든 사람을 확인할 것이다. 즉, 실험실 테스트는 각 사람에 대한 정답을 제공하고 필드 테스트는 예측값을 제공한다. 실험실 테스트 비용이 너무 비싸서 항상 모든 사람에게 두 가지 테스트를 모두 실행할 수는 없지만 이번 한 번 정도는 감당할 수 있다.

필드 테스트 예측값을 실험실 테스트 레이블과 비교해 필드 테스트에 대한 혼동 행렬의 사사분면을 모두 알 수 있다.

참 양성 True Positive : 이 사람은 MP를 갖고 있고 필드 테스트는 MP가 있다고 올바르게 나왔다.

참 음성^{True Negative}: MP가 없고 필드 테스트에서도 일치한다.

거짓 양성^{False Positive}: 이 사람은 MP가 없지만 필드 테스트에서는 MP가 있다고 나왔다.

거짓 음성^{False Negative}: 이 사람은 MP가 있지만 필드 테스트에서는 그렇지 않다고 나왔다.

참 양성과 참 음성은 모두 정답이고 거짓 음성과 거짓 양성은 오답이다. 거짓 양성은 이유 없이 수술한다는 것을 의미하고 거짓 음성은 누군가를 죽을 위험에 빠뜨릴 것이다.

네 개의 셀 각각에 숫자를 넣어서 필드 테스트에 대한 혼동 행렬을 만들어보면 필드 테스트가 얼마나 잘 수행되는지 확인할 수 있다. 몇 가지 잘 알려진 통계로 이 성능을 특성화할 수 있을 것이다. **정확도**^{accuracy}는 현장 검사에서 얼마나 자주 정답을 제공하는지 알려주고, **정밀도**^{precision}는 거짓 양성에 대해 말해주고, **재현율**^{recall}은 거짓 음성에 대해 알려줄 것이다. 이 값들은 사람들이 이런 테스트의 품질에 대해 말하는 표준 방식이다. 그럼 이제 이 값들을 살펴보자. 그런 다음 필드 테스트에 대한 혼동 행렬로 돌아가서 이 값을 계산하고 테스트의 예측을 어떻게 해석하는지 살펴보겠다.

정확도

이 절에서 다룰 각 용어는 혼동 행렬의 네 값으로부터 구성된다. 논의를 쉽게 하고자 일반적인 약어인 참 양성의 TP, 거짓 양성의 FP, 참 음성의 TN, 거짓 음성의 FN을 사용한다.

분류기의 품질을 특성화하는 첫 번째 용어는 **정확도**다. 샘플 컬렉션에 대한 예측 정확도는 0에서 1 사이의 숫자다. 이는 올바른 범주에 할당된 샘플의 백분율을 측정한 것이다. 따라서 이것은 두 개의 '정확한' 값인 TP와 TN의 합을 측정한 총 샘플수로 나눈 것이다. 그림 3-19는 이 아이디어를 시각적으로 보여준다. 이 그림에서는 다음에 나오는 그림과 같이 주어진 계산에 대한 샘플들만 표시하고 해당 값과 상관없는 샘플들은 생략된다.

정확도가 1.0이기를 원하지만 일반적으로 그보다 낮을 것이다. 그림 3-19에서 정확도는 0.7 또는 70%로 그다지 좋지 않다. 정확도는 예측이 어떻게 잘못된 것인지 알려주지 않지만 얼마나 많은 시간 동안 정확한 결과를 얻을 수 있는지에 대한 폭넓은 느낌을 준다. 정확도는 대략적인 측정이다.

이제 예측에 대해 좀 더 구체적인 특성을 제공하는 두 가지 다른 측정값을 살펴보자.

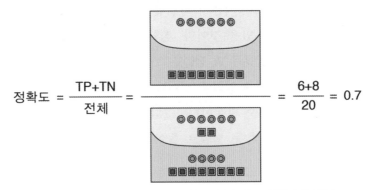

$$정확도 = \frac{TP+TN}{전체} = \frac{6+8}{20} = 0.7$$

그림 3-19: 정확도는 0에서 1사이 숫자로, 얼마나 자주 정확한지 알려준다.

정밀도

정밀도Precision(양성 예측값positive predictive value이라고도 함)는 양성으로 레이블이 돼 있는 모든 샘플과 비교해 적절히 양성으로 레이블을 지정한 샘플의 백분율을 알려준다. 수치적으로는 TP + FP에 대한 TP의 값이다. 즉, 정밀도는 양성 예측의 몇 퍼센트가 정확했는지 알려준다.

정밀도가 1.0이면 실제로 양성인 모든 샘플이 양성으로 올바르게 예측된 것이다. 백분율이 떨어지면 이러한 예측에 대한 신뢰도도 떨어진다. 예를 들어 정밀도가 0.8이면 양성으로 레이블을 지정한 주어진 샘플에 대해 올바른 레이블을 갖고 있다는 것을 80%만 확신할 수 있다. 그림 3-20은 이 아이디어를 시각적으로 보여준다.

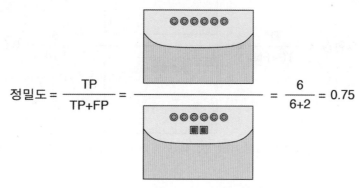

$$정밀도 = \frac{TP}{TP+FP} = \frac{6}{6+2} = 0.75$$

그림 3-20: 정밀도 값은 실제로 양성을 갖고 있는 샘플들의 전체 개수를 양성으로 레이블을 지정한 샘플의 전체 개수로 나눈 것이다.

정밀도가 1.0보다 작으면 일부 샘플에 대해 양성으로 레이블을 지정했음을 의미한다. 상상의 질병에 대한 이전 의료 예제에서 정밀도 값이 1.0 미만이면 불필요한 수술을 한다는 의미다. 정밀도라는 중요한 품질은 실제 모든 양성 대상, 즉 MP가 있는 모든 사람을 찾았는지 여부를 알려주지 않는다는 것이다. 정밀도는 양성으로 레이블이 지정한 샘플을 제외한 모든 샘플을 무시한다.

재현율

세 번째 측정값은 **재현율**recall(민감도sensitivity, 적중률hit rate 또는 참 양성 비율true positive rate 이라고도 함)이다. 이것은 실제로 양성이었던 모든 샘플에 대해 양성으로 올바르게 예측한 샘플의 백분율을 알려준다. 즉, 올바르게 예측한 양성 샘플의 백분율을 알려준다.

재현율이 1.0이면 모든 양성 이벤트를 올바르게 예측한 것이다. 재현율이 해당 수치 아래로 떨어질수록 더 많은 양성 이벤트를 놓친 것이다. 그림 3-21은 이 아이디어를 시각적으로 보여준다.

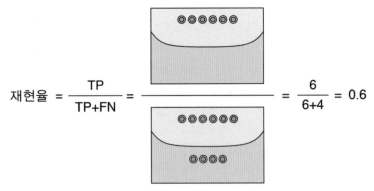

$$재현율 = \frac{TP}{TP+FN} = \text{———————} = \frac{6}{6+4} = 0.6$$

그림 3-21: 재현율 값은 올바르게 레이블을 지정한 양성 샘플의 총 개수를 양성으로 레이블돼야 하는 총 샘플수로 나눈 것이다.

재현율이 1.0 미만이면 양성 답변을 놓쳤다는 의미다. 의료 예제에서는 MP가 있는 일부 사람을 질병이 없는 것으로 오진할 수 있음을 의미한다. 그 결과 감염돼 위험에 처하더라도 그 사람들에 대해 수술을 하지 않을 것이다.

정밀도-재현율 트레이드오프

데이터를 두 개의 클래스로 분류하는 상황에서 거짓 양성과 거짓 음성을 제거할 수 없을 때 정밀도와 재현율 사이에는 트레이드오프가 있다. 이는 거짓 양성의 수를 줄이면(따라서 정밀도를 증가시키면) 필연적으로 거짓 음성의 수도 증가하고(따라서 재현율이 줄어든다) 그 반대의 경우도 마찬가지이기 때문이다. 이것이 어떻게 발생하는지 살펴보자.

그림 3-22는 20개의 데이터를 보여준다. 가장 왼쪽에서 음성(빨간색 사각형)으로 시작해 오른쪽으로 이동함에 따라 점차 양성(녹색 원)이 된다. 경계선을 수직

으로 어느 위치에 그려 왼쪽에 있는 모든 것은 음성으로 예측하고 오른쪽에 있는 모든 것은 양성으로 예측한다. 모든 빨간색 사각형이 음성으로 예측되고 모든 녹색 원은 양성으로 예측되기를 원한다. 뒤섞여 있기 때문에 두 그룹을 완벽하게 구분하는 경계선은 없다.

그림 3-22: 경계선을 오른쪽으로 이동함에 따라(가장 윗줄부터 아랫줄로) 거짓 양성(테두리가 있는 빨간색 사각형)의 수는 감소하지만 거짓 음성(테두리가 있는 녹색 원)의 수는 증가한다.

그림 3-22의 가장 윗줄에서 경계선은 왼쪽 끝 근처에 있다. 모든 녹색 원은 올바르게 양성으로 표시되지만 많은 빨간색 사각형은 거짓 양성이다(굵은 윤곽선으로 표시됨). 아래 행에서 경계를 오른쪽으로 이동함에 따라 거짓 양성의 수는 줄어들지만 거짓 음성의 수는 증가한다. 이제 더 많은 녹색 원을 음성으로 예측하기 때문이다.

데이터 세트 크기를 5,000개 요소로 늘리겠다. 데이터는 그림 3-22와 같을 것이므로 각 항목은 왼쪽 끝으로부터의 거리에 의해 주어진 확률로 양수다. 그림 3-23의 가장 왼쪽 그래프는 결정 경계선을 가장 왼쪽에서 가장 오른쪽으로 이동할 때 참 양성과 참 음성의 개수를 보여준다. 중간에 있는 그래프는 거짓 양성과 거짓 음성의 개수를 보여주고 가장 오른쪽 그래프는 결과 정확도를 보여준다.

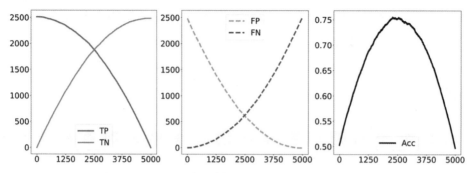

그림 3-23: 왼쪽: 경계선을 이동할 때의 참 양성 및 참 음성의 개수. 중간: 거짓 양성 및 거짓 음성의 개수. 오른쪽: 정확도

정밀도와 재현율을 찾고자 그림 3-24의 왼쪽 그래프에서 TP와 FP를, 중간에 TP 와 FN을 함께 모을 것이다. 오른쪽은 경계선의 각 위치에 대한 정밀도와 재현율 을 계산하고자 앞서의 정의에 따라 이 쌍들을 TP와 조합한 결과를 보여준다.

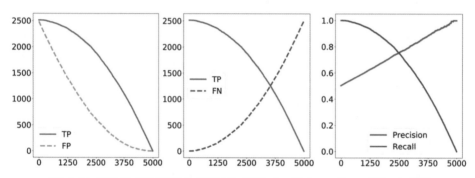

그림 3-24: 경계선을 가장 왼쪽에서 오른쪽으로 이동할 때 TP와 FP, TP와 FN, 정밀도와 재현율

정밀도를 높이면 재현율이 낮아지고 그 반대의 경우도 마찬가지다. 이것이 바 로 정밀도-재현율 트레이드오프다.

이 예에서 정밀도는 직선을 따르는 반면 재현율은 곡선이다. 그 이유를 알아보 고자 그림 3-24의 왼쪽에 있는 TP + FP 곡선의 합은 북서쪽에서 남동쪽으로 대각선이 되는 반면 가운데 그림에 있는 TP + FN 곡선의 합은 수평선이 될 것이다. TP 곡선을 이 두 개의 서로 다른 방향의 선으로 나누면 정밀도와 재현율 곡선의 여러 모양을 얻을 수 있다.

다른 종류의 데이터 세트의 경우에는 이러한 모든 곡선이 다르게 보이지만 정밀도와 재현율의 트레이드오프는 그대로 유지된다. 즉, 정밀도가 높을수록 재현율이 낮아지고 반대의 경우도 마찬가지다.

오해의 소지가 있는 측정지표

정확도는 일반적인 측정지표지만 머신러닝에서 정확도와 재현율은 분류기의 성능을 특성화하고 다른 것과 비교하는 데 유용하기 때문에 더 자주 사용한다. 그러나 극단 조건에서 두 측정지표 모두 큰 값이 나올 수 있지만 전체 성능은 형편없기 때문에 정밀도와 재현율 모두 단독으로 사용하면 오해의 소지가 있다.

이러한 잘못된 결과는 여러 소스에서 올 수 있다. 가장 흔하고 포착하기 어려운 것은 컴퓨터가 대신하도록 요청하는 것에 대해 충분히 주의를 기울이지 않을 때일 것이다. 예를 들어 회사는 아주 높은 정밀도나 재현율을 제공하는 분류기를 만들기 원할 수 있다. 이것이 바람직하게 들릴지 모르지만 왜 실수가 될 수 있는지 살펴보자.

문제를 확인하고자 완벽한 정밀도와 완벽한 재현율이라는 두 가지 극단 중 하나를 요구하면 어떤 일이 발생할 수 있는지 생각해보자. 문제를 설명하고자 형편없는 경계 곡선을 만들 것이지만 완벽한 정밀도나 재현율을 생성하는 알고리듬에서 자연스럽게 나올 수 있음을 명심하자.

완벽한 정밀도를 갖는 경계 곡선을 만드는 한 가지 방법은 모든 샘플을 살펴보고 가장 확실한 것이 정말 참인지 찾는 것이다. 그런 다음 선택한 점이 유일한 양성 샘플이고 나머지는 모두 음성이 되도록 곡선을 그린다. 그림 3-25는 이 아이디어를 보여준다.

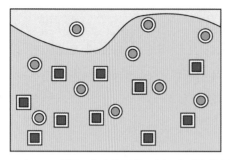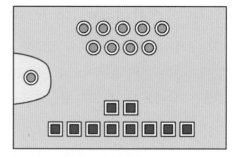

그림 3-25: 왼쪽: 이 경계 곡선은 정밀도에 대해 완벽한 점수를 가져온다. 오른쪽: 왼쪽 그림을 개략화한 버전이다.

이것이 어떻게 완벽한 정밀도를 줄까? 정밀도는 참 양성의 개수(여기서 1개만)를 양성 값으로 레이블한 전체 점의 개수(다시 1개만)로 나눈 값이라는 점을 기억하자. 따라서 분수 1/1, 즉 완벽한 점수인 1을 얻는다. 하지만 그림 3-26에서 보듯이 많은 거짓 음성을 만들어냈기 때문에 정확도과 재현율은 모두 매우 형편없다.

$$\text{정확도} = \frac{TP+TN}{\text{전체}} = \quad / \quad = \frac{1+10}{20} = 0.55$$

$$\text{정밀도} = \frac{TP}{TP+FP} = \quad / \quad = \frac{1}{1+0} = 1$$

$$\text{재현율} = \frac{TP}{TP+FN} = \quad / \quad = \frac{1}{1+9} = 0.1$$

그림 3-26: 이 그림은 모두 동일한 경계 곡선을 공유하며 정확히 하나의 녹색 원을 양성으로 레이블을 지정하고 다른 모든 원은 음수로 레이블을 지정했다.

재현율에 대해 비슷한 속임수를 수행해보자. 완벽한 재현율을 갖는 경계 곡선을 만드는 것은 훨씬 쉽다. 해야 할 일은 모든 것에 양성 레이블을 붙이는 것뿐이다. 그림 3-27은 이 아이디어를 보여준다.

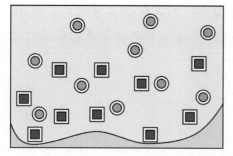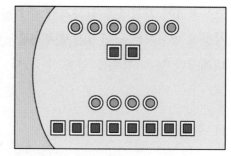

그림 3-27: 왼쪽: 이 경계 곡선은 완벽한 재현율 점수를 얻는다. 오른쪽: 왼쪽 그림의 개략도다.

재현율은 올바르게 레이블을 지정한 참^{true} 점들(여기서는 10개 모두)의 개수를 전체 참 점들의 개수(다시 10)로 나눈 것이기 때문에 여기서 완벽한 재현율을 얻는다. 따라서 10/10은 1로 재현율에 대한 완벽한 점수다. 하지만 그림 3-28과 같이 모든 음성 샘플이 이제 거짓 양성이기 때문에 정확도와 정밀도는 모두 좋지 않다.

$$\text{정확도} = \frac{TP+TN}{All} = \quad / \quad = \frac{10+0}{20} = 0.5$$

$$\text{정밀도} = \frac{TP}{TP+FP} = \quad / \quad = \frac{10}{10+10} = 0.5$$

$$\text{재현율} = \frac{TP}{TP+FN} = \quad / \quad = \frac{10}{10+0} = 1$$

그림 3-28: 이 모든 수치는 동일한 경계 곡선을 공유한다. 이 곡선으로 각 점이 양성일 것으로 예측한다. 모든 양성 점을 정확하게 레이블했기 때문에 완벽한 재현율을 얻게 된다. 안타깝게도 정확도와 정밀도 모두 점수가 매우 낮다.

그림 3-26과 3-28의 교훈은 완벽한 정확도나 완벽한 재현율을 요구한다고 해서 진정으로 원하는 것을 얻을 것 같지 않다는 것이다. 정확도, 정밀도, 재현율

모두가 1에 가깝기를 원하지만 주의하지 않으면 결과를 다른 방식으로 볼 때 성능이 떨어지는 극단적인 솔루션을 선택함으로써 이러한 측정지표 중 하나에 대해서만 높은 점수를 얻을 수 있다.

f1 점수

정밀도와 재현율을 모두 살펴보는 것은 유익하지만 약간의 수학과 결합해 f1 점수^{score}라는 단일 측정지표로 만들 수 있다. 이것은 **조화 평균**^{harmonic mean}이라고 하는 특별한 유형의 '평균'이다. 정밀도와 재현율을 결합한 단일 숫자를 볼 수 있다(공식은 그림 3-30과 3-32의 마지막 줄에 있다).

그림 3-29는 f1 점수를 시각적으로 보여준다.

일반적으로 f1 점수는 정밀도나 재현율이 낮을 때 낮고 두 측정값 모두 1에 접근하면 1에 가깝다.

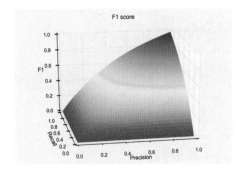 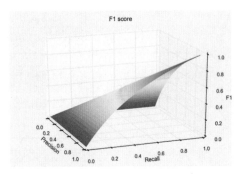

그림 3-29: f1 점수는 정밀도나 재현율 중 하나가 0일 때 0이고 둘 다 1일 때 1이다. 이 사이에서 두 측정값이 증가함에 따라 천천히 증가한다.

시스템이 잘 작동할 때 가끔 사람들은 f1 점수를 정밀도와 재현율이 모두 높다는 것을 보여주는 약식 방법으로 인용한다.

용어

정확도, 정밀도, 재현율이라는 용어는 측정 대상과 명확하게 연결되지 않은 것처럼 보일 수 있다. 이러한 용어의 의미를 기억하는 데 도움이 될 수 있는 연결들을 만들어보자.

정확도는 올바르게 예측한 샘플의 백분율을 알려준다. 모든 레이블을 완벽하게 예측하면 정확도는 1이 된다. 실수의 비율이 증가하면 정확도는 0 쪽으로 떨어진다. 실수를 특성화하고자 거짓 양성과 거짓 음성의 비율을 알고 싶다. 이는 바로 정밀도와 재현율을 위한 것이다.

정밀도는 거짓 양성의 비율이나 양성으로 잘못 예측한 샘플 개수를 나타낸다. 이것은 양성 예측의 특이도specificity 또는 정밀도precision를 측정한다. 정밀도 값이 클수록 양성 예측이 정확하다는 신뢰도가 커진다. 의학 예제의 관점에서 테스트가 높은 정밀도를 갖고 있다면 양성 진단은 그 사람이 실제로 MP를 갖고 있다는 것을 의미할 가능성이 높다. 하지만 정밀도는 질병이 없다고 올바르지 않게 선언한 감염자 수를 알려주지 않는다.

재현율은 거짓 음성 비율을 보여준다. 시스템이 데이터 세트에서 양성만을 찾거나 재현하는 것으로 생각하면 이는 얼마나 잘했는지 알려준다. 재현율이 높을수록 모든 양성 샘플을 올바르게 찾아냈다는 신뢰도가 커진다. 의학 예제에서 테스트의 재현율이 높으면 MP가 있는 모든 사람을 식별했다고 확신할 수 있다. 하지만 재현율은 MP가 있는 것으로 잘못 식별한 건강한 사람이 몇 명인지 알려주지 않는다.

기타 측정지표

정확도, 재현율, 정밀도, f1의 측정지표를 다뤘다. 확률과 머신러닝에 대한 논의에서 때때로 사용되는 다른 용어가 많다(Wikipedia 2020). 이 책에서 이러한 용어의 대부분을 다루지는 않겠지만 모든 정의를 한곳에서 모으는 원스톱 참조를 제공하고자 여기에서 요약한다.

그림 3-30은 이 요약을 제공한다. 생소한 용어와 의미를 외우려고 애쓰지 말자. 이 표의 목적은 필요할 때 이러한 것들을 찾아볼 수 있는 편리한 장소를 제공하는 것이다.

일반적인 이름	기타 이름	약어	정의	해석
참 양성	적중	TP	참인 샘플을 참으로 레이블	참 샘플을 올바르게 레이블
참 음성	기각	TN	거짓 샘플을 거짓으로 레이블	거짓 샘플을 올바르게 레이블
거짓 양성	오탐(False Alarm), 1종 오류	FP	거짓인 샘플을 참으로 레이블	거짓 샘플을 잘못 레이블
거짓 음성	누락, 2종 오류	FN	참인 샘플을 거짓으로 레이블	참 샘플을 잘못 레이블
재현율	참 양성 비율	TPR	TP/(TP+FN)	정확하게 레이블된 참 샘플들의 비율
특이도	참 음성 비율	SPC, TNR	TN/(TN+FP)	정확하게 레이블된 거짓 샘플들의 비율
정밀도	양성 예측값	PPV	TP/(TP+FP)	실제로 참인 샘플들을 참이라고 레이블한 비율
음성 예측값		NPV	TN/(TN+FN)	실제로 거짓인 샘플들을 거짓이라고 레이블한 비율
거짓 음성 비율		FNR	FN/(TP+FN)=1−TPR	잘못 레이블한 참 샘플의 비율
거짓 양성 비율	폴아웃(Fall-out)	FPR	FP/(FP+TN)=1−SPC	잘못 레이블한 거짓 샘플의 비율
허위 발견율		FDR	FP/(TP+FP)=1−PPV	실제 거짓인 샘플을 참으로 레이블한 샘플들의 비율
허위 누락률		TDR	FN/(TN+FN)=1−NPV	실제 참인 샘플들을 거짓으로 레이블한 샘플들의 비율
정확도		ACC	(TP+TN)/(TP+TN+FP+FN)	올바르게 레이블한 샘플들의 비율
f1 점수		f1	(2*TP)/((2*TP)+FP+FN)	1에 가까울수록 에러가 감소함

그림 3-30: 혼동 행렬에서 파생된 일반적인 신뢰도 개념

이 표는 고려해야 할 사항이 많다. 그림 3-31에서는 그림 3-14의 반복으로 같은 샘플 분포를 사용해 개념들을 시각적으로 표현하는 대안을 제공한다.

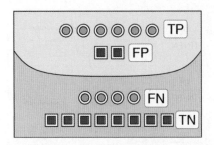

그림 3-31: 참 양성, 거짓 양성, 거짓 음성, 참 음성의 네 가지 클래스로 레이블을 지정한 그림 3-14의 데이터

위에서 아래로 읽어보면 6개의 양성 점들은 올바르게 레이블이 지정됐고(TP = 6), 2개는 잘못 레이블이 지정되고(FP = 2), 4개의 양성 점들은 잘못 레이블이 지정되고(FN = 4), 8개의 음성 점들은 올바르게 레이블이 지정된다(TN = 8).

이러한 점을 통해 이 네 개의 숫자 또는 그림을 여러 방식으로 결합해 그림 3-30의 측정지표를 설명할 수 있다. 그림 3-32는 데이터와 관련 부분만을 사용해 측정지표를 계산하는 방법을 보여준다.

혼동 행렬을 올바르게 구성하기

통계적 측정을 활용해 테스트(또는 분류기)를 이해하는 것은 어려울 수 있다. 고려해야 할 사항이 많고 모든 것을 올바로 정리하고 정확히 분류하는 것이 어려울 수 있다. 대부분의 머신러닝 시스템과 마찬가지로 대부분의 실제 테스트(모든 분야에서)는 불완전하기 때문에 이 문제를 해결하는 것이 중요하다. 일반적으로 통계적 성능 측면에서 이해해야 한다.

혼동 행렬은 이해를 단순화하고 요약하는 간단하지만 강력한 방법이다. 하지만 이것을 주의해서 만들고 해석해야 한다. 그렇지 않으면 너무 쉽게 잘못된 결론에 도달할 수 있다. 이 장을 마무리하고자 혼동 행렬을 올바르게 작성하고 해석하는 방법을 더 자세히 살펴보겠다.

재현율	TPR	$\dfrac{TP}{TP+FN}$		$=$	$\dfrac{6}{6+4}$	$= 6/10 = 0.6$
특이도	TNR	$\dfrac{TN}{TN+FP}$		$=$	$\dfrac{8}{8+2}$	$= 8/10 = 0.8$
정밀도	PPV	$\dfrac{TP}{TP+FP}$		$=$	$\dfrac{6}{6+2}$	$= 6/8 = 0.75$
음성 예측값	NPV	$\dfrac{TN}{TN+FN}$		$=$	$\dfrac{8}{8+4}$	$= 8/12 \approx 0.66$
거짓 음성 비율	FNR	$\dfrac{FN}{FN+TP}$		$=$	$\dfrac{4}{4+6}$	$= 4/10 = 0.4$
거짓 양성 비율	FPR	$\dfrac{FP}{FP+TN}$		$=$	$\dfrac{2}{2+8}$	$= 2/10 = 0.2$
허위 발견율	FDR	$\dfrac{FP}{TP+FP}$		$=$	$\dfrac{2}{2+6}$	$= 2/8 = 0.25$
허위 누락률	TDR	$\dfrac{FN}{TN+FN}$		$=$	$\dfrac{4}{4+8}$	$= 4/12 \approx 0.33$
정확도	ACC	$\dfrac{TP+TN}{TP+FP+TN+FN}$		$=$	$\dfrac{6+8}{6+2+4+8}$	$= 14/20 = 0.7$
f1 점수	f1	$\dfrac{2\,TP}{2\,TP+FP+FN}$		$=$	$\dfrac{2*6}{(2*6)+2+4}$	$= 12/18 \approx 0.66$

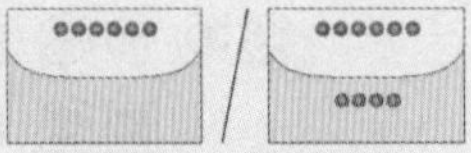

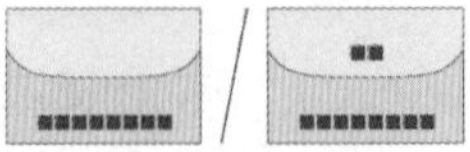

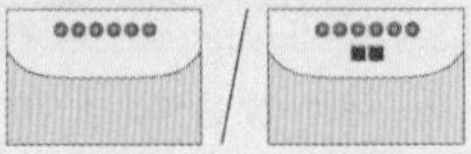

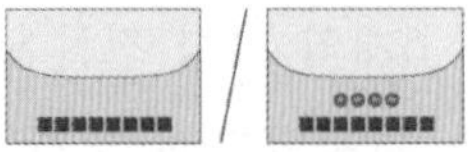

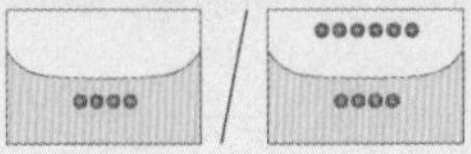

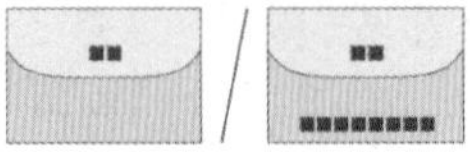

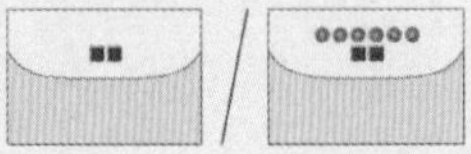

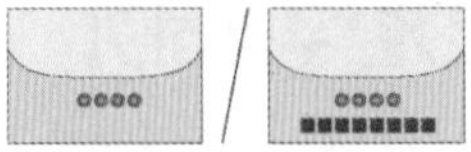

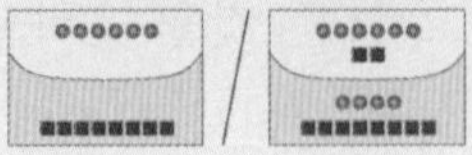

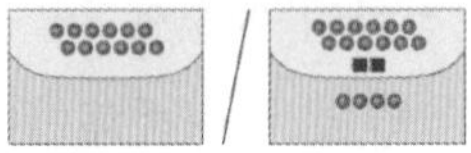

그림 3-32: 그림 3-30의 데이터를 사용해 시각적 형태로 표현한 그림 3-29의 통계적 측정지표

계획은 MP라는 상상의 질병으로 돌아가서 혼동 행렬에 몇 가지 숫자를 추가하고 빠르지만 정확하지 않은 필드 테스트의 품질에 대해 몇 가지 질문을 하는 것이다. 앞서 느리고 비싸지만 완벽히 정확한 실험실 테스트(정답을 제공해준다)와 더 빠르고 저렴하지만 불완전한 필드 테스트(예측값을 제공해준다)를 통해 마을에 있는 모든 사람을 측정하겠다고 말한 것을 기억해보자.

이러한 측정지표들이 필드 테스트에서 높은 참 양성률이 보였다고 가정해보자. 99%의 시간 동안에 MP가 있는 사람을 올바르게 진단한다는 것을 발견했다. TP 비율이 0.99이므로 제대로 진단하지 못한 MP가 있는 모든 사람을 포함하는 거짓 음성$^{\text{FN, False Negative}}$ 비율은 1 - 0.99 = 0.01이다.

MP가 없는 사람들에게는 테스트가 좀 더 나쁘다. 참 음성$^{\text{TN, True Negative}}$ 비율이 0.98이라고 가정했기 때문에 누군가가 감염되지 않았다고 예측할 때 100번 중 98번은 실제로 감염되지 않았다. 하지만 이것은 거짓 양성$^{\text{FP, False Positive}}$ 비율이 1 - 0.98 = 0.02라는 것을 의미하므로 MP가 없는 100명 중 2명은 잘못된 양성 진단을 받게 된다.

인구 10,000명의 새로운 도시에서 MP가 발생했다는 소식을 방금 들었다고 가정해보자. 경험에 비춰 볼 때 지나간 시간을 감안해 인구의 1%가 이미 감염돼 있을 것으로 예상된다. 이는 필수 정보다. 사람들을 맹목적으로 테스트하지 않는다. 누군가가 MP에 걸렸을 확률은 100분의 1에 불과하다는 것을 이미 알고 있다. 필드 테스트의 결과를 올바르게 이해하려면 이 정보를 포함하는 것이 중요하다. 장비를 꾸리고 최고 속도로 시내로 향한다.

결과를 크고 느린 실험실에 보낼 시간이 없기 때문에 모든 사람이 시청에 와서 필드 테스트를 받게 한다. 누군가가 양성으로 나온다고 가정해보자. 이들은 무엇을 해야 하는가? MP가 있을 확률은 얼마나 되는가? 대신 테스트가 음성이라고 가정해보자. 이 사람들은 어떻게 해야 하는가? 이들이 MP에 걸리지 않았을 가능성은 얼마나 되는가?

혼동 행렬을 구축해 이러한 질문에 답할 수 있다. 이를 하고자 그림 3-33과 같이 위에 있는 값들을 해당 상자에 넣는 것만으로 혼동 행렬을 만들 수 있다. 하지만 이렇게 하지 않을 것이다. 이 행렬은 불완전하며 질문에 대해 잘못된 답변으로 이어질 것이다.

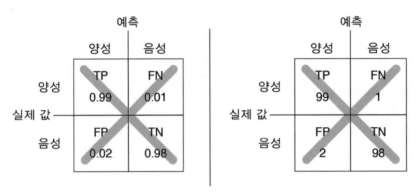

그림 3-33: 이것은 찾고 있는 혼동 행렬이 아니다. 왼쪽: 측정된 값을 사용하는 행렬. 오른쪽: 각 값에 100을 곱해 비율로 표시한다.

문제는 중요한 정보를 무시하고 있다는 것이다. 현재 마을 사람들의 1%만이 MP가 있다. 그림 3-33은 해당 지식이 포함돼 있지 않으므로 알아내야 할 내용을 말해주지 않는다.

그림 3-34에서 도시에 있는 10,000명을 고려해서 감염률에 대한 지식과 테스트에서 측정된 성능을 사용해 테스트에서 예상되는 것을 분석해 적절한 행렬을 만든다.

그림 3-34는 올바른 과정의 핵심을 구성한다. 도시에 있는 10,000명의 사람들로 왼쪽에서 시작한다. 필수적인 시작 정보는 100명 중 1명 또는 인구의 1%가 MP에 감염될 것이라는 것을 이전 경험을 통해 이미 알고 있다는 것이다. 이는 위쪽 경로에 표시돼 있으며, 여기에서 10,000명의 1% 또는 100명이 MP가 있다. 테스트는 그중 99개에 대해 정확히 양성이고 1개에 대해서만 음성으로 나올 것이다. 시작 인구로 돌아가 아래 경로에서 감염되지 않은 99% 또는 9,900명을

따라간다. 테스트는 그중 98%인 9,702명을 음성으로 정확하게 식별한다. 이 9,900명 중 나머지 2%인 198명은 잘못된 양성 결과를 얻게 된다.

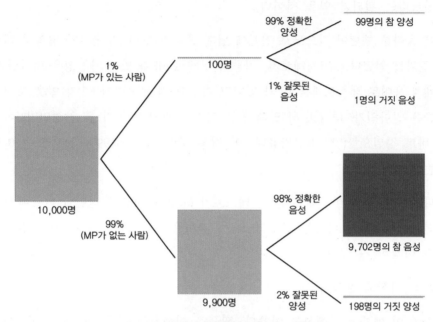

그림 3-34: 감염률과 테스트에서 예상되는 인구 계산

그림 3-34는 1% 감염률에 대한 지식을 결합해 혼동 행렬을 채우는 데 사용해야 하는 값을 알려준다. 10,000번의 테스트에 대해 (평균적으로) 99개의 참 양성, 1개의 거짓 음성, 9,702개의 참 음성, 198개의 거짓 양성이 예상된다. 이 값들은 그림 3-35에 있는 적절한 혼동 행렬을 제공한다.

		예측	
---	---	양성	음성
실제 값	양성	TP 99	FN 1
	음성	FP 198	TN 9,702

그림 3-35: 1% 감염률에 대한 지식을 결합한 MP 테스트에 대한 적절한 혼동 행렬

그림 3-33과 비교하면 TN 비율이 많이 변했다. TN 값이 98 대신 9,702가 됐다. FP 값도 2에서 198로 큰 변화가 있었다. 이는 중요하다. 198명의 건강한 사람이 감염됐다는 결과를 얻을 것이다.

이제 올바른 행렬이 있으므로 질문에 답할 준비가 됐다. 누군가가 양성의 테스트 결과를 얻었다고 가정해보자. 이들이 실제로 MP가 있을 가능성은 얼마인가? 통계적 용어로 테스트에서 MP가 있다고 가정할 때 누군가가 MP가 있을 조건부 확률은 얼마인가? 더 간단히 말해 얻는 양성 결과의 몇 %가 참 양성인가? 이것이 바로 정밀도^{precision} 측정지표다. 이 경우 정밀도는 99/(99 + 198) 또는 0.33 또는 33%다.

기다려보자. 뭔가 이상해 보인다. 테스트가 MP를 올바르게 진단할 확률이 99%지만 양성 결과가 나오는 경우의 2/3는 질병을 갖고 있지 않다. 양성 결과의 절반 이상이 잘못됐다.

확실히 이상해 보인다.

이것이 이 예제를 진행하는 이유다. 확률을 이해하는 것은 까다로울 수 있다. 여기에서 99%의 참 양성 비율을 보이는 테스트를 갖고 있으며, 꽤 좋아 보인다. 하지만 양성 진단의 대부분은 잘못됐다.

이 놀라운 결과는 감염자를 놓칠 확률은 매우 낮음에도 불구하고 수많은 건강한 사람들이 검사를 받았기 때문에 나온 것이다. 따라서 흔치 않은 잘못된 양성 진단이 많이 나오며 빠르게 늘어난다. 이 결과 누군가가 긍정적인 결과를 얻었다고 해서 바로 수술을 해서는 안 된다. 대신 이 결과를 더 비싸고 정확한 테스트를 수행하기 위한 신호로 해석해야 한다.

영역^{region} 다이어그램을 사용해 이 숫자를 살펴보자. 해석할 수 있는 다이어그램을 만들고자 그림 3-36에서 영역의 크기를 왜곡해야 한다.

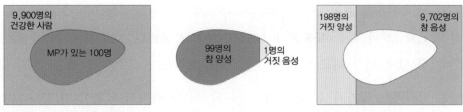

그림 3-36: 왼쪽: 인구에 MP가 있는 사람이 100명, MP가 없는 사람이 9,900명이 있다. 중간과 오른쪽: 테스트 결과. 모양의 크기는 비례하지 않는다.

정밀도가 양성으로 진단된 사람이 실제로 MP를 갖을 가능성을 알려준다는 것을 앞서 살펴봤다. 이는 그림 3-37의 맨 왼쪽에 그림으로 표현돼 있다. 필드 테스트가 MP가 없는 사람을 양성으로 잘못 레이블해 0.33의 정밀도를 제공한다는 것을 알 수 있다. 1 − 0.33 ≈ 0.66 또는 66%의 결과가 틀릴 것이기 때문에 양성 결과를 의심해야 한다.

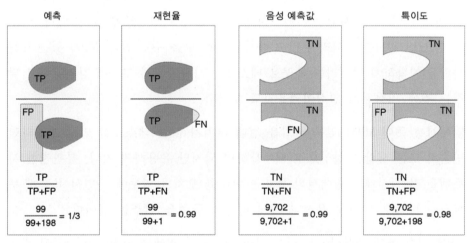

그림 3-37: 그림 3-36의 결과를 기반으로 한 MP 테스트를 설명하는 네 가지 통계치. 정밀도: 양성의 몇 %가 정확한가? 재현율: 모든 양성을 찾아낼 확률은 얼마인가? 음성 예측값: 음성 중 몇 %가 정확한가? 특이도: 모든 음성을 찾을 비율은 얼마인가? 이전과 마찬가지로 영역 크기는 조정하지 않았다.

누군가가 음성 결과를 얻는다면? 이들은 정말 분명한가? 이것이 전체 음성 개수에 대한 참 음성의 비율 또는 TN / (TN + FN)이며 그림 3-29에서 음성 예측값 negative predictive value 이라는 이름을 제공한다. 이 경우 9,702 / (9,702 + 1)이다.

0.999, 즉 99.9%를 훨씬 넘는다. 따라서 누군가가 음성 결과를 얻는다면 테스트가 틀렸고 MP가 있을 확률은 10,000분의 1에 불과하다. 이들에게 이 사실을 말할 수 있고 더 느리고 더 비싼 테스트를 원하는지 결정하게 할 수 있다.

양성 결과가 누군가가 실제로 MP가 있다는 것을 의미할 확률이 약 33%라는 것을 발견했다. 반면에 음성 결과는 99.9%가 정말 음성 결과다.

그림 3-37은 몇 가지 다른 측정값을 보여준다. 재현율은 올바르게 양성으로 진단된 사람들의 비율을 알려준다. 100명 중 1명만 놓쳤기 때문에 이 값은 99%다. 특이도는 음성으로 올바르게 진단된 사람들의 비율을 알려준다. 198개의 잘못된 음성 진단을 내렸기 때문에 이 결과는 1보다 약간 작다.

요약하자면 감염률이 1%이며 이 도시의 10,000명에 대한 테스트는 MP에 해당하는 1명만 놓칠 것이다. 하지만 거의 200개의 잘못된 양성 진단(즉, 거짓 양성)을 받게 되며, 이는 사람들을 과도하게 놀라게 하고 걱정하게 할 수 있다. 일부는 더 느린 검사를 기다리지 않고 즉시 수술을 받을 수도 있다. MP가 있는 모든 사람을 정확하게 찾으려는 욕구로 테스트는 사람들에게 그들이 감염됐다고 말하는 것에 지나치게 열심이었을지도 모른다.

앞에서 봤듯이 MP가 있는 사람을 절대 놓치지 않는 테스트를 만들고 싶다면 단순히 모든 사람을 양성으로 레이블하면 되지만 유용하지 않다. 불완전한 시스템을 갖는 실제 상황에서의 목표는 이러한 오차를 염두에 두면서 목적에 부합하는 방식으로 거짓 음성과 거짓 양성의 균형을 맞추는 것이다.

MP에 대한 예제는 상상에서 나온 것이지만 현실 세계는 사람들이 잘못된 혼동 행렬이나 잘못 구성된 질문을 기반으로 중요한 결정을 내리는 상황으로 가득차 있다. 그리고 이러한 결정 중 일부는 실제며 매우 심각한 건강 문제와 관련이 있다.

예를 들어 외과의가 유방 검사의 확률을 잘못 이해하고 환자에게 잘못된 상담을 제공해 많은 여성이 불필요한 유방 질제술을 받았다(Levitin 2016). 누군가에게 불필요한 수술을 권유하는 것은 위험한 실수다. 많은 의사가 높아진 PSA 수치를 전립선암의 증거로 사용하는 통계를 오해해 잘못된 조언을 해서 남성들도 이유 없이 수술을 받았다(Kirby 2011).

확률과 통계는 어려울 수 있다. 천천히 생각하고 데이터를 올바르게 해석하고 있는지 확인하는 것이 중요하다.

이제 일부 테스트가 '99% 정확'하거나 심지어 "양성 사례의 99%를 정확하게 식별한다."는 말에 속아서는 안 된다는 것을 안다. 이 도시에서 1%의 사람들만 감염되는 데 99%의 놀라운 참 양성 비율을 갖는 테스트를 사용해 양성 진단을 받은 사람은 실제로 질병에 걸리지 않을 가능성이 크다.

광고에서 과학에 이르기까지 어떤 상황에서든 통계적 주장은 면밀히 살펴보고 맥락에 맞춰야 한다는 교훈이 있다. 종종 '정밀도'와 '정확도' 같은 용어는 구어체로 또는 아무렇게나 사용돼 제대로 해석하기 어렵다. 이러한 용어가 기술적 의미로 사용된 경우에도 정확도와 관련 측정지표에 대한 단순한 주장은 쉽게 오해의 소지가 있고 잘못된 결정으로 이어질 수 있다.

확률에 관해서는 직감을 믿지 말자. 도처에서 기다리고 있는 놀라움과 반직관적인 결과가 있다. 천천히 모든 데이터를 수집하고 깊이 생각해보자.

요약

3장에서 많은 것을 살펴봤다. 확률에서 가장 중요한 몇 가지 아이디어를 다뤘다. 어떤 사건 A가 일어날 가능성에 대한 개념 P(A)와 다른 이벤트 B가 이미 발생한 것이 주어졌을 때 어떤 이벤트 A가 발생할 확률 P(A|B), 사건 A와 B가 함께 발생할 확률 P(A,B)를 살펴봤다.

그런 다음 테스트가 데이터 세트의 양성과 음성 샘플을 얼마나 잘 식별할 수 있는지 특성화할 수 있는 몇 가지 성능 지표를 살펴봤다. 이러한 측정지표를 사용해 의사결정 과정의 결과를 해석하는 데 도움이 될 수 있음을 확인했다. 이러한 개념들을 혼동 행렬로 정리해 모든 정보를 이해하는 데 도움이 됐다.

통계가 오해의 소지가 있다는 것을 다뤘다. 조심하지 않으면 한 집합의 측정지표에 따르면 훌륭한 작업을 수행하는 것처럼 보이지만 다른 면에서는 형편없는 테스트(또는 분류기)를 만들 수 있다. 확률로 작업할 때는 천천히 진행하고, 모든 데이터를 고려하고, 생각하고, 언어를 신중하게 사용하는 것이 중요하다.

4장에서는 이 아이디어 중 일부를 머신러닝에서 널리 사용되는 확률에 대한 추론 방법에 적용해본다. 이는 원하는 작업을 학습하고 훌륭하게 수행하는 나중에 다룰 학습 알고리듬들을 설계하는 데 도움이 되는 여러 도구를 제공한다.

4

베이즈 규칙

3장에서는 확률을 설명하는 데 사용되는 몇 가지 기본 용어에 대해 다뤘다. 확률 자체와 머신러닝에서의 확률 사용에 대해 좀 더 깊이 파고들면 주제에 접근하는 방법에 대해 근본적으로 다른 두 학파가 있음을 알게 된다.

학파에서 가장 일반적으로 가르치는 접근 방식을 **빈도주의적 방법**frequentist method이라고 한다. 또 다른 접근 방식은 원래 1700년대에 아이디어를 제시한 토마스 베이즈Thomas Bayes의 이름을 따서 **베이지안 방법**Bayesian method이라고 한다. 베이지안 방법은 비교적 덜 알려져 있지만 머신러닝에서는 널리 사용된다. 여기에는 여러 가지 이유가 있지만 가장 중요한 것 중 하나는 측정 중인 시스템에 대한 기대치를 명시적으로 식별하고 사용할 수 있는 방법을 제공하기 때문이다.

4장에서는 먼저 빈도주의 방법과 베이지안 방법의 차이점을 살펴본다. 그런 다음 베이지안 아이디어를 기반으로 하는 머신러닝 보고서나 문서를 이해할 수 있게 베이지안 확률의 기본 사항을 알아본다. 여기에서는 **베이즈 이론**Bayes'

Theorem이라고도 하는 베이지안 통계의 초석인 베이즈 규칙[Bayes' Rule]에 초점을 맞출 것이다. 이 단일 규칙조차도 상당한 주제이므로 가장 광범위한 용어로만 다루게 된다(Kruschke 2014). 4장의 끝에서 베이지안 접근법과 빈도주의적 접근법을 비교하는 것으로 돌아온다.

빈도주의와 베이지안 확률

수학에는 어떤 문제 또는 전체 분야에 대해 생각하는 방법이 대부분 항상 한 가지 이상 있다. 때로는 접근 방식의 차이가 미묘하지만 때로는 극적이다. 확률은 확실히 후자에 속한다. 확률에 대해서는 최소 두 가지의 서로 다른 철학적 접근 방식이 있으며 각각 장단점이 있다. 빈도주의와 베이지안 접근 방식의 차이점은 철학적 뿌리가 깊으며 확률에 대한 해당 이론을 구축하는 데 사용되는 수학 및 논리적 뉘앙스로 표현되는 경우가 많다(VanderPlas 2014). 이로 인해 세부 사항을 자세히 살펴보지 않고 차이점을 논의하기가 어렵다. 매우 다르지만 확률에 대한 이 두 가지 접근 방식 간의 차이점을 주의 깊게 설명하는 도전은 "특히 미끄러지기 쉽다."(Genovese 2004)라고 불렸다.

여기서의 접근 방식은 복잡한 인수를 건너뛰는 것이다. 대신 세부 사항을 자세히 살펴보지 않고도 서로 다른 목표와 프로세스에 대한 느낌을 얻을 수 있도록 두 가지 접근 방식을 일반적인 용어로 설명한다. 이는 베이지안 접근 방식의 기초인 베이지안 규칙에 대한 논의의 개념적 단계를 설정하는 데 도움이 된다.

빈도주의적 접근

일반적으로 말해서 빈도주의자는 어떤 특정한 측정이나 관찰을 불신하는 사람이다. 예를 들어 빈도주의자가 산의 높이를 알고 싶다면 그가 얻은 각 측정은 최소한 너무 크거나 너무 작을 가능성이 있다고 가정한다. 이러한 태도의 핵심은 진정한 답이 이미 존재하며 그것을 찾는 것이 최종 목표라는 믿음이다. 즉, 산은 어느 정도 정확하고 잘 정의된 높이를 갖고 있으며 충분히 노력하고 충분한 관찰을 한다면 그 값을 발견할 수 있을 것이다.

이 참값을 찾고자 많은 수의 관측치를 결합한다. 각 측정값이 정확하지 않을 수 있다고 생각하더라도 각 측정값이 실제 값의 근사치일 것으로 기대한다. 많은 수의 측정을 수행하는 경우 가장 자주 나타나는frequently 값이 가장 가능성이 높은probable 값이라고 한다. 가장 많이 발생하는 값에 대한 이러한 초점은 빈도주의에 이름을 부여했다. 실제 값은 가장 큰 영향을 미치는 가장 빈번한 값과 많은 수의 측정을 결합해 발견된다(일부 경우에는 모든 측정의 평균을 취할 수 있다).

빈도주의적 접근 방식은 설명하기 쉽고 종종 상식에 잘 들어맞기 때문에 확률이 학파에서 처음 논의될 때 제시되는 접근 방식이다.

베이지안 접근법

베이지안은 매번 약간 다를 수 있지만 큰 틀에서 모든 관찰 값을 무언가의 정확한 측정값으로 신뢰하는 사람이다. 베이지안 태도attitude는 프로세스의 끝에서 발견되기를 기다리는 '진정한' 값이 없다는 것이다. 산의 예로 돌아가서 베이지안은 산 높이의 진정한 값이 무의미한 생각이라고 말할 것이다. 대신 산 높이의 모든 측정은 지상의 어떤 지점에서 산꼭대기 근처의 어떤 지점까지의 거리를 나타내지만 매번 동일한 두 지점은 아니다. 따라서 모든 측정값이 다른 값을 갖고 있더라도 각각은 산의 높이라고 부를 수 있는 정확한 측정값이다. 신중한 각 측정은 다른 측정과 마찬가지로 사실이다. 끝까지 찾아 해맬 하나의 결정적인 값은 없다.

대신 각각 확률로 설명되는 가능성 있는 산의 높이 범위만 있다. 더 많은 관찰을 할수록 가능성의 범위는 일반적으로 더 좁아지지만 단일 값으로 축소되지는 않는다. 산의 높이를 결코 하나의 숫자로 말할 수는 없고 각 값에 고유한 확률이 있는 범위로만 나타낼 수 있다.

빈도주의자 대 베이지안 주의자

확률에 대한 이 두 가지 접근 방식은 흥미로운 사회적 현상으로 이어졌다. 확률적으로 일하는 일부 진지한 사람들은 빈도주의적 접근만이 장점이 있고 베이지안 접근은 주의를 산만하게 하는 쓸모없는 것이라고 믿는다. 다른 진지한 사람들은 정반대로 믿는다. 많은 사람은 여전히 덜 극단적이지만 진심으로 그렇게 생각하고 있다. 물론 많은 사람은 두 가지 접근 방식이 서로 다른 상황에 적용할 수 있는 유용한 도구를 제공한다고 생각하기도 한다. 실제 데이터로 작업할 때 확률에 대해 어떻게 생각할지에 대한 선택은 묻고 답할 수 있는 질문의 종류에 큰 영향을 미칠 수 있다(Stark and Freedman 2016).

베이지안 접근 방식의 주요 특징은 측정을 시작하기 전에 기댓값을 명시적으로 식별한다는 것이다. 산의 예에서는 산이 얼마나 높을 것으로 예상하는지 미리 언급한다. 일부 빈도주의자는 선입견이나 편견을 갖고 실험에 참여해서는 안된다고 주장하면서 이에 반대한다. 베이지안들은 편향이 모든 실험의 설계에 포함돼 있어 측정 대상과 방법에 영향을 미치기 때문에 불가피하다고 답한다. 그들은 검토하고 토론할 수 있도록 이러한 기대치를 명확하게 진술하는 것이 가장 좋다고 주장한다. 빈도주의자는 이에 동의하지 않고 반론을 제시하며 베이지안은 반대론을 제시하며 논쟁은 계속된다.

동전을 던지고 동전의 양면이 나올 확률이 동일한지 묻거나 또는 가중돼서 한면이 나올 가능성이 더 높은지 물음으로써 이 두 가지 기술을 실제로 살펴보자. 동전을 던져 앞면과 뒷면이 나올 확률이 거의 동등한지 혹은 한 쪽이 더 자주 나오도록 가중치가 부여되는지 묻는 것을 통해 두 가지 기술이 실제로 어떻게 사용되는지 살펴본다. 빈도주의자가 이 질문을 어떻게 다룰지 먼저 살펴보고 베이지안이 이에 대해 어떻게 할 것인지 알아보겠다.

빈도주의자의 동전 던지기

사람들은 확률을 논의할 때 동전 던지기^{coin flipping}를 예로 자주 사용한다(Cthaeh 2016a; Cthaeh 2016b). 동전 던지기는 모든 사람에게 익숙하기 때문에 인기가 있으며 각 던지기에는 앞면과 뒷면의 두 가지 결과만 있다(동전이 옆으로 떨어지는 것과 같은 이상한 경우는 무시한다). 결과가 두 개뿐이므로 계산은 종종 손으로 해결할 수 있을 정도로 간단하다. 동전 던지기는 몇 가지 예를 제외하면 계산 없이 기본 아이디어를 볼 수 있는 좋은 방법이므로 여기에서는 이를 실행 예제로 사용한다.

앞/뒷면이 공정하게 만들어진 동전은 평균적으로 각 면이 나올 확률이 반반인 동전이라고 말한다. 공정하지 않은 동전을 조작된^{rigged}, 가중치가 부여된^{weighted} 또는 불공정^{unfair}한 동전이라고 한다. 조작된 동전을 설명하고자 앞면이 나오는 경향 또는 편향^{bias}을 살펴본다. 편향이 0.1인 동전은 앞면이 나올 확률이 약 10%이고 편향이 0.8이면 약 80%의 확률로 앞면이 나올 것으로 예상한다. 동전의 편향이 0.5이면 앞면과 뒷면이 똑같은 확률로 나와 공정한 동전과 동일하다. 실제로 편향이 0.5 또는 1/2인 동전이 공정한 동전의 정의라고 말할 수 있다.

따라서 많은 측정(던지기)을 수행하고 그 결과(앞 또는 뒤)를 결합해 진정한 답(동전의 편향)을 찾을 수 있다. 그림 4-1은 동전당 하나의 행을 사용해 세 가지 다른 동전의 편향을 찾는 빈도주의자의 접근 방식을 보여준다.

그림 4-1의 각 행의 왼쪽에는 동전을 100번 연속으로 던진 것을 볼 수 있다. 오른쪽에서는 각 던지기 후 해당 동전의 편향에 대한 빈도주의자의 추정치를 보여준다. 이는 그때까지 나온 앞면의 수를 총 던지기 수로 나눈 값이다. 평소와 같이 빈도주의자는 각 측정값(여기서는 동전이 앞면인지 뒷면인지)을 보고 그것이 진실에 대한 하나의 작은 근사치일 뿐이라고 생각한다. 이 모든 근사치를 결합해(여기서는 실행 평균만 사용) 동전의 편향을 제공하는 단일 '참' 값으로 수렴할 수 있다.

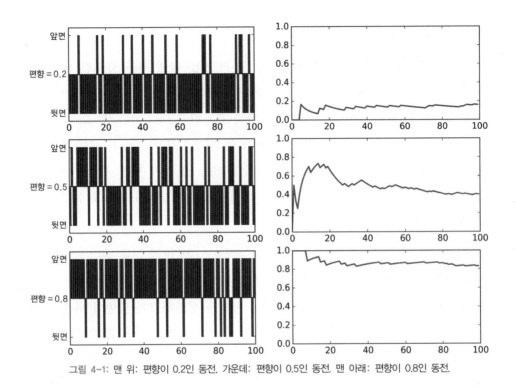

그림 4-1: 맨 위: 편향이 0.2인 동전. 가운데: 편향이 0.5인 동전. 맨 아래: 편향이 0.8인 동전.

베이지안의 동전 던지기

베이지안 관점을 사용해 동전의 편향을 추정하는 방법을 고려해보자. 그렇게 하고자 베이지안이 질문하고 대답하는 방법을 강조해주는 약간 더 복잡한 상황을 사용하겠다.

동기 부여 예제

심해 해양 고고학자인 친구가 있다고 가정해보자. 고고학자는 최근 고대 난파선을 발견했는데, 그 안에 있던 보물 중에는 표시가 있는 상자와 똑같이 생긴 동전 2개가 들어 있는 가방이 있다. 고고학자는 이것이 내기 게임에 사용됐다고 생각하고 동료들과 함께 일부 규칙을 재구성했다.

핵심 요소는 겉보기에 똑같은 두 개의 동전 중 하나만 공정한 동전이라는 것이다. 다른 동전은 조작돼 있어 앞면이 나올 확률이 3분의 2다(즉, 편향이 2/3이다). 1/2의 편향과 2/3의 편향 차이는 크지 않지만 게임을 만들기에는 충분하다. 조작된 동전은 눈으로 보거나 주워서 무심코 만져도 어느 동전인지 알 수 없도록 교묘하게 만들어졌다. 이 게임은 플레이어가 이 동전을 던지고 어떤 동전이 어느 것인지 알아내려고 노력하는 것과 함께 다양한 형태의 속임수와 베팅을 포함한다. 게임이 끝나면 플레이어는 두 개의 동전을 돌려보고 어떤 동전이 조작되고 어느 것이 공정한지 알아낸다. 가중치가 고르지 않기 때문에 편향된 동전은 공정한 동전보다 더 빨리 떨어진다.

고고학자 친구는 게임을 더 자세히 살펴보고 싶지만 동전의 정체를 알아야 한다. 고고학자는 당신에게 그것을 구별해달라고 도움을 요청했다. 고고학자는 공정^{Fair}과 조작^{Rigged}이라고 표시된 두 개의 봉투를 당신에게 줬고 임무는 각 동전을 적절한 봉투에 넣는 것이다. 회전 테스트를 사용해 어떤 동전이 무엇인지 알아낼 수 있지만 그 대신 확률로 수행하는 방식으로 생각하는 약간의 경험을 얻을 수 있다.

먼저 동전을 골라 한 번 던지고 앞면이나 뒷면이 나오는지 확인한 다음 해당 정보로 무엇을 할 수 있는지 알아보자. 첫 번째 단계는 동전을 선택하는 것이다. 두 동전을 육안으로 구별할 수 없기 때문에 공정한 동전을 선택할 확률은 50%고 조작된 동전을 선택할 확률 역시 동일하다. 이 선택은 큰 질문을 설정한다. 과연 공정한 동전을 선택했을까? 하나가 어떤 동전인지 알게 되면 해당 봉투에 넣고 다른 동전을 다른 봉투에 넣을 수 있다. 확률의 관점에서 질문을 바꿔보겠다. 공정한 동전을 고를 확률은 얼마일까? 공정한 동전을 선택했다고 확신할 수 있거나 그렇지 않다고 확신할 수 있다면 알아야 할 모든 것을 알게 된 것이다.

질문과 동전이 있다. 던져 보자. 확률로 추론하는 것의 가장 큰 장점은 이 한 번의 던지기로 지금 갖고 있는 동전에 대해 유효하고 정량화된 진술을 할 수 있다는 것이다.

동전 확률 그리기

다음 토론과 관련된 다양한 확률을 그리고자 3장의 확률 그림을 다시 가져왔다. 다트를 던질 사각형 벽을 상상해보자. 모든 다트가 벽의 모든 지점에 떨어질 확률은 동일하다. 각각 다른 결과를 가리키는 벽의 영역을 서로 다른 색상으로 칠할 수 있다. 예를 들어 한 결과가 발생할 확률이 75%이고 다른 결과가 25%라면 벽의 3/4을 파란색으로 칠하고 나머지 1/4을 분홍색으로 칠할 수 있다. 100개의 다트를 던진다면 약 75개는 파란색 영역에, 나머지는 분홍색 영역에 떨어질 것으로 예상한다.

첫 번째 단계는 동전을 선택하는 것이었다. 동전을 구별할 수 없기 때문에 공정한 동전을 선택할 확률은 50:50이다. 이를 표현하고자 벽을 동일한 크기의 두 영역으로 나누는 것을 상상할 수 있다. 그림 4-2와 같이 공정한 부분을 노란색으로, 조작된 부분을 빨간색으로 칠해보자. 벽에 다트를 던질 때 공정한 부분에 떨어질 확률은 공정한 동전을 선택하는 것과 같은 50:50이다.

그림 4-2: 두 개의 동전 중 하나를 무작위로 뽑는 것은 두 개의 동일한 면적으로 칠해진 벽에 다트를 던지는 것과 같다. 하나는 공정한 동전이고 다른 하나는 조작된 동전이다.

144

첫 번째 던지기에서 앞면이나 뒷면이 나올 가능성이 얼마나 되는지 알려주는 좀 더 유익한 방식으로 벽을 칠해보자. 공정한 동전에서 앞면이나 뒷면이 나올 확률은 50:50이라는 것을 알고 있으므로 그림 4-3과 같이 공정한 영역을 앞면과 뒷면 각각 하나씩 두 개의 동일한 조각으로 나눌 수 있다.

그림 4-3에서 조작된 부분도 분할한다. 조작된 동전의 앞면이 나올 확률이 3분의 2라는 것을 친구를 통해 알고 있기 때문에 앞면에 2/3, 뒷면에 1/3을 할당했다. 그림 4-3은 시스템에 대해 알고 있는 모든 것을 요약한 것이다. 이것은 동전을 선택할 우도likelihood(노란색 영역이나 빨간색 영역에 도달하는 것에 해당)와 각 상황에서 앞면이나 뒷면이 나올 우도(앞면과 뒷면 영역의 상대적 크기에서)를 알려준다.

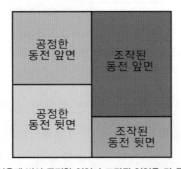

그림 4-3: 이미 알고 있는 정보를 사용해 벽의 공정한 영역과 조작된 영역을 각 동전의 앞면과 뒷면으로 나눌 수 있다.

그림 4-3과 같이 그려진 벽에 다트를 던지면 한 동전과 그 동전의 앞면이나 중 하나에 해당하는 영역에 다트가 떨어진다. 그러나 이미 동전을 던지고 앞면이 나왔기 때문에 공정한 앞면이나 된 앞면에 떨어졌다는 것을 안다.

질문을 잊지 말자. 공정한 동전을 골랐을 확률은 얼마일까? 지금까지 얻은 정보를 사용해 그것에 더 접근할 수 있다. 나중에 알게 되겠지만 질문을 표현하는 가장 좋은 방법은 "(어떤 사건 2)가 참이라고 가정할 때 (어떤 사건 1)이 참일 확률은 얼마일까?"이다. 이 경우 "앞면이 나왔을 때 공정한 동전일 확률은 얼마일까?"라고 할 수 있다.

이를 그림으로 시각화할 수 있다. 이것은 공정한 앞면과 조작된 앞면의 합인 앞면이 나오는 총면적과 비교한 공정한 앞면 영역의 면적이다. 그림 4-4는 이 비율을 보여준다.

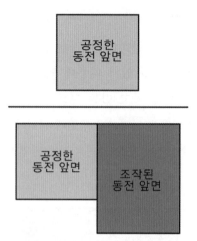

그림 4-4: 동전의 앞면이 나왔을 때 공정한 동전일 확률은 얼마나 될까? 이것은 공정한 동전의 앞면이 나오는 영역의 크기를 앞면이 나오는 모든 영역을 합한 것으로 나눈 것이다.

이 그림을 잠시 생각해보자. 조작된 앞면 영역이 공정한 앞면 영역보다 크기 때문에 '앞면'의 결과가 조작된 영역에 떨어졌을 가능성이 더 높다. 즉, 동전의 앞면이 나온 것을 알았으므로 그림 4-3에서와 같이 그려진 벽에 던진 다트가 공정한 앞면 영역보다 조작된 앞면 영역에 떨어질 가능성이 더 높은 것처럼 조작된 동전일 가능성이 좀 더 높다.

나중에 '어떤 일이 일어날 수 있는 방법'이나 '어떤 일이 일어날 수 있는 모든 방법'을 얘기할 것이다. 이것은 사실인 어떤 속성을 찾고 있다면 그러한 결과를 제공하는 가능한 모든 사건을 처리한다는 것을 의미한다. 이 경우 그림 4-4의 아래쪽 절반은 앞면이 나올 수 있는 모든 방법의 합이다. 즉, 공정한 동전이나 조작된 동전에서 모두 앞면이 나올 수 있으므로 '앞면이 나오는 모든 방법'을 나타내는 것은 이 두 가지 가능성을 결합하는 것을 의미한다.

동전 던지기를 확률로 표현하기

확률 용어를 사용해 그림 4-4를 바꿔보자. 공정한 동전이면서 (동시에^{and}) 앞면이 나올 확률은 P(H,F)(또는 P(F,H))다. 조작된 동전이면서 (동시에) 앞면이 나올 확률은 P(H,R)이다.

이제 그림 4-4에서의 면적 비율을 확률 설명으로 해석할 수 있다. 이 그림은 앞면이 나온 것을 이미 알고 있는 그 동전이 공정한 동전일 가능성을 보여준다. P(F|H)는 '앞면을 관찰했을 때 공정한 동전일 확률'을 나타낸다. 즉, 이 조건부 확률이 질문에 대한 답이다.

이 모든 것을 그림 4-5에 합칠 수 있다.

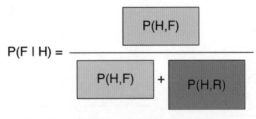

그림 4-5: 그림 4-4를 확률의 언어로 바꾸기

이 그림에 숫자를 연결해 실제 확률을 생각할 수 있을까? 물론 상황이 단순하게 고안됐기 때문에 이 경우는 할 수 있다. 하지만 일반적으로는 이러한 결합 확률을 알지 못하며 찾기가 쉽지 않다.

걱정하지 말자. 그림 4-5의 오른쪽에 있는 모든 상자는 결합 확률이며, 3장에서 단순 확률과 조건부 확률을 포함하는 두 가지 서로 다르지만 같은 방식인 결합 확률을 쓸 수 있음을 살펴봤다. 이러한 용어는 일반적으로 숫자를 붙이기 훨씬 쉽다. 이 두 가지 접근 방식은 그림 4-6, 4-7에서 반복된다.

$$P(A,B) = P(A|B) \times P(B)$$

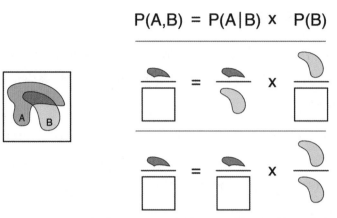

그림 4-6: 두 사건 A와 B의 결합 확률은 조건부 확률 P(A|B) 곱하기 P(B)로 주어진 B의 확률로 쓸 수 있다.

$$P(A,B) = P(B|A) \times P(A)$$

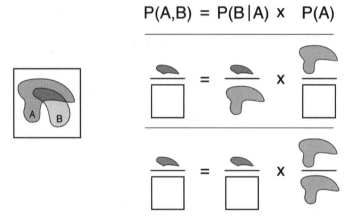

그림 4-7: 두 사건 A와 B의 결합 확률은 조건부 확률 P(B|A) 곱하기 P(A)로 주어진 A의 확률로 구할 수 있다.

그림 4-5에서 색칠된 상자 없이 P(F|H)에 대한 표현식을 작성하고 P(H,F)를 그림 4-7의 표현식으로 바꾸면 P(H,F)의 결합 확률을 찾을 수 있음을 알려준다. 또는 공정한 동전이면서 (동시에) 앞면이 나올 확률 P(H|F)에 처음부터 공정한 동전일 확률 P(F)를 곱해 찾을 수도 있다. 이 변경 사항은 그림 4-8에 나와 있다.

$$P(F|H) = \frac{\boxed{P(H,F)}}{P(H,F) + P(H,R)}$$

$$P(F|H) = \frac{\boxed{P(H|F) \times P(F)}}{P(H,F) + P(H,R)}$$

그림 4-8: 그림 4-5의 비율은 P(F|H)로, 앞면이 나왔을 때 공정한 동전일 확률을 나타낸다.

다른 두 개의 결합 확률에 대해서도 동일한 작업을 수행해 확장된 버전으로 교체해보자(두 값 중 첫 번째 값은 다시 P(H,F)다). 그림 4-9는 결과를 보여준다.

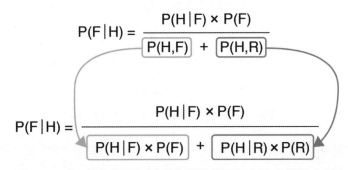

그림 4-9: 그림 4-8의 다른 두 개의 결합 확률을 확장된 버전으로 대체할 수 있다.

일반적으로 이 확장 버전에서 모든 기호 표현식의 수치를 찾을 수 있으므로 P(F|H)를 찾는 데 유용한 방법이다.

이를 사용해 공정한 동전을 던진 찬스를 구해보자. 그림 4-9에서 각 항에 숫자를 할당해야 한다. P(F)는 시작할 때 공정한 동전을 골랐을 확률이다. 이미 P(F) = 1/2임을 살펴봤다. P(R)은 시작할 때 조작된 동전을 골랐을 확률이며 역시 1/2이다. P(H|F)는 공정한 동전을 선택했을 때 앞면이 나올 확률로, 정의상 1/2이다. P(H|R)은 조작된 동전에서 앞면이 나올 확률이다. 고고학자 친구가 말한 바에 따르면 2/3다.

이제 동전을 던지고 앞면이 나왔을 때 공정한 동전을 가질 확률을 계산하는 데 필요한 모든 숫자를 알게 됐다. 그림 4-10은 숫자를 대입하고 단계를 나아가는 것을 보여준다(수학 관례에 따라 덧셈 전에 곱셈을 수행하므로 주의를 산만하게 만드는 괄호를 생략할 수 있다).

$$P(F|H) = \frac{P(H|F) \times P(F)}{P(H|F) \times P(F) + P(H|R) \times P(R)}$$

$$= \frac{\frac{1}{2} \times \frac{1}{2}}{\left(\frac{1}{2} \times \frac{1}{2}\right) + \left(\frac{2}{3} \times \frac{1}{2}\right)}$$

$$= \frac{\frac{1}{4}}{\frac{1}{4} + \frac{1}{3}} = \frac{\frac{3}{12}}{\frac{3}{12} + \frac{4}{12}} = \frac{3}{7} \approx 0.43$$

그림 4-10: 앞면만이 나온 상태에서 공정한 동전을 뽑을 확률 구하기

결과는 3/7이나 약 0.43이다. 이것은 놀라운 일이다. 동전을 한 번 던지면 공정한 동전일 확률이 43%이고 조작된 동전일 확률이 57%라고 원칙적으로 말할 수 있다. 그것은 한 번의 던지기에서 14%의 차이를 보인다.

이 베이지안 접근 방식은 이미 특정 확률로 동전을 설명하고 있는 반면 빈도주의자는 단 한 번의 던지기 후에 동전이 공정한지 아닌지를 감히 특성화하지 않을 것임을 기억하자.

첫 번째 던지기로 돌아가서 뒷면이 나왔다고 가정해보자. 이제 P(F|T) 또는 뒷면이 나오는 것을 봤을 때 공정한 동전일 확률을 알고 싶다. 앞면이 나올 확률이 편향이므로 뒷면이 나올 확률은 1 편향이다. 공정한 동전의 경우 뒷면이 나올 확률 또는 P(T|F)는 (1 − (1/2)) = 1/2이다. 조작된 동전의 경우 편향이 2/3이므로 P(T|R)은 (1 − (2/3)) = 1/3이라는 것을 친구를 통해 알고 있다. P(F)

와 P(R)로 주어지는 공정하고 조작된 동전을 선택할 확률은 이전과 마찬가지로 각각 1/2이다. 이 값을 대입해 뒷면이 나왔을 때 공정한 동전일 확률인 P(F|T)를 구해보자. 그림 4-11은 단계를 보여준다. P(F|T)에 대한 표현은 P(F|H)에 대한 표현과 유사하며 H와 T만 다르다.

이는 훨씬 더 극적인 답으로 이 뒷면의 결과가 공정한 동전을 던졌음을 의미할 가능성이 60%라고 말한다(따라서 조작된 동전을 던졌을 가능성은 40%다). 단 한 번의 던지기로 자신감이 크게 향상된다. 결과는 대칭적이지 않다는 것을 인지하자. 앞면이 나오면 공정한 동전일 확률이 43%고 뒷면이 나오면 공정한 동전일 확률은 60%다.

한 번의 던지기를 통해 많은 정보를 얻을 수 있지만 60%라도 확신할 수는 없다는 것을 봤다. 더 많은 던지기를 하면 더 정제된 확률을 찾을 수 있는 기회가 주어지며, 이번 장의 후반부에서 어떻게 하는지 알아본다.

$$P(F|T) = \frac{P(T|F) \times P(F)}{P(T|F) \times P(F) + P(T|R) \times P(R)}$$

$$= \frac{\frac{1}{2} \times \frac{1}{2}}{\left(\frac{1}{2} \times \frac{1}{2}\right) + \left(\frac{1}{3} \times \frac{1}{2}\right)}$$

$$= \frac{\frac{1}{4}}{\frac{1}{4} + \frac{1}{6}} = \frac{\frac{3}{12}}{\frac{3}{12} + \frac{2}{12}} = \frac{3}{5} = 0.6$$

그림 4-11: 동전 던지기에서 뒷면이 나왔을 경우

베이즈 규칙

P(F|H)의 첫 번째 버전으로 돌아가 보자. 그림 4-5, 4-8, 4-9에서 앞면을 보고 공정한 동전을 고를 확률을 구하는 여러 가지 방법을 살펴봤다.

그림 4-8(그림 4-12의 맨 위에서 반복됨)의 버전으로 돌아가 보자. 비율의 맨 아래 부분인 P(H,F) + P(H,R)은 앞면이 나오는 모든 가능한 방법에 대한 확률을 결합한 것이다(결국 그것은 공정한 동전이나 조작된 동전에서 나와야 한다). 예를 들어 20개의 동전을 다룬다면 20개의 결합 확률의 합을 작성해야 하므로 매우 지저분한 표현이 된다. 보통은 지름길을 사용해 이러한 결합된 확률을 간단히 P(H) 또는 '앞으로 나올 확률'로 쓴다. 이는 암시적으로 앞면이 나올 수 있었던 모든 방법의 합을 의미한다. 20개의 다른 동전을 갖고 있다면 이는 각 동전에서 앞면이 나올 확률의 합이 될 것이다.

그림 4-12는 축약된 표기법을 보여준다.

$$P(F|H) = \frac{P(H|F) \times P(F)}{\boxed{P(H,F) + P(H,R)}}$$

$$P(F|H) = \frac{P(H|F) \times P(F)}{\boxed{P(H)}}$$

그림 4-12: 그림 4-8의 마지막 줄과 같지만 분모 부분을 기호 P(H)로 대체했다.

그림 4-13은 이 최신 버전을 단독으로 보여준다. 이는 이번 장의 전반부에서 언급한 유명한 베이즈 규칙$^{Bayes' Rule}$ 또는 베이즈 정리$^{Bayes' theorem}$다. 여기서는 나란히 배치된 두 값을 곱해야 한다는 수학 규칙을 채택했다.

$$P(F|H) = \frac{P(H|F) \ P(F)}{P(H)}$$

그림 4-13: 일반적으로 쓰이는 베이즈 규칙 또는 베이즈 정리

이것을 말로 표현하면 P(F|H), 즉 방금 던져서 앞면이 나왔을 때 공정한 동전일 확률을 찾고 싶다. 이를 확인하고자 세 가지 정보를 결합한다. 첫째, P(H|F), 즉 실제로 공정한 동전이 있다면 앞면이 나올 확률이다. 여기에 공정한 동전일 확률인 P(F)를 곱한다. 앞서 봤듯이 이 곱셈은 P(H,F), 즉 동전이 공정하면서 (and) 앞면이 나올 확률을 평가하는 더 편리한 방법일 뿐이다. 마지막으로 모든 것을 P(H), 즉 공정한 동전과 조작된 동전 모두에서 앞면이 나올 확률로 나눈다. 이는 이 두 동전 중 하나를 사용해 앞면을 얻을 가능성이다.

베이즈 정리는 일반적으로 그림 4-13과 같은 형식으로 작성된다. 그것이 편리하게 측정할 수 있는 조각으로 쪼개져 있기 때문이다(종종 문자들은 논의 내용에 더 잘 맞게 변경된다). 각 항을 해당 값으로 대체하기만 하면 앞면이 나왔을 때 공정한 동전일 조건부 확률을 나타낸다. P(H)는 그림 4-12에서 봤듯이 결합 확률의 합을 나타낸다.

(어떤 것 2)가 참이라고 가정할 때 (어떤 것 1)이 참일 확률은 얼마일까? 베이즈 규칙에 대해 묻는 질문이 조건부 확률의 형식이어야 하는 이유가 바로 이것이다. 이것이 베이즈 규칙이 제공하는 것이기 때문이다. 문제를 이 형식으로 표현할 수 없다면 베이즈 규칙은 그에 답하기 위한 올바른 도구가 아니다.

베이즈 규칙에 대한 논의

베이즈 규칙은 많은 문자를 포함하며 각각이 올바른 위치에 있어야 하기 때문에 기억하기 어려울 수 있다. 하지만 좋은 점은 필요할 때마다 규칙을 신속, 완벽하게 다시 끌어낼 수 있다는 것이다.

F와 H의 결합 확률을 두 가지 형식(즉, P(F,H)와 P(H,F))으로 작성해보자. 이것이 같은 것이라는 것을 알고 있다. 즉, 공정한 동전으로 앞면이 나올 확률이다. 그림 4-8에서 했던 것처럼 확장된 버전으로 교체하면 그림 4-14의 두 번째 줄이 나온다.

베이즈 규칙을 얻으려면 세 번째 줄과 같이 각 변을 P(H)로 나누면 된다. 결과는 베이즈 규칙과 같은 마지막 줄이 된다. 규칙이 필요하지만 잊어버린 경우 규칙을 다시 생성하는 편리한 방법이 될 수 있다.

$$P(F,H) = P(H,F)$$

$$P(F|H)\ P(H) = P(H|F)\ P(F)$$

$$\frac{P(F|H)\ P(H)}{P(H)} = \frac{P(H|F)\ P(F)}{P(H)}$$

$$P(F|H) = \frac{P(H|F)\ P(F)}{P(H)}$$

그림 4-14: 베이즈 규칙을 잊어버렸을 때 재발견하는 방법 또는 그것을 증명하는 간단한 설명

베이즈 규칙의 4개 항은 각각 관례적인 이름을 갖고 있으며 그림 4-15에 요약돼 있다.

$$\underset{\text{사후 확률}}{P(A|B)} = \frac{\overset{\text{우도}}{P(B|A)} \times \overset{\text{사전 확률}}{P(A)}}{\underset{\text{증거}}{P(B)}}$$

그림 4-15: 베이즈 규칙의 4가지 용어와 그 명칭

그림 4-15에서 모든 종류의 사건과 관찰을 나타내는 전통적인 문자 A와 B를 사용했다. 이 문자에서 P(A)는 공정한 동전인지 여부에 대한 초기 추정치다. 그것은 동전을 던지기 이전에 "공정한 동전을 선택했다"에 대해 사용하는 확률이기 때문에 P(A)를 **사전 확률**[prior probability 또는 prior]이라고 부른다.

P(B)는 동전을 던진 후의 결과를 얻을 확률을 알려준다. 이 경우에는 동전의 앞면이 나온 것이다. P(B)를 **증거**[evidence]라고 부른다. 때때로 이 단어는 범죄 현장

에 남겨진 지문 같은 것을 나타내기 때문에 오해의 소지가 있다. 이 맥락에서 증거는 사건 B가 어떤 식으로든 발생할 확률이다. 증거는 모든 동전에 대해 앞면이 나오는 확률의 합이라는 것을 기억하자.

조건부 확률 P(B|A)는 공정한 동전이라고 가정할 때 앞면이 나올 **우도**likelihood를 알려주며 P(B|A)를 우도라고 한다.

마지막으로 베이즈 규칙의 결과는 앞면이 나왔을 때 공정한 동전일 확률을 알려준다. P(A|B)는 계산이 끝날 때 얻는 것이기 때문에 **사후 확률**posterior probability 또는 posterior이라고 한다.

이 장의 앞부분에서 봤듯이 베이지안 접근 방식의 장점은 선입견과 기대치를 명시적으로 식별할 수 있다는 것이다. 이제 사전 확률 P(A)를 선택함으로써 그것을 볼 수 있다. 일반적으로 실험 설정에서는 우도 P(B|A)와 증거 P(B)를 알고 있지만 사전 확률 P(A)를 추측해야 한다. 이는 실험을 한 번만 실행하면 문제가 될 수 있다. 사전 확률이 잘못되면 사후 확률도 잘못되기 때문이다. 실험을 여러 번 할 수 있다면(동전을 두 번 이상 던짐) 던지기가 끝날 때마다 처음 설정한 사전 확률을 더 나은 P(A)로 만들고자 베이즈 규칙을 사용할 수 있다는 것을 나중에 보게 될 것이다. 더 나은 P(A)는 더 정확한 사후 확률 P(B|A)의 값을 알려준다.

작은 동전 테스트 예제에서 사전 확률 값을 매우 쉽게 알아냈지만 더 복잡한 상황에서는 좋은 사전 확률을 선택하는 것이 더 복잡할 수 있다. 때로는 경험, 데이터, 지식, 사전 확률이 무엇이어야 하는지에 대한 직감의 조합으로 귀결된다. 선택에는 주관적이거나 개인적인 측면이 있기 때문에 스스로 우선순위를 선택하는 것을 **주관적 베이즈**subjective Bayes라고 한다. 다른 한편으로는 때때로 우선순위를 선택하고자 규칙이나 알고리듬을 사용할 수 있다. 그렇게 하면 **자동적 베이즈**automatic Bayes라고 한다(Genovese 2004).

베이즈 규칙과 혼동 행렬

3장에서 테스트 결과를 적절하게 이해하는 데 도움이 되는 혼동 행렬을 사용하는 방법을 살펴봤다. 이 아이디어를 다시 살펴보는데, 이번에는 베이즈 규칙을 사용한다.

인위적인 예보다는 현실적이고 일상적인 예를 사용하자. 우주선 테세우스^{Theseus}의 선장으로 암석으로 돼 있으며 아무도 살지 않는 행성을 찾아 원자재를 채굴하고자 우주에서 임무를 수행하고 있다고 가정하자. 방금 조짐이 좋은 암석 행성을 만났다. 채굴을 시작하는 것이 좋겠지만 생명이 있는 행성을 절대, 절대 채굴해서는 안 된다. 따라서 이 질문은 매우 중요하다. 이 행성에 생명체가 있을까?

경험에 따르면 이 암석이 많은 행성에서 대부분의 생명체는 약간의 박테리아나 곰팡이에 불과하지만 생명체는 생명체다. 프로토콜이 지시하는 대로 조사를 위해 탐사선을 보낸다. 탐사선은 착륙한 뒤 '생명체 없음'이라고 보고한다.

완벽한 탐사선은 없기 때문에 이제 "탐사선이 아무것도 감지하지 못했다면 행성에 생명체가 있을 확률은 얼마일까?"라는 질문을 해야 한다. 이 질문은 베이즈 규칙을 사용하기에 완벽한 형태다. 한 가지 조건(L이라고 함)은 '생명이 존재함'이다. 여기서 양성은 행성에 생명체가 있음을 의미하고 음성은 행성에 생명체가 없음(채굴을 시작할 수 있음)을 의미한다. 다른 조건(D라고 부를 것이다)은 '탐지된 생명체'다. 여기서 양성은 탐사선이 생명체를 감지했음을 의미하고 음성은 그렇지 않음을 의미한다.

정말로 피하고 싶은 상황은 생명체가 있는 행성에서 채굴을 하는 것이다. 그것은 거짓 음성$^{false\ negative}$이다. 탐사선이 음성이라고 보고했지만 실상은 그렇지 않다는 것이고 이는 끔찍한 일이다. 어떤 형태로든 생명을 방해하거나 파괴하고 싶지 않기 때문이다. 거짓 음성은 덜 걱정된다. 불모의 행성이지만 탐사선은 생명의 징후를 발견했다고 생각했다. 유일한 문제는 채굴 가능한 행성을 채굴하지 못한다는 것이다. 재정적 손실이 있지만 그게 전부다.

탐사선을 만든 과학자들은 이런 문제를 공유했기 때문에 거짓 음성을 최소화하고자 열심히 노력했다. 그들은 또한 거짓 양성false positive을 줄이려고 노력했지만 그다지 중요하지 않았다.

실제로 생명이 있는 일부 행성에는 모든 곳에 생명이 존재하지 않을 수 있으므로 탐사선이 인구가 밀집된 행성의 생명이 없는 지역에 착륙해 아무것도 감지하지 못할 수 있다. 단순화를 위해 이러한 상황에 대해 걱정하지 말고 잘못된 결과(즉, 존재하는 생명체를 존재하지 않는다고 하거나 생명체가 존재하지 않는데도 존재한다고 말하는)는 행성이 아니라 탐사선 때문이라고 말하자.

그들이 보낸 탐사선의 성능은 그림 4-16과 같다. 이 수치를 얻으려고 그들은 찾고자 하는 유형으로 알려진 행성 1,000개에 탐사선을 보냈다. 그중 101개는 생명체가 있는 것으로 알려져 있다. 1,000개의 행성 중 101개의 행성에 생명이 있을 것으로 기대한다는 것이다. 이 값은 사전 확률이 된다.

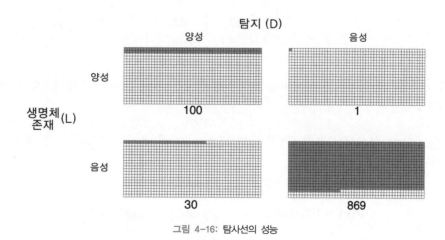

그림 4-16: 탐사선의 성능

탐사선은 1,000번 중 100번 생명(즉, 참 양성true positive)을 발견했다고 올바르게 보고했다. 즉, 생명체가 있는 101개 행성 중 탐사선이 생명체의 징후를 놓친 경우(거짓 음성)는 단 한 번뿐이다.

899개의 빈 행성 중 탐사선은 869번 생명이 없다고 정확하게 보고했다. 마지막으로 불모의 행성에서 생명체를 발견했다고 30번 잘못 보고했다. 생명을 보호하는 쪽으로 편향돼 있기 때문에 모두 나쁜 수치는 아니다.

'탐지된 생명체'(탐사선의 결과)에 대한 문자 D와 '생명이 존재함'(현장의 현실)에 대한 문자 L을 사용해 이러한 결과를 그림 4-17의 혼동 행렬에 요약할 수 있다. **주변 확률**^{marginal probability}의 경우 탐사선의 탐지 결과 '탐지되지 않음'(탐사선은 생명체가 없다고 보고)을 not-D로 쓰고 '생명이 존재하지 않음'(행성에는 실제로 생명체가 없음)을 not-L로 표현한다.

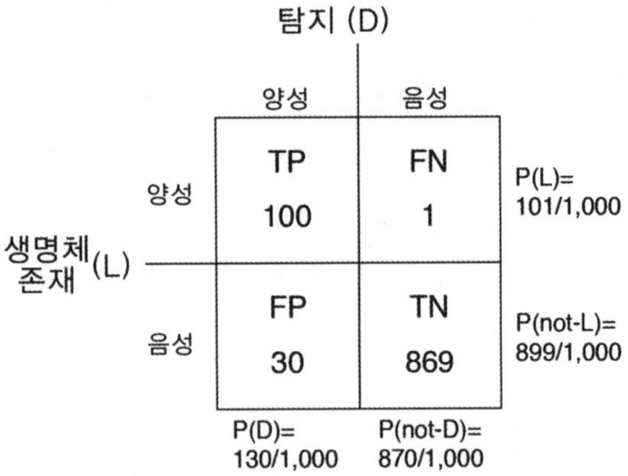

그림 4-17: 생명 감지 탐사선의 성능을 보여주는 그림 4-16을 요약한 혼동 행렬. 4개의 주변 확률은 오른쪽과 아래쪽 여백에 표시한다.

그림 4-18은 여기서 사용할 4개의 주변 확률과 2개의 조건부 확률을 모은 것이다.

$$P(D) = 130/1,000 \qquad P(not\text{-}D) = 870/1,000$$

$$P(L) = 101/1,000 \qquad P(not\text{-}L) = 899/1,000$$

$$P(D|L) = 100/101 \qquad P(not\text{-}D|L) = 1/101$$

그림 4-18: 그림 4-17의 데이터를 기반으로 한 4가지 주변 확률과 2가지 조건부 확률 요약

$P(D|L)$, 즉 실제로 생명체가 존재(is)할 때 탐사선이 생명체를 보고할 확률을

찾고자 탐사선이 생명체를 발견한 횟수(100)를 구하고 이를 생명체가 발견된 행성의 수(101)로 나눈다. 즉, 3장에서 본 TP/(TP + FN)을 발견할 수 있으며 이를 재현율recall이라고 한다. 100/101의 값은 약 0.99다.

P(not-D|L)를 찾고자 다른 방식으로 계산을 수행했다. 101개의 행성 중 한 번은 생명체를 찾지 못했다. 3장에서 본 FN/(TP + FN)을 거짓 음성 비율false negative rate이라고 한다. 1/101, 즉 약 0.01이 된다(탐사선의 행동에 대한 더 많은 통찰력을 얻고자 3장의 정의를 사용해 탐사선의 정확도를 969/1000(0.969)으로, 정밀도를 100/130(약 0.77)으로 찾을 수도 있다).

이제 원래 질문에 답할 수 있다. 탐사선이 존재하지 않는다고 보고할 때 실제로 생명체가 있을 확률은 P(L|not-D)다. 베이즈 규칙을 사용해 이전 단락이나 그림 4-18의 숫자를 연결하면 그림 4-19가 된다.

$$P(L|not\text{-}D) = \frac{P(not\text{-}D|L) \times P(L)}{P(not\text{-}D)}$$

$$= \frac{\dfrac{1}{101} \times \dfrac{101}{1{,}000}}{\dfrac{870}{1{,}000}}$$

$$= \frac{\dfrac{1}{1{,}000}}{\dfrac{870}{1{,}000}} = \frac{1}{870} \approx 0.001$$

그림 4-19: 탐사선이 생명체가 발견되지 않았다고 보고한 행성에 생명체가 있을 확률 계산하기

이는 안심할 수 있는 결과다. 탐사선이 생명체가 없다고 했을 때 그 행성에 생명체가 있을 확률은 1,000분의 1 정도다. 매우 자신 있는 편이지만 더 확실하게 하고 싶다면 더 많은 탐사선을 보낼 수 있다. 각각의 연속적인 탐사가 그 아래에 정말로 생명체가 있는지 없는지에 대한 확신을 어떻게 높이는지 나중에 보게 될 것이다.

상황을 바꿔 탐사선이 생명체를 탐지했다는 긍정적인 보고와 함께 돌아왔다고 가정해보자. 그것은 재정적 손실로 이어질 것이므로 확신을 얻고 싶다. 그 행성에 실제로 생명체가 있다고 얼마나 확신할 수 있을까? 이를 찾고자 베이즈 규칙을 다시 사용하지만 이번에는 탐사선이 생명을 감지했을 때 생명이 있을 확률인 $P(L|D)$를 계산한다. 그림 4-20의 숫자로 살펴보자.

$$P(L|D) = \frac{P(D|L) \times P(L)}{P(D)}$$

$$= \frac{\frac{100}{101} \times \frac{101}{1,000}}{\frac{130}{1,000}}$$

$$= \frac{\frac{100}{1,000}}{\frac{130}{1,000}} = \frac{100}{130} \approx 0.77$$

그림 4-20: 탐사선이 생명체의 흔적을 발견했다고 보고한 행성에 생명체가 있을 확률 계산하기

탐사선이 생명체를 발견했다고 말하면 이 탐사선 하나만으로 생명체가 실제로 존재한다고 약 77% 확신할 수 있다. 이는 음성 보고서에서 얻은 확신 수준에 가깝지 않지만 탐사선이 거짓 음성보다 거짓 양성을 보고할 확률이 더 높게 설계됐기 때문이다. 항상 생명을 보호하는 측면에서 실수를 하고 싶기 때문에 전반적으로 좋은 결과를 얻었다.

앞서 언급했듯이 두 가지 결과 모두에 대한 확신을 높이고자 더 많은 탐사선를 보낼 수 있지만 어느 쪽이든 절대적인 확신을 얻을 수는 없다. 탐사선 1, 탐사선 10, 탐사선 10,000 중 어느 시점에서는 행성을 채굴할지 여부에 대한 판단을 내려야 할 것이다.

이제 더 많은 탐사선을 보내는 것이 확신을 높이는 데 어떻게 도움이 되는지 알아보겠다.

베이즈 규칙 반복

앞 절에서 베이즈 규칙을 사용해 "(어떤 것 2)가 참이라고 가정할 때 (어떤 것1)이 참일 확률은 얼마일까?"라는 형식의 질문에 답하는 방법을 살펴봤다. 이 질문에 일회성 이벤트로 접근해 시스템에 대해 알고 있는 정보를 연결해 확률을 다시 얻었다.

하나의 이벤트 또는 측정은 계속 진행되는 것이 아니다. 두 개의 동전으로 하는 동전 게임으로 돌아가 보자. 하나의 동전은 공정하고 하나는 절반 이상 앞면이 나오도록 조작돼 있음을 기억할 것이다. 무작위로 두 개의 동전 중 하나를 선택하고 던져서 앞면이 나왔을 때 그 동전이 공정한 동전일 확률을 생성했다. 그리고 그것이 끝이었다.

하지만 계속 이어갈 수 있다. 이 절에서는 루프의 중심에 베이즈 규칙을 넣어보자. 여기서 각각의 새로운 데이터 조각은 다음 관찰을 위한 사전 확률로 사용하는 새로운 사후 확률을 제공한다. 시간이 지남에 따라 데이터가 일관성이 있으면 사전 확률은 찾고 있는 **기저 확률**underlying probabilities에 관심을 쏟아야 한다.

세부 사항에 들어가기 전에 기본적인 직관이 있다. 실험 설정에서 우도 $P(B|A)$와 증거 $P(B)$를 알고 있었기 때문에 문제가 해결됐다. 그러나 사전 확률 $P(A)$를 모른다. 이 값이 필요하므로 문제에 대해 생각하고 최선의 추측을 한다. 이렇게 하면 베이즈 규칙에 필요한 모든 값이 갖춰지므로 이를 연결해 사후 확률 $P(A|B)$를 얻을 수 있다.

이제 흥미로운 단계가 시작된다. 사후 확률은 사건 B가 발생했을 때 A의 확률을 알려주지만 사건 B가 일어났다는 것을 알고 있다. 동전의 앞면이 나오든 탐사선이 행성에서 생명체를 발견하든 B가 발생하지 않았을 때 A의 확률이 아니라 $P(A|B)$를 계산하기로 선택했기 때문에 B가 발생했다는 것을 안다. B가 발생했다는 것을 알고 있기 때문에 $P(A|B)$는 바로 $P(A)$다.

더 확실히 하고자 다른 예제로 표현해보자. 사건 B는 "날씨가 따뜻하다"이고 사건 A가 "사람들이 샌들을 신고 있다"라고 가정하자. 오늘이 따뜻하다고 가정해보자. 그러면 '따뜻하기 때문에 사람들이 샌들을 신고 있을' 확률은 '사람들이 샌들을 신고 있을' 확률과 같다. 이미 따뜻하다는 것을 관찰했기 때문이다.

즉, 사후 확률 P(A|B)는 P(A)가 되며 이는 사전 확률이다. 이것이 핵심이다. B가 발생했다는 것을 알게 되면 베이즈 규칙의 출력값은 P(A)의 새로운 추정치를 제공한다. 따라서 베이즈 규칙은 실험이 알려주는 것을 기반으로 시스템에 대한 이해를 변경하고 개선하는 방법을 제공한다. P(A)에 대한 추측에서 시작해보자. 그런 다음 실험을 실행하고 결과를 베이즈 규칙에 연결한 다음 사후 확률을 생성한다. 이것이 새로운 사전 확률이 된다. 이 새로운 P(A)로 베이즈 규칙을 다시 사용해 다른 실험을 실행하고 해당 P(A|B)를 다음 실험에 대한 새로운 P(A) 또는 이전 확률로 사용해 기대치를 다시 업데이트한다. 시간이 지남에 따라 A 또는 P(A)의 확률에 대한 신뢰belief는 추측에서 시작해 실험적 근거를 지닌 값으로 점진적으로 개선된다.

이전 확률 P(A)에 대한 추측으로 시작해 더 많은 실험을 통해 구체화함으로써 이 통찰력을 루프로 패키지화하겠다.

사후 확률-사전 확률 루프

그림 4-15에서 베이즈 규칙의 용어에 이름을 붙였다. 사용되는 이름은 이것만이 아니다. 또한 가설과 관찰(때때로 Hyp와 Obs로 축약됨)의 관점에서 베이즈 규칙의 사건(A와 B라고 부름)을 참조한다. 가설hypothesis은 어떤 것이 사실이라는 것이다(예, "공정한 동전이다"). 관찰observation은 시스템에 대해 본 것이다(예, "앞면이 나왔다"). 그림 4-21은 이러한 레이블이 있는 베이즈 규칙을 보여준다.

$$P(가설 \mid 관찰) = \frac{P(관찰 \mid 가설) \times P(가설)}{P(관찰)}$$

그림 4-21: A와 B에 대한 설명적인 레이블로 베이즈 규칙 작성하기

동전 던지기 예제에서의 가설은 "공정한 동전을 선택했다"이다. 실험을 했고 "동전의 앞면이 나왔다"는 관찰 값을 얻었다. 관찰과 가설이 모두 참일 확률을 얻고자 주어진 가설하에서 주어진 관찰 값의 우도 P(관찰|가설)과 사전 확률 P(가설)을 결합한다. 그런 다음 증거 P(관찰) 혹은 관찰 값이 어떤 방법으로든 발생할 수 있는 확률로 조정한다. 결과는 사후 확률 P(가설|관찰)로, 관찰 값이 주어졌을 때 가설이 참일 확률을 알려준다.

약속한 대로 이제 이것을 루프로 포장^{wrap}해보자. 사후 확률을 계산한 다음 (관찰이 발생했음을 알고 있기 때문에) 실험을 반복할 때 사전 확률로 사용할 수 있다. 결과는 다음번에 사전 확률로 사용할 수 있는 새로운 사후 확률이다. 루프를 돌 때마다 이전 실험은 각각의 결과를 포함해 시스템을 설명하는 데 좀 더 정확해졌다.

이 루프는 그림 4-22에 나와 있다.

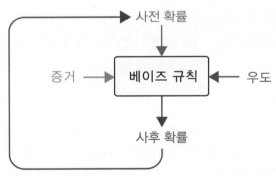

그림 4-22: 새로운 관찰이 있을 때마다 증거, 해당 관찰의 우도, 사전 확률을 결합해 사후 확률을 계산한다. 그런 다음 새로운 관찰이 평가될 때 해당 사후 확률이 사전 확률로 사용된다.

요약하자면 사전 확률로 시작한다. 이는 분석, 경험, 데이터, 알고리듬, 추측에서 비롯된다. 그런 다음 실험을 실행(또는 관찰)하고 루프를 시작한다. 증거, 해당 관찰의 우도, 베이즈 규칙을 이용한 사전 확률을 결합해 사후 확률을 계산한다. 관찰이 실제로 일어났기 때문에 사후 확률이 새로운 사전 확률이 된다. 이제 다른 관찰이 발생하면 새로운 사전 확률을 사용해 루프에 다시 진입한다.

핵심 아이디어는 루프를 통과할 때마다 초기 추측에서 가능성이 높은 답변의 범위로 사전 확률이 향상된다는 것이다. 루프를 돌 때마다 사전 확률은 모든 이전 관찰 외에도 최신 관찰을 통합하기 때문에 사전 확률이 개선된다.

동전 던지기 예제를 사용해 이 루프가 실제로 작동하는지 살펴보자.

베이즈 루프 실습

고고학자 친구와 두 개의 동전 문제를 상기해보자. 다양한 변형을 시도하고 질문에 답하고자 그림 4-22에 표시된 베이즈 규칙 루프^{Bayes' Rule loop}를 사용하는 방법을 탐색할 수 있게 일반화해보자.

공정한 동전과 조작된 동전이 든 가방 대신 서로 다른 편향을 가진 조작된 동전이 두 개가 들어 있는 많은 가방을 발견했다고 가정한다. 각 가방에는 조작된 동전의 편향이 표시돼 있다(편향은 종종 소문자 그리스어 θ [theta]로 작성된다).

플레이어가 게임을 시작하기 전에 조작된 동전이 얼마나 편향되기를 원하는지에 동의할 것이라고 고고학자는 생각한다. 그런 다음 그들은 해당 가방을 선택하고 평소와 같이 두 개의 동전 중 하나를 선택한 후 어느 것을 골랐는지 내기를 걸었다.

여기서는 그들처럼 먼저 가방을 선택한 다음 가방에서 동전을 선택한다. 그런 다음 공정한 동전을 골랐을 확률을 결정할 것이다. 동전을 여러 번 던지고 앞면과 뒷면을 기록하고, 베이즈 규칙이 사후 확률을 생성할 때 각 던지기의 관찰 값이나 결과로 무엇을 하는지 관찰함으로써 베이즈 규칙의 반복된 형태를 사용할 수 있다.

30번의 던지기를 한다고 가정해보자. 데이터가 매우 적더라도 비정상적인 이벤트를 볼 수 있다. 예를 들어 공정한 동전을 갖고 있지만 여전히 25번의 앞면과 5번의 뒷면이 나올 수 있다. 가능성은 거의 없지만 가능은 하다. 높은 편향을 가진 조작된 동전에서 이러한 결과를 얻을 가능성이 더 크긴 하다. 여러 번 던졌을 때 그 동전이 어떤 동전인지를 결정하는 데 베이즈 규칙이 어떻게 도움이 되는지 살펴보자.

공정한 동전이 있는 가방을 선택하고 편향이 0.2인 조작된 동전이 있는 가방을 선택해 시작하겠다. 즉, 10번 던질 때마다 앞면이 2번 나올 것으로 예상한다. 이 동전을 30번 던지고 20%(즉, 6번)만 앞면이 나오고 나머지 24번은 뒷면이 나온다고 가정한다. 이 동전은 공정한 동전일까 아니면 조작된 동전일까? 공정한 동전을 30번 던졌을 때 앞면이 15번 나오기를 기대하고 조작된 동전을 30번 던지면 6번 앞면이 나오기를 기대하기 때문에 앞면이 6번 나온 것은 조작된 동전의 좋은 사례인 것처럼 보인다.

그림 4-23은 각 던지기 후 베이즈 규칙의 결과를 보여준다. 이전과 마찬가지로 공정한 동전일 확률은 노란색(또는 베이지색)으로 표시되고 조작된 동전의 확률은 빨간색으로 표시된다. 두 확률은 합은 항상 1이다.

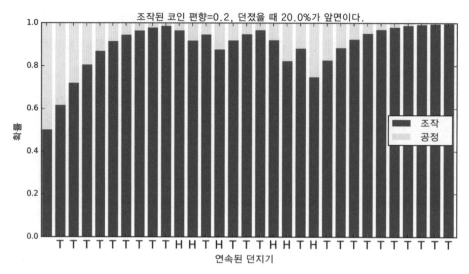

조작된 코인 편향=0.2, 던졌을 때 20.0%가 앞면이다.

그림 4-23: 공정한 동전일 확률은 연속적인 던지기를 통해 노란색(베이지색)으로 표시된다. 바 아래에 있는 글자는 해당 바가 생성한 관측값이다.

이 그림이 말하고자 하는 것을 이해하려면 먼저 하단에 있는 글자를 보자. 'H' 또는 'T'는 각 던지기의 결과를 알려준다.

이 경우 각각에서 6번의 앞면과 24번의 뒷면이라는 결과가 보인다. 이제 왼쪽에서부터 시작해 막대를 살펴보자. 가장 왼쪽 열은 동전을 던지기 전에 갖고 있다고 예상하는 동전을 보여주므로 확률은 둘 다 0.5다. 결국 두 동전 중 하나를 고를 확률은 동일하며 데이터를 얻고자 아직 동전을 던지지 않았다. 그 바로 오른쪽 막대는 첫 번째 던지기에서 뒷면(T)을 관찰한 후 베이즈 규칙의 사후 확률을 보여준다. 공정한 동전에서 뒷면이 나올 확률은 0.5지만 조작된 동전에서 뒷면이 나올 확률은 0.8이므로 뒷면이 나왔다는 것은 조작된 동전일 가능성이 더 높다는 것을 암시한다. 계속해서 오른쪽으로 가면 던지기 결과의 약 80%가 뒷면이다. 이 값은 조작된 동전에서 기대할 수 있는 것이므로 확률은 빠르게 1에 근접한다. 여러 개의 앞면이라는 결괏값이 가깝게 자리할수록 조작된 동전일 확률이 실행 중 약 2/3까지 떨어지지만 새롭게 뒷면이 나올 때마다 다시 올라간다.

각 막대에 있는 노란색 혹은 베이지색 블록의 높이는 P(F) 값, 즉 공정한 동전을 선택했을 확률이다. 각 던지기 후에 베이즈 규칙을 사용해 P(F|H) 또는 P(F|T)를 적절하게 계산한다. 그것은 P(F)의 새로운 값, 즉 공정한 동전을 갖고 있다는 믿음이 된다. 그것을 사용해 다음 던지기 후에 새로운 사후 확률을 계산한다. 이것은 전체 루프가 작동하게 하는 핵심 단계다. 각 실험 후에 관찰 대상에 따라 P(F|H) 또는 F(F|T)를 사용하는 베이즈 규칙 버전을 선택한다. 그 선택은 실제로 일어난 일을 반영하기 때문에 사후 확률을 새로운 사전 확률로 사용할 수 있게 해주는 것이다.

끝으로 갈수록 공정한 동전을 가질 확률은 거의 0에 가깝다. 이는 정확히 0에 도달하지는 않는다. 이것이 매우 특이한 던지기 패턴을 가진 공정한 동전이 아니라는 것을 절대적으로 확신할 수 없기 때문이다. 따라서 이 옵션은 항상 최소한의 확률을 갖는다.

이 예에서 얻은 데이터는 조작된 동전을 갖고 있음을 아주 분명하게 드러냈다. 이 동전으로 다시 한 번 더 실행해보자. 다음 실행에서 앞면이 3개만 나오는 것과 훨씬 더 적은 값이 나올 수 있으므로 그 경우 조작된 동전일 가능성이 더욱 크다. 루프를 통해 실행하면 그림 4-24와 같은 결과가 나온다.

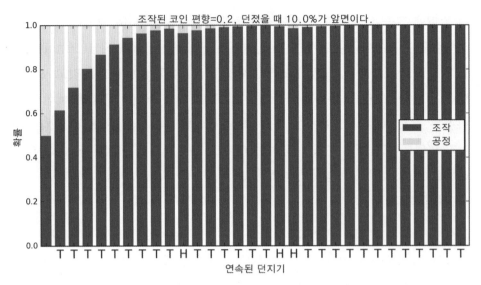

그림 4-24: 같은 동전을 편향 0.2로 사용했는데, 이번에는 30번 던졌을 때 앞면이 3개밖에 나오지 않았다.

단 4번의 던지기 후에 조작된 동전이라는 약 90%의 확신을 얻었다. 30번 던진 후 공정한 동전이라는 확률은 다시 거의 0에 수렴했다.

30번의 던지기를 다시 실행했는데, 이번에는 24번의 앞면이 나왔다고 가정해보자. 이것은 어느 동전과도 잘 어울리지 않는다. 공정한 동전은 앞면이 15번 나올 것으로 예상하지만 조작된 동전에서는 앞면이 6번만 나올 것으로 예상한다. 이 두 가지 선택만을 감안했을 때 공정한 동전이 더 가능성 있어 보인다. 그림 4-25는 베이즈 규칙의 결과를 보여준다.

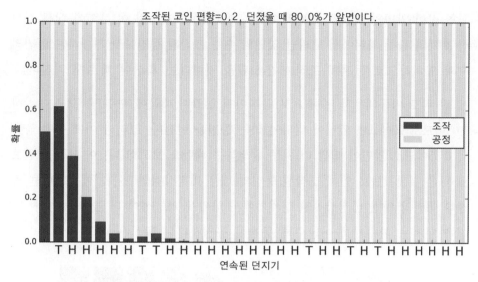

그림 4-25: 같은 동전을 편향 0.2로 사용하는 경우 이번에는 30번 던졌을 때 앞면이 24번 나왔다.

공정한 동전의 앞면이 나올 확률은 절반 정도지만 조작된 동전은 앞면이 나올 확률이 20%에 불과하다. 이 앞면의 결괏값들은 두 동전 모두에서 나올 가능성은 낮지만 조작된 동전에서 나올 가능성이 훨씬 더 낮기 때문에 공정한 동전일 것이라는 확신을 강화한다.

거의 대부분 뒷면인 패턴에서부터 거의 대부분 앞면인 패턴에 이르기까지 이 동전에 대한 세 가지 서로 다른 던지기 결과를 봤다. 서로 다른 편향을 가진 10개의 동전을 던져 이러한 결과를 일반화해보자. 앞면과 뒷면의 비율이 다른 각 동전에 대해 10가지 다른 던지기 패턴을 만들어보겠다. 각 동전의 각 패턴에 베이즈 규칙을 사용해 100개의 시나리오를 생성할 수 있다. 결과는 그림 4-26에 있으며 각 셀^{cell}은 그림 4-23에서 4-25까지의 것과 같은 작은 막대그래프다.

왼쪽 하단에서부터 시작하겠다. 이 위치에서 수평 축의 값('조작된 동전 편향'으로 표시됨)은 약 0.05다. 즉, 이 동전은 20분의 1 정도의 확률로 앞면이 나올 것으로 예상된다. 수직 축의 값('던지기 시퀀스 편향'으로 표시됨)도 약 0.05다. 이는 이전에 했던 것처럼 인공적인 관찰 시퀀스를 생성한다는 것을 의미한다. 여기서 각 관찰 값이 앞면일 확률은 20분의 1이다. 이 경우 그리드의 이 셀^{cell}에 대해 생성한 30개의 관찰 패턴에서 나타난 앞면의 수는 조작된 동전에서 기대하는 앞면의 수와 일치하므로 동전이 조작(빨간색)됐을 것이라는 확신이 빠르게 커진다.

세 칸 위로 이동해보자. 수평으로 움직이지 않았기 때문에 수평 축 값은 여전히 0.05이므로 20에 1번 앞면이 나와야 하는 동전을 던진다. 그러나 이제 수직 축은 약 0.35이므로 앞면이 훨씬 더 자주 발생하는 패턴을 보고 있다. 이 모든 앞면으로 나온 결괏값들로 인해 조작된 동전의 매우 비정상적인 던지기에서보다는 공정한 동전의 약간 비정상적인 던지기에서 나왔을 가능성이 더 높아 보인다. 동전을 던지는 횟수가 늘어날수록 동전이 공정하다는 확신은 더욱 강해진다.

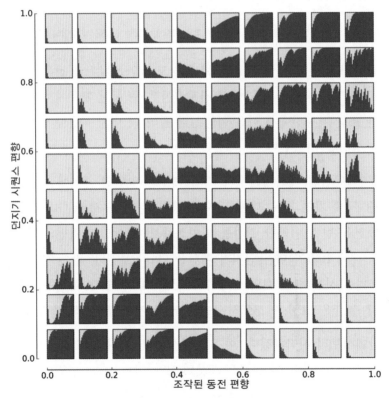

그림 4-26: 동전을 30번 던지고 베이즈 규칙 실행을 반복해 어떤 동전일지 결정한다. 각 박스는 30번의 무작위 던지기를 한 번만 실행한 결과다. 각 행은 동일한 시퀀스의 앞면과 뒷면을 사용한다.

각 셀은 이와 같은 방식으로 이해할 수 있다. 앞면의 상대적 비율이 수직 위치에 의해 주어지는 30개의 앞면과 뒷면의 패턴을 만든다. 그리고 해당 패턴이 공정한 동전에서 나올 가능성이 더 높은지 또는 수평 위치에 의해 주어진 앞면의 확률이 있는 동전에서 나올 것인지 묻는다.

두 값이 모두 0.5에 가까운 그리드 중간에서는 거의 구분이 불가능하다. 조작된 동전은 공정한 동전과 비슷한 정도로 앞면이 나오고 앞면과 뒷면의 패턴이 거의 균등하게 분할돼 어떤 동전이어도 이상하지 않다. 둘 다 확률은 약 0.5다. 그러나 앞면이 더 적은(그래프의 아래쪽 부분) 또는 앞면이 더 많은(상단 부분) 패턴을 만들 때 앞면이 나올 확률이 낮거나(왼쪽) 높은(오른쪽) 조작된 동전과 패턴이 얼마나 잘 일치하는지 말할 수 있다.

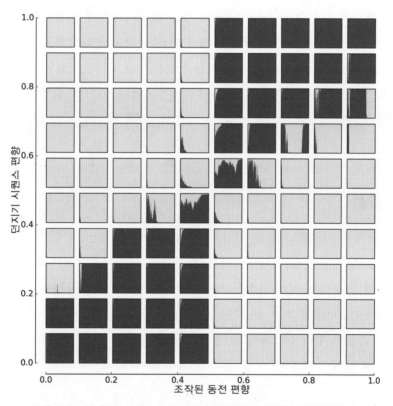

그림 4-27: 이 차트는 그림 4-26과 같은 설정이지만 각 동전을 1,000번 던진다.

30번의 던지기가 드러나고 있지만 여전히 일반적이지 않은 놀라움을 얻을 수 있다(예, 앞면이 25번 나온 공정한 동전). 그림 4-27과 같이 각 그림에서 던지기 횟수를 1,000으로 늘리면 이러한 비정상적인 시퀀스가 더 드물어지고 패턴이 더 명확해진다.

왼쪽 하단과 오른쪽 상단에서 던지기 패턴은 공정한 동전보다 조작된 동전의 편향과 더 밀접하게 일치하고 베이즈 규칙은 "공정한 동전이다"의 사전 확률을 0으로 밀어낸다. 왼쪽 상단과 오른쪽 아래에서 던지기는 공정한 동전과 더 가깝게 일치하고 사전 확률은 1을 향해 움직인다.

그림 4-26과 4-27의 일반적인 교훈은 관찰을 많이 할수록 가설이 참인지 거짓인지 더욱 확실해진다는 것이다. 각 관찰은 자신감을 높이거나 낮춰준다. 관찰이 사전 확률과 일치할 때("공정한 동전을 갖고 있다") 그 사전 확률에 대한 신뢰도는 커진다. 관찰 결과가 사전 확률과 모순되면 신뢰도가 하락하고 이 시나리오에는 다른 대안이 하나뿐이므로("조작된 동전을 갖고 있다") 그럴 가능성이 높아진다. 이 경우에는 관찰이 몇 번 안 되는 경우에도 초기에 상당한 신뢰도를 얻을 수 있다.

다중 가설

베이즈 규칙을 사용해 가설을 관찰과 (아마도 반복적으로) 결합함으로써 개선하는 방법을 살펴봤다. 그러나 단 하나의 가설을 테스트하는 데 제한되는 것은 없다. 사실 그동안은 여러 가설을 세워왔다. 앞 절에서 "이 동전은 공정하다"와 "이 동전은 조작됐다"라는 두 가지 가설이 동시에 업데이트되는 것을 분명히 봤다. 두 확률의 합이 1이 돼야 한다. 즉, 둘 중 하나가 다른 하나를 드러낸다는 것을 알고 있었기 때문에 그중 하나만 추적해야 했다.

그러나 원한다면 두 가지 확률을 명시적으로 계산할 수 있다. 베이즈 규칙의

사본 두 개만을 사용할 것이다. 던지기의 결과 앞면이 나온다고 가정해보자. 그런 다음 공정한 동전일 조건부 확률 P(F|H)와 조작된 동전일 조건부 확률 P(R|H)를 독립적으로 계산할 수 있다. 이는 그림 4-28에 나와 있다.

$$\text{(a)} \quad P(F|H) = \frac{P(H|F)\ P(F)}{P(H)}$$

$$\text{(b)} \quad P(R|H) = \frac{P(H|R)\ P(R)}{P(H)}$$

$$\text{(c)} \quad P(H) = P(H|F)\ P(F) + P(H|R)\ P(R)$$

그림 4-28: 두 가지 가설에 대한 확률 계산하기. (c)는 두 경우 모두에서 P(H)를 계산하는 방법을 명시적으로 보여준다.

그림 4-28에서 공정한 동전과 조작된 동전의 확률은 앞면이 나올 수 있는 두 가지 방법 중 단지 각 동전일 확률임을 알 수 있다. 한 번에 여러 가설을 추적하려는 경우 이러한 방식으로 베이즈 규칙의 여러 복사본을 사용해 새로운 관찰이 있을 때마다 모두 업데이트할 수 있다.

이 능력을 사용해 고고학자 친구를 다시 도울 수 있다. 고고학자는 방금 새 게임을 위한 조각이 있는 상자를 찾았고, 게임은 다시 가방을 사용해 동전 쌍을 보관한다. 이전과 마찬가지로 가방에 든 조작된 동전은 서로 다른 편향을 갖고 있다. 극도로 편향된 동전(즉, 앞면이 뒷면보다 훨씬 더 자주 나오거나 그 반대의 경우)이 더 쉽게 발견될 수 있기 때문에 고고학자는 신규 플레이어에서 오래된 플레이어에 이르기까지 다양한 레벨이 있었을 것이라고 생각한다.

신규 플레이어는 매우 편향된 동전으로 플레이하지만 플레이어가 더 숙련될수록 편향이 0.5에 점점 더 가까워지는 조작된 동전으로 전환한다. 이는 감지하기가 더 어려워 더 위험하고 복잡한 베팅과 더 긴 게임으로 이어진다.

고고학자 친구는 발견한 것에 대해 모두 알고 싶기 때문에 모든 동전을 하나의 큰 상자에 채워 넣고 각 동전의 편향을 찾으라고 요청했다. 일단 가능한 편향 값이 0, 0.25, 0.5, 0.75, 1(0.5의 편향은 공정한 동전에 해당함)만 있다고 가정해보자. 따라서 5개의 가설을 만든다. 서로 다른 편향 값에 해당하는 0에서 4까지의 번호를 지정한다. 가설 0은 "이것은 편향이 0인 동전이다.", 가설 1은 "이것은 편향이 0.25인 동전이다.", "이것은 편향이 1인 동전이다."라는 가설 4까지 계속 이어진다.

이제는 상자에서 무작위로 동전을 집어 들고 반복적으로 뒤집어 이러한 가설 중 어느 것이 가장 가능성이 높은지 결정하려고 한다. 시작하려면 각 가설에 대한 사전 확률이 필요하다. 이는 루프를 통해 매번 업데이트된다는 것을 기억하라. 따라서 좋은 시작 추측만이 필요하다. 선택한 동전에 대해 아무것도 모르기 때문에 각각을 고를 확률이 같다고 가정해보자. 따라서 5개의 사전 확률이 모두 맞을 확률은 1/5, 즉 1/5 = 0.2다.

원한다면 더 복잡해질 수 있다는 점에 유의하라. 각 쌍의 동전에는 공정한 동전과 조작된 동전이 있다. 16개의 동전이 있다고 가정해보자. 이 경우 공정한 동전 8개와 조작된 동전 8개가 있다(허용된 편향 값에 따라 2개씩). 공정한 동전을 뽑을 확률은 8/16 = 0.5인 반면 조작된 동전을 뽑을 확률은 2/16 = 0.125다. 이는 이미 알고 있는 정보를 더 많이 사용하기 때문에 더 나은 사전 확률일 것이다. 더 나은 사전 확률로 시작한다는 것은 루프가 가능성 높은 솔루션을 더 빨리 연마한다는 것을 의미한다. 그러나 베이지안 접근 방식의 장점 중 하나는 거의 모든 사전 확률로 시작할 수 있으며 궁극적으로 동일한 결과를 얻을 수 있다는 것이다. 단순화를 위해 모든 가설의 값이 0.2인 첫 번째 사전 확률을 사용한다.

유일하게 지정할 수 있는 것은 각 동전의 우도다. 그러나 이미 그것들을 알고 있다. 그것들은 편향이기 때문이다. 즉, 동전의 편향이 0.2면 앞면이 나올 우도는 0.2다. 따라서 뒷면이 나올 우도는 1 - 0.2 = 0.8이다.

"편향이 0.0인 동전이 있다."라는 가설 0은 앞면의 우도가 0이고 뒷면의 우도가 1이다. "편향이 0.2인 동전이 있다."라는 가설 1의 우도는 앞면의 0.2(또는 20%)이고 뒷면이 0.8(또는 80%)이다. 각 우도는 그림 4-29에 표시돼 있다.

동전을 던지고 관찰 값을 수집해도 동전 자체는 변하지 않기 때문에 우도도 변하지 않는다. 새로운 관찰 값을 얻은 후 베이즈 규칙을 평가할 때마다 이러한 동일한 우도를 계속해서 재사용할 것이다.

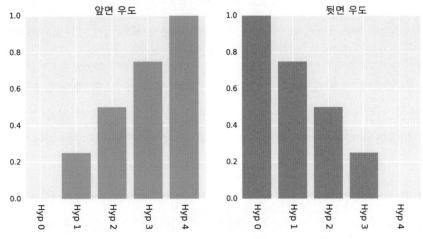

그림 4-29: 5가지 가설 각각에 대해 앞면 또는 뒷면의 우도

목표는 동전을 계속해서 던지고 5가지 사전 확률이 진화함에 따라 어떻게 되는지 지켜보는 것이다. 각 던지기마다 무슨 일이 일어나는지 보여주고자 5개의 사전 확률 값을 빨간색으로, 5개의 사후 확률 값을 파란색으로 그려보자. 그림 4-30은 앞면이 나왔다고 가정할 첫 번째 던지기의 결과를 보여준다. 다섯 가지 가설 각각에 대한 사전 확률을 나타내는 다섯 개의 빨간색 막대는 모두 0.2다. 앞면이 나왔기 때문에 각 사전 확률에 그림 4-29 왼쪽의 해당 우도를 곱해 우도를 제공한다. 앞면이 나올 5가지 모든 확률의 합으로 나눈 후 파란색으로 표시된 사후 확률이나 베이즈 규칙의 출력값을 얻는다.

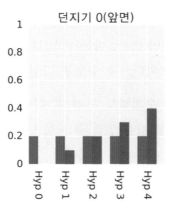

던지기 0(앞면)

그림 4-30: 동전의 편향이 0, 0.25, 0.5, 0.75, 1.00이라는 5가지 가설을 테스트하고 있다. 각 가설에 대해 사전 확률 0.2(빨간색)로 시작한다. 동전을 한 번 던진 후(앞면이 나옴) 사후 확률(파란색)을 계산한다.

그림 4-30에서 각 막대 쌍은 단일 가설에 대한 사전 및 사후 확률 값을 보여준다. 즉시 가설 0을 배제했다. 해당 가설이 절대 앞면이 나오지 않을 것이라고 했지만 앞면이 나왔기 때문이다. 이 동전은 항상 앞면만 나온다는 가설이 지금까지는 가장 강력했다. 방금 앞면이 나왔기 때문이다.

이제 일련의 던지기를 만들어보자. 30%의 앞면이 포함된 100번의 던지기 목록을 사용할 것이다. 즉, 이 던지기는 편향이 0.3인 동전에서 얻을 수 있는 결과에 해당한다. 다섯 가지 가설 중 어느 것도 이와 정확히 일치하지 않지만 가설 1이 가장 근접한 편향이 0.25인 동전을 나타낸다. 베이즈 규칙이 어떻게 작동하는지 살펴보자. 그림 4-31은 맨 위 두 줄에서 처음 10번의 던지기에 대한 결과를 보여주고 그다음 아래 줄에서 더 큰 폭으로 던지는 횟수를 늘린다.

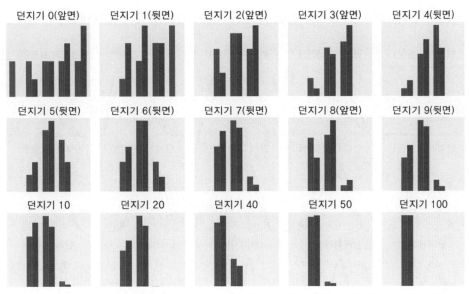

그림 4-31: 편향이 0.3인 동전으로 생성된 일련의 던지기에 대한 사전 확률(빨간색) 및 사후 확률(파란색)의 진화. 방금 평가된 던지기 횟수는 각 그래프의 상단에 표시된다.

첫 두 줄에서 볼 수 있듯이 각 던지기 후에 계산된 사후 확률(파란색)이 다음 던지기의 사전 확률(빨간색)이 된다. 또한 첫 번째 던지기(앞면) 후에 맨 왼쪽에 있는 가설 0의 우도가 0으로 떨어졌음을 알 수 있다. 그 가설은 앞면이 절대 나오지 않는다는 가정이었기 때문이다. 그런 다음 우연히 뒷면이 나온 두 번째 던지기에서 가설 4는 항상 앞면이 나온다는 가정이기 때문에 0이 됐다. 이렇게 세 가지 가설만 남게 된다.

나머지 세 가지 옵션이 각 던지기에서 확률을 어떻게 상쇄하는지 알 수 있다. 더 많은 던지기를 할수록 앞면의 수는 30%에 가까워지고 가설 1이 우세하게 된다. 100번 던졌을 때 시스템은 가설 1이 가장 좋은 것으로 결정됐다. 즉, 동전이 0.25의 편향을 가질 가능성이 다른 선택보다 더 높다.

5개의 가설을 테스트할 수 있다면 500개의 가설을 테스트할 수도 있다. 그림 4-32는 500개의 가설을 보여준다. 각 가설은 0에서 1 사이의 균등한 간격의 편향에 해당한다. 더 많은 던지기를 보여주는 네 번째 행을 추가했다. 500개의 모든 가설의 값을 더 명확하게 볼 수 있도록 이 차트에서 세로막대를 제거했다.

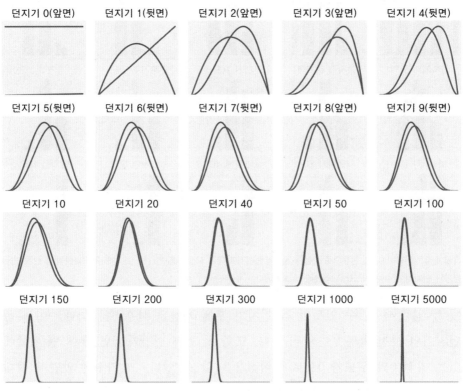

그림 4-32: 그림 4-31과 같은 상황이지만 약간씩 다른 편향을 가진 동전을 기반으로 하는 500개의 가설을 동시에 평가하고 있다.

이 그림에서는 (다음 그림에서와 마찬가지로) 그림 4-31에서 사용한 것과 동일한 일련의 던지기 결과를 재사용하고 있다. 그리고 예상대로 승리한 가설은 약 0.3의 편향을 예측한 가설이다. 그러나 여기에서 또 다른 흥미로운 일이 일어나고 있다. 사후 확률은 가우시안의 형태를 취하고 있다. 2장에서 본 가우스 곡선은 그래프에서 대칭형의 튀어 올라간 언덕 외에는 평평한 형태의 유명한 종 모양 곡선이다. 이것은 베이즈 규칙의 수학에서 진화한 사전 확률의 전형적인 특징이다. 데이터를 통해 가우스 곡선이 나타나는 통계 및 확률의 여러 위치 중 하나일 뿐이다.

이 장의 시작 부분에서 말했듯이 베이지안 추론^{Bayesian reasoning}은 하나의 정답에 초점을 맞추지 않는다. 오히려 그것은 점차적으로 더 작은 범위의 답변에 더 큰 확률을 할당한다. 생각하는 것은 그 범위에 있는 어떤 값도 찾고자 하는 답이 될 확률이 있다는 것이다.

베이즈 규칙이 진화해 사전 확률이 가우시안의 형태를 취하는 것처럼 보인다면 이 가우시안을 형성하는 사전 확률로 시작했을 때 결과는 어떻게 될까? 일단 해보자. 그런데 사전 확률 그래프의 튀어 올라간 언덕(즉, 중심)의 평균을 약 0.8에 놓아 시스템을 더욱 어렵게 만들어보자. 그것은 테스트하는 동전이 0.8의 편향을 가질 가능성이 가장 높다고 믿는다는 것을 의미한다. 이것은 앞면과 뒷면 시퀀스에서 구한 0.3의 값과는 거리가 멀다. 동전을 설명하는 0.3의 확률은 0.004의 값으로 시작하므로 사전 확률을 통해 이 동전이 0.3의 편향을 가질 확률은 0.4% 또는 1,000 중 4라고 주장한다. 시스템은 정답일 가능성이 매우 희박한 아주 잘못된 사전 확률에 어떻게 반응할까?

그림 4-33은 결과를 보여준다.

훌륭하다. 사전 확률이 잘못 선택한 경우에도 시스템은 0.3의 적절한 편향을 따른다. 시간이 좀 걸렸지만 제대로 도착했다.

그림 4-34는 처음 3,000번의 던지기를 평가하는 방법에 따른 10단계에 대한 그림 4-33의 사전 확률을 시퀀스가 아니라 서로 겹쳐서 보여준다.

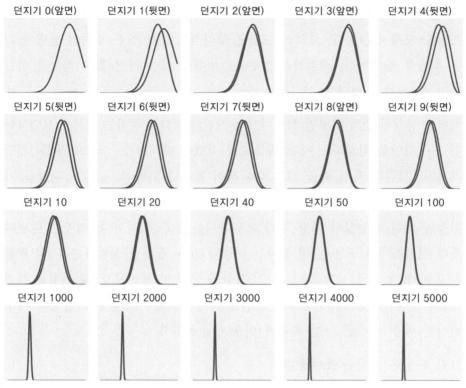

그림 4-33: 이 그림은 그림 4-32와 동일한 설정을 갖고 있으며 가우시안 그래프의 튀어 올라간 언덕을 0.8에 맞춰 형성된 사전 확률의 집합으로 시작한다.

평균이 0.8인 광범위한 사전 확률로 시작하지만 더 많이 던지고 더 많은 관찰 값을 수집함에 따라 사전 확률의 평균은 0.3으로 이동한다. 그래프의 튀어 올라간 언덕의 너비도 좁아져 시스템이 평균에서 멀리 떨어진 편향 값의 가능성이 낮다고 보고 있음을 알려준다. 각 곡선의 던지기 횟수는 곡선이 대략 균등하게 간격을 두도록 수동으로 선택했다. 시스템이 확신을 갖게 되면 좁은 범위의 사전 확률을 생성해 곡선이 더 느리게 변경된다. 즉, 결과가 확실할수록 사후 확률에 큰 변화를 주고자 더 많은 관찰이 필요하다.

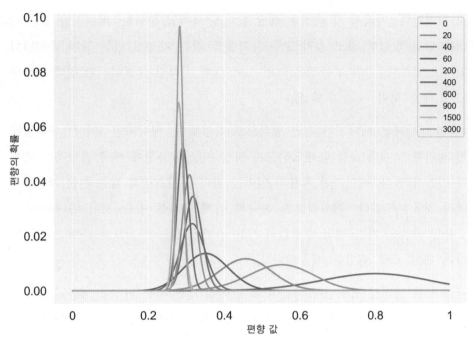

그림 4-34: 그림 4-33의 처음 3,000번의 던지기에서 사후 확률의 일부 결과 그래프가 서로 겹쳐진다. 서로 다른 색상은 오른쪽 상단의 범례에서 알 수 있듯이 얼마나 많은 던지기를 했는지 보여준다. 시스템이 0.3 근처에서 더 많은 가중치를 사전에 부여하는 반면 다른 곳에서는 확률을 줄이는 것을 볼 수 있다. 각 곡선 아래의 면적을 1.0으로 유지하고자 높이가 변경된다.

세부 사항은 다루지 않겠지만 계산을 통해 증가하는 가능한 편향 수(따라서 가설 수)를 논리적 극단까지 끌어올려 값의 목록을 그림 4-34에서 제안한 것과 같은 연속 곡선으로 대체할 수 있다. 장점은 목록에서 가장 가까운 값이 아닌 임의의 값에 대한 편향을 원하는 만큼 정확하게 얻을 수 있다는 것이다.

요약

확률 분야에는 두 가지 광범위한 진영이 있다. 빈도주의자와 베이지안이다. 빈도주의적 접근은 측정하기로 선택한 모든 것이 정확하거나 참된 가치를 갖는다고 상정한다. 따라서 각 측정은 해당 값의 근사치일 뿐이다. 베이지안 접근 방식은 단일 참값이 없고 각각 고유한 확률을 갖는 가능성 있는 값의 범위만이 있다고 말한다. 각각의 측정은 어떤 것에 대한 정확한 측정이지만 원래 측정하고자 하는 것이 아닐 수도 있다.

4장의 대부분은 베이지안 접근 방식으로 작업했다. 베이지안 확률은 딥러닝에서 직면한 문제의 유형과 대답하고자 하는 질문의 유형에 매우 적합하기 때문에 인기가 있다. 베이지안 확률의 언어는 딥러닝 시스템의 많은 논문, 책, 문서에서 찾을 수 있다. 핵심적으로 하나의 실제 숫자를 찾는 것이 아니라 각각 고유한 확률을 가진 해당 측정값의 가능 범위를 찾는 방식으로 측정값을 설명하기 위한 도구 집합을 제공한다.

예를 들어 딥러닝 시스템이 다음에 올 단어에 대한 자동 완성을 제공해 누군가가 문자 메시지를 작성하는 데 도움이 되는 경우 일반적으로 다음 단어 하나가 아니라 가능성이 높은 여러 추측을 보여준다.

5장에서는 학습 시스템이 만들 수 있는 오차 유형(그리고 나중에 이러한 오차를 수정하는 방법)을 이해하는 데 사용할 곡선과 표면의 속성 중 일부를 살펴본다.

5

곡선과 표면

머신러닝에서 다양한 종류의 곡선과 표면을 자주 사용한다. 이러한 객체의 가장 중요한 두 가지 속성은 미분derivative과 그래디언트gradient(경사)라고 한다. 이것들은 곡선이나 표면의 모양을 설명하고 따라서 언덕을 오르거나 내려가고자 어떤 방향으로 움직여야 하는지를 설명한다. 이러한 아이디어는 딥러닝 시스템이 학습하는 방법의 핵심이다. 미분과 기울기에 대해 아는 것은 역전파를 이해하고 성공적인 네트워크를 구축하고 훈련하는 방법을 아는 데 중요하다.

평소와 같이 방정식을 건너뛰고 대신 이 두 용어가 설명하는 것에 대한 직관을 구축하는 데 중점을 둔다. 현대 다변수 미적분학에 관한 대부분의 책과 많은 온라인 웹 사이트(Apostol 1991; Berkey 1992; 3Blue 2020)에서 여기서 덜 엄격한 형식으로 다루는 모든 것에 대한 수학적 깊이와 엄격한 적용을 발견할 수 있다.

함수의 본질

방금 언급했듯이 머신러닝에서 종종 다양한 종류의 곡선을 처리한다. 대부분 수학적 함수의 구성이다. 일반적으로는 입력과 출력의 관점에서 함수를 생각한다. 2차원(2D) 곡선을 다룰 때 입력값은 그래프의 가로축에서 위치를 선택해 표현된다. 출력값은 해당 지점 바로 위의 곡선 값이다. 이 시나리오에서는 하나의 숫자를 입력으로 제공하고 하나의 숫자를 출력으로 반환한다.

두 개의 입력이 있을 때는 3차원의 세계로 이동한다. 여기서 함수는 바람에 펄럭이는 시트와 같은 곡면이다. 입력값은 시트 아래 지면의 한 점이고 출력값은 해당 점 바로 위의 시트 높이다. 이 상황에서 두 개의 숫자를 입력값으로 제공하고(지면의 한 지점을 식별하고자) 다시 단일 출력값을 얻는다.

이러한 아이디어는 일반화될 수 있으므로 함수는 인자^{argument}라고도 하는 임의의 수의 입력값을 허용하고 여러 출력값(때로는 반환값이나 단순히 반환이라고도 한다)을 제공한다. 함수는 입력값을 출력값으로 변환하는 기계로 생각할 수 있다. 하나 이상의 숫자가 입력되고 하나 이상의 숫자가 출력된다. 의도적으로 임의성을 도입하지 않는 한 시스템은 **결정론적**^{deterministic}이다. 특정 함수에 동일한 입력값을 제공할 때마다 동일한 출력값을 반환한다.

이 책에서는 몇 가지 방법으로 곡선과 표면을 사용한다. 가장 중요한 방법 중 하나이자 5장에서의 초점은 더 크거나 더 작은 출력값을 얻고자 이 곡선과 표면을 따라 어떻게 이동할 것인지를 결정하는 것이다. 해당 프로세스에 사용하는 기술은 함수가 몇 가지 조건을 충족해야 한다. 이러한 조건을 곡선으로 설명할 것이지만 이 아이디어는 표면과 더 복잡한 모양으로도 확장된다.

곡선이 **연속적**^{continuous}이기를, 즉 펜이나 연필을 종이에서 떼지 않고 한 번 만에 곡선을 그릴 수 있기를 원한다. 또한 곡선이 **부드러워서**^{smooth} 날카로운 모서리(첨두^{cusps}라고 한다)가 없기를 원한다. 그림 5-1은 이러한 금지된 특징을 모두 포함하는 곡선을 보여준다.

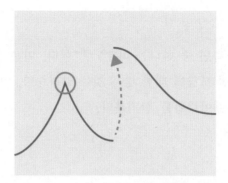

그림 5-1: 원으로 표시된 것은 첨두이고, 점선 화살표는 불연속적인(급격하게 점프한) 곡선을 보여준다.

또한 곡선이 **단일 값**single-valued이 되기를 원한다. 2차원(2D)에서 이것은 페이지의 각 수평 위치에 수직선을 그리면 선이 곡선과 한 번만 교차하므로 단일 값만 해당 수평 위치에 해당한다는 것을 의미한다. 다시 말해 왼쪽에서 오른쪽으로 (또는 오른쪽에서 왼쪽으로) 눈으로 곡선을 따라가면 곡선 자체가 방향을 바꾸지 않는다. 이 조건을 위반하는 곡선은 그림 5-2에 나와 있다.

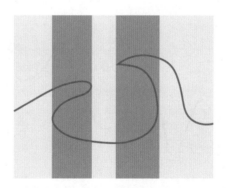

그림 5-2: 보라색 영역 내부에서 곡선은 수직 방향으로 여러 값을 갖는다.

이제부터 모든 곡선이 이러한 규칙(즉, 매끄럽고 연속적이며 단일 값임)을 충족한다고 가정해보자. 이것은 일반적으로 이러한 속성을 가진 곡선을 의도적으로 선택하기 때문에 안전한 가정이다.

미분

곡선의 가장 중요한 측면 중 하나는 **미분**^{derivative}이다. 미분은 곡선 위에 있는 임의의 지점에서의 곡선 모양에 대한 많은 것을 알려준다. 이 절에서는 미분으로 가는 몇 가지 핵심 아이디어를 살펴본다.

최댓값과 최솟값

딥러닝 훈련의 중요한 부분은 시스템 오차를 최소화하는 것이다. 일반적으로 오차를 곡선으로 상상한 다음 해당 곡선의 가장 작은 값을 검색해 이를 수행한다.

좀 더 일반적인 문제는 그림 5-3에 나와 있는 것처럼 전체 길이를 따라 어디에서든 곡선의 가장 작은 값이나 가장 큰 값을 찾는 것이다. 이것이 전체 곡선에 대한 가장 큰 값과 가장 작은 값인 경우(그리고 우연히 보게 된 부분만이 아니라) 이 점을 **전역 최솟값**^{global minimum}, **전역 최댓값**^{global maximum}이라고 한다.

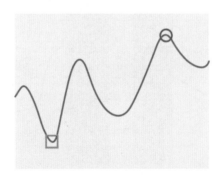

그림 5-3: 해당 곡선의 전역 최댓값(갈색 원)과 전역 최솟값(주황색 사각형)

때로는 이러한 최댓값과 최솟값만을 원하지만 또 다른 경우에는 이 점이 곡선의 어디에 있는지 알고 싶어 한다. 때때로 이러한 값을 찾는 것이 어려울 수 있다. 예를 들어 곡선이 양방향으로 영원히 계속된다면 최솟값이나 최댓값을 찾았는지 어떻게 확신할 수 있을까? 또는 그림 5-4와 같이 곡선이 반복되면 전역 최댓값이나 최솟값의 위치로 어떤 고섬(또는 저점)을 선택해야 할까?

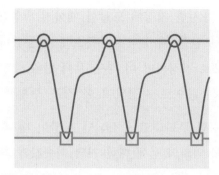

그림 5-4: 곡선이 영원히 반복되면 전역 최댓값(갈색 원)이나 최솟값(주황색 사각형)의 위치로 사용할 수 있는 점을 무한히 많이 가질 수 있다.

이러한 문제를 해결하고자 주어진 점 **주변**^{neighborhood}의 최댓값과 최솟값을 생각해 보자. 이것을 설명하고자 다음의 작은 사고^{思考} 실험을 고려해보자. 곡선의 어떤 지점에서 시작해 곡선의 방향이 바뀔 때까지 왼쪽으로 이동한다. 왼쪽으로 이동할 때 값이 증가하면 증가하는 동안 계속 이동하지만 감소하기 시작하면 멈춘다. 같은 논리로 값이 감소하면 왼쪽으로 이동하다가 증가하기 시작하면 멈춘다. 같은 지점에서 시작해 같은 실험을 다시 수행하지만 이번에는 오른쪽으로 이동한다. 이는 세 가지 흥미로운 지점을 제공한다. 시작 지점과 왼쪽 및 오른쪽으로 이동했을 때 멈춘 두 지점이다.

이 세 점 중 가장 작은 값은 시작점의 **지역 최솟값**^{local minimum}이고 세 점 중 가장 큰 값은 시작점의 **지역 최댓값**^{local maximum}이다. 그림 5-5는 이를 보여준다.

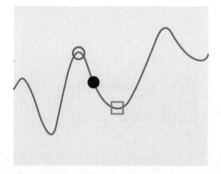

그림 5-5: 갈색 원과 주황색 상자는 검은색 점의 지역 최댓값과 지역 최솟값을 각각 나타낸다.

그림 5-5에서 원으로 표시한 지점에 도달할 때까지 왼쪽으로 이동하고 사각형으로 표시한 지점에 도달할 때까지 오른쪽으로 이동했다. 지역 최댓값은 이 세 점 중 가장 큰 값으로 지정되며 이 경우 갈색 원의 중심이다. 지역 최솟값은 이 세 점 중 가장 작은 값으로 지정되며 이 경우 주황색 사각형의 중심이다.

곡선이 양수 또는 음수의 무한대로 축소되면 상황이 더 복잡해진다. 이 책에서는 항상 원하는 곡선의 임의의 점에 대한 지역 최솟값과 최댓값을 찾을 수 있다고 가정한다.

주어진 곡선에는 하나의 전역 최댓값과 하나의 전역 최솟값만 있지만 주어진 곡선이나 곡면에 대해 많은 지역 최댓값과 최솟값(때로는 maxima 및 minima이라고도 한다)이 있을 수 있다. 현재 고려하고 있는 시작점에 따라 값이 달라질 수 있기 때문이다. 그림 5-6은 이 아이디어를 시각적으로 보여준다.

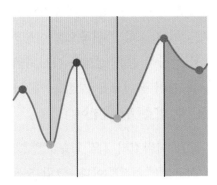

그림 5-6: 지역 최댓값과 최솟값의 영향은 해당하는 색상 영역으로 표시된다.

접선

미분으로 가는 다음 단계에는 **접선**^{tangent line}이라는 아이디어가 포함된다. 이를 설명하고자 그림 5-7에 2차원 곡선을 그렸다.

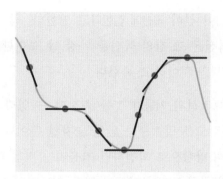

그림 5-7: 이 곡선의 일부 지점이 빨간 점으로 표시돼 있다. 각 점의 접선은 검은색으로 그려진다.

곡선의 각 점에서 곡선의 모양에 따라 기울기가 주어진 선을 그릴 수 있다. 이것이 접선이다. 이것을 그 지점에서 곡선을 스치는 선이라고 생각할 수 있다. 곡선을 따라 여행하고 있다고 상상한다면 접선은 어디를 향해 있는지를 알려준다. 이러한 접선은 모든 지역 최댓값과 지역 최솟값 지점에서 수평이기 때문에 유용하다. 곡선의 최댓값과 최솟값을 찾는 한 가지 방법은 접선이 수평인 점을 찾는 것이다(그림 5-7에서 볼 수 있듯이 곡선이 수평으로 평평한 경우 접선도 수평이지만 지금은 무시한다).

접선을 찾는 한 가지 방법이 있다. **목표점**target point이라고 명명할 점을 선택한다. 그림 5-8과 같이 곡선을 따라 목표점의 왼쪽과 오른쪽으로 동일한 거리를 이동해 거기에 점을 그리고 두 점을 연결하는 선을 그릴 수 있다.

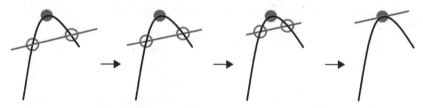

그림 5-8: 주어진 점의 접선을 찾고자 그 점을 중심으로 곡선을 따라 같은 거리에 있는 한 쌍의 점 사이에 선을 그을 수 있다.

이제 두 개의 점을 각각 곡선 위에 유지시킨 채 동일한 속도로 대상 지점을 향해 끌어당긴다. 합쳐지기 직전의 가장 마지막 순간에 이 두 점을 통과하는 선이 바로 접선이다. 이 선이 **곡선에 접한다**고 말한다. 즉, 곡선에 닿기만 하면 된다는 것이다. 이 직선은 그 점의 곡선을 가장 잘 표현한다. 고대 그리스인들은 접선을 **키싱 라인**^{kissing line}이라고 불렀다.

그림 5-8에서 생성한 접선의 **기울기**^{slope}를 측정할 수 있다. 기울기는 수평선에 대해 선이 형성하는 각도를 알려주는 단일 숫자일 뿐이다. 수평선의 기울기는 0이다. 선을 시계 반대 방향으로 회전하면 기울기는 점점 더 큰 양수 값을 갖게 된다. 선을 시계 반대 방향으로 회전하면 기울기는 점점 더 큰 음수 값을 취한다. 직선이 정확히 수직이 되면 기울기가 무한대라고 한다.

그리고 이제 미분에 도달했다. 이는 그저 기울기의 다른 이름일 뿐이다. 곡선의 모든 점에는 고유한 미분이 있다. 모든 점의 접선에는 고유한 기울기가 있기 때문이다.

그림 5-9는 곡선이 연속적이고 매끄럽고 단일 값이어야 한다는 규칙을 만든 이유를 보여준다. 이러한 규칙은 곡선의 모든 점에서 항상 접선을 찾을 수 있고, 따라서 미분을 찾을 수 있음을 보장한다.

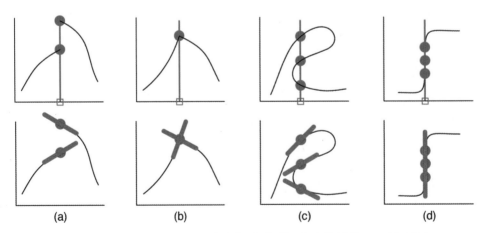

(a)   (b)   (c)   (d)

그림 5-9: 맨 위: 문제가 있는 곡선. 맨 아래: 미분을 찾는 데 문제(파란색으로 표시)가 있다.

그림 5-9(a)에서 곡선은 연속적이지 않으므로 두 개의 서로 다른 곡선 끝은 선택한 점(사각형으로 표시됨) 위에 서로 다른 미분을 갖는다. 문제는 어떤 미분을 선택해야 할지 모르기 때문에 애초에 불연속성을 허용하지 않음으로써 문제를 피한다는 것이다. 그림 5-9(b)에서는 곡선이 매끄럽지 않아 첨두에 도달할 때 좌우에서 기울기가 다르다. 다시 말하지만 어느 것을 고를지 모르기 때문에 첨두가 있는 곡선으로 작업하지 않는다. 그림 5-9(c)에서 곡선은 단일 값이 아니다. 곡선의 한 지점에는 선택 가능한 점이 두 개 이상 있으며 각각 고유한 미분 항목이 있으며 다시 한 번 말하지만 어느 점을 선택해야 할지 모른다. 그림 5-9(d)는 곡선이 완전히 수직이 됐을 때 단일 값 규칙을 위반한다는 것을 보여준다. 설상가상으로 접선은 완전 수직이므로 무한 기울기 또는 무한 미분이다. 무한 값을 처리하면 간단한 알고리듬이 지저분하고 복잡해질 수 있다. 따라서 다른 사람들과 마찬가지로 이 문제를 피하고 수직이 될 수 있는 곡선을 사용하지 않으므로 무한 미분에 대해 걱정할 필요가 없다고 말한다. 곡선이 연속적이고 매끄럽고 단일 값이 되도록 요구함으로써 이러한 상황 중 하나라도 생성될 수 없다고 확신할 수 있다.

이전에 곡선은 함수의 시각적 표현이라고 말했다. 일반적으로 수평인 X축을 따라 입력값을 제공한 다음 그 x에서 해당하는 곡선의 y값을 찾고자 위(또는 아래)를 찾는다. 그 y값은 그림 5-10과 같이 함수의 출력이다.

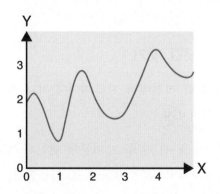

그림 5-10: 2차원 곡선. 오른쪽으로 이동하면 x값이 증가하고 위로 이동하면 y 값이 증가한다.

어떤 지점에서 오른쪽으로 이동할 때(즉, x가 증가함에 따라) 곡선이 증가하거나 감소하거나 전혀 변하지 않는 y값을 제공하는지 물을 수 있다. x가 증가함에 따라 y가 증가하면 접선은 양의 기울기를 갖는다고 말한다. x가 증가함에 따라 y가 감소하면 접선이 음의 기울기를 갖는다고 말한다. 기울기가 더 극심할수록(즉, 수직에 가까울수록) 더 큰 양수나 음수가 된다. 이것은 수평선에 대한 기울기 각도의 관계를 나타내는 또 다른 방법이다. 그림 5-11은 이를 보여준다.

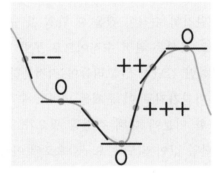

그림 5-11: 그림 5-7의 접선을 양의 기울기(+), 음의 기울기(−), 수평(0)으로 표시하기

그림 5-11에는 올라가거나 내려가는 것이 아니라 여전히 기울기가 0인 지점이 있다. 올라가는 언덕의 꼭대기, 내려가는 계곡의 바닥, 이와 같은 고원plateau에서만 기울기가 0인 것을 알 수 있다.

미분으로 최솟값과 최댓값 찾기

미분을 엔진으로 사용해 한 지점에서 지역 최솟값이나 최댓값을 찾는 알고리듬을 구동하는 방법을 살펴보자.

곡선 위의 한 점이 주어졌을 때 먼저 그 미분를 찾는다. y값이 증가하도록 곡선을 따라 이동하려면 미분의 부호sign 방향대로 이동한다. 즉, 미분이 양수이면 X축을 따라 양의 방향 또는 오른쪽으로 이동하면 더 큰 값이 된다. 같은 방식으

192

로 미분이 음수이면 더 작은 y값을 찾고자 왼쪽으로 이동한다. 그림 5-12는 이를 보여준다.

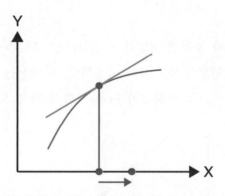

그림 5-12: 한 점에서의 미분은 곡선의 더 크거나 작은 값을 찾고자 이동하는 방향을 알려준다.

두 경우를 모두 모아 어떤 점 근처에서 지역 최댓값을 얻고자 그 점의 미분을 찾고 미분의 부호 방향대로 X축을 따라 작은 걸음을 내딛는다고 말할 수 있다. 그런 다음 거기에서 미분을 찾고 또 다른 작은 단계를 수행한다. 미분이 0이 되는 지점에 도달할 때까지 이 과정을 계속 반복한다. 그림 5-13은 가장 오른쪽 지점에서 시작해 이를 실행하는 과정을 실제로 보여준다.

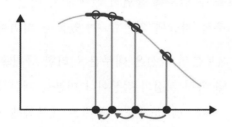

그림 5-13: 미분을 이용해 한 점에서 지역 최댓값 구하기

가장 오른쪽에 있는 시작점에서는 다소 큰 음수의 미분 값을 얻었다. 따라서 왼쪽으로 큰 걸음을 내디뎠다. 두 번째 미분 값은 약간 더 작기 때문에(즉, 기울기는 여전히 음수이지만 약간 작음) 왼쪽으로 더 작은 이동 단계를 수행한다. 세 번째 더 작은 이동은 접선이 수평인 지역 최댓값으로 이동하므로 미분은 0이

된다. 이 알고리듬을 실용적으로 만들려면 이동 거리와 최댓값 초과를 피하는 방법 등 몇 가지 세부 사항을 해결해야 한다. 그러나 지금은 개념적 그림을 쫓고 있을 뿐이다.

지역 최솟값을 찾고자 동일한 작업을 수행하지만 그림 5-14에서와 같이 미분 부호의 반대opposite 방향으로 X를 따라 이동한다. 여기서는 가장 왼쪽 지점에서 시작해 미분이 음수이므로 미분 0이 나올 때까지 계속 오른쪽으로 이동한다.

그림 5-14: 미분을 이용해 한 점에서 지역 최솟값 구하기

지역 최댓값과 최솟값을 찾는 것은 머신러닝 전반에 걸쳐 사용되는 핵심적인 수치적 기술이며, 곡선의 모든 지점에서 미분을 찾을 수 있는 능력에 의존한다. 부드러움, 연속성, 단일 값의 세 가지 곡선의 조건은 곡선의 모든 점에서 항상 단일 유한 미분을 찾을 수 있도록 특별히 선택됐다. 이는 지역 최솟값과 최댓값을 찾고자 이 곡선 추적 기술에 의존할 수 있음을 의미한다.

머신러닝 학습에서 대부분의 곡선은 대부분 이러한 규칙을 따른다. 그렇지 않은 곡선을 사용하게 돼 특정 지점의 접선이나 미분을 계산할 수 없는 경우 일반적으로(항상 그런 것은 아니지만) 문제를 자동으로 세분화해 계속 진행할 수 있게 하는 수학적 기술이 있다.

곡선 자체가 평평해지면 미분도 0이라고 앞서 언급했다. 이는 알고리듬이 최댓값이나 최솟값을 찾았다고 생각하게 만들 수 있다. 15장에서는 이런 식으로 속지 않고 실제 최댓값이나 최솟값을 찾는 데 도움이 되는 모멘텀momentum이라는 기술을 살펴본다.

그래디언트

그래디언트^{gradient}(경사도)는 미분을 3차원, 4차원 또는 그 이상의 차원으로 일반화한 것이다. 그래디언트를 사용해 이러한 고차원 공간에서 곡면의 최솟값과 최댓값을 찾을 수 있다. 어떻게 작동하는지 살펴보자.

물, 중력, 그래디언트

큰 방이 있고 그림 5-15에서와 같이 주름이나 찢어짐 없이 오르락내리락하는 물결 모양의 천 시트가 위에 있다고 상상해보자.

그림 5-15: 주름이나 찢어짐이 없는 매끄러운 직물

이 직물의 곡면은 이전에 곡선에 대해 요구했던 규칙을 자연스럽게 충족한다. 단일 직물이기 때문에 매끄럽고 연속적이며, 직물이 자체적으로 구부러지지 않기 때문에 단일 값이다(파도가 부서지는 것처럼). 다시 말해 그 아래 바닥의 어느 지점에도 위에 있는 곡면의 한 부분만이 있고 바닥에서부터의 높이를 측정할 수 있다.

이제 특정 순간에 시트를 얼린다고 상상해보자. 천 위로 올라와 그 위를 걸으면 언덕과 고원, 계곡이 어우러진 풍경을 하이킹하는 기분이 들 것이다.

물이 통과할 수 없을 정도로 천이 촘촘하다고 가정한다. 한자리에 서서 발밑의 천에 물을 붓자. 물은 자연스럽게 아래로 흐른다. 사실 물은 중력에 의해 아래로 당겨지기 때문에 가장 빠른 방법으로 내리막길을 따라간다. 그림 5-16과 같이 모든 지점에서 **지역 이웃**local neighborhood을 효과적으로 검색하고 가장 빠르게 내리막 방향으로 이동한다.

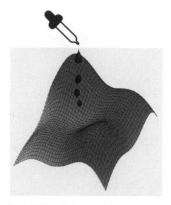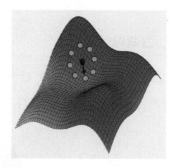

그림 5-16: 왼쪽: 곡면에 물이 떨어지는 모습. 오른쪽: 가장 빠른 내리막을 찾고자 해당 지역의 여러 지점(노란색)을 탐색하는 물방울

이동하는 모든 방법 중에서 물은 항상 가장 가파른 내리막길을 따른다. 물이 따라가는 방향을 **최대 하강**maximum descent 방향이라고 한다. 최대한 빨리 올라가는 반대 방향이 **최대 상승**maximum ascent 방향이다.

최대 상승 방향은 그래디언트와 동일하다. 하강하려면 그래디언트의 음수를 따르거나 **음의 경사도**negative gradient만 따른다. 가장 높은 산꼭대기에 최대한 빨리 도달하려는 등산객은 그래디언트를 따른다. 가능한 한 빨리 내리막으로 흐르는 물의 흐름은 음의 경사도를 따른다.

이제 최대 상승 방향을 알았으므로 그 **규모**magnitude, 강도 또는 크기도 찾을 수 있다. 이는 단순히 얼마나 빨리 오르막길을 오르고 있는지를 알려줄 뿐이다. 완만한 비탈길을 오르면 오르막의 규모가 작다. 가파른 언덕을 오르면 더 큰 수치가 될 것이다.

경사도로 최댓값과 최솟값 찾기

2차원(2D)에서 미분을 사용한 것처럼 그래디언트를 사용해 3차원(3D)에서 지역 최댓값을 찾을 수 있다. 다시 말해 어떤 풍경 속에 있을 때 주변의 가장 높은 봉우리까지 오르고 싶다면 올라갈 때 항상 발아래 지점의 그래디언트 방향으로 이동해 경사도를 따라가기만 하면 된다.

가장 낮은 지점으로 내려가고 싶다면 음의 그래디언트를 따라 내려가면서 항상 발아래 각 지점의 기울기와 정확히 반대 방향으로 걸을 수 있다. 본질적으로 가능한 한 가장 빠른 방법으로 내리막을 내려가는 물방울처럼 행동하고 있는 것이다. 그림 5-17은 이 단계별 프로세스가 실행 중인 모습을 보여준다.

그림 5-17: 내리막길에서는 음의 경사도를 반복적으로 찾아 그 방향으로 작은 발걸음을 내딛을 수 있다.

그림 5-18과 같이 언덕 꼭대기에 있다고 가정한다. 이는 지역 최댓값(혹은 아마 전역 최댓값)이다. 여기에는 오르막 방향이 없다. 언덕 꼭대기를 확대하면 근처 곡면이 평평하다는 것을 알 수 있다. 올라갈 수 있는 길이 있기 때문에 최대 상승률은 0이고 경사도는 0이다. 경사도가 전혀 없는 것이다. 때로는 경사도가 사라졌거나 0의 그래디언트^{zero gradient}를 갖는다고 말한다.

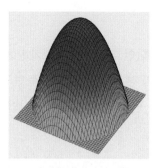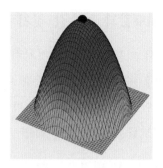

그림 5-18: 언덕 꼭대기에는 오르막이 없다. 왼쪽: 언덕. 오른쪽: 언덕 꼭대기에 있는 현재 위치

언덕 꼭대기에서와 같이 경사도가 사라지면 음의 경사도도 사라진다.

그림 5-19와 같이 사발 모양의 계곡 바닥에 있다면 어떻게 될까? 이것은 지역 최솟값(및 아마 전역 최솟값)이다.

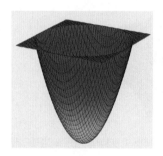

그림 5-19: 그릇 바닥에서의 모든 이동은 올라가는 것이다. 왼쪽: 사발 모양. 오른쪽: 그릇 바닥의 한 점.

그릇의 맨 아래에서는 모든 방향이 위로 올라가는 것처럼 보인다. 그러나 확대하면 그릇의 바닥이 평평하다는 것을 알 수 있다. 다시 그래디언트가 사라졌다.

그림 5-20과 같이 언덕이나 계곡, 비탈면이 아니라 평평한 평야나 고원에 있다면 어떻게 될까?

 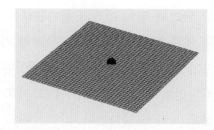

그림 5-20: 평평한 곡면 평지 또는 고원. 왼쪽: 평원. 오른쪽: 평원의 한 지점은 주로 평면 위에 있다. 이 지점에는 그래디언트가 없다.

산꼭대기에 있는 것처럼 오르락내리락 할 곳이 없다. 고원에 있을 때 다시 그래디언트가 전혀 없다.

안장점

지금까지 2D에서의 지역 최솟값, 최댓값, 평평한 영역을 봤다. 그러나 3D에는 완전히 새로운 유형의 피처가 있다. 한쪽 방향으로는 계곡의 바닥에 있고 다른 쪽 방향으로는 언덕 꼭대기에 있다. 그러한 지점의 지역적 주변에서의 표면은 기수들이 사용하는 안장처럼 보인다. 당연히 이런 형태를 안장^{saddle}이라고 한다. 그림 5-21에서 안장의 예를 보여준다.

 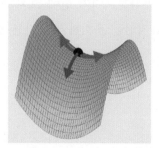

그림 5-21: 안장은 한 방향에서는 위로 올라가고 다른 방향에서는 아래로 내려간다. 왼쪽: 안장 모양. 오른쪽: 안장 위의 한 지점.

그림 5-21과 같이 안장의 한가운데에 있으면 언덕의 꼭대기와 계곡에 동시에 있는 것과 같다. 그리고 그곳들처럼 가까운 주변이 평원처럼 평평해서 그래디언트가 없다. 그러나 어떤 한 방향이나 다른 방향으로 조금만 움직이면 약간의 그래디언트를 찾을 수 있으며 그 지점에서 최대 상승 방향을 보여주고자 그래디언트가 다시 나타난다.

딥러닝 알고리듬을 훈련할 때는 일반적으로 가장 적은 양의 오차를 찾고자 한다. 오차를 곡면으로 생각하면 가장 좋은 시나리오는 그릇의 바닥을 찾는 것이다. 그러나 언덕 꼭대기에 있거나 안장에 있거나 고원에 있으면 이러한 장소에 갇혔다고 말한다. 그 지점이 최솟값이 아니라는 것을 알고 있지만 경사도가 사라졌으므로 아래쪽으로 이동하고자 어느 방향으로 가야 할지 모른다.

다행스럽게도 현대 알고리듬은 이러한 갇힘을 해결하는 다양한 자동 기술을 제공한다. 그러나 때때로 실패하기도 하고 추가 훈련 데이터를 제공하는 것과 같은 주요 변경 사항을 도입할 수 없는 한 알고리듬은 정지된 상태로 유지돼 곡면의 더 낮은 값으로 이동할 수 없다. 실용적인 측면에서 이는 알고리듬이 단순히 학습을 중지하고 결과가 개선되지 않음을 의미한다.

뒤에서 오차를 측정함으로써 학습 진행 상황을 볼 수 있다는 것을 알게 될 것이다. 결과가 받아들여지기 전에 오차가 개선되지 않으면 학습할 때 그래디언트가 0인 특정 지점을 우회하거나 다른 경로를 취하도록 알고리듬을 약간 변경할 수 있다.

요약

5장에서는 곡선의 최솟값과 최댓값을 찾는 몇 가지 방법을 살펴봤다. 딥러닝 시스템을 훈련할 때는 시스템의 전체 오차를 최소화하도록 조정한다. 오차를 다차원 공간의 곡면으로 생각하면 해당 곡면에서의 최솟값을 찾는다. 최소 오차를 찾고자 음의 그래디언트로 주어진 최대 하강 방향을 찾는다. 그런 다음 오차 값이 해당 방향으로 이동하도록 네트워크를 변경한다. 본질적으로 그래디언트는 시스템의 전체 오차를 줄이고자 네트워크를 변경하는 방법을 알려준다.

이후 장들에서는 실제로 이 아이디어를 사용해 딥러닝 시스템이 점점 더 개선된 작업을 하도록 학습하는 방법을 살펴볼 것이다.

지금은 오차의 본질과 오차를 해석하는 방법을 더 잘 이해하는 데 도움이 되는 정보 이론으로 돌아가 보겠다.

6

정보 이론

6장에서는 정보 이론의 기초를 살펴본다. 이는 1948년 획기적인 논문을 통해 세상에 소개된 비교적 새로운 연구 분야로 현대 컴퓨터와 위성에서부터 휴대전화와 인터넷에 이르는 기술의 토대를 마련했다(Shannon 1948). 원래 이론의 목표는 전자적으로 메시지를 전달하는 가장 효율적인 방법을 찾는 것이었다. 그러나 그 이론의 아이디어는 깊고 광범위하며 심오하다. 아이디어는 어떤 것을 연구하고 조작할 수 있는 디지털 형식으로 변환해 그에 대해 얼마나 알고 있는지 측정하기 위한 도구를 제공한다.

정보 이론의 용어와 아이디어는 딥러닝의 기반을 형성한다. 예를 들어 정보 이론에서 제공하는 측정값은 **심층 네트워크**^{deep networks}의 성능을 평가할 때 유용하다. 6장에서는 추상적인 수학적 표기법에서 벗어나 정보 이론의 기본 사항을 빠르게 살펴본다.

일상적인 의미와 전문적이고 과학적인 의미를 모두 지닌 단어 중 하나인 **정보**^{information}라는 단어에서부터 시작해보자. 이 경우 그 의미는 많은 개념적 중복을 포함한다. 대중적인 의미는 광범위하고 개인적인 해석에 열려 있지만 과학적 의미는 정확하고 세밀하게 정의된다. 정보의 과학적 정의를 구축하는 것에서부터 시작해 궁극적으로 두 가지 확률 분포를 비교할 수 있는 중요한 측정에 이르기까지 진행해보겠다.

놀라움과 맥락

어떤 종류의 통신을 받으면 전기적 펄스^{pulse}든, 빛의 광자든, 누군가의 목소리든 간에 무언가가 한 장소에서 다른 장소로 이동했다는 것을 의미한다. 광범위하게 표현하면 발신자는 어떻게 든 일종의 통신을 수신자에게 전달했다고 말할 수 있다. 좀 더 전문화된 어휘를 알아보자.

놀라움 이해

이 장에서는 때때로 **놀라움**^{surprise}이라는 용어를 사용해 발신자가 수신자에게 얼마나 예상치 못한 통신을 하는지를 나타낸다. 놀라움은 공식적인 용어가 아니다. 사실 이 장의 목표 중 하나는 놀라움에 대한 좀 더 공식적인 이름을 찾아 특정 의미와 척도를 붙이는 것이다.

메시지를 수신하고 있다고 가정해보자. 수신된 통신에 얼마나 놀랐는지 설명하고 싶다. 앞으로 살펴보겠지만 놀라움이 클수록 전달되는 정보의 양이 더 많기 때문에 유용하다.

알 수 없는 번호로부터 예상치 못한 문자 메시지를 받았다고 가정해보자. 그것을 열자 첫 단어는 '고마워'다. 얼마나 놀랐을까? 아직까지는 메시지가 누구에게서 왔는지 또는 무엇에 관한 것인지 모르기 때문에 적어도 약간은 놀랐을 것이다. 그러나 무언가에 대해 감사하는 문자를 받는 일은 종종 발생하므로 아예 처음 듣는 것은 아니다.

완전히 주관적인 가상의 놀라움 척도를 만들어보겠다. 그림 6-1과 같이 0은 완전히 예상된 것을 의미하고 100은 **완전한 놀라움**total surprise을 의미한다.

그림 6-1: 0부터 100까지의 값으로 표현되는 놀라움 척도

이 척도에서 예기치 않은 문자 메시지의 시작 부분에 있는 '고마워'라는 단어는 20으로 순위를 정할 수 있다. 이제 메시지의 첫 번째 단어가 '고마워'가 아니라 '하마'라고 가정한다. 그 동물과 함께 일하거나 다른 방식으로 그것과 관련되지 않는 한 그것은 다소 놀라운 메시지의 첫 단어가 될 것이다. 이 단어를 그림 6-2와 같이 놀라움 척도에서 80으로 순위를 매겨보자.

그림 6-2: 놀라움 척도에 메시지 순위 매기기

'하마'가 메시지의 시작 부분에서 큰 놀라움을 줄 수 있지만 뒷부분에서는 놀랍지 않을 수 있다. 차이점은 **맥락**context이다.

맥락 풀기

목적을 위해 맥락을 메시지의 환경으로 생각할 수 있다. 메시지가 물리적으로 전달되는 방식보다는 각 메시지의 의미에 초점을 맞추고 있기 때문에 맥락은 메시지에 의미를 부여하는 발신자와 수신자 간의 공유 지식을 나타낸다.

메시지가 언어의 일부라면 이 공유 지식에는 실제로 사용되는 단어가 포함돼야 한다. 'Kxnfq rnggw'와 같은 메시지는 의미가 없기 때문이다. 문법, 이모티콘, 약어의 현재 해석, 공유된 문화적 영향 등을 포함시켜 공유된 지식을 확장할 수 있다. 이것을 전체적인 맥락global context이라고 한다. 메시지를 읽기도 전부터 일반적인 지식은 동원된다. 4장의 베이즈 규칙 논의의 관점에서 이 전체적인 맥락의 일부는 사전 확률prior에 담겨지게 된다. 이것이 환경과 그 환경에서 배울 것으로 기대하는 것에 대한 이해를 나타내는 방법이기 때문이다.

전체적인 맥락과 대조적으로 지역적인 맥락local context도 있다. 이는 메시지 그 자체의 요소로 구성된 환경이다. 어떤 문자 메시지에서 주어진 한 단어에 대한 지역적 맥락은 해당 메시지의 다른 단어들이다.

메시지를 처음 읽는다고 가정해보면 각 단어의 지역적 맥락은 그 단어의 앞에 오는 단어들로만 구성된다. 이 (지역적) 맥락을 사용해 놀라움을 다룰 수 있다. '하마'가 메시지의 첫 단어라면 아직 지역적 맥락은 없고 전체적인 맥락만 있을 뿐이다. 그리고 정기적으로 하마와 함께 일하지 않는다면 그 단어는 아마도 매우 놀라울 것이다. 그러나 메시지가 "동물원에 있는 강가로 내려가서 큰 회색 동물을 봅시다."로 시작한다면 그런 맥락에서 '하마'라는 단어는 그다지 놀라운 일이 아니다.

그림 6-1에서와 같이 특정 단어에 놀라움 값을 할당해 전체적인 맥락에서 특정 단어가 전달하는 놀라움의 양을 설명할 수 있다. 사전에 있는 모든 단어에 놀라움 값을 할당한다고 가정한다(지루한 작업이지만 충분히 가능하다). 모든 값의 합이 1이 되도록 이 숫자의 크기를 조정하면 2장에서 다룬 대로 확률 질량 함수 probability mass function 또는 pmf를 만들 수 있다. 즉, 가장 놀라운 단어가 덜 놀라운 단어보다 더 자주 나오는 단어를 얻고자 해당 pmf에서 무작위 변수를 뽑아낼 수 있다. 더 일반적인 접근 방식은 놀라움이 아니라 단어가 얼마나 흔한지를 나타내도록 pmf를 설정하는 것이다. 이 설정을 사용하면 흔하지 않은 단어보다 덜 놀랍거나 더 일반적인 단어를 더 자주 뽑아낼 것으로 예상한다.

이 장의 뒷부분에서 이 아이디어를 사용해 메시지 내용을 효율적인 방식으로 전송하는 체계를 고안할 것이다.

정보 측정

이 장에서는 비트^{bits}에 대해 꽤 많은 얘기를 할 것이다. 대중적인 언어에서 비트는 일반적으로 0이나 1로 레이블이 지정된 작은 데이터 패키지로 생각된다. 예를 들어 '초당 비트수'로 인터넷 속도를 말할 때 비트는 강물에 흐르는 나뭇잎으로 상상할 수 있으며, 그 비트가 지나갈 때 속도를 계산한다.

이것은 편리한 생각이지만 기술 용어로서의 비트는 잎이 아니라 갤런이나 그램과 같은 단위다. 즉, 물건의 한 조각이 아니라 얼마나 많은 물건을 갖고 있는지 얘기하는 방법이다. 비트는 생각할 수 있는 기본적이고 나눌 수 없으며 가장 작은 정보 청크를 저장할 수 있는 충분한 저장 공간을 가진 컨테이너다.

이런 식으로 비트를 단위로 말하는 것은 기술적으로는 정확하지만 불편하기도 하다. 그리고 대부분의 경우 "내 네트워크 연결은 초당 8,000비트에 해당하는 정보를 전송할 수 있다."보다는 "내 네트워크 연결은 초당 8,000비트다."와 같이 약식으로 말해도 혼동하지 않는다. 이 책의 대부분에서는 좀 더 일상적인 언어를 사용할 것이지만 기술적 정의를 아는 것은 가치가 있다. 구별이 중요한 보고서나 문서에서 때때로 등장하기 때문이다.

해당 메시지를 나타내는 데 필요한 비트수를 알려주는 공식을 사용해 문자 메시지의 정보 양을 측정할 수 있다. 수학을 다루지는 않지만 무슨 일이 일어나고 있는지는 설명할 것이다. 공식은 두 가지 입력값을 받는다. 첫 번째는 메시지의 텍스트다. 두 번째는 메시지가 포함할 수 있는 각 단어에 내재된 놀라움을 설명하는 pmf이다(이 장의 나머지 부분에서는 이것을 **확률 분포**^{probability distribution}라고 부르겠다). 메시지의 텍스트와 확률 분포가 있으면 메시지가 전달하는 정보 비트수를 생성할 수 있다.

공식은 각 단어(또는 좀 더 일반적으로 각 이벤트^{event})에 대해 생성하는 값이 네 가지 주요 속성을 갖도록 설계됐다. 강이 아닌 사무실에서 일하는 상황을 사용해 각각을 설명할 것이다.

1. 가능성이 있는 이벤트는 낮은 정보$^{low\ information}$을 가진다. '스테이플러'의 정보 값은 낮다.
2. 가능성이 없는 이벤트는 높은 정보$^{high\ information}$을 가진다. '악어'의 정보 값은 높다.
3. 가능성이 있는 이벤트는 가능성이 없는 이벤트보다 정보가 적다. '스테이플러'는 '악어'보다 적은 정보를 전달한다.
4. 마지막으로 두 개의 관련 없는 이벤트로 인한 전체 정보는 별도로 찾은 개별 정보 값의 합계다.

처음 세 속성은 단일 객체를 해당 정보와 연결한다. 속성 그룹에서 가장 특이한 부분은 속성 4이므로 좀 더 자세히 살펴보자.

일반적인 대화에서 두 개의 연속된 단어가 완전히 관련이 없는 경우는 드물다. 그러나 누군가 '금귤 수선화'를 물어봤다고 가정해보면 이 단어들은 서로 거의 관련이 없으므로 속성 4는 각 단어가 독립적으로 전달하는 정보를 더해 해당 구문에서 정보를 찾을 수 있다고 말한다.

일반적인 대화에서 주어진 단어의 앞에 오는 단어는 종종 그 단어의 가능성을 좁힌다. 누군가가 "오늘은 많이 먹었다."라고 말하면 다음에 도착하는 '샌드위치'나 '피자'와 같은 단어는 '욕조'나 '범선'보다 덜 놀랍다. 말이 예상될 때가 그렇지 않을 때보다 덜 놀라움을 낳는다. 대조적으로 'K9GNNP4R'과 같은 임의의 문자와 숫자 시퀀스로 이뤄진 장치의 일련번호를 전송한다고 가정해보자. 문자가 실제로 서로 관련이 없는 경우 각 문자로 인한 놀라움을 추가하면 일련

번호를 나타내는 전체 메시지에서는 전반적인 놀라움을 얻을 수 있다.

두 개의 관련 없는 단어의 전체 놀라움을 개별 놀라움 값을 합함으로써 각 단어의 놀라움이나 정보를 측정하는 것에서 그 조합의 놀라움 측정으로 이동한다. 메시지 전체를 다 고려할 때까지 이런 식으로 단어들을 계속해서 더 큰 그룹으로 결합할 수 있다. 수학을 다루지는 않았지만 정보의 공식적인 정의에 도달했다. 그것은 하나 이상의 이벤트와 각 이벤트가 얼마나 놀라운지를 설명하는 확률 분포로 시작하는 공식이나 알고리듬이다. 이 두 입력값에 대해 알고리듬은 각 이벤트에 대한 수치를 제공하고 해당 수치가 방금 나열한 네 가지 속성을 충족하도록 보장한다. 이 각 단어의 수치를 단어의 엔트로피^{entropy}라고 부르며, 이를 전달하는 데 필요한 비트수를 알려준다.

적응형 코드

각 이벤트가 전달하는 정보의 양은 공식에 전달하는 확률 함수의 크기에 영향을 받는다. 다시 말해 전달 가능한 단어의 수는 메시지의 각 단어가 전달하는 정보의 양에 영향을 미친다.

책의 내용을 한 곳에서 다른 곳으로 전송하고 싶다고 가정해보자. 우선 그 책에 있는 모든 고유한 단어를 나열한 다음 각 단어에 숫자를 할당할 수 있다. '0'으로 시작해 'and'에 1을 할당하는 것으로 시작하는 식이다. 그러면 수신자도 해당 단어 목록의 사본을 갖고 있는 경우 책의 첫 번째 단어부터 시작해 각 단어의 번호를 보내는 것만으로 책의 내용을 보낼 수 있다. 닥터 수스^{Dr. Seuss}의 『Green Eggs and Ham』에는 오직 50개의 단어만이 포함돼 있다(Seuss 1960). 0에서 49 사이의 숫자를 나타내려면 단어당 6비트의 정보가 필요하다. 이에 반해 로버트 루이스 스티븐슨^{Robert Louis Stevenson}의 『보물섬^{Treasure Island}』에는 약 10,700개의 고유한 단어가 들어 있다(Stevenson 1883). 해당 책의 각 단어를 식별하려면 단어당

14비트를 사용해야 한다.

이 책들을 보내고자 모든 영어 단어의 거대한 단어 목록을 사용할 수 있지만 실제로 필요한 단어만 포함해 각 책의 개별 어휘에 맞도록 목록을 조정하는 것이 더 효율적이다. 다시 말해 정보 전송을 전달되는 내용에 맞게 적용^{adapting}해 효율성을 향상시킬 수 있다.

이 아이디어를 실행해보자.

모스 말하기

좋은 적용 예로 모스 부호^{Morse code}가 있다. 모스 부호에서 각 인쇄 문자에는 그림 6-3과 같이 공백으로 구분된 점과 대시^{dashes}의 패턴이 있다.

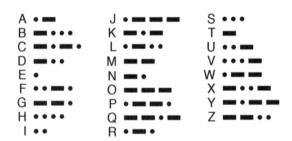

그림 6-3: 모스 부호의 각 문자는 점, 대시, 공백의 패턴을 갖고 있다.

모스 부호는 전통적으로 전신기의 키를 사용해 하나의 깨끗한 신호 전송을 활성화하거나 비활성화해 전송한다. 점은 소리의 짧은 폭발이다. 점을 보내고자 키를 누르고 있는 시간은 돈^{dit}이라는 단위로 표시된다. 대시는 세 돈 동안 유지된다. 기호 사이에는 1돈, 문자 사이에는 3돈, 단어 사이에는 7돈의 침묵을 둔다. 물론 이것은 이상적인 조치다. 실제로는 많은 사람이 친구와 동료의 **주먹**^{fist}이라고 하는 개인적인 리듬을 인식할 수 있다(Longden 1987).

모스 부호에는 점, 대시, 점 크기의 공백이라는 세 가지 유형의 기호가 있다.

210

모스 부호로 'nice dog'라는 메시지를 보내고 싶다고 가정해보자. 그림 6-4는 짧은 신호(점), 긴 신호(대시), 점 크기 공백의 시퀀스를 보여준다.

그림 6-4: 모스 부호의 세 가지 기호: 점(검은 원), 대시(검은 상자), 공백(빈 원).

일반적으로 모스 부호에 대해 **기호**symbols라고 불리는 점과 대시의 관점에서 엄격하게 얘기한다. 어떤 문자에 할당된 기호의 집합은 해당 문자의 **패턴**pattern이다. 메시지를 보내는 데 걸리는 시간은 메시지 내용을 구성하는 문자에 할당된 특정 패턴에 따라 다르다. 예를 들어 문자 Q와 H에는 각각 4개씩의 기호가 있지만 Q는 13개의 돈을 보내야 하고(3개의 대시 각각에 3개, 점에 1개, 3개의 공백에 1개씩) 문자 H에 대해서는 7돈이 필요하다(점 4개, 공백 3개 각각에 1개씩).

다양한 문자의 패턴을 살펴보자. 그림 6-3을 보면 다양한 패턴이 할당되는 방식 뒤에 어떤 원칙이 있는지 명확하지 않을 수 있다. 그러나 아름다운 아이디어가 있다. 그림 6-5는 26개의 로마자 목록을 영어에서 사용되는 일반적인 빈도에 따라 정렬한 것이다(Wikipedia 2020). 가장 자주 사용되는 문자 E가 목록의 시작이다.

E T A O I N S H R D L C U M W F G Y P B V K J X Q Z

그림 6-5: 로마자를 영어에서의 사용 빈도별로 분류한 것.

이제 그림 6-3의 패턴을 다시 살펴보자. 가장 자주 사용되는 문자 E는 단일 점이다. 다음으로 자주 사용되는 문자 T는 단일 대시다. 그것들은 단 하나의 기호로 표현할 수 있는 단 두 가지 패턴이므로 이제 두 개짜리 기호로 넘어간다. 문자 A는 점 다음에 대시가 온다. O가 그다음인데 세 개의 대시가 이어진 너무 긴 모양이기 때문에 패턴이 깨진다. 이는 나중에 다시 살펴보겠다. 목록으로 돌아가서 I는 두 개의 점이고 N은 대시와 점이다. 마지막 두 글자 패턴은 두 개의 대시가 있는 M이지만 현재 목록에서는 꽤 뒤쪽에 있다. O는 너무 길고

M은 너무 짧을까? 모스 부호는 문자 빈도표를 대부분 따르고 있지만 완전히 따르고 있지는 않다.

설명은 원본 코드에서 0에서 9까지의 숫자에 대한 패턴만 정의한 사무엘 모스 Samuel Morse에서 시작된다. 문자와 구두점은 1844년경(Bellizzi 11)에 이러한 패턴을 디자인한 알프레드 베일Alfred Vail에 의해 코드에 추가됐다. 베일의 조수인 윌리엄 벡스터William Baxter에 따르면 베일은 문자 빈도를 쉽게 찾을 수 있는 방법이 없었지만 따라야 한다는 것을 알고 있었다. 벡스터는 다음과 같이 말했다,

> 그의 일반적인 계획은 가장 자주 반복되는 영어 알파벳을 나타내고자 가장 단순하고 짧은 조합을 사용하고 자주 사용되지 않는 알파벳을 위해 나머지를 사용하는 것이었다. 예를 들어 조사를 통해 문자 e가 다른 어떤 문자보다 훨씬 더 자주 나타나는 것을 발견하고 이에 따라 가장 짧은 기호인 단일 점(·)을 할당했다. 반면 드물게 발생하는 j는 대시-도트-대시-도트(−·−·)로 표시된다(Pope 1887).[1]

베일은 여전히 직접 손으로 기사를 작성하고 있던 뉴저지 주 모리스타운에 있는 지역 신문을 방문해 영어 텍스트의 문자 빈도표를 추정할 수 있다고 생각했다. 그 당시 식자공들은 한 번에 한 글자씩 페이지를 구성했다. 각 글자에 따라 적절한 슬러그slug(한쪽 끝에 글자가 새겨진 금속 막대)를 선택해 큰 쟁반에 넣는다. 베일 가장 인기 있는 문자가 가장 많은 수의 슬러그를 보유할 것이라고 추론해 각 쟁반의 슬러그 수를 셌다. 그 수치는 영어 글자 빈도에 대한 대용물이었다 (McEwen 1997). 이 표본이 얼마나 작은지를 감안할 때 그는 M이 O보다 더 빈번하다고 생각하는 것과 같은 불완전함에도 불구하고 꽤 훌륭한 일을 해냈다.

빈도 차트(및 모스 부호)가 실제 텍스트와 얼마나 잘 일치하는지 보기 위해 그림

---

1. 인용문은 dash−dot−dash−dot 패턴이 있는 문자 J를 참조하지만 그림 6−3은 해당 패턴을 문자 C에 연결시킨다. 인용문은 현재 거의 사용되지 않는 아메리칸 모스(American Morse)라고 하는 초기 버전 코드에서의 J 패턴을 나타낸다. (https://en.wikipedia.org/wiki/American_Morse_code 참조).

6-6은 『보물섬』(Stevenson 1883)의 문자 빈도를 보여준다. 이 차트에서는 문자만 계산했으며 계산하기 전에 소문자로 바꿨다. 또한 숫자, 공백, 구두점도 제외했다.

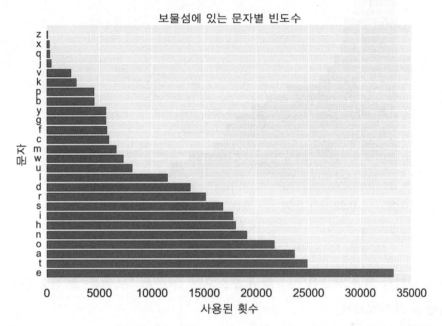

그림 6-6: 로버트 루이스 스티븐슨의 『보물섬』에 각 글자가 등장하는 횟수. 대문자는 소문자로 바꿔 계산했다.

그림 6-6의 문자 순서는 그림 6-5의 문자 빈도 차트와 완벽하게 일치하지 않지만 비슷하다. 그림 6-6은 A부터 Z까지의 문자에 대한 확률 분포처럼 보인다. 실제 확률 분포로 만들려면 모든 항목의 합이 1이 되도록 크기를 조정해야 한다. 결과는 그림 6-7에 나와 있다.

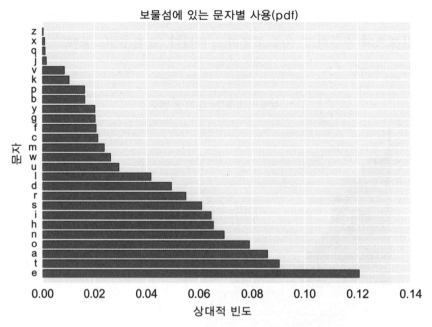

그림 6-7: 『보물섬』 속 문자들의 확률 분포

이제 문자의 확률 분포를 사용해서 모스 부호를 통해 『보물섬』을 전송하는 효율성을 개선해보자.

모스 부호 커스터마이징

모스 부호를 통한 『보물섬』 전송의 개선에 동기를 부여하고자 먼저 한 발 뒤로 물러나서 베일 씨가 직접 신문사까지 가는 걸 귀찮아하지 않도록 한 가상의 모스 부호로 시작하겠다. 대신 그가 각 문자에 동일한 수의 점과 대시 기호를 할당하려고 한다고 가정한다. 4개의 기호로 16개의 문자에만 레이블을 지정할 수 있었지만 5개의 기호로는 32개의 문자에 레이블을 지정할 수 있었다.

그림 6-8은 이러한 5개 기호 패턴을 각 문자에 임의로 할당하는 방법을 보여준다. 일을 단순하게 유지하고자 두 문자에 다른 신호를 사용해 모든 점과 대시의

타이밍을 동일하게 만든다. 따라서 모든 점은 1돈 동안 지속되는 높은 신호가 되고 모든 대시는 1돈 동안 지속되는 낮은 신호가 된다. 그 결과 모든 문자를 전송하는 데 9돈의 시간이 걸린다(높고 낮은 신호인 점과 대시에 5, 그들 사이의 공백에 4). 이는 **고정 길이 코드**fixed length code라고도 하는 **고정 길이 코드**constant-length code의 예다.

그림 6-8에서는 메시지를 보면 공백space의 위치를 알 수 있다고 가정한 원래 모스 부호의 발자취를 따라 띄어쓰기 문자를 만들지 않았다. 그 정신을 고수해 나머지 부분에서는 띄어쓰기 문자를 무시할 것이다.

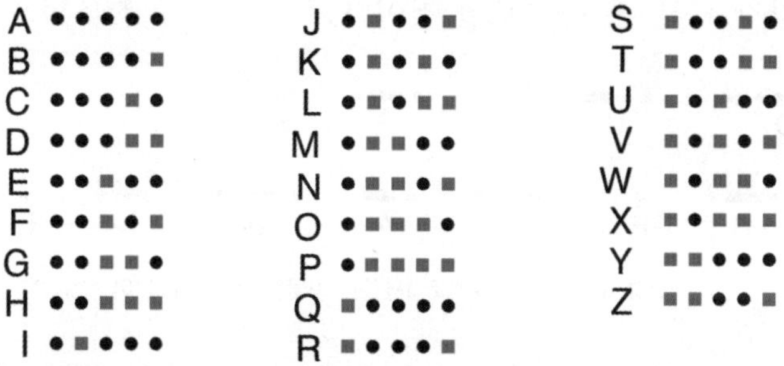

그림 6-8: 각 문자에 5개의 기호를 할당하면 고정 길이 코드를 얻을 수 있다.

『보물섬』텍스트의 처음 두 단어는 'Squire Trelawney'라는 이름이다. 모스 부호의 투톤two-tone 버전의 모든 문자에는 9자리가 필요하므로 이 15자의 문구(띄어쓰기는 무시하는 것을 기억하자)를 전송하려면 9 × 15 = 135돈이 필요하다. 3 × 14 = 42비트가 소요되는 14개의 문자 사이의 공백을 추가하면 그림 6-9와 같이 고정 길이fixed length 메시지 전송에 135 + 42 = 177돈의 시간이 걸린다는 것을 알 수 있다.

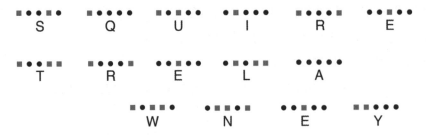

그림 6-9: 고정 길이 코드로 표현한 『보물섬』의 첫 두 단어

이제 이것을 실제 모스 부호와 비교해보자. 대부분의 경우 가장 일반적인 문자는 흔하지 않은 문자보다 기호가 더 짧다. 그림 6-10은 이것을 보여준다. 점들과 대시를 각각 다른 톤으로 보낼 것이다.

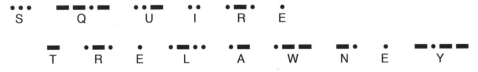

그림 6-10: 모스 부호로 표현한 『보물섬』의 첫 두 단어

각 요소를 세어 보면(점과 대시는 이제 각각 1돈만 차지한다는 것을 기억하자) 그림 6-10 버전에는 고정 길이 코드(101 / 177 ≈ 0.57)의 절반 정도인 101돈의 시간이 필요하다는 것을 알 수 있다. 이러한 절감은 전송 내용에 코드를 적용함으로써 발생한다. 짧은 패턴을 높은 확률의 이벤트와 일치시켜 효율성을 향상시키려는 모든 코드를 **가변 비트레이트 코드**^{variable-bitrate code} 또는 더 간단하게는 **적응형 코드** adaptive code라고 한다. 이 간단한 예에서도 적응형 코드는 고정 길이 코드보다 거의 2배 더 효율적이어서 통신 시간을 거의 절반으로 줄인다.

약 338,000자(띄어쓰기, 구두점 등 제외)로 구성된 『보물섬』의 전체 텍스트를 살펴보자. 적응형 코드는 고정 길이 코드에 필요한 시간의 약 42%만 소요된다. 비적응형 코드^{non-adaptive code}에 필요한 것의 절반도 안 되는 시간에 책을 보낼 수 있다.

일반적으로 영어 쓰기에 적합한 표준 모스 부호를 사용하는 대신 전송하는 특정 책의 텍스트에서 실제 백분율과 더 가깝게 일치하도록 기호 분포를 조정하면 더 좋은 결과를 얻을 수 있다. 물론 그 영리한 인코딩을 수신자와 공유해야 한다. 하지만 긴 메시지를 보내는 경우 메시지 자체에 의해 추가 커뮤니케이션이 줄어든다. 그 단계를 밟아 『보물섬』의 콘텐츠에 특히 완벽하게 적용되는 사용자 지정 보물섬 코드를 상상해보겠다. 더 많은 절약을 기대하자.

확률의 언어를 사용해 이것을 재정의해보자. 적응형 코드는 확률 분포의 각 값에 대한 패턴을 생성한다. 가장 높은 확률을 가진 값은 가능한 한 가장 짧은 코드를 받는다. 그런 다음 가장 높은 확률에서부터 시작해 가장 낮은 값까지 작업하면서 반복 없이 항상 사용할 수 있는 하나의 짧은 패턴들을 할당한다. 이는 각각의 새로운 패턴이 이전 값에 할당된 패턴과 길이가 같거나 더 길다는 것을 의미한다. 그것이 1844년 베일이 지역 신문 식자공의 쟁반에서 발견한 글자의 수에 따라 한 일이다.

이제 전달하고자 하는 모든 메시지를 살펴보고 각 문자를 식별한 후 그 문자가 애초에 사용될 가능성이 얼마나 있었는지 알려주는 확률 분포와 비교할 수 있다. 이는 해당 문자가 얼마나 많은 정보를 비트 단위로 전달하는지 알려준다. 정보 계산 공식에 대한 설명의 네 번째 속성 덕분에 메시지를 나타내는 데 필요한 총 비트수(당분간 맥락은 무시한다)는 각 문자에 필요한 개별 비트수의 합이다.

메시지를 보내기 전에 메시지에 대해 이 프로세스를 수행할 수도 있다. 이는 수신자에게 전달하려는 정보의 양을 알려준다.

엔트로피

여기까지 예상하지 못한 것을 의미하는 놀라움에 대해 알아보자. 관련된 아이디어는 불확실성으로 일어날 수 있는 모든 일을 알고 있지만 실제로 어떤 일이 일어날지 확신할 수 없는 경우를 말한다. 예를 들어 정육면체 주사위를 굴릴 때 6개의 면이 각각 나올 확률이 같다는 것을 알지만 직접 굴려보기 전까지는 어떤 면이 맨 위로 올지 불확실하다. 이 불확실성에 대한 좀 더 공식적인 용어는 **엔트로피**entropy다.

결과의 불확실성이나 엔트로피에 숫자를 할당할 수 있다. 이 숫자는 대개 가능한 결과의 수에 따라 다르다. 예를 들어 동전을 던지면 2개의 결과만 나올 수 있지만 6면체 주사위를 던지면 6개의 결과가 나올 수 있고, 알파벳에서 문자를 고르면 26개의 결과가 나올 수 있다. 이 세 가지 결과의 불확실성이나 엔트로피는 동전에서 주사위, 알파벳에 이르기까지 점점 크기가 증가하는 숫자다. 각 경우에 결과의 수가 증가하기 때문이다. 이는 각각의 특정 결과를 더욱 불확실하게 만든다.

이 세 가지 예에서 각 결과의 확률은 동일하다(동전의 각 면에 대해 1/2, 각 주사위 면에 대해 1/6, 각 문자에 대해 1/26). 그러나 확률이 서로 다르다면 어떻게 될까? 엔트로피 계산 공식은 이러한 다양한 확률을 명시적으로 고려한다. 기본적으로 분포에서 가능한 모든 결과를 고려하고 분포를 샘플링할 때 실제로 생성되는 결과를 설명하는 불확실성에 숫자를 넣는다.

특정 이벤트가 발생했을 때의 불확실성은 완벽하게 적용된 코드로 메시지를 보내는 데 필요한 비트수와 동일하다. 개념적으로 문자 메시지는 여러 번 던진 주사위의 값과 다르지 않은 단어들이고 작성한 단어의 집합이다. 이벤트의 불확실성이나 해당 이벤트를 전달(불확실성 제거)하는 데 필요한 비트수라는 두 값 모두에 대해 엔트로피라는 용어를 사용한다.

엔트로피는 두 개의 확률 분포를 비교할 수 있기 때문에 머신러닝에 유용하다. 이는 학습의 핵심 단계다. 예를 들어 분류기를 생각해보자. 수동으로 결정한 그림은 개일 확률이 80%지만 10% 확률로 늑대일 가능성이 있고, 3% 확률로 여우일 가능성이 있다. 또한 다른 동물에 대한 몇 가지 더 작은 확률이 있을 수 있다. 여기서 시스템의 예측이 해당 레이블과 일치하기를 바란다. 즉, 수동 분포를 시스템의 예측 분포와 비교해 그 차이점을 이용해 시스템을 개선하려고 한다. 분포를 비교하는 많은 방법을 고안할 수 있지만 이론과 실전 모두에서 가장 잘 작동하는 방법은 엔트로피를 기반으로 한다. 단일 분포에 대한 엔트로피를 찾는 것부터 시작해 해당 비교까지 진행해보겠다.

단어로 구성된 분포를 살펴보자. 분포에 단어가 하나만 있으면 분포를 샘플링할 때 어떤 단어를 얻게 될지에 대한 불확실성이 없으므로 엔트로피는 0이다. 단어가 많지만 확률이 1인 한 단어를 제외한 모든 단어의 확률이 1일 때에도 여전히 불확실성이 없으므로 엔트로피는 0이다. 모든 단어가 동일한 확률을 가질 때는 하나를 선택하는 것이 불가능하기 때문에 최대 불확실성을 갖는다. 이 경우 불확실성이나 엔트로피가 최댓값을 갖는다. 최대 엔트로피는 1이나 100이라고 말하는 것이 편리할 수 있지만 실제 값은 공식에 의해 계산된다. 그저 알 수 있는 것은 다른 어떤 확률 분포도 더 큰 엔트로피를 주지는 않는다는 것이다.

다음 절에서는 엔트로피를 분포 쌍에 적용하는 방법을 살펴본다.

엔트로피라는 용어의 유래

엔트로피라는 용어는 열과 온도에 관한 물리학의 한 분야인 열역학 분야에서 수십 년 동안 사용됐다. 그 분야에서 엔트로피는 '무질서'를 의미한다. 엔트로피의 물리학 버전이 정보 이론 버전과 어떻게 비교되는지 살펴보자.

열역학에서는 종종 연구하는 모든 것을 하나의 시스템으로 생각한다. 이것은 그저 누군가가 관심을 가진 것들의 모음일 뿐이다. 많은 사람이 매일 아침 기대하는 시스템을 상상해보자. 커피와 우유 두 가지의 혼합으로 구성된다. 물리학자는 "이 혼합물에서 커피는 어디에 있을까?"라고 물을 수 있다. 정보 이론가는 "내가 액체를 숟가락으로 떠서 먹으면 커피나 우유를 얻을 수 있을까?"라고 물을 수 있다.

처음에 커피는 컵에 들어있고 우유는 작은 물병에 들어 있다. 물리학자에게 있어서 이 시스템은 모든 것이 제자리에 있기 때문에 높은 질서 또는 낮은 무질서를 갖는다. 무질서가 낮기 때문에 엔트로피가 낮다. 정보 이론가에게는 숟가락을 커피 컵에 넣으면 커피를 얻을 수 있으므로 불확실성이 없다. 낮은 불확실성은 낮은 엔트로피를 의미한다.

커피에 우유를 붓고 가볍게 저어보자. 이제 물리학자가 "이 혼합물에서 커피는 어디에 있을까?"라고 물으면 대답하기 더 어려워졌다. 커피는 모두 우유와 섞여 있다. 여기에는 많은 무질서가 있으므로 엔트로피가 높다. 정보 이론가가 숟가락을 넣은 뒤 충분히 저어주지 않으면 커피와 우유의 비율을 예측할 수 없다. 불확실성이 많기 때문에 다시 높은 엔트로피가 발생한다.

무질서, 불확실성, 엔트로피는 모두 동일한 아이디어를 언급하는 서로 다른 방식이다 (Serrano 2017).

교차 엔트로피

딥러닝 시스템을 훈련할 때 종종 두 확률 분포가 같거나 다른 정도를 알려주는 측정값을 원할 것이다. 일반적으로 사용하는 값은 교차 엔트로피$^{cross\ entropy}$라고 하는 수치^{quantity}며 이 역시 숫자에 불과하다. 엔트로피는 해당 메시지에 완벽하게 맞춰진 코드를 사용해 메시지를 보내는 데 필요한 비트수를 알려준다. 교차 엔트로피는 덜 완벽한 다른 코드를 사용할 때 필요한 비트수를 알려준다. 일반적으로 이는 완벽한 코드가 필요로 하는 비트수보다 크다(대체 코드가 정확히 이상적인 코드만큼 효율적이면 교차 엔트로피의 최솟값은 0이다).

교차 엔트로피는 두 개의 확률 분포를 수치적으로 비교할 수 있는 측정값이다. 동일한 분포는 교차 엔트로피가 0인 반면 분포 쌍이 점점 더 다양할수록 교차 엔트로피 값이 점점 더 커진다.

아이디어에 대한 감을 잡고자 두 개의 소설을 보고 각각에 대한 단어 기반 적응형 코드$^{word-based\ adaptive\ code}$를 작성해보겠다. 목표는 확률 분포를 비교하는 것이고 여기에서 코드에 대해 얘기하고 있지만 개념적으로 앞뒤로 쉽게 이동할 수 있다.

구조상 더 짧은 코드는 더 높은 확률을 가진 단어에 할당하고 더 긴 코드는 더 낮은 확률을 가진 단어에 할당한다.

두 개의 적응형 코드

소설『보물섬』과『허클베리핀의 모험』은 거의 비슷한 시기에 영어로 작성됐다 (Stevenson 1883; Twain 1885).『허클베리핀의 모함』에 있는 약 7,400개의 단어와 비교했을 때『보물섬』은 약 10,700개의 단어를 사용해 더 많은 어휘를 갖고 있다. 물론 두 책은 서로 매우 다른 단어 집합을 사용하지만 중복되는 부분도 많다. 그림 6-11에서는『보물섬』에서 가장 많이 사용되는 25개의 단어를 아래에서부터 위로 살펴본다. 단어의 개수를 계산하고자 먼저 모든 대문자를 소문자로 변환했다. 따라서 단일 문자 대명사 'I'는 차트에서 소문자 'i'로 나타난다.

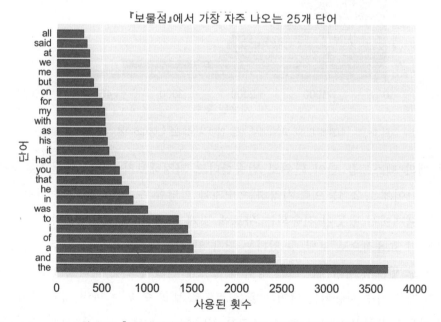

그림 6-11:『보물섬』에서 가장 많이 등장한 단어 25개를 사용 횟수로 정렬

이것을 그림 6-12에 표시된 『허클베리핀의 모험』에서 가장 많이 사용한 25개 단어와 비교해보자.

놀랍지 않겠지만 두 책에서 가장 인기 있는 12개의 단어는 동일하다(순서는 다르다). 하지만 상황이 달라지기 시작한다.

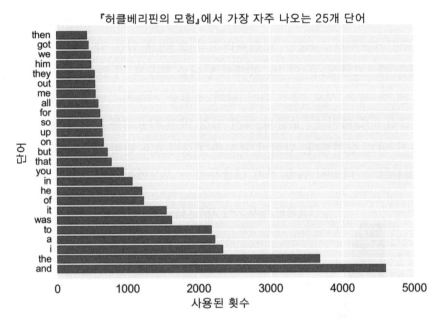

그림 6-12: 『허클베리핀의 모험』에서 가장 많이 사용되는 단어 25개를 사용 횟수로 정렬

두 책의 텍스트를 단어 단위로 전송한다고 가정해보자. 영어 사전으로 가서 모든 단어에 1, 2, 3등으로 시작하는 숫자를 할당할 수 있다. 그러나 이전 모스 부호 예제에서 봤듯이 전송되는 자료에 맞게 조정된 코드를 사용하면 정보를 훨씬 더 효율적으로 보낼 수 있다는 것을 알고 있다. 단어가 더 자주 사용될수록 코드 번호가 작아지는 그런 종류의 코드를 만들어보자. 따라서 'and'와 'the' 같이 매우 자주 사용되는 단어는 짧은 코드로 보낼 수 있는 반면 희귀 단어에는 더 많은 비트를 보내야 하는 긴 코드가 있다(『보물섬』에서는 약 2,780개, 『허클베리핀의 모험』에서는 약 2,280개의 단어가 단 한 번씩만 등장한다).

두 책의 어휘는 대부분 겹치지만 각 책에는 다른 책에는 나오지 않는 단어가 있다. 예를 들어 'yonder'라는 단어는 『허클베리핀의 모험』에 20번 쓰이지만 『보물섬』에서는 한 번도 나타나지 않는다. 그리고 'schooner'는 『보물섬』에 28번 등장하지만 『허클베리핀의 모험』에서는 찾을 수 없다.

어느 쪽이든 코드로 책을 보내는 것을 원하기 때문에 이 어휘들을 통합하자. 『보물섬』에 없는 『허클베리핀의 모험』의 각 단어에 있어서 보물섬 코드를 만들 때 해당 단어의 인스턴스를 하나씩 추가한다. 허클베리핀 코드도 같은 방식으로 작업한다. 예를 들어 보물섬 코드를 만들 때 책 끝에 'yonder'라는 인스턴스를 추가해 원하는 경우 해당 코드를 사용해 『허클베리핀의 모험』을 보낼 수 있다.

『보물섬』의 단어부터 시작하겠다. 이 텍스트에 대한 적응형 코드를 만들 것이다. 'the'에 대한 짧은 코드에서 시작해 'wretchedness'와 같은 일회성 단어에 대한 긴 코드까지 작업한다. 이제 해당 코드를 사용해 전체 책을 보낼 수 있으며 다른 코드에 비해 시간을 절약할 수 있다.

『허클베리핀의 모험』에 대해서도 동일한 작업을 수행하고 이 텍스트에 대한 코드를 특별히 작성해 'and'에 가장 짧은 코드를 할당하고 'dangerous'(충격적이지만 사실 'dangerous'는 『허클베리핀의 모험』에 한 번만 등장한다)에 긴 코드를 부여한다. 이제 허클베리핀 코드를 사용하면 이 책의 내용을 다른 코드보다 더 빠르게 보낼 수 있다.

이 두 코드는 서로 다르다. 두 책의 어휘가 다르고 주제가 상당히 다르기 때문에 예상할 수 있는 부분이다.

코드 사용

이제 두 개의 코드가 있으며 각 코드는 각 책을 전송할 수 있다. 보물섬 코드는 각 단어가 『보물섬』에 나타나는 횟수로 조정되고 허클베리핀 코드는 『허클베리핀의 모험』을 기준으로 조정된다.

압축 비율은 고정 길이 코드에 비해 적응형 코드를 사용해 얼마나 많은 비용을 절감할 수 있는지 알려준다. 비율이 정확히 1이면 적응형 코드는 비적응형 코드만큼 많은 비트를 사용한다. 비율이 0.75면 적응형 코드는 비적응형 코드에 필요한 비트수의 3/4만 보낸다. 압축 비율이 낮을수록 더 많은 비트를 절약할 수 있다(일부 저자는 이 비율을 다른 순서의 숫자로 정의하므로 비율이 높을수록 압축이 더 잘된다).

두 권의 책을 한 단어씩 보내보자. 그림 6-13의 상단 막대그래프는 『허클베리핀의 모험』을 위해 구축한 코드와 함께 보낼 때 얻은 압축 비율을 보여준다. 허프만 코드^{Huffman code}라고 하는 적응형 코드를 사용했지만 결과는 대부분의 적응형 코드에서 비슷하게 나올 것이다(Huffman 1852; Ferrier 2020).

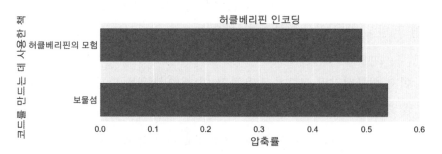

그림 6-13: 상단: 『허클베리핀의 모험』으로 제작된 코드를 사용해 해당 책을 보낼 때의 압축률. 하단: 『보물섬』으로 작성한 코드를 사용한 압축률

이는 꽤 훌륭하다. 적응형 코드의 압축률은 0.5보다 약간 낮다. 즉, 이 코드를 사용해 『허클베리핀의 모험』을 보내면 고정 길이 코드에 필요한 비트수의 절반보다 약간 더 적게 필요하다. 『보물섬』으로 만든 코드를 사용해 『허클베리핀의

모험』을 전송하면 해당 코드의 숫자가 인코딩하는 단어의 빈도와 일치하지 않기 때문에 압축이 좋지 않을 것으로 예상해야 한다. 그림 6-13의 하단 막대그래프는 약 0.54의 압축 비율로 이 결과를 보여준다. 이 결과는 여전히 매우 훌륭하지만 그다지 효율적이지는 않다.

상황으로 돌아가서 『보물섬』이 해당 책으로 구축된 코드와 『허클베리핀의 모험』으로 구축된 코드로 어떻게 작동하는지 살펴보자. 결과는 그림 6-14에 나와 있다.

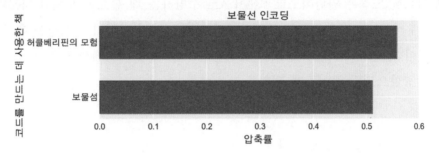

그림 6-14: 상단: 『허클베리핀의 모험』으로 작성된 코드를 사용해 『보물섬』을 보낼 때의 압축률. 하단: 『보물섬』에 대한 코드를 사용해 『보물섬』을 보냈을 때의 압축률

이번에는 『보물섬』이 『허클베리핀의 모험』보다 압축률이 더 높다는 것을 알게 됐다. 이는 단어 사용에 맞게 조정된 코드를 사용했기 때문에 의미가 있다. 일반적으로 메시지를 보내는 가장 빠른 방법은 해당 메시지의 내용을 위해 작성된 코드를 사용하는 것이다. 다른 어떤 코드도 더 적합할 수 없으며 대부분 더 나쁜 결과가 나올 것이다.

『허클베리핀의 모험』을 전송하고자 『보물섬』에 대한 코드를 사용하면 압축이 더 나빠지는 것을 봤다. 즉, 이 메시지에 대해 불완전한 코드로 책을 전송하려면 더 많은 비트가 필요하다. 이는 각 코드가 해당 텍스트의 확률 분포를 기반으로 하고 이러한 분포가 각각 다르기 때문이다.

두 확률 분포의 차이를 측정하는 데 사용하는 양quantity은 교차 엔트로피다.

상황이 대칭적이지 않다는 점에 유의하자. 허클베리핀 코드를 사용해『보물섬』의 단어를 보내려는 경우 교차 엔트로피는 보물섬 코드로『허클베리핀의 모험』을 보내는 것과 다르다. 때때로 교차 엔트로피 함수가 인수에서 비대칭적이라고 말하는데, 이는 순서가 중요함을 의미한다.

이것을 개념화하는 한 가지 방법은 확률 분포 공간이 각각 다른 장소에서 다른 방향으로 흐르는 바다와 같다고 상상하는 것이다. 어떤 지점 A에서 다른 지점 B로 헤엄치는 데 필요한, 때로는 해류를 막고 때로는 흐름에 따라 이동하는 데 필요한 노력은 일반적으로 B에서 A로 수영하는 데 필요한 노력과 다르다. 이 비유에서 교차 엔트로피는 점 사이의 실제 거리가 아니라 작업량을 측정하는 것이다. 그러나 A와 B가 더 가까워질수록 두 지점 사이에서 헤엄치는 일은 어느 방향으로든 줄어들게 된다.

실전에서의 교차 엔트로피

실제로 교차 엔트로피가 작동하는지 살펴보자. 사진 분류기를 훈련한 뒤 두 개의 확률 분포를 비교해야 할 때와 마찬가지로 교차 엔트로피를 사용할 것이다. 첫 번째는 사진에 있는 내용을 설명하고자 수동으로 만든 레이블이다. 두 번째는 사진을 보여줬을 때 시스템이 계산한 확률의 집합이다. 목표는 출력값이 레이블과 일치하도록 시스템을 훈련하는 것이다. 그렇게 하려면 언제 시스템이 잘못됐는지를 알고 얼마나 잘못됐는지 수치를 입력해야 한다. 그것이 레이블과 예측을 비교해 얻은 교차 엔트로피다. 교차 엔트로피가 클수록 오차도 커진다.

그림 6-15에는 개의 사진에 대한 확률을 예측하는 가상 분류기의 출력값이 있다. 대부분의 실제 상황에서 레이블이 1인 'dog' 항목을 제외한 모든 레이블 값은 0이 된다. 여기에서는 시스템이 레이블 분포에 어떻게 일치시키는지 더 잘 보여주고자 6개의 레이블 각각에 임의의 확률을 할당했다(그림이 흐릿하기

때문에 어떤 동물이 표시되는지 확신할 수 없다는 것을 상상할 수 있다).

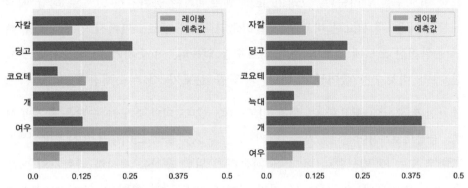

그림 6-15: 개 사진 분류하기. 왼쪽: 훈련 시작 시점. 오른쪽: 많은 훈련 후. 더 일치할수록 교차 엔트로피가 낮아진다.

왼쪽 그림은 훈련을 시작할 때의 모습이다. 시스템의 예측은 수동 레이블과 상당히 일치하지 않는다. 이 수치를 교차 엔트로피 공식을 통해 실행하면 약 1.9의 교차 엔트로피를 얻는다. 오른쪽에는 약간의 훈련 후 결과가 표시된다. 이제 두 분포는 훨씬 더 가까워졌고 교차 엔트로피는 약 1.6으로 떨어졌다.

대부분의 딥러닝 라이브러리는 단일 단계로 교차 엔트로피를 계산하는 내장 루틴을 제공한다. 그림 6-15에는 6개의 카테고리가 있다. 카테고리가 두 개뿐인 경우에는 해당 사례에 특화된 루틴을 사용할 수 있다. 이를 흔히 이진 교차 엔트로피binary cross entropy 함수라고 한다.

쿨백-라이블러 발산

교차 엔트로피는 두 분포를 비교하기 위한 훌륭한 척도다. 교차 엔트로피를 최소화함으로써 분류기의 출력값과 레이블 간의 오차를 최소화해 시스템을 개선한다.

한 단계만 더 거치면 개념적으로 좀 더 단순해질 수 있다. 단어 분포를 코드로 다시 생각해보자. 엔트로피는 완벽하고 조정된 코드로 메시지를 보내는 데 필요한 비트수를 알려준다. 그리고 교차 엔트로피는 불완전한 코드로 해당 메시지를 보내는 데 필요한 비트수를 알려준다. 교차 엔트로피에서 엔트로피를 빼면 불완전한 코드에 필요한 추가 비트수를 얻는다. 이 숫자가 더 작을수록 필요한 추가 비트수가 줄어들고 해당 두 확률 분포가 더 비슷해진다.

불완전한 코드에 필요한 이 추가 비트수(즉, 엔트로피의 증가)는 수많은 무시무시한 명명으로 이어진다. 가장 인기 있는 것은 쿨백-라이블러 발산$^{Kullback-Leibler}$ ^{divergence} 또는 KL 발산으로, 이 값을 계산하기 위한 공식을 제시한 과학자의 이름을 따서 명명됐다. 자주는 아니지만 구별 정보$^{discrimination\ information}$, 정보 발산^{information} ^{divergence}, 방향 발산$^{directed\ divergence}$, 정보 이득$^{information\ gain}$, 상대 엔트로피$^{relative\ entropy}$, KLIC$^{Kullback-Leibler}$(정보 기준의 경우)라고도 한다.

교차 엔트로피와 마찬가지로 KL 발산은 비대칭적이기 때문에 인자의 순서가 중요하다. 허클베리핀 코드로 보물섬을 보내기 위한 KL 발산은 KL(Huckleberry Finn ‖ Treasure island)으로 작성된다. 중간에 있는 두 개의 막대는 흔히 볼 수 있는 쉼표와 같이 단일 구분 기호다. "후자의 코드로 전자를 보냄"이라는 문구를 나타내는 것으로 생각할 수 있다. 계산을 실행하면 이 값은 약 0.287이다. 이는 잘못된 코드를 사용하고 있기 때문에 단어당 약 0.3비트의 추가 비트를 '지불'한다고 말하는 것으로 생각할 수 있다(Kurt 2017). KL(Huckleberry Finn ‖ Treasure island)라는 보물섬 코드로 허클베리핀을 보내기 위한 KL 발산은 약 0.5로 훨씬 높다.

KL 발산은 불완전한 코드로 메시지를 보내는 데 필요한 추가 비트수를 알려준다. 이를 약간 다르게 생각해보면 KL 발산은 불완전하게 적용된 코드를 완벽한 코드로 바꾸는 데 얼마나 더 많은 정보가 필요한지 설명한다. 이것을 베이즈 규칙의 한 단계로 상상할 수 있다. 여기서 대략적인 사전 확률(불완전한) 코드에서 완전한 사후 확률(적용된) 코드로 이동한다. 이 경우 KL 발산은 베이즈 규칙(Thomas 2017)의 최적화된 단계에서 얼마나 많은 것을 학습할 수 있는지 알려준다.

KL 발산이나 교차 엔트로피 중 더 편리한 것을 선택해 최소화함으로써 시스템을 훈련할 수 있다. KL 발산은 훌륭한 수학적 속성을 갖고 있으며 많은 수학 및 알고리듬 토론과 딥러닝 문서에서도 나타난다.

그러나 실제로는 교차 엔트로피가 대부분의 경우 계산 속도가 더 빠르다. 둘 중 하나를 최소화하면 시스템을 개선하는 것과 동일한 효과가 있기 때문에 일반적으로 기술 토론에서는 KL 발산을 볼 수 있고, 딥러닝 프로그램에서는 교차 엔트로피를 볼 수 있다.

요약

6장에서는 정보 이론의 이면에 있는 몇 가지 기본 아이디어와 이를 딥러닝 시스템을 훈련하는 데 어떻게 사용할 수 있는지 살펴봤다. 코드를 확률 분포로 마음 속으로 번역함으로써 머신러닝에 이러한 아이디어를 사용한다. 즉, 가장 작은 코드 번호의 코드 요소를 가장 빈번한 요소로 식별하고 숫자의 크기가 커질수록 빈도는 낮아진다. 이런 식으로 해석하면 입력값에 대한 응답으로 생성하는 예측 확률 목록을 수동으로 할당한 확률 목록과 비교해 분류기의 교차 엔트로피를 계산할 수 있다. 훈련의 목표는 두 분포를 가능한 한 유사하게 만드는 것이며, 교차 엔트로피를 최소화하려고 노력한다고 말할 수도 있다.

이것으로 책의 전반부를 마친다. 딥러닝을 훨씬 능가하는 가치 있는 몇 가지 기본적인 아이디어를 다뤘다. 통계, 확률, 베이즈 규칙, 곡선, 정보 이론은 모두 일상생활에서 발생하는 다양한 문제와 사물을 이해하는 데 도움이 될 수 있다. 이것들은 세상에서 일어나는 일에 대한 추론을 개선하는 데 도움이 될 수 있으며, 따라서 미래를 준비하는 데 도움이 될 수 있다.

이러한 기본 사항을 주머니에 넣고 이제 머신러닝의 기본 도구를 살펴보겠다.

2부

머신러닝 기초

7

분류

머신러닝의 중요한 응용에는 일련의 입력값을 살펴보는 것, 각각을 가능한 클래스(또는 범주)의 목록과 비교하는 것, 각 입력값을 가장 가능성 높은 클래스로 할당하는 것을 포함한다. 이 과정을 분류기에 의해 수행되는 분류(분류^{Classification} 또는 범주화^{Categorization})라고 한다. 다음과 같은 다양한 작업에 클래스를 사용할 수 있다. 누군가가 자신의 핸드폰에 말로 입력한 단어 식별하기, 사진에 어떤 동물이 보이는지, 어떤 과일 열매가 익었는지 아닌지 등의 작업이다.

7장에서는 분류의 기본 개념을 살펴본다. 특정 분류 알고리듬에 대해서는 11장에서 다루기 때문에 7장에서는 다루지 않는다. 현 단계에서 목표는 각 원칙들에 익숙해지는 것이다. 또한 레이블이 없는 샘플을 자동으로 그룹화하는 방법인 클러스터링^{Clustering}도 함께 살펴본다. 4차원 이상의 공간이 종종 직관을 방해해 딥러닝 시스템을 훈련할 때 잠재적인 문제로 이어지는 과정을 살펴보고 마무리한다. 이 고차원 공간은 정말 놀라울 수 있다.

이진 분류

분류^{Classification}는 큰 주제다. 프로세스에 대한 높은 수준의 개요로 시작한 다음 몇 가지 세부 사항을 살펴보자.

분류기^{Classifier}를 훈련시키는 인기 있는 방법은 **지도학습**^{Supervised Learning}을 사용하는 것이다. 분류하려는 샘플이나 데이터 조각을 수집하는 것으로 시작한다. 이것을 **훈련 데이터 세트**^{Training Set}라고 부른다. 또한 사진에 어떤 동물이 있는지, 어떤 장르를 오디오 샘플에 할당해야 하는지와 같은 **클래스**^{Classes} 또는 **범주**^{Categories} 목록을 준비한다. 마지막으로 훈련 데이터 세트의 각 예제를 수동으로 확인하고, 할당해야 하는 클래스를 결정한다. 이것을 샘플의 **레이블**^{Label}이라고 한다.

그런 다음 레이블을 지정하지 않은 각 샘플을 컴퓨터에 한 번에 하나씩 제공한다. 컴퓨터는 샘플을 처리하고 어떤 클래스에 할당해야 하는지 자체적으로 예측한다. 이제 컴퓨터의 예측을 (미리 지정한) 레이블과 비교한다. 분류기의 예측이 레이블과 일치하지 않으면 분류기를 약간 수정해 이 샘플을 다시 볼 때 올바른 클래스를 예측할 가능성을 높인다. 이것을 **훈련**^{Training}이라고 부르며 이러한 시스템을 **학습**^{Learning}이라고 말한다. 이 과정을 수천 또는 수백만 개의 샘플을 사용해 반복한다. 목표는 예측이 레이블과 대부분 일치해 처음 보는 샘플까지도 정확한 분류를 할 수 있을 것이 예상 가능한 정도로 전 세계에 출시할 준비가 됐다고 느낄 때까지 알고리듬을 점진적으로 개선하는 것이다.

이 과정을 좀 더 자세히 살펴보자.

시작하기에 앞서 입력 데이터가 서로 다른 두 개의 클래스에만 속한다고 가정해보자. 두 개의 클래스만 사용하면 요점을 놓치지 않고 분류에 대한 논의를 단순화할 수 있다. 모든 입력에 대해 가능한 레이블(또는 클래스)이 두 개뿐이므로 이 분류를 **이진 분류**^{Binary Classification}라고 한다.

또 다른 방법은 2D 데이터를 사용하는 것이다. 그러면 모든 입력 샘플은 정확히 두 개의 숫자로 표시된다. 이것은 흥미로울 만큼 복잡하지만 각 샘플을 그리드Grid의 한 점으로 표시할 수 있기 때문에 여전히 그리기 쉽다. 실용적인 용어로 말하면 페이지에 많은 점을 갖고 있음을 의미한다. 색상과 형태 코딩Shape coding을 사용해 각 샘플의 레이블과 컴퓨터의 예측을 표시할 수 있다. 목표는 모든 레이블을 정확하게 예측할 수 있는 알고리듬을 개발하는 것이다. 이것이 가능하다면 레이블이 없는 새로운 데이터에 알고리듬을 느슨하게 설정한 후 어떤 입력값이 어떤 클래스에 속하는지 알려주는 내용을 신뢰할 수 있다.

이를 2D 이진 분류 시스템Binary Classification system이라고 한다. 여기서 '2D'는 2차원의 점 데이터를 나타내고 '이진'은 두 클래스를 나타낸다.

살펴볼 첫 번째 기술 집합은 **경계 방법**Boundary Method이라고 한다. 이 방법의 이면에 있는 아이디어는 평면에 그려진 입력 샘플을 보고 하나의 레이블이 있는 모든 샘플이 곡선(또는 경계)의 한쪽 면에 있도록 공간을 나누는 선 혹은 곡선을 찾을 수 있다는 것이다. 다른 레이블이 있는 샘플은 다른 쪽에 있다. 미래 데이터를 예측할 때 일부 경계가 다른 경계보다 낫다는 것을 알게 될 것이다.

달걀을 사용해 구체화해보겠다. 알을 낳는 암탉이 많은 농부라고 상상해보자. 각각의 달걀은 수정돼 새로운 병아리로 자랄 수도 있고 수정되지 않을 수도 있다. 각 달걀의 일부 특성(예, 무게와 길이)을 주의 깊게 측정하면 수정됐는지 여부를 알 수 있다고 가정해보겠다(달걀은 이런 식으로 작동하지 않기 때문에 이것은 완전히 상상이다. 하지만 가정해보자). 무게와 길이의 두 가지 피처features를 함께 묶어 샘플을 만든다. 그런 다음 샘플을 분류기에게 전달하고 분류기는 '수정' 또는 '미수정' 클래스를 지정한다.

훈련에 사용하는 각 달걀에는 레이블(혹은 정답)이 필요하기 때문에 수정 여부를 결정하고자 **캔들링**Candling이라는 기술을 사용한다(Nebraska 2017). 캔들링에 능숙한 사람을 **캔들러**Candler라고 한다. 캔들링은 밝은 광원 앞에서 달걀을 들고 있는 것이다. 원래 캔들러는 양초를 사용했지만 지금은 강한 광원을 사용한다.

달걀의 내용물이 달걀껍질에 드리운 흐릿하고 어두운 그림자를 해석함으로써 숙련된 캔들러는 달걀이 수정됐는지 여부를 알 수 있다. 목표는 분류기가 숙련된 캔들러의 레이블과 동일한 결과를 제공하게 하는 것이다.

요약하자면 분류기(컴퓨터)가 각각의 샘플(달걀)을 검사하기 원한다. 그리고 그 피처(무게와 길이)를 레이블(수정 혹은 미수정)로 할당하게 하고 싶다. 일부 달걀의 무게와 길이를 제공하는 일련의 훈련 데이터로 시작해보자. 한 축에 무게, 다른 축에 길이를 두고 이 데이터를 표시할 수 있다. 그림 7-1은 시작 데이터를 보여준다.

수정란은 빨간색 원으로 표시되고 무정란은 파란색 상자로 표시된다. 이 데이터를 사용해 두 달걀 그룹 사이에 직선을 그릴 수 있다. 선의 한쪽은 모두 수정란, 다른 쪽은 모두 미수정란의 데이터다.

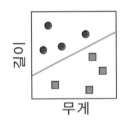

그림 7-1: 달걀 분류하기. 빨간 원은 수정란, 파란색 사각형은 미수정란. 각 달걀은 무게와 길이의 2차원으로 표시된다. 주황색 선은 두 클러스터(Cluster)를 구분한다.

분류기가 할 일은 여기까지다. 이제 (레이블이 없는) 새로운 달걀이 생기면 선의 어느 쪽에 위치하는지 확인하지만 하면 된다. 수정된 쪽에 있는 달걀은 '수정' 클래스로 지정되고 수정되지 않은 쪽에 있는 달걀은 '미수정' 클래스로 지정된다. 그림 7-2는 예를 보여준다.

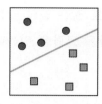 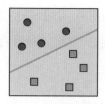 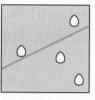 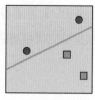

그림 7-2: 새로운 달걀 분류하기. 왼쪽: 경계. 왼쪽에서 두 번째: 경계에 의해 만들어진 두 영역 또는 영역(Domain)을 표시한다. 왼쪽에서 세 번째: 분류할 새 샘플 4개. 맨 오른쪽: 새 샘플에 할당된 클래스

이것이 몇 계절 동안 잘 작동하고 새로운 품종의 닭을 많이 산다고 가정해보자. 새 닭의 달걀들이 이전에 갖고 있던 것과 다른 경우를 대비해 새 품종과 이전 품종의 하루 분량에 해당하는 새 달걀을 수동으로 캔들링해서 수정 여부를 확인한 다음 이전과 같이 결과를 표시한다. 그림 7-3은 이 새로운 데이터를 보여준다.

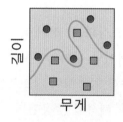

그림 7-3: 몇 가지 새로운 종류의 닭을 무리에 추가할 때 무게와 길이만을 기준으로 수정 여부를 정하는 것은 더 까다로울 수 있다.

두 그룹은 훌륭하게도 여전히 뚜렷하게 다르지만 이제는 직선이 아닌 구불구불한 곡선으로 구분된다. 곡선 역시 예전 직선처럼 사용할 수 있기 때문에 문제가 되지 않는다. 분류할 추가 달걀이 있으면 각 달걀이 이 그림에 배치된다. 빨간색 영역에 있으면 수정된 것으로, 파란색 영역에 있으면 수정되지 않은 것으로 예측된다. 이것을 잘 나눌 수 있을 때 이 영역을 평면 **결정 영역**Decision region 또는 **영역**Domain이라고 한다. 이들 사이의 선이나 곡선은 **결정 경계**Decision boundaries라고 부른다.

이 소문이 퍼지고 사람들이 달걀을 좋아한다고 가정해보자. 따라서 내년에 또 다른 세 번째 품종의 닭을 구입한다. 이전과 같이 수동으로 많은 양의 달걀을 캔들링하고 데이터를 표시한다. 이번에는 그림 7-4와 같은 그림을 얻는다.

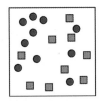

그림 7-4: 새로 구입한 닭 때문에 수정란과 미수정란을 구별하기가 훨씬 어려워졌다.

여전히 대부분 빨간색인 영역과 대부분 파란색인 영역이 있지만 이를 구분하기 위한 선이나 곡선을 그릴 명확한 방법이 없다. 더 관대한 접근 방식을 취해보겠다. 절대적인 단일 클래스를 예측하기보다 각 가능한 클래스에 고유한 확률을 할당해보자.

그림 7-5는 색상을 통해 그리드상의 한 점이 특정 클래스를 가질 확률을 나타낸다. 각 지점이 선명한 빨간색이면 난자가 수정된 것임을 크게 확신하는 반면 빨간색의 채도가 감소하면 수정 가능성이 감소하는 것과 일치한다. 파란색으로 표시된 무수정란에도 동일한 해석이 적용된다.

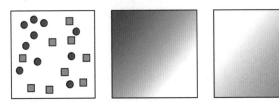

그림 7-5: 맨 왼쪽에 표시된 것과 같이 겹쳐 있는 결과가 주어지면 중앙에 표시된 것처럼 모든 점에 수정 가능성을 줄 수 있다. 여기서 더 선명한 빨간색은 달걀의 수정 가능성이 더 높음을 의미한다. 맨 오른쪽의 이미지는 달걀이 미수정될 확률을 보여준다.

선명한 붉은색 영역에 확실히 자리한 달걀은 수정이 됐을 것이고, 선명한 파란색 영역의 달걀은 수정되지 않을 것이다. 다른 위치는 클래스가 명확하지 않다. 진행 방식은 농장의 정책에 따라 달라진다. 3장의 정확도, 정밀도, 재현율에 관한 아이디어를 사용해 해당 정책을 구성하고 클래스를 구분하고자 어떤 종류의 곡선을 그릴지 알려줄 수 있다. 예를 들어 '수정'이 '양성positive'에 해당한다고 가정해보자. 모든 수정란을 확실히 잡아내고 일부 거짓 양성False Positive을 신경 쓰지 않으면 그림 7-6의 가운데 표와 같이 경계를 그릴 수 있다.

반면 모든 미수정란을 찾고자 하고 거짓 음성False Negative을 신경 쓰지 않는다면 그림 7-6의 오른쪽 표와 같이 경계를 그릴 수 있다.

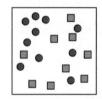 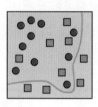 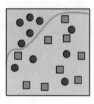

그림 7-6: 맨 왼쪽 표와 같은 결괏값이 주어졌을 때 일부 거짓 양성(수정으로 분류된 미수정란)을 허용해 가운데 표의 정책을 따를 수 있다. 혹은 오른쪽 표의 정책에 따라 모든 미수정란을 올바르게 분류하는 것을 선호할 수도 있다.

그림 7-6의 가운데와 오른쪽 표와 같이 **결정 영역**Decision region이 뚜렷하고 겹치지 않을 때 각 샘플에 대한 확률은 간단하게 나온다. 샘플이 속한 클래스는 확률 1의 확실성, 다른 클래스는 확률 0의 확실성이다. 그러나 그림 7-5와 같이 영역이 불분명하거나 겹칠 때 두 클래스 모두 0이 아닌 확률을 갖는 경우가 더 많다.

실제로 결국에는 항상 확률을 결정(달걀이 수정됐는가, 아닌가?)으로 변환해야 한다. 최종 결정은 컴퓨터의 예측에 영향을 받지만 궁극적으로는 인적 요소와 함께 결정이 의미하는 바도 고려해야 한다.

2D 다중 클래스 분류

달걀은 잘 팔리고 있지만 문제가 있다. 수정란과 무수정란을 구분했을 뿐이다. 달걀에 대해 더 많이 학습하면서 달걀이 미수정되는 두 가지 방법이 있음을 발견한다. 한 번도 수정되지 않았기 때문에 수정되지 않은 달걀을 요커Yolker라고 한다. 이것들은 먹기에 좋다. 다른 농부들에게 팔 수 있는 수정란을 **승자**Winner라고 한다. 그러나 일부 수정란에서는 발달 중인 배아가 어떤 이유로 성장을 멈추고 사망했다. 이러한 달걀을 **퀴터**Quitter라고 한다(Arcuri 2016). 퀴터는 예기치 않게 터져 유해한 박테리아를 퍼뜨릴 수 있으므로 판매를 원하지 않는다. 퀴터를 식별하고 폐기하려고 한다.

이제 승자(생존 가능한 수정란), 요커(안전한 미수정란), 퀴터(안전하지 않은 수정란) 등 세 가지 클래스의 달걀이 있다. 이전과 마찬가지로 이 세 종류의 달걀을 무게와 길이만으로 구분할 수 있다고 가정해보겠다. 그림 7-7은 측정된 달걀 집합과 달걀을 캔들링해 수동으로 할당한 클래스를 보여준다.

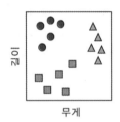 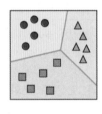

그림 7-7: 왼쪽: 세 종류의 달걀. 빨간 동그라미는 수정란, 파란 사각형은 식용 가능 미수정란 요커, 노란 삼각형은 인큐베이터에서 제거하려고 하는 퀴터다. 오른쪽: 각 클래스의 가능한 경계와 영역

이 세 가지 클래스 중 하나를 새로운 입력값에 할당하는 작업을 **다중 클래스 분류** Multiclass Classification라고 한다. 여러 클래스가 있는 경우 다른 클래스와 연결된 영역 간의 경계를 다시 찾는다. 훈련된 다중 클래스 분류기가 세상에 출시되고 새 샘플을 받으면 샘플이 어느 영역에 속하는지 결정한 다음 해당 샘플에 그 영역의 클래스를 할당한다.

이 예에서는 달걀의 색깔, 평균 둘레, 달걀을 낳은 시간과 같은 더 많은 피처(또는 차원)를 각 샘플에 추가할 수 있다. 그러면 달걀 하나당 총 5개의 숫자가 나온다. 5차원은 생각하기 힘들고 5차원의 유용한 그림을 그릴 수 없다. 하지만 상상할 수 있는 상황에 비유해 추론할 수 있다. 2D에서 데이터 점은 각각의 위치에서 뭉치는 경향이 있어 데이터 점 사이에 경계선(및 곡선)을 그릴 수 있다.

더 높은 차원에서 대부분의 경우 동일한 내용이 적용된다(7장의 끝부분에서 더 자세히 다룬다). 2D 정사각형을 여러 개의 작은 2D 형태로 분할한 것처럼 각각 다른 클래스에 대해 5차원(5D) 공간을 여러 개의 작은 5D 형태로 나눌 수 있다. 이러한 5D 영역은 각각 다른 클래스를 정의한다.

수학은 차원이 몇 개인지 상관하지 않으며 수학을 기반으로 구축한 알고리듬도 신경 쓰지 않는다. 일반적으로 차원 수가 증가함에 따라 알고리듬의 실행 시간 과 메모리 소비도 함께 증가하기 때문에 사람으로서 신경 쓰지 않는다는 말은 아니다. 이 장의 후반부에서 고차원 데이터 작업과 관련된 몇 가지 문제로 돌아 올 것이다.

다중 클래스 분류

이진 분류기는 일반적으로 다중 클래스 분류기Multiclass Classifier보다 간단하고 빠르 다. 하지만 현실 세계에서 대부분의 데이터는 여러 클래스에 속한다. 다행스럽 게도 복잡한 다중 클래스 분류기를 만드는 대신 여러 종류의 이진 분류기를 만들고 그 결과를 결합해 다중 클래스 결괏값을 생성할 수 있다. 이 기술에 관련된 두 가지 보편적인 방법을 살펴보겠다.

하나 대 나머지

첫 번째 기술은 하나 대 나머지OvR, One-Versus-Rest, 하나 대 전부OvA, One-Versus-All, 하나 대 전부OAA, One-Against-All 또는 이진 관련성Binary Relevance 방법과 같은 여러 이름으로 불린 다. A부터 E까지의 이름으로 명명된 5개의 데이터 클래스가 있다고 가정해보 자. 이 5개의 레이블 중 하나를 할당하는 복잡한 분류기를 만드는 대신 5개의 더 간단한 이진 분류기를 만들고 각각이 집중하는 클래스의 이름을 따서 A부터 E까지로 지정해보자. 분류기 A는 주어진 데이터 조각이 클래스 A에 속하는지 여부를 알려준다. 이 이진 분류기는 공간을 클래스 A와 다른 모든 영역으로 나누는 하나의 결정 경계가 있다. 이제 '하나 대 나머지'라는 이름이 어디에서 왔는지 알 수 있다. 이 분류기에서는 클래스 A가 하나의 클래스이고 클래스 B부터 E가 나머지다.

분류기 B라는 두 번째 분류기는 또 다른 이진 분류기다. 이번에는 샘플이 클래스 B에 있는지 여부를 알려준다. 같은 방식으로 분류기 C는 샘플이 클래스 C에 있는지 여부를 알려주고 분류기 D와 E는 클래스 D와 E에 대해 동일한 작업을 수행한다. 그림 7-8은 이 아이디어를 요약한 것이다. 여기서 각 분류기의 경계를 구축할 때 모든 데이터를 고려하는 알고리듬을 사용했다.

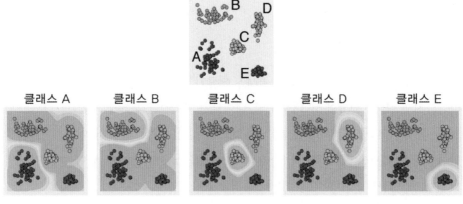

그림 7-8: 하나 대 나머지 분류. 위: 5가지 다른 클래스의 샘플. 아래: 5개의 서로 다른 이진 분류기의 결정 영역. 보라색에서 분홍색까지의 색상은 점이 해당 클래스에 속할 확률이 증가함을 나타낸다.

2D 공간의 일부 점은 둘 이상의 클래스에 속할 수 있다. 예를 들어 오른쪽 위 모서리에 있는 점은 클래스 A, B, D에서 0이 아닌 확률을 갖는다.

예제를 분류하고자 5개의 이진 분류기를 차례로 실행해 점이 각 클래스에 속할 확률을 반환한다. 그런 다음 가장 확률이 높은 클래스를 찾고 이는 점이 할당된 클래스가 된다. 그림 7-9는 이를 실제로 보여준다.

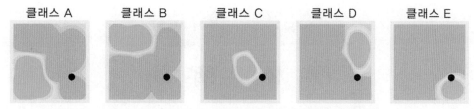

클래스 A　　　클래스 B　　　클래스 C　　　클래스 D　　　클래스 E

그림 7-9: 하나 대 나머지를 사용한 샘플 분류. 검은 점이 새 샘플이다.

그림 7-9에서 처음 4개의 분류기는 모두 낮은 확률을 반환한다. 클래스 E에 대한 분류기는 다른 것들보다 더 큰 확률을 점에 할당하므로 점은 클래스 E에서 해당하는 것으로 예측된다.

이 접근 방식의 장점은 개념적 단순함과 속도다. 단점은 하나가 아닌 5개의 분류기를 학습해야(즉, 경계를 학습) 하고 모든 입력 샘플을 5번 분류해 그것이 속한 클래스를 찾아야 한다는 것이다. 복잡한 경계를 가진 많은 수의 클래스가 있는 경우 많은 이진 분류기를 통해 샘플을 실행하는 데 필요한 시간이 추가될 수 있다. 반면 5개의 분류기를 모두 병렬로 실행할 수 있으므로 적절한 장비가 있으면 그중 하나에 걸리는 시간과 동일한 시간에 답을 얻을 수 있다. 모든 응용에 있어 시간, 예산, 하드웨어 제약 조건에 있는 트레이드오프에 균형을 맞춰야 한다.

하나 대 하나

다중 클래스에 대해 이진 분류기를 사용하는 두 번째 접근 방식은 하나 대 하나 One-Versus-One라고 하며 OvR보다 훨씬 더 많은 이진 분류기를 사용한다. 기본적인 발상은 데이터의 모든 클래스 쌍을 살펴보고 오직 해당하는 두 클래스에 대한 분류기를 구성하는 것이다. 클래스 수가 늘어날수록 가능한 페어링의 수도 빠르게 증가하기 때문에 이 방법의 분류기 수도 클래스의 수와 함께 빠르게 증가한다. 쉽게 적용할 수 있도록 이번에는 그림 7-10에서처럼 4개의 클래스만 사용한다.

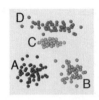

그림 7-10: 왼쪽: 하나 대 하나 분류를 설명하기 위한 4가지 클래스의 점, 오른쪽: 클러스터 이름

클래스 A와 B의 데이터로만 훈련된 이진 분류기로 시작한다. 이 분류기를 훈련하고자 A 또는 B로 레이블이 지정되지 않은 모든 샘플을 존재하지 않는 것처럼 배제한다. 이 분류기는 클래스 A와 B를 구분하는 경계를 찾는다. 이제 이 분류기에 새 샘플을 공급할 때마다 클래스 A 또는 B에 속하는지 여부를 알려준다. 이 분류기가 사용할 수 있는 유일한 옵션은 두 가지뿐이므로 양쪽 어디에서 속하지 않는다 하더라도 데이터 세트의 모든 점을 A 또는 B로 분류한다. 이것이 왜 괜찮은지 곧 알게 될 것이다.

다음으로 클래스 A와 C의 데이터만으로 훈련된 분류기를 만들고, 또 클래스 A와 D에 대해서도 동일하게 실행한다. 그림 7-11의 위쪽 줄은 이를 시각적으로 보여준다. 이제 그림 7-11의 두 번째 행에서와 같이 클래스 B와 C, B와 D의 데이터로만 훈련된 이진 분류기를 구축하면서 다른 모든 쌍을 계속 진행한다. 마지막으로 그림 7-11의 맨 아래 줄에 있는 클래스 C와 D의 마지막 쌍에 도달한다. 그 결과 6개의 이진 분류기를 갖게 되며 각 분류기는 두 개의 특정 클래스 중 데이터가 가장 많이 속하는 클래스를 알려준다.

새로운 예제를 분류하고자 6개의 분류기를 모두 실행한 다음 가장 자주 나타나는 레이블을 선택한다. 즉, 각 분류기는 두 클래스 중 하나에 투표하고 가장 많은 표를 얻은 클래스를 승자로 선언한다. 그림 7-12는 하나 대 하나 One-Versus-One가 어떻게 작동하는지 보여준다.

244

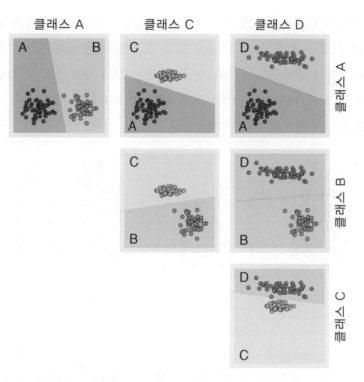

그림 7-11: 4개의 클래스에서 하나 대 하나 분류를 수행하는 데 사용할 6개의 이진 분류기 구축하기. 맨 위쪽 줄: 왼쪽에서 오른쪽으로, 클래스 A와 B, A와 C, A와 D에 대한 이진 분류기. 두 번째 줄: 왼쪽에서 오른쪽으로, 클래스 B와 C, B와 D에 대한 이진 분류기. 맨 아래 줄: 클래스 C와 D에 대한 이진 분류기

이 예제에서 클래스 A는 3표, B는 1표를 얻고, C는 2표를 얻고, D는 1표도 얻지 못했다. 승자는 A이므로 이 샘플의 예측 클래스가 된다.

하나 대 하나는 일반적으로 하나 대 나머지보다 훨씬 더 많은 분류기가 필요하지만 가능한 각 클래스 쌍에 대해 샘플이 어떻게 평가됐는지 더 명확하게 이해할 수 있기 때문에 가끔 매력적이다. 이렇게 하면 시스템이 최종 답변을 어떻게 얻었는지 알고 싶을 때 시스템을 더 투명하고 설명 가능하게 만들 수 있다. 여러 클래스 간에 지저분한 겹침이 많을 때 하나 대 하나를 사용하면 인간이 최종 결과를 이해하기 더 쉬울 수 있다.

이러한 명확성의 비용은 상당하다. OvO에 필요한 분류기의 수는 클래스의 수에 따라 매우 빠르게 증가한다. 4개의 클래스에서 6개의 분류기가 필요하다. 그 외에도 그림 7-13은 클래스 수에 따라 필요한 이진 분류기 개수가 얼마나 빨리 증가하는지 보여준다. 5개의 클래스에는 10개가 필요하고 20개에는 190개가 필요하며, 30개 클래스를 처리하려면 435개의 분류기가 필요하다. 약 46개의 클래스를 넘어서면 1,000개 이상이 필요해진다.

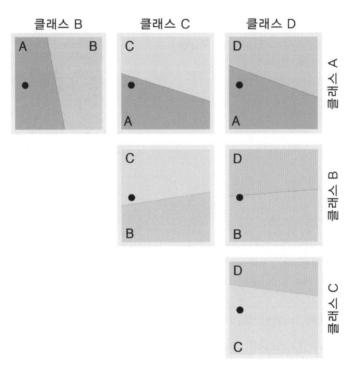

그림 7-12: OvO가 작동하는 모습. 새 샘플을 검은색 점으로 분류하고 있다. 맨 위 줄: 왼쪽에서 오른쪽으로, 투표는 A, A, A다. 두 번째 줄: 왼쪽에서 오른쪽으로, 투표는 C와 B다. 맨 아래 줄: 투표는 클래스 C다.

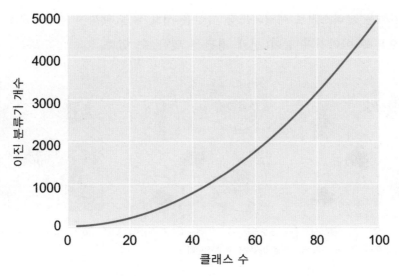

그림 7-13: 클래스 수를 늘리면 OvO에 필요한 이진 분류기 개수가 매우 빠르게 증가한다.

이러한 이진 분류기 각각이 훈련돼야 하며, 모든 새 샘플을 모든 분류기를 통해 실행해야 하므로 많은 컴퓨터 메모리와 시간을 소모하게 된다. 어떤 시점에 이르면 하나의 복잡한 다중 클래스 분류기를 사용하는 것이 더 효율적이 된다.

클러스터링

새로운 샘플을 분류하는 한 가지 방법으로 공간을 다른 영역으로 나눈 다음 각 영역에 대해 점을 테스트하는 것을 살펴봤다. 다른 접근법은 훈련 데이터 세트 자체를 클러스터^{Cluster}나 유사한 청크^{Chunk}로 그룹화하는 것이다. 데이터가 특정 레이블에 연결돼 있다고 가정해보자. 클러스터를 만드는 데 어떻게 사용할 수 있을까?

그림 7-14의 왼쪽 이미지에는 색상으로 표시된 5개의 다른 레이블이 있는 데이터가 있다. 이렇게 잘 분리된 그룹의 경우 가운데 도표와 같이 각 점집합의 주위에 곡선을 그리는 것만으로 클러스터를 만들 수 있다. 그리드의 각 점이

가장 가까운 클러스터로 색칠되도록 곡선을 서로 닿을 때까지 바깥쪽으로 확장하면 오른쪽 이미지와 같이 전체 평면을 덮을 수 있다.

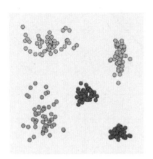 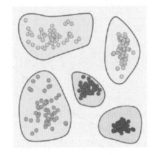 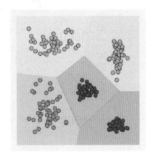

그림 7-14: 점점 커지는 클러스터. 왼쪽: 5개 클래스로 시작하는 데이터. 가운데: 다섯 그룹으로 식별하기. 오른쪽: 모든 점이 하나의 클래스에 할당되도록 그룹을 바깥쪽으로 확장한다.

이 체계에서 입력 데이터에는 레이블이 있어야 했다. 레이블이 없으면 어떻게 될까? 레이블이 지정되지 않은 데이터를 자동으로 클러스터로 그룹화할 수 있다면 방금 설명한 기술을 계속 적용할 수 있다.

레이블이 없는 데이터와 관련된 문제는 비지도학습^{unsupervised learning}이라고 부르는 학습 유형에 속한다는 점을 기억하자.

레이블이 지정되지 않은 데이터에서 클러스터를 자동으로 파생시키는 알고리듬을 사용할 때 찾고자 하는 클러스터의 개수를 알려야 한다. 이 '클러스터 개수' 값은 종종 문자 k로 표시한다(이는 임의의 문자며 특별한 의미는 없다). k를 하이퍼파라미터^{Hyperparameter} 또는 시스템을 훈련하기 전에 선택한 값이라고 말한다. 선택한 k 값은 알고리듬에 구축할 영역의 개수(즉, 데이터를 분할할 클래스의 개수)를 알려준다. 알고리듬은 클러스터를 개발하고자 점 그룹의 기하학적 평균을 사용하기 때문에 이 알고리듬을 k-평균 클러스터링^{k-means clustering}이라고 한다.

k 값을 선택할 수 있는 자유는 축복이자 저주다. 이 선택의 장점은 클러스터가 몇 개 있어야 하는지 미리 알고 있다면 알고리듬은 원하는 것을 생성한다는 것이다. 컴퓨터는 클러스터 경계가 어디로 가야 하는지 알지 못하기 때문에

k개의 조각으로 쪼개지지만 기대하는 것과는 다를 수 있다. 그러나 데이터가 잘 분리돼 샘플이 덩어리 사이에 큰 공간과 함께 뭉쳐지면 일반적으로 예상한 결과를 얻는다. 클러스터 경계가 흐릿해지거나 겹칠수록 더 많은 것이 잠재적으로 놀라게 할 수 있다.

k를 미리 지정하는 것의 단점은 몇 개의 클러스터가 데이터를 가장 잘 설명하는지 모를 수 있다는 것이다. 너무 적은 수의 클러스터를 선택하면 데이터를 가장 유용한 개별 클래스로 분리하지 않는다. 그러나 너무 많은 클러스터를 선택하면 유사한 데이터 조각이 다른 클래스로 이동하게 된다.

이것이 실제로 작동하는지 보려면 그림 7-15의 데이터를 고려해보자. 레이블이 지정되지 않은 200개의 점이 의도적으로 5개 그룹으로 묶였다.

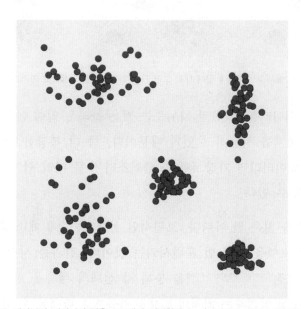

그림 7-15: 레이블이 지정되지 않은 200개의 점집합이다. 시각적으로 다섯 그룹으로 분류된다.

그림 7-16은 k-평균 클러스터링이 서로 다른 k의 값으로 이 점집합을 어떻게 분할하는지 보여준다. 작동을 시작하기 전에 알고리듬에 k 값을 인자로 제공한다는 것을 기억하자.

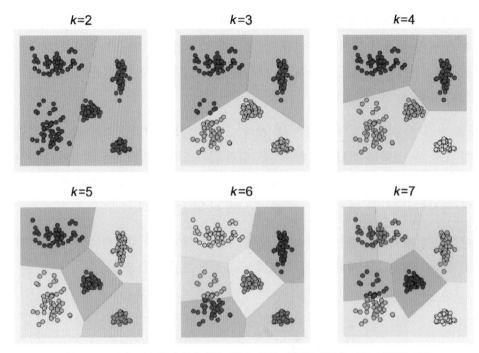

그림 7-16: 2에서 7 사이의 k 값에 대해 그림 7-15의 데이터를 자동으로 클러스터링한 결과

k = 5일 때 이 데이터를 가장 잘 나눠주는 것은 놀라운 일이 아니다. 이는 경계를 찾기 쉬운 예제를 사용하고 있기 때문이다. 좀 더 복잡한, 특히 2차원이나 3차원 이상의 데이터라면 가장 유용한 클러스터 수를 미리 쉽게 식별하는 것은 거의 불가능할 수 있다.

하지만 모든 것을 잃은 건 아니다. 보편적인 선택지는 k에 매번 다른 값을 적용해 클러스터링 모델을 여러 번 훈련시키는 것이다. 결과를 시각화함으로써 이 하이퍼파라미터 조정Hyperparameter tuning을 통해 각 선택의 예측을 평가하고 가장 잘 수행된 k의 개수를 알려주는 최적의 k 값을 자동으로 탐색할 수 있다. 물론 단점은 **연산 자원**computational resources과 시간이 걸린다는 것이다. 이것이 클러스터링 전에 시각화 도구로 데이터를 미리 살펴보는 것이 유용한 이유다. 최적의 k 값을 즉시 선택할 수 있거나 가능한 값의 범위를 빠르게 떠올릴 수 있다면 제대로 작동하지 않는 k 값을 평가하는 시간과 노력을 절약할 수 있다.

차원의 저주

2차원을 그리는 것이 쉽기 때문에 두 가지 피처가 있는 데이터의 예를 사용했다. 하지만 실제로는 데이터에 다양한 피처나 차원이 있을 수 있다. 피처가 많을수록 분류기가 더 좋아질 것이다. 분류기가 작업해야 하는 특징이 많을수록 데이터에서 경계(또는 클러스터)를 더 잘 찾을 수 있어야 하기 때문이다.

이는 특정 시점까지는 사실이다. 그 시점이 지나면 데이터에 더 많은 피처를 추가하는 것은 실제로 상황을 악화시킨다. 달걀을 분류하는 예에서 달걀 부화 시의 온도, 암탉의 나이, 당시 둥지에 있는 다른 달걀의 수, 습도 등과 같은 더 많은 피처를 각 샘플에 추가할 수 있다. 그러나 (앞으로 살펴보겠지만) 더 많은 피처를 추가할수록 시스템이 입력값을 정확하게 분류하기는 쉬워지는 게 아니라 더 어려워지는 경우가 많다.

이 반직관적인 아이디어는 너무 자주 나타나서 **차원의 저주**^{curse of dimensionality}라는 특별한 이름을 얻었다(Bellman 1957). 이 단어는 다른 분야에서는 다른 의미를 갖는데, 머신러닝에 적용되는 의미로 사용하고 있다(Hughes 1968). 이 저주가 어떻게 발생하는지, 이것이 훈련에 대해 무엇을 알려주는지 확인해보자.

차원과 밀도

차원의 저주를 설명하는 한 가지 방법은 분류기가 경계 곡선이나 표면을 찾는 방법을 생각해보는 것이다. 점이 몇 개뿐인 경우 분류기는 데이터를 나누는 엄청난 수의 경계 곡선이나 표면을 만들 수 있다. 나중에 가장 잘 작동할 경계를 선택하려면 더 많은 훈련 샘플이 필요하다. 그런 다음 분류기는 밀도가 높은 컬렉션을 가장 잘 구분하는 경계를 선택할 수 있다. 그림 7-17은 이를 시각적으로 보여준다.

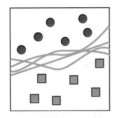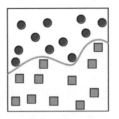

그림 7-17: 최적의 경계 곡선을 찾으려면 적절한 밀도의 샘플이 필요하다. 왼쪽: 샘플이 거의 없으므로 다양한 경계 곡선을 구성할 수 있다. 오른쪽: 샘플 밀도가 높을수록 좋은 경계 곡선을 찾을 수 있다.

그림 7-17에서 볼 수 있듯이 좋은 경계 곡선을 찾으려면 밀집된 점집합이 필요하다. 하지만 여기에 핵심이 있다. 샘플에 차원(또는 피처들)을 추가하면 샘플 공간에서 적절한 밀도를 유지하고자 필요한 샘플수가 폭발적으로 증가한다. 분류기가 최선을 다하더라도 필요한 양을 따라갈 수 없다면 좋은 경계를 그릴 수 있는 정보는 충분하지 않게 된다. 이는 그림 7-17의 왼쪽 도표 상황에 멈춰 있는 것과 같고, 여기서는 가장 좋은 경계를 추측할 뿐이므로 장래 데이터에서 좋지 않은 결과를 초래할 수 있다.

달걀 예제를 사용해 밀도 손실 문제를 살펴보자. 단순하게 하고자 달걀에 대해 측정할 수 있는 모든 피처(부피, 길이 등)가 0에서 1 사이에 있다는 규약을 사용한다. 각각 하나의 피처(달걀의 무게)를 가진 10개의 샘플이 포함된 데이터 세트로 시작해본다. 각 달걀을 설명하는 하나의 차원이 있기 때문에 0에서 1까지의 1차원 선상에 그릴 수 있다. 샘플이 이 선의 모든 부분을 얼마나 잘 포함하는지 확인하고 싶기 때문에 조각이나 빈[bin]으로 나누고 각 빈에 몇 개의 샘플이 들어가는지 확인한다. 빈은 밀도를 추정하는 데 도움이 되는 개념적 장치일 뿐이다. 그림 7-18은 한 집합의 데이터가 5개 빈이 있는 간격 [0,1]에 어떻게 속하는지 보여준다.

그림 7-18: 10개의 데이터는 각각 하나의 차원이 있다.

샘플 10개와 빈 5개를 선택하는 데 특별한 기준은 없다. 그저 그림을 쉽게 그릴 수 있기 때문에 선택했다. 300개의 달걀을 선택하든 1,700개의 빈을 선택하든 핵심은 변하지 않는다.

공간의 밀도는 샘플수를 빈 개수로 나눈 값이다. 데이터가 채울 수 있는 값의 공간을 얼마나 잘 채우고 있는지 측정하는 대략적인 방법을 제공한다. 다시 말해 대부분의 입력값에 대해 학습할 예제가 있는가? 비어 있는 빈^{bin}이 너무 많으면 문제가 발생하기 시작하는 것을 볼 수 있다. 이 경우 밀도는 10 / 5 = 2며 각 빈에 평균적으로 2개의 샘플이 있음을 알 수 있다. 그림 7-18을 보면 이것이 빈당 평균 샘플수에 대한 꽤 괜찮은 추정임을 알 수 있다. 이 데이터의 경우 1차원에서 밀도가 2이면 좋은 경계를 찾을 수 있다.

각 달걀의 무게를 포함시켜보자. 이제 2차원이 되므로 그림 7-19에서와 같이 그림 7-18의 선을 위로 당겨 2D 정사각형을 만들 수 있다.

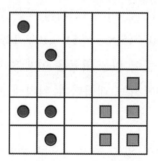

그림 7-19: 이제 10개의 샘플이 각각 두 가지 측정값이나 차원으로 표시된다.

이전과 같이 각 변을 5개의 영역^{segment}으로 나누면 정사각형 내부에 25개의 빈이 있다. 하지만 아직 샘플이 10개밖에 없다. 즉, 대부분의 빈에 데이터가 없다. 밀도는 이제 10 / (5 × 5) = 10 / 25 = 0.4로, 1차원에서의 밀도인 2에서 크게 하락했다. 결과적으로 그림 7-19의 데이터를 분할하고자 서로 다른 많은 경계 곡선을 그릴 수 있다.

이제 달걀 부화 시의 온도와 같은 세 번째 차원을 추가해보자(0에서 1 사이의 값으로 조정한다). 이 세 번째 차원을 나타내고자 그림 7-20에서와 같이 정사각형을 한쪽 면으로 다시 늘려 3D 큐브를 형성한다.

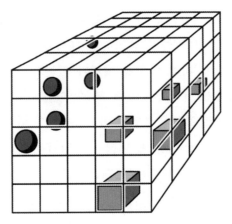

그림 7-20: 이제 10개의 데이터가 3개의 측정값으로 표시되므로 3D 공간에 표현한다.

각 축을 5개의 조각으로 나누면 이제 125개의 작은 큐브가 있지만 여전히 10개의 샘플만 있다. 밀도는 10 / (5 × 5 × 5) = 10 / 125 = 0.08로 떨어졌다. 다시 말해, 작은 큐브에 샘플이 들어 있을 확률은 이제 8%에 불과하다. 밀도가 2에서 0.4, 0.08로 하락했다. 3D에서는 데이터의 위치에 관계없이 대부분의 공간은 비어 있다.

이 3D 데이터를 경계 표면이 있는 두 조각으로 분할하는 분류기는 매우 커다란 추측을 해야 한다. 문제는 데이터 분리가 어렵다는 것이 아니라 너무 쉽다는 것이다. 시스템을 일반화할 수 있도록 데이터를 가장 잘 분리하는 방법, 즉 미래에 얻을 점을 올바르게 분류하는 방법이 명확하지 않다. 분류기는 많은 빈 상자를 어떤 클래스에 속하는 것으로 분류해야 하며 원칙적으로 이를 위한 충분한 정보가 없다.

다시 말해 시스템이 배포되면 새로운 샘플이 어느 클래스로 갈지 누가 알 수 있을까? 이 시점에서는 아무도 알 수 없다. 그림 7-21은 경계 표면에 대한 하나의 추측을 보여주지만 그림 7-17에서 봤듯이 두 표본 집합 사이의 큰 열린 공간을 통해 모든 종류의 평면과 곡선 시트를 끼워 맞출 수 있다. 그리고 대부분은 일반화되지 않을 것이다. 어쩌면 이것은 빨간 공에 너무 가깝거나 혹은 충분히 가깝지 않을 수도 있다. 그게 아니면 평면이 아니라 곡면이어야 할 수도 있다.

새로운 데이터의 클래스 예측에 사용될 때 예상할 수 있는 이 경계 표면의 낮은 품질은 분류기의 잘못이 아니다. 분류기에 사용할 수 있는 데이터가 주어지면 완벽하게 좋은 경계 표면이 된다. 문제는 샘플의 밀도가 너무 낮아 분류기가 적절한 작업을 수행하기에 충분한 정보가 없다는 것이다. 밀도는 각 차원이 추가될 때마다 바위처럼 떨어지고 더 많은 피처를 추가함에 따라 계속해서 곤두박질친다.

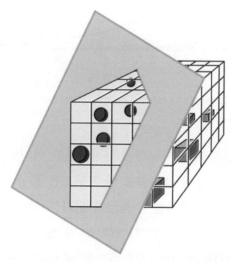

그림 7-21: 큐브에 경계 표면을 통과해 빨간색과 파란색 샘플을 분리한다.

3차원 이상의 공간을 그림으로 표현하는 것은 어렵지만 밀도는 계산할 수 있다. 그림 7-22는 차원 수가 증가함에 따라 10개 샘플에 대한 공간 밀도 그림을 보여준다. 각 곡선은 각 축에 대해 서로 다른 빈 개수에 해당한다. 차원 수가 증가함에 따라 얼마나 많은 빈을 사용하든지 상관없이 밀도는 0으로 떨어진다.

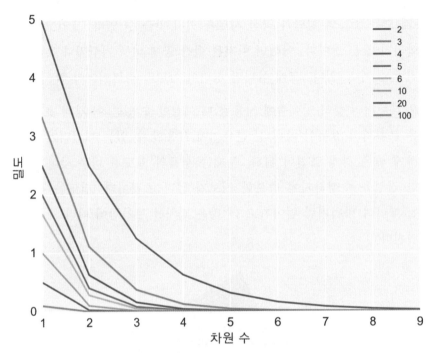

그림 7-22: 이것은 고정된 개수의 샘플에 대해 차원 수가 증가함에 따라 점의 밀도가 떨어지는 방식이다. 각 색상 곡선은 각 축을 따라 다른 빈 개수를 보여준다.

빈이 더 적으면 각 빈을 채울 가능성이 높아지지만 머지않아 빈의 개수는 중요하지 않게 된다. 차원의 수가 증가함에 따라 밀도는 항상 0으로 수렴한다. 이것은 결국 분류기가 경계의 위치를 추측하게 된다는 의미다. 달걀 데이터에 더 많은 피처를 추가하면 경계가 데이터 위치를 더 잘 따를 수 있기 때문에 잠시 동안 분류기가 향상된다. 하지만 결국 새로운 피처들이 필요로 하는 밀도 요구사항을 따라잡고자 엄청난 양의 데이터가 필요하다.

새로운 피처들로 인한 밀도 부족이 문제를 일으키지 않는 특수한 경우가 있다. 새로운 피처가 불필요하다면 기존 경계는 그것으로 이미 괜찮고 변경할 필요가 없다. 또는 이상적인 경계가 평면과 같이 단순한 경우 차원 수를 늘려도 경계의 모양이 변하지 않는다. 하지만 일반적으로 새로운 피처는 경계에 치밀함과 디테일을 추가시킨다. 이러한 피처들을 수용하고자 새로운 차원을 추가하면 밀도가 0으로 떨어지기 때문에 해당 경계를 찾기가 더 어려워지므로 컴퓨터는 본질적으로 경계의 모양과 위치를 추측하게 된다.

차원의 저주는 심각한 문제며 분류에 대한 모든 시도를 무의미하게 만들 수 있다. 결국 좋은 경계 없이 분류기는 잘 작동할 수 없다. 가까스로 곤경을 면하게 만든 것은 **불균일의 축복**^{Blessing of non-uniformity}(Domingos 2012)이며, 이것을 **구조의 축복**^{Blessing of Structure}이라고 생각한다. 이는 실제로 매우 고차원 공간에서조차도 일반적으로 측정하는 피처가 샘플 공간에서 균일하게 퍼지지 않는 경향이 있다고 관찰된 현상의 이름이다. 즉, 확인한 선, 정사각형, 정육면체, 표현할 수 없는 형태 등이 고차원에서 균등하게 분포되지 않는다는 것이다. 대신 이것들은 종종 작은 영역에 뭉치거나 훨씬 더 단순한 저차원 표면(예, 울퉁불퉁한 표면 또는 곡선)에 퍼진다. 이는 훈련 데이터와 모든 장래 데이터가 일반적으로 같은 영역에 위치한다는 것을 의미한다. 이러한 영역은 밀도가 높은 반면 나머지 공간의 대부분은 비어 있다. 이는 좋은 소식이다. 어차피 데이터는 표시되지 않을 것이므로 커다란 빈 영역에 경계 표면을 어떻게 그릴지는 중요하지 않기 때문이다. 샘플 자체가 클래스에 속하게 하는 좋은 밀도를 갖는 것이 일반적으로 원하고 찾는 것이다.

이 구조화를 실제로 확인해보자. 그림 7-20을 보면 샘플이 큐브 전체에 다소나마 균일하게 퍼진 게 아니라 각 클래스의 샘플이 동일한 수평면에 위치한다는 것을 알 수 있다. 이는 새로운 입력값이 해당 수평 평면에 속하는 경향이 있는 한 그룹을 분할하는 대략적인 수평 경계 표면이 새 데이터에서도 잘 작동할 수 있음을 의미한다. 그림 7-23은 이러한 아이디어를 보여준다.

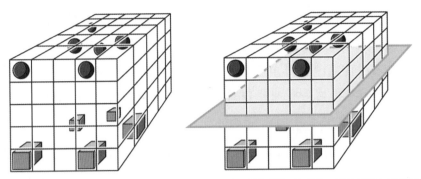

그림 7-23: 실제로 데이터는 종종 샘플 공간에서 어떤 구조를 갖고 있다. 왼쪽: 각 샘플 그룹은 대부분 큐브의 동일한 수평면에 있다. 오른쪽: 두 점집합의 사이를 통과하는 경계 평면

그림 7-23의 큐브는 대부분 비어 있어 밀도가 낮지만 관심 있는 부분은 밀도가 높아 합리적인 경계를 찾을 수 있다. 차원의 저주가 공간의 밀도를 낮추는 운명 이지만 엄청난 양의 데이터가 있더라도 구조의 축복은 일반적으로 필요한 곳에서 합리적으로 높은 밀도를 얻는다고 말한다. 그림 7-23의 오른쪽을 보면 큐브의 중앙을 가로지르는 경계 표면이 있다. 이는 클래스를 분리하는 역할을 하지만 점들이 너무 잘 뭉쳐져 있고 사이의 공간이 비어 있기 때문에 두 그룹을 분할하는 거의 모든 경계 표면이 일반화를 잘 수행할 것이다.

저주와 축복은 모두 경험적 관찰이며 항상 신뢰할 수 있는 확실한 사실은 아니다. 그럼에도 이 중요한 실전 문제에 대한 일반적인 최상의 솔루션은 얻을 수 있는 많은 데이터로 샘플 공간을 채우는 것이다. 10장에서는 데이터가 잘못된 경계를 생성하는 것처럼 보이는 경우 피처 개수를 줄이는 몇 가지 방법을 살펴본다.

차원의 저주는 머신러닝 시스템을 훈련할 때 엄청난 양의 데이터가 필요한 것으로 유명한 이유 중 하나다. 샘플에 많은 피처(또는 차원)가 있는 경우 적합한 클래스 예측을 위한 충분한 밀도를 얻으려면 많은 샘플이 필요하다.

특정 밀도(예, 0.1 또는 0.5)를 얻기에 충분한 점이 필요하다고 가정해보자. 차원 수가 증가함에 따라 몇 개의 점이 필요해질까? 그림 7-24는 필요한 점의 개수가

폭발적으로 급격히 증가하는 것을 보여준다.

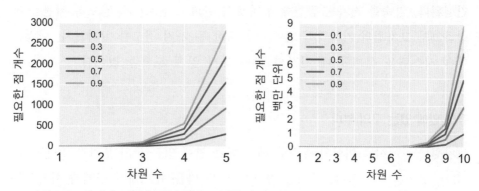

그림 7-24: 각 축에 5개씩의 분할이 있다고 가정할 때 서로 다른 밀도를 달성하는 데 필요한 점의 개수

일반적으로 말해 차원의 개수가 '적고' 점이 '많다면' 분류기가 새로운 데이터를 일반화할 수 있는 좋은 경계 표면을 찾기에 충분한 밀도를 가질 수 있다. 여기서 '적고'와 '많다면'의 기준은 사용 중인 알고리듬과 데이터에 따라 달라진다. 이러한 값을 예측하기 위한 정확하고 빠른 규칙은 없다. 일반적으로 추측을 하고 성능을 확인한 다음 조정한다. 일반적으로 훈련 데이터는 많을수록 좋다. 가능한 모든 데이터를 가져오자.

고차원의 기이함

실제 데이터 샘플에는 일반적으로 많은 피처가 있기 때문에 종종 여러 차원의 공간에서 작업한다. 데이터가 서로 가깝게 구조화돼 있으면 종종 괜찮다는 것을 이전에 봤다. 입력 데이터가 위치하지 않기 때문에 생기는 커다란 빈 영역의 경계에 대한 무지는 불리하지 않다. 하지만 데이터가 구조화되거나 뭉쳐 있지 않으면 어떻게 될까?

그림 7-19와 7-20 같은 그림을 보고 여러 차원의 공간은 익숙한 공간과 비슷하고 좀 더 클 뿐이라고 생각하면서 학습 시스템을 설계할 때 직관이 선택을 이끌어내게 하고 싶은 유혹을 느낀다. 이것은 잘못된 생각이다. 고차원 공간의 특성

을 전문 용어로 '기이하다'고 표현한다. 상황은 순전히 예상하지 못한 방향으로 진행된다. 익숙한 저차원 공간에서 바로 일반화로 점프하지 않도록 직관을 훈련하고자 고차원의 기하학적 기이함에 대한 두 가지 경고를 살펴보자. 이것은 학습 시스템을 설계할 때 긴장의 끈을 놓지 않게 도와줄 것이다.

큐브 안에 있는 구의 부피

고차원 공간에서 기이함의 유명한 예로 큐브 안에 있는 구의 부피가 있다(Spruyt 2014). 설정은 간단하다. 구체를 큐브에 넣은 다음 큐브에서 구체가 차지하는 부피를 측정한다. 먼저 1차원, 2차원, 3차원에서 이 작업을 수행해보자. 그런 다음 더 높은 차원으로 계속 이동하고 차원 수가 증가함에 따라 큐브 내에서 구체가 차지하는 부피의 비율을 추적한다.

그림 7-25에서는 1D, 2D, 3D의 경우로 시작한다.

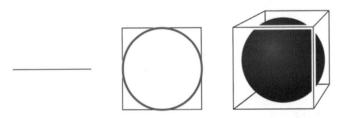

그림 7-25: 큐브에 있는 구체 왼쪽: 1D 큐브는 선으로 표현되고 구는 이를 완전히 덮는다. 가운데: 2D 큐브는 정사각형이고 구는 가장자리에 닿는 원이다. 오른쪽: 3D 큐브가 각 면의 중심에 닿는 구를 둘러싸고 있다.

1D에서 '큐브'는 선일 뿐이고 구는 전체를 덮는 선이다. 구의 크기와 '큐브' 내부 크기의 비율은 1:1이다. 2D에서 '큐브'는 정사각형이고 구는 4면 각각의 중심에 내접하는 원이다. 원의 면적을 큐브의 면적으로 나눈 값은 약 0.8이다. 3D에서 큐브는 일반 3D 큐브이고 구가 안에 들어맞으며 6개 면 각각의 중심에 접하기만 하면 된다. 구의 부피를 큐브의 부피로 나눈 값은 약 0.5다.

밖을 둘러싼 큐브에 비해 구체가 차지하는 공간이 줄어들고 있다. **초구**[Hypersphere]

의 부피와 **초입방체**^{Hypercube}의 부피를 수학적으로 계산하면 그림 7-26과 같은 결과를 얻을 수 있다.

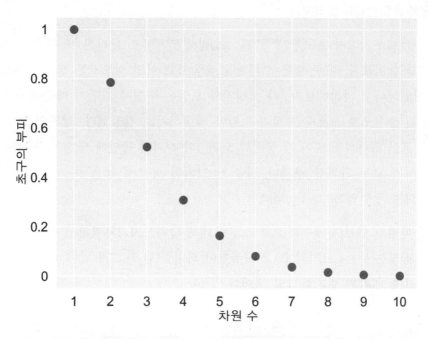

그림 7-26: 차원 수의 변화에 따라 해당 박스와 딱 맞는 가장 큰 구체가 차지하는 부피의 비율

초구가 차지하는 부피의 비율은 0으로 수렴한다. 10차원에 도달할 때쯤이면 밖을 둘러싼 큐브에 들어갈 수 있는 가장 큰 구체는 큐브 안에서 부피를 거의 차지하지 않는다.

이것은 3D 세계를 경험한 대부분이 기대하는 바가 아니다. (여러 차원의) 초입방체에서 그 안에 들어가는 가장 큰 (같은 차원의) 초구를 배치하면 해당 구체의 부피가 약 0이라는 것을 발견했다.

여기에는 속임수가 없으며 아무 문제도 없다. 수학적으로 계산하면 이런 일이 일어난다. 처음 1 ~ 3차원에서 시작하는 패턴을 봤지만 나머지는 실제로 그릴 수 없기 때문에 도대체 어떻게 진행되는지 상상하기 어렵다. 고차원의 기이함 때문에 이런 일이 발생한다.

초구를 초입방체로 둘러싸기

직관을 깨우치고자 **초구**^{Hyperspheres}를 **초입방체**^{Hypercubes}로 둘러싼 또 다른 이상한 결과를 살펴보자. 아주 좋은 오렌지를 운송했고 어떤 식으로든 상하지 않았는지 확인한다고 가정해보자. 각 오렌지의 모양은 구형에 가깝기 때문에 공기가 채워진 풍선으로 보호되는 상자에 담아 배송하기로 결정했다. 상자의 각 모서리에 풍선 하나씩을 넣어 각 풍선이 오렌지와 상자의 측면에 닿게 한다. 풍선과 오렌지는 모두 완벽한 구체다. 주어진 크기의 큐브에 넣을 수 있는 가장 큰 오렌지는 무엇일까?

여러 차원의 큐브(및 풍선과 오렌지)들에 대해 답하고자 2차원에서 시작한다. 그러면 상자는 4 × 4 크기의 2D 정사각형이 되며 그림 7-27과 같이 4개의 풍선은 모서리에 배치된 반지름 1의 원이다.

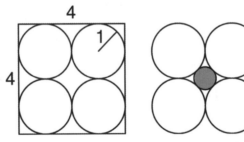

그림 7-27: 각 모서리를 원형 풍선으로 둘러싼 사각형 상자로 원형 2D 오렌지를 배송한다. 왼쪽: 4개의 풍선은 각각 반지름이 1이므로 측면 4의 정사각형 상자에 완벽하게 맞는다. 오른쪽: 풍선 안에 오렌지가 놓여 있다.

이 2D 그림의 오렌지도 구체다. 그림 7-27에서는 큐브에 맞는 가장 큰 오렌지를 보여준다. 기하학은 이 오렌지의 반지름이 약 0.4임을 알려준다.

이제 3D 큐브를 보자(한 면에 4 단위다). 그림 7-28과 같이 반지름이 1인 구형 풍선 8개를 모서리에 맞출 수 있다. 언제나처럼 오렌지는 풍선들의 가운데 공간으로 들어간다.

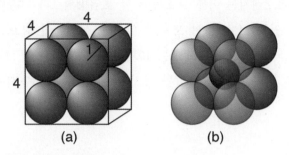

그림 7-28: 각 모서리를 구형 풍선으로 둘러싼 입방체 상자로 구형 오렌지를 배송한다. 왼쪽: 상자는 4 x 4 x 4이고 8개의 풍선은 각각 반지름이 1이다. 오른쪽: 오렌지는 풍선의 중앙에 있다.

기하학(이 경우 3D에서)은 이 오렌지의 반지름이 약 0.7임을 알려준다. 이는 2D 오렌지의 반지름보다 크다. 3D의 경우 구체(풍선) 사이의 간격에 오렌지를 위한 공간이 더 많기 때문이다.

이 시나리오를 4, 5, 6 및 더 많은 차원에서 처리해보자. 여기에는 초입방체, 초구, 초오렌지Hyperorange가 있다. 차원의 수에 관계없이 초입방체는 항상 모든 면에 4개씩이고, 초입방체의 모든 모서리에는 항상 초구 풍선이 있으며, 이 풍선의 반지름은 항상 1이다.

여러 차원에서 이 시나리오에 맞는 가장 큰 초오렌지의 반지름을 알려주는 공식을 작성할 수 있다(Numberphile 2017). 그림 7-29는 차원 수에 따른 이 반지름을 표시한다.

그림 7-29을 보면 4차원일 때 운송할 수 있는 가장 큰 초오렌지의 반지름은 정확히 1이라는 것을 알 수 있다. 이를 그림으로 그리기 어렵고 훨씬 더 낯설다.

그림 7-29는 9차원에서 초오렌지의 반지름이 2, 지름이 4라는 것을 알려준다. 이는 초오렌지가 그림 7-25의 3D 구체처럼 상자 자체만큼 크다는 것을 의미한다. 반지름이 1인 512개의 초구로 둘러싸여 있지만 각각은 9D 초입방체의 512개 모서리에 있다. 오렌지가 상자만큼 크다면 풍선이 어떻게 보호할 수 있을까?

하지만 상황은 훨씬 더 복잡해져간다. 10차원 이상에서 초오렌지는 반경이 2보다 크다. 이제 초오렌지는 이를 보호해야 할 초입방체보다 커졌다. 상자 내부와 모든 모서리에 있는 보호 풍선 모두에 맞게 구성했지만 큐브를 넘어 확장된 것 같다. 3D 두뇌를 가진 우리에게는 10차원(또는 그 이상)을 그리는 것이 어렵지만 이 공식은 확인했다. 오렌지는 상자 안에 존재하는 동시에 상자 너머로 확장된다.

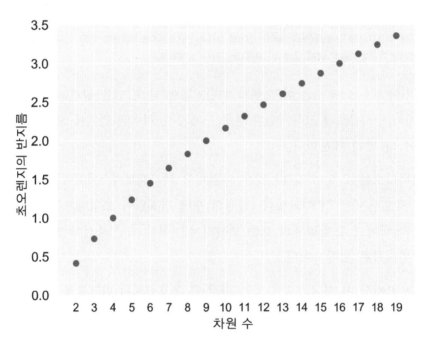

그림 7-29: 변이 4개인 초입방체 각 모서리에 위치한 반지름이 1인 초구로 둘러싸여 있는 초오렌지의 반지름

이 장의 교훈은 여러 차원의 공간에 들어갈 때 직관이 실패할 수 있다는 것이다 (Aggarwal 2001). 수십 또는 수백 개의 피처가 있는 데이터를 일상적으로 사용하기 때문에 이는 매우 중요하다.

3개 이상의 피처를 갖는 데이터로 작업할 때마다 더 높은 차원의 세계로 들어섰고, 2차원과 3차원 경험을 통해 알고 있는 것으로부터 유추해 추론해서는 안

된다. 눈을 부릅뜨고 직관과 유추보다는 수학과 논리에 의존해야 한다.

실제로 다차원 데이터가 있을 때 딥러닝 시스템이 훈련 중에 어떻게 작동하는지 면밀히 주시해야 하며 이상하게 작동하지는 않는지 항상 주의해야 한다. 10장에서 다루는 기술은 데이터의 피처 수를 줄여주기 때문에 도움이 될 수 있다. 이 책을 통해 고차원적 기이함이나 다른 원인으로 인해 학습에 실패하는 시스템을 개선하는 다른 방법들을 더 알아보겠다.

요약

7장에서는 분류 메커니즘을 살펴봤다. 분류기가 데이터 공간을 경계로 분리된 영역Domain으로 나눌 수 있는 것을 확인했다. 새로운 데이터는 해당 데이터가 속한 영역을 식별해 분류된다. 영역은 확률을 나타내기에는 모호할 수 있으므로 분류기의 결과는 각 클래스에 대한 확률이다. 클러스터링을 위한 알고리듬도 살펴봤다. 마지막으로 3차원 이상의 공간에서 작업할 때 직관이 종종 틀리는 것을 살펴봤다. 일은 기대하는 대로 흘러가지 않는 경우가 많다. 고차원 공간은 기이함과 놀라움으로 가득 차 있다. 다차원 데이터로 작업할 때 주의 깊게 진행하고 시스템이 학습하는 대로 모니터링해야 한다는 것을 배웠다. 3D 경험에 근거한 추측에 절대 의존해서는 안 된다.

8장에서는 데이터가 많지 않은 경우에도 학습 시스템을 효율적으로 훈련하는 방법을 살펴본다.

8

훈련과 테스팅

8장에서는 기본값 혹은 임의의 값으로 초기화된 시스템을 사용해 이해하고자 하는 데이터로 조정되도록 점진적으로 개선하는 과정인 훈련을 살펴본다. 훈련을 마치면 시스템이 이전에 본 적이 없는 새로운 데이터를 얼마나 잘 평가하는지 확인할 수 있다. 이를 테스팅testing 이라고 한다.

레이블이 지정된 데이터를 이용하는 **지도학습 분류기**Supervised Classifier를 사용해 8장의 아이디어를 설명한다. 다루는 대부분의 기술은 일반적이며 거의 모든 유형의 학습기learner에 적용될 수 있다.

훈련

지도학습으로 분류기Classifier를 훈련할 때 모든 샘플에는 수동으로 할당한 클래스를 설명하는 관련 레이블이 있다. 레이블이 붙은 학습할 모든 샘플의 집합을 훈련 데이터 세트^{training set}라고 한다. 훈련 데이터 세트의 각 샘플을 분류기에 한 번에 하나씩 전달할 것이다. 시스템에 각 샘플의 피처들을 제공하고 클래스를 예측하도록 요청한다.

예측이 정확하면(즉, 할당한 레이블과 일치하면) 다음 샘플로 넘어간다. 예측이 잘못된 경우 분류기의 출력값과 올바른 레이블을 분류기에 다시 입력한다. 이후 장들에서 보게 될 알고리듬을 사용해 분류기의 내부 파라미터를 수정하면 이 샘플을 두 번째 볼 때 올바른 레이블을 예측할 가능성이 더 커진다.

그림 8-1은 이 아이디어를 시각적으로 보여준다. 분류기를 사용해 예측값을 얻고 이를 레이블과 비교한다. 일치하지 않으면 분류기를 업데이트한다. 그럼 다음 샘플로 넘어간다.

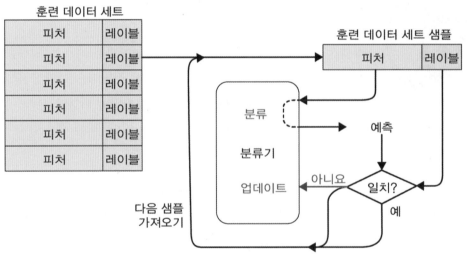

그림 8-1: 분류기 훈련의 블록 다이어그램

훈련 프로세스가 이 과정을 통해 한 번에 한 샘플씩 실행됨에 따라 분류기의 내부 변수들은 레이블 예측을 점점 더 잘하는 값으로 변화한다. 전체 훈련 데이터 세트를 실행할 때마다 한 에폭^{epoch} 동안 훈련했다고 말한다. 일반적으로 시스템이 모든 샘플을 여러 번 볼 수 있도록 많은 에폭 동안 시스템을 실행한다.

일반적으로 시스템이 학습 데이터에 대한 성능을 개선하고 학습하는 동안에는 학습을 계속하지만 시간이 부족하거나 8장의 뒷부분에서 다루는 것과 같은 문제가 발생하면 중단할 수 있다.

이제 올바른 레이블을 예측할 때 분류기의 정확도를 측정하는 방법을 살펴보자.

성능 테스트

파라미터가 난수로 초기화되는 시스템으로 시작한다. 그런 다음 훈련 데이터의 샘플을 사용해 학습한다. 시스템이 실제로 출시되거나 배포되면 새로운 실제 데이터(또는 배포 데이터, 출시 데이터, 사용자 데이터)를 마주한다. 배포하기 전에 분류기가 실제 데이터에서 얼마나 잘 수행되는지 알고 싶다. 완벽한 정확도가 필요한 것은 아니지만 일반적으로 이미 염두에 두고 있는 품질의 임곗값을 충족하거나 초과하기를 원한다. 출시되기 전에 시스템 예측의 품질을 어떻게 측정할 수 있을까?

시스템이 훈련 데이터에 있어 좋은 결과를 내야 하지만 이 데이터만으로 시스템의 정확도를 판단하면 대개 잘못된 길로 빠지기 쉽다. 이는 실무에서 중요한 원칙이므로 좀 더 자세히 살펴본다.

지도학습 분류기를 사용해 개의 사진을 처리한다고 가정해보자. 모든 이미지에 해당 개의 품종을 식별하는 레이블을 할당한다. 목표는 시스템을 온라인으로 전환해 사람들이 자신의 강아지 사진을 인터넷 창에 드래그하면 해당 개의 품종이나 포괄적인 '혼합 품종'의 결과를 얻을 수 있게 하는 것이다.

시스템을 훈련시키고자 전문가가 레이블을 붙인 다양한 품종견의 사진 1,000장을 수집한다. 그림 8-1을 사용해 시스템에 1,000개의 사진을 한 에폭 동안 모두 제시한 다음 모든 사진을 여러 에폭에 걸쳐 다시 시스템에 제시할 수 있다. 이때 일반적으로 각 에폭마다 이미지 순서를 뒤섞어 항상 동일한 순서로 도착하지 않게 한다. 시스템이 잘 설계됐다면 훈련 사진의 99%에서 개의 품종을 정확하게 식별할 때까지 점차 더 정확한 결과를 생성하기 시작할 것이다.

이는 온라인에 배포했을 때 시스템이 99% 정확하다는 것을 의미하지는 않는다. 문제는 시스템이 일반적인 데이터에서는 사실이 아닌 훈련 데이터의 미묘한 관계를 악용할 수 있다는 것이다. 예를 들어 푸들 이미지가 그림 8-2와 같다고 가정해보자.

그림 8-2: 사진상 개의 품종을 식별하는 시스템의 훈련 데이터. 위: 푸들 이미지 입력값. 아래: 시스템이 사진을 푸들로 식별하고자 학습한 기능이 빨간색으로 강조 표시된다.

훈련 데이터 세트를 구성할 때 모든 푸들의 꼬리 끝에 약간의 털이 있고 다른 개들은 그렇지 않다는 것을 알아차리지 못했다. 하지만 시스템은 눈치 챘다. 데이터의 작은 특이점은 시스템이 푸들을 쉽게 분류할 수 있는 방법을 제공했다. 개의 다리 크기, 코 모양, 기타 특징을 보는 대신 시스템은 푸들의 꼬리 끝에 있는 털만 찾을 수 있었다. 이 규칙을 사용하면 모든 훈련 이미지에서 푸들을 올바르게 분류할 수 있다. 때때로 시스템이 요청한 것('푸들 식별')을 수

행하지만 원하는 것('사진상 개의 전반적인 특징을 기반으로 푸들인지 아닌지 판별')
과 다르기도 하다. 종종 시스템이 부정행위를 배웠다고 말하지만 이것은 불공
평할 수 있다. 시스템이 학습한 것은 원하는 결과를 제공하는 지름길이었다.

다른 예로 훈련 데이터에 있는 모든 요크셔테리어(또는 Yorkies) 사진이 그림 8-3
과 같이 개가 소파에 앉아 있을 때 찍은 것이라고 가정해보자. 이것을 눈치 채지
못했고 다른 개의 사진에는 소파가 없다는 또 다른 중요한 사실을 발견하지 못
했다. 시스템은 사진에 소파가 있으면 요크셔테리어의 사진으로 분류할 수 있다
는 것을 학습했다. 이 규칙은 훈련 데이터에서만큼은 완벽하게 작동한다.

그림 8-3: 위: 소파에 앉은 세 마리의 요크셔테리어. 아래: 시스템은 소파를 인식하게 학습했다. 빨간색으로 표시

그런 다음 시스템을 배포하고 누군가가 그림 8-4에서와 같이 큰 흰색 공이 줄에
달려있는 크리스마스 장식 앞에 그레이트 데인이 서 있거나 소파에 시베리안
허스키가 앉아 있는 사진을 제시한다고 가정해보자. 시스템은 그레이트 데인의
꼬리 끝에 있는 흰색 공을 보고 푸들이라고 말하며, 소파를 보고 개를 무시한
채 시베리안 허스키가 요크셔테리어라고 보고한다.

그림 8-4: 위: 그레이트 데인이 줄에 매달린 흰색 공 앞에 서 있고 시베리안 허스키가 소파에 누워 있다. 아래: 시스템은 그레이트 데인의 꼬리 끝에 있는 흰색 공을 보고 개가 푸들이라고 알려주고 소파를 보고 그 위에 있는 개를 요크셔테리어로 분류한다.

이는 단지 이론적인 문제가 아니다. 이 현상의 유명한 예는 발표자가 초기 머신 러닝 학습 시스템을 시연하던 1960년대 강연을 묘사한다(Muehlhauser 2011). 자료의 세부 사항은 불명확하지만 중간에 위장 탱크가 있는 수목 사진과 탱크가 없는 수목 사진이 있었던 것으로 보인다. 발표자는 시스템이 탱크가 있는 이미지를 틀림없이 선택할 수 있다고 주장했다. 당시로서는 놀라운 위업이었을 것이다.

강연 말미에 한 청중이 일어서서 탱크가 있는 사진은 모두 맑은 날에 찍은 것이고 탱크가 없는 사진은 흐린 날에 찍은 것임을 지적했다. 시스템은 밝은 하늘과 어두운 하늘을 구분했을 뿐이므로 인상적인(그리고 정확한) 결과는 탱크와 전혀 관련이 없었다.

훈련 데이터의 성능을 보는 것만으로는 실제 성능을 예측하기에 충분하지 않다. 시스템은 훈련 데이터에서 몇 가지 이상한 특이점을 학습한 다음 이를 일반적으로 사용할 수 있지만 그런 특징이 없는 새로운 데이터에 의해 방해를 받을 수 있다. 이것은 공식적으로 **과적합**overfitting이라고 알려져 있지만 종종 이를 단순히 **치팅**Cheating이라고 한다. 과적합은 9장에서 더 자세히 살펴본다.

시스템을 배포할 경우 시스템이 얼마나 잘 작동할지 예측하려면 훈련 데이터 세트에 대한 성능 외의 측정이 필요하다는 것을 살펴봤다. 훈련된 분류기Classifier의 성능이 얼마나 좋은지 알려주는 알고리듬이나 공식이 있다면 좋겠지만 그런 것은 존재하지 않는다. 시스템을 테스트해보지 않고 어떻게 작동할지 알 수 있는 방법도 없다. 실제 세계에서 실제로 어떤 일이 발생하는지 확인하고자 실험을 수행해야 하는 자연 과학자처럼 시스템이 얼마나 잘 작동하는지 확인하려면 실험을 수행해야 한다.

테스트 데이터

시스템이 처음 보는 새로운 데이터에 대해 얼마나 잘 작동할지 알아보는 가장 좋은 방법은 시스템에 본 적 없는 새로운 데이터를 제공하고 얼마나 잘 작동하는지 확인하는 것이다. 이런 종류의 실험적 검증에는 지름길이 없다.

처음 보는 데이터 점이나 표본 집합을 **테스트 데이터**test data 또는 **테스트 데이터 세트**test dataset라고 부른다. 훈련 데이터와 마찬가지로 테스트 데이터는 시스템이 출시되면 보게 될 새로운 데이터를 대표할 수 있기를 바란다. 일반적인 과정은 최대한 잘 작동할 때까지 훈련 데이터를 사용해 시스템을 훈련하는 것이다. 그런 다음 테스트 데이터를 통해 평가해 실제 세계에서 얼마나 잘 작동할 수 있는지 알아본다.

테스트 데이터에 대한 시스템의 성능이 충분하지 않다면 개선이 필요하다. 더 많은 데이터에 대한 훈련은 대개 성능을 향상시키는 좋은 방법이므로 일반적으로 더 많은 데이터를 수집하고 다시 훈련하는 것이 좋다. 더 많은 데이터를 수집하는 또 다른 이점은 훈련 데이터 세트를 다양화할 수 있다는 것이다. 예를 들어 꼬리에 털이 달린 푸들 이외의 개를 찾거나 소파에 앉아있는 요크셔테리어 이외의 개를 찾을 수 있다. 그러면 분류기는 개를 식별하는 다른 방법을 찾아야 하고 과적합으로 인한 실수를 피할 수 있다.

훈련 및 테스트 과정의 필수 규칙은 절대로 테스트 데이터로 학습하지 않는다는 것이다. 시스템이 학습할 더 많은 예제를 갖도록 테스트 데이터를 훈련 데이터 세트에 넣는 것이 유혹적일 수 있지만 그렇게 하면 시스템의 정확도를 측정하는 객관적인 방법으로서 테스트 데이터의 가치가 손상된다. 테스트 데이터를 통한 학습의 문제는 그 데이터가 훈련 데이터 세트의 일부가 된다는 것이다. 이는 바로 이전 단계로 돌아간다는 것을 의미한다. 시스템은 테스트 데이터의 특이점을 너무 쉽게 찾을 수 있다. 그런 다음 테스트 데이터를 사용해 분류기가 얼마나 잘 작동하는지 확인하면 각 샘플에 대한 올바른 레이블을 예측할 수 있지만 그건 치팅일 수 있다. 테스트 데이터로 학습하면 새로운 데이터에 대한 시스템 성능을 측정하는 방법으로서 특별하고 가치 있는 품질을 잃게 된다.

이러한 이유로 훈련을 시작하기도 전에 훈련 데이터에서 테스트 데이터를 분리하고 따로 보관한다. 훈련이 끝났을 때에만 시스템의 품질을 평가하고자 테스트 데이터를 딱 한 번 사용한다. 시스템이 테스트 데이터 세트에서 잘 작동하지 않으면 더 훈련하고 다시 테스트할 수 없다. 테스트 데이터 세트를 기말 시험 문제와 같다고 생각해보자. 한 번 본 후에는 다시 사용할 수 없다. 시스템이 테스트 데이터에서 잘 수행되지 않으면 무작위 값으로 초기화된 시스템으로 처음부터 다시 시작해야 한다. 그런 다음 더 많은 데이터로 혹은 더 오랜 기간 동안 훈련할 수 있다. 훈련이 완료되면 테스트 데이터 세트를 다시 사용할 수 있다. 새로 훈련된 시스템은 테스트 데이터 세트를 이전에 본 적이 없기 때문이다. 또 제대로 작동하지 않으면 처음부터 다시 훈련을 시작해야 한다.

훈련이 완료된 후 첫 사용 전에는 어떤 식으로든 시스템이 테스트 데이터를 볼 수 없게 하는 것이 매우 중요하다.

실수로 테스트 데이터로 학습하는 문제는 데이터 누출data leakage, 데이터 오염data contamination, 오염된 데이터contaminated data라고 한다. 훈련 절차와 분류기가 더 정교해짐에 따라 데이터 누출이 다른 (눈에 띄지 않는) 변장을 하고 몰래 숨어들어올 수 있기 때문에 이것을 지속적으로 살펴야 한다. 데이터 누출은 데이터 위생data hygiene을 실천함으로써 피할 수 있다. 항상 테스트 데이터를 별도로 보관하고 훈련이 완료된 후 한 번만 사용한다.

종종 원본 데이터를 훈련 데이터 세트와 테스트 데이터 세트의 두 부분으로 분할해 테스트 데이터를 생성한다. 일반적으로 샘플의 약 75%를 훈련 데이터 세트에 제공하도록 설정한다. 종종 샘플은 각 세트에서 무작위로 선택되지만 좀 더 정교한 알고리듬은 각 세트가 완벽한 입력 데이터의 근삿값인지 확인하려고 할 수 있다. 대부분의 머신러닝 라이브러리는 이러한 분할 과정을 수행하는 루프loop를 제공한다.

그림 8-5는 이를 보여준다.

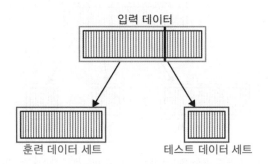

그림 8-5: 입력 예제를 훈련 데이터 세트와 테스트 데이터 세트로 분할. 분할은 주로 약 75:25 또는 70:30 비율로 한다.

검증 데이터

지금까지의 한 동안 시스템을 훈련시킨 다음 중지하고 테스트 데이터 세트를 사용해 성능을 평가했다. 성능이 좋지 않으면 훈련을 다시 시작했다.

느리다는 점을 제외하고는 이 전략에 문제는 없다. 실제로 진행하면서 시스템의 성능에 대한 대략적인 추정을 원하기 때문에 시스템이 테스트 데이터 세트에서 원하는 성능을 제공할 것이라고 생각할 때 훈련을 중단할 수 있다.

이 추정을 위해 입력 데이터를 지금까지 본 두 데이터 세트가 아닌 세 데이터 세트로 나눈다. 이 새로운 세트를 검증 데이터$^{validation\ data}$ 또는 검증 데이터 세트$^{validation\ set}$라고 부른다. 검증 데이터는 시스템을 배포하면 맞닥뜨리게 될 실제 데이터의 좋은 대체 역할을 하는 또 다른 데이터 덩어리다. 일반적으로 원본 데이터의 약 60%를 훈련 데이터 세트에, 20%를 검증 데이터 세트에, 나머지 20%를 테스트 데이터 세트에 할당해 세 데이터 세트를 만든다. 그림 8-6은 이를 보여준다.

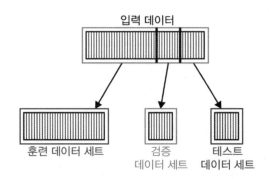

그림 8-6: 입력 데이터를 훈련 데이터 세트, 검증 데이터 세트, 테스트 데이터 세트로 분할

새로운 프로세스는 전체 훈련 데이터 세트로 한 에폭 동안 시스템을 훈련한 다음 검증 데이터 세트에 대한 예측을 하도록 요청해 성능을 추정한다. 매 에폭 후에 이것을 하기 때문에 검증 데이터 세트는 재사용하게 된다. 이로 인해 데이터 누출$^{data\ leakage}$이 발생하지만 훈련이 아닌 테스트용으로만 검증 데이터를 사용

한다. 검증 데이터 세트에 대한 시스템의 성능을 이용해 시간이 지남에 따라 얼마나 잘 학습하는지 일반적인 감각을 얻는다. 시스템이 배포하기에 충분하다고 생각하면 신뢰할 수 있는 성능 추정치를 얻고자 일회성 테스트 데이터 세트를 사용한다.

검증 데이터 세트는 자동 검색 기술을 사용해 많은 하이퍼파라미터^{hyperparameter} 값을 시험할 때도 유용하다. 하이퍼파라미터는 오차 발생 후 내부 값을 얼마나 업데이트해야 하는지 또는 분류기가 얼마나 복잡해야 하는지와 같이 시스템이 작동하는 방식을 제어하고자 시스템을 실행하기 전에 설정하는 변수다. 각 변화에 따라 훈련 데이터 세트로 훈련하고 검증 데이터 세트로 시스템 성능을 평가한다. 언급했듯이 검증 데이터 세트에서 학습하지는 않지만 반복적으로 사용한다. 성능이 최고라고 생각되면 시스템의 정확도에 대한 신뢰할 수 있는 추정치를 얻고자 테스트 데이터 세트를 개봉해 한 번 사용한다.

이는 다양한 하이퍼파라미터를 반복적으로 시험해 검증 데이터 세트에서 어떻게 작동하는지에 따라 최적의 하이퍼파라미터를 선택할 수 있는 편리한 방법을 제공한다.

다양한 하이퍼파라미터 집합을 시험하는 이런 접근 방식은 루프 실행을 기반으로 한다. 이제 해당 루프의 단순한 형태를 살펴보자.

루프를 실행하고자 하이퍼파라미터 집합을 선택하고 시스템을 훈련한 다음 검증 데이터 세트로 성능을 평가한다. 이는 해당 하이퍼파라미터로 훈련된 시스템이 새 데이터를 얼마나 잘 예측하는지 추정한다. 그런 다음 해당 시스템을 제쳐두고 항상 그렇듯 임의의 값으로 초기화된 새 시스템을 만든다. 다음 하이퍼파라미터 집합을 뽑아내고, 훈련시키고, 검증 데이터 세트를 사용해 이 시스템의 성능을 평가한다. 각 하이퍼파라미터 집합에 한 번씩 이 과정을 반복한다. 모든 하이퍼파라미터를 실행했을 때 가장 정확한 결과를 제공하는 것으로 보이는 시스템을 선택하고, 이것으로 테스트 데이터 세트를 실행하고 실제로 예측이 얼마나 좋은지 확인한다.

그림 8-7은 이런 전체 과정을 그래픽으로 보여준다.

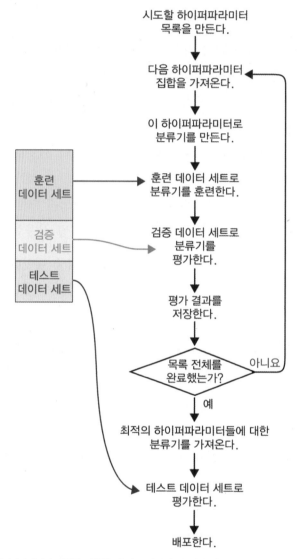

그림 8-7: 다양한 하이퍼파라미터 집합을 시험할 때 검증 데이터 세트를 사용한다. 배포 직전에 사용할 별도의 테스트 데이터 세트를 계속 유지하는 것을 잊어서는 안 된다.

루프가 완료되면 검증 데이터의 결과를 시스템의 최종 평가로 사용하고 싶을 수 있다. 결국 분류기는 테스트용으로만 사용됐기 때문에 해당 데이터에서 학습하지 않았다. 별도의 테스트 데이터 세트를 만드는 수고를 덜어주고 시스템 실행을 통해 성능 추정치를 얻을 수 있는 것처럼 보일 수 있다.

하지만 이는 결론을 왜곡할 누출된 데이터처럼 작동할 것이다. 이 누출의 원인은 많은 데이터 오염 문제와 마찬가지로 약간 교활하고 미묘하다. 문제는 분류기는 검증 데이터를 통해 학습하지는 않았지만 전체 훈련 및 평가 시스템이 이 데이터를 사용해 분류기에 대한 최적의 하이퍼파라미터를 선택하며 학습했다는 것이다. 다시 말해 분류기가 명시적으로 검증 데이터로 학습하지 않더라도 해당 데이터는 분류기의 선택에 영향을 미쳤다. 검증 데이터에 가장 잘 맞는 분류기를 선택했기 때문에 이것이 잘 작동할 것이라는 것을 이미 알고 있다. 다시 말해 검증 데이터에 기반을 둔 분류기 성능에 대한 지식이 선택 과정에서 '누출'된 것이다.

이는 미묘하거나 까다로울 수 있다. 이런 종류의 일은 간과하거나 놓치기 쉽기 때문에 데이터 오염을 경계해야 한다. 그렇지 않으면 시스템이 실제 성능보다 뛰어나다고 생각할 위험이 있으므로 용도에 적합하지 않은 시스템을 배포하게 된다. 이전에 본 적 없는 새로운 데이터에 대해 시스템이 어떻게 작동하는지 정확한 추정치를 얻으려면 지름길은 없다. 이전에 본 적 없는 새로운 데이터를 테스트해야 한다. 항상 마지막을 위해 테스트 데이터 세트를 저장하는 이유가 바로 이 때문이다.

교차 검증

마지막에는 훈련 데이터의 절반 가까이를 가져와 검증과 테스트를 위해 따로 보관했다. 이는 데이터가 아주 많은 양일 때 좋다. 하지만 샘플 데이터 세트가 적은 양이고 더 많은 데이터를 얻을 수 없다면 어떻게 할까? 어쩌면 2015년 뉴 호리즌스^{New Horizons} 우주선이 비행하는 동안 촬영한 명왕성과 그 위성의 사진으로 작업할지도 모른다. 이때 미래의 우주선에 설치할 수 있는 분류기를 구축해 어떤 종류의 지형이 보이는지 식별할 수 있기를 원할 수 있다. 데이터 세트는 제한적이며 더 늘어나지 않을 것이다. 명왕성의 새로운 클로즈업 사진은 자주 나오지 않기 때문이다. 지금 갖고 있는 사진은 모두 귀하고, 이 사진에서 모든 것을 학습하고 싶다. 그저 분류기가 얼마나 좋은지 측정하려고 일부 사진을 따로 얻으려면 엄청난 비용을 지불해야 한다.

시스템 성능에 대한 신뢰할 수 있는 측정치가 아니라 추정치를 기꺼이 받아들인다면 테스트 데이터 세트를 따로 보관할 필요가 없다. 실제로 모든 입력 데이터로 훈련하더라도 새로운 데이터로 성능을 추정할 수 있다. 문제는 시스템의 정확도에 대한 추정 값만 반환하므로 실제 테스트 데이터 세트를 사용한 만큼 신뢰할 수 있는 측정값이 아니라는 것이다. 하지만 샘플이 귀하다면 절충안도 가치가 있다.

이 기술을 교차 검증^{cross-validation} 또는 회전 검증^{rotation validation}이라고 한다. 다양한 유형의 교차 검증 알고리듬이 있지만 모두 동일한 기본 구조를 공유한다(Schneider 1997). 전용 테스트 데이터 세트를 만들 필요가 없는 유형을 살펴보자.

핵심 아이디어는 동일한 시스템을 처음부터 반복적으로 훈련한 후 테스트하는 루프를 실행하는 것이다. 매번 전체 입력 데이터를 일회성 훈련 데이터 세트와 일회성 검증 데이터 세트로 분할한다. 핵심은 루프를 통해 매번 이 세트를 다르게 구성한다는 것이다. 이렇게 하면 훈련에 모든 데이터를 사용할 수 있다(동시에 사용하는 것은 아니다).

분류기의 새로운 인스턴스^{instance}를 구축하는 것으로 시작한다. 입력 데이터를 임시 훈련 데이터 세트와 임시 검증 데이터 세트로 나눈다. 임시 훈련 데이터 세트로 시스템을 훈련하고 임시 테스트 데이터 세트로 평가한다. 이는 분류기의 성능에 대한 점수를 제공한다. 이제 루프를 다시 진행하지만 이번에는 훈련 데이터를 다른 임시 훈련 데이터 세트와 테스트 데이터 세트로 분할한다. 루프를 통한 모든 반복 작업에 이를 수행하면 모든 점수의 평균이 분류기의 전체 성능에 대한 추정치다.

교차 검증의 시각적 요약은 그림 8-8에 나와 있다.

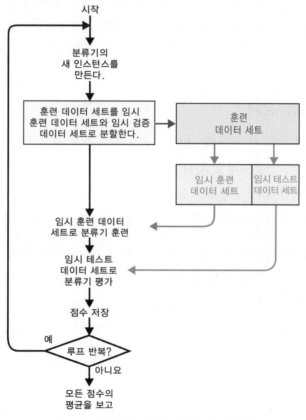

그림 8-8: 교차 검증을 사용해 시스템 성능 평가하기

교차 검증을 사용해 모든 훈련 데이터로 훈련할 수 있지만(루프를 통과할 때마다 모든 데이터는 아니지만) 배제된 테스트 데이터 세트에서도 여전히 시스템 품질에 대한 객관적인 측정값을 얻을 수 있다. 이 알고리듬은 루프를 통과할 때마다

새로운 분류기를 생성하고 해당 분류기에 대한 임시 테스트 데이터 세트에는 해당 특정 분류기와 관련해 완전히 새롭고 본 적 없는 데이터가 포함돼 있기 때문에 데이터 누출 문제가 발생하지 않고 분류기의 성능을 평가하기 적합하다. 이 기술의 단점은 시스템 정확도에 대한 최종 추정치가 배제된 테스트 데이터 세트에서 얻은 것만큼 신뢰하기는 어렵다는 점이다.

임시 훈련 데이터 세트와 검증 데이터 세트를 구성하고자 다양한 알고리듬을 사용할 수 있다. 일반적인 접근 방식을 살펴보자.

k-폴드 교차 검증

교차 검증을 위한 임시 데이터 세트를 구축하는 가장 보편적인 방법은 k-폴드 교차 검증^{k-fold cross-validation}이라고 한다. 여기서 k는 단어의 첫 글자가 아니라 정수를 나타낸다(예, '2-폴드 교차 검증' 또는 '5-폴드 교차 검증'을 실행할 수 있다). 일반적으로 k 값은 그림 8-8에서 볼 수 있듯이 루프를 통과하는 횟수다.

알고리듬은 교차 검증 루프보다 먼저 시작된다. 훈련 데이터를 가져와 동일한 크기를 갖는 일련의 그룹으로 나눈다. 모든 샘플은 정확히 하나의 그룹에 배치되고 모든 그룹은 동일한 크기다(입력값을 동일한 크기의 조각으로 분할할 수 없는 경우 마지막에 하나의 작은 그룹을 허용한다).

이 그룹을 각각 '그룹' 또는 '동일한 크기의 조각'과 같은 이름으로 불렀다면 좋았겠지만 이 아이디어를 설명하는 단어는 폴드^{fold}다. 이 단어는 여기에서 접힌 곳(또는 끝부분) 사이의 페이지 구획을 의미하는 특이한 뜻으로 사용된다. 이것을 그림으로 그리려면 훈련 데이터 세트의 모든 샘플을 긴 종이에 쓴 다음 일정 수의 동일한 크기 조각으로 접는다고 상상해보자. 종이를 구부릴 때마다 접는 선을 만들고 접는 선 사이 부분을 폴드라고 한다.

그림 8-9는 이를 보여준다.

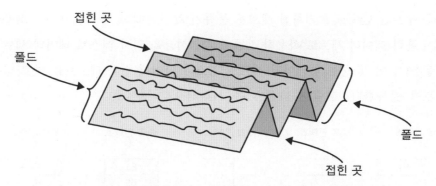

접힌 곳

폴드

폴드

접힌 곳

그림 8-9: k-폴드 교차 검증을 위한 폴드 생성하기. 4개의 접힌 곳과 5개의 폴드가 있다.

훈련 데이터로 동일한 크기의 폴드를 만들어보자. 그림 8-9를 평평하게 펴서 그림 8-10과 같이 5개 폴드를 가진 좀 더 일반적인 그림을 만들 수 있다.

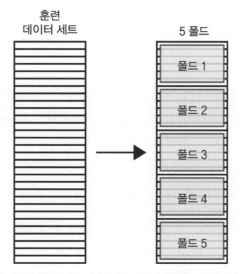

훈련
데이터 세트

5 폴드

폴드 1

폴드 2

폴드 3

폴드 4

폴드 5

그림 8-10: 훈련 데이터 세트를 폴드 1에서 폴드 5까지 동일한 크기의 5개 폴드로 분할하기

다섯 개 폴드를 사용해 루프가 어떻게 진행되는지 살펴보자. 우선 첫 루프에서 폴드 2에서 5까지의 샘플을 임시 훈련 데이터 세트로 하고 폴드 1의 샘플을 임시 테스트 데이터 세트로 정한다. 즉, 폴드 2에서 5까지의 샘플로 분류기를 훈련시킨 다음 폴드 1의 샘플로 분류기를 평가한다.

다음 루프는 난수로 초기화된 새로운 분류기로 시작해 폴드 1, 3, 4, 5의 샘플을 임시 훈련 데이터 세트로 사용하고 폴드 2의 샘플을 임시 테스트 데이터 세트로 사용한다. 이 두 종류의 데이터 세트로 평소와 같이 훈련과 테스트를 하고 남은 폴드를 반복한다. 그림 8-11은 이를 시각적으로 보여준다.

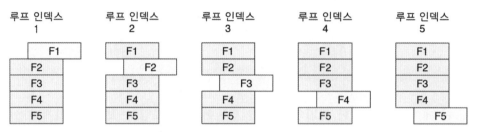

그림 8-11: 루프를 통과할 때마다 하나의 폴드를 테스트용(파란색)으로 선택하고 나머지 폴드(빨간색)를 훈련용으로 사용한다. 루프를 5번 이상 반복하면 패턴을 반복하게 된다.

폴드 선택 주기를 반복하는 것만으로 루프를 원하는 만큼 반복하게 할 수 있다(또는 데이터 세트가 항상 다른 내용을 갖도록 데이터를 혼합).

선택적으로 마지막 단계에서 모든 데이터로 새로운 분류기를 훈련할 수 있다. 이는 성능에 대한 추정치를 얻을 수 없음을 의미한다. 그러나 훈련을 주의 깊게 관찰하고 과적합(9장에서 설명)에 유의한다면 일반적으로 모든 데이터로 훈련한 시스템이 최소한 교차 검증에서 얻은 최악의 성능만큼 우수하다고 가정할 수 있다(그리고 그것이 적어도 좀 더 낫기를 바란다).

따라서 데이터가 제한적일 때 교차 검증은 훌륭한 옵션이 된다. 훈련-테스트 주기를 여러 번 반복해야 하며 최종 성능 측정은 추정치일 뿐인 두 단점이 있지만 모든 데이터로 훈련할 수 있는 능력을 얻게 되며, 입력 데이터 세트의 아주 작은 정보까지도 쥐어짜 넘으로써 분류기를 개선할 수 있다.

분류기를 사용한 k-폴드 교차 검증에 대해 알아봤지만 이 알고리듬은 거의 모든 종류의 학습기에 광범위하게 적용할 수 있다.

요약

8장에서는 딥러닝 시스템을 훈련하고 배포하기에 적합하도록 잘 작동하는지 판단하는 방법을 살펴봤다. 이 책은 분류기에 초점을 맞췄지만 일반적으로는 이러한 시스템에 적용된다. 데이터를 훈련 데이터 세트와 테스트 데이터 세트의 두 부분으로 나눴다. 과적합과 데이터 누출 문제를 탐구했고 매 에폭 후에 시스템이 얼마나 잘 학습하는지 대략적인 아이디어를 얻고자 검증 데이터 세트를 사용하는 방법도 살펴봤다. 마지막으로 시스템 성능을 추정하고자 일반적으로 작은 데이터 세트에 사용되는 기술인 교차 검증을 살펴봤다.

9장에서는 과적합과 과소적합을 자세히 살펴본다.

9

과적합과 과소적합

사람이든 컴퓨터든 한정된 예제들로 어떤 주제에 대한 일반적인 규칙을 학습하는 것은 어려운 도전이다. 예제의 세부 사항에 충분히 주의를 기울이지 않으면 규칙들이 너무 일반적이어서 새 데이터를 고려할 때 많이 사용하기 힘들다. 반면에 예제의 세부 사항에 너무 많은 주의를 기울이면 규칙이 너무 구체적이어서 역시 새 데이터를 평가하는 데 어려움을 겪게 된다.

이러한 현상을 각각 **과소적합**underfitting과 **과적합**overfitting이라고 한다. 둘 중 더 흔하고 골치 아픈 문제는 과적합이며, 제대로 확인하지 않으면 시스템을 거의 쓸모없게 만들 수 있다. 과적합을 제어하고 통칭 **일반화**regularization라고 하는 기술로 이를 억제한다.

9장에서는 과적합과 과소적합의 원인과 해결 방법을 살펴본다. 마지막으로 베이지안 **방법**Bayesian method을 사용해 여러 데이터 포인트에 하나의 직선을 맞추는 방법을 살펴보면서 마무리한다.

좋은 적합 찾기

시스템이 훈련 데이터로 너무 잘 학습했는데 새로운 데이터가 입력되면 제대로 작동하지 않을 때 과적합이라고 말한다. 훈련 데이터로 충분히 학습하지 못한 상태에서 새로운 데이터가 제공돼 제대로 동작하지 못할 때는 과소적합이라고 한다. 과적합이 일반적으로 더 어려운 문제이므로 먼저 살펴보자.

과적합

과적합 논의를 은유로 접근해보겠다. 참석자 중에 아는 사람이 거의 없는 큰 야외 결혼식에 초대받았다고 가정해보자. 오후 내내 여러 무리의 손님 사이를 헤매며 소개와 잡담을 나눴다. 사람들의 이름을 기억하고자 노력한다고 마음먹었기 때문에 누군가를 만날 때마다 외모와 이름 사이에 일종의 내적 연관성을 연상한다(Forer 2012; Proctor 1978). 만난 사람 중 한 명은 큰 바다코끼리 모양의 콧수염을 가진 월터^{Walter}라는 친구다. 월터를 바다코끼리로 상상하고 그 이미지를 마음에 새기려고 노력한다. 그 후에 에린^{Erin}이라는 사람을 만났고 그녀가 아름다운 청록색 귀걸이를 하고 있는 걸 깨닫는다. 한 방향으로 짧아진 그녀의 귀걸이를 마음속으로 그려서 귀걸이로 에린을 표현한다. 만나는 모든 사람에게 이와 비슷한 내적 이미지를 만들고, 같은 사람들과 다시 어울리고 마주칠 때마다 그들의 이름을 쉽게 기억한다. 시스템은 아주 잘 작동하고 있다.

그날 저녁 리셉션에서 많은 새로운 사람을 만난다. 어느 시점에 큰 바다코끼리 모양의 콧수염을 가진 사람과 조우하게 된다. 당신이 미소를 지으며 "안녕하세요, 월터!"라고 말하자 상대는 혼란스러운 표정을 지었다. 그는 한 번도 만난 적 없는 밥^{Bob}이라는 사람이었다. 이와 같은 일은 반복적으로 일어날 수 있다. 예쁜 귀걸이를 한 사람을 소개받을 수도 있지만, 에린이 아니라 수잔^{Susan}이다. 문제는 형성한 내적 이미지가 엉뚱한 방향으로 인도했다는 것이다. 사람들의 이름을 제대로 학습하지 않아서가 아니다. 원집단의 사람들에게만 효과가 있는 방식으로 학습을 했을 뿐 더 많은 새로운 사람을 만났을 때 일반화하지 않았다.

누군가의 외모를 이름과 연관시키려면 두 요소 사이에 일종의 연결점이 필요하다. 그 연결점이 견고할수록 모자나 안경 등 외모를 변화시키는 것을 착용하더라도 새로운 상황에서 그 사람을 더 잘 인식할 수 있다. 앞선 결혼식의 경우 사람들의 이름을 하나의 특이한 특징과 연결해 학습했다. 문제는 리셉션에서 같은 특징을 가진 다른 사람을 만났을 때 그가 새로운 사람인지 확인할 방법이 없다는 것이다.

예식장에서는 훈련 데이터(결혼식에 참석한 사람들의 이름)를 사용해 성능을 평가했을 때 대부분의 결과가 정확했기 때문에 잘 작동하고 있다고 생각했다. 성공 횟수에 초점을 맞추면 높은 **훈련 정확도**$^{\text{training accuracy}}$를 달성했다고 말할 수 있고 실패 횟수에 초점을 맞추면 **훈련 오차**$^{\text{training error}}$(또는 훈련 손실$^{\text{training loss}}$)가 낮다고 말할 수 있다. 그러나 리셉션에 가서 새로운 데이터(새롭게 추가된 사람들의 이름)를 평가해야 할 때 **일반화 정확도**$^{\text{generalization accuracy}}$는 낮거나 비슷했고 **일반화 오차**$^{\text{generalization error}}$(또는 일반화 손실$^{\text{generalization loss}}$)가 높았다.

8장에서 소파 위에 있는 개의 품종을 식별하기 위한 유일한 단서로 소파를 사용해서 소파 위의 허스키를 요크셔테리어로 잘못 식별하는 이와 동일한 문제의 예제를 살펴봤다.

사람과 개 예제 모두에 대한 오차는 모두 과적합으로 인한 것이다. 즉, 눈앞에서 데이터를 분류하는 방법을 학습했지만 새로운 데이터에도 적용되는 일반적인 규칙을 학습한 것이 아니라 해당 데이터의 특정한 세부 사항을 사용했다.

머신러닝 시스템은 과적합이 일어나기 정말 쉽다. 이를 때때로 **치팅**^{cheating}을 잘 한다고 표현한다. 시스템은 입력 데이터에 올바른 결과를 찾는 데 도움이 되는 약간의 기이함이 있는 경우에 나무 사진에서 위장된 탱크를 찾는 어려운 문제를 시스템이 어떻게 해결해야 하는지에 대해 다룬 8장의 얘기와 같이 그 기이함을 찾아 활용한다. 그 시스템은 쉬운 길을 택해 단순히 하늘이 화창했는지 또는 흐렸는지 주목하고 있었을 것이다.

과적합을 제어하는 데 두 가지 조치를 취할 수 있다. 첫째, 규칙이 너무 구체적일 때를 포착해 학습 프로세스를 중지할 수 있다. 둘째, 일반화 방법^{regularization method}을 사용해 시스템이 가능한 한 오랫동안 일반적인 규칙을 학습하도록 권장해서 과적합의 시작을 지연시킬 수 있다. 잠시 후에 각각의 접근 방식을 살펴본다.

과소적합

과적합의 반대는 과소적합이다. 너무 정밀한 규칙을 사용해 발생하는 과적합과 달리 과소적합은 규칙이 너무 모호하거나 일반적인 상황을 설명한다. 결혼식 파티에서 '바지를 입은 사람의 이름은 월터'라는 규칙을 만들어 과소적합할 수 있다. 이 규칙은 특정 데이터 조각에 대해서는 정확하지만 잘 일반화되지 않을 것이다.

과소적합은 일반적으로 과적합보다 실제 문제가 훨씬 적다. 더 많은 훈련 데이터를 사용하는 것만으로도 과소적합을 해결할 수 있는 경우가 많다. 더 많은 예제를 통해 시스템은 각 데이터 조각을 이해하기 위한 더 나은 규칙을 만들 수 있다.

과적합의 탐지와 해결

데이터 과적합이 시작된 시점을 어떻게 알 수 있을까? 각 에폭^{epoch} 후에 시스템의 일반화 오차를 측정하고자 검증 데이터 세트를 사용한다고 가정한다(훈련을 마치면 평소와 같이 일회성 테스트 데이터 세트를 사용해 좀 더 신뢰할 수 있는 일반화 오차를 얻는다). 검증 데이터에 대한 응답으로서 시스템이 만들어낸 오차를 검증 오차$^{validation\ error}$라고 한다. 이는 시스템이 배포될 때 발생하는 오차의 추정치며, 이를 일반화 오차$^{generalization\ error}$라고 한다. 훈련 오차가 개선되는 동안 검증 오차의 증가세가 꺾이거나 악화되기 시작할 때 과적합이라고 한다. 그것은 바로 학습을 중단하라는 신호다. 그림 9-1은 이를 시각적으로 나타낸다.

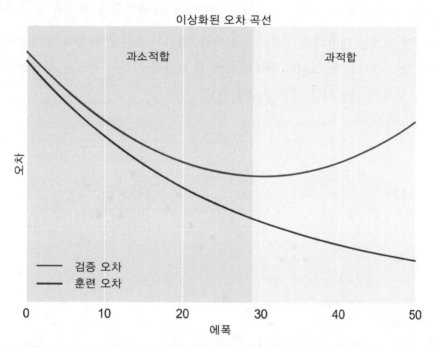

그림 9-1: 훈련 오차와 검증 오차는 훈련 시작 부근에서 꾸준히 감소하지만 특정 지점 이후부터 검증 오차가 증가하기 시작하는 반면 훈련 오차는 계속 감소해 과적합이 나타난다.

그림 9-1에서 검증 오차가 증가하면서 과적합 영역으로 이동해도 훈련 오차가 계속 감소한다는 점에 유의하자. 여전히 훈련 데이터로 학습은 하고 있지만, 이제 일반적인 규칙이 아닌 해당 데이터 특유의 정보를 학습하고 있기 때문이다. 검증 오차(일반화 오차 추정)가 악화되고 있기 때문에 이런 현상이 발생하고 있음을 알 수 있게 하는 것은 검증 데이터 세트에 대한 성능이다. 이런 방식으로 더 오래 훈련할수록 시스템을 배포할 때 성능이 저하된다.

실제 예시를 살펴보자. 가게 주인이 배경 음악을 제공하는 서비스에 가입했다고 가정해보자. 회사는 다양한 템포의 실시간 음악방송을 제공하며 언제든지 템포를 선택할 수 있는 조정 권한을 제공한다. 주인은 하루의 시작에 한 번 템포를 설정하고 잊어버리지 않고 하루 종일 자주 음악을 조정하는 자신을 발견하고 그 일이 번거롭다는 것을 깨닫는다. 그녀는 하루 종일 자신이 원하는 방식으로 음악을 자동으로 조정하는 시스템을 구축하고자 우리를 고용했다.

첫 번째 단계는 데이터를 수집하는 것이다. 따라서 다음날 아침에 통제실 맞은편에 앉아 지켜본다. 그녀가 템포를 조정할 때마다 시간과 새로운 설정을 기록한다. 수집된 데이터는 그림 9-2와 같다.

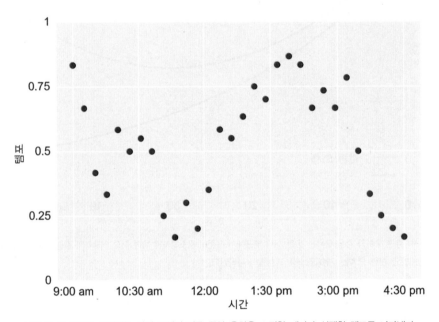

그림 9-2: 기록된 데이터는 상점 주인이 하루 동안 음악을 조정할 때마다 선택한 템포를 나타낸다.

그날 저녁 실험실로 돌아와 그림 9-3과 같이 데이터에 곡선을 맞췄다.

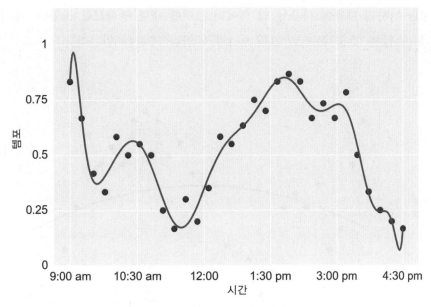

그림 9-3: 그림 9-2의 데이터에 맞는 곡선

이 곡선은 매우 구불구불하지만 그녀의 선택 항목과 잘 일치하기 때문에 좋은 솔루션이라고 생각할 수 있다. 다음날 아침 이 패턴을 따르도록 시스템을 프로그래밍한다. 오후 중반이 되자 주인은 음악의 템포가 너무 자주 그리고 너무 극적으로 변한다며 불평한다. 고객의 주의를 산만하게 하고 있던 것이다.

이 곡선은 관찰된 값과 너무 정확하게 일치하는 결과로서 데이터를 과적합하고 있다. 데이터를 측정한 날 그녀의 선택은 그날 재생된 특정 노래들을 기반으로 했다. 이 서비스가 매일 같은 시간에 같은 노래를 재생하는 것을 원치 않기 때문에 그 날 하루의 관찰 데이터와 지나치게 근접하게 재현하고 싶어 하지 않는다. 모든 꿈틀거림을 수용하고자 훈련 데이터의 특이성에 너무 많은 관심을 기울였던 것이다.

며칠 더 그녀의 선택을 지켜보고 모든 데이터를 사용해 좀 더 일반적인 계획을 세울 수 있다면 좋겠지만 그녀는 다시 가게에서 자리를 차지하고 있는 것을 원하지 않는다. 현재 갖고 있는 데이터가 얻을 수 있는 전부다. 변동이 적은 일정을 원하기 때문에 다음날 밤 데이터 일치에 대한 정확도를 줄인다. 예전만큼 튀지 않는 것을 목표로 그림 9-4의 완만한 곡선을 얻는다.

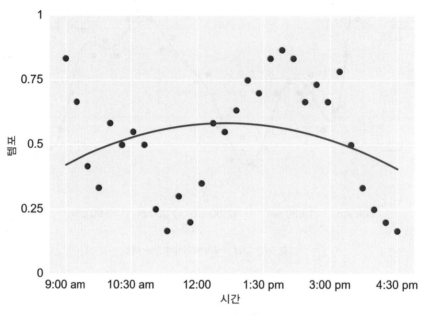

그림 9-4: 템포 데이터를 맞추기 위한 완만한 곡선

이 곡선은 아침에는 더 느린 템포를, 오후에는 더 신나는 노래를 사용하려는 그녀의 욕구와 같은 중요한 특징을 무시하고 너무 엉성하기 때문에 고객은 여전히 만족하지 못한다는 사실을 다음날 알게 된다. 이 곡선은 데이터를 과소적합하고 있다.

원하는 것은 모든 데이터를 정확히 일치시키려는 것이 아니라 일반적인 경향에 따라 좋은 느낌을 받는 정도의 솔루션이다. 너무 정확하지도 너무 느슨하지도 않은 '딱 맞는' 일치를 원한다. 다음날 그림 9-5의 곡선에 따라 시스템을 설정한다.

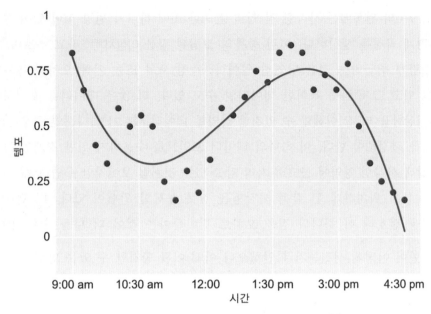

그림 9-5: 템포 데이터를 충분히 맞추지만 너무 일치시키지는 않은 곡선

고객은 이 곡선과 하루 동안 선택한 노래의 템포에 만족한다. 과소적합과 과적합 사이에서 좋은 절충안을 찾은 것이다. 이 예에서 최적의 곡선을 찾는 것은 개인 취향의 문제였지만 나중에 과소적합과 과적합 사이에서 이 스위트 스팟 sweet spot을 찾는 알고리듬적인 방법을 살펴볼 것이다.

그림 9-6은 2D 점들을 두 가지 범주로 분류할 때 나타나는 과적합의 또 다른 예를 나타낸다.

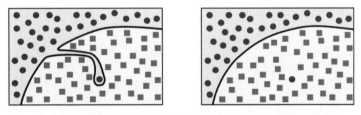

그림 9-6: 과적합 가능성이 있는 경우(Bullinaria 2015에서 영감을 받았다)

그림 9-6의 왼쪽에는 사각형 점 영역 깊숙한 곳에 하나의 원형 점이 있어 복잡한 경계 곡선을 생성한다. 이런 종류의 고립된 점을 이상치^{outlier}라고 부르며, 의심스럽게 취급하는 것은 당연한 일이다. 측정 오차 또는 기록 오차의 결과일 수도 있고 그저 아주 특이한 데이터일 수도 있다. 더 많은 데이터를 수집하면 이 이상함을 더 잘 이해할 수 있지만 작업할 데이터 세트가 하나뿐인 경우 처리 작업을 결정해야 한다. 이 하나의 데이터 포인트를 수용하기 위한 경계를 그리면 갈색 사각형 영역에 공고히 자리 잡고 있는 것처럼 보이지만 우연히 이 곡선의 내부에 위치하게 된 갈색 사각형을 잘못 분류할 위험이 있다. 더 단순한 곡선을 선호해 이 하나의 점을 오차로 받아들이는 것이 더 나을 수도 있다.

과적합이 어떻게 생겼는지 확인했으니 이제 이를 방지할 수 있는 방법을 살펴본다.

얼리스토핑

일반적으로 모델을 훈련하기 시작했을 때는 과소적합이다. 이 모델은 아직 제대로 처리하는 방법을 알아내기에 충분한 예제를 보지 못했기 때문에 규칙이 일반적이고 모호하다.

더 많이 훈련하고 모델이 경계를 세분화함에 따라 일반적으로 훈련 오차와 검증 오차가 모두 떨어진다. 이를 다루고자 여기에서는 편의상 그림 9-1을 다시 그림 9-7로 살펴본다.

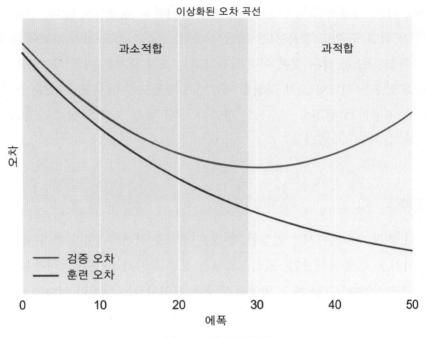

이상화된 오차 곡선

과소적합　　　　　　　　　　　　　　과적합

오차

— 검증 오차
— 훈련 오차

0　　　10　　　20　　　30　　　40　　　50

에폭

그림 9-7: 그림 9-1과 동일

어느 시점부터 훈련 오차는 계속 떨어지고 있지만 검증 오차가 증가하기 시작한다는 것을 알게 될 것이다(처음에는 잠시 평평해질 수 있다). 이제 과적합이 된다. 점점 더 많은 세부 사항을 제대로 습득하고 있기 때문에 훈련 오차가 감소하고 있다. 하지만 결괏값을 훈련 데이터에 너무 많이 맞추자 일반화 오차(또는 그 추정치, 검증 오차)가 증가하고 있다.

이 분석을 통해 "과적합이 시작되면 훈련을 중지한다."라는 좋은 지침을 제시할 수 있다. 즉, 그림 9-7에서 약 28 에폭에 도달해 훈련 오차가 떨어지는데도 검증 오차가 증가하는 것을 발견하면 훈련을 중단해야 한다. 검증 오차가 증가하기 시작할 때 훈련을 종료하는 이 기술은 훈련 오차가 0에 도달하기 전에 훈련 프로세스를 중지하기 때문에 **얼리스토핑**early stopping(또는 조기 중지)라고 부른다. 가능하면 오랫동안 훈련해 과적합 없이 데이터를 가장 잘 표현할 때 중단하기 때문에 이것을 **최후의 중지**last-minute stopping로 생각하는 것이 도움이 될 수 있다.

실제로 오차 측정은 그림 9-7의 이상적인 곡선만큼 매끄럽지 않다. 쉽게 노이즈^{noise}가 섞일 수 있고 짧은 시간 동안 '잘못된' 길을 가기도 하기 때문에 멈춰야 할 정확한 장소를 찾는 것이 어려울 수 있다. 조기 중지를 위한 대부분의 라이브러리 함수는 이러한 오차 곡선을 매끄럽게 만들도록 지시할 수 있는 몇 가지 변수를 제공하기 때문에 일시적인 증가가 아닌 검증 오차가 실제로 증가하는 시점을 감지할 수 있다.

일반화

언제나 훈련 데이터에서는 가능한 한 많은 정보를 쥐어짜내고자 하며 과적합이 시작되기 직전에 중단한다. 얼리스토핑은 검증 오차가 증가하기 시작할 때 학습을 종료시킨다. 그럼 해당 현상의 발생을 지연시키는 방법이 있다면 더 오래 훈련하고 훈련 오차와 검증 오차를 모두 계속해서 감소시킬 수 있을까?

오븐에서 칠면조 요리를 한다고 가정해보자. 팬에 칠면조를 넣고 센 불에서 익히면 결국 겉이 타기 시작한다. 하지만 칠면조를 태우지 않고 더 오래 요리하고 싶다. 한 가지 방법은 알루미늄 포일로 칠면조를 감싸는 것이다. 포일은 타기 시작하는 시점을 지연시켜 칠면조를 더 오래 요리할 수 있게 해준다.

과적합의 시작을 지연시키는 기술을 통틀어 **일반화 방법**$^{regularization\ method}$ 또는 단순히 **일반화**^{regularization}라고 한다. 컴퓨터는 스스로 과적합된 것을 인지하지 못한다는 것을 기억하자. 훈련 데이터로 학습하도록 요청하면 가능한 한 해당 데이터를 통해 제대로 학습하려 한다. '입력 데이터에 대한 좋은 지식'에서 '이 특정 입력 데이터에 대한 지나치게 구체적인 지식'으로 언제 넘어갈지 모르기 때문에 문제를 관리하는 것은 우리에게 달려 있다.

일반화를 수행하거나 과적합의 시작을 지연시키는 일반적인 방법은 분류기에서 사용하는 파라미터 값을 제한하는 것이다. 개념적으로 이것이 과적합을 막는 이유는 모든 파라미터를 작은 숫자로 유지함으로써 그중 어느 하나가 지배

298

적으로 되는 것을 방지한다는 것이 핵심이다(Domke 2008). 이는 분류기가 매우 작고 전문화된 특이점에 의존하는 것을 더 어렵게 만든다.

사람들의 이름을 기억하는 예제를 다시 생각해보자. 바다코끼리 모양의 콧수염을 기른 월터의 이름을 외웠을 때 그 정보 하나가 당신이 기억하는 다른 모든 것보다 지배적이었다. 그를 보고 학습할 수 있었던 다른 사실은 그가 남자였고 키가 거의 6피트였으며, 머리는 긴 백발이고 환한 미소와 낮은 목소리를 가졌으며, 갈색 단추의 짙은 빨간색 셔츠를 입었다는 것 등이 있다. 하지만 이것들 대신 그의 콧수염에 집중한 채 다른 모든 유용한 신호를 무시했다. 나중에 바다코끼리 모양의 콧수염을 가진 완전히 다른 사람을 만났을 때 그 한 가지 특징이 다른 모든 특징보다 지배적이었고 월터로 착각하기에 이르렀다.

발견한 모든 특징이 대략 같은 범위의 값을 갖도록 강제하면 '바다코끼리 모양의 콧수염이 있음'은 지배적이게 될 기회를 얻지 못하고 새로운 사람의 이름을 기억할 때 다른 특징들이 계속 중요하게 작용한다. 일반화 기술은 하나의 파라미터나 작은 파라미터 집합이 다른 모든 파라미터를 지배하게 두지 않는다.

모든 파라미터를 쓸모없게 만들 수 있기 때문에 그것들을 모두 동일한 값으로 설정하려는 것은 아니다. 파라미터들이 모두 대체적으로 같은 범위 안에 있는지 확인하려는 것뿐이다. 파라미터를 작은 값으로 낮추면 과적합이 발생하기 전까지 더 오래 학습할 수 있고, 훈련 데이터에서 더 많은 정보를 추출할 수도 있다.

각 경우마다 적용시킬 최적의 일반화 규모는 각 학습기와 데이터 세트마다 다르므로 일반적으로 몇 가지 값을 시도해보고 가장 잘 작동하는 값을 확인해야 한다. 때때로 다른 문자가 사용되기도 하지만 전통적으로 소문자 그리스어 λ(람다)라고 적힌 하이퍼파라미터로 일반화의 규모를 지정한다. 일반적으로 λ의 값이 클수록 더 많은 일반화를 의미한다.

파라미터 값을 작게 유지한다는 것은 일반적으로 분류기의 경계 곡선이 그렇지 않은 경우보다 복잡하고 지저분하지 않다는 것을 의미한다. 일반화 파라미터 λ를 사용해 경계를 얼마나 복잡하게 잡을 것인지 선택할 수 있다. λ 값이 크면 경계가 매끄럽고 작은 값은 경계가 데이터에 더 정확하게 맞도록 만든다.

이후 장에서는 여러 레이어 처리가 있는 학습 구조를 다룬다. 이러한 시스템은 여러 레이어 처리 학습 구조에서 과적합을 제어하는 데 도움이 되는 드롭아웃^{dropout}, 배치 정규화^{batch norm}, 레이어 정규화^{layer norm}, 가중치 일반화^{weight regularization}라는 추가적이고 특수한 일반화 기술을 사용할 수 있다. 이 모든 방법은 네트워크의 어떤 요소도 결괏값에 지배적이게 되는 것을 방지하도록 설계됐다.

편향과 분산

편향^{bias}과 분산^{variance}이라는 통계 용어는 과소적합 및 과적합과 밀접한 관련이 있으며 이러한 주제를 다룰 때 자주 등장한다. 편향은 시스템이 잘못된 것을 지속적으로 학습하는 경향을 측정하고 분산은 관련 없는 세부 사항을 학습하는 경향을 측정한다고 말할 수 있다(Domingos 2015). 달리 생각해보면 편향이 크다는 것은 시스템이 특정 종류의 결괏값에 대해 편견을 갖고 있다는 것을 의미하고, 분산이 크다는 것은 시스템에서 반환되는 답변이 불규칙하고 너무 구체적임을 의미한다.

2D 곡선의 관점에서 논의함으로써 이 두 가지 아이디어에 대한 시각적 접근 방식을 취할 것이다. 이 곡선은 시간 경과에 따라 매장 배경 음악의 템포를 설정하는 이전 작업과 같은 회귀 문제의 솔루션일 수 있다. 또는 이 곡선이 분류 문제에서 본 것처럼 평면상의 두 영역 사이 경계 곡선일 수 있다.

편향과 분산의 개념은 한 가지 유형의 알고리듬이나 2D 데이터에 국한되지 않는다. 그러나 여기에서는 2D 곡선을 고수할 것이다. 논의를 구체화하고 해석할 수 있게 해주기 때문이다. 노이즈가 있는 기저 곡선^{underlying noisy curve}에 잘 맞는 것을 찾는 데 집중하고, 알고리듬이 어떻게 작동하는지 설명하는 편향과 분산의 방식을 살펴보자.

기저 데이터에 일치시키기

대기[大氣] 연구원인 친구가 도움을 청하러 왔다고 가정해보자. 그녀는 산꼭대기의 특정 지점에서 몇 달간 매일 같은 시간에 풍속을 측정했다. 측정 데이터는 그림 9-8에 있다.

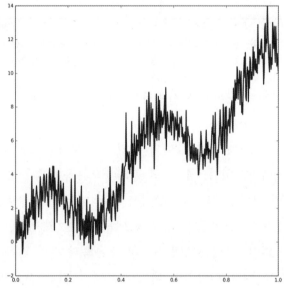

그림 9-8: 대기 연구원이 측정한 시간에 따른 풍속. 이 데이터에는 명확한 기저 곡선이 있지만 노이즈도 많다(Macscassy 2008에서 영감을 받은 기본 곡선base curve).

그녀는 이 측정 데이터가 해마다 동일한 이상적인 곡선과 예측할 수 없는 매일의 변동을 설명하는 노이즈의 합이라고 믿는다. 그녀가 측정한 데이터는 이상적인 곡선과 노이즈의 합이기 때문에 노이즈가 있는 곡선이라고 한다. 그림 9-9의 이상적인 곡선과 노이즈를 더하면 그림 9-8과 같이 된다.

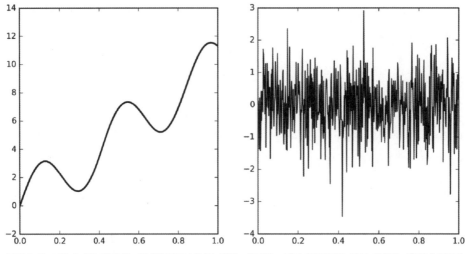

그림 9-9: 그림 9-8의 데이터는 두 부분으로 나뉜다. 왼쪽: 추구하는 기저 '이상적인' 곡선. 오른쪽: 측정된 데이터, 이상적인 곡선에 자연이 추가한 노이즈. 두 그래프는 서로 다른 수직 스케일을 갖고 있음에 주목하자.

대기 연구원은 자신이 노이즈를 설명하는 좋은 모델을 갖고 있다고 생각한다 (이 모델은 2장에서 본 균등 분포uniform distribution 또는 가우스 분포Gaussian distribution를 따를 것이다). 하지만 노이즈에 대한 그녀의 설명은 통계적이므로 일상적인 측정을 수정하는 데 사용할 수 없다. 즉, 그림 9-8의 오른쪽에 있는 노이즈의 정확한 값을 알고 있다면 그림 9-7의 측정값에서 이를 빼서 그림 9-8의 왼쪽에 있는 것과 같은 깨끗한 곡선 모양을 만드는 목표를 달성할 수 있다. 그러나 그 노이즈 값을 알 수는 없다. 그녀는 그림 9-8의 오른쪽과 같이 많은 곡선을 생성할 수 있는 통계 모델을 갖고 있지만 데이터의 특정 값을 갖고 있지는 않다.

다음은 노이즈가 많은 데이터를 정리하는 한 가지 방법이다. 그림 9-8의 노이즈가 있는 데이터로 돌아가서 부드러운 곡선을 맞추려고 할 수 있다(Bishop 2006). 복잡도를 선택해 곡선이 데이터를 따라갈 만큼 충분히 구불거릴 수 있지만 각 점point과 정확히 일치할 정도로는 구불거리지 않게 함으로써 곡선의 일반적인 모양과 꽤 알맞게 들어맞기를 희망한다. 이는 부드러운 기저 곡선을 찾기 위한 좋은 시작점이다.

부드러운 곡선을 노이즈가 있는 데이터에 맞추는 방법에는 여러 가지가 있다. 그림 9-10은 그러한 곡선 중 하나를 보여준다. 오른쪽 끝에 있는 약간의 구불거림은 사용한 곡선의 전형적인 형태로, 데이터 세트의 가장자리 근처에서 약간 급변하는 경향이 있다.

너무 먼 곳까지는 보이지 않지만 더 잘할 수 있을까?

이상적인 곡선을 찾는 문제에 편향과 분산의 개념을 적용해보자. 이 아이디어는 2장에서 다룬 부트스트래핑bootstrapping 방법에서 영감을 얻었지만 실제로 부트스트랩 기술을 사용하지는 않는다.

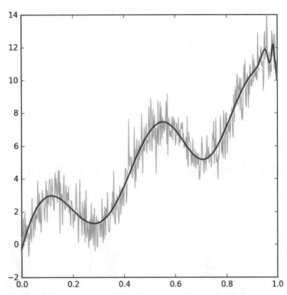

그림 9-10: 커브 피팅(curve-fitting) 알고리듬을 사용해 노이즈가 있는 데이터를 곡선으로 맞추기

원래 노이즈가 있는 50가지 종류의 데이터를 만들어보자. 각각의 데이터는 교체 없이 무작위로 선택된 30개의 점으로만 표시된다. 이 축소된 데이터 세트 중 처음 5개는 그림 9-11에 나와 있다.

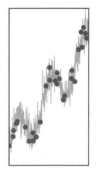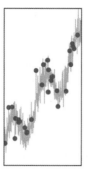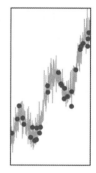

그림 9-11: 노이즈가 있는 50가지 종류의 시작 데이터를 만든다. 각 데이터는 교체 없이 원본 데이터에서 선택한 30개의 샘플로 구성된다. 이것들은 첫 다섯 데이터로, 선택된 점은 녹색으로 표시하고 노이즈가 있는 원본 데이터는 참조를 위해 회색으로 표시했다.

이러한 점집합에 간단한 곡선과 복잡한 곡선을 차례로 맞춰보고 편향과 분산의 측면에서 결과를 비교해보자.

높은 편향, 낮은 분산

먼저 단순하고 부드러운 곡선으로 데이터를 맞춰보자. 이러한 특성을 미리 선택했기 때문에 결과 곡선이 모두 거의 동일하게 보일 것으로 예상한다. 그림 9-11의 5개 데이터 세트에 맞는 곡선이 그림 9-12에 나와 있다.

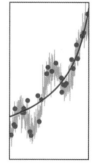

그림 9-12: 그림 9-11의 5가지 점집합에 단순한 곡선 맞추기

예상대로 곡선은 모두 단순하고 유사하다. 곡선들이 서로 매우 유사하기 때문에 이 곡선들의 집합이 높은 편향$^{high\ bias}$을 보인다고 말한다. 여기에서 편향은 단순한 모양에 대한 미리 결정된 선호도를 나타낸다. 형태가 너무 단순하기 때문에 각 곡선은 자료에 표시된 점을 기껏해야 몇 개밖에 통과할 수 없을 정도로 유연성이 부족하다.

분산은 곡선이 얼마나 다양하고 서로 다른지를 나타낸다. 이러한 높은 편향 곡선의 분산을 확인하고자 그림 9-13과 같이 50개 곡선을 모두 그릴 수 있다.

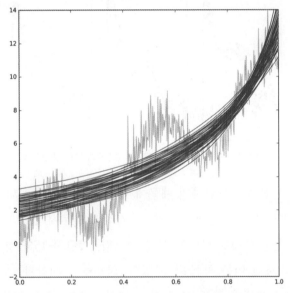

그림 9-13: 원본 데이터의 30개 점 표본 모두에 맞춘 50개 곡선 중첩시키기

예상대로 곡선은 서로 아주 유사하고 이를 낮은 분산$^{low\ variance}$을 보인다고 말한다.

요약하자면 이 곡선의 집합은 모두 모양이 거의 유사하기 때문에 편향이 높고 개별 곡선이 데이터의 영향을 많이 받지 않기 때문에 분산이 낮다.

낮은 편향, 높은 분산

이제 곡선이 단순해야 한다는 제약 조건을 축소해보자. 이를 통해 복잡한 곡선을 데이터에 맞출 수 있으므로 각 곡선이 녹색 점과 더 일치하기 쉬워진다. 그림 9-14는 처음 5개 데이터 세트에 적용된 이러한 곡선을 보여준다. 그림 9-12에 비해 이 곡선들은 여러 요철이 있어 훨씬 더 구불구불하다. 여전히 많은 지점을 직접 통과하지는 않지만 훨씬 더 가까워졌다.

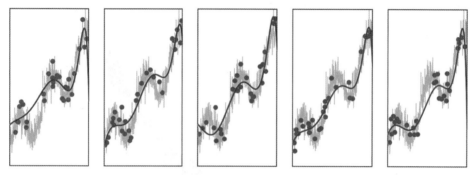

그림 9-14: 노이즈가 있는 데이터에서 첫 5개 점집합에 대해 생성한 복잡한 곡선

이 곡선들은 더 복잡하고 유연하기 때문에 어떠한 시작 가정보다 데이터의 영향을 더 많이 받는다. 곡선 모양에 제약을 덜 가하기 때문에 집합의 편향이 낮다고 한다. 반면에 곡선들은 서로 상당히 다른 형태다. 그림 9-15와 같이 50개의 모든 곡선을 서로 겹쳐보면 이를 확인할 수 있다. 곡선들은 시작과 끝에서 서로 항로를 크게 달리하기 때문에 큰 노선 차이를 포함하고자 길게 수직으로 떨어지는 선도 보여준다.

306

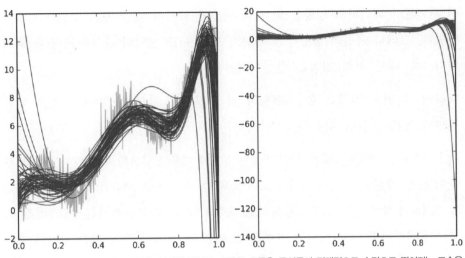

그림 9-15: 50개 데이터 세트에 맞춘 복잡한 곡선들. 오른쪽 흐름은 곡선들이 전체적으로 수직으로 떨어지는 모습을 보여준다.

이 곡선들은 모두 같은 모양이 아니므로 편향이 낮다. 또한 이것들은 서로 상당히 다르고 데이터의 영향을 많이 받기 때문에 집합의 분산이 높다.

곡선 비교

지금까지 한 곡선 맞추기 실험을 요약해보자.

대기 연구원은 데이터에 있는 이상적인 기저 곡선과 일치하는 곡선을 원했다. 노이즈가 있는 원본 데이터에서 무작위로 추출한 50개의 작은 점집합을 만들었다. 단순하고 부드러운 곡선을 이러한 점집합에 맞추자 곡선은 대부분의 데이터 점을 일관되게 놓치고 지나갔다. 해당 곡선 집합은 높은 편향 또는 특정 결과(부드럽고 단순함)에 대한 소인素因이 있었다. 곡선은 데이터의 영향을 크게 받지 않았으므로 곡선 집합의 분산은 낮다.

반면에 복잡하고 구불거리는 곡선을 이러한 점집합에 맞추면 곡선이 데이터와 더 잘 들어맞았고 대부분의 점에 훨씬 더 가까워졌다. 특정 모양에 대한 근본적인 원인보다 데이터의 영향을 더 많이 받았기 때문에 해당 곡선 집합은 편향이 낮았다. 그러나 곡선의 융통성은 곡선이 모두 서로 상당히 다르다는 것을 의미한다. 즉, 해당 곡선 집합은 분산이 높다.

따라서 첫 번째 집합은 높은 편향과 낮은 분산을 갖고 두 번째 집합은 낮은 편향과 높은 분산을 갖는다.

이상적으로는 편향이 낮은 곡선(가능한 형태에 대한 선입견을 부과하지 않음)과 분산이 낮은 곡선(서로 다른 곡선이 모두 노이즈가 있는 원본 데이터와 거의 딱 들어맞게 생성하게 함)이 필요하다. 불행히도 대부분의 실제 상황에서는 두 측정값 중 하나가 내려가면 다른 하나는 올라간다. 이는 각 특정 상황에 따른 최적의 편향-분산 트레이드오프^{bias-variance tradeoff}를 찾는 것이 우리에게 달려 있음을 의미한다. 잠시 후 이 문제로 다시 돌아올 것이다.

편향과 분산은 곡선 집합의 속성이다. 따라서 단일 곡선의 편향과 분산을 논의하는 것은 이치에 맞지 않다. 편향과 분산은 모델이나 알고리듬의 복잡도나 성능을 설명하는 방법으로, 머신러닝 토론에 자주 등장한다.

이제 편향과 분산이 과소적합과 과적합을 설명하는 데 어떻게 도움이 되는지 살펴본다. 훈련 초기에 시스템이 훈련 데이터를 표현하는 올바른 방법을 찾으려고 할 때 일반적인 규칙이나 과소적합을 생성하게 된다. 이러한 규칙이 각 데이터 클래스 사이의 경계인 경우 곡선 형태를 갖는다. 유사하지만 서로 다른 여러 개의 데이터 세트로 학습을 진행하면 모양이 단순하고 서로 유사한 곡선들을 볼 수 있을 것이다. 즉, 편향이 높고 분산이 낮은 곡선들이다.

훈련이 진행될수록 각 데이터 세트의 곡선은 더 복잡해진다. 곡선의 형태에 대한 전제 조건이 적으므로 편향이 낮고 훈련 데이터와 밀접하게 일치할 수 있으므로 분산은 높다. 시스템을 너무 오랫동안 훈련시키면 높은 분산을 갖는 곡선이 입력 데이터에 너무 밀접하게 따라가기 시작해 과적합이 발생한다.

그림 9-16은 편향과 분산의 트레이드오프를 그래픽으로 보여준다.

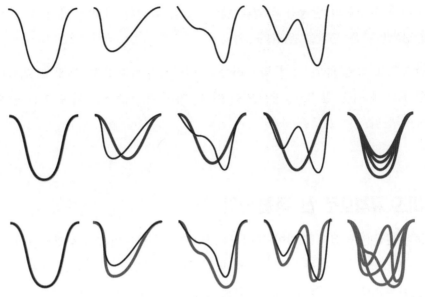

그림 9-16: 맨 위: 맞추려는 4개의 곡선. 중간: 편향이 높고 분산이 낮은 곡선 사용. 맨 아래: 편향이 낮고 분산이 높은 곡선. 아래 두 줄의 맨 오른쪽 이미지는 4개의 곡선이 겹쳐진 모습을 보여준다.

중간을 보면 높은 편향은 멋지고 단순한 곡선(과적합을 방지)을 제공하지만 낮은 분산은 데이터와 일치하지 않는다는 것을 의미한다. 아래를 보면 편향이 낮으면 곡선이 데이터와 더 잘 일치할 수 있지만 분산이 높으면 곡선이 너무 지나치게 일치할 수 있음을 의미한다(과적합 위험이 있다).

일반적으로 편향이나 분산은 본질적으로 다른 것보다 더 좋거나 나쁜 것이 아니므로 가능한 한 가장 낮은 편향이나 분산을 가진 해결책을 찾고자 하는 유혹에 빠져서는 안 된다. 일부 애플리케이션에서는 높은 편향이나 높은 분산이 허용될 수 있다. 예를 들어 훈련 데이터 세트가 장래의 모든 데이터를 절대적으로 대표한다는 것을 알고 있다면 해당 훈련 데이터 세트를 완벽하게 일치시키는 것이 원하는 것이기 때문에 분산에 신경 쓰지 않고 가능한 한 가장 낮은 편향을 목표로 한다. 반면 훈련 데이터 세트가 장래 데이터를 대표하지 못한다는 것을 알고 있다면(하지만 현재로서는 최선인) 이 형편없는 데이터 세트에 맞추는 것이 중요하지 않기 때문에 편향에 신경 쓰지 않을 수 있다. 하지만 장래 데이터에 최소한의 합당한 작업을 할 수 있는 최적의 기회를 가질 수 있도록 가능한 한 낮은 분산을 원한다.

일반적으로 작업 중인 특정 알고리듬과 데이터가 주어지면 특정 프로젝트의 특정 목표에 가장 잘 맞는 방식으로 이 두 가지 측정값 사이의 올바른 균형을 찾아야 한다.

베이즈 규칙으로 선 적합하기

편향과 분산은 곡선의 집합이 데이터에 얼마나 잘 맞는지를 특성화하는 유용한 방법이다. 4장에서 다룬 빈도주의와 베이지안 철학을 상기해보면 편향과 분산이 본질적으로 빈도주의적 개념이라고 말할 수 있다. 편향과 분산은 데이터 소스를 통해 여러 가지 값을 그리는 데 기반을 두기 때문이다. 단일 곡선에 지나치게 의존하지 않는다. 대신 모든 곡선의 평균을 사용해 각 곡선이 근접하는 '정답'을 찾는다. 이러한 아이디어는 빈도주의적 접근 방식과 매우 잘 맞는다.

대조적으로 데이터를 일치시키기 위한 베이지안 접근 방식은 결과가 확률적 방식으로만 설명될 수 있다고 주장한다. 가능하다고 생각되는 모든 데이터 일치 방법을 나열하고 각각에 확률을 덧붙인다. 더 많은 데이터를 수집함에 따라 그중 일부를 점차적으로 제거해 나머지를 더 가능성 있게 만들 수는 있지만 절대적인 단일 답변에는 도달하지 못한다.

실제로 살펴보자. 이 논의는 패턴 인식과 머신러닝(Bishop 2006)의 시각화를 기반으로 한다. 그림 9-8에서 본 노이즈가 있는 대기 데이터의 근사치를 찾는 베이즈 규칙을 사용할 것이다. 복잡한 곡선을 데이터에 맞추지 않고 직선으로 조건을 제한하겠다. 그렇게 하면 모든 것을 2D 플롯^{plot}과 다이어그램으로 표시할 수 있기 때문이다. 사실 대체적으로 수평^{horizontal}인 선을 고수한다. 다시 말해 이는 더 높은 차원이 필요하지 않은 멋진 다이어그램을 그릴 수 있게 하기 위한 것이다.

베이즈 규칙을 사용해 곡선을 맞추는 방법은 복잡한 곡선, 공간의 시트 또는 수많은 차원의 형태를 사용할 수 있다. 여기서는 대체적으로 수평인 직선을 사용할 것이며 그 선택이 그림을 단순하게 유지시켜주기 때문이다.

한 번에 여러 선으로 작업할 것이므로 모든 선을 그리지 않고 여러 선 그룹을 간결하게 표현할 수 있는 방법을 찾는 것이 좋다.

트릭은 모든 선을 두 개의 숫자로 설명하는 것이다. 첫 번째는 선이 완전히 수평에서 기울어진 정도를 알려주므로 어떤 방향으로든 선을 제공한다. 두 번째 숫자는 줄을 위아래로 얼마나 움직일지 알려준다.

첫 번째 숫자는 기울기^{slope}다. 수평선의 기울기는 0이다. 선이 시계 방향으로 회전함에 따라 그림 9-17과 같이 기울기가 증가한다. 선이 시계 반대 방향으로 회전하면 기울기가 감소한다.

직선이 완전 대각선일 때 기울기는 1 또는 -1이다. 더 가파른 방향으로 회전함에 따라 기울기는 완전히 수직선에 대해 무한대에 도달할 때까지 빠르게 증가한다. 이 문제를 피하기 위한 조치를 취할 수 있지만 토론을 더 복잡하게 만들 뿐이다. 따라서 단순화를 위해 그림 9-17의 녹색 영역에 있는 -2와 2 사이의 기울기를 갖는 선으로 주의를 제한하자.

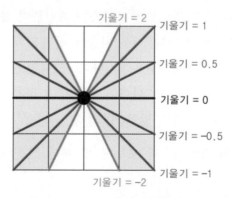

그림 9-17: 수평선의 기울기는 0이다. 선이 시계 반대 방향으로 회전하면 기울기가 증가한다. 시계 방향으로 회전하면 기울기가 감소한다. 연한 녹색 영역에 속하는 기울기를 갖는 선만 사용한다.

선을 설명하는 두 번째 숫자는 Y 절편이다. 이는 단순히 전체 선을 전체적으로 위나 아래로 이동한다. 이 숫자는 X가 0일 때 선의 값을 알려준다. 즉, Y축을 가로지르거나 가로막는 선의 값이다. 그림 9-18은 이 아이디어를 보여준다. 다시 단순함을 위해 그림 9-18에서 녹색으로 칠해진 [-2, 2] 범위의 Y 절편이 있는 선으로 초점을 제한할 것이다.

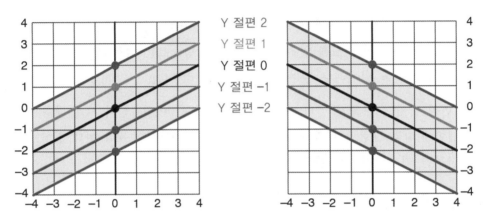

그림 9-18: Y 절편은 기울기와 상관없이 Y축을 가로지르는 선의 Y 값을 알려준다. -2와 2 사이에 Y 절편에 속한 선들만 사용할 것이다.

임의의 선이 주어지면 기울기 값을 얻고자 방향을 측정할 수 있고 Y축과 교차하는 위치를 관찰해 Y 절편 값을 얻을 수 있다. 이것이 선을 설명하는 데 필요한 모든 것이다. 축에 기울기와 Y 절편이라는 레이블이 붙은 새 2D 그리드의 한 점으로 이것을 표시할 수 있다. 이를 기울기-절편을 나타내는 SI 다이어그램이라고 부르겠다. 일반 다이어그램은 XY 다이어그램일 뿐이다. 또한 SI 다이어그램은 SI 공간에 선을 그리고 XY 다이어그램은 XY 공간(데카르트 공간^{Cartesian space}이라고도 함)에 선을 표시한다고 말할 수 있다.

그림 9-19는 XY와 SI 다이어그램 모두에 몇 개의 선을 보여준다.

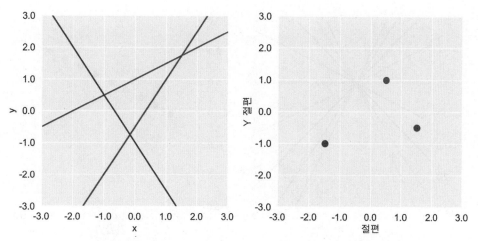

그림 9-19: 왼쪽: XY 공간의 세 줄. 오른쪽: SI 공간에서 점으로 그려진 각 선.

수학자들은 같은 것을 두 가지 방식으로 보는 것을 이중 표현dual representation이라고 부르며 이에 대해 할 말이 많다. 베이즈 규칙을 사용해 선을 맞추는 논의에 필요한 것만 집중할 것이다.

선을 따라 SI 공간의 점집합을 정렬할 때 흥미로운 일이 발생한다. XY 공간에 해당 선을 그리면 모두 동일한 XY 점에서 만난다. 그림 9-20은 이를 실제로 보여준다. 이는 SI 포인트가 선 위에 놓인다면 사실이다.

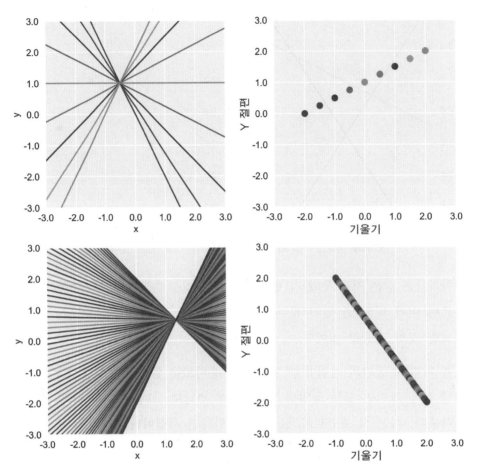

그림 9-20: 선을 따라 SI 공간에 점을 배치하는 두 가지 예. 해당 선은 항상 XY 공간의 단일 지점에서 만난다.

데이터에 가장 적합한 선을 찾을 때 모든 점을 통과할 수는 없을 것이다. 하지만 이것이 가까워지기를 바란다. 따라서 SI 공간에 점을 배치하는 대신 가능한 모든 선에 0에서 1까지의 확률을 할당해 찾고 있는 선이 될 가능성을 나타낸다. 그림 9-21은 이 아이디어를 보여준다(그림 9-21과 앞으로 나올 그림에서 읽기 쉽게 필요에 따라 확률 값을 확장한다).

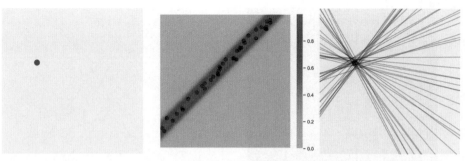

그림 9-21: 왼쪽: XY 공간의 한 점. 중간: SI 그래프의 모든 점에는 0에서 1(파란색에서 보라색)까지의 확률이 할당돼 해당 선이 해당 지점에 얼마나 근접하는지 알려준다. 검은 점으로 몇 가지 대표적인 선을 보여준다. 오른쪽: XY 공간에서 선으로 그려진 그림에서의 가운데 검은 점. 이것들은 모두 원래 빨간 점을 통과하거나 가까이 온다.

이제 풀고자 하는 문제로 돌아가자. 노이즈가 있는 데이터 세트에 대한 최상의 직선 근사를 찾는 것이다. 그림 9-22의 왼쪽 상단에서와 같이 SI 공간에서 임의의 넓은 가우스 범프로 먼저 시작하겠다. 이것은 모든 선이 답이 될 수 있지만 밝은 보라색 영역에 있는 선이 가장 가능성이 높다는 것을 의미한다. 확률에 따라 이 그래프에서 일부 점을 선택하고 오른쪽 상단에 그렸다. 매우 다양한 선을 얻고 있으며 선의 선택과 관련해 매우 모호한 사전 확률을 확인한다.

그림 9-22에서 사전 확률이 작아질수록 좀 더 세련된 선 선택을 얻을 수 있음을 알 수 있다. 따라서 베이즈 규칙이 이러한 종류의 변화를 따르고 데이터에 맞는 작은 선들의 모음을 생성하는 작은 사후 확률(또는 사전 확률)을 제공하기 바란다.

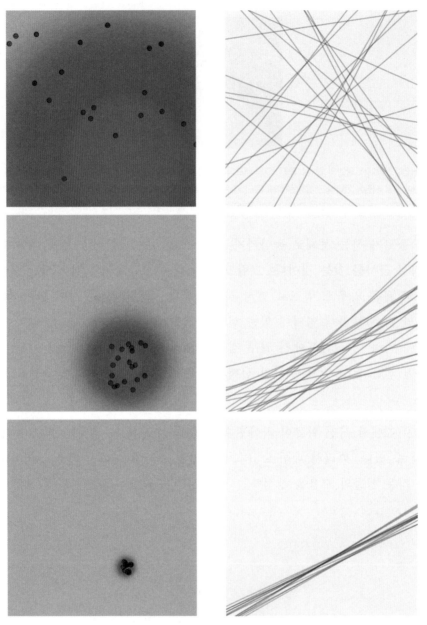

그림 9-22: 왼쪽 상단: 해당 확률 분포에서 선택된 일부 점과 SI 공간의 사전 확률. 오른쪽 위: XY 공간에 선으로 그려진 점들. 두 번째 및 세 번째 행: 가장 윗줄과 비슷하지만 더 작은 사전 확률

이제 베이즈 규칙을 사용해 데이터를 일치시킬 준비가 됐다. 그림 9-23은 프로세스를 보여준다.

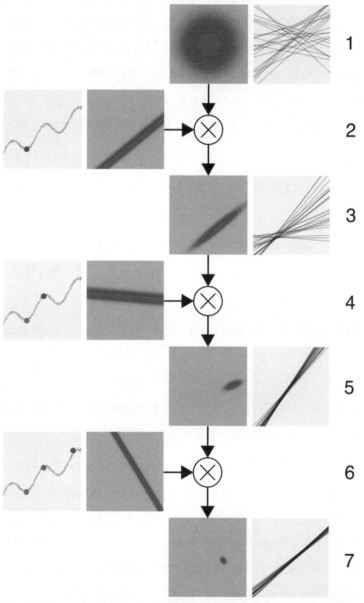

그림 9-23: 베이즈 규칙을 사용해 데이터에 따른 직선 적합(Bishop 2006에서 영감을 받음)

그림 9-23에서 일어나는 일을 한 줄씩 살펴보자. 1행에서는 데이터에 맞는 직선 분포에 대한 **사전 확률**[prior] 또는 **시작 추측**[starting guess]을 보여준다. 중앙에 중심이 있는 가우시안을 임의로 선택했다. 이 데이터는 수평이면서 Y 절편이 0인 직선 (즉, X측)에 대부분 맞을 가능성이 높다. 그러나 가우시안은 가장자리까지 가므로(도표의 어느 위치에서도 0에 도달하지 않음) 사용할 수 있는 모든 선에 가능성이 있다. 물론 데이터를 보고 더 나은 **시작 사전 확률**[starting prior]을 선택할 수 있다. 하지만 후보로 고려할 모든 선은 최소한 어느 정도의 가능성을 갖고 있기 때문에 이 방법은 간단하면서도 수용할 수 있는 시작이라고 할 수 있다.

1행의 오른쪽 그림은 사전 예측에서 무작위로 선택된 20개의 선을 보여준다. 더 가능성이 높은 선이 선택될 확률이 더 높다.

2행의 왼쪽 그림은 노이즈가 있는 원본 데이터 세트와 무작위로 선택된 빨간 점을 보여준다. 해당 점을 직접(또는 근접해) 통과하는 모든 선에 대한 우도 [likelihood] 도표가 오른쪽에 표시된다. 이제 베이즈 규칙을 적용해 1행의 사전 확률을 2행의 우도로 곱한다.

결과는 3행의 왼쪽 그림과 같다. 이는 사후 확률 또는 사전 확률의 각 점(그 선이 있다고 생각했을 가능성)과 새 점의 우도(각 선이 이 데이터 조각에 맞을 가능성)를 곱한 결과다. 증거로 나누는 베이즈 규칙 단계는 건너뛰고 있다. 사진을 흑백에서 흰색의 범위에 걸쳐 확장하고 있기 때문에 이는 실제로 사후 확률의 축소된 버전이다. 편의상 사후 확률이라고 하자.

3행의 사후 확률은 새로운 얼룩으로 표현되는 새로운 2D 분포임을 주목하자. 오른쪽에는 해당 분포에서 무작위로 그려진 또 다른 25개의 선이 있다. 1행에는 없었던 그림의 상단 근처에 큰 빈 공간이 있는 것을 볼 수 있다. 시스템은 베이즈 규칙의 한 단계에서 해당 공간을 통과하는 선 중 어느 것도 데이터와 일치하지 않을 가능성이 있다는 것을 배웠다. 3행의 사후 확률은 따라오는 다음 데이터 점에 대한 새로운 사전 확률이 된다.

4행에서 다시 빨간색으로 표시된 입력에서 새 데이터 포인트를 선택한다. 오른쪽에는 이 점에 대한 선의 우도가 있다. 5행에서 베이즈 규칙을 다시 적용하고 사전 확률(3행의 사후 확률)에 4행의 우도를 곱해 새로운 사후 확률을 얻는다. 사후 확률의 크기가 줄어들어 두 점에 모두 맞는 선 모음이 첫 번째 점에만 맞는 모음보다 작다는 것을 알 수 있다. 오른쪽에는 이 분포에서 그린 선이 표시된다. 이들이 방금 배운 두 점과 같은 일반적인 방향으로 얼마나 함께 묶였는지 확인해보자.

6행에 새로운 점과 우도, 7행에 있는 새로운 사후 확률과 선 집합을 사용해 이 과정을 반복한다. 이 사후 확률에서 나온 선은 매우 비슷하고 추세는 데이터에 잘 맞는 것으로 보인다. 점점 더 많은 점을 사용함으로써 가능한 선의 범위가 점점 더 제한된다.

이 예에서 베이즈 규칙이 학습 시스템 훈련에 왜 그렇게 유용한지 알 수 있다. 훈련 데이터를 곡선 위의 점으로 생각하고 시스템의 출력으로 사전 확률을 진화시킨다고 생각하자. 시스템에 더 많은 샘플(이 경우 점들)을 제공함에 따라 시스템은 원하는 응답을 제공하고자 자체적으로 미세 조정^{fine-tune}할 수 있다.

그림 9-21의 오른쪽 하단에 있는 선을 보고 편향과 분산에 대한 아이디어를 적용하고 싶을 수도 있지만 적용된 아이디어는 베이지안과 같이 생각하지는 않는다. 베이지안 프레임워크에서 이 아이디어들은 다양한 형태의 평균화를 사용해 진정한 답에 근접하는 일련의 선을 발견할 수 없다. 대신 베이지안이 보여주는 모든 선은 정확하고 확실하지만 확률이 다른 것으로 본다. 이 내용에서 그린 선의 편향과 분산을 계산하는 것은 가능하지만 의미는 없다.

빈도주의적 접근과 베이지안 접근 모두 데이터에 선(또는 곡선)을 맞출 수 있다. 이들은 단지 매우 다른 태도를 취하며 다른 메커니즘을 사용하기에 문제에 대한 좋은 답을 찾는 두 가지 다른 방법을 제공한다.

요약

9장에서는 학습 시스템이 일반화에 실패할 수 있는 몇 가지 방법을 살펴봤다. 곡선이 데이터에 적합하지 않아 학습 시스템이 저조한 성능을 보일 때 과소적합했다고 한다. 학습 시스템이 새 데이터에 대해서는 성능이 떨어지지만 학습 데이터에 대해서는 훌륭한 성능을 보일 때 과적합했다고 한다. 시스템이 학습 데이터의 기이함과 특이성을 너무 많이 학습한 것이다. 훈련과 검증 성능을 관찰하고 일반화 방법을 사용해 과적합을 방지하는 방법을 살펴봤다. 편향 및 분산과 과적합의 관계를 고려하고 베이즈 규칙을 사용해 잡음이 있는 데이터에 직선을 맞추는 방법을 살펴봄으로써 9장을 마친다.

10

데이터 준비

머신러닝 알고리듬은 훈련된 만큼만 작동할 수 있다. 현실 세계에서 데이터는 노이즈가 많은 센서, 버그가 있는 시뮬레이션 프로그램, 종이 기록의 불완전하고 부정확한 전사를 통해 얻기도 한다. 따라서 데이터를 사용하기 전에 항상 데이터를 살펴보고 문제를 해결해야 한다.

이 작업을 위해 다양한 방법이 개발됐다. 데이터 준비^{data preparation} 또는 데이터 정제^{data cleaning}를 위한 기술이라고 한다. 학습 시스템이 데이터를 가장 효율적으로 사용할 수 있게 학습 전에 데이터를 처리하는 것을 말한다.

데이터 자체가 머신러닝에 잘 맞는지 확인하기를 원한다. 예를 들어 숫자를 크기 조정하거나 범주를 묶어 데이터를 조정하는 것 등을 의미한다. 데이터를 구조화하는 특정한 방식과 데이터가 차지하고 있는 숫자 범위가 알고리듬이 데이터에서 추출할 수 있는 정보에 강력한 영향을 미칠 수 있기 때문에 이 작업은 필수다.

10장의 목표는 가장 효율적이고 효과적인 학습 프로세스를 얻고자 의미^{meaning}를 변경하지 않고 주어진 데이터를 조정하는 방법을 알아보는 것이다. 데이터가 깨끗하고 학습할 준비가 됐는지 확인하는 기술부터 시작한다. 그런 다음 데이터 자체를 검사하고 머신러닝에 가장 적합한 형태인지 데이터를 확인하는 방법을 살펴본다. 여기에는 문자열을 숫자로 바꾸는 것과 같은 간단한 작업이나 데이터 크기 조정과 같은 더 흥미로운 작업이 포함될 수 있다. 마지막으로 훈련 데이터의 크기를 줄이는 방법을 살펴보자. 이를 통해 알고리듬을 더 빠르게 실행하고 학습할 수 있다.

기본 데이터 정제

데이터가 잘 정리됐는지 확인하는 몇 가지 간단한 방법에서부터 시작하겠다. 공백, 잘못된 항목, 기타 오차가 없는 데이터로 시작하게 하는 것이 핵심이다.

데이터가 텍스트 형식인 경우 인쇄상의 오류, 철자 오류, 인쇄할 수 없는 문자, 기타 손상이 없는지 확인하고자 한다. 예를 들어 동물 사진 모음집과 사진을 설명하는 텍스트 파일이 있고 시스템이 대소문자를 구분하는 경우 'girafe'나 'Giraffe'가 아닌 'giraffe'로 모든 기린에 대한 레이블이 지정되게 해야 한다. 그리고 'beautiful giraffe'나 'giraffe-extra tall'과 같은 다른 오타^{typo}나 변형을 피하고 싶다. 기린에 대한 모든 참조 목록은 동일한 문자열을 사용해야 한다.

그리고 다른 몇 가지 상식적인 것들을 찾아야 한다. 훈련 데이터에서 실수로 중복된 데이터를 제거하고 싶다. 그것들은 작업 중인 데이터에 대한 작업자의 생각을 왜곡할 수 있기 때문이다. 실수로 단일 데이터 조각을 여러 번 포함하게 되면 학습자는 이를 동일한 값을 갖는 여러 개의 다른 샘플로 해석할 수 있으므로 해당 샘플이 예상보다 더 많은 영향을 미칠 수 있다.

또 소수점이 누락돼 1.000인 값을 1,000으로 지정하거나 숫자 앞에 하나가 아닌 두 개의 빼기 기호를 넣는 등의 오류가 없는지 확인하고 싶다. 입력 데이터가 없음을 나타내는 공백이나 물음표가 있는 수기 작성 데이터베이스를 발견하는 것은 드문 일이 아니다. 일부 컴퓨터가 생성한 데이터베이스에는 NaN(숫자가 아님)과 같은 코드가 포함될 수 있다. 이 코드는 컴퓨터가 숫자를 출력하려고 하지만 출력할 유효한 숫자가 없음을 나타내는 표시다. 더 큰 문제는 때때로 사람들이 숫자 데이터를 누락했을 때 0이나 −1과 같은 값을 입력한다는 것이다. 학습을 시작하기 전에 데이터에서 이러한 모든 문제를 찾아 수정해야 한다.

그리고 사용할 소프트웨어에서 해당 데이터가 적절하게 해석될 수 있는 형식인지 확인해야 한다. 예를 들어 **과학적 표기법**^{scientific notation}으로 알려진 형식을 사용해 매우 큰 숫자와 매우 작은 숫자를 표현할 수 있다. 문제는 그러한 표기법에 공식적인 형식이 없다는 것이다. 서로 다른 프로그램은 이러한 유형의 출력에 대해 각각 서로 약간씩 다른 형식을 사용하고 해당 데이터를 읽는 어떤 프로그램(예, 딥러닝에서 자주 사용하는 라이브러리 함수)은 예상하지 못한 형식을 잘못 해석할 수 있다. 예를 들어 과학적 표기법에서 값 0.007은 일반적으로 **7e-3** 또는 **7E-3**으로 출력된다. **7e-3**을 입력하면 프로그램은 이를 $(7 \times e) - 3$으로 해석할 수 있다. 여기서 e는 약 2.7의 값을 갖는 오일러 상수^{Euler's constant}다. 그 결과 **7e-3**이 먼저 7과 e의 값을 곱한 다음 3을 빼서 0.007이 아닌 약 16이라는 값을 요청하는 것이라고 컴퓨터는 받아들인다. 프로그램이 입력값을 적절하게 해석할 수 있도록 이러한 종류의 것들을 파악해야 한다.

또한 누락된 데이터를 찾고자 한다. 샘플에서 하나 이상의 피처에 대한 데이터가 누락된 경우 알고리듬으로 구멍을 메울 수 있지만 단순하게 샘플 전체를 제거하는 것이 더 나을 수 있다. 이는 일반적으로 케이스에 따라 다르게 내리는 주관적인 판단이다.

마지막으로 다른 모든 데이터와 극명히 다르게 보이는 데이터 조각을 식별하고자 한다. 이러한 **이상치**^{outliers} 중 일부는 소실된 소수점과 같은 단순한 오타일 수 있다. 또는 잘못된 복사 및 붙여넣기와 같은 인적 오류의 결과이거나 누군가 항목을 삭제하는 것을 잊어버린 경우일 수 있다. 이상치가 실제 데이터인지 아니면 단순한 오류인지 모를 때 이를 그대로 둘 것인지 수동으로 제거할 것인지 결정하고자 스스로 판단을 내려야 한다. 이는 전적으로 데이터가 무엇을 나타내는지와 스스로 데이터를 얼마나 잘 이해하고 있는지, 데이터로 어떤 작업을 수행하려는지에 따라 달라질 수 있는 주관적인 결정이다.

이러한 단계가 간단해보일 수 있지만 실제로 데이터의 크기와 복잡성이나 초기 데이터가 얼마나 엉망인지에 따라 이를 수행하는 것은 큰 노력이 필요할 수 있다. 많은 도구가 이 데이터 정리 작업에 도움이 될 수 있다. 일부는 독자적 실행이 가능하고 다른 일부는 머신러닝 라이브러리에 내장돼 있다. 상용 서비스도 유료로 데이터를 정리해준다.

"쓰레기가 들어가면 쓰레기가 나온다.Garbage-in, garbage-out"라는 고전적인 컴퓨터 사용 규칙을 염두에 두는 것이 좋다. 다시 말해 결괏값은 시작 데이터의 품질만큼만 좋아질 수 있기 때문에 가능한 한 최상의 데이터로 시작하는 것이 중요하다. 이는 가능하면 데이터를 깔끔하게 만들고자 열심히 노력해야 한다는 것을 의미한다.

이제 사소한 필수 업무들을 처리했으므로 학습에 적합한 데이터를 만드는 데 주의를 기울여보자.

일관성의 중요성

학습을 위해 숫자를 준비한다는 것은 숫자들 사이의 관계를 바꾸지 않으면서 변환transformation시키는 것을 의미한다. 이 장의 뒷부분에서 모든 숫자를 주어진 범위로 확장하거나 일부 불필요한 데이터를 제거해 학습기가 해야 할 일을 줄일 수 있는 이러한 변환을 다룬다. 이 작업을 수행할 때는 항상 중요한 원칙을 준수해야 한다. 어떤 방식으로든 훈련 데이터를 수정할 때마다 모든 장래 데이터도 같은 방식으로 수정해야 한다는 것이다.

이것이 왜 중요한지 살펴보자. 훈련 데이터를 변경할 때는 일반적으로 컴퓨터의 학습 효율이나 정확성을 향상시키는 방식으로 값을 수정하거나 결합한다. 그림 10-1은 이를 시각적으로 보여준다.

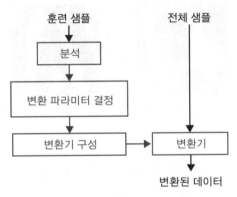

그림 10-1: 훈련 및 평가를 위한 전처리 흐름

그림에서 볼 수 있듯이 일반적으로 훈련 데이터 세트 전체를 살펴보고 필요한 변환을 결정한다. 학습기를 훈련시키고자 해당 데이터를 변환하고, 시스템을 출시한 후 다루게 될 모든 새로운 데이터에도 동일한 변환을 사용한다. 요점은 시스템이 사용되는 동안에는 알고리듬에 데이터를 제공하기 전에 먼저 모든 새로운 데이터에 동일한 수정 사항을 적용해야 한다는 것이다. 이 단계를 건너뛰면 안 된다.

평가하는 모든 데이터에 동일한 변환을 재사용해야 한다는 사실은 머신러닝에서 반복적으로 나타난다. 먼저 시각적인 예를 들어 일반적인 방식으로 문제를 살펴보겠다.

분류기에 얼룩말과 소의 사진을 구별하는 방법을 가르치고 싶다고 가정해보자. 훈련 데이터로 사용할 두 동물의 사진을 아주 많이 수집할 수 있다. 이 두 동물의 사진을 가장 분명하게 구별하게 하는 것은 서로 다른 흑백 무늬의 형태다. 학습기가 이러한 요소에 주의를 기울이게 하고자 각 사진을 잘라 각 동물의 무늬를 분리하기로 결정할 수 있다. 그런 다음 분리된 무늬 조각으로 훈련할 수 있다. 잘린 사진이 학습기가 보는 전부다. 그림 10-2는 몇 가지 샘플을 보여 준다.

그림 10-2: 왼쪽: 소의 무늬 조각. 오른쪽: 얼룩말의 무늬 조각.

시스템을 훈련하고 배포했지만 각 이미지를 조각으로 자르는 이 전처리 단계를 사람들에게 알리지 않았다고 가정하자. 이 중요한 정보를 모른 채 일반 사용자 는 그림 10-3과 같이 소와 얼룩말의 전체 사진을 시스템에 입력해 각각의 동물 을 식별하도록 요청할 수 있다.

그림 10-3: 왼쪽: 소 사진. 오른쪽: 얼룩말 사진. 그림 10-2의 조각화한 무늬로 시스템을 훈련했다면 전체 사진의 추가적 인 세부 사항으로 인해 오도될 수 있다.

인간은 이 사진에서 가죽 무늬를 보고 선택적으로 판단할 수 있다. 반면 컴퓨터 는 다리, 머리, 땅, 기타 세부 사항에 의해 오도될 수 있으므로 적절한 결과를 제공하는 능력이 저하된다. 그림 10-2의 준비된 데이터와 그림 10-3의 준비되지 않은 데이터 간의 차이는 시스템이 훈련 데이터에서는 훌륭하게 수행하지만 실제 세계에서는 형편없는 결과를 제공할 수 있다는 것을 보여준다. 이를 방지하려면 그림 10-3과 같은 모든 새로운 데이터를 잘라 그림 10-2의 훈련 데이터와 같은 입력값을 생성해야 한다.

훈련 데이터를 변환한 것과 같은 방식으로 새 데이터를 변환하는 것을 잊어버리는 것은 쉽게 저지르는 실수며 이로 인해 일반적으로 알고리듬의 성능이 저하되고 때로는 알고리듬이 무용지물이 될 수도 있다. 기억해야 할 규칙은 다음과 같다. 훈련 데이터를 수정하는 방법을 결정한 다음 수정하고, 이 수정 방법을 기억한다. 더 많은 데이터를 다룰 때마다 훈련 데이터가 수정된 것과 동일한 방식으로 먼저 해당 데이터를 수정해야 한다. 나중에 여기로 돌아와서 실제로 어떻게 사용되는지 살펴보겠다.

데이터 유형

일반적인 데이터베이스에는 부동소수점 숫자, 문자열, 범주를 말하는 정수 등 다양한 유형의 데이터가 포함된다. 이러한 데이터 유형 각각을 고유한 방식으로 다룰 것이므로 이를 구별하고 각 유형에 고유한 이름을 지정하는 것이 유용하다. 가장 일반적인 명명 시스템은 데이터 종류를 정렬할 수 있는지 여부를 기반으로 한다. 딥러닝을 할 때는 명시적 정렬을 거의 사용하지 않지만 이 명명 시스템은 여전히 편리하고 널리 사용된다.

각 샘플은 각각 **피처**feature라는 값의 목록이라는 것을 기억하자. 샘플의 각 피처 값은 **수치형**numerical 또는 **범주형**categorical의 두 가지 일반적인 유형 중 하나일 수 있다.

수치형 데이터는 부동소수점이나 정수로 된 단순한 숫자다. 이것을 **정량적** quantitative 데이터라고 부르기도 한다. 수치형이나 정량적 데이터는 해당 값 자체를 사용해 정렬할 수 있다.

범주형 데이터는 그 외의 모든 것에 관한 것이지만 '소' 또는 '얼룩말'과 같이 레이블을 설명하는 문자열의 형태로 자주 표시한다. 두 가지 유형의 범주형 데이터는 자연스럽게 정렬할 수 있는 데이터와 정렬할 수 없는 데이터가 있다.

서수적^{ordinal} 데이터는 알려진 순서가 있는 범주형 데이터이므로 정렬할 수 있다. 문자열은 알파벳순으로 정렬할 수 있지만 의미별로 정렬할 수도 있다. 예를 들어 무지개 색상은 '빨간색'에서 '주황색', '보라색'으로 무지개에 나타나는 자연스러운 순서가 있기 때문에 서수적이라고 생각할 수 있다. 순서대로 무지개의 색상명을 정렬하려면 무지개 색상의 순서를 이해하는 프로그램을 사용해야 한다. 서수적 데이터의 또 다른 예로는 '유아', '십대', '노인'과 같이 연령대가 다른 사람을 설명하는 문자열이다. 이 문자열 또한 자연스러운 순서를 가지므로 일종의 사용자 정의순으로 정렬할 수도 있다.

명목형^{Nominal} 데이터는 자연적인 순서가 없는 범주형 데이터다. 예를 들어 '종이 클립', '스테이플러', '연필깎이'와 같은 사무용품 목록에는 자연적이거나 기본적인 순서가 없으며, 양말, 셔츠, 장갑, 중절모 등과 같은 의류 사진 역시 그렇다. 이럴 때는 순서를 정의하고 그것을 고수함으로써 명목적 데이터를 서수적 데이터로 바꿀 수 있다. 예를 들어 의류의 순서는 머리부터 발끝까지라고 정할 수 있으므로 이전 예를 보면 '중절모', '셔츠', '장갑', '양말'의 순서로 사진을 서수적 데이터로 바꿀 수 있다. 명목적 데이터에 대해 생성하는 순서는 특별한 의미를 가질 필요가 없으며 정의한 다음 일관되게 사용하기만 하면 된다.

머신러닝 알고리듬은 입력값으로 숫자가 필요하므로 문자열 데이터(및 기타 비숫자 데이터)를 학습하기 전에 숫자로 변환한다. 문자열을 예로 들면 훈련 데이터의 모든 문자열을 목록으로 만들어 각 문자열에 0부터 시작하는 고유 번호를 할당할 수 있다. 많은 라이브러리는 이 변환을 만들고 적용하기 위한 내장된 방법을 제공한다.

원핫 인코딩

때로는 정수를 목록으로 바꾸는 것이 유용하다. 예를 들어 클래스 3이 토스터고 클래스 7이 볼펜인 10개의 클래스가 있는 분류기가 있다고 가정하자. 이러한 객체 중 하나의 사진에 수동으로 레이블을 할당할 때 이 목록을 참조해 올바른 번호를 지정한다. 시스템이 예측을 하면 10개의 숫자 목록을 제공한다. 각 숫자는 입력값이 해당 클래스에 속하는지에 대한 시스템의 신뢰도를 나타낸다.

이것은 레이블을 분류기의 출력값과 비교한다는 것을 의미한다. 목록은 목록과 비교하는 것이 합리적이므로 분류기를 만들 때 레이블을 목록으로 바꾸는 방법이 필요하다. 이는 쉽게 처리할 수 있다. 레이블의 목록 형태는 출력값에서 원하는 목록의 형태와 같다. 토스터 사진에 레이블Label을 붙였다고 가정해보자. 시스템의 출력값은 이것이 확실한 토스터기라고 말해주고자 클래스 3 자리에 1이 있고 그 외 모든 자리에는 0이 있어 그 외의 물건 중 어느 것도 확실히 아니라는 사실을 보여주는 10개의 목록이라는 것을 말한다. 따라서 레이블의 목록 형태는 3번째 자리의 1을 제외하고 모두 0인 10개의 숫자다.

3 또는 7과 같은 레이블을 이러한 종류의 목록으로 변환하는 것을 원핫 인코딩One-hot encoding이라고 하며 목록에서 단 하나의 항목만 '핫'이라고 표시되거나 뚜렷하게 표시됨을 나타낸다. 그 목록 자체를 더미 변수dummy variable라고 부르기도 한다. 훈련 중 시스템에 클래스의 레이블을 전달할 때 일반적으로 단일 정수가 아닌 이 원핫 인코딩 목록이나 더미 변수를 전달한다.

실전에서 어떻게 쓰이는지 살펴보자. 그림 10-4(a)는 크래욜라 크레용Crayola Crayons(Crayola 2016)의 원래 1903 상자에 있는 8가지 색상을 보여준다. 이 색상들이 데이터에서 문자열로 표시된다고 가정해보자. 레이블로서 시스템에 제공하는 원핫 레이블은 맨 오른쪽 열에 표시된다.

데이터의 색상	각 값에 대해 숫자 할당	각 색상에 대한 원핫 인코딩
빨강색	빨강색 ⟶ 0	빨강색 ⟶ [1, 0, 0, 0, 0, 0, 0, 0]
노랑색	노랑색 ⟶ 1	노랑색 ⟶ [0, 1, 0, 0, 0, 0, 0, 0]
파랑색	파랑색 ⟶ 2	파랑색 ⟶ [0, 0, 1, 0, 0, 0, 0, 0]
초록색	초록색 ⟶ 3	초록색 ⟶ [0, 0, 0, 1, 0, 0, 0, 0]
주황색	주황색 ⟶ 4	주황색 ⟶ [0, 0, 0, 0, 1, 0, 0, 0]
갈색	갈색 ⟶ 5	갈색 ⟶ [0, 0, 0, 0, 0, 1, 0, 0]
자주색	자주색 ⟶ 6	자주색 ⟶ [0, 0, 0, 0, 0, 0, 1, 0]
검은색	검은색 ⟶ 7	검은색 ⟶ [0, 0, 0, 0, 0, 0, 0, 1]
(a)	(b)	(c)

그림 10-4: 1903년 크래욜라의 기본 8색에 대한 원핫 인코딩. (a) 8개 원본 문자열. (b) 각 문자열에 0~7 사이의 값이 할당된다. (c) 문자열은 데이터에 나타날 때마다 해당 문자열에 해당하는 위치에 1을 할당하고 나머지는 모두 0인 8개의 숫자 목록으로 대체한다.

지금까지 한 형태의 데이터를 다른 형태로 변환해봤다. 이제 데이터의 값을 실제로 변경하는 몇 가지 변환을 살펴본다.

정규화와 표준화

종종 피처가 다양한 수치 범위에 퍼져 있는 샘플로 작업하게 된다. 예를 들어 아프리카 부시 코끼리 떼에 대한 데이터를 수집했다고 가정해보자. 이 데이터는 각 코끼리를 네 값으로 설명한다.

1. 나이(시간)(0, 420,000)
2. 무게(톤)(0, 7)
3. 꼬리 길이(센티미터)(120, 155)
4. 과거 평균 연령에 상대적인 연령(시간)(-210,000, 210,000)

이 값들은 상당히 다른 범위의 숫자다. 일반적으로 말해 여기서 사용하는 알고리듬의 수치적 특성 때문에 큰 숫자는 작은 숫자보다 학습 프로그램에 더 많은 영향을 미칠 수 있다. 피처 4의 값은 클 뿐만 아니라 음수일 수도 있다.

최적의 학습 작업을 위해 모든 데이터가 대략적으로 비교 가능하거나 대략 동일한 범위의 숫자이기를 원한다.

정규화

데이터 변환의 일반적인 첫 번째 단계는 각 피처를 **정규화**^Normalization^하는 것이다. normal이라는 단어는 일상생활에서 '전형적인'이라는 의미로 사용되지만 다른 분야에서는 전문적이라는 기술적 의미로도 사용된다. 이 상황에서는 통계적 의미로 사용하겠다. 데이터를 특정 범위로 변경할 때 데이터가 정규화됐다고 말한다. 정규화를 위한 가장 자주 사용하는 범위는 데이터의 종류와 그 의미에 따라 [-1,1]이거나 [0,1]이다(예, 음수인 사과의 개수 또는 음수인 연령에 대해 말하는 것은 이치에 맞지 않는다). 모든 머신러닝 라이브러리는 이 작업을 수행하는 방법을 제공하지만 호출이 필요하다는 것을 잊지 말자.

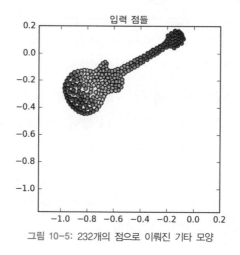

그림 10-5: 232개의 점으로 이뤄진 기타 모양

그림 10-5는 예제로 사용할 2D 데이터 세트를 보여준다. 점을 움직일 때 점에 어떤 일이 일어나는지 확인하는 데 도움이 될 수 있도록 기타 모양을 선택했다.

또한 점이 어떻게 움직이는지 확인하는 데 도움이 되도록 시각적 보조 수단으로 선명한 색상을 추가했다. 색상은 그 외에 다른 의미를 갖지는 않는다.

일반적으로 이러한 점들은 사람의 나이와 체중, 노래의 템포, 음량과 같은 측정 결과다. 일반성을 유지하고자 두 가지 피처를 x와 y라고 칭하자.

그림 10-6은 기타 모양 데이터의 각 피처를 각 축에 대해 [-1,1] 범위로 정규화한 결과를 보여준다.

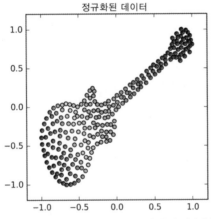

그림 10-6: 그림 10-5에 있는 데이터의 각 축을 [-1,1] 범위로 정규화한 후의 데이터. 모양이 왜곡되는 것은 X축보다 Y축을 따라 더 많이 늘어나기 때문이다.

그림 10-6에서 x 값과 y 값은 각각 -1 ~ 1까지 독립적으로 조정된다. 이 작업으로 인해 기타 모양은 수평보다 수직으로 더 늘어나기 때문에 형태가 약간 왜곡됐다. 이는 시작 데이터의 다양한 차원이 서로 다른 범위에 걸쳐 있을 때마다 발생한다. 이 경우 x 값은 원래 약 [-1,0] 범위에 걸쳐 있었고 y 값은 약 [-0.5, 0.2] 범위에 걸쳐 있었다. 값을 조정할 때 x 값보다 y 값을 더 많이 늘려야 했기 때문에 그림 10-6처럼 왜곡이 발생했다.

표준화

또 다른 일반적인 작업으로 각 피처를 **표준화**^{Standardization}하는 작업이 있다. 이것은 2단계 과정이 있다. 먼저 각 피처의 모든 데이터에 고정 값을 더해(또는 빼) 모든 피처의 평균값이 0이 되게 한다(이 단계를 평균 정규화^{mean normalization} 또는 평균 빼기^{mean subtraction}라고 한다). 2D 데이터에서는 평균값이 (0,0)의 위치에 놓이게 전체 데이터 세트를 상하좌우로 이동시킨다. 그런 다음 각 피처가 -1과 1 사이에 위치하게 표준화하거나 크기를 조정하는 것이 아니라 표준 편차가 1이 되게 크기를 조정한다(이 단계를 분산 정규화^{variance normalization}라고 한다). 2장을 다시 떠올려보면 이는 해당 피처 값 중 약 68%가 -1에서 1 사이에 있음을 의미한다.

2D 예시에서 데이터의 약 68%가 X축에서 -1과 1 사이가 될 때까지 x 값이 수평으로 늘어나거나 압축되고, y 값이 Y축에서 동일하게 수직으로 늘어나거나 압축된다. 이는 반드시 점이 각 축에서 [-1,1] 범위를 벗어나게 되므로 그 결과는 정규화에서 얻은 것과 다르다. 그림 10-7은 그림 10-5의 시작 데이터에 표준화를 적용시킨 모습이다.

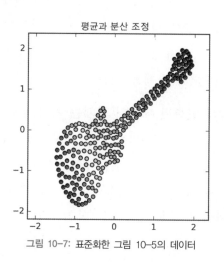

그림 10-7: 표준화한 그림 10-5의 데이터

여기서 다시 원래 모양이 정규 분포에 맞지 않을 때 표준화와 같은 변환이 원본 데이터의 모양을 치우치게 하거나 왜곡할 수 있음을 알 수 있다. 대부분의 라이브러리는 한 번의 호출로 일부 또는 모든 피처를 정규화하거나 표준화하는 루틴을 제공한다. 이는 입력을 정규화하거나 표준화해야 하는 일부 알고리듬을 충족시키는 데 편리하다.

변환 기억하기

정규화 및 표준화 방식은 모두 작업의 수행 방법을 알려주는 파라미터로 제어한다. 대부분의 라이브러리는 데이터를 분석해 이러한 파라미터를 찾은 다음 변환을 적용하는 데 사용한다. 이후에 오는 데이터를 동일한 방식으로 변환하는 것이 매우 중요하기 때문에 이러한 라이브러리 호출은 항상 이러한 파라미터를 유지할 수 있는 방법을 제공하므로 나중에도 동일한 변환을 다시 적용할 수 있다.

다시 말해 시스템의 정확도를 평가하거나 현장에서 실제 예측을 수행하고자 새로운 데이터 뭉치를 나중에 받더라도 새로운 정규화 혹은 표준화 변환을 찾고자 해당 데이터를 분석하지 않는다. 대신 훈련 데이터에 대해 결정한 것과 동일한 정규화 혹은 표준화 단계를 적용한다.

이 단계의 결과 새롭게 변환된 데이터 자체는 거의 정규화되거나 표준화되지 않는다. 즉, 두 축 모두에서 [-1,1] 범위에 있지 않거나 평균이 (0,0)에 위치하지 않고 [-1,1] 범위에 데이터의 68%가 포함되지 않는다. 하지만 그래도 괜찮다. 중요한 것은 여전히 동일한 변환을 사용하고 있다는 것이다. 새로운 데이터가 정규화되거나 표준화되지 않은 경우에도 마찬가지다.

변환 유형

일부 변환은 **단변량**univariate이다. 즉, 한 번에 하나의 피처에서만 작동하고 각각은 다른 피처들과 독립적이다(이 명칭은 하나를 뜻하는 uni와 변수 혹은 피처와 동일함을 의미하는 variate를 합친 것이다). 다른 것들은 **다변량**multivariate이다. 즉, 많은 피처에서 동시에 작동한다.

정규화를 생각해보자. 일반적으로 정규화는 조작해야 할 각 피처를 별도의 데이터 세트로 취급하는 단변량 변환기로 구현된다. 즉, 2D 점을 [0,1] 범위로 변화시키는 경우 모든 x 값을 해당 범위로 조정한 다음에 모든 y 값을 독립적으로 조정한다. 두 피처 집합은 어떤 식으로도 상호작용하지 않으므로 X축의 크기가 조정되는 방식은 y 값에 전혀 의존하지 않으며 반대의 경우도 마찬가지다. 그림 10-8은 **정규화기**normalizer를 적용한 세 가지 피처가 있는 데이터의 이상적인 시각적 다이어그램을 보여준다.

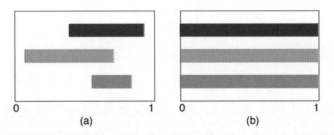

그림 10-8: 단변량 변환을 적용하면 각 피처는 서로 독립적으로 변환된다. 여기서 세 가지 피처를 [0,1] 범위로 정규화한다. (a) 세 가지 피처의 시작 범위. (b) 세 가지 범위 각각은 [0,1] 범위로 독립적으로 이동하고 늘린다.

대조적으로 다변량 알고리듬은 한 번에 여러 피처를 살펴보고 집단으로 처리한다. 이 과정의 가장 극단적인(가장 일반적인) 유형은 모든 피처를 동시에 처리하는 것이다. 세 가지 색상의 막대를 다변량 방식으로 크기 조정하면 [0,1] 범위를 모두 채울 때까지 집단적으로 이동시키고 늘린다. 이것은 그림 10-9에 잘 나와 있다.

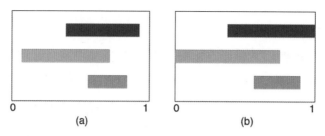

그림 10-9: 다변량 변환을 적용할 때는 여러 피처를 동시에 취급한다. 여기서 다시 [0,1] 범위로 정규화한다. (a) 세 피처의 시작 범위 (b) 막대는 집단으로 이동되고 늘어나서 전체의 최솟값과 최댓값이 [0,1] 범위에 퍼져 있다.

단변량 혹은 다변량 방식 모두를 이용해 많은 변환을 적용할 수 있다. 데이터와 애플리케이션을 기반으로 선택한다. 예를 들어 그림 10-6에서 x와 y 샘플은 본질적으로 독립적이기 때문에 크기를 조정할 때 단변량 유형이 의미가 있었다. 그러나 피처가 각기 다른 날짜의 다른 시간에 이뤄진 온도 측정이라고 가정하겠다. 그러면 모든 피처를 함께 크기 조정해 컬렉션으로서 작업하는 온도 범위에 퍼져 있기를 원할 것이다.

슬라이스 처리

데이터 세트가 주어지면 변환할 데이터를 어떻게 선택할지 생각해야 한다. 데이터를 샘플, 피처, 요소 중 어느 것을 기준으로 슬라이싱slicing할지에 따라 세 가지 접근 방식이 있다. 이러한 접근 방식을 각각 **샘플별**samplewise, **피처별**featurewise, **요소별**elementwise 처리라고 한다.

순서대로 살펴보자. 이 논의를 위해 데이터 세트의 각 샘플이 숫자 목록이라고 가정한다. 전체 데이터 세트를 2D 그리드로 배치할 수 있다. 여기서 각 행은 샘플을 갖고 해당 행의 각 요소element는 피처다. 그림 10-10은 이러한 설정을 보여준다.

그림 10-10: 여기서 다룰 데이터베이스는 2D 그리드다. 각 행은 샘플이며 여러 피처를 갖고 있고 피처들은 열로 구성돼 있다.

샘플별 처리

샘플별 처리 방식은 모든 피처가 동일한 항목의 양상일 때 적합하다. 예를 들어 입력 데이터에 사람이 휴대전화에 대고 말하는 것과 같은 작은 오디오 조각이 포함돼 있다고 가정한다. 그러면 각 샘플의 피처는 그림 10-11에서처럼 연속적인 오디오의 진폭이 된다.

이 데이터를 [0,1] 범위로 조정하려면 단일 샘플의 모든 피처를 조정해 가장 음량이 큰 부분은 1로, 가장 조용한 부분은 0으로 설정하는 것이 좋다. 따라서 각 샘플을 다른 샘플들과 독립적으로 한 번에 하나씩 처리한다.

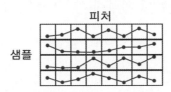

그림 10-11: 각 샘플은 짧은 오디오 파형에 대한 일련의 측정값으로 구성된다. 각 피처는 그 순간의 음량을 즉시 측정한다.

피처별 처리

피처별 처리 방식은 샘플이 본질적으로 서로 다른 것을 나타낼 때 적합하다.

매일 저녁의 온도, 강우량, 풍속, 습도를 기록하면서 다양한 날씨를 측정을 한다고 가정해보자. 이는 그림 10-12에서와 같이 샘플당 네 개의 피처를 갖고 있다.

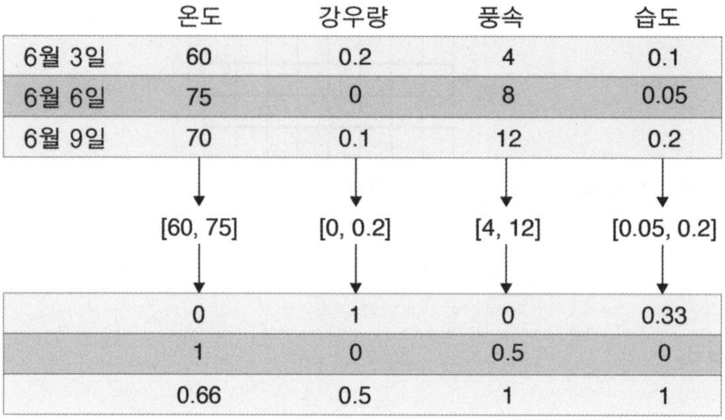

	온도	강우량	풍속	습도
6월 3일	60	0.2	4	0.1
6월 6일	75	0	8	0.05
6월 9일	70	0.1	12	0.2
	↓	↓	↓	↓
	[60, 75]	[0, 0.2]	[4, 12]	[0.05, 0.2]
	↓	↓	↓	↓
	0	1	0	0.33
	1	0	0.5	0
	0.66	0.5	1	1

그림 10-12: 데이터를 피처별로 처리할 때 각 열을 독립적으로 분석한다. 상위 세 줄: 원본 데이터. 중간 부분: 범위.
아래 세 줄: 크기 조정한 데이터

단위와 측정값이 호환되지 않기 때문에 샘플별 처리로 이 데이터를 조정하는 것은 의미가 없다. 풍속과 습도를 동등하게 비교할 수는 없다. 그러나 모든 습도 값을 함께 분석할 수 있으며 온도, 강우량에 대해서도 마찬가지다. 즉, 각 피처를 차례로 수정한다.

데이터를 피처별로 처리할 때 피처 값의 각 열을 기질fibre이라고 하는 경우가 있다.

요소별 처리

요소별 처리 방식은 그림 10-10의 그리드에 있는 각 요소를 독립적인 개체로 취급해 그리드의 모든 요소에 동일한 변환을 각각 독립적으로 적용한다. 이 방식은 모든 데이터가 같은 종류를 나타내지만 단위를 변경하려는 경우에 유용하다. 예를 들어 각 샘플이 4명의 구성원이 있는 가족에 해당하고 각각의 키가 포함돼 있다고 가정한다. 측정 팀은 높이를 인치로 보고했지만 이를 밀리미터로 바꾸고자 한다.

인치를 밀리미터로 변환하려면 그리드의 모든 항목에 25.4만 곱하면 된다. 모든 요소가 동일한 방식으로 처리되기 때문에 이것을 행 전체 또는 열을 따라 작동한다고 생각해도 괜찮다.

이미지로 작업할 때 이 방식을 자주 사용한다. 이미지 데이터는 대개 [0,255] 범위에 있는 각각의 픽셀 값으로 입력된다. 종종 전체 픽셀 값을 255로 나누고자 요소별 크기 조정 작업을 적용해 0에서 1까지의 데이터로 변환한다.

대부분의 라이브러리에서는 이러한 생각들을 사용해 변환을 적용할 수 있다.

역변환

지금까지 데이터에 적용할 수 있는 다양한 변환을 살펴봤다. 그러나 때때로 결과를 원본 데이터와 더 쉽게 비교할 수 있게 이러한 전처리 단계를 실행 취소하거나 되돌리고 싶을 때가 있다.

예를 들어 큰 고속도로가 하나 있는 도시의 교통 부서에서 근무한다고 가정해 보자. 이 도시는 북쪽에 있어 기온이 영하로 떨어지는 경우가 많다. 도시의 관리자들은 가장 추운 날 집에 머무르는 사람들이 더 많아지기 때문에 교통 밀도가 기온에 따라 변하는 것으로 깨달았다. 도로 및 기타 공사를 계획하고자 관리자는 기온을 기반으로 매일 아침 출근 시간의 예상 교통량을 알고 싶다. 데이터를 측정하고 처리하는 데 시간이 걸리므로 매일 밤 자정에 온도를 측정하고 다음날 아침 7시에서 8시 사이에 도로에 차량이 몇 대나 지나갈지 예측하기로 결정했다. 한겨울에 이 시스템을 사용하기 시작할 예정이므로 섭씨 0° 전후의 기온이 예상된다.

몇 달 동안 매일 자정에 온도를 측정하고 다음날 아침 오전 7시에서 8시 사이에 도로의 특정 위치를 통과하는 자동차의 총수를 계산한다. 원시^{raw} 데이터는 그림 10-13에 나와 있다.

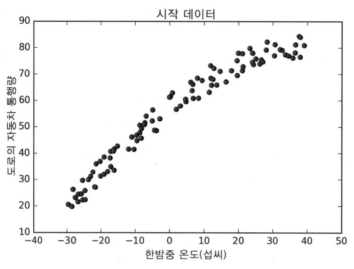

그림 10-13: 매일 자정에 기온을 측정하고 다음날 아침 오전 7시~8시 사이에 도로 위의 차량 통행량을 측정한다.

이 데이터를 기온과 교통 밀도 사이의 관련성을 학습하는 머신러닝 시스템에 제공하고자 한다. 배포 후에는 기온을 섭씨로 표현한 하나의 피처로 구성된 샘플을 입력하면 도로의 자동차 통행량을 알려주는 숫자를 반환한다.

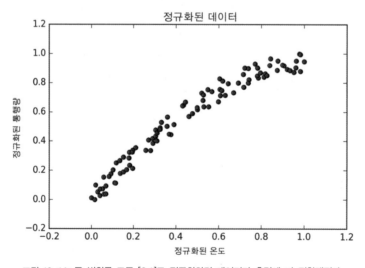

그림 10-14: 두 범위를 모두 [0,1]로 정규화하면 데이터가 훈련에 더 적합해진다.

여기서 사용하는 회귀 알고리듬은 입력 데이터를 [0,1] 범위로 조정했을 때 가장 잘 작동한다고 가정해보겠다. 그림 10-14에서와 같이 두 축에서 데이터를 [0,1] 위로 정규화할 수 있다.

이것은 그림 10-13과 같으며 이제 두 단위(및 데이터)가 모두 0~1로 실행된다.

장래 데이터에 적용할 수 있도록 이 변환을 기억하는 것이 중요하다고 앞서 강조했다. 이러한 **역학**mechanics을 세 단계로 살펴보자. 편의를 위해 객체가 자체적인 파라미터를 기억하고 변환을 수행하는 **객체지향 철학**object-oriented philosophy을 사용하겠다.

세 단계 중 첫 번째 단계는 각 축에 대한 **변환기**transformer 객체를 만드는 것이다. 이 객체는 이 변환(매핑mapping이라고도 함)을 수행할 수 있다.

두 번째는 분석에 필요한 입력 데이터를 해당 객체에 제공한다. 가장 작은 값과 가장 큰 값을 찾아 이를 사용해 입력 데이터를 [0,1] 범위로 크기 조정하는 변환을 생성한다. 기온 데이터를 첫 번째 변환기에 전달하고 차량 통행량 데이터를 두 번째 변환기에 전달한다.

지금까지는 변환기를 만들었지만 적용하지 않았다. 따라서 데이터에서 변경된 사항은 없다.

그림 10-15는 이를 보여준다.

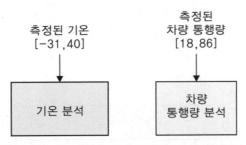

그림 10-15: 변환 객체 생성하기. 왼쪽: 기온 데이터는 색칠된 사각형으로 표현된 변환 객체에 전달한다. 해당 객체는 데이터를 분석해 최솟값과 최댓값을 찾아 내부에 저장한다. 데이터는 변경되지 않는다. 오른쪽: 차량 통행량에 대한 변환기도 만든다.

세 번째 단계는 데이터를 변환 객체에 다시 전달하는 것이지만 이번에는 이미 계산된 변환을 적용하도록 지시한다. 결괏값은 [0,1] 범위로 변환된 새로운 데이터 세트다. 그림 10-16은 이를 보여준다.

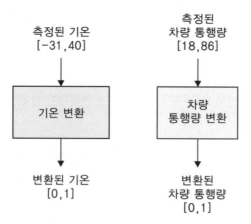

그림 10-16: 각 피처는 이전에 계산된 변환에 따라 수정된다. 변환의 출력값은 학습 시스템으로 들어간다.

이제 학습할 준비가 끝났다. 변환된 데이터를 학습 알고리듬에 제공하고 그림 10-17에 개략적으로 표시된 대로 입력과 출력 간의 관계를 파악하게 한다.

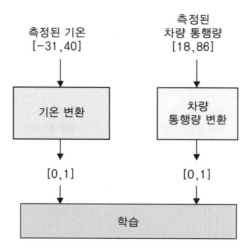

그림 10-17: 변환된 피처들과 목표를 통한 학습 개요

시스템을 훈련했으며 기온 데이터를 통해 차량 통행량을 잘 예측하고 있다고 가정해본다.

다음날 도시 관리자를 위한 웹 페이지에 이 시스템을 배포한다. 첫날밤에 근무하는 관리자는 섭씨 영하 10도의 자정 기온을 측정한다. 이어서 애플리케이션을 열고 기온 입력란에 –10을 넣고 '통행량 예측' 버튼을 누른다.

이런, 무언가 잘못돼 간다. 그림 10-17에서처럼 0에서 1 사이의 숫자를 기대하기 때문에 학습된 시스템에 –10을 바로 넣을 수는 없다. 데이터를 어떻게든 변환해야 한다. 사용할 수 있는 유일한 방법은 시스템을 훈련할 때 기온에 적용한 것과 동일한 변환을 적용하는 것이다. 예를 들어 원래 데이터 세트에서 –10이 값 0.29가 됐다면 오늘 밤 온도가 –10일 경우 –10이 아니라 다시 0.29로 바꿔야 한다.

여기에서 변환을 객체로 저장하는 것이 얼마나 중요한지를 알 수 있다. 이 객체는 훈련 데이터에 적용된 것과 동일한 변환을 새로운 데이터에 적용하도록 지시할 수 있다. 훈련 중에 –10이 0.29로 바뀌었다면 –10의 값을 갖는 모든 새로운 입력값은 배포 상태에서도 0.29로 바뀐다.

시스템에 기온 0.29를 입력하면 통행량 밀도 0.32를 결괏값으로 생성한다고 가정해보자. 이 값은 자동차 변환에 의해 변형된 자동차 대수에 대한 값에 해당한다. 자동차의 통행량을 차량 통행량 변환으로 변형한 값에 해당하지만 이 값은 0과 1 사이다. 이것이 통행량을 표현하고자 훈련시킨 데이터의 범위였기 때문이다. 어떻게 그 변형을 다시 취소하고 여러 대의 자동차로 만들 수 있을까?

모든 머신러닝 라이브러리의 변환 객체에는 전부 변환을 되돌리거나 실행 취소하는 방법인 **역변환**Inverse transformation을 제공한다. 이 경우 적용을 위해 구축한 **정규화 변환**normalizing transformation을 되돌린다. 변환 객체가 39대의 차량을 정규화 값 0.32로 변환했다면 역변환은 정규화된 값 0.32를 다시 39대의 차량으로 바꾼다. 이것이 도시 관리자에게 출력하는 값이 된다.

그림 10-18은 이러한 단계를 보여준다.

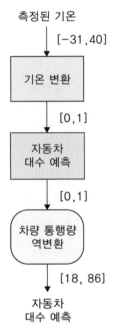

측정된 기온

[-31,40]

기온 변환

[0,1]

자동차
대수 예측

[0,1]

차량 통행량
역변환

[18, 86]

자동차
대수 예측

그림 10-18: 시스템에 새로운 기온을 입력할 때 기온 데이터를 이미 계산한 변환을 사용해 변환시키고 이를 0~1까지의 숫자로 바꾼다. 그런 다음 출력값은 통행량 데이터를 계산해 크기 조정한 변환된 수치에서 통행량으로 다시 변환하는 역변환을 실행한다.

여기서 오류가 일어날 수 있는 한 가지 경우는 기존의 입력값 범위를 벗어나는 새로운 샘플을 얻는 경우다. 어느 날 밤 기온이 섭씨 영하 50°로 놀랄 정도로 추웠다고 가정해보자. 이는 기존 데이터의 최솟값보다도 훨씬 작다. 결과적으로 변환된 값은 [0,1] 범위를 벗어난 음수가 된다. 매우 더운 밤에 같은 일이 발생해 1보다 더 큰 값으로 변환되는 기온을 입력하면 이는 다시 [0,1] 범위를 벗어난다.

하지만 두 상황 모두 괜찮다. 입력값을 [0,1] 범위로 조정하는 것은 가능한 한 효율적으로 훈련을 진행하고 수치 문제를 줄이기 위해서다. 시스템 훈련이 완료되고 나면 원하는 값을 입력할 수 있으며 시스템은 해당 출력값을 계산하게 된다. 물론 여전히 데이터에 주의를 기울이는 것이 좋다. 시스템이 내일의 차량 통행량을 음수로 예측하다면 이를 기반으로 계획을 세우고 싶지는 않을 것이다.

교차 검증의 정보 누출

훈련 데이터 세트에서 변환한 다음 해당 변환을 변경하지 않고 유지하면서 추가하는 모든 데이터에 적용하는 방법을 살펴봤다. 이 과정을 주의 깊게 따르지 않으면 변환에 속하지 않는 정보가 실수로 **누출**sneaks, leaks돼 변환에 영향을 미칠 수 있다. 이는 의도한 대로 데이터를 변환시키지 않는다는 것을 의미한다. 설상가상으로 이러한 누출로 인해 시스템이 테스트 데이터를 평가할 때 불공정한 이점을 얻게 돼 정확도 측정값이 과도하게 부풀려질 수 있다. 시스템이 배포될 만큼 충분히 잘 작동하고 있다고 결론지을 수 있지만 실제 사용할 때 훨씬 더 나쁜 성능을 보일 경우 실망할 수 있다.

정보 누출은 대부분의 원인이 명확하지 않기 때문에 어려운 문제다. 예를 들어 정보 누출이 8장에서 다룬 교차 검증 과정에 어떤 영향을 미칠 수 있는지 살펴보자. 최신 라이브러리는 빠르고 정확한 교차검증 구현이 가능한 편리한 방법을 제공하므로 이를 수행하고자 자체적으로 코드를 작성할 필요가 없다. 하지만 이제 실상을 조금 들여다보겠다. 합리적으로 보이는 접근 방식이 어떻게 정보 누출로 이어지는지와 해결 방법을 알아보자. 이것을 실제로 살펴보는 것은 시스템과 알고리듬에서 정보 누출을 방지하고 발견 및 수정하는 데 도움이 될 것이다.

교차 검증에서 임시 검증 데이터 세트의 역할을 하고자 시작 훈련 데이터 세트의 한 폴드fold를 따로 두었다. 그런 다음 새 학습기를 만들고 나머지 데이터로 학습시켰다. 훈련이 끝나면 저장된 폴드를 검증 데이터 세트로 사용해 학습기를 평가한다. 이것은 루프를 통과할 때마다 새로운 훈련 데이터 세트로 작업하게 된다는 의미다. 데이터에 변환을 적용하려면 해당 학습기의 훈련 데이터 세트로 사용되는 데이터만을 변환해야 한다. 그럼 해당 변환을 현재의 훈련 데이터 세트에 적용하고 동일한 변환을 현재의 검증 데이터 세트에 적용한다. 기억해야 할 핵심은 교차 검증에서 루프를 통과할 때마다 매번 새로운 훈련 데이터 세트와 검증 데이터 세트를 생성하기 때문에 매 루프마다 매번 새로운 변환을 생성해야 한다는 것이다.

여기서 실수를 하면 어떻게 되는지 알아보자. 그림 10-19에서 왼쪽의 시작 표본 집합을 볼 수 있다. 변환(빨간색 원)을 생성하고자 분석 후 변환 방법(T로 표시)을 적용한다. 변화를 보여주고자 변환된 샘플을 변환과 마찬가지로 빨간색으로 표시했다.

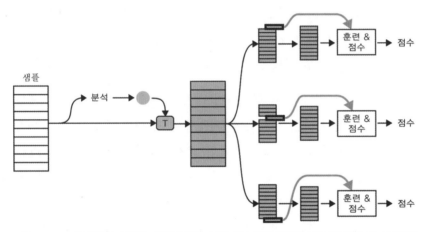

그림 10-19: 교차 검증을 수행하는 잘못된 방법: 모든 원본 훈련 데이터를 하나의 변환으로 구축하기

그런 다음 교차 검증 과정에 들어간다. 루프가 '펼쳐져' 있으므로 각각 다른 폴드와 연결된 여러 훈련 세션 인스턴스를 볼 수 있다. 루프를 통과할 때마다 폴드를 제거하고 나머지 샘플을 학습한 다음 검증 폴드로 테스트하고 점수를 생성한다.

문제는 여기서 변환을 생성하고자 입력 데이터를 분석할 때 모든 폴드의 데이터를 포함시켰다는 것이다. 이것이 문제인 이유를 알아보고자 더 간단하고 구체적인 시나리오를 통해 더 자세히 살펴보겠다.

적용하려는 변환이 훈련 데이터 세트의 모든 피처를 집단으로 0~1 사이의 범위로 조정한다고 가정한다. 즉, 샘플별 다변량 정규화를 수행한다. 첫 번째 폴드에서 가장 작은 피처 값과 가장 큰 피처 값이 0.01과 0.99라고 가정해보자. 다른 폴드에서는 가장 큰 값과 가장 작은 값이 더 작은 범위를 차지한다. 그림 10-20은 5개의 각 폴드에 포함된 데이터의 범위를 보여준다. 여기서는 모든 폴드의 데이터를 분석하고 이로부터 변환을 구축할 것이다.

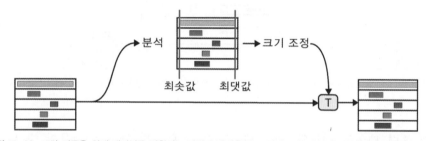

그림 10-20: 교차 검증을 위해 데이터를 변환하는 잘못된 방법은 루프 전에 모든 데이터를 한꺼번에 변환하는 것이다.

그림 10-20에서 데이터 세트는 왼쪽에 표시되며 5개 폴드로 분할된다. 각 상자 안에는 해당 폴드의 피처 값 범위가 표시되며 왼쪽 끝은 0, 오른쪽 끝은 1이다. 가장 위 폴드에는 0.01에서 0.99까지의 피처 값이 있다. 다른 폴드에는 이 범위 내에 있는 값이 있다. 모든 폴드를 집단적으로 분석할 때 첫 번째 폴드의 범위가 우세하므로 전체 데이터 세트가 약간만 늘어난다.

이제 교차 검증 루프를 진행해보자. 입력 데이터는 그림 10-20의 맨 오른쪽에 있는 5개의 변환된 폴드의 스택이다. 첫 번째 폴드를 추출해 제외한 뒤 나머지 데이터로 훈련하고 검증할 수 있다. 그러나 훈련 데이터의 변환이 폴드 안에 있는 데이터의 영향을 받았기 때문에 잘못된 작업을 수행하게 된다. 이는 훈련 데이터의 값만을 사용해 변환을 생성한다는 기본 원칙을 위반하는 것이다. 그러나 여기에서는 변환을 산출할 때 현재의 검증 데이터를 사용했다. 이를 현 단계의 검증 데이터에서 정보가 속해 있지 않은 변환 파라미터로 정보가 누출됐다고 말한다.

훈련 데이터에 대한 변환을 생성하는 올바른 방법은 샘플에서 폴드 데이터를 제거한 다음 나머지 데이터에서 변환을 생성한 후 해당 변환을 훈련 및 폴드 데이터 모두에 적용하는 것이다. 그림 10-21은 이를 시각적으로 보여준다.

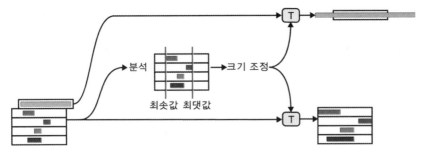

그림 10-21: 교차 검증을 위해 데이터를 변환하는 적절한 방법은 먼저 폴드 샘플을 제거한 다음 남아 있는 데이터를 변환하는 것이다.

이제 훈련 데이터 세트와 검증 데이터 모두에 해당 변환을 적용할 수 있다. 여기서 검증 데이터는 훈련 데이터 세트보다 더 극단적이기 때문에 [0,1] 범위를 벗어나지만 이는 문제가 되지 않는다.

교차 검증 과정을 수정하려면 해당 루프에서 이 체계를 사용한 뒤 모든 훈련 데이터 세트에 대해 새로운 변환을 산출해야 한다. 그림 10-22는 올바른 진행 방법을 보여준다.

검증 데이터 세트로 사용하려는 각 폴드에 있어서 해당 폴드를 제거한 시작 샘플을 분석한 다음 변환 결과를 폴드에 속한 훈련 데이터 세트와 검증 데이터 세트 모두에 적용한다. 다른 색상은 루프를 통해 매번 다른 변환을 생성하고 적용한다는 것을 보여준다.

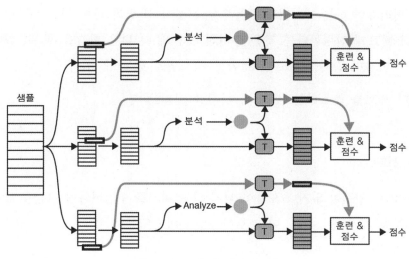

그림 10-22: 교차 검증의 올바른 방법

정보 누출이라는 까다로운 주제의 좋은 예인 교차 검증의 맥락에서 논의해봤다. 다행스럽게도 최신 라이브러리의 교차 검증 방법은 모두 잘 작동하므로 라이브러리를 사용할 때 이 문제를 고민할 필요가 없다. 하지만 이 라이브러리가 코드를 작성에 대한 책임을 지지는 않는다. 정보 누출은 종종 미묘하며 예상치 못한 방식으로 프로그램에 침투할 수 있다. 따라서 변환을 생성하고 적용할 때 정보 누출 가능성을 항상 신중하게 생각하는 것이 중요하다.

데이터 세트 축소

데이터의 숫자를 조정하는 방법과 각 변환에 들어갈 숫자를 선택하는 방법을 살펴봤다. 이제 데이터를 조작할 뿐만 아니라 실제로 압축하게 설계된 다른 종류의 변환을 살펴본다. 일반적으로 각 샘플의 피처를 제거하거나 결합해 원래 훈련 데이터 세트보다 작은 새로운 데이터 세트를 만들 수 있다.

이는 훈련할 때 향상된 속도와 정확도라는 두 가지 이점을 가져다준다. 훈련 중에 처리해야 하는 데이터가 적을수록 훈련이 더 빨리 진행되는 것은 당연하다. 더 빠르게 진행한다는 것은 주어진 시간에 더 많은 학습을 할 수 있다는 것을 의미하며 결과적으로 더 정확한 시스템을 만들 수 있다.

데이터 세트를 축소하는 몇 가지 방법을 살펴보자.

피처 선택

중복되거나 관련이 없거나 도움이 되지 않는 피처를 수집했다면 시간을 낭비하지 않도록 제거해야 한다. 이 프로세스를 피처 선택^{Feature Selection} 또는 피처 필터링^{Feature Filtering}이라고 한다.

실제로 일부 데이터가 불필요한 경우를 예로 들어보겠다. 코끼리의 크기, 종, 기타 특성을 데이터베이스에 입력해 코끼리 이미지에 수기로 레이블을 지정한다고 가정해보자. 어떤 이유에서인지 코끼리의 머리가 몇 개인지에 대한 필드가 있다는 것을 아무도 기억하지 못한다. 코끼리는 머리가 하나뿐이므로 해당 필드는 전부 1이다. 따라서 이 데이터는 쓸모가 없을 뿐만 아니라 훈련 속도도 느리게 만든다. 따라서 데이터에서 해당 필드를 제거해야 한다.

거의 쓸모가 없거나 단순히 답을 얻는 데 가장 적게 기여하는 피처를 제거하는 것으로 이 아이디어를 일반화할 수 있다. 코끼리 이미지 묶음으로 계속 진행해보자. 각 동물의 키, 체중, 마지막으로 발견된 위도와 경도, 몸통 길이, 귀 크기 등에 대한 값이 있다. 그러나 이 종의 경우 몸통 길이와 귀 크기는 밀접한 상관관계가 있을 수 있다. 그렇다면 둘 중 하나를 제거(또는 필터링)할 수 있으며 여전히 각각이 나타내는 정보를 이용할 수 있다.

데이터베이스에서 각 필드를 제거했을 때의 영향력을 예측할 수 있는 도구를 많은 라이브러리에서 제공해준다. 정보를 사용해 데이터베이스를 단순화하고, 포기하려던 것보다 더 많은 정확도를 희생하지 않으면서 학습 속도를 높일 수 있다. 피처를 제거하는 것은 변환이기 때문에 훈련 데이터 세트에서 제거하는 피처는 이후의 모든 데이터에서도 제거돼야 한다.

차원 축소

데이터 세트의 크기를 줄이는 또 다른 방법은 피처들을 결합해 하나의 피처가 둘 이상의 작업을 수행할 수 있게 하는 것이다. 이것을 **차원 축소**Dimensionality reduction 라고 하며, 여기서 차원은 피처의 개수를 나타낸다.

여기서 핵심은 데이터의 일부 피처가 완전히 중복되지 않고 밀접하게 관련될 수 있다는 것이다. 관계가 강하면 이 두 가지 피처를 하나의 새로운 피처로 결합할 수 있다. 일상적인 예로 체질량 지수BMI를 들 수 있다. BMI는 사람의 키와 체중을 결합 시킨 단일한 숫자다. 어떤 사람의 건강에 대한 일부 측정값은 BMI만으로 계산할 수 있다. 예를 들어 어떤 사람의 체중 감량이 필요한지 여부를 결정하는 데 도움이 되는 도표는 연령과 BMI별로 편리하게 색인화할 수 있다(CDC 2017).

결과에 미치는 영향을 최소화하고자 피처를 선택하고 결합하는 방법을 자동으로 결정하는 도구를 살펴보자.

주성분 분석

주성분 분석PCA, Principle Component Analysis은 데이터의 차원을 줄이는 수학적 기법이다. PCA가 기타 모양 데이터에 어떤 영향을 미치는지 알아봄으로써 PCA를 시각적으로 살펴보겠다.

그림 10-23은 기타 모양의 시작 데이터를 다시 보여준다. 이전과 마찬가지로 점의 색상은 데이터를 조작할 때 다음 그림에서 쉽게 추적할 수 있게 하기 위한

것으로 다른 의미는 없다.

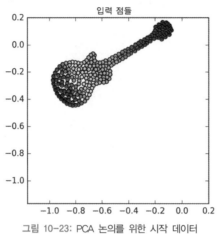

그림 10-23: PCA 논의를 위한 시작 데이터

여기서의 목표는 이 2차원 데이터를 1차원 데이터로 바꾸는 것이다. 즉, BMI가 사람의 키와 체중을 결합한 단일한 숫자인 것처럼 쌍을 이루는 x와 y 값의 각 집합을 결합해 두 값을 기반으로 하는 하나의 새로운 숫자를 만든다.

데이터 표준화부터 시작해보자. 그림 10-24는 이전에 본 것처럼 각 차원을 평균 0과 표준 편차 1로 설정한 것이다.

이미 이 2D 데이터를 1D로 줄이려고 한다는 것을 알고 있다. 실제로 적용하기 전에 차이점을 파악하고자 하나의 핵심 단계가 누락된 과정을 진행한 다음 해당 단계를 다시 넣어보겠다.

X축에 수평선을 그리면서 시작하겠다. 이 선을 **투영선**projection line이라고 부르자. 그런 다음 각 데이터 점을 투영선에서 가장 가까운 지점으로 투영하거나 이동시킨다. 선은 수평이기 때문에 투영선에서 가장 가까운 지점을 찾으려면 점을 위나 아래로 이동하기만 하면 된다.

352

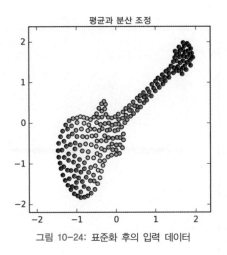

그림 10-24: 표준화 후의 입력 데이터

그림 10-24의 데이터를 수평 투영선에 투영한 결과는 그림 10-25에 나와 있다.

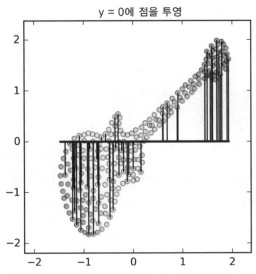

그림 10-25: 기타 모양의 각 데이터 점을 투영선과 가장 가까운 지점으로 이동해 투영한다. 명확성을 위해 약 25%의 점이 이동한 경로만을 보여준다.

모든 점을 처리한 결과는 그림 10-26과 같다.

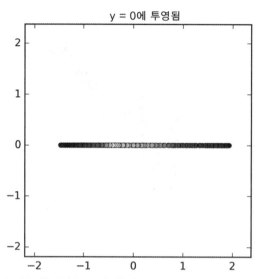

그림 10-26: 그림 10-25의 모든 점을 투영선으로 이동한 결과. 이제 각 점은 x 좌표로만 설명돼 1차원 데이터 세트가 된다.

점은 x 값(y 값은 항상 0이므로 상관없다)만 서로 다르기 때문에 처음 목표로 한 1D 데이터 세트가 된다. 그러나 이것은 y 값을 버리는 것과 같기 때문에 각 피처를 결합하는 형편없는 방법이 될 것이다. 키를 무시하고 단순히 체중을 사용해 BMI를 계산하는 것과 같다.

상황을 개선하고자 건너뛴 단계를 포함시켜보자. 수평 투영선을 사용하는 대신 **최대 분산**^{maximum variance}을 갖는 **방향**^{direction}을 통과할 때까지 선을 회전한다. 이것을 투영 후 가장 큰 범위의 점을 갖는 선으로 생각하라. PCA를 구현하는 모든 라이브러리는 이 선을 자동으로 찾아준다. 그림 10-27은 기타 모양 데이터에서 찾은 이 선을 보여준다.

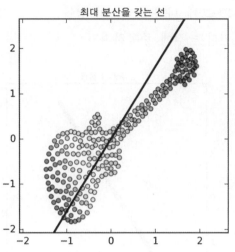

그림 10-27: 두꺼운 검은색 선은 원본 데이터를 통한 최대 분산을 갖는 선이다. 이것이 투영선이 된다.

이제는 전처럼 계속 진행한다. 각 점을 선에서 가장 가까운 지점으로 이동해 투영선에 투영한다. 이전과 마찬가지로 선과 교차할 때까지 수직으로 이동해 이 작업을 수행한다. 그림 10-28은 이 과정을 보여준다.

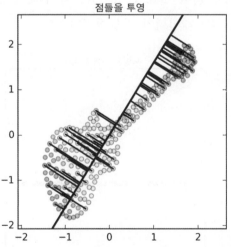

그림 10-28: 각 점을 선에서 가장 가까운 지점으로 이동해 투영선에 기타모양 데이터를 투영한다. 명확성을 위해 약 25%의 점이 이동한 경로만을 보여준다.

투영된 점은 그림 10-29에 나와 있다. 이 점들은 모두 그림 10-27에서 찾은 최대 분산선 위에 있다는 점에 주목하자.

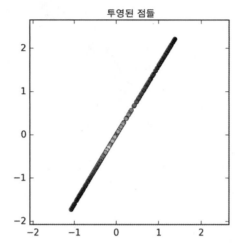

그림 10-29: 최대 분산선에 투영된 기타 모양 데이터 세트의 점들

편의를 위해 그림 10-30과 같이 X축에 수평하게 이 점선을 회전할 수 있다. 이제 y 좌표는 다시 고려할 필요가 없어졌으며 원래 x 값과 y 값의 각 점에 대한 정보가 포함된 1D 데이터가 만들어졌다.

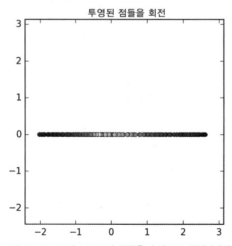

그림 10-30: 그림 10-29의 점들을 수평으로 회전시키기

그림 10-30의 점으로 이뤄진 직선은 대략 그림 10-26의 점선과 비슷해 보이지만 X축을 따라 점들이 다르게 분포돼 있기 때문에 서로 다르다. 즉, 수평이 아닌 기울어진 선에 투영해 계산했기 때문에 값이 서로 다르다. 그림 10-31은 투영된 두 점선을 함께 보여준다. PCA 결과는 더 길뿐만 아니라 점들도 다르게 분포된다.

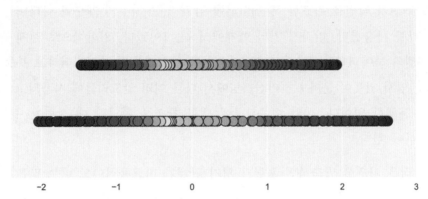

그림 10-31: 그림 10-26(위)의 y=0인 직선에 투영해 생성된 점들과 그림 10-30(아래)의 PCA 알고리듬 비교.

방금 다룬 모든 단계는 PCA를 호출했을 때 머신러닝 라이브러리에 의해 자동으로 수행된다.

이 투영 단계에서 생성된 1D 데이터의 장점은 원래의 2D 데이터의 조합으로 모든 점의 단일 값(x 값)을 생성했다는 것이다. 데이터 세트의 차원을 1차원으로 축소했지만 가능한 한 많은 정보를 유지했다. 이 학습 알고리듬은 이제 두 가지가 아닌 한 가지 피처만 처리하면 되므로 더 빠르게 실행된다. 물론 일부 정보를 버렸기 때문에 정확도가 떨어질 수 있다. PCA를 효과적으로 사용하는 비결은 프로젝트의 성능 목표를 유지하면서 결합할 수 있는 차원을 선택하는 것이다.

3D 데이터가 있는 경우 샘플들의 구름^{cloud of samples} 안에 평면을 배치해 데이터를 평면에 투영하는 것을 상상할 수 있다. 라이브러리의 임무는 해당 평면에서 최상의 위치를 찾는 것이다. 이 작업을 통해 3D에서 2D로 데이터를 가져온다.

1D로 줄이고 싶다면 데이터를 점의 볼륨^{volume}을 통해 선에 투영하는 것을 상상할 수 있다. 실제로 데이터를 수십 차원 혹은 그 이상 줄일 수 있는 어떤 차원의 문제에서도 이 기술을 사용할 수 있다.

이러한 종류의 알고리듬에서 중요한 질문은 얼마나 많은 차원을 압축해야 하는지? 어떤 차원들을 결합해야 하는지? 어떻게 결합해야 하는지? 등이다. 일반적으로 PCA가 작업을 완료한 후 데이터에 남아 있는 차원의 개수를 나타내는 문자로 k를 사용한다. 따라서 기타 예제에서 k는 1이었다. 일반적으로 전체 학습 시스템의 하이퍼파라미터라고 부르지만 k를 알고리듬의 파라미터라고 부를 수 있다. 앞서 봤듯이 문자 k는 머신러닝에서 다른 여러 알고리듬에 사용되고 이는 실로 불행한 일이다. 이런 이유로 k에 대한 참조를 확인할 때 상황에 주의를 기울여야 한다.

너무 적은 차원을 압축하면 훈련과 평가 단계가 비효율적이고 너무 많은 차원을 압축하면 지켜야 할 중요한 정보가 제거될 위험이 있다. 하이퍼파라미터 k에 대한 최적의 값을 선택하고자 일반적으로 몇 가지 다른 값을 시도해 작동 방식을 확인한 다음 가장 잘 작동하는 값을 선택한다. 많은 라이브러리에서 제공하는 하이퍼파라미터 탐색^{hyperparameter searching} 기술을 사용해 이러한 검색 과정을 자동화할 수 있다.

항상 그렇듯이 훈련 데이터를 압축하는 데 사용하는 PCA 변환은 이후의 모든 데이터에도 동일한 방식으로 사용해야 한다.

단순 이미지를 위한 PCA

이미지는 중요하고 특별한 형태의 데이터다. 간단한 이미지 데이터 세트에 PCA를 적용해보자.

그림 10-32는 이와 유사한 사진 수만 개로 구성된 거대한 데이터 세트에서 추출

한 6개의 이미지 데이터 세트를 보여준다. 이러한 그레이스케일 이미지의 한 면이 1,000 픽셀인 경우 각 이미지에는 1,000 × 1,000 또는 100만 픽셀이 포함된다. 여기서 각각을 백만 개의 숫자로 표현하는 것보다 더 나은 방법이 있을까?

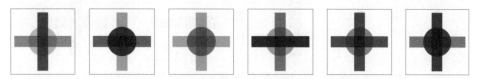

그림 10-32: 여기서 표현하고자 하는 6개의 이미지

그림 10-32의 각 이미지는 그림 10-33의 세 이미지를 각각 다른 값으로 조정한 뒤 합쳐서 만들어낼 수 있다는 것에서부터 시작하겠다.

그림 10-33: 이 세 가지 이미지를 모두 다른 값으로 조정해 합쳐서 그림 10-32의 6개 이미지를 생성할 수 있다.

예를 들어 원의 20%, 수직 상자의 70%, 수평 상자의 40%를 추가해 그림 10-32의 첫 번째 이미지를 재구성할 수 있다. 종종 이러한 크기 조정 인자scaling factor를 가중치weight라고 부른다. 6개의 시작 이미지 각각에 대한 가중치는 그림 10-34에 나와 있다.

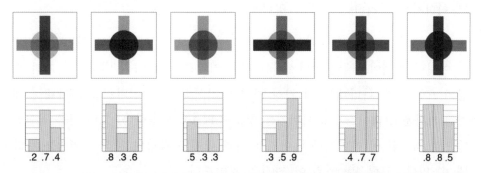

그림 10-34: 그림 10-33에 있는 세 가지 이미지를 조정해 그림 10-32의 이미지를 구축할 때 사용하는 가중치

그림 10-35는 원본의 첫 번째 이미지를 구성하고자 구성 요소를 조정하고 결합하는 과정을 보여준다.

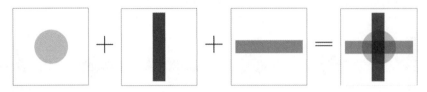

그림 10-35: 그림 10-33의 이미지를 조정해 그림 10-32의 첫 번째 이미지 구축하기

일반적으로 이러한 유형의 모든 이미지를 가장 적합한 세 가지 구성 요소의 가중치로 나타낼 수 있다. 입력 이미지를 재구성하려면 세 개의 더 간단한 그림(각각 100만 개 값)과 해당 특정 이미지에 대한 세 개의 숫자가 필요하다. 1,000개의 이미지가 있는 경우 각 이미지를 저장하는 데 총 1,000MB가 필요하다. 그러나 이 압축 형식을 사용하면 총 3.001MB만 있으면 된다.

이처럼 간단한 이미지라면 구성 요소를 세 가지 기하학적 형태로 쉽게 찾을 수 있다. 그러나 더 현실적인 그림이 있으면 일반적으로 불가능한 방법이다.

좋은 소식은 앞에서 다룬 투영 기술을 사용할 수 있다는 것이다. 점집합을 투영해 선 위에 새로운 점집합을 생성하는 대신 이미지 집합을 투영해 새로운 이미지를 생성할 수 있다. 이는 기타 모양 점 데이터로 진행했던 것보다 더 추상적인 과정이지만 개념은 동일하다. 기술적인 부분은 건너뛰고 결과에 집중해 PCA가 이미지를 처리하는 방법을 알아보자.

그림 10-32의 6개의 시작 이미지를 다시 생각해보자. 이는 **벡터 그림**^{vector drawings}이 아니라 그레이스케일 이미지라는 것을 기억하자. 하나의 대각선이 기타 모양의 모든 점을 나타내는 데 가장 가까운 것처럼 모든 이미지를 나타내는 데 가장 가까운 그레이스케일 이미지를 찾도록 PCA에 요청한다. 그런 다음 적절한 양으로 조정된 이 이미지와 나머지를 더한 합계로 각각의 시작 이미지를 나타낼 수 있다. 그림 10-36은 이 과정을 보여준다.

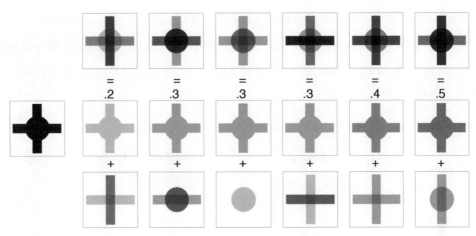

그림 10-36: 그림 10-32의 이미지들에 PCA 실행

그림 10-32의 시작 이미지는 그림 10-36의 상단에 표시된다.

이제 PCA에 그림 10-28의 선에 해당하는 이미지를 찾도록 요청한다. 즉, 어떤 의미에서는 모든 입력값에서 무언가를 추출한 이미지다. 그림 10-36의 왼쪽 그림에서 원과 두 개의 막대를 모두 검은색으로 겹쳐서 표시한다고 가정해보자. 이것을 공유 이미지shared image라고 부를 것이다. 공식적인 용어는 아니지만 여기서는 유용하게 사용할 수 있다.

이제 그림 10-36의 상단에 있는 각 이미지를 공유 이미지의 조정된 종류와 다른 이미지의 조합으로 표현해보겠다. 이를 위해 각 입력 이미지에서 가장 밝은 픽셀을 찾아 공유 이미지를 해당 밝기로 조정한다. 해당 크기 조정 인자는 중간 행에 있는 공통 이미지common image 복사본의 맨 위에 표시되며 복사본의 밝기가 해당 크기만큼 조정됐다. 그림에서 위의 소스 이미지에서 밝기가 조정된 각 공통 이미지를 빼면 그 차이가 나온다. 이것을 '소스 – 공통 = 차이' 또는 동등하게 '소스 = 공통 + 차이'로 쓸 수 있으며, 이는 그림에 나와 있다.

그런 다음 이번에는 그림 10-36의 맨 아래 행에서 PCA를 다시 실행할 수 있다. 다시 말하지만 이 6개의 이미지를 투영해 모든 이미지에 가장 잘 맞는 새로운 이미지를 만든다. 이전과 마찬가지로 각 그림을 조정된 종류(공통 이미지)와 나머지를 합한 것으로 나타낼 수 있다. 그림 10-37은 이를 보여준다. 이 실험에서는 PCA가 두 개의 겹치는 상자의 이미지를 가장 적합한 이미지로 생성했다고 가정한다.

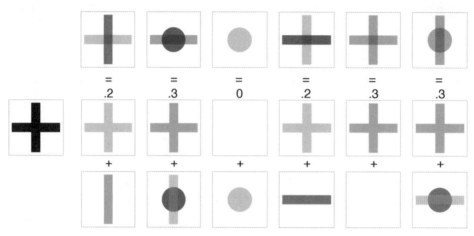

그림 10-37: 그림 10-36 하단 행에 대해 PCA 실행하기

맨 아래 줄에 있는 두 개의 이미지에서 흥미로운 일이 발생했다. 왼쪽에서 두 번째 열을 보자. 맨 위 행에서 일치시키려는 이미지는 원과 수평 상자지만 크기가 조정된 교차 상자 쌍과 일치시키려고 한다. 상단 이미지와 일치시키려면 방금 집어넣은 수직 상자를 빼야 한다. 이는 하단 이미지의 해당 픽셀을 음수 값으로 설정해야 함을 의미한다. 픽셀에 유효하게 배치하는 숫자지만 이 이미지를 직접 표시하려면 주의해야 한다. 그 아래에 있는 두 개의 이미지를 더해 맨 위 이미지를 재구성하면 맨 아래 행의 빨간색 영역에 있는 음수 값이 가운데 행에 있는 세로 상자의 양수 값을 상쇄하므로 이 이미지의 합은 상단에 있는 원과 수평 상자 이미지와 일치한다. 가장 오른쪽 열의 수평 상자에도 동일한 추론이 적용된다.

그림 10-38은 지금까지 살펴본 두 단계를 요약한 것이다.

362

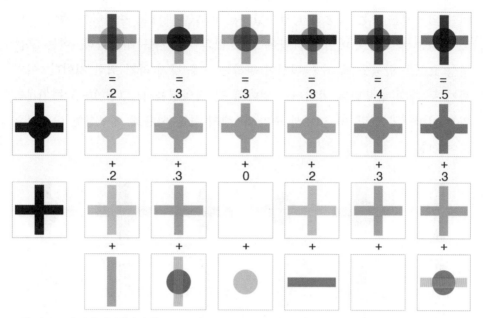

그림 10-38: 각 시작 이미지(상단 행)를 두 개의 조정된 구성 요소 이미지(두 번째와 세 번째 행)와 나머지(하단 행)의 합으로 표현한다.

여기서는 두 단계만 수행했지만 이 과정을 수십 번, 수백 번 반복할 수 있다. 각 시작 이미지를 나타내려면 공통 이미지의 집합과 각각에 할당한 가중치만 있으면 된다. 공통 이미지는 모든 이미지가 공유하므로 공유 리소스로 간주할 수 있다. 그런 다음 이 공유 리소스에 대한 참조와 공통 이미지에 적용할 가중치 목록을 통해 각 이미지를 완벽하게 표현할 수 있다.

각각의 공통 이미지를 **컴포넌트**component라고 하며, 매 단계마다 생성하는 이미지가 주principle 컴포넌트다(그림 10-28의 선이 가장 적합한 선인 것처럼 가능한 모든 컴포넌트 중 적합한 이미지를 말한다). 입력 이미지를 분석해 이러한 주요 컴포넌트(성분) 요소를 찾는다. 따라서 이를 **주성분 분석**principle component analysis이라고 부른다.

더 많은 컴포넌트를 포함할수록 재구성된 각 이미지가 원본과 더 정확하게 일치한다. 일반적으로 재구성된 각 이미지에 원본의 주요한 피처를 모두 포함시키는 적절한 컴포넌트를 생성하는 것을 목표로 한다.

이 논의에서는 모든 가중치가 양수였지만 PCA는 때때로 추가하는 것이 아닌 빼야 하는 컴포넌트 이미지를 찾아 음수 값의 가중치를 생성한다. 이는 모든 구성 요소를 합쳤을 때 최종 픽셀이 원하는 값을 갖게 하기 위한 것이다. 여기 까지 두 개의 컴포넌트 이미지로 얼마나 잘 작업했을까? 그림 10-39는 6개의 원본 이미지와 그림 10-38에서 중간 두 행의 합을 사용해 재구성한 이미지를 보여준다.

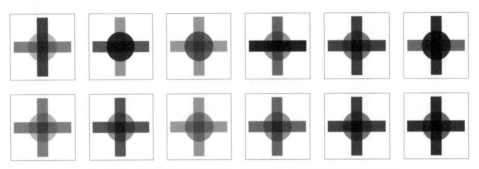

그림 10-39: 6개의 시작 이미지(위)와 그림 10-35c(아래 행)의 재구성된 이미지

완벽하게 일치하지는 않지만 오직 두 가지 구성 요소만으로 이룬 좋은 시작이 라 할 수 있다. 따라서 두 이미지의 **공통 풀**common pool(각각 100만 개의 숫자 필요)이 있으며 각 이미지 자체는 단 두 개의 숫자로 설명할 수 있다. 이 체계의 장점은 알고리듬이 공통 이미지를 확인할 필요가 없다는 것이다. 각 입력 이미지를 설명하는 가중치를 찾는 데 필요할 뿐이다(원하는 경우 이미지를 복원하기 위해서 다). 학습 알고리듬에 관해 각 이미지는 두 개의 숫자로만 설명된다. 이는 알고 리듬이 더 적은 메모리를 소비하고 더 빨리 실행된다는 것을 의미한다.

이 예제에서는 한 단계를 건너뛰었다. 일반적으로 PCA를 사용할 때 먼저 모든 이미지를 표준화한다. 이는 다음 예제에 포함돼 있다.

실제 이미지에 대한 PCA

앞 절의 이미지는 단순함을 위해 고안됐다. 이제 실제 사진에 PCA를 적용해본다.

그림 10-40에 표시된 여섯 장의 시베리안 허스키 사진으로 시작하겠다. 처리 과정을 더 쉽게 알아볼 수 있도록 이미지는 45 × 64 픽셀로 설정한다. 눈과 코가 각 이미지에서 거의 같은 위치에 있게 수동으로 정렬했다. 이렇게 하면 각 이미지의 각 픽셀과 다른 이미지의 해당 픽셀이 개의 동일한 부분을 나타낼 수 있다. 예를 들어 중심 바로 아래에 있는 픽셀은 코의 일부일 가능성이 높고, 위쪽 모서리 근처에 있는 픽셀은 귀일 가능성이 높다.

그림 10-40: 시작 데이터인 시베리안 허스키 이미지들

여섯 마리 개의 데이터베이스는 많은 훈련 데이터가 아니므로 데이터 세트를 증폭하거나 확대하기 위한 일반적인 전략인 데이터 증강^{data augmentation}이라는 방법을 사용해 데이터베이스를 확장해보겠다. 이 경우 6개의 이미지 집합을 무작위 순서로 계속해서 실행시킨다. 매번 이미지를 선택하고 복사본을 만들고 각 축에서 가로 및 세로로 최대 10%까지 무작위로 이동하고 시계 방향이나 시계 반대 방향으로 최대 5도 회전하고 왼쪽에서 오른쪽으로 뒤집을 수 있다. 그런 다음 변환된 이미지를 훈련 데이터 세트에 추가한다. 그림 10-41은 여섯 마리의 개를 통해 처음으로 두 번 실행한 결과를 보여준다. 변형을 만드는 이 기술을 사용해 4,000개의 개 이미지로 구성된 훈련 데이터 세트를 구축했다.

그림 10-41: 각 행은 각 입력 이미지를 이동, 회전, 수평으로 뒤집음으로써 생성한 일련의 새로운 이미지를 보여준다.

이 이미지에 PCA를 실행하기 위한 첫 번째 단계는 이미지를 표준화하는 것이다. 이는 4,000개의 이미지 각각에서 동일한 픽셀을 분석하고 평균 0과 단위 분산^{unit variance}을 갖도록 데이터 세트를 조정한다는 것을 의미한다(Turk and Pentland 1991). 첫 여섯 마리 개로 생성한 이미지를 표준화한 것은 그림 10-42에 나와 있다.

그림 10-42: 표준화한 여섯 마리의 시베리안 허스키 이미지

12개의 이미지가 그림에 잘 들어맞기 때문에 적절한 가중치와 더할 때 입력 이미지를 가장 잘 복원하는 열두 개 이미지를 PCA에 임의로 요청하는 것에서부터 시작해보자. PCA에서 찾은 각 투영^{projection}(또는 컴포넌트)은 기술적으로 고유 벡터^{eigenvector}로 알려져 있으며, 이는 독일어 eigen의 의미인 '자신'(또는 대략적으

로 '자기')과 이러한 종류의 객체에 대한 수학적 이름과 벡터^{vector}를 결합한 것이다. 일반적으로 특정 유형의 고유 벡터를 생성할 때 접두사 eigen을 객체와 결합해 재미있는 이름을 만들기도 한다. 따라서 그림 10-43은 12개의 아이겐도그 ^{eigendogs}를 보여준다.

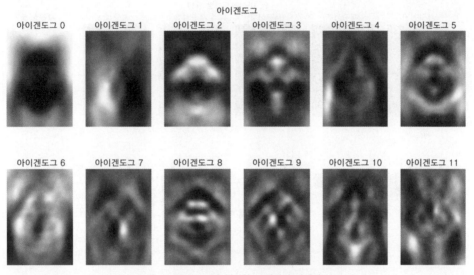

그림 10-43: PCA가 생성한 12마리의 아이겐도그

아이겐도그를 보면 PCA가 이미지를 분석하는 방법에 대해 많은 것을 알 수 있다. 첫 번째 아이겐도그는 다른 이미지에서 대부분 개의 형상이 나타나는 곳이 대체적으로 어두운 큰 얼룩으로 보인다. 이는 모든 입력 이미지를 근사화 ^{approximating}하는 데 가장 가까운 단일 이미지다. 두 번째 아이겐도그는 좌우 음영 차이의 일부를 추출해 첫 번째 아이겐도그를 개선한 것이다.

다음 아이겐도그들은 추가 세부 정보를 제공하므로 12마리의 아이겐도그를 모두 거친다. 따라서 첫 번째 아이겐도그에서 가장 광범위하고 일반적인 피처를 추출하고 각각의 추가되는 아이겐도그들을 통해 좀 더 세부적인 피처를 찾을 수 있다.

이 12마리의 아이겐도그들을 각각의 가중치와 결합해 원본 이미지를 얼마나 잘 표현할 수 있는지 확인해보자. 그림 10-44는 PCA가 각 입력 이미지에 맞춰 찾아낸 가중치를 보여준다. 그림 10-43의 각 아이겐도그 이미지를 각각의 가중치로 조정하고 결과를 합쳐 복원된 개를 보여준다.

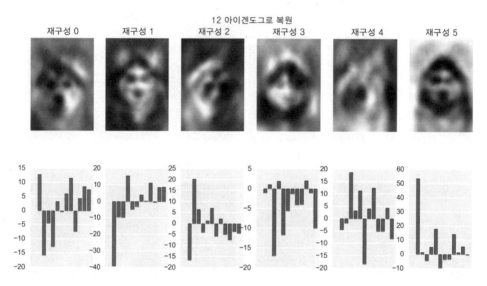

그림 10-44: 12마리의 아이겐도그 집합으로 원본 입력 데이터를 복원한다. 위: 복원된 개들. 아래: 바로 위의 이미지를 구축하고자 그림 10-43의 아이겐도그들에 적용된 가중치들. 아래의 세로 눈금이 모두 같지는 않다.

그림 10-44에서 복원된 개의 형태가 훌륭하지는 않다. 여기서는 단 열두 개의 사진으로 4,000개의 훈련 데이터 세트 이미지를 모두 표현하도록 PCA에 요청했다. 최선을 다했지만 결과는 꽤 모호하다. 하지만 올바른 길을 가고 있는 것 같다.

100마리의 아이겐도그들을 사용해보자. 첫 열두 개의 아이겐도그 이미지는 그림 10-43과 비슷하지만 점점 더 복잡해지고 섬세해진다. 처음 여섯 마리 개 집합을 재구성한 결과는 그림 10-45에 나와 있다.

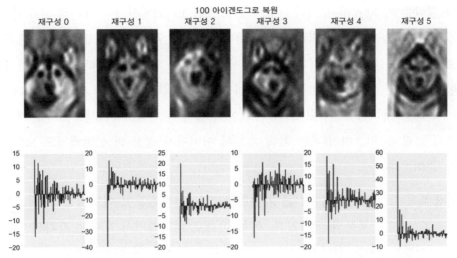
그림 10-45: 100마리의 아이겐도그 집합으로 원본 입력 데이터 복원하기

이게 낫다. 개처럼 보이기 시작한다. 하지만 아직 100마리의 아이겐도그로는
부족한 것 같다.

아이겐도그의 수를 500으로 늘리고 다시 시도해보자. 그림 10-46은 그 결과를
보여준다.

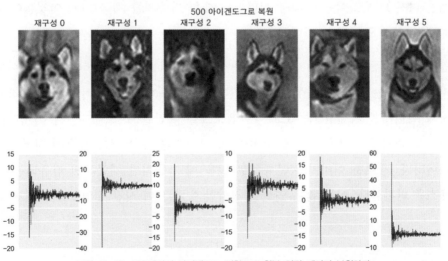
그림 10-46: 500마리의 아이겐도그 집합으로 원본 입력 데이터 복원하기

이 결과는 꽤 괜찮아 보인다. 이는 모두 그림 10-42에서 본 6마리의 표준화된 개로 쉽게 인식된다. 완벽하지는 않지만 500개의 공유 이미지를 서로 다른 양으로 합친다는 점을 고려하면 원본 이미지에 잘 일치하는 작업을 수행했다. 이 첫 6개의 이미지에는 특별한 것이 없다. 데이터베이스에 있는 4,000개의 이미지 중 하나를 보면 모두 이와 같이 괜찮아 보인다. 아이겐도그들의 수는 계속 늘릴 수 있으며 결과는 계속 개선돼 이미지가 점점 더 선명해지고 노이즈가 줄어든다.

가중치의 각 그림에서 가장 큰 가중치를 갖는 아이겐도그 이미지는 큰 구조를 추출하는 시작 부분의 이미지다. 목록 아래로 내려가면서 보이는 각각의 새로운 아이겐도그에는 일반적으로 이전 것보다 가중치를 덜 부여하므로 전체 결과에 기여하는 부분도 적다.

여기서 PCA의 유용성은 시작 집합처럼 보이는 이미지를 만드는 것이 아니라 대표적인 아이겐도그 이미지를 사용해 딥러닝 시스템이 처리할 데이터의 양을 줄일 수 있다는 것이다. 이는 그림 10-47에 설명돼 있다. 개 이미지의 입력 집합은 아이겐도그 집합을 생성하는 PCA로 이동한다. 그런 다음 분류하려는 각 개는 다시 PCA로 이동해 해당 이미지에 대한 가중치를 제공한다. 이것들이 분류기^{Classifier}에 들어가는 값이다.

앞서 언급했듯이 각 이미지의 모든 픽셀로 분류기를 훈련하는 대신 해당 이미지의 100 또는 500개 가중치로 분류기를 훈련할 수 있다. 분류기는 백만 픽셀의 전체 이미지를 확인할 수 없고 아이겐도그를 확인할 수도 없다. 각 이미지에 대한 가중치 목록만을 가져올 뿐이며 이것이 훈련 중 분석과 예측에 사용하는 데이터다. 새로운 이미지를 분류하고 싶을 때 가중치만 제공하면 컴퓨터는 클래스를 반환한다. 이는 많은 연산을 절약할 수 있으며 시간 절약으로 이어진다.

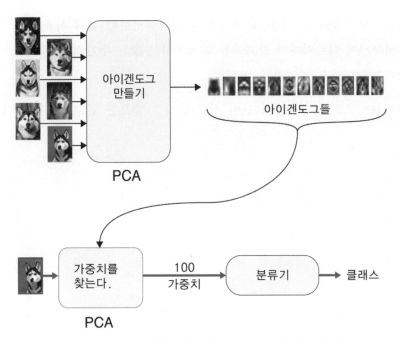

PCA

아이겐도그들

PCA

100
가중치

그림 10-47: 먼저 PCA를 사용해 아이겐도그 집합을 만든 다음 해당 가중치만 사용해 입력값의 클래스를 찾는 분류기의 각 입력값으로 사용한다.

요약하면 분류기에 전달하는 데이터는 각 입력 이미지가 아니라 가중치다. 그런 다음 분류기는 해당 가중치를 기반으로 개의 품종을 알아낸다. 종종 수천 수백만 개의 피처가 있는 입력 샘플을 표현하고자 수백 개의 가중치만 있으면 된다.

요약

10장에서는 데이터를 준비하는 방법을 살펴봤다. 데이터를 사용하기 전에 데이터를 살펴보고 데이터가 깨끗한지 확인하는 것이 중요하다는 것을 알았다. 데이터가 정제되면 여러 가지 방법으로 학습 알고리듬에 더 잘 맞게 데이터를 변환할 수 있다. 이러한 변환은 훈련 데이터에서만 구축된다. 훈련 데이터에 적용하는 모든 변환은 검증 및 테스트 데이터에서부터 실제 사용자가 제공한 배포 데이터에 이르기까지 알고리듬에 제공하는 모든 추가적인 샘플에 적용돼야 한다는 점을 꼭 기억하기 바란다.

11장에서는 분류기를 파헤치고 이 작업에 가장 중요한 알고리듬을 알아본다.

11

분류기

11장에서는 7장에서 다룬 분류의 기본 사항을 기반으로 하는 네 가지 중요한 분류 알고리듬을 소개한다. 종종 이러한 알고리듬은 데이터를 연구하고 이해하는 데 도움을 얻을 때 사용한다. 또한 최종 분류 시스템을 구축할 때 사용하기도 한다. 때에 따라서는 여기서 얻은 이해를 바탕으로 이후 장들에서 다룰 딥러닝 분류기를 설계할 수 있다. 여기서 살펴볼 알고리듬의 이름은 k-최근접 이웃 k-nearest neighbors, 의사결정 트리 decision trees, 서포트 벡터 머신 support vector machines, 나이브 베이즈 naïve Bayes다.

2D 데이터를 사용해 분류기를 설명하며, 일반적으로 그리기 쉽고 이해하기 쉽기 때문에 두 개의 클래스만을 이용한다. 하지만 최신 분류기는 차원(또는 피처)과 클래스의 개수에 관계없이 데이터를 처리할 수 있다. 최신 라이브러리를 사용하면 몇 줄의 코드만으로 이러한 알고리듬 대부분을 자체적인 데이터에 적용할 수 있다.

분류기의 유형

특정 알고리듬에 대해 알아보기 전에 분류기의 세계를 두 가지 주요 접근 방식인 모수^{parametric}와 비모수^{nonparametric} 방식으로 분류해보자.

모수적 접근 방식에서는 일반적으로 알고리듬은 작업 중인 데이터에 대한 미리 정의된 설명으로 시작한 다음 해당 설명에 적합한 최적의 파라미터를 검색한다. 예를 들어 데이터가 정규 분포를 따른다고 하면 가장 잘 맞는 평균과 표준 편차를 찾을 수 있다.

비모수적 접근 방식에서는 먼저 데이터가 주도하게 하고 분석이 끝난 후에야 데이터를 표현할 수 있는 방법을 강구한다. 예를 들어 모든 데이터를 살펴보고 두 개 이상의 클래스로 분할하는 경계를 찾으려고 할 수 있다.

실제로 이 두 가지 접근 방식은 엄격하다기보다는 개념적이다. 예를 들어 단순히 특정한 종류의 학습 알고리듬을 선택하는 것은 데이터에 대해 가정한다는 것을 의미한다고 주장할 수 있다. 그리고 데이터를 처리함으로써 항상 데이터 자체에 대해 학습하고 있다고도 주장할 수 있다. 하지만 이것들은 유용한 일반화며 여기서는 이 논의를 구성하는 데 이용할 것이다.

두 개의 비모수 분류기를 살펴보는 것으로 시작한다.

k-최근접 이웃

k-최근접 이웃 또는 kNN이라고 불리는 비모수적 알고리듬으로 시작해보겠다. 여기서 첫 글자 k는 단어가 아니라 숫자를 의미한다. k로 1 이상의 정수를 선택할 수 있다. 알고리듬을 실행하기 전에 이 값을 설정하기 때문에 하이퍼파라미터다.

7장에서 k-평균 클러스터링$^{k\text{-means clustering}}$이라는 알고리듬을 살펴봤다. 이름이 비슷함에도 서로 전혀 다른 기술이다. 한 가지 주요한 차이점은 k-평균 클러스터링은 레이블이 지정되지 않은 데이터를 학습하는 반면 kNN은 레이블이 지정된 데이터로 작동한다는 것이다. 즉, k-평균 클러스터링과 kNN은 각각 비지도학습과 지도학습의 클래스에 속한다.

kNN은 들어오는 모든 샘플의 복사본을 데이터베이스에 저장하기 때문에 훈련이 빠르다. 흥미로운 부분은 훈련이 완료되고 분류를 위해 새로운 샘플이 도착할 때 나타난다. kNN이 새로운 샘플을 분류하는 방법의 핵심은 그림 11-1에서 볼 수 있는 것처럼 기하학적으로 매력적이다.

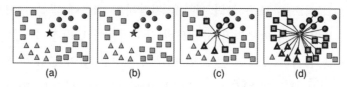

그림 11-1: 별 모양으로 표시된 새로운 샘플의 클래스를 찾고자 k개의 이웃 중 가장 대중적인 클래스를 찾는다.

그림 11-1(a)에는 세 가지 클래스(원, 사각형, 삼각형)로 나타나는 다른 샘플 무리 사이에 샘플 점(별)이 있다. 새로운 샘플의 클래스를 결정하고자 k개의 가장 가까운 샘플(또는 이웃)들이 속한 클래스를 계산한다. 가장 많은 샘플이 속한 클래스가 새로운 샘플의 클래스가 된다. k개의 가장 가까운 샘플 각각에 대한 선을 통해 k의 다른 여러 값 중 여기서 고려하고 있는 샘플이 무엇인지 확인할 수 있다. 그림 11-1(b)에서 k를 1로 설정했는데, 가장 가까운 한 샘플의 클래스를 사용한다는 의미다. 이 경우 빨간색 원이 해당 샘플이므로 새로운 샘플은 원으로 분류된다. 그림 11-1(c)에서 k를 9로 설정했으므로 9개의 가장 가까운 점들을 살펴본다. 여기서는 3개의 원, 4개의 정사각형, 2개의 삼각형을 볼 수 있다. 다른 클래스보다 정사각형이 가장 많기 때문에 별은 정사각형으로 분류된다. 그림 11-1(d)에서는 k를 25로 설정했다. 이제 6개의 원, 13개의 정사각형, 6개의 삼각형이 연결돼 있으므로 별은 또다시 정사각형으로 분류한다.

요약하자면 kNN은 k 값과 함께 평가할 새로운 샘플을 입력받는다. 그런 다음 새로운 샘플에 가장 가까운 k개의 샘플을 찾고 이 샘플들이 속한 클래스 중 가장 많은 개수의 클래스에 새로운 샘플을 할당한다. 동점인 경우를 해결하고 외적인 경우를 처리하는 방법은 여러 가지가 있지만 이것이 기본 개념이다.

kNN은 점 그룹 사이에 명확한 경계를 생성하지 않는다는 점을 기억하자. 여기에서는 샘플이 속한 지역이나 영역에 대한 개념이 없다. kNN은 학습 단계에서는 샘플을 처리하지 않기 때문에 온디맨드^{on-demand} 또는 게으른^{lazy} 알고리듬이라고 한다. 학습할 때 kNN은 내부 메모리에 샘플을 저장하는 것이 전부다.

kNN은 간단하기 때문에 매력적이며 일반적으로 훈련 속도가 매우 빠르다. 반면 kNN은 (기본적으로) 모든 입력 샘플을 저장하기 때문에 많은 메모리가 필요할 수 있다. 많은 양의 메모리를 사용하면 알고리듬이 느려질 수 있다. 또 다른 문제는 이웃을 검색하는 데 드는 노력 때문에 새로운 점의 분류가 종종 느리다는 것이다(앞으로 보게 될 다른 알고리듬에 비해 그렇다). 새로운 데이터 조각을 분류할 때마다 k개의 최근접 이웃을 찾아야 하므로 작업이 필요하다. 물론 속도를 높이고자 알고리듬을 향상시키는 방법은 여러 가지가 있지만 여전히 분류하는 데는 상대적으로 느린 방법이다. 실시간 시스템나 웹 사이트와 같이 분류 속도가 중요한 애플리케이션의 경우 kNN이 각 답변을 생성하는 데 필요한 시간 때문에 실행이 중단될 수 있다.

이 기술의 또 다른 문제는 근처에 많은 이웃이 있어야 한다는 것이다(가장 가까운 이웃이 모두 매우 멀리 떨어져 있다면 결국 분류하려는 것과 유사한 다른 예제에 좋은 대체재를 제공하지 않는다). 이는 많은 훈련 데이터를 필요로 한다는 것을 의미한다. 많은 피처가 있는 경우(즉, 데이터에 많은 차원이 있는 경우) kNN은 7장에서 다룬 차원의 저주에 빠르게 굴복한다. 공간의 차원이 증가함에 따라 훈련 샘플의 수도 크게 늘리지 않으면 가까운 이웃의 샘플수가 줄어들어 kNN이 가까운 점의 좋은 집합을 얻기가 더 어려워진다.

kNN을 테스트해보자. 그림 11-2는 두 가지 클래스로 분류되는 2D 데이터의

'스마일smile' 데이터 세트를 보여준다. 이 그림과 다음에 나오는 유사한 그림에서 데이터는 점으로 구성된다. 점은 잘 보이지 않기 때문에 시각적 보조 수단으로 각 점 주위를 채워 원을 그린다.

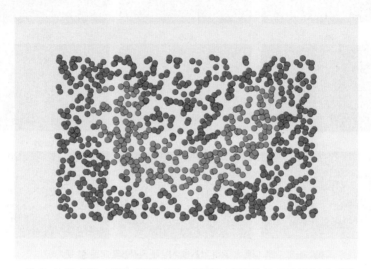

그림 11-2: 2D 점의 스마일 데이터 세트. 파란색과 주황색의 두 가지 클래스가 있다.

k 값이 서로 다른 kNN을 사용하면 그림 11-3과 같은 결과를 얻을 수 있다.

kNN은 명시적인 분류 경계를 생성하지는 않지만 k 값이 작고 입력 점을 소수의 이웃과만 비교할 때 공간이 다소 거친 경계로 나뉜다. k 값이 커지고 더 많은 이웃과 비교할수록 새로운 샘플 주변의 환경을 전반적으로 더 잘 볼 수 있기 때문에 경계가 매끄러워진다.

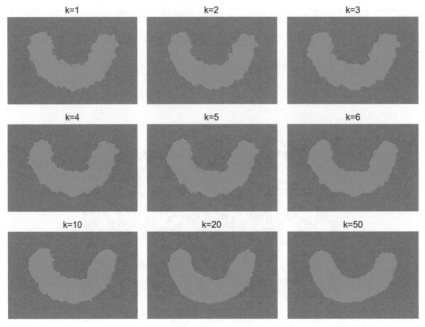

그림 11-3: 서로 다른 k 값의 kNN을 사용해 사각형의 모든 점 분류하기

점 더 흥미롭게 만들고자 데이터에 약간의 노이즈를 추가해 가장자리를 쉽게 찾을 수 없게 해보자. 그림 11-4는 그림 11-2에서 노이즈가 있는 버전을 보여준다.

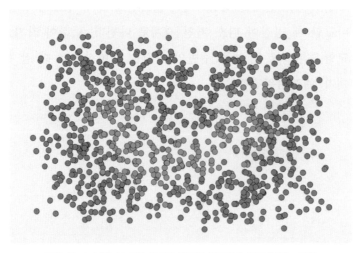

그림 11-4: 그림 11-2의 스마일 데이터 세트에 노이즈가 있는 버전

서로 다른 k 값에 따른 결과는 그림 11-5에 나와 있다.

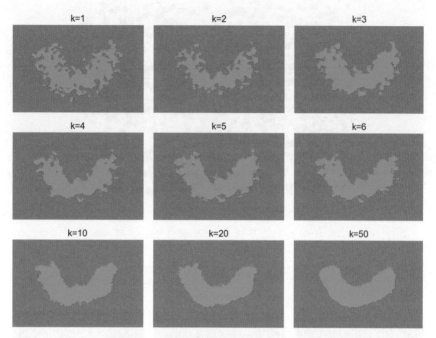

그림 11-5: kNN을 사용해 평면 점들에 클래스 할당하기

노이즈가 있는 경우 k 값이 작을수록 매우 거친 경계가 되는 것을 알 수 있다. 이 예제에서 어느 정도 매끄러운 경계를 보고자 k 값을 50까지 올려야 한다. 또한 k 값이 증가함에 따라 둘레가 더 많은 수의 점에 의해 침식되기 때문에 스마일 모양이 축소된다는 점에 유의하자.

kNN은 클래스 간의 경계를 명시적으로 나타내지 않기 때문에 모든 종류의 경계나 클래스 분포를 다룰 수 있다. 이를 확인하고자 스마일에 눈을 추가해 서로 연결되지 않았지만 같은 클래스에 속한 세 집합을 생성해보겠다. 그 결과인 노이즈가 있는 데이터는 그림 11-6에 나와 있다.

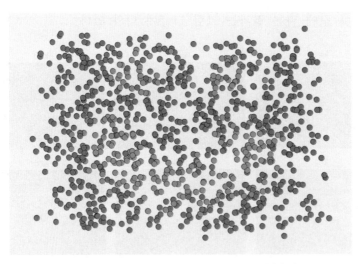

그림 11-6: 스마일과 두 눈 모양의 노이즈가 있는 데이터 세트

여러 k 값에 대한 분류 결과는 그림 11-7에 나와 있다.

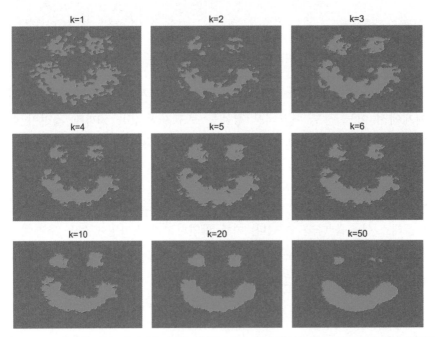

그림 11-7: kNN은 샘플 클러스터 사이에 경계를 생성하지 않으므로 클래스가 여러 조각으로 나눠져도 작동한다.

이 예제에서는 k 값이 약 20일 때 가장 선명하게 보인다. k 값이 너무 작으면 가장자리가 울퉁불퉁하고 노이즈가 발생할 수 있지만 k 값이 너무 크면 피처들이 손상될 수 있다. 종종 그렇듯이 어떤 주어진 데이터 세트에 대해 이 알고리듬에 있어 최적의 하이퍼파라미터를 찾는 것은 반복적인 실험이 필요한 문제다. 교차 검증을 사용해 각 결괏값을 자동으로 점수를 계산할 수 있으며, 이는 차원이 많을 때 특히 유용하다.

kNN은 훌륭한 비모수적 알고리듬이다. 이해하기 쉽고 프로그래밍하기도 쉬우며 데이터 세트가 너무 크지 않다면 훈련이 매우 빠르고 새로운 데이터의 분류가 너무 느리지도 않다. 그러나 데이터 세트가 커지면 kNN은 덜 매력적이게 된다. 모든 샘플이 저장되기 때문에 메모리 요구 사항이 커지고 검색이 느려지기 때문에 분류가 느려진다. 이러한 문제는 대부분의 비모수적 알고리듬에서 공유된다.

의사결정 트리

의사결정 트리Decision tree라고 하는 또 다른 비모수적 분류 방법을 살펴본다. 이 알고리듬은 표본 집합의 점들을 통해 데이터 구조를 구축한 다음 새로운 점을 분류하는 데 사용한다. 먼저 이 구조를 살펴보고 구축 방법을 살펴보자.

트리 소개

스무고개[20 questions]라는 친숙한 게임을 통해 의사결정 트리의 기본 개념을 설명할 수 있다. 이 게임에서 한 플레이어(선택자)는 사람, 장소, 사물인 특정 대상을 생각한다. 그런 다음 다른 플레이어(추측자)는 예/아니요로 대답할 수 있는 질문을 한다. 추측자가 20개 이하의 질문을 통해 대상을 정확하게 식별하면 승리한다. 게임이 지속될 수 있는 한 가지 이유는 그만큼 적은 수의 간단한 질문으로 엄청난 수의 사람, 장소, 사물 중에 하나로 정답을 좁혀 나가는 것이 재미있기 때문이다.

그림 11-8에서와 같이 전형적인 스무고개 게임을 시각적 형태로 그릴 수 있다.

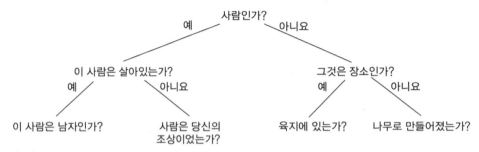

그림 11-8: 스무고개를 풀기 위한 트리. 각 결정 후에는 '예'와 '아니요'로 각각 하나씩 정확히 두 가지 선택이 있다는 점에 주목하자.

거꾸로 된 나무처럼 보이기 때문에 그림 11-8과 같은 구조를 나무(또는 트리tree)라고 부른다. 이러한 트리에는 알아두면 좋은 관련 용어가 많다. 트리의 각 분할점은 노드node이고 노드를 연결하는 각 선은 링크link 또는 가지branch라고 한다. 트리 유추에 따라 맨 위에 있는 노드는 루트root이고 맨 아래에 있는 노드는 리프leaves 또는 터미널 노드terminal nodes다. 루트와 리프 사이의 노드를 내부 노드internal nodes 또는 결정 노드decision nodes라고 한다.

트리가 완벽하게 대칭적인 모양을 갖고 있다면 트리가 균형을 이룬다고 말하고 그렇지 않으면 불균형하다고 말한다. 실제로 거의 모든 트리는 만들어질 때 균형이 맞지 않지만 특정 애플리케이션이 균형적인 트리를 선호하는 경우에는 더 균형적이게 만들고자 알고리듬을 실행할 수 있다. 또한 모든 노드에는 루트에 도달하고자 거쳐야 하는 최소 노드 수를 나타내는 숫자인 깊이depth가 있다. 루트의 깊이는 0이고 바로 아래 노드는 깊이가 1이다.

그림 11-9는 이러한 레이블들이 있는 트리를 보여준다.

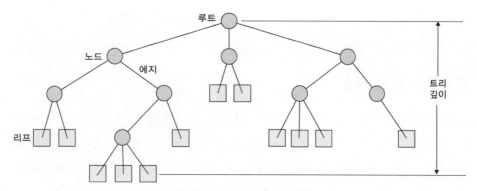

그림 11-9: 트리에 대한 몇 가지 용어

가계도와 관련된 용어를 사용하는 것도 일반적이지만 이러한 추상적인 트리는 자식을 생성하고자 두 노드의 결합이 필요하지 않다. 모든 노드(루트 제외)에는 위에 노드가 있다. 이것을 해당 노드의 **부모**parent라고 부른다. 부모 노드parent node 바로 아래에 있는 노드는 **자식**children이다. 때때로 부모에게 직접 연결된 **직계 자식**immediate children과 직계 자식과 같은 깊이에 있지만 다른 노드의 시퀀스sequence를 통해 부모에 연결된 **먼 자식**distant children을 구별한다. 특정 노드에 주의를 집중하면 해당 노드와 모든 자식을 함께 **가지**branch 또는 **하위 트리**subtree라고 한다. 동일한 **직계 부모**immediate parent를 공유하는 노드를 **형제**siblings라고 한다.

그림 11-10은 이러한 개념 중 일부를 시각적으로 보여준다.

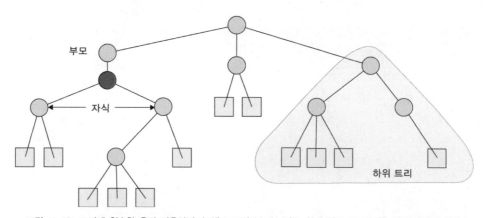

그림 11-10: 트리에 친숙한 용어 사용하기. 녹색 노드의 부모는 바로 위에 있고, 그 자식은 바로 아래에 있다.

이 어휘들을 염두에 두고 스무고개 게임으로 돌아가 보겠다.

의사결정 트리 사용

그림 11-8에 표시된 스무고개 트리의 흥미로운 특성은 이진(바이너리binary)이라는 것이다. 모든 부모 노드에는 '예'와 '아니요'라는 두 자식이 있다. 이진트리 binary tree는 일부 알고리듬이 작업하기 특히 쉬운 유형이다. 일부 노드에 2개 이상의 자식이 있는 경우 트리를 전체적으로 덤불bushy이라고 한다. 원한다면 언제든지 덤불 트리bushy tree를 이진트리로 변환할 수 있다. 그림 11-11의 왼쪽은 누군가의 생일을 추측하는 덤불 트리이고 오른쪽은 이진트리다. 쉽게 형태를 변환할 수 있기 때문에 일반적으로 당면한 논의를 위해 가장 명확하고 간결한 형태로 트리를 그린다.

트리를 사용해 데이터를 분류할 수 있다. 이런 식으로 트리를 사용하는 경우 의사결정 트리라고 한다. 접근 방식의 전체 이름은 범주형 변수 의사결정 트리 categorical variable decision trees다. 이것은 회귀regression 문제처럼 연속 변수로 작업하고자 사용하는 연속 변수 의사결정 트리continuous variable decision trees와 구별하기 위한 것이다.

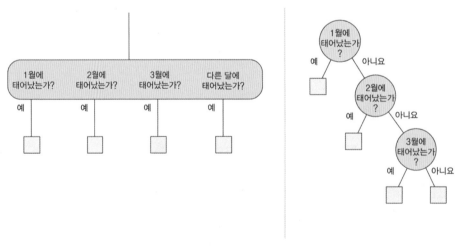

그림 11-11: 덤불 트리(좌)를 이진트리(우)로 변환하기

여기에서는 범주형을 사용하겠다. 간단히 하고자 지금부터는 의사결정 트리 또는 단순히 트리라고 부를 것이다. 이러한 트리의 예는 그림 11-12에 나와 있다.

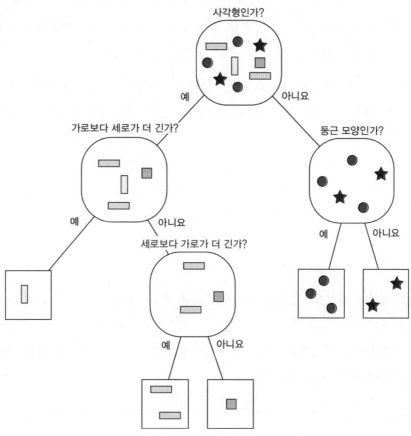

그림 11-12: 범주형 의사결정 트리. 클래스마다 모양과 색상이 다르다.

그림 11-12에서는 모양(및 색상)으로 구별되는 다양한 클래스의 샘플을 포함하는 루트 노드에서 시작한다. 트리를 구성하고자 일종의 테스트를 통해 각 노드의 샘플을 두 그룹으로 분할한다. 예를 들어 루트 노드에 적용된 테스트는 "모양이 사각형인가?"가 될 수 있다. 오른쪽 자식에서의 테스트는 "가로보다 세로가 더 긴가?"가 될 수 있다. 이러한 테스트를 찾아내는 방법을 곧 알게 될 것이

다. 이 예제의 목표는 한 클래스의 샘플만 남을 때까지 각 노드를 계속 분할하는 것이다. 그 시점에서 해당 노드를 리프로 선언하고 분할을 중지한다. 그림 11-12에서는 시작 데이터를 5개의 클래스로 분할했다. 각 노드에 적용한 테스트 내용을 기억하는 것이 중요하다. 이제 새로운 샘플이 도착하면 루트에 테스트를 적용한 것을 시작으로 적절한 자식에서의 테스트들을 적용할 수 있다. 마침내 리프에 도달하면 해당 샘플의 클래스가 결정된다.

의사결정 트리는 완벽하게 구축된 상태에서 시작하지 않는다. 대신 훈련 데이터 세트의 샘플을 기반으로 트리를 구축한다. 훈련 중에 리프 노드^{leaf node}에 도달하면 새로운 훈련 샘플은 해당 리프의 다른 모든 샘플과 동일한 클래스인지 테스트한다. 동일한 클래스가 맞다면 리프에 샘플을 추가하고 완료한다. 다른 클래스라면 이 샘플과 이전 노드의 샘플을 구별할 수 있는 일부 피처를 기반으로 결정 기준을 알아낸다. 그런 다음 이 테스트를 사용해 노드를 분할한다. 생각해낸 테스트는 노드와 함께 저장되고, 그림 11-13과 같이 최소한 두 개의 자식을 만들어 각 샘플을 적절한 자식에 할당한다.

훈련을 마치면 새로운 샘플을 평가하는 것은 쉽다. 루트에서 시작해 이 샘플의 피처에 대한 해당 노드의 테스트를 기반으로 각 노드에서 적절한 가지를 따라 나무 아래쪽으로 작업한다. 리프에 도달하면 샘플이 해당 리프에 있는 객체들의 클래스에 속한다고 보고한다.

이는 이상적인 프로세스다. 실제로 테스트는 불완전할 수 있고, 효율성이나 메모리의 이유로 일부 리프를 더 이상 분할하지 않기로 정한 경우 리프들에 서로 다른 클래스에 속한 객체들이 혼합될 수 있다. 예를 들어 클래스 A가 80%, 클래스 B가 20%인 샘플을 갖고 있는 노드에 도착하면 새로운 샘플이 A에 속할 확률이 80%이고 B에 속할 확률이 20%라고 보고할 수 있다. 하나의 클래스만 보고해야 하는 경우 80%만큼은 A로, 20%만큼은 B라고 보고할 수 있다.

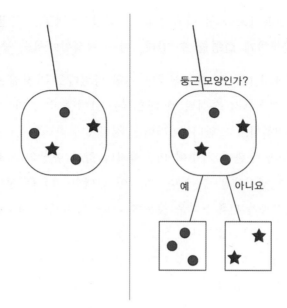

그림 11-13: 콘텐츠에 테스트를 적용해 노드를 분할한다.

의사결정 트리를 만드는 이 프로세스는 한 번에 하나의 샘플에서만 작동한다. 전체 훈련 데이터 세트를 한 번에 고려하고 샘플을 분류하는 가장 작거나 가장 균형 잡힌 트리를 찾으려고 노력하는 것이 아니다. 대신 한 번에 하나의 샘플을 고려하고 해당 샘플을 처리하는 데 필요한 만큼 트리의 노드를 분할한다. 그리고 다음 샘플에 대해 동일한 작업을 반복 수행하는 방식으로 아직 처리하지 않은 다른 데이터에 대해 신경 쓰지 않고 순간순간 결정을 내린다. 이는 효율적인 훈련을 가능하게 한다.

이 알고리듬은 이전에 본 데이터와 현재 고려중인 데이터만을 기반으로 결정을 내린다. 지금까지 본 것을 바탕으로 미래를 계획하거나 전략을 세우려 하지 않는다. 즉각적이고 단기적인 이익을 극대화하는 데 초점을 맞추기 때문에 이것을 그리디greedy, 탐욕적 알고리듬이라고 부른다.

의사결정 트리는 결과를 설명할 수 있기 때문에 실전에서 다른 분류기보다 선호하는 경우가 있다. 알고리듬이 샘플에 클래스를 할당할 때 복잡한 수학적 또는 알고리듬 프로세스를 풀 필요가 없다. 대신 각 결정을 식별하는 것만으로 최종 결과를 완벽하게 설명할 수 있다. 이는 실생활에서도 중요할 수 있다.

예를 들어 은행에서 대출을 신청했지만 거절 당했다고 가정해보자. 이유를 물으면 은행은 그 과정에서 수행된 각 테스트를 보여줄 수 있다. 이럴 때 알고리듬의 작동이 투명하다고 말한다. 이것이 공정하거나 합리적이라는 의미는 아니다. 은행은 대출과 무관한 기준에 의존하거나 하나 이상의 사회 집단에 대해 편향된 테스트를 제시했을 수 있다. 자신이 선택한 이유를 설명할 수 있다고 해서 과정이나 결과가 만족스러운 것은 아니다. 특히 입법자들은 입증이 훨씬 더 어려운 공정성보다는 입증하기 쉬운 투명성을 강화하는 법을 선호하는 것으로 보인다. 투명성이 있는 것은 좋지만 이것만으로 시스템이 원하는 방식대로 작동한다는 의미는 아니다.

의사결정 트리는 특히 과적합에 취약하기 때문에 잘못된 결정을 내릴 수 있다. 그 이유를 알아보자.

과적합 트리

몇 가지 예를 들어 트리 구축 프로세스에서 과적합에 대한 논의를 시작하겠다.

그림 11-14의 데이터는 두 클래스로 깔끔하게 분리된 데이터 세트를 보여준다. 대략 이런 종류의 기하학적 구조를 따르는 데이터 세트를 종종 **투문 데이터 세트** two-moons data set 라고 부르는데, 반원이 초승달을 연상시키기 때문일 것이다.

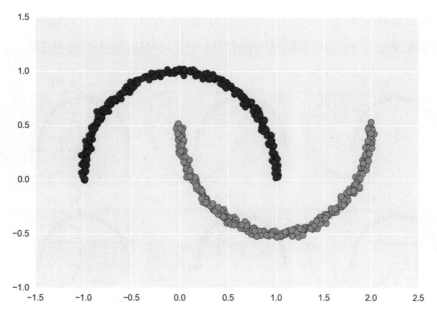

그림 11-14: 의사결정 트리를 구축하고자 투문(두 개의 달) 구조로 배열된 600개의 시작 데이터 점들. 이 2D 점들은 파란색과 주황색의 두 가지 클래스를 나타낸다.

트리를 구축하는 각 단계에는 잠재적으로 하나의 내부 노드와 하나의 잎으로 구성된 트리의 순 증가를 위해 리프를 분할해 노드와 두 개의 리프로 교체하는 작업이 포함된다. 종종 트리에 포함된 리프의 수로 트리의 크기를 생각한다.

그림 11-15는 이 데이터에 대해 의사결정 트리를 구축하는 프로세스를 보여준다.

이 그림에서는 참고용으로 각 이미지에 데이터 세트를 그렸다. 이 예제에서 각 노드는 상자에 해당한다. 여기서는 표시하지 않았지만 나무는 전체 영역을 덮는 파란색 상자에 해당하는 단일 루트로 시작한다. 그런 다음 훈련 프로세스는 주황색 곡선의 상단 근처에 있는 주황색 점 중 하나를 입력받는다. 이는 파란색 클래스에 속하지 않으므로 왼쪽 상단에 표시된 것처럼 루트를 가로로 잘라 두 개의 상자로 나눈다. 다음으로 들어오는 점은 파란색 곡선의 왼쪽 부분 근처에 있는 파란색 점이다. 이것이 주황색 상자에 속해 있으므로 세로 절단을 통해 그림과 같이 두 개의 상자로 분할해 총 세 개의 리프를 표시한다. 그림의 나머지 부분은 더 많은 샘플이 주어지면서 진화하는 트리를 보여준다.

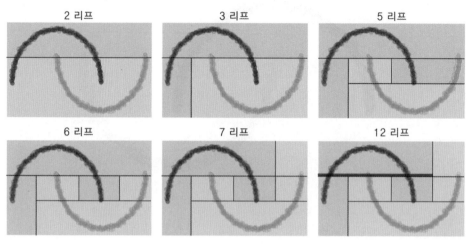

그림 11-15: 그림 11-14의 데이터에 대해 의사결정 트리를 구축한다. 트리가 어떻게 큰 덩어리로 시작해서 더 작고 더 정확한 영역으로 다듬어지는지 주목하자.

더 많은 훈련 데이터에 대한 응답으로 트리가 성장함에 따라 영역이 어떻게 점진적으로 개선되는지 확인해보자.

이 트리는 모든 훈련 샘플을 올바르게 분류하거자 12개의 리프만 있으면 된다. 최종 트리와 원본 데이터는 그림 11-16에 함께 표시했다. 이 트리는 데이터에 완벽하게 맞는다.

매우 얇은 두 개의 수평 직사각형에 주목해보자. 이것들은 호의 왼쪽 상단에 두 개의 주황색 샘플을 포함하면서 파란색 점 사이를 미끄러지듯 피해간다(샘플은 각 원의 중앙에 있는 점임을 잊지 말자). 이는 둘 다 거의 완전히 파란색 영역에 있다는 사실에도 불구하고 해당 직사각형에 속하는 이후에 오는 모든 점이 주황색으로 분류되기 때문에 과적합이다.

390

12 리프

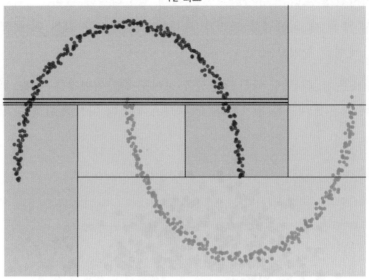

그림 11-16: 리프가 12개인 최종 트리

의사결정 트리는 각 입력 샘플에 매우 민감하게 반응하기 때문에 과적합되는 경향이 매우 많다. 사실 모든 훈련 샘플이 트리의 모양에 영향을 줄 수 있기 때문에 의사결정 트리는 거의 항상 과적합된다. 그림 11-17을 통해 이를 보자. 여기서는 그림 11-16과 같은 알고리듬을 두 번 실행했지만 각 경우에 입력 데이터의 70%를 임의로 선택하는 서로 다른 방식을 사용했다.

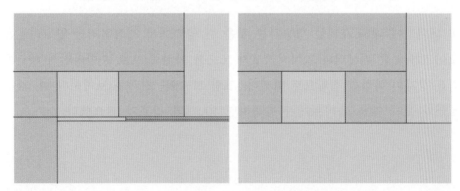

그림 11-17: 의사결정 트리는 입력값에 아주 민감하다. 왼쪽: 그림 11-14에서 표본의 70%를 무작위로 선택해 트리를 학습했다. 오른쪽: 동일한 프로세스지만 무작위로 선택된 원본 샘플의 다른 70%를 사용한다.

이 두 의사결정 트리는 유사하지만 정확히 동일하지는 않다. 데이터가 쉽게 분리되지 않을 때 의사결정 트리가 과적합되는 경향이 훨씬 더 두드러진다. 이제 그 예제를 살펴보자.

그림 11-18은 또 다른 한 쌍의 초승달을 보여주지만 이번에는 클래스를 할당한 후 샘플에 많은 노이즈를 추가했다. 두 클래스에는 더 이상 명확한 경계가 없다.

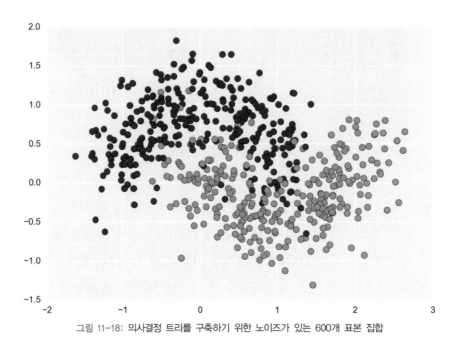

그림 11-18: 의사결정 트리를 구축하기 위한 노이즈가 있는 600개 표본 집합

이 데이터에 대해 트리를 학습하는 것은 큰 영역에서 시작하지만 알고리듬은 노이즈가 있는 데이터와 일치시키고자 노드를 이런 식으로 분할하면서 빠르게 작은 상자의 복잡한 집합으로 바뀐다. 그림 11-19는 결과를 보여준다. 이 경우 트리가 모든 점을 올바르게 분류하려면 100개의 리프가 필요했다.

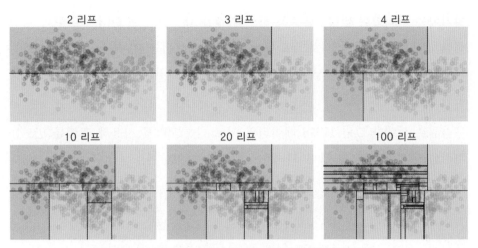

그림 11-19: 트리 구축 과정. 아래 행은 많은 수의 리프를 사용한다.

그림 11-20은 최종 트리와 원본 데이터를 확대해서 보여준다.

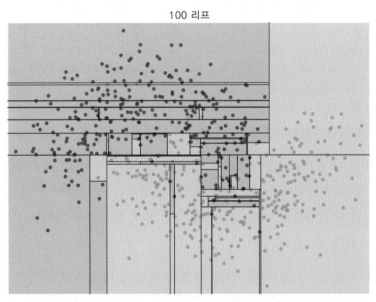

그림 11-20: 노이즈가 있는 데이터를 100개의 리프를 갖는 트리에 학습했다. 여기저기서 이상한 샘플을 잡고자 얼마나 많은 작은 상자를 사용했는지 주목하자.

여기에는 과적합이 많다. 오른쪽 하단의 샘플 대부분은 주황색이고 왼쪽 상단 샘플 대부분은 파란색일 것으로 예상하지만 이 트리는 이 특정 데이터 세트를 기반으로 많은 예외를 파냈다. 이 작은 상자에 들어가는 이후의 샘플들은 잘못 분류될 가능성이 높다.

무작위로 선택한 그림 11-18 데이터의 서로 다른 70%를 사용해 트리를 만드는 과정을 반복해보겠다. 그림 11-21은 결과를 보여준다.

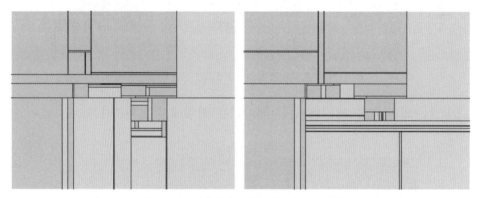

그림 11-21: 그림 11-18 데이터의 서로 다른 70% 샘플로 구축한 두 개의 트리

유사점이 있지만 이 트리는 서로 크게 다르며 몇 가지 샘플을 분류하고자 많은 작은 조각이 존재한다. 이것이 실제 과적합이다.

의사결정 트리 방식에서는 이것이 좋지 않은 방법으로 보일 수 있지만 12장에서 보게 될 많은 단순한 의사결정 트리를 그룹이나 앙상블^{ensemble}로 결합하는 방식을 통해 과적합으로 인한 어려움을 많이 겪지 않으면서 강력하고 효율적인 분류기를 만들 수 있다.

과적합을 제어할 수 있는 몇 가지 다른 방법도 있다.

그림 11-15와 그림 11-19에서 다뤘듯이 트리 성장의 처음 몇 단계에서는 크고 일반적인 모양을 생성하는 경향이 있다. 트리가 아주 깊어질 때만 과적합의 징후가 있는 작은 상자가 나타난다. 과적합을 줄이는 자주 사용하는 전략 중

하나는 깊이 제한^{depth limiting}이다. 트리가 구축되는 동안 트리의 깊이를 제한하기만 하면 되는 것이다. 노드가 루트에서 주어진 단계보다 더 많은 경우 그것을 리프로 선언하고 더 이상 분할하지 않는다. 다른 전략으로는 최소 샘플 요구 사항을 설정해 샘플이 얼마나 섞여 있더라도 특정 기준 개수보다 더 적은 샘플이 있는 노드를 분할하지 않게 하는 것이다.

과적합을 줄이는 또 다른 방법은 가지치기^{pruning}라고 하는 프로세스를 거친 후 트리의 크기를 줄이는 것이다. 이것은 리프 노드를 제거하거나 트리밍^{trimming}해 작동한다. 각 리프를 확인하고 해당 리프를 제거했을 때 트리 전체 결과의 오차에 어떤 일이 발생할지 특성화한다. 허용 가능한 오차라면 트리에서 리프를 제거하기만 하면 된다. 노드의 모든 자식이 제거되면 노드 자체가 리프가 되고 추가적인 가지치기의 후보가 된다. 가지치기는 트리를 더 얕게^{shallower} 만들 수 있으며 이는 새로운 데이터를 분류할 때 더 빨라지는 추가적인 이점을 준다.

깊이 제한, 노드당 최소 샘플 요구 사항 설정, 가지치기는 모두 트리를 단순화시키지만 각자 다른 방식으로 수행되기 때문에 일반적으로 서로 다른 결괏값을 준다.

노드 분할

많은 머신러닝 라이브러리에서 선택할 수 있는 분할 알고리듬을 제공하므로 의사결정 트리 내용을 마치기 전에 노드 분할 프로세스로 간단히 돌아가 보겠다. 다음은 노드를 고려할 때 묻는 두 가지 질문이다. 첫째, 분할해야 하는가? 둘째, 어떻게 나눠야 하는가? 이것들을 순서대로 살펴보자.

노드를 분할해야 하는지 물을 때는 일반적으로 주어진 노드의 모든 샘플이 어느 정도까지 동일한 클래스인지 고려한다. 노드의 순도^{purity}라고 하는 숫자로 노드에 속한 콘텐츠의 균일함을 설명한다. 모든 샘플이 동일한 클래스에 있으면 노드는 완전히 순수하다. 서로 다른 클래스의 샘플이 많을수록 순도 값은 작아진다. 노드 분할이 필요한지 테스트하고자 순도를 확인해 임곗값과 비교할 수 있다. 노드가 너무 불순impure해 순도가 임곗값 미만이면 분할한다.

이제 노드를 분할하는 방법을 확인해보자. 샘플에 많은 피처가 있는 경우 다양한 분할 테스트를 만들 수 있다. 한 피처의 값만 테스트하고 다른 피처는 무시할 수 있다. 또한 피처 그룹을 살펴보고 그중 일부 집계 값을 테스트할 수 있다. 혹은 각각 다른 피처를 기반으로 모든 노드에 대해 서로 완전히 다른 테스트를 자유롭게 선택할 수도 있다. 이것들은 고려해봄직한 아주 다양한 테스트를 제공한다.

그림 11-22는 다양한 크기와 색상의 원을 포함하는 노드를 보여준다. 한 자식이 모두 불그스름한 객체를, 다른 자식은 모두 푸르스름한 객체를 포함하게 만들어보자. 데이터만 보면(보통 새 데이터베이스의 가장 좋은 첫 번째 단계) 붉은 원이 가장 크게 보인다. 각 원의 반지름을 기반으로 테스트를 사용해보겠다. 그림은 세 가지 다른 값을 사용해 반지름을 기준으로 분할한 결과를 보여준다.

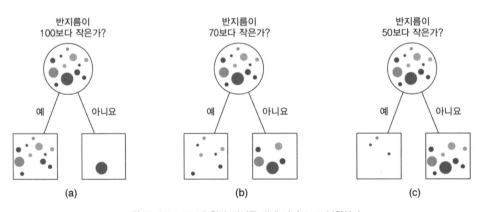

그림 11-22: 노드 내 원의 반지름 값에 따라 노드 분할하기

이 예제에서 반지름 값 70이 가장 순수한 결과를 생성하며 한 자식에는 모든 푸른 빛이 도는 객체가 있고 다른 자식에는 모든 붉은 빛이 도는 객체가 있다. 이 노드에 이 테스트를 사용하면 분할할 피처(반지름)와 테스트할 값(70)을 기억한다.

샘플들의 특성을 기반으로 테스트를 사용해 잠재적으로 노드를 분할할 수 있으므로 최적의 테스트를 선택하고자 결괏값을 평가할 방법이 필요하다. 이 결괏값을 테스트하는 자주 사용하는 두 가지 방법을 살펴보자.

6장에서 본 엔트로피entropy는 복잡성의 척도, 즉 어떤 정보를 전달하는 데 필요한 비트수라는 것을 상기해보자. 정보 이득IG, Information Gain 측정은 현재 노드의 엔트로피와 여러 후보 테스트에 의해 생성된 자식의 엔트로피를 비교하는 것으로 이 아이디어를 사용한다.

테스트를 평가하고자 IG는 해당 테스트에서 생성된 모든 새로운 자식의 엔트로피를 더하고 그 결과를 부모 셀의 엔트로피와 비교한다. 순수한 셀일수록 엔트로피가 낮기 때문에 테스트에서 순수한 셀을 만들면 엔트로피의 합이 부모의 엔트로피보다 작다. 노드를 분할하는 다양한 방법을 시도한 후 엔트로피를 가장 많이 줄이는(또는 정보 이득이 가장 큰) 분할을 선택한다.

분할 테스트를 평가하는 또 다른 인기 있는 방법으로 지니 불순도Gini impurity가 있다. 이 기법에서 사용하는 계산은 샘플을 잘못 분류할 가능성을 최소화하게 설계됐다. 예를 들어 한 리프에 클래스 A 샘플 10개와 클래스 B 샘플 90개가 있다고 가정해보자. 새로운 샘플이 해당 리프에 도달했을 때 클래스 B에 속한다고 보고하면 틀릴 확률은 10%다. 지니 불순도는 각 리프에서 여러 후보 분할 값에 대한 이러한 오차를 측정한다. 그런 다음 잘못 분류할 가능성이 가장 적은 것을 선택한다.

일부 라이브러리는 잠재적인 분할의 품질 등급을 매기기 위한 다른 측정값을 제공한다. 다른 여러 경우와 마찬가지로 일반적으로 몇 가지 옵션을 시도한 뒤 가장 적합한 것을 선택하면 된다.

서포트 벡터 머신

첫 번째 모수적parametric 알고리듬인 서포트 벡터 머신SVM, Support Vector Machine을 살펴보겠다. 계속 2D 데이터와 두 개 클래스만 예제에 사용할 것이다(VanderPlas 2016). 하지만 대부분의 머신러닝 알고리듬과 마찬가지로 이 아이디어는 차원수와 클래스 개수에 관계없이 데이터에 쉽게 적용된다.

기본 알고리듬

그림 11-23과 같이 두 클래스 각각에 속한 두 그룹의 점들로 시작해보자.

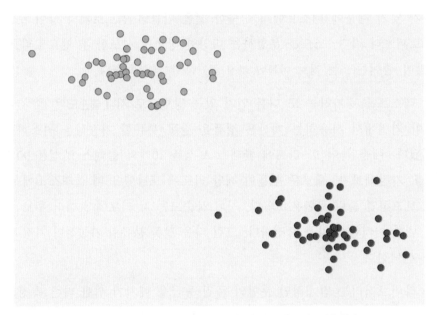

그림 11-23: 시작 데이터 세트는 2D 샘플의 두 그룹으로 구성돼 있다.

이 클러스터 사이의 경계를 찾고 싶다. 간단하게 하고자 직선을 사용하겠다. 하지만 어느 것을 사용할 것인가? 많은 선이 이 두 그룹을 나눈다. 세 후보가 그림 11-24에 나와 있다.

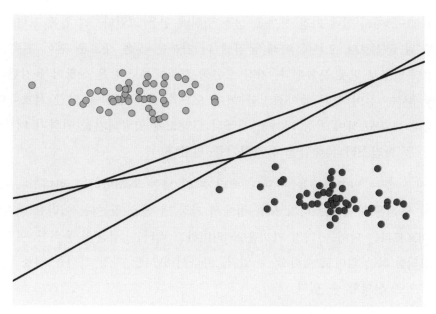

그림 11-24: 두 개의 샘플 클러스터를 분리할 수 있는 무한한 개수의 선 중 세 개

이 선들 중 어떤 것을 선택해야 할까? 생각할 수 있는 한 가지 방법은 새롭게 입력될 가능성이 있는 데이터를 상상하는 것이다. 일반적으로는 새로운 샘플을 가장 가까운 샘플의 클래스에 속하는 것으로 분류하려고 한다.

주어진 경계선이 이 목표를 얼마나 잘 달성하는지 평가하고자 두 클래스의 가장 가까운 샘플까지의 거리를 찾아보겠다. 이 거리를 이용해 선 주위에 대칭 경계를 그릴 수 있다. 그림 11-25는 몇 가지 다른 선을 보여준다.

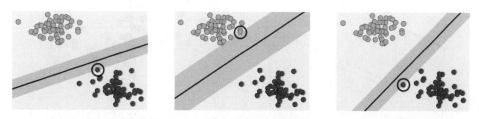

그림 11-25: 해당 선에서 가장 가까운 데이터 점까지의 거리를 찾아 각 선에 품질을 부여할 수 있다.

그림 11-25에서 선에 가장 가까운 샘플 주위에 원을 그렸다. 맨 왼쪽 그림에서 왼쪽 위 군집보다 오른쪽 아래 군집에 더 가까운 많은 새로운 점이 왼쪽 위 군집의 일부로 잘못 분류된다. 가장 오른쪽 그림에서도 같은 상황이 유지된다. 중앙에서는 선이 훨씬 좋아졌지만 이제 오른쪽 아래 군집을 약간 선호한다. 각각의 새로운 점이 가장 가까운 샘플의 클래스에 할당되기를 원하기 때문에 선이 두 클러스터의 중간을 통과하기를 원한다.

이 선을 찾는 알고리듬을 서포트 벡터 머신 또는 SVM이라고 한다(Steinwart 2008). SVM은 두 클러스터의 모든 점에서 가장 먼 선을 찾는다. 이러한 맥락에서 서포트라는 단어는 '가장 가까운'을 의미하고 벡터는 '샘플'의 동의어, 머신은 '알고리듬'의 동의어로 생각할 수 있다. 따라서 SVM을 '가장 가까운 샘플 알고리듬'으로 설명할 수 있다.

SVM으로 계산한 그림 11-25의 두 클러스터에 대한 최적의 선은 그림 11-26에 나와 있다.

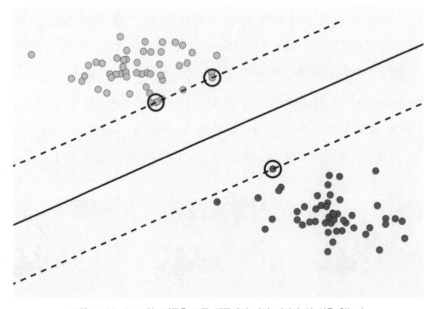

그림 11-26: SVM 알고리듬은 모든 샘플에서 가장 거리가 먼 선을 찾는다.

SVM이 이 선을 어떻게 찾는지 보자.

그림 11-26에서 동그라미로 표시된 샘플은 가장 가까운 샘플이나 서포트 벡터다. 알고리듬의 첫 번째 작업은 이러한 점을 찾는 것이다. 일단 이것들을 찾으면 알고리듬은 그림의 중앙 근처에 있는 실선을 찾는다. 이 선은 두 집합의 점들을 분리하는 모든 선 중에서 각 집합의 모든 샘플로부터 가장 먼 선이다. 그림 11-26의 점선은 서포트 벡터 주위의 원과 같이 SVM에서 찾은 중앙의 실선이 모든 샘플에서 가능한 한 멀리 떨어져 있음을 확인하는 것을 돕는 시각적 보조 장치일 뿐이다. 실선에서 서포트 벡터를 통과하는 점선까지의 거리를 마진margin이라고 한다. 바꿔 말하면 SVM 알고리듬이 가장 큰 마진을 갖는 선을 찾는다고 할 수 있다.

그림 11-27과 같이 데이터에 노이즈가 있고 일부가 겹친다면 어떻게 될까? 이제 빈 영역으로 둘러싸인 선을 만들 수 없다. 이 겹치는 표본 집합을 통해 그릴 수 있는 가장 좋은 선은 무엇일까?

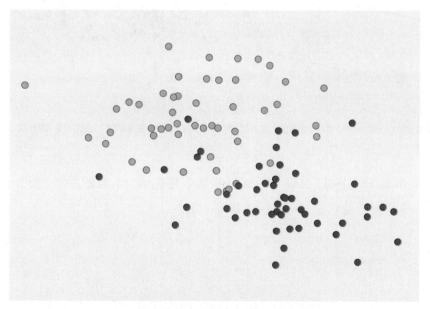

그림 11-27: 일부분이 겹치는 새로운 데이터 세트

SVM 알고리듬은 일반적으로 C라고 하는 파라미터를 제어한다. 이 파라미터는 알고리듬이 여백 영역에 점을 얼마나 허용하는지를 제어한다. 큰 C 값은 알고리듬이 경계선 주위에 작은 영역을 생성하도록 지시한다. C 값을 줄임으로써 이 영역을 더 넓힐 수 있다. 많은 시행착오를 거쳐 최적의 C 값을 찾아야 한다. 이는 실제로 많은 값으로 시도하고 교차 검증을 통해 평가해야 한다는 의미다.

그림 11-28은 C 값이 약 0.01인 중첩 데이터를 보여준다.

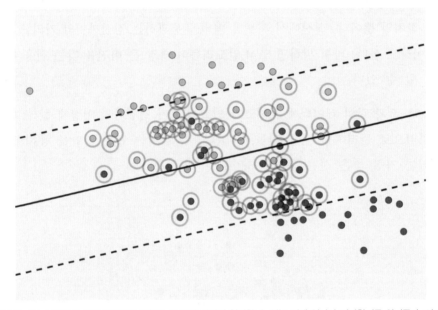

그림 11-28: C 값은 SVM이 데이터에 적합한 선 주변 영역에 침범할 수 있는 점에 얼마나 민감한지를 알려준다. 여기서 C는 0.01이다.

C를 0.01로 낮춰보자. 그림 11-29는 이렇게 했을 때 더 적은 수의 점이 선의 주변 영역으로 들어갈 수 있음을 보여준다.

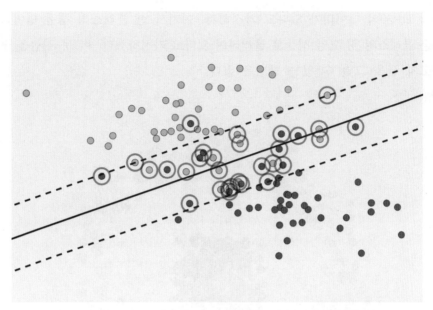

그림 11-29: C 값을 100,000으로 올리면 그림 11-28에 비해 경계선 주변에 작은 영역을 생성한다.

그림 11-28과 그림 11-29의 선은 다르다. 일반적으로 분류기에 무엇을 원하는 지에 따라 선호하는 것이 달라진다. 가장 좋은 경계가 점이 겹치는 영역 근처의 세밀한 부분에서 나온다고 생각하면 해당 경계 근처의 점만 볼 수 있도록 큰 C 값을 원한다. 두 점집합의 전체 모양이 해당 경계에 대한 더 나은 설명이라고 생각하면 더 작은 C 값으로 멀리 떨어진 점을 더 많이 포함하기를 원한다.

SVM 커널 트릭

모수적 알고리듬은 어떤 모양을 찾을 수 있는지에 따라 제한된다. 예를 들어 SVM은 선, 평면과 같은 선형 모양만 찾을 수 있다. 이러한 형태로 명확하게 구분할 수 없는 데이터인 경우 SVM이 많이 사용되지 않는 것처럼 보일 수 있다. 하지만 곡선으로만 작업한 것처럼 보이도록 선형 경계를 사용할 수 있게 하는 영리한 트릭이 있다.

그림 11-30의 데이터가 있다고 가정하자. 여기서 한 클래스의 샘플 덩어리가 다른 클래스의 링 모양 샘플로 둘러싸여 있다고 가정하겠다. 이 두 집합을 구분하고자 선을 그릴 수 있는 방법은 없다.

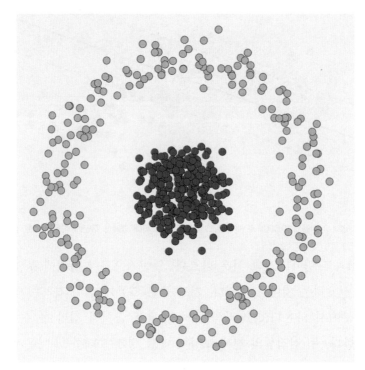

그림 11-30: 두 클래스의 데이터 세트

여기에 영리한 부분이 있다. 정사각형의 중심에서 해당 점까지의 거리를 기준으로 각 점에 3차원을 일시적으로 추가한다고 가정한다. 그림 11-31은 이를 보여준다.

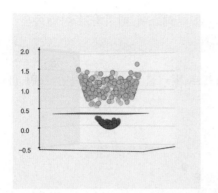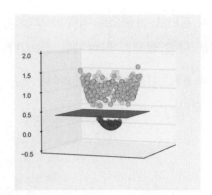

그림 11-31: 그림 11-30의 각 점을 분홍색 덩어리의 중심으로부터 거리에 따라 위쪽으로 밀어 올리면 두 개의 별개 점 군집이 생긴다.

그림 11-31에서 볼 수 있듯이 이제 두 집합 사이에 평면(직선의 2D 형태)을 그릴 수 있다. 사실 평면을 찾고자 이전에 했던 것과 동일한 서포트 벡터와 마진 아이디어를 사용할 수 있다. 그림 11-32는 두 그룹의 점 클러스터 사이 평면의 서포트 벡터를 강조 표시한 것이다.

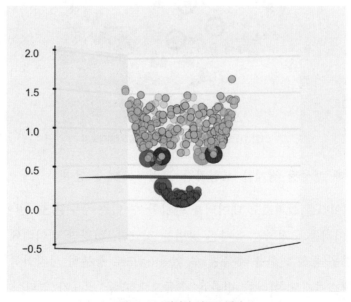

그림 11-32: 평면의 서포트 벡터

이제 평면을 기준으로 위쪽의 모든 점을 한 클래스에 배치하고 아래쪽의 모든 점을 다른 클래스에 배치할 수 있다.

원래 2D 그림에 그림 11-32에서 찾은 서포트 벡터를 강조 표시하면 그림 11-33 과 같다.

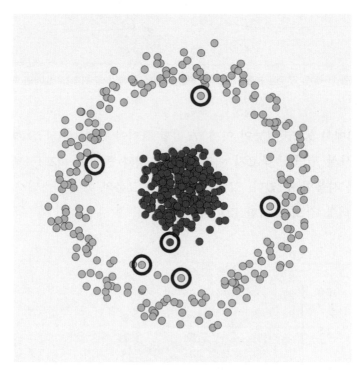

그림 11-33: 그림 11-32를 아래로 내려다보기

평면에 의해 생성된 경계를 포함하면 그림 11-34가 된다.

이 경우 데이터를 살펴보고 데이터를 분할할 수 있는 우수한 3D 변환을 떠올림 으로써 데이터를 수정하는 올바른 방법을 찾았다. 하지만 데이터에 여러 차원 이 있는 경우 좋은 변환을 추측할 수 있을 정도로 충분히 시각화하지 못할 수 있다. 다행스럽게도 이러한 변환은 수동으로 찾을 필요가 없다.

좋은 변환을 찾는 한 가지 방법은 여러 가지를 시도한 다음 가장 잘 작동하는 변환을 선택하는 것이다. 이 접근 방식은 필요한 계산으로 인해 너무 느려서 실용적이지 않지만 다행히도 영리한 방법을 통해 속도를 높일 수 있다. 이 아이디어는 SVM 알고리듬의 핵심에 있는 커널kernel이라는 수학math에 중점을 둔다. 수학자들은 때때로 트릭trick이라는 보완적인 용어로 특별히 영리하거나 깔끔한 아이디어에 존중을 표한다. 이 경우 SVM 계산을 다시 작성하는 것을 커널 트릭kernel trick이라고 한다(Bishop 2006). 커널 트릭을 사용하면 알고리듬은 점을 실제로 변환하지 않으면서 변환된 점 사이의 거리를 찾을 수 있으므로 효율성이 크게 향상된다. 커널 트릭은 모든 주요 라이브러리에서 자동으로 사용되므로 요청할 필요조차 없다(Raschka 2015).

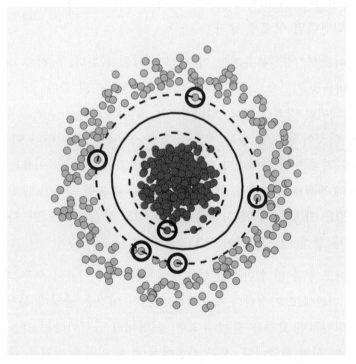

그림 11-34: 서포트 벡터를 표시한 그림 11-30의 데이터. 마진을 나타내는 점선. 평면에 의해 생성된 경계

나이브 베이즈

가장 정확한 것은 아니더라도 빠른 결과가 필요할 때 자주 사용되는 모수적 분류기를 살펴보자.

이 분류기는 데이터에 대한 가정에서부터 시작하기 때문에 빠르게 작동한다. 이는 4장에서 살펴본 베이즈 규칙^{Bayes' Rule}에 기반을 둔다.

베이즈 규칙은 **사전 확률**^{prior} 또는 결과가 무엇인지에 대해 사전에 결정된 아이디어로 시작한다는 점을 기억하자. 일반적으로 베이즈 규칙을 사용하면 새로운 증거^{evidence}를 평가해 사전 확률을 개선하고 새로운 사전 확률이 되는 **사후 확률**^{posterior}을 생성한다. 그러나 사전 확률을 미리 정하고 그것이 어떤 결과로 이어지는지 확인한다면 어떻게 될까?

나이브 베이즈^{Naïve Bayes} 분류기는 이 접근 방식을 취한다. 이전에 만든 가정이 데이터의 내용을 기반으로 하지 않기 때문에 순진하다고 한다. 즉, 정보가 없거나 순진한 데이터 정의를 한다. 일반적으로 데이터가 특정 구조를 갖고 있다고 가정한다. 이것이 옳다면 좋은 결과를 얻을 수 있다. 데이터가 이 가정과 덜 일치할수록 결과는 더 나빠진다. 나이브 베이즈가 인기 있는 이유는 이 가정이 옳거나 거의 정확하고 살펴볼 가치가 있을 만큼 충분한 경우가 많기 때문이다. 흥미로운 점은 가정이 정당한지 확인하고자 결코 확인하지는 않는다는 것이다. 그저 확신과 함께 앞으로 나아가기만 한다.

나이브 베이즈의 좀 더 일반적인 형태 중 하나에서는 샘플의 모든 피처가 가우스 분포를 따른다고 가정한다. 2장에서 봤듯이 이것은 중앙에 봉우리가 있는 매끄럽고 대칭적인 모양을 갖는 유명한 종 형태의 곡선이라는 것을 상기할 수 있다. 이것이 사전 확률이다. 모든 샘플에서 특정 피처를 살펴볼 때 가우스 곡선과 최대한 일치시키려고 한다.

피처들이 실제로 가우스 분포를 따른다면 이 가정은 잘 맞을 것이다. 나이브 베이즈의 가장 좋은 점은 이 가정이 예상하는 것보다 훨씬 더 자주, 잘 작동한다는 것이다.

사전 확률을 만족하는 데이터로 시작해 이것이 실제로 작동하는 것을 살펴보자. 그림 11-35는 두 개의 가우스 분포에서 샘플을 뽑아 생성된 데이터 세트를 보여준다.

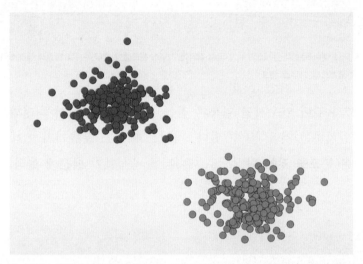

그림 11-35: 나이브 베이즈로 훈련하기 위한 2D 데이터 세트. 빨간색과 파란색의 두 가지 클래스가 있다.

이 데이터를 나이브 베이즈 분류기에 입력하면 이 분류기는 각 피처 집합이 가우스 분포에서 나온 것이라고 가정한다. 즉, 빨간색 점의 x 좌표와 y 좌표 모두 가우스 분포를 따른다고 가정한다. 파란색 점의 x와 y 피처 역시 동일하다고 가정한다. 그런 다음 해당 데이터에 가장 적합한 4개의 가우스 분포에 맞추려고 시도해 2개의 2D 언덕 모양 그래프를 생성한다. 결과는 그림 11-36에 나와 있다.

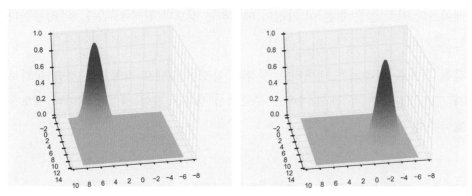

그림 11-36: 나이브 베이즈는 각 클래스의 x, y 피처 각각에 가우스 분포를 맞춘다. 왼쪽: 빨간색 클래스의 가우스 분포 오른쪽: 파란색 클래스의 가우스 분포.

그림 11-37과 같이 가우시안 얼룩과 점을 겹쳐 놓고 위에서 내려다보면 매우 근접하게 일치하는 것을 볼 수 있다. 나이브 베이즈 분류기가 기대했던 것과 정확히 같은 분포를 갖는 방식으로 데이터를 생성했기 때문에 놀라운 일은 아니다.

그림 11-37: 전체 훈련 데이터 세트를 그림 11-36의 가우스 분포에 중첩

분류기가 실제로 얼마나 잘 작동하는지 확인하고자 훈련 데이터를 분할해 무작위로 선택된 70%의 점을 훈련 데이터 세트에 넣고 나머지를 테스트 데이터 세트에 넣는다. 이 새로운 훈련 데이터 세트로 훈련하고 가우스 분포 위에 테스트 데이터 세트를 그리면 그림 11-38과 같다.

그림 11-38에서는 클래스 1로 분류된 모든 점을 좌측에, 클래스 2에 속하는 모든 점을 우측에 원래의 색을 유지해 그렸다. 모든 테스트 샘플이 올바르게 분류됐음을 알 수 있다.

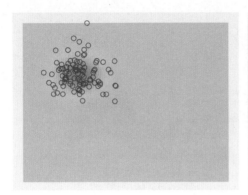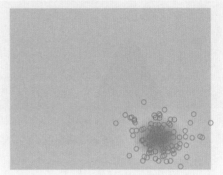

그림 11-38: 시작 데이터의 70%로 훈련한 후의 테스트 데이터

이제 모든 샘플의 모든 피처가 가우스 분포를 따른다는 사전 확률을 만족하지 않는 예를 시도해보겠다. 그림 11-39는 노이즈가 있는 초승달 모양의 새로운 두 시작 데이터를 보여준다.

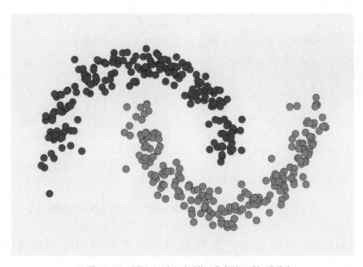

그림 11-39: 일부 노이즈가 있는 초승달 모양 데이터

이 샘플들을 나이브 베이즈 분류기에 전달할 때 빨간색 x, y 값과 파란색 x, y 값이 (항상 그렇듯) 모두 가우스 분포에서 온 것이라고 가정한다. 그림 11-40 에서 볼 수 있듯이 가능한 최고의 가우스 분포를 찾을 것이다.

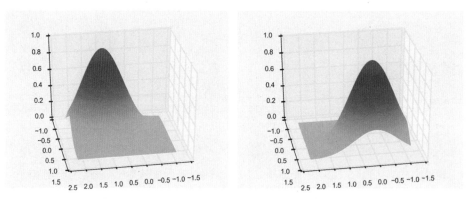

그림 11-40: 그림 11-39의 초승달 모양 데이터에 가우스 분포 적합하기

물론 이것들은 가정을 충족하지 않기 때문에 이 데이터와 잘 일치하지 않는다. 그림 11-41에서 데이터를 가우스 분포에 겹치면 일치 항목이 심하지는 않지만 꽤 멀리 떨어져 있음을 알 수 있다.

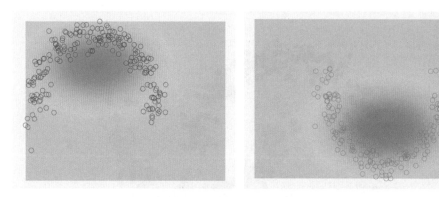

그림 11-41: 그림 11-39의 훈련 데이터를 그림 11-40의 가우스 분포에 중첩

이전과 마찬가지로 이제 초승달 모양 데이터를 훈련 데이터 세트와 테스트 데이터 세트로 나누고, 70%로 훈련하고, 예측을 살펴보겠다. 그림 11-42의 왼쪽

그림을 통해 빨간색 클래스에 할당한 모든 점을 볼 수 있다. 이것은 희망하는 것처럼 대부분의 붉은 점을 포함하고 있지만 왼쪽 상단의 붉은색 달 모양의 일부 점은 빨간색으로 분류되지 않고 오른쪽 아래에 있는 푸른 달의 일부 점은 빨간색으로 분류된다. 이 점들의 가우스 분포는 다른 값보다 높기 때문이다.

그림 11-42의 오른쪽에서 다른 가우스 분포의 경우 반대 상황인 것을 볼 수 있다. 즉, 많은 점을 올바르게 분류하긴 했지만 각 클래스의 점을 잘못 분류하기도 했다.

나이브 베이즈가 사전에 만든 가정과 데이터가 달랐기 때문이므로 잘못된 분류에 너무 놀랄 필요는 없다. 분류기가 얼마나 잘 작동했는지는 놀라운 부분이다. 일반적으로 나이브 베이즈는 모든 종류의 데이터를 잘 처리한다. 이것은 많은 실제 데이터가 가우스 분포에 의해 설명할 수 있는 프로세스에 기인하기 때문일 것이다.

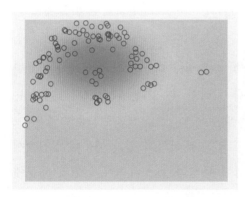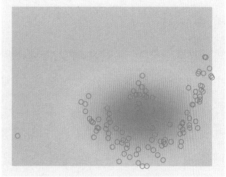

그림 11-42: 그림 11-39의 데이터로 훈련한 나이브 베이즈 분류기로 테스트 데이터 예측

나이브 베이즈는 너무 빠르기 때문에 대략적으로 어떤 데이터인지 알고 싶을 때 적용하는 것이 일반적이다. 그것이 훌륭히 해낸다면 더 복잡한 알고리듬을 볼 필요가 없을 것이다.

분류기 비교

이 장에서 네 가지 인기 있는 분류 알고리듬을 살펴봤다. 대부분의 머신러닝 라이브러리는 다른 많은 라이브러리와 함께 이러한 모든 알고리듬을 제공한다. 아주 간략하게 비모수 알고리듬부터 시작해 네 가지 분류기의 장단점을 살펴보겠다.

kNN 방법은 유연하다. 경계를 명시적으로 나타내지 않으므로 훈련 데이터의 클래스 샘플에 의해 형성된 모든 종류의 복잡한 구조를 처리할 수 있다. 일반적으로 각 훈련 샘플을 저장하기 때문에 훈련이 빠르다. 반면에 분류하려는 모든 샘플의 가장 가까운 이웃을 검색해야 하기 때문에 예측이 느리다(이 검색 속도를 높이는 효율적인 방법은 많지만 여전히 시간이 걸린다). 그리고 모든 훈련 샘플을 저장하기 때문에 엄청난 양의 메모리를 소모할 수 있다. 훈련 데이터 세트가 사용할 수 있는 메모리보다 큰 경우 운영체제는 일반적으로 하드 드라이브(또는 기타 외부 저장소)에 데이터를 저장하기 시작해야 하므로 알고리듬이 크게 느려질 수 있다.

의사결정 트리는 훈련이 빠르고 예측을 할 때도 빠르다. 더 깊은 트리가 필요할 수도 있지만 클래스 간의 이상한 경계를 처리할 수 있다. 과적합되기 쉽다는 큰 단점이 있다(언급했듯이 이 문제는 나중에 작은 트리들의 모음을 사용해 해결하므로 모두 것을 잃은 것은 아니다). 의사결정 트리는 해석하기 쉽기 때문에 실전에서 매우 매력적이다. 때때로 사람들은 결정이 투명하거나 이해하기 쉽기 때문에 다른 분류기보다 결과가 나빠도 의사결정 트리를 사용한다. 이는 최종 선택이 공정하거나 정확하다는 것을 의미하는 것이 아니라 인간이 이해하기 쉬울 뿐이라는 것을 잊지 말자.

서포트 벡터 머신은 빠른 예측을 할 수 있는 모수적 알고리듬이다. 일단 훈련이 끝나면 샘플 영역 사이의 경계만 저장하기 때문에 많은 메모리가 필요하지 않다. 그리고 커널 트릭을 사용해 SVM이 기본적으로 생성하는 직선(및 평면과 고

차원 평면)보다 훨씬 더 복잡해 보이는 분류 경계를 찾을 수 있다. 반면에 훈련 데이터 세트의 크기에 따라 훈련 시간이 늘어난다. 결과의 품질은 경계 근처에서 허용되는 샘플수를 지정하는 파라미터 C에 따라 민감하게 달라진다. 교차 검증을 사용해 여러 C 값을 시도하고 가장 좋은 값을 선택할 수 있다.

나이브 베이즈는 빠르게 훈련하고 빠르게 예측하며 결과를 설명하는 것이 그리 어렵지 않다(의사결정 트리 또는 kNN의 결과보다 좀 더 추상적이지만 말이다). 이 방법에는 조정해야 하는 파라미터가 없다. 작업하는 클래스가 잘 분리돼 있다면 나이브 베이즈 사전 확률이 종종 좋은 결과를 낳는다. 이 알고리듬은 데이터가 본질적으로 가우스 분포일 때 특히 잘 작동한다. 또한 데이터에 많은 피처가 있는 경우에도 잘 작동한다. 이러한 데이터의 클래스는 종종 나이브 베이즈의 강점을 활용하는 방식으로 분리되기 때문이다(VanderPlas 2016). 실전에서 훈련 및 예측이 빠르고 데이터 구조에 대한 감을 잡을 수 있기 때문에 데이터 세트를 알아가는 과정에서 초기에 나이브 베이즈를 시도한다. 예측 품질이 좋지 않으면 더 복잡한 분류기(즉, 더 많은 시간이나 메모리가 필요한 분류기)로 전환할 수 있다.

여기에서 본 알고리듬은 일반적으로 적용하고 시각화하기가 쉽기 때문에 특히 데이터를 처음 접했을 때 자주 사용된다.

요약

11장에서는 두 가지 유형의 분류기를 다뤘다. 분류기가 데이터의 구조에 대한 선입견이 없을 때 비모수적이라고 한다. k-최근접 이웃 알고리듬은 가장 자주 자주 나오는 이웃을 기반으로 한 샘플에 클래스를 할당하는 다양한 방법이다. 또한 의사결정 트리는 비모수적이며 훈련 데이터에서 학습한 일련의 결정을 기반으로 클래스를 할당한다.

반면 모수적 분류기는 데이터 구조에 대한 선입견을 갖고 있다. 기본 서포트 벡터 머신은 훈련 데이터를 클래스별로 구분하는 선이나 평면과 같은 선형 모양을 찾는다. 나이브 베이즈 분류기는 데이터에 고정 분포(보통 가우스 분포)가 있다고 가정한 다음 해당 분포를 데이터의 각 피처에 맞추고자 최선을 다한다.

12장에서는 개별 분류기들보다 성능이 우수한 앙상블 분류기를 생성하고자 여러 분류기를 함께 묶는 방법을 살펴본다.

12

앙상블

누구나 실수할 수 있고 심지어 알고리듬도 마찬가지다. 가끔은 알고리듬이 좋은 답을 가져다준다고 확신할 수 있지만 어떤 이유에서든 약간의 의구심을 가질 수 있다. 어떻게 하면 컴퓨터가 답해 주는 것에 대해 신뢰도를 높일 수 있을까?

이것은 새로운 문제가 아니다. 1960년대와 70년대의 아폴로^{Apollo} 우주선은 달 궤도를 도는 명령 모듈의 컴퓨터 한 종류와 달에 착륙한 달 모듈의 다른 종류 컴퓨터에 의존했다. 이 컴퓨터들은 거의 모든 비행에서 중요한 부분이었기 때문에 우주 비행사들은 이 결과물을 신뢰할 수 있어야 했다. 이 컴퓨터들은 집적 회로로 만들어졌는데 그 당시에는 비교적 새로운 것이었다.

우주 비행사들이 소프트웨어와 하드웨어에 그들의 생명을 맡기기는 했지만 언제나 의심할 여지가 있었다. 그들은 어떻게 그 임무를 끝내거나 심지어 치명적인 상황일 될 수 있는 오류나 오작동을 막을 수 있었을까?

이 컴퓨터의 설계자들은 중복^{redundancy} 문제를 해결했다. 모든 회로 기판은 한 번이 아니라 두 번 복제돼 모두 세 개의 복사본을 만들었다. 세 시스템 모두 항상 동기식으로 실행됐는데, 이를 삼중 모듈 중복^{triple modular redundancy}이라고 한다. 이 컴퓨터들은 동일한 입력 정보를 취해 각자 독립적인 결과를 계산했다. 이 그룹의 출력은 다수결로 결정됐다(Ceruzi 2015). 이 방식은 세 시스템 중 하나가 손상되더라도 정답은 여전히 나올 것이다.

이 아이디어에 머신러닝을 적용하고 확장시킬 수 있다. 아폴로호의 엔지니어들처럼 여러 학습기를 만들어 동시에 사용할 수 있다. 머신러닝에서는 유사한 학습기들의 그룹을 앙상블이라고 부른다. 그리고 아폴로 컴퓨터처럼 앙상블의 결과는 멤버들로부터 가장 인기 있는 결과다. 하지만 아폴로에서의 동일한 소프트웨어나 하드웨어와는 달리 보통은 약간 다른 데이터로 학습함으로써 각각의 학습기들을 고유하게 만든다. 이것은 한 학습기가 만든 실수가 다른 학습기에 의해 정확히 같은 방식으로 재현될 가능성을 낮춘다. 이런 방식으로 다수결^{majority vote}은 이러한 잘못된 결정을 제거하는 데 도움을 준다.

11장에서는 의사결정 트리가 훈련 데이터를 쉽게 과적합해 시스템을 배포했을 때 오류들이 발생할 수 있음을 살펴봤다. 이번 장에서는 이러한 여러 나무를 하나의 앙상블로 결합하는 방법을 알아본다. 그 결과 의사결정 트리의 단순성과 투명성을 활용하고 문제를 크게 줄이는 알고리듬을 얻게 된다. 앙상블이 최종 결과를 결정하는 방법을 간단히 다루는 것으로 시작해보자.

투표

결정을 내리는 것은 컴퓨터와 인간 모두에게 어렵다. 어떤 인간 사회에서는 많은 사람의 의견을 종합하는 것으로 의사결정에 있어서 개인의 불완전함을 해결한다. 법률은 상원에서 통과되고 재정적 결정은 이사회에서 이뤄지며 각 지도자는 대중 투표로 선출된다. 이 모든 경우에 내재된 생각은 다수의 독립적인 유권자들의 합의를 활용한다면 단일 개인만의 판단 착오를 피할 수 있다는 것이다. 이것이 좋은 결정을 보장하지는 않지만 때때로 한 사람의 독특한 편견 bias에 의해 야기되는 문제들을 피하도록 도울 수 있다.

기계에도 편향bias이 있다. 결정을 내리고자 학습 알고리듬을 사용할 때 예측값은 알고리듬을 훈련한 데이터에 기초한다. 데이터에 편향, 누락omission, 과소 표현 underrepresentation, 과잉 표현overrepresentation이나 다른 종류의 시스템 오차가 포함된 경우 이러한 오류도 학습기에 포함된다. 이는 현실 세계에 증대한 영향을 미칠 수 있다. 예를 들어 가정이나 기업에 대한 대출을 평가하거나, 대학 입학을 결정하거나, 구직자를 사전 검증하고자 머신러닝을 사용할 때 훈련 데이터의 불공정성이나 편향이 시스템 결정에 유사한 불공정성과 편향을 야기한다.

이 문제를 피하는 한 가지 방법은 다양한 데이터로 훈련시킨 여러 학습기를 만드는 것이다. 예를 들어 각 시스템을 다른 소스로부터 다른 훈련 데이터 세트로 훈련시킬 수 있다. 이러한 데이터는 실제로 얻기 어려운 경우가 많기 때문에 자주 같은 훈련 데이터 풀에서 추출한 서로 다른 부분집합을 사용해 훈련시킨다.

이러한 다양한 데이터 세트로 학습기들을 훈련시킨 경우 보통은 각 학습기에게 각각 새로운 입력을 평가하도록 요청한다. 그런 다음 학습기들이 투표를 통해 최종 결과를 결정하게 한다.

이를 위한 일반적인 방법은 다수 투표plurality voting를 사용하는 것이다(RangeVoting. org 2020). 간단히 말해 각 학습기는 예측값에 대해 한 표를 던지고 가장 많은 표를 받는 예측값이 승자가 된다(동수일 경우 컴퓨터는 동수 항목 중 하나를 무작위로 선택하거나 다른 투표를 시도할 수 있다). 다수 투표는 완벽하지는 않으며 유용한 대안들이 존재하지만 단순하고 빠르며 일반적으로 머신러닝에서 허용할 만한 결과를 만들어낸다(NCSL 2020).

다수 투표의 일반적인 변형은 가중 다수 투표weighted plurality voting다. 여기서 모든 투표는 특정한 가중치를 갖는데, 이 가중치는 투표가 결과에 얼마나 많은 영향을 미치는지 말해주는 숫자일 뿐이다. 또 다른 변형은 각 투표자에게 결정에 대한 신뢰도confidence를 확인하도록 요구하는 것이다. 따라서 더 신뢰하는 투표자들이 덜 확신하는 투표자들보다 더 큰 영향을 미칠 수 있다.

이러한 용어들을 사용해 이제 의사결정 트리의 앙상블을 만드는 것을 알아보자.

의사결정 트리의 앙상블

의사결정 트리의 강점을 바탕으로 단점을 줄이면서 이들을 앙상블로 결합하는 좋은 방법이 있다. 다음 내용을 정확히 하고자 분류에 의사결정 트리를 사용하는 것에 중점을 두겠다.

각 구성 요소들을 크게 향상시킬 수 있는 의사결정 트리 앙상블을 만드는 데 널리 사용하는 세 가지 기술을 살펴보자.

배깅

배깅bagging이라고 불리는 앙상블 기술은 **부트스트랩 애그리게이팅**bootstrap aggregating의 합성어다. 추측했듯이 이 기술은 2장에서 다룬 부트스트랩 아이디어에 바탕을 둔다. 2장에서는 시작 데이터에서 추출한 작은 여러 부분집합을 평가해 몇 가지 통계 측정의 성능을 추정하고자 부트스트래핑bootstrapping을 활용하는 방법을 살펴봤다. 이 예제에는 다시 훈련 데이터 세트에서 작은 여러 데이터 세트를 만들고, 이제는 의사결정 트리들의 집합을 훈련하는 데 사용해보자.

훈련 데이터 세트의 샘플들에 대해 복원 추출sampling with replacement해 원래의 데이터 세트에서 아이템을 골라 여러 개의 새로운 집합이나 부트스트랩을 만들 수 있다. 즉, 동일한 샘플을 한 번 이상 선택할 수 있다. 그림 12-1은 아이디어를 나타낸다. 각 샘플은 샘플에 해당하는 클래스와 함께 전달해 이를 활용해서 훈련시킬 수 있다.

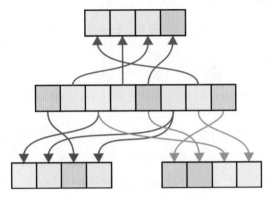

그림 12-1: 샘플들의 집합으로 부트스트랩 생성

그림 12-1 상단에는 5개 클래스에 속한 8개 샘플로 구성된 시작 집합이 있다. 각 샘플의 클래스는 색상으로 표시한다. 이 숫자들은 어떤 샘플이 어떤 것인지 확인하는 데 도움이 된다. 이 집합에서 샘플을 추출해 각각 4개의 샘플로 이뤄진 많은 새로운 집합을 만들 수 있다. 이는 배깅의 첫 단계다. 복원 추출을 사용하기 때문에 특정 샘플이 여러 번 나타날 수 있다.

이제 각 부트스트랩에 대한 의사결정 트리를 만들어 해당 데이터에 대해 훈련시켜보자. 이 트리들의 집합을 **앙상블**^{ensemble}이라고 부른다.

훈련이 끝나고 새로운 샘플을 평가할 때 앙상블에 있는 모든 의사결정 트리에 전달한다. 각 트리는 하나의 클래스 예측값을 생성한다. 다수 투표에서 승자 또는 동점인 경우 예측한 클래스로 간주한다. 단지 다섯 개의 트리가 있는 작은 앙상블을 갖고 있다고 가정해보자. 그림 12-2는 배포 후 새로운 샘플을 평가하는 과정을 나타낸다.

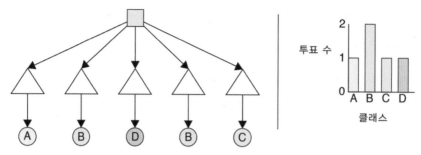

그림 12-2: 샘플의 클래스를 예측하고자 앙상블 활용

왼쪽 그림을 살펴보자. 가장 위에 클래스를 모르는 새로운 샘플이 앙상블에 도착한다. 샘플은 모든 의사결정 트리(삼각형으로 표시)에 전달되고 각 트리에서는 A부터 D로 레이블된 예측 클래스 값을 생성한다. 각각의 트리는 서로 다른 부트스트랩으로 훈련했기 때문에 다른 트리들과 조금 다르다. 오른쪽 그림에서는 예측한 클래스 값으로 다수 투표 선거를 실시한다. 이 예제에서 가장 자주 나오는 클래스는 B다. 이 클래스가 승리해 앙상블의 결과가 된다.

이 앙상블을 만들려면 각 부트스트랩에 사용할 샘플 개수와 만들 트리 수라는 두 가지 파라미터만 지정하면 된다. 분석 결과 분류기를 더 추가하면 앙상블의 예측이 더 좋아지지만 어느 시점에서는 분류기를 더 추가하면 속도가 느려지고 결과가 더 이상 향상되지 않는다. 이는 앙상블 구성의 **수확 체감**Diminishing returns의 법칙이라고 한다. 경험적으로 좋은 규칙은 데이터 클래스와 거의 동일한 수의 분류기를 사용하는 것이지만(Bonab 2016) **교차 검증**cross-validation을 사용해 주어진 데이터 세트에 대해 최적의 트리 수를 검색할 수 있다.

배깅 절을 마치기 전에 기본적인 아이디어에 기반을 둔 몇 가지 기술을 생각해 보자. 각각의 핵심 아이디어는 훈련 과정 중에 트리에 무작위성randomization을 추가하는 것이다.

랜덤 포레스트

11장에서 다뤘듯이 의사결정 트리에서 노드를 둘로 분할해야 할 때 요소들을 어떤 자식 노드에 보낼지 정하는 테스트를 만들고자 피처(또는 피처들의 집합)를 선택한다. 피처 하나만 기준으로 분할하도록 결정한 경우 사용할 피처와 테스트할 피처의 값을 정해야 한다. 여러 테스트와 비교하고자 정보 이득^{information} ^{gain}이나 지니 불순도$^{Gini\ impurity}$와 같이 11장에서 다른 측정값을 사용할 수 있다.

의사결정 트리를 만들 때 종종 모든 피처를 고려해 최상의 테스트를 찾는다. 하지만 **피처 배깅**$^{feature\ bagging}$이라고 불리는 기술을 사용할 수도 있다. 노드에서 최상의 테스트를 찾기 전에 먼저 **비복원 추출**$^{selection\ without\ replacement}$을 사용해 해당 노드에서 샘플들에 대한 무작위 부분집합을 선택한다. 이제 이러한 피처들만 기초해 최적의 테스트를 찾을 준비가 됐다. 무시한 피처들에 대해서는 분할을 고려하지 않는다.

나중에 다른 노드를 분할해야 할 때 다시 완전히 새로운 피처들의 부분집합을 선택하고 이 피처들만 사용해 다시 새로운 분할을 결정한다. 이 아이디어는 그림 12-3과 같다.

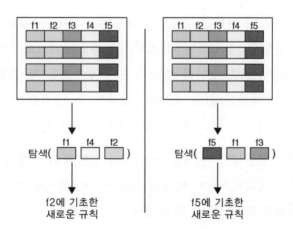

그림 12-3: 각각 5개의 샘플이 있는 2개의 노드에 대한 그림으로, 피처 배깅 방식으로 노드 분할할 때 사용할 피처(f1 ~ f5)를 결정

그림 12-3의 왼쪽에서 사용할 수 있는 다섯 개 피처 중 세 개 피처 집합을 무작위로 선택하고 분할할 최적의 피처를 탐색한다. 오른쪽에서 다시 세 가지 피처를 무작위로 선택해 다른 테스트를 실시한다. 여기서의 생각은 무작위로 몇 가지 피처만 선택함으로써 훈련하는 각 트리에서 이 노드에 대해 같은 선택을 하는 것을 피할 수 있고, 따라서 결정의 다양성을 증가시킬 수 있다는 것이다.

이런 식으로 앙상블을 만들 때 이 결과를 랜덤 포레스트^{random forest}라고 부른다. 이름의 랜덤^{random} 부분은 각 노드에서 임의로 선택한 피처들을 나타내며, 포레스트^{forest}는 의사결정 트리들을 모은 결과를 나타낸다.

랜덤 포레스트를 만들려면 배깅에 사용했던 것과 동일한 두 가지 파라미터를 제공해야 한다. 각 부트스트랩의 크기와 만들 트리의 개수다. 또한 각 노드에서 고려할 피처의 비율을 지정해야 한다. 이 값은 각 노드에 있는 피처 개수에 대한 %로 표현할 수 있다. 대안으로 많은 라이브러리에서 해당 %을 선택하는 다양한 알고리듬을 제공한다.

엑스트라 트리

이제 앙상블을 만들 때 나무를 무작위로 만드는 두 번째 방법을 알아보자. 일반적으로 노드를 분할할 때 포함된 각 피처(또는 랜덤 포레스트를 만드는 경우 해당 피처의 임의의 부분집합)를 고려해 해당 노드의 샘플들을 두 개의 자식 노드로 가장 잘 분할하는 피처의 값을 찾는다. 앞서 다룬 것처럼 정보 이득과 같은 측정치를 사용해 가능한 여러 가지 테스트를 비교한다.

각 피처에 가장 적합한 분할 지점을 찾는 대신 노드에 있는 값을 기준으로 분할점을 무작위로 선택해보자. 이 변경의 결과는 '극단적 랜덤 트리^{Extremely Randomized Trees}' 또는 '엑스트라 트리^{Extra Trees}'라고 불리는 앙상블이다.

이것이 해당 트리에 대해 더 나쁜 결과를 제공하는 것처럼 보일 수 있지만 의사결정 트리는 과적합되는 경향이 있음을 기억하자. 분할점을 임의로 선택하면 과적합을 줄이고자 약간의 정확도를 절충할 수 있다.

부스팅

방금 살펴본 기술은 모두 의사결정 트리에만 한정돼 있다. 이제 어떤 종류의 학습기에도 적용할 수 있는 앙상블을 만드는 또 다른 방법을 아보자. 이 방법은 부스팅^{Boosting}이라고 부른다(Schapire 2012).

부스팅은 많은 수의 작고 빠르며 정확한 학습기들을 하나의 정확한 학습기로 결합시킬 수 있게 해주기 때문에 인기 있는 알고리듬이다.

구체적인 내용을 유지하고자 의사결정 트리를 예제 학습기로 계속 사용해보자. 모든 샘플을 두 클래스 중 하나로 할당하는 이진 분류기에 초점을 맞춰 논의를 더욱 단순화하자. 별로 유용하지 않은 단순한 분류기로 앙상블을 만들어보겠다. 시작을 위해 완전히 쓸모없는 분류기를 사용해 사고 실험으로 시작해서 조금 개선해보자.

샘플이 두 클래스에 속해 있는 데이터 세트를 상상해보자. 또한 완전 무작위 이진 분류기를 상상해보자. 샘플의 피처에 상관없이 분류기는 샘플을 이 두 클래스 중 하나에 임의로 할당한다. 샘플이 훈련 데이터 세트에서 균등하게 분할돼 있는 경우 모든 샘플에 레이블이 올바르게 달릴 확률은 50:50이다. 이것을 무작위 레이블링$^{random \; labeling}$이라고 부른다. 정답을 얻을 확률이 운에 달려있기 때문이다.

이제 이진 분류기를 수정해 우연보다 좀 더 나은 결과를 얻을 수 있다고 가정해보자. 예를 들어 그림 12-4는 우연보다 나을 것이 없는 이진 분류기와 우연보다 약간 나은 이진 분류기, 두 가지 클래스로 이뤄진 데이터 세트를 나타낸다.

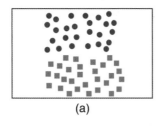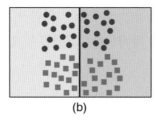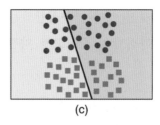

그림 12-4: (a) 훈련 데이터, (b) 랜덤 분류기, (c) 성능이 매우 좋지 않고 랜덤은 아닌 분류기

그림 12-4(b)의 학습기는 각 클래스의 절반을 잘못 분류해 우연과 다를 바 없다. 이것은 쓸모없는 분류기다. (c) 그림에 있는 학습기는 (b)의 분류기보다 약간 더 쓸모없다. 경계선이 약간 기울어진 것은 쓸모없는 분류기보다 약간만 더 낫다는 것을 의미하기 때문이다.

그림 12-4(c)의 분류기를 **약한 학습기**|weak learner라고 부른다. 이 상황에서 약한 학습기는 약간이라도 정확한 분류기다. 즉, 올바른 클래스로 50% 이상 할당하지만 겨우 할당할 것이다. 부스팅의 장점은 이 약한 학습기를 훌륭한 결과를 내는 앙상블의 일부로 사용할 수 있다는 것이다.

사실 약한 이진 학습기는 우연보다 더 나쁠지라도 유용하다. 클래스가 두 개밖에 없기 때문이다. 분류기가 우연보다 좋지 못한 경우(즉, 올바른 클래스보다 잘못된 클래스를 더 많이 할당) 출력하는 클래스를 바꾸면 더 좋지 않은 결과가 아니라 우연보다 나은 결과를 얻을 수 있다. 결론은 이진 학습기가 완전히 무작위가 아니라면 이 학습기를 사용할 수 있다는 것이다.

약한 분류기는 만들기 쉽다. 가장 일반적으로 사용되는 약한 분류기는 한 가지 테스트만 하는 의사결정 트리일 것이다. 즉, 전체 트리는 루트 노드와 두 개의 자식 노드만으로 구성된다. 이 터무니없이 작은 의사결정 트리는 종종 **의사결정 그루터기**|decision stump라고 부른다. 각 샘플에 클래스를 임의로 할당하는 것보다 거의 대부분 더 잘 수행하기 때문에 약한 분류기의 좋은 예다. 작고 빠르며 무작위보다 성능이 좀 더 좋다.

426

약한 학습기와는 대조적으로 강한 학습기는 대부분 올바른 레이블을 얻을 수 있는 분류기다. 학습기가 더 강할수록 옳게 레이블하는 비율도 더 높아진다.

부스팅의 이면에 있는 아이디어는 여러 개의 약한 분류기를 강력한 분류기처럼 작용하는 앙상블에 결합하는 것이다. 약한 정도에 대한 조건은 최소 임계치에 불과하다는 점에 주목하자. 원한다면 여러 강력한 분류기를 결합할 수 있지만 약한 분류기를 사용하는 것이 보통 더 빠르기 때문에 더 일반적이다.

예제로 부스팅이 어떻게 작동하는지 살펴보자. 그림 12-5는 두 클래스를 갖는 샘플로 구성된 훈련 데이터 세트를 나타낸다.

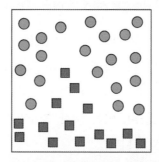

그림 12-5: 부스팅을 활용한 분류에 사용할 표본 집합

이 데이터에 적합한 분류기는 무엇일까? 빠르고 단순한 분류기는 2D 데이터 세트에 대해 직선을 그린다. 어떤 직선도 이 데이터를 분할할 수 없다는 것을 알 수 있는데, 원으로 표시한 샘플이 정사각형의 세 면을 둘러싸고 있기 때문이다.

어떤 직선도 이 데이터를 분리할 수 없지만 여러 개의 직선이 이 데이터를 분리할 수 있다는 것은 알 수 있다. 그럼 직선을 약한 분류기로 사용해보자. 그림 12-6에서 A라는 선은 이런 선 중 하나를 나타낸다.

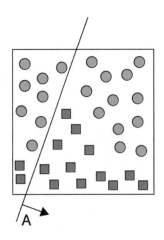

그림 12-6: A라는 하나의 선을 샘플에 배치해 두 개의 큰 군집으로 분리한다.

이 분류기에서 A의 화살표가 가리키는 쪽의 모든 것을 네모로 분류하고 선 위의 모든 것은 원으로 분류된다. 3장에서 다룬 정확도 측정을 사용해 학습기의 정확도 (TP + TN) / (TP + TN + FP + FN) = (12 + 8) / (12 + 8 + 12 + 2) = 20 / 34 또는 약 59%를 얻는다. 이는 약한 학습기의 좋은 예다. 우연(50%)보다는 좋지만 그리 좋은 것은 아니다.

부스팅을 사용하고자 궁극적으로 선들로 구성한 모든 영역은 한 클래스의 샘플만 포함되도록 선(즉, 약한 학습기들을 추가)을 추가해야 한다. 이러한 직선 분류기를 두 개 더 추가하면 그림 12-7처럼 된다.

B 선의 정확도는 약 73%다. C는 약 12%의 정확도로 끔찍하다. 하지만 앞에서 언급했듯이 이래도 괜찮다. C가 할당한 레이블을 교체한다면(즉, 화살표를 다른 방향으로 향하게 할 뿐이다) 약 88%의 정확도를 갖기 때문이다.

그림 12-7의 세 선 혹은 구분선은 함께 겹치지 않는 7개 영역을 생성한다. 또한 그림은 각 영역에 한 클래스의 샘플만 포함돼 있음을 보여준다. 이 영역들을 보면 세 분류기의 출력만으로 샘플의 클래스를 결정하는 방법을 알 수 있다.

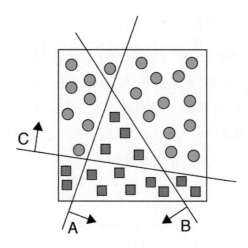

그림 12-7: 그림 12-6에서 두 선을 추가

세 경계선을 함께 그려보자. 학습기들을 사용해 화살표가 가리키는 방향으로 각 영역에 레이블을 단다. 그 결과는 그림 12-8과 같다.

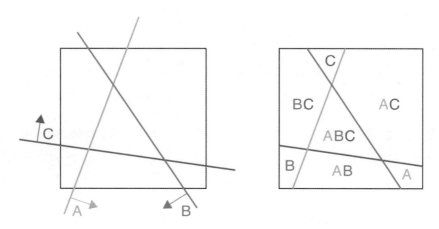

그림 12-8: 왼쪽에는 A, B, C라는 이름의 세 선을 나타낸다. 오른쪽에는 각 선이 가리키는 방향과 일치하는 각 영역에 학습기들의 이름을 표시했다.

분류기는 새 샘플을 받으면 보통 클래스를 반환한다. 다른 방식으로 샘플이 해당 분류기 경계(그림 12-8에서 화살표가 가리키는 영역)에 일치하는 방향에 있을 경우 1을 반환하게 하고 그렇지 않을 경우 0을 반환하게 설정해보자.

이제 각 셀에 있는 세 학습기의 모든 분담 부분을 합칠 수 있다.

예를 들어 그림 12-8에서 C로 표시된 상단 중앙의 영역을 살펴보자. 학습기 C에 일치하는 방향으로 1점을 받는다. 이 값은 A와 B 모두의 반대 방향에 있어 각각 0만큼 기여한다. 따라서 세 출력의 합은 1이다. 아래쪽에 AB라고 표시된 영역은 학습기 A와 B에서 1을 얻고 C에서 0을 얻어 총 2를 얻는다. 이 점수들은 그림 12-9에 다른 영역들과 함께 표시했다.

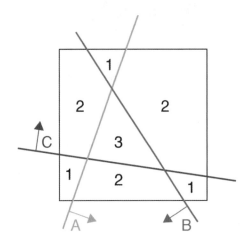

그림 12-9: 7개 영역의 종합 점수. 그림 12-8의 각 문자는 해당 영역에서 1을 얻는다.

거의 새로운 분류기를 만들었다. 두 가지 단계가 남아 있다. 첫째, 각 분류기의 출력에 임의로 할당한 1을 좀 더 유용한 값으로 대체한다. 둘째, 각 영역의 합계를 클래스로 변환하는 임계치를 찾는다.

이 장 전반부에서 다룬 가중 다수 투표에 대한 내용을 상기해보자. 한 영역이 선의 화살표가 가리키는 쪽에 있으면 해당 선은 해당 지역에 대해 투표한다. 모든 분류기에서 단순히 1을 추가하는 대신 각 분류기에 각자의 투표 가중치를 할당할 수 있다. 예를 들어 분류기 A, B, C가 투표 가중치 2, 3, −4를 갖고 있고 한 점이 A와 C의 화살표 방향에 있지만 B의 화살표가 가리키는 방향이 아닌 경우 A는 2 만큼 기여하고 B는 0만큼 기여하며(B 선의 화살표 반대 방향에 점이 있기 때문에) C는 -4만큼 기여해 총 2 + 0 + -4 = -2가 된다.

각 분류기의 투표 가중치는 부스팅 알고리듬이 결정한다. 이러한 동작 방식을 살펴보기보다는 이 데이터 세트에 대한 특정 가중치 집합의 결과를 시각화해 그 효과를 시각화해보자.

그림 12-10에서는 각 학습기에 대한 점수로 영향을 받는 영역을 나타낸다. 어두운 영역은 학습기의 값을 얻는 반면 밝은 영역은 얻지 못한다(따라서 밝은 영역의 학습기 값은 0이다). 여기서는 A, B, C에 각각 1.0, 1.5, -2의 가중치를 사용한다. C선이 '잘못된' 방향을 가리키고 있었던 것을 상기해보자. C의 가중치에 음의 값을 할당하면 분류기 C의 결정을 뒤집는 효과가 있다.

이 모든 점수의 합계는 그림 12-11에 있다. 파란색 지역은 양수이고 빨간색 지역은 음수다. 이는 데이터 세트에서 원과 사각형이 어디에 속하는지와 정확히 일치한다. 양수 영역의 모든 샘플은 사각형이고 음수 영역의 모든 샘플은 원이다.

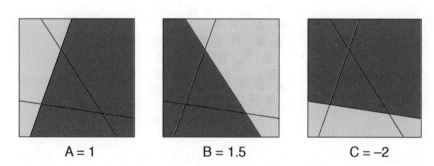

A = 1   B = 1.5   C = -2

그림 12-10: 각 학습기가 긍정(positive)[1]으로 분류하는 각 영역에 수치 값을 할당한다. 각 선의 어두운 영역은 해당 선과 관련된 가중치를 갖는다.

샘플이 도착하면 각 분류기로 보낸다(즉, 해당 선에 대해 테스트한다). 샘플이 선의 긍정 방향에 있음을 발견한 각 분류기는 분류기의 투표vote 가중치를 실행 합계에 더한다. 모든 분류기 출력을 합산한 후 샘플이 양수인지 음수인지

---

1. 선의 화살표 방향에 해당하는 영역 – 옮긴이

판단해 샘플이 어떤 클래스에 속하는지 알 수 있다. 데이터를 올바르게 분류했다.

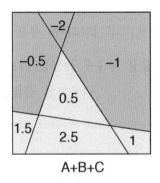

그림 12-11: 그림 12-10에서의 점수를 합산한 결과

또 다른 예제를 살펴보자. 그림 12-12는 새로운 데이터 세트를 나타낸다.

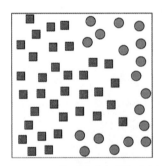

그림 12-12: 부스팅을 사용해 분류할 데이터 세트

이 데이터에 대해 네 개의 학습기를 사용해보자. 그림 12-13은 이 데이터를 분할하기 위한 부스팅 알고리듬이 찾을 수 있는 네 가지 약한 학습기를 보여준다.

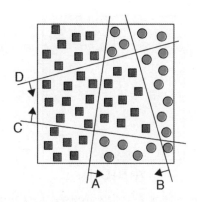

그림 12-13: 그림 12-12의 데이터를 분류하는 네 선

이전과 마찬가지로 알고리듬은 이 학습기들에게 가중치를 할당한다. 학습기 A, B, C, D에 각각 -8, 2, 3, 4의 가중치를 사용해 결과를 설명해보자. 그림 12-14는 이 가중치들이 전체 점수에 추가되는 영역을 나타낸다. 밝은 색 영역은 0 값을 받게 된다.

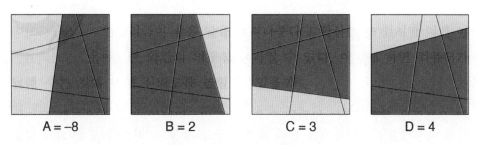

그림 12-14: 각 학습기에 해당하는 영역

그림 12-15는 각 영역의 분담 부분 합계를 나타낸다.

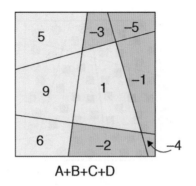

A+B+C+D

그림 12-15: 그림 12-14의 각 영역 점수 합계. 긍정 영역은 파란색으로 표시돼 있으며 그림 12-13의 점들을 올바르게 분류한다.

다시 양수 합계 또는 음수 합계로 두 유형의 영역을 구분한다. 그림 12-13의 점들을 올바르게 분류하고자 네 개의 약한 학습기를 결합하는 방법을 찾았다.

부스팅의 장점은 간단하고 빠르지만 형편없는 분류기를 찾아 가중치를 주어 앙상블을 하나의 훌륭한 분류기로 만든다는 것이다.

정해야 할 유일한 하이퍼파라미터는 사용할 분류기의 개수다. 배깅에서처럼 부스팅에서는 좋은 **경험 법칙**rule of thumb은 클래스 개수만큼의 분류기로 시작하는 것이다(Bonab 2016). 이것은 단 두 개의 클래스에 서너 개의 분류기를 사용했기 때문에 앞선 예제에서 높게 시작했음을 의미한다. 하지만 머신러닝의 많은 부분과 마찬가지로 시행착오를 통해 최고의 값을 찾을 수 있으며, 종종 교차 검증을 사용해 각 가능성을 평가한다.

부스팅은 **아다부스트**Adaboost(Freund 1997; Schapire 2013)라고 불리는 알고리듬의 일부로 처음 등장했다. 어떤 학습 알고리듬에서도 작동할 수 있지만 부스팅은 의사결정 트리에서 특히 널리 사용됐다. 실제로 앞에서 언급한 의사결정 그루터기decision stump(루트 노드와 직계 자식만 있는 나무)가 매우 잘 작동한다. 그림 12-7과 12-13에서 선들은 단 한 번의 테스트(즉, 선의 화살표가 가리키는 면에 있는 샘플인가 아닌가?)만 있기 때문에 의사결정 그루터기로 생각할 수 있다.

부스팅이 모든 분류 알고리듬을 개선시키는 확실한 방법은 아니라는 점에 유의할 필요가 있다. 부스팅 이론은 이전의 예제에서와 같이 이진 분류만을 다룬다(Fumera 2008; Kak 2016). 이것이 부분적으로 부스팅이 의사결정 트리 분류기에서 매우 널리 사용되고 성공한 이유다.

요약

앙상블은 다양한 학습기의 집합이다. 요점은 유사한 유형의 학습기들을 모아 서로 다른 데이터로 훈련시킨 후 모두에게 입력 내용을 평가하게 하는 것이다. 그런 다음 각자가 결정하는 클래스에 투표하게 하고 가장 많은 표를 얻은 승자는 해당 입력에 대한 클래스로 결정된다. 개별 학습기의 실수는 기본적으로 다른 학습기들이 동의하는 클래스로 투표해서 처리한다는 생각이다.

부스팅은 많은 약한 학습기를 하나의 강한 학습기처럼 앙상블로 사용하는 방법이다.

이 주제로 머신러닝 기술에 대한 주제를 마무리한다. 13장부터는 딥러닝 알고리듬을 작동시키는 신경망을 살펴본다. 여기서 소개한 방법들이 딥러닝에 도움이 된다는 것을 알게 될 것이다. 이 기술들이 데이터를 이해하고 알고리듬과 네트워크를 가장 잘 선택하게 도와주며 유용한 결과를 만드는 데 도움을 주기 때문이다.

3부

딥러닝 기본

13

신경망

딥러닝 알고리듬은 연결된 컴퓨터로 연산 요소 간의 네트워크 구축을 기반으로 한다. 이러한 네트워크의 기본 단위는 인공 뉴런artificial neuron이라고 하는 작은 계산 묶음이지만 종종 단순히 뉴런neuron이라고 한다. 인공 뉴런은 인간의 뇌와 중추신경계를 구성하고 인지 능력을 주로 담당하는 신경 세포에서 영감을 받아 만들어졌다.

13장에서는 인공 뉴런이 어떻게 생겼는지, 어떻게 네트워크로 배열하는지 알아본다. 그런 다음 딥러닝 시스템을 구성하는 레이어로 뉴런을 그룹화한다. 또한 가장 유용한 결과를 생성할 수 있도록 이러한 인공 뉴런의 출력값을 설정하는 다양한 방법을 살펴본다.

실제 뉴런

생물학에서 뉴런이라는 용어는 모든 인체에 분포하는 매우 다양하고 복잡한 세포에 적용된다. 이 세포는 모두 유사한 구조와 행동 양식을 갖고 있지만 여러 많은 작업에 특화돼 있다. 뉴런은 화학, 물리학, 전기, 타이밍, 근접성, 기타 수단을 혼합해 사용해서 행동을 수행하고 서로 의사소통하는 정교한 생물학 조각이다(Julien 2011; Khanna 2018; Lodish et al. 2000; Purves et al. 2001). 뉴런을 매우 단순화한 형태가 그림 13-1에 나와 있다.

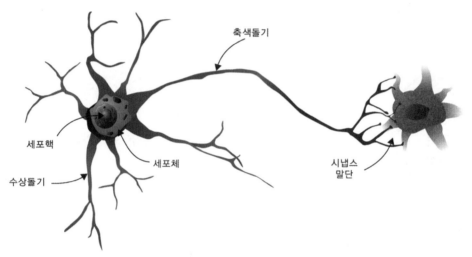

그림 13-1: 몇 가지 주요 구조가 확인된 고도로 단순화된 생물학적 뉴런의 스케치(빨간색). 이 뉴런의 출력값은 다른 뉴런(파란색)으로 전달되며 부분적으로만 표시된다(Wikipedia 2020b에서 수정).

뉴런은 정보 처리 기계다. 한 유형의 정보는 뉴런에 위치한 수용체 부위receptor site에 일시적으로 결합bind하거나 부착하는 신경 전달 물질neurotransmitters이라는 화학 물질의 형태로 도착한다(Goldberg 2015). 가장 광범위한 용어를 사용해 다음에 일어나는 일을 그려보자.

수용체 부위에 결합하는 화학 물질은 전기 신호가 뉴런의 세포체body of neuron로 이동하게 한다. 이러한 각 신호는 양극positive 또는 음극negative일 수 있다. 짧은 시간 동안 뉴런의 세포체에 도달하는 모든 전기 신호를 합한 다음 임계치^{threshold}와 비교한다. 합계가 임계치를 초과하면 축색돌기를 따라 뉴런의 다른 부분으로 새로운 신호가 전송돼 일정한 양의 신경 전달 물질이 환경^{environment}으로 방출된다. 그런 다음 이 분자는 다른 뉴런과 결합하고 이 과정이 반복된다.

이러한 방식으로 정보는 뇌와 중추신경계에 밀집하게 연결된 뉴런의 네트워크를 통해 흐르면서 전파되고 수정된다. 두 개의 뉴런이 물리적으로 충분히 가까워서 한쪽이 다른 쪽에서 방출되는 신경 전달 물질을 받을 수 있다면 실제로는 접촉하지 않더라도 뉴런이 연결돼 있다고 말한다. 뉴런 사이의 특정 연결 패턴이 뉴런 자체만큼 인지^{cognition}와 정체성^{identity}에 필수적이라는 일부 증거가 있다(Sporns, Tononi, and Kötter 2005; Seung 2013). 개인의 신경 연결 지도를 연결체^{connectome}라고 한다. 연결체는 지문이나 홍채 패턴만큼 고유한 특성을 지닌다.

실제 뉴런과 주변 환경은 엄청나게 복잡하고 미묘하지만 여기에 설명된 기본 메커니즘은 매력적이고 간결하다. 이에 대응해 일부 과학자는 하드웨어나 소프트웨어에서 엄청난 수의 단순화된 뉴런과 환경을 만들어 뇌를 모방하거나 복제하려고 시도했으며 흥미로운 행동이 나타나기를 희망했다(Furber 2012; Timmer 2014). 지금까지 이것은 대부분의 사람이 지능^{intelligence}이라고 부르는 결과를 가져오지 못했다.

하지만 단순화된 뉴런을 특정 방식으로 연결해 광범위한 문제에서 훌륭한 결과를 얻을 수 있다. 이것이 이 장과 이 책의 나머지 부분에서 중점적으로 다룰 구조의 유형이다.

인공 뉴런

머신러닝에서 사용하는 '뉴런'은 졸라맨$^{Stick Figure}$이 인체에서 영감을 받은 것과 같은 방식으로 실제 뉴런에서 영감을 받는다. 유사하지만 가장 일반적인 의미라는 것이다. 그 과정에서 거의 모든 세부 사항이 손실되고 단순화된 사본보다 원본을 더 많이 상기시키는 무언가가 남는다.

특히 대중 언론에서 '신경망'이 때때로 '전자두뇌'의 동의어로 사용되는 약간의 혼란을 가져왔다. 일반 지능, 의식, 감정, 세계 지배와 인간 생명의 제거 같은 것들 말이다. 실제로 사용하는 뉴런은 실제 뉴런에서 너무 추상화되고 단순화돼 많은 사람이 좀 더 일반적인 단위 이름으로 부르는 것을 선호한다. 그러나 좋든 나쁘든 뉴런이라는 단어, 신경망이라는 문구와 모든 관련 언어는 분명히 존재하고 있으므로 이 책에서도 사용한다.

퍼셉트론

인공 뉴런의 역사는 1943년에 시작됐다고 할 수 있다. 해당 논문은 뉴런의 기본 기능을 수학적 형태로 단순화한 추상화를 발표하고 이 객체의 여러 인스턴스를 네트워크(혹은 넷^{net})에 연결할 수 있는 방법을 설명했다. 해당 논문의 가장 큰 공헌은 이 네트워크가 수학적 논리의 언어로 표현된 모든 아이디어를 구현할 수 있다는 것을 수학적으로 증명했다는 것이다(McCulloch and Pitts 1943). 수학적 논리는 기계 계산의 기초이기 때문에 뉴런이 수학을 수행할 수 있음을 의미한다. 이는 수학, 논리학, 컴퓨팅, 신경생물학 분야 사이에 다리를 제공했기 때문에 대단한 것이었다.

이러한 통찰력을 바탕으로 1957년에 **퍼셉트론**^{perceptron}은 뉴런의 단순화된 수학적 모델로 제안됐다(Rosenblatt 1962). 그림 13-2는 4개의 입력이 있는 단일 퍼셉트론의 블록 다이어그램이다.

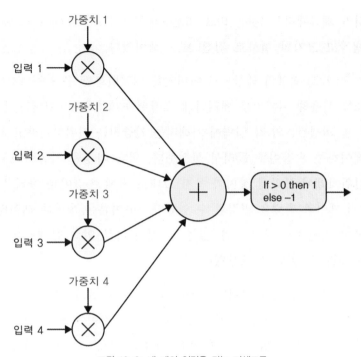

그림 13-2: 네 개의 입력을 갖는 퍼셉트론

퍼셉트론에 대한 모든 입력은 단일 부동소수점 숫자로 표시된다. 각 입력에는 가중치라고 하는 부동소수점 숫자가 곱해진다. 이러한 곱셈의 결과는 모두 함께 더해진다. 마지막으로 결과를 임곗값과 비교한다. 합산 결과가 0보다 크면 퍼셉트론은 +1의 출력을 생성하고 그렇지 않으면 −1이다(일부 버전에서는 출력이 +1과 −1이 아니라 1과 0이다).

퍼셉트론은 실제 뉴런의 매우 단순화된 버전이지만 딥러닝 시스템을 위한 훌륭한 빌딩 블록임이 입증됐다.

퍼셉트론의 역사는 머신러닝 문화의 흥미로운 부분이므로 핵심 이벤트 중 몇 가지만 살펴보겠다. 더 완전한 버전은 온라인에서 찾을 수 있다(Estebon 1997; Wikipedia 2020a).

퍼셉트론의 원리가 소프트웨어로 검증된 후 1958년 코넬대학교에 퍼셉트론 기반 컴퓨터가 제작됐다. 그것은 **마크 I 퍼셉트론**^Mark I Perceptron(Wikipedia 2020c)이라고 불리는 냉장고 크기의 철사로 감싼 보드 랙이었다.

이 장치는 20 × 20 픽셀의 해상도로 이미지를 디지털화할 수 있는 400개의 광전지 그리드를 사용해 이미지를 처리하게 제작됐다(픽셀이라는 단어는 아직 만들어지지 않았다). 퍼셉트론의 각 입력에 가해지는 가중치는 전위차계라고 하는 전기 부품을 제어하는 손잡이를 돌려서 설정했다. 학습 과정을 자동화하고자 전기 모터가 전위차계에 부착돼 장치가 문자 그대로 자체 손잡이를 돌려 무게를 조정함으로써 계산과 출력을 변경할 수 있었다. 이 이론은 올바른 데이터를 사용해 시스템이 직선으로 분할될 수 있는 두 개의 다른 입력 클래스를 분리하는 방법을 학습할 수 있다고 보장했다.

불행히도 직선으로 분리된 데이터 세트와 관련된 흥미로운 문제는 많지 않으며 이 기술을 데이터의 더 복잡한 배열로 일반화하는 것이 어려운 것으로 판명됐다. 몇 년 동안 진행이 멈춘 후 한 책은 원래의 퍼셉트론 기술이 근본적으로 제한돼 있음을 증명했다(Minsky and Papert 1969). 진행의 부족은 상상력의 부족이 아니라 퍼셉트론의 구조에 내재된 이론적 한계의 결과라는 것을 보여줬다. 가장 흥미로운 문제, 심지어 아주 간단한 문제도 퍼셉트론이 풀 수 있는 능력을 넘어선 것으로 판명됐다.

이 결과는 많은 사람에게 퍼셉트론의 종말을 알리는 신호처럼 보였고 퍼셉트론 접근 방식이 막다른 골목이라는 대중적인 공감대가 형성됐다. 열정, 관심, 자금 조달이 모두 고갈됐고 대부분의 사람은 연구를 다른 문제로 돌렸다. 대략 1970년대에서 1990년대 사이에 지속된 이 시기를 AI **겨울**^winter이라고 한다.

그러나 퍼셉트론 책이 퍼셉트론 전반에 대한 문을 닫았다는 광범위한 해석에도 불구하고 실제로는 그 당시까지 퍼셉트론이 어떻게 사용됐는지에 대한 한계를 보여줬을 뿐이다. 어떤 사람은 전체 아이디어를 쓰는 것이 과잉 반응이며 아마도 퍼셉트론이 다른 방식으로 적용된다면 여전히 유용한 도구가 될 수 있다고 생각했다. 대략 10년 반이 걸렸지만 연구자들이 퍼셉트론을 더 큰 구조로 결합하고 이를 훈련하는 방법을 보여줬을 때 이러한 관점은 결국 결실을 맺었다 (Rumelhart, Hinton, and Williams 1986). 이러한 조합은 단일 장치의 한계를 쉽게 능가했다. 그런 다음 일련의 논문에서 몇 가지 사소한 변경으로 강화된 다중 퍼셉트론의 세심한 배열이 복잡하고 흥미로운 문제를 해결할 수 있음을 보여줬다.

이 발견은 이 분야에 대한 관심을 다시 불러일으켰고 곧 퍼셉트론에 대한 연구는 다시 한 번 뜨거운 주제가 됐고 오늘날 사용하는 딥러닝 시스템으로 이어진 흥미로운 결과의 꾸준한 흐름을 만들어냈다.

퍼셉트론은 많은 현대 딥러닝 시스템의 핵심 구성 요소로 남아 있다.

현대 인공 뉴런

현대 신경망에서 사용하는 뉴런은 원래 퍼셉트론에서 약간만 일반화됐다. 두 가지 변경 사항이 있는데, 하나는 입력에 있고 다른 하나는 출력에 있다. 이러한 수정된 구조를 여전히 퍼셉트론이라고 부르지만 새 버전이 거의 독점적으로 사용되기 때문에 혼동이 거의 없다. 더 일반적으로 뉴런이라고 한다. 이 두 가지 변경 사항을 살펴보자.

그림 13-2의 퍼셉트론에 대한 첫 번째 변경 사항은 각 뉴런에 하나를 입력으로 추가 제공하는 것이다. 이를 편향이라고 한다. 이는 이전 뉴런의 출력에서 나오지 않은 숫자다. 대신 모든 가중 입력의 합계에 직접 더해지는 숫자다. 모든 뉴런에는 고유한 편향이 있다. 그림 13-3은 원래의 퍼셉트론을 보여주며 편향 항이 포함돼 있다.

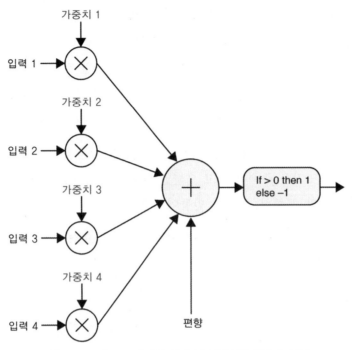

가중치 1

입력 1

가중치 2

입력 2

가중치 3

입력 3

가중치 4

입력 4

If > 0 then 1
else −1

편향

그림 13-3: 그림 13-2의 퍼셉트론이지만 이제 편향 항이 추가됐다.

그림 13-2의 퍼셉트론에 대한 두 번째 변경 사항은 출력에 있다. 이 그림의
퍼셉트론은 임곗값 0에 대해 합계를 테스트한 다음 −1 또는 1(또는 0 또는 1)을
생성한다. 테스트 단계를 입력으로 합(편향 포함)을 취하고 새로운 부동소수점
값을 출력으로 반환하는 수학 함수로 대체해 이를 일반화한다. 실제 뉴런의
출력을 활성화라고 하기 때문에 인공 뉴런의 출력을 계산하는 이 함수를 활성
화 함수라고 한다. 그림 13-2에 표시된 작은 테스트는 활성화 함수지만 더 이상
거의 사용되지 않는다. 이 장의 뒷부분에서 실제로 인기 있고 유용한 것으로
입증된 다양한 활성화 함수를 조사할 것이다.

뉴런 그리기

대부분의 인공 뉴런 그림에서 사용되는 규약을 알아보자. 그림 13-3에서 가중치를 명시적으로 보여줬고 가중치가 입력을 곱하는 방법을 보여주고자 곱셈 단계도 포함했다. 이는 페이지에서 많은 공간을 차지한다. 많은 뉴런이 있는 그림을 그릴 때 이러한 모든 세부 사항은 어수선하고 조밀한 그림을 만들 수 있다. 따라서 거의 모든 신경망 다이어그램에서 가중치와 그 곱셈은 암시적이다.

이는 중요하며 반복해야 한다. 신경망 다이어그램에서 가중치와 입력을 곱하는 단계는 그리지 않는다. 대신 이것들이 거기에 있다는 것을 알고 다이어그램에 내적으로 포함시켜야 한다. 가중치를 전혀 표시하지 않으면 일반적으로 입력의 선에 가중치 이름으로 레이블을 지정한다. 그림 13-4는 이 스타일로 그린 그림 13-3을 보여준다.

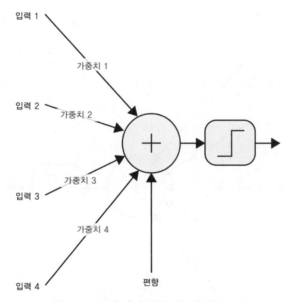

그림 13-4: 뉴런은 흔히 화살표에 가중치를 그린다.

그림 13-4에서 마지막에 있는 임곗값 테스트도 작은 그림으로 변경했다. 이것은 스텝step이라고 하는 함수의 그림이며 모든 활성화 함수가 해당 지점으로 들어갈 수 있음을 시각적으로 상기시키기 위한 것이다. 기본적으로 숫자가 해당 단계에 들어가고 작업에 대해 선택한 함수에 따라 결정되는 새로운 숫자가 나온다.

일반적으로 이것을 다시 단순화한다. 이번에는 입력인 척하며 입력 중 하나인 편향을 생략한다. 이는 다이어그램을 더 단순하게 만들 뿐만 아니라 수학을 더 단순하게 만들어 더 효율적인 알고리듬으로 이어진다. 이 단순화를 편향 트릭이라고 한다(트릭이라는 단어는 수학에서 유래했으며 문제를 영리하게 단순화하고자 때때로 사용되는 보완적인 용어다). 편향 값을 변경하는 대신 편향을 항상 1로 설정하고 다른 입력과 합산되기 전에 적용된 가중치를 변경한다. 그림 13-5는 이러한 레이블 변경을 보여준다. 편향 항은 항상 1이고 가중치만 변경될 수 있지만 일반적으로 차이를 무시하고 편향 값에 대해 얘기한다.

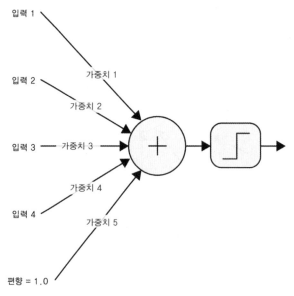

그림 13-5: 편향 트릭이 동작하는 모습. 그림 13-4에서와 같이 편향 항을 명시적으로 표시하는 대신 자체 가중치를 가진 다른 입력인 척한다.

인공 뉴런 다이어그램을 가능한 한 단순하게 만들기를 원한다. 네트워크 구축을 시작할 때 한 번에 많은 뉴런을 표시할 것이기 때문에 이러한 다이어그램의 대부분은 두 가지 추가 단순화 단계를 거치게 되기 때문이다.

첫째, 편향을 전혀 나타내지 않는다. 편향은 (가중치와 함께) 포함돼 있지만 표시되지 않는다는 것을 기억해야 한다. 둘째, 그림 13-6과 같이 가중치도 생략되는 경우가 많다. 가중치가 뉴런의 가장 중요한 부분이기 때문이다. 훈련 중에 변경할 수 있는 유일한 항목이기 때문이다. 대부분의 그림에서 제외됐지만 그것들은 매우 중요해 핵심 아이디어를 다시 반복한다. 가중치를 명시적으로 표시하지 않더라도 가중치는 항상 존재한다.

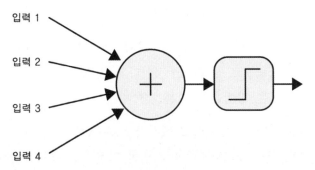

그림 13-6: 인공 뉴런의 전형적인 그림. 편향 항과 가중치는 표시되지 않지만 분명히 존재한다.

실제 뉴런과 마찬가지로 인공 뉴런은 네트워크에 연결될 수 있으며, 여기서 각 입력은 다른 뉴런의 출력에서 나온다. 뉴런을 네트워크로 연결할 때 한 뉴런의 출력을 하나 이상의 다른 뉴런의 입력에 연결하고자 '선^{wire}'을 그린다. 그림 13-7은 이 아이디어를 시각적으로 보여준다.

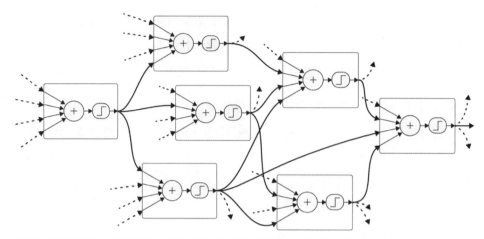

그림 13-7: 더 큰 인공 뉴런 네트워크의 일부. 각 뉴런은 다른 뉴런에서 입력을 받는다. 점선은 이 작은 클러스터 외부와의 연결을 보여준다.

이는 신경망^{neural network}이다. 일반적으로 그림 13-7과 같은 네트워크의 목표는 하나 이상의 값을 출력으로 생성하는 것이다. 나중에 의미 있는 방식으로 출력에서 숫자를 해석하는 방법을 살펴볼 것이다.

평소에는 가중치를 그리지 않는다고 했지만 토론할 때 개별 가중치를 참조하는 것이 유용할 때도 있다. 가중치 이름에 대한 일반적인 규칙을 살펴보자. 그림 13-8은 6개의 뉴런을 보여준다. 편의를 위해 각 뉴런에 문자로 레이블을 지정했다. 각 가중치는 한 특정 뉴런의 출력이 다른 특정 뉴런으로 가는 도중에 어떻게 변경되는지 보여준다. 이러한 각 연결은 그림에서 선으로 표시된다. 가중치의 이름을 지정하고자 출력 뉴런의 이름과 입력 뉴런의 이름을 결합한다. 예를 들어 A의 출력을 D가 사용하기 전에 곱한 가중치를 AD라고 한다.

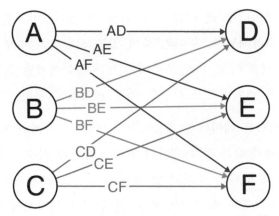

그림 13-8: 가중치는 출력 뉴런과 입력 뉴런의 이름을 조합해 명명한다.

구조적 관점에서 볼 때 각 뉴런 내부에 가중치를 그리거나 아니면 값을 전달하는 와이어에 그리거나 하는 데에는 차이가 없다. 다양한 저자는 토론을 더 쉽게 따라갈 수 있다면 어느 한쪽을 취하지만 원한다면 언제든지 다른 관점을 취할 수 있다.

그림 13-8에서는 뉴런 A에서 뉴런 D까지의 가중치를 AD로 명명했다. 일부 저자는 이것을 뒤집어 DA를 작성한다. 방정식을 작성하는 빈도와 더 직접적으로 일치하기 때문이다. 이와 같은 그림에서 어떤 순서가 사용되는지 확인하는 것은 의미가 있다.

피드포워드 네트워크

그림 13-7은 명백한 구조가 없는 신경망을 보여준다. 딥러닝의 핵심 기능은 뉴런을 레이어로 배열한다는 것이다. 일반적으로 각 레이어의 뉴런은 이전 레이어에서만 입력을 받고 다음 레이어로만 출력을 보내며 뉴런은 같은 레이어의 다른 뉴런과 통신하지 않는다(항상 그렇듯이 이러한 규칙에는 예외가 있다).

이 구조를 통해 이전 단계에서 수행한 작업을 기반으로 구축되는 뉴런의 각 레이어와 함께 데이터를 단계적으로 처리할 수 있다. 비유적으로 여러 층의 사무실 타워를 고려해보자. 주어진 층에 있는 사람들은 바로 아래층에 있는 사람들에게서만 일을 받고, 바로 위층에 있는 사람들에게만 일을 전수한다. 이 비유에서 각 층은 레이어이고 사람은 해당 레이어의 뉴런이다.

이러한 유형의 배열은 데이터를 계층적^{hierarchically}으로 처리한다고 한다. 인간의 뇌는 시각 및 청각과 같은 감각 데이터 처리를 포함해 일부 작업을 계층적으로 처리하도록 구성돼 있다는 증거가 있다(Meunier et al. 2009; Serre 2014). 하지만 여기서도 컴퓨터 모델과 실제 생물학 간의 연결은 모방보다 영감에 훨씬 더 가깝다.

일련의 레이어에 뉴런을 연결하면 유용한 것이 생성된다는 사실이 놀랍다. 앞에서 봤듯이 단일 인공 뉴런은 거의 아무것도 할 수 없다. 그것은 많은 숫자 입력을 취하고 가중치를 부여하고 결과를 함께 더한 다음 결과를 작은 함수로 전달한다. 이 프로세스는 몇 개의 데이터 덩어리를 분할하는 직선을 식별할 수 있다. 그러나 수천 개의 이 작은 단위를 레이어로 조합하고 기발한 아이디어를 사용해 교육하고 함께 작업해 음성을 인식하고 사진에서 얼굴을 식별하며 논리와 기술 게임에서 인간을 이길 수 있다.

이것의 핵심은 구조다. 시간이 지남에 따라 사람들은 뉴런 레이어를 구성하는 여러 가지 방법을 개발해 공통 레이어 구조 모음을 만들었다. 가장 일반적인 네트워크 구조는 정보가 한 방향으로만 흐르도록 뉴런을 배열한다. 데이터가 앞으로 흐르기 때문에 이것을 피드포워드$^{Feed-Forward}$ 네트워크라고 부른다. 이전 뉴런이 나중 뉴런에 값을 제공하거나 전달하는 방식으로 진행되기 때문이다. 딥러닝 시스템을 설계하는 기술은 기본 아키텍처를 생성하고자 올바른 레이어 시퀀스와 올바른 하이퍼파라미터를 선택하는 데 있다. 주어진 애플리케이션에 유용한 아키텍처를 구축하려면 뉴런이 서로 어떻게 관련돼 있는지 이해해야 한다. 이제 뉴런 컬렉션이 통신하는 방법과 학습을 시작하기 전에 초기 가중치를 설정하는 방법을 살펴보자.

신경망 그래프

일반적으로 신경망을 그래프로 나타낸다. 그래프 연구는 자체로 수학의 한 분야인 그래프 이론(Trudeau 1994)으로 간주될 정도로 광범위하다. 여기서는 그래프의 기본 아이디어를 고수할 것이다. 그것이 신경망을 구성하는 데 필요한 전부이기 때문이다. 일반적으로 레이어로 작업한다는 것을 알고 있지만 먼저 그림 13-9에 표시된 것과 같은 몇 가지 일반적인 그래프부터 시작한다.

그래프는 노드node(꼭짓점vertices 또는 요소elements라고도 한다)로 구성되며 여기에서는 원으로 표시된다. 이 책에서 노드는 일반적으로 뉴런이며 이 책 전반에서 때때로 이와 같은 네트워크에 있는 하나 이상의 뉴런을 노드라고 한다. 노드는 에지edge(호arc, 와이어wire 또는 단순히 선line이라고도 함)라고 하는 화살표로 연결된다. 화살촉은 정보 흐름의 방향이 도면에서 거의 항상 왼쪽에서 오른쪽으로 또는 아래쪽에서 위쪽으로 일관될 때 종종 생략한다. 정보는 한 노드의 출력을 다른 노드의 입력으로 전달하면서 에지를 따라 흐른다. 정보는 각 에지에서 한 방향으로만 흐르기 때문에 이러한 종류의 그래프를 **방향 그래프**directed graph라고 하기도 한다.

일반적인 아이디어는 데이터를 입력 노드 또는 노드에 넣는 것으로 시작한 다음 출력 노드에 도달할 때까지 데이터가 가장자리를 통해 흐르고 변환되거나 변경된 노드를 방문한다는 것이다. 노드를 떠난 후에는 데이터가 노드로 반환되지 않는다. 즉, 정보는 앞으로만 흐르고 루프나 순환이 없다. 이런 종류의 그래프는 작은 공장과 같다. 원자재는 한쪽 끝으로 들어오고 이를 조작하고 결합하는 기계를 통과해 최종적으로 하나 이상의 완제품을 생산한다.

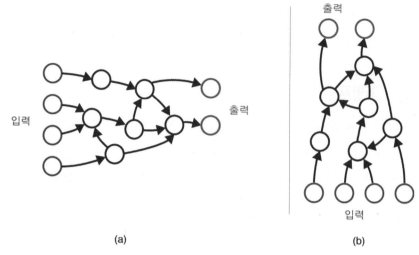

(a)　　　　　　　　**(b)**

그림 13-9: 그래프로 그린 두 개의 신경망. 데이터는 에지를 따라 노드에서 노드로 흐른다. 에지에서 화살표에 레이블이 지정되지 않은 경우 데이터는 일반적으로 왼쪽에서 오른쪽 또는 아래에서 위로 흐른다. (a) 대부분 왼쪽에서 오른쪽으로 흐른다. (b) 대부분 아래에서 위로 흐른다.

그림 13-9(a)에서 입력에 가까운 노드가 출력에 더 가까운 노드보다 앞에 있고 출력은 그 뒤에 온다고 말한다. 그림 13-9(b)에서 입력 근처의 노드가 출력 근처의 노드보다 아래에 있고 출력은 그 위에 있다고 말한다.

때로는 그래프를 왼쪽에서 오른쪽으로 그릴 때도 이 위/아래 언어가 사용돼 혼동될 수 있다. 아래는 "입력에 더 가깝다"고 생각하고 위는 "출력에 더 가깝다"고 생각하는 것이 도움이 될 수 있다.

또한 데이터가 한 노드에서 다른 노드로 흐르면(A에서 B로 흐른다고 가정) 노드 A는 B의 조상 또는 부모이고 노드 B는 A의 자손 또는 자식이라고 말한다.

신경망의 일반적인 규칙은 루프가 없다는 것이다. 이는 노드에서 나오는 데이터가 아무리 순환적인 경로를 따르더라도 동일한 노드로 되돌아갈 수 없음을 의미한다. 이러한 종류의 그래프에 대한 공식 이름은 **방향성 비순환 그래프**^{directed} ^{acyclic graph}(또는 DAG, '드래그^{drag}'로 발음됨)다. 여기서 방향성^{directed}이라는 단어는 에지에 화살표가 있음을 의미한다(앞서 언급한 것처럼 암시적일 수 있다). 비순환

acyclic이라는 단어는 순환 또는 루프가 없음을 의미한다. 항상 그렇듯이 규칙에는 예외가 있지만 드문 경우다. 19장에서 순환 신경망RNN을 다룰 때 이러한 예외가 하나 있다.

DAG는 루프가 있는 임의의 그래프보다 훨씬 더 이해, 분석, 설계하기 쉽기 때문에 머신러닝을 비롯한 여러 분야에서 널리 사용된다. 루프를 포함하면 노드의 출력이 입력으로 반환되는 피드백이 발생할 수 있다. 라이브 마이크를 스피커에 너무 가깝게 옮긴 사람은 피드백이 얼마나 빨리 통제 불능 상태가 될 수 있는지 잘 알고 있다. DAG의 비순환적 특성은 자연스럽게 피드백 문제를 피하므로 이 복잡한 문제를 처리하지 않아도 된다.

데이터가 입력에서 출력으로만 전달되는 그래프 또는 네트워크를 피드포워드라고 부르는 것을 상기하자. 14장에서 신경망 훈련의 핵심 단계는 일시적으로 화살표를 뒤집고 출력 노드에서 입력 노드로 특정 유형의 정보를 보내는 것을 포함한다. 데이터의 정상적인 흐름은 여전히 피드포워드지만 데이터를 뒤로 밀어 넣을 때 일반적으로 이를 피드백워드feed-backward, 백워드 플로backward-flow, 리버스 피드reverse-feed 알고리듬이라고 한다. 그래프의 루프는 노드가 입력으로 자체 출력을 수신할 수 있게 하는 상황에 대해 피드백feedback이라는 단어를 사용한다. 말했듯이 일반적으로 신경망에서 피드백을 피한다.

그림 13-9와 같은 그래프를 해석한다는 것은 일반적으로 정보가 한 노드에서 다음 노드로 에지를 따라 흐를 때 정보를 그리는 것을 의미한다. 그러나 이 그림은 몇 가지 전통적인 가정을 할 때만 의미가 있다. 지금부터 살펴보자.

데이터가 그래프를 통해 이동하는 방식을 언급할 때 다양한 형태로 흐름flow이라는 단어를 자주 사용하지만 파이프를 통해 흐르는 물과 다르다. 파이프를 통해 흐르는 물은 연속적인continuous 과정이다. 매 순간 새로운 물 분자가 파이프를 통해 흐른다. 작업하는 그래프(및 그래프가 있는 신경망)는 이산적discrete이다. 정보는 텍스트 메시지처럼 한 번에 한 덩어리씩 도착한다.

그림 13-5에서 신경망 내부가 아닌 각 에지에 가중치를 두어 신경망을 그릴 수 있음을 상기하자. 이러한 스타일의 네트워크를 **가중 그래프**weighted graph라고 한다. 그림 13-6에서 봤듯이 가중치를 명시적으로 그리는 경우는 거의 없지만 암시하고 있다. 모든 신경망 그래프에서 가중치가 명시적으로 표시되지 않더라도 고유한 가중치가 각 에지에 있고 값이 해당 에지를 따라 한 뉴런에서 다른 뉴런으로 이동할 때 해당 값(가중치)이 곱해짐을 이해해야 한다.

가중치 초기화

신경망을 학습한다는 것은 점차적으로 가중치를 향상시키는 것을 포함한다. 프로세스는 가중치에 초깃값을 할당할 때 시작된다. 이러한 시작 값을 어떻게 선택해야 할까? 실제로 가중치를 초기화하는 방법은 네트워크가 학습하는 속도에 큰 영향을 미칠 수 있다.

연구자들은 가중치의 초깃값을 선택하는 좋은 방법에 대한 이론을 개발했으며 가장 유용한 것으로 입증된 다양한 알고리듬은 각각 해당 알고리듬을 설명하는 의 주 저자 이름을 따서 명명됐다. LeCun Uniform, Glorot Uniform(또는 Xavier Uniform), He Uniform 알고리듬은 모두 균일 분포에서 초깃값을 선택하는 것을 기반으로 한다(LeCun et al. 1998; Glorot and Bengio 2010; He et al. 2015). 비슷한 이름의 LeCun Normal, Glorot Normal(또는 Xavier Normal), He Normal 초기화 메서드가 정규 분포에서 값을 가져온다는 것은 놀라운 일이 아니다.

이러한 알고리듬 뒤에 있는 수학을 알아 둘 필요는 없다. 다행스럽게도 현대의 딥러닝 라이브러리는 이러한 각 스키마와 그 변형을 제공한다. 종종 라이브러리에서 기본적으로 사용하는 기술은 훌륭하게 작동하므로 가중치를 초기화하는 방법을 명시적으로 선택할 필요가 거의 없다.

심층 네트워크

네트워크에서 뉴런을 구성하는 많은 방법 중에서 일련의 레이어에 배치하는 것은 유연하고 매우 강력한 것으로 입증됐다. 일반적으로 레이어 내의 뉴런은 서로 연결돼 있지 않다. 입력은 이전 레이어에서 가져오고 출력은 다음 레이어로 이동한다.

사실 딥러닝이라는 말은 이 구조에서 나온 것이다. 많은 레이어가 나란히 그려져 있다고 상상한다면 네트워크를 '와이드^{wide}'라고 부를 수 있다. 그것들이 수직으로 그려지고 바닥에 서서 위를 올려다본다면 '톨^{tall}'이라고 부를 수 있다. 정상에 서서 아래를 내려다보면 '딥^{deep}'하다고 할 수 있다. 그리고 이것은 딥러닝이 의미하는 모든 것이다. 종종 수직으로 그리는 일련의 레이어로 구성된 네트워크다.

뉴런을 레이어로 구성한 결과 데이터를 계층적으로 분석할 수 있다. 초기 레이어는 원시 입력 데이터를 처리하고 각 후속 레이어는 이전 레이어의 뉴런 정보를 사용해 더 큰 데이터 청크를 처리할 수 있다. 예를 들어 사진을 고려할 때 첫 번째 레이어는 일반적으로 개별 픽셀을 본다. 다음 레이어는 픽셀 그룹을 살펴보고 그다음 레이어는 해당 그룹의 그룹을 살펴보는 식이다. 초기 레이어는 일부 픽셀이 다른 픽셀보다 어둡다는 것을 알아차릴 수 있는 반면 나중 레이어는 픽셀 덩어리가 눈처럼 보이는 것을 알아차릴 수 있고, 훨씬 나중 레이어는 전체 이미지가 호랑이를 나타내는 모양의 모음이라는 것을 알아차릴 수 있다.

그림 13-10은 세 개의 레이어를 사용하는 딥러닝 아키텍처의 예를 보여준다.

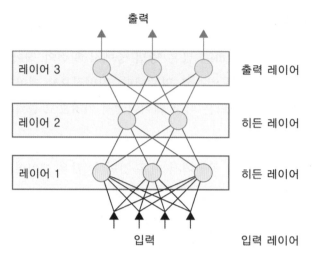

그림 13-10: 딥러닝 네트워크

그림 13-10과 같이 수직으로 레이어를 그릴 때 입력은 거의 항상 맨 아래에 그리고, 결과를 수집하는 출력은 거의 항상 맨 위에 그린다.

그림 13-10에서 세 레이어 모두 뉴런을 갖고 있다. 실제 시스템에서는 일반적으로 서포트support 레이어로 함께 그룹화할 수 있는 다른 종류의 레이어를 많이 사용한다. 이후 장들에서 이러한 레이어를 많이 살펴볼 것이다. 네트워크의 레이어 수를 계산할 때 일반적으로 이러한 서포트 레이어는 계산하지 않는다. 그림 13-10은 세 레이어의 심층 네트워크로 설명된다.

뉴런을 포함하는 최상위 레이어(그림 13-10의 레이어 3)를 **출력** 레이어라고 한다.

그림 13-10의 레이어 1을 **입력 레이어**라고 부를 것으로 예상할 수 있지만 그렇지 않다. 특이한 용어로 입력 레이어라는 용어는 그림 13-10에서 '입력'이라는 레이블이 붙은 네트워크 맨 아래에 적용된다.

이 '레이어'에는 처리가 없다. 대신 입력값이 있는 메모리일 뿐이다. 입력 레이어는 뉴런이 없기 때문에 네트워크에서 레이어를 계산할 때 포함되지 않는 서포트 레이어의 예다. 계산하는 레이어의 수를 네트워크의 깊이depth라고 한다.

458

그림 13-10의 상단에 서서 아래를 내려다본다고 상상하면 출력 레이어만 보인다. 바닥 아래에 있고 위를 바라보고 있다고 상상하면 입력 레이어만 보인다. 그 사이의 레이어는 보이지 않는다. 입력과 출력 사이의 이러한 각 레이어를 히든 레이어hidden layer라고 한다.

때때로 스택stack은 그림 13-11과 같이 왼쪽에서 오른쪽으로 그린다.

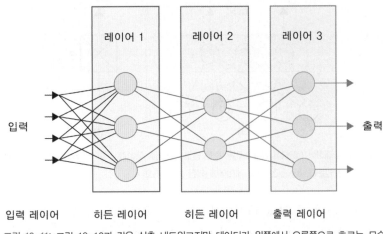

그림 13-11: 그림 13-10과 같은 심층 네트워크지만 데이터가 왼쪽에서 오른쪽으로 흐르는 모습

이런 식으로 그린 ?경우에도 수직 방향을 나타내는 용어를 계속 사용한다. 작성자는 레이어 2가 레이어 1의 '위'에 있고 레이어 3의 '아래'에 있다고 말할 수 있다. '위' 또는 '높음'은 출력에 더 가까운 것을 의미하고, '아래' 또는 '낮음'은 입력에 더 가깝다는 의미로 생각하면 다이어그램을 그린 방식에 상관없이 제대로 이해할 수 있다.

완전 연결 레이어

완전 연결 레이어(FC, 선형 또는 덴스Dense 레이어라고도 함)는 이전 레이어의 모든 뉴런에서 각각 입력을 받는 뉴런 집합이다. 예를 들어 덴스 레이어에 3개의 뉴런이 있고 이전 레이어에 4개의 뉴런이 있는 경우 덴스 레이어의 각 뉴런에는 이전 레이어의 각 뉴런에서 하나씩 4개의 입력이 있으므로 총 3 × 4 = 12 연결이며, 각 연결에 해당되는 가중치가 있다.

그림 13-12(a)는 뉴런이 4개 있는 레이어 다음에 오는 뉴런이 3개 있는 완전 연결 레이어의 다이어그램을 보여준다.

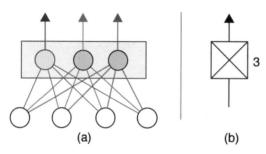

그림 13-12: 완전 연결 레이어. (a) 색이 있는 뉴런은 완전 연결 레이어를 구성한다. 이 레이어의 각 뉴런은 이전 레이어의 모든 뉴런에서 입력을 받는다. (b) 완전 연결 레이어에 대한 도식 기호다.

그림 13-12(b)는 완전 연결 레이어에 사용할 도식적인 기호를 보여준다. 아이디어는 두 개의 뉴런이 기호의 상단과 하단에 있고 수직선과 대각선이 이들 사이의 4개 연결이라는 것이다. 기호 옆에 숫자 3으로 수행한 것처럼 레이어에 몇 개의 뉴런이 있는지 식별한다. 관련이 있는 경우 여기에서 해당 레이어의 활성화 함수도 식별한다. 레이어가 덴스 레이어로만 구성된 경우에는 완전 연결 네트워크fully connected network 또는 이전 용어로 되돌아가 다중 레이어 퍼셉트론MLP, Multi Layer Perceptron이라고도 한다.

이후 장에서 뉴런을 유용한 방식으로 구성하는 데 도움이 되는 다른 많은 유형의 레이어를 보게 될 것이다. 예를 들어 컨볼루션 레이어convolution layers와 풀링 레이어pooling layer는 이미지 처리 작업에 매우 유용한 것으로 입증됐으며 관심 있게 알아볼 것이다.

텐서

딥러닝 시스템이 일련의 레이어로 구축된다는 것을 봤다. 모든 뉴런의 출력은 단일 숫자지만 전체 레이어의 출력에 대해 한 번에 얘기하고 싶을 때가 많다. 이 출력 숫자 모음을 특징짓는 핵심 아이디어는 **형태**^{shape}다. 그것이 무엇을 의미하는지 알아보자.

레이어에 단일 뉴런이 포함된 경우 레이어의 출력은 단일 숫자일 뿐이다. 이것을 하나의 요소가 있는 배열이나 목록으로 설명할 수 있다. 수학적으로는 이것을 0차원 배열이라고 부를 수 있다. 배열의 차원 수는 요소를 식별하는 데 사용해야 하는 인덱스 수를 알려준다. 단일 숫자에는 인덱스가 필요하지 않으므로 해당 배열의 차원은 0이다.

한 레이어에 여러 개의 뉴런이 있는 경우 집합적인 출력을 모든 값의 목록으로 설명할 수 있다. 이 목록에서 특정 출력값을 식별하고자 하나의 인덱스가 필요하기 때문에 이는 1D 배열이다. 그림 13-13(a)는 12개의 요소를 포함하는 배열을 보여준다.

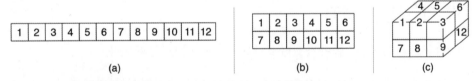

그림 13-13: 각각 12개의 요소를 갖는 3개의 텐서. (a) 1D 텐서는 목록(리스트)다. (b) 2D 텐서는 그리드다. (c) 3D 텐서는 볼륨이다. 모든 경우와 더 높은 차원의 경우에도 블록에서 튀어나온 구멍과 요소가 없다.

종종 데이터를 여러 상자와 같은 형태로 구성한다. 예를 들어 시스템에 대한 입력이 흑백 이미지인 경우 그림 13-13(b)와 같이 x와 y 위치로 인덱싱된 2D 배열로 나타낼 수 있다. 컬러 이미지인 경우 x 위치, y 위치, 색상 채널로 인덱싱된 3D 배열로 나타낼 수 있다. 3D 모양은 그림 13-13(c)와 같다.

종종 1D 모양을 **배열**^{array}, **리스트**^{list} 또는 **벡터**^{vector}라고 부른다. 2D 모양을 설명하

고자 **그리드**^{grid} 또는 **행렬**^{matrix}이라는 용어를 자주 사용하며 3D 모양을 **볼륨**^{volume} 또는 **블록**^{block}으로 설명할 수 있다. 종종 더 많은 차원을 갖는 배열을 사용할 것이다. 산더미 같은 새로운 용어를 만드는 대신 **텐서**^{tensor}(ten'-sir로 발음)라는 차원을 가진 상자 모양으로 배열된 숫자 모음에 대해 단일 용어를 사용한다.

텐서는 주어진 차원 수와 각 차원의 크기를 가진 숫자 블록일 뿐이다. 구멍도 없고 튀어나온 부분도 없다. 텐서라는 용어는 수학과 물리학의 일부 분야에서 더 복잡한 의미를 갖지만 머신러닝에서는 이 단어를 다차원 블록으로 구성된 숫자 모음을 의미하는 데 사용한다. 종합하면 차원의 수와 각 차원의 크기가 텐서의 **형태**^{shape}를 나타낸다.

대게 네트워크의 입력 텐서(모든 입력값을 의미)와 출력 텐서(모든 출력값을 의미)를 참조한다. 내부(또는 히든) 레이어의 출력에는 특별한 이름이 없으므로 일반적으로 레이어 3의 뉴런에서 나오는 다차원 숫자 배열을 참조하고자 '레이어 3에서 생성된 텐서'와 같이 말한다.

네트워크 붕괴 방지

앞서 활성화 함수로 돌아가겠다고 약속했다. 이제 살펴보자.

각 활성화 함수는 전체 구조의 작은 부분이지만 성공적인 신경망에서 중요하다. 활성화 함수가 없으면 네트워크의 뉴런은 단일 뉴런과 같은 형태로 결합되거나 붕괴된다. 그리고 앞에서 봤듯이 하나의 뉴런은 계산 능력이 거의 없다.

활성화 함수가 없을 때 네트워크가 어떻게 무너지는지 보자. 그림 13-14는 3개의 레이어에 2개의 입력(A와 B)과 5개의 뉴런(E부터 G까지)이 있는 작은 네트워크를 보여준다. 모든 뉴런은 이전 레이어의 모든 뉴런에서 입력을 받고 각 연결에는 가중치가 있어 빨간색으로 표시된 총 10개의 가중치를 제공한다.

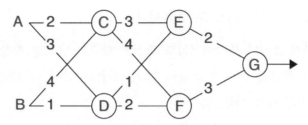

그림 13-14: 2개의 입력, 5개의 뉴런, 10개의 가중치로 구성된 작은 네트워크

잠시 동안 이 뉴런에 활성화 함수가 없다고 가정해보겠다. 그런 다음 그림 13-15에서와 같이 각 뉴런의 출력을 입력의 가중치 합으로 쓸 수 있다. 이 그림에서는 가능한 경우 곱셈 기호를 생략하는 수학적 규칙을 사용하므로 2A는 2 × A의 약어다.

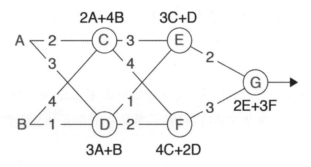

그림 13-15: 각 뉴런은 출력값으로 레이블이 지정된다.

C와 D의 출력은 A와 B에만 의존한다. 유사하게 E와 F의 출력은 C와 D의 출력에만 의존한다. 이는 그들도 궁극적으로 A와 B에만 의존한다는 것을 의미한다. 같은 주장이 성립한다. G의 경우 G에 대한 표현식으로 시작하고 E와 F에 대한 값을 연결한 다음 C와 D에 대한 값을 연결하면 A와 B에 대한 큰 표현식을 얻을 수 있다.

그렇게 하고 단순화하면 G의 출력이 78A + 86B임을 알 수 있다. 이것을 그림 13-16과 같이 두 개의 새로운 가중치를 가진 단일 뉴런으로 쓸 수 있다.

그림 13-16에서 G의 이 출력은 그림 13-14에서 G의 출력과 정확히 동일하다.

전체 네트워크는 단일 뉴런으로 붕괴됐다.

신경망이 아무리 크거나 복잡하더라도 활성화 함수가 없으면 항상 단일 뉴런과 동일하다. 네트워크가 하나의 뉴런이 할 수 있는 것보다 더 많은 것을 할 수 있기를 원한다면 이는 나쁜 소식이다.

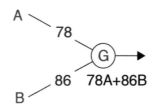

그림 13-16: 이 네트워크의 출력은 그림 13-14의 출력과 정확히 같다.

수학적 언어로 선형 함수의 범주에 속하는 덧셈과 곱셈만 사용했기 때문에 완전 연결 네트워크가 붕괴됐다고 말한다. 선형 함수$^{linear\ function}$는 방금 본 것처럼 결합할 수 있지만 비선형 함수$^{nonlinear\ function}$는 근본적으로 다르며 이러한 방식으로 결합하지 않는다. 비선형 연산을 사용하도록 활성화 함수를 설계함으로써 이러한 종류의 붕괴를 방지한다. 때때로 활성화 함수를 비선형성^{nonlinearity}이라고 부른다.

다양한 유형의 활성화 함수가 있으며 각각 다른 결과를 생성한다. 일반적으로 말하면 어떤 상황에서는 일부 함수가 수치 문제에 부딪혀 훈련이 예상보다 느리게 실행되거나 아예 중단될 수 있기 때문에 다양성이 존재한다. 그런 일이 발생하면 문제를 피하는 대체 활성화 함수로 대체할 수 있다(물론 자체 약점이 있지만).

실제로 일반적으로 사용하는 것은 소수의 활성화 함수뿐이다. 문헌을 읽고 다른 사람들의 네트워크를 볼 때 때때로 더 희귀한 활성화 함수를 본다. 대부분의 주요 라이브러리에서 일반적으로 제공하는 함수들을 조사한 다음 가장 일반적인 함수를 모아 보겠다.

활성화 함수

활성화 함수(때로는 전달 함수transfer function 또는 비선형성이라고도 함)는 부동소수점 수를 입력으로 사용하고 새 부동소수점 수를 출력으로 반환한다. 이러한 함수를 수식이나 코드 없이 작은 그래프로 그려 정의할 수 있다. 수평 또는 X축은 입력값이고 수직 또는 Y축은 출력값이다. 입력에 대한 출력을 찾고자 X축을 따라 입력을 찾고 곡선에 도달할 때까지 직접 위로 이동한다. 그것이 출력값이다.

이론적으로 네트워크의 모든 뉴런에 다른 활성화 함수를 적용할 수 있지만 실제로는 일반적으로 각 레이어의 모든 뉴런에 동일한 활성화 함수를 할당한다.

직선 함수

먼저 하나 이상의 직선으로 구성된 활성화 함수를 살펴보자. 그림 13-17은 직선인 몇 가지 '곡선'을 보여준다.

그림 13-17의 맨 왼쪽 예를 살펴보겠다. X축의 임의의 점을 선택하고 선에 닿을 때까지 수직으로 올라가면 Y축의 교차 값은 X축의 값과 동일하다. 이 곡선의 출력 또는 y 값은 항상 입력 또는 x 값과 동일하다. 이것을 항등 함수identity function라고 부른다.

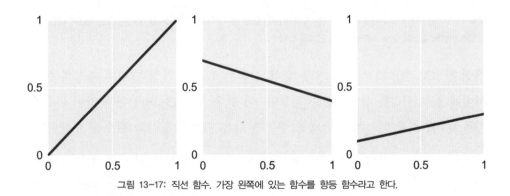

그림 13-17: 직선 함수. 가장 왼쪽에 있는 함수를 항등 함수라고 한다.

그림 13-17의 다른 곡선도 직선이지만 다른 기울기로 기울어져 있다. 단일 직선인 모든 곡선을 **선형 함수** 또는 심지어 (약간 혼란스럽게) **선형 곡선**이라고 부른다.

이러한 활성화 함수는 네트워크 붕괴를 방지하지 않는다. 활성화 함수가 단일 직선일 때 수학적으로 곱셈과 덧셈만 수행하며 이는 선형 함수이고 네트워크가 붕괴될 수 있음을 의미한다. 이러한 직선 활성화 함수는 일반적으로 두 가지 특정 상황에서만 나타난다.

첫 번째 애플리케이션은 네트워크의 출력 뉴런에 있다. 출력 후 뉴런이 없기 때문에 붕괴의 위험이 없다. 그림 13-18의 상단은 아이디어를 보여준다.

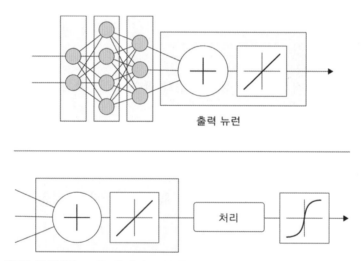

출력 뉴런

처리

그림 13-18: 항등을 활성화 함수로 사용. 위: 출력 뉴런의 항등 함수. 하단: 항등 함수를 사용해 모든 뉴런에 대한 합산 단계와 비선형 활성화 함수 사이에 처리 단계를 삽입

직선 활성화 함수를 사용하는 두 번째 상황은 뉴런의 합산 단계와 활성화 함수 사이에 일부 처리를 삽입하려는 경우다. 이 경우 그림 13-18 하단과 같이 뉴런에 **항등 함수**를 적용하고 처리 단계를 수행한 다음 비선형 활성화 함수를 수행한다.

일반적으로 비선형 활성화 함수를 원하기 때문에 단일 직선에서 벗어나야 한다. 다음 활성화 함수는 모두 비선형이며 네트워크 붕괴를 방지한다.

계단 함수

직선을 원하지 않지만 곡선만 선택할 수는 없다. 곡선은 단일 값이어야 한다. 5장에서 다룬 것처럼 이것은 X축을 따라 x의 값에서 위쪽을 보면 y의 값이 하나만 있음을 의미한다. 선형 함수의 쉬운 변형은 직선으로 시작해 여러 조각으로 나누는 것이다. 합칠 필요도 없다. 5장에서 말한 것처럼 연속적일 필요가 없다는 것을 의미한다.

그림 13-19는 이 접근 방식의 예를 보여준다. 이를 계단 함수라고 부른다. 이 예에서 입력이 0에서 0.2보다 약간 작으면 0을 출력하지만 입력값이 0.2에서 0.4보다 약간 작으면 출력은 0.2가 되는 식이다. 이러한 급격한 점프는 곡선이 각 입력 x 값에 대해 하나의 y 출력값만 갖는다는 규칙을 위반하지 않는다.

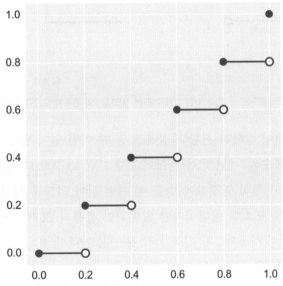

그림 13-19: 이 곡선은 여러 개의 직선으로 이뤄졌다. 채워진 원은 y 값이 유효함을 알려주고 열린 원은 해당 지점에 곡선이 없음을 알려준다.

가장 단순한 계단 함수는 단 하나의 단계만 있다. 이는 자주 발생하는 특별한 경우이므로 고유한 이름인 계단 함수를 사용한다. 그림 13-2의 원래 퍼셉트론은 활성화 함수로 계단 함수를 사용했다. 계단 함수는 일반적으로 그림 13-20 (a)와 같이 그려진다. 어떤 임곗값까지 하나의 값을 갖고 그다음에는 다른 값을 갖는다.

입력이 정확히 임곗값 값을 가질 때 발생하는 일에 대해 사람마다 선호도가 다르다. 그림 13-20(a)에서 임곗값은 채운 점으로 표시된 것처럼 계단 오른쪽의 값임을 보여준다.

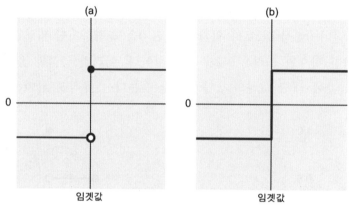

그림 13-20: 계단 함수는 두 개의 고정 값을 가지며, 임곗값 x의 왼쪽과 오른쪽에 각각 하나씩 있다.

종종 저자는 입력이 정확히 전환 지점에 있을 때 어떤 일이 발생하는지 아무렇지 않게 생각하고 함수의 '계단step'을 강조하고자 그림 13-20(b)와 같이 그림을 그린다. 이는 입력이 정확히 임곗값에 있을 때 어떤 값이 의도된 것인지 모르기 때문에 곡선을 그리는 모호한 방법이지만 일반적인 종류의 그리기 방법이다(종종 임곗값에서 어떤 값이 사용되는지 신경 쓰지 않는다. 따라서 선호하는 것을 선택할 수 있다).

자주 사용하는 몇 가지 버전의 계단에는 고유한 이름이 있다. 단위 계단Unit Step 은 임곗값의 왼쪽이 0이고 오른쪽이 1이다. 그림 13-21은 이 함수를 보여준다.

단위 계단의 임곗값이 0이면 그림 13-21에서 볼 수 있는 Heaviside 계단이라는 구체적인 이름을 지정한다.

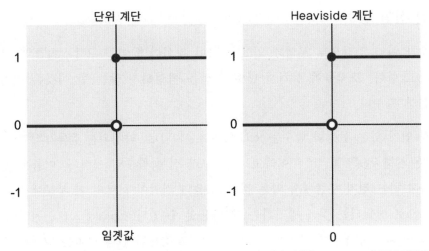

그림 13-21: 왼쪽: 단위 계단의 값은 임곗값 왼쪽으로 0, 오른쪽으로 1이다. 오른쪽: Heaviside 계단은 임곗값이 0인 단위 계단이다.

마지막으로 Heaviside 계단이 있지만(임곗값은 0임) 왼쪽 값이 0이 아니라 −1인 경우 그림 13-22와 같이 이를 **부호 함수**$^{\text{sign function}}$라고 한다. 정확히 0인 입력값에 0의 출력값이 할당되는 부호 함수의 인기 있는 변형이 있다. 두 변형 모두 일반적으로 '부호 함수'라고 하므로 차이가 중요할 때 언급한다.

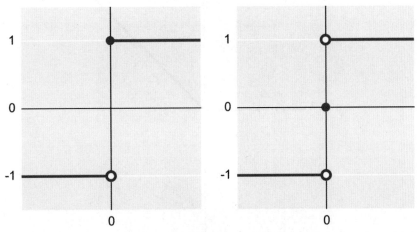

그림 13-22: 부호 함수의 두 가지 버전. 왼쪽: 0보다 작은 값에는 −1의 출력이 할당되고 나머지는 모두 1이다. 오른쪽: 정확히 0의 입력이 값 0을 얻는다는 점을 제외하고 왼쪽과 같다.

구간 선형 함수

함수가 여러 조각으로 구성돼 있고 각각이 직선이면 이를 **구간 선형**$^{Piecewise\ Linear}$이라고 한다. 조각들이 합쳐져 단일 직선을 형성하지 않는 한 이것은 여전히 비선형 함수다.

가장 인기 있는 활성화 함수는 ReLU(e는 소문자임)로 약칭되는 **정류기**^{rectifier} 또는 **정류된 선형 유닛**$^{rectified\ linear\ unit}$이라고 하는 구간 선형 함수일 것이다. 이름은 정류기라고 하는 전자 부품에서 따온 것으로, 음의 전압이 회로의 한 부분에서 다른 부분으로 전달되는 것을 방지하는 데 사용할 수 있다(Kuphaldt 2017). 전압이 음이 되면 물리적 정류기는 이를 0으로 고정하고 정류된 선형 장치는 입력된 숫자와 동일한 작업을 수행한다.

ReLU의 그래프는 그림 13-23에 나와 있다. 두 개의 직선으로 구성돼 있지만 꼬임이나 구부러짐으로 인해 선형 함수가 아니다. 입력이 0보다 작으면 출력은 0이다. 그렇지 않으면 출력은 입력과 동일하다.

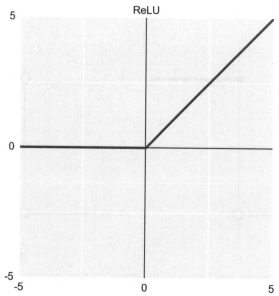

그림 13-23: ReLU 또는 정류된 선형 유닛. 모든 음수 입력에 대해 0을 출력하고 그렇지 않으면 출력은 입력이다.

ReLU 활성화 함수는 인공 뉴런의 끝에 비선형성을 포함하는 간단하고 빠른 방법이기 때문에 널리 사용된다. 하지만 잠재적인 문제가 있다. 14장에서 볼 수 있듯이 입력의 변경이 출력의 변경으로 이어지지 않으면 네트워크가 학습을 중지할 수 있다. 그리고 ReLU는 모든 음수 값에 대해 0의 출력을 갖는다. 예를 들어 입력이 −3에서 −2로 변경되면 ReLU의 출력은 0으로 유지된다. 이 문제를 수정하면 뒤따르는 ReLU 변형이 개발됐다.

이 문제에도 불구하고 ReLU(또는 다음에 보게 될 누수^{leaky} ReLU)는 종종 실제로 잘 수행되며 사람들은 특히 완전 연결 레이어 네트워크를 새롭게 구축할 때 기본 선택으로 자주 사용한다. 이러한 활성화 함수가 실제로 잘 작동한다는 사실 외에도 ReLU(Limmer and Stanczak 2017)를 사용하려는 좋은 수학적 이유가 있지만 여기에서 살펴보진 않겠다.

누수 ReLU는 음수 값에 대한 응답을 변경한다. 이 함수는 음수 값에 대해 0을 출력하는 대신 10을 인자로 축소된 입력을 출력한다. 그림 13-24는 이 함수를 보여준다.

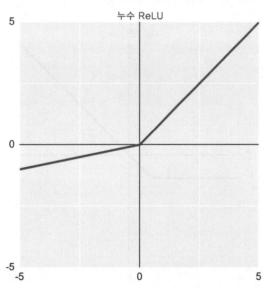

그림 13-24: 누수 ReLU는 ReLU와 비슷하지만 x가 음수일 때 축소된 x 값을 반환한다.

물론 항상 음수 값을 10의 비율로 축소할 필요는 없다. 파라메트릭^{parametric} ReLU를
사용하면 그림 13-25에서와 같이 음수 값이 얼마나 축소되는지 선택할 수 있다.

파라메트릭 ReLU를 사용할 때 중요한 것은 정확히 1.0의 인수를 선택하지 않는
것이다. 그러면 꼬임을 잃고 함수가 직선이 되며 이를 적용하는 모든 뉴런은
바로 뒤에 오는 뉴런과 함께 축소되기 때문이다.

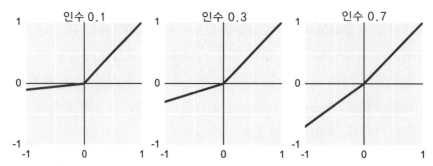

그림 13-25: 파라메트릭 ReLU는 누수 ReLU와 비슷하지만 0보다 작은 x 값에 대한 기울기를 지정할 수 있다.

기본 ReLU의 또 다른 변형은 구부러진 부분을 아래 왼쪽으로 이동하는 시프트
된^{shifted} ReLU다. 그림 13-26은 예를 보여준다.

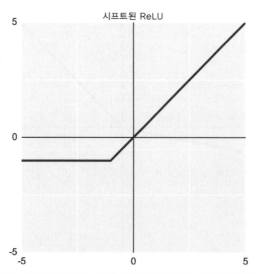

그림 13-26: 시프트된 ReLU는 ReLU 함수의 구부러짐을 상하좌우로 이동시킨다.

맥스아웃[maxout]이라는 활성화 함수를 사용해 ReLU의 다양한 특징을 일반화할 수 있다(Goodfellow et al. 2013). 맥스아웃을 사용하면 선의 집합을 정의할 수 있다. 각 지점에서 함수의 출력은 해당 지점에서 평가된 모든 선 중 가장 큰 값이다.

그림 13-27은 ReLU를 형성하는 단 2개의 선이 있는 최댓값과 더 복잡한 모양을 만들고자 더 많은 선을 사용하는 다른 두 가지 예를 보여준다.

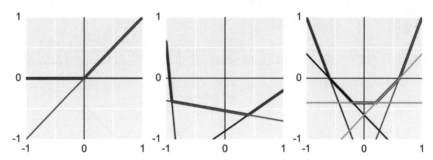

그림 13-27: 맥스아웃 함수를 사용하면 여러 직선으로 함수를 만들 수 있다. 진한 빨간색 선은 각 선의 집합에 대한 맥스아웃의 출력이다.

기본 ReLU의 또 다른 변형은 표준 ReLU를 통해 실행하기 전에 입력에 작은 임의의 값을 추가하는 것이다. 이 함수를 노이즈[noisy] ReLU라고 한다.

매끄러운 함수

14장에서 살펴보겠지만 신경망 교육의 핵심 단계는 뉴런의 출력에 대한 미분을 계산하는 것인데, 이는 반드시 활성화 함수를 포함해야 한다.

앞 절에서 다룬 활성화 함수(선형 함수 제외)는 컬렉션에 하나 이상의 꼬임이 있는 여러 직선을 사용해 비선형성을 생성한다. 수학적으로 한 쌍의 직선 사이의 꼬임에는 미분이 없으므로 함수는 선형이 아니다.

이러한 꼬임이 네트워크를 학습하는 데 필요한 미분의 계산을 방해한다면 ReLU와 같은 함수가 대중적이면서 이렇게 유용한 이유는 무엇일까? 표준 수학

도구는 ReLU에서와 같이 날카로운 모서리를 미세하게 다듬으면서도 미분을 생성할 수 있음이 밝혀졌다(Oppenheim 및 Nawab 1996). 이러한 트릭이 모든 함수에서 작동하는 것은 아니지만 앞에서 본 함수의 개발을 안내한 원칙 중 하나는 이러한 방법을 사용할 수 있다는 것이다.

여러 직선을 사용한 다음 문제를 수정하는 것의 대안은 본질적으로 모든 곳에 미분이 있는 매끄러운 함수를 사용하는 것이다. 즉, 모든 곳에서 매끄럽다. 자주 사용하고 매끄러운 활성화 함수 몇 가지를 살펴보자.

소프트플러스softplus 함수는 그림 13-28과 같이 단순히 ReLU를 매끄럽게 한다.

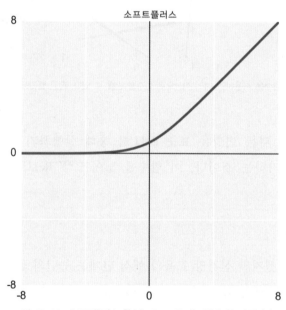

그림 13-28: 소프트플러스 함수는 ReLU의 매끄럽게 한 버전이다.

시프트된 ReLU도 매끄럽게 할 수 있다. 이를 지수 ReLU 또는 ELU라고 한다(Clevert, Unterthiner 및 Hochreiter 2016). 그림 13-29에 나와 있다.

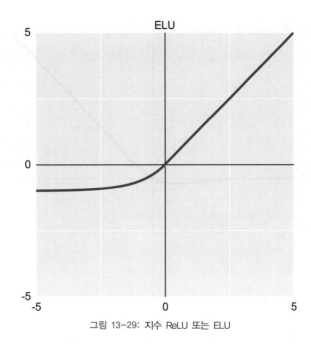

그림 13-29: 지수 ReLU 또는 ELU

ReLU를 매끄럽게 만드는 또 다른 방법은 swish라고 부른다(Ramachandran, Zoph, Le 2017). 그림 13-30은 이것이 어떻게 생겼는지 보여준다. 본질적으로 이것은 ReLU지만 0의 바로 왼쪽에 작고 부드러운 언덕bump이 있으며 그다음에 평평해진다.

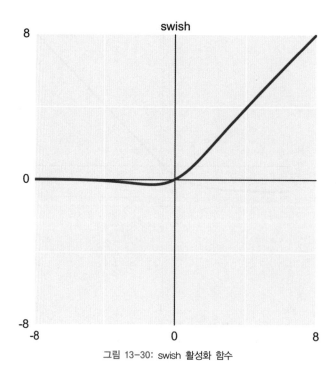

그림 13-30: swish 활성화 함수

또 다른 자주 사용하는 매끄러운 활성화 함수는 로지스틱 함수^{Logistic Function} 또는 로지스틱 곡선^{Logistic Curve}이라고도 하는 시그모이드^{Sigmoid}다. 이는 Heaviside 계단을 매끄럽게 한 버전이다. S자형이라는 이름은 곡선이 S자 모양을 닮았다고 해서 붙은 이름이고 다른 이름은 수학적 해석에서 따온 것이다. 그림 13-31은 이 함수를 보여준다.

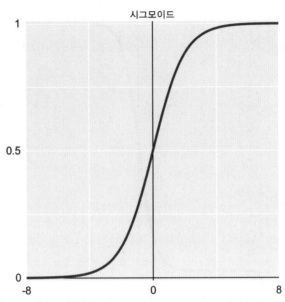

시그모이드

그림 13-31: S자형 시그모이드 함수는 로지스틱 함수 또는 로지스틱 곡선이라고도 한다. 아주 작은 음수가 입력인 경우 0의 값을 가지며 아주 큰 양수가 입력인 경우 1의 값을 갖는다. 약 −6 ~ 6 범위의 입력인 경우 둘 사이에서 원활하게 전환된다.

시그모이드와 밀접하게 관련된 것은 하이퍼볼릭 탄젠트hyperbolic tangent라고 하는 또 다른 수학적 함수다. 시그모이드와 매우 유사하며 음수 값일 때 0이 아닌 −1로 전달된다. 이름은 삼각법에서 곡선의 기원에서 따왔다. 긴 이름이기 때문에 일 반적으로 단순히 tanh로 작성한다. 이는 그림 13-32에 나와 있다.

시그모이드와 tanh 함수가 모두 음의 무한대에서 양의 무한대까지의 전체 입력 범위를 작은 범위의 출력값으로 압축한다고 말한다. 시그모이드는 모든 입력을 [0, 1] 범위로 축소하고 tanh는 입력을 [−1, 1]로 축소한다.

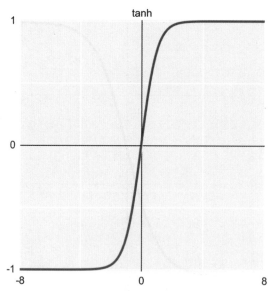

그림 13-32: tanh로 표기된 하이퍼볼릭 탄젠트 함수는 그림 13-31의 시그모이드와 유사하게 S자형이다. 주요 차이점은 아주 작은 음수 입력에 대해 −1 값을 반환하고 전환 영역이 약간 더 좁다는 것이다.

두 함수를 그림 13-33에서 서로 겹쳐 표시했다.

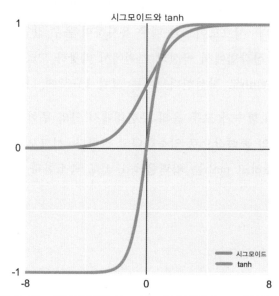

그림 13-33: −8에서 8까지의 시그모이드 함수(주황색)와 tanh 함수(청록색)

또 다른 매끄러운 활성화 함수는 그림 13-34(Sitzmann 2020)와 같이 사인파를 사용한다. 이는 tanh와 같이 [-1, 1] 범위로 출력을 밀어내지만 0에서 멀리 떨어진 입력에 대해 수렴(또는 변경 중지)하지 않는다.

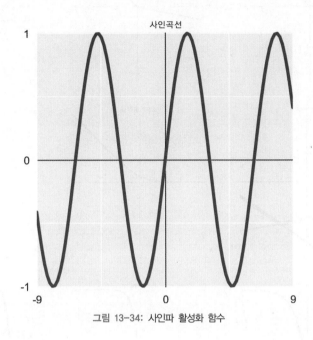

그림 13-34: 사인파 활성화 함수

활성화 함수 갤러리

그림 13-35는 활성화 함수를 요약한 것이다.

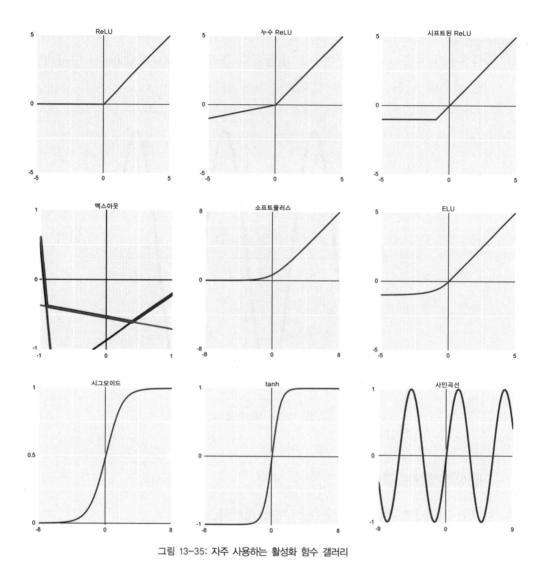

그림 13-35: 자주 사용하는 활성화 함수 갤러리

활성화 함수 비교

ReLU는 가장 인기 있는 활성화 함수였지만 최근 몇 년 동안 누수 ReLU가 인기를 얻고 있다. 이는 실험의 결과다. 누수 ReLU가 있는 네트워크는 종종 더 빨리 학습한다.

480

그 이유는 앞서 언급한 ReLU에 문제가 있기 때문이다. ReLU의 입력이 음수면 출력은 0이다. 입력이 큰 음수인 경우 작은 양만큼 변경해도 여전히 ReLU에 대한 음의 입력이 되고 변경되지 않은 출력은 0이 된다. 이는 미분도 0임을 의미한다. 14장에서 볼 수 있듯이 뉴런의 미분이 0이 되면 학습을 멈출 뿐만 아니라 네트워크에서 선행하는 뉴런도 학습을 멈출 가능성이 높아진다. 출력이 변하지 않는 뉴런은 더 이상 학습에 참여하지 않기 때문에 때때로 다소 과격한 언어를 사용해 뉴런이 죽었다고 말한다. 누수 ReLU는 모든 음수 입력에 대해 동일하지 않은 출력을 제공함으로써 미분 값이 0이 아니므로 죽지 않기 때문에 ReLU보다 인기를 얻고 있다. 또한 사인파 함수는 거의 모든 곳에서 0이 아닌 미분을 갖는다(각 파동의 가장 위와 가장 아래 제외).

ReLU와 누수 ReLU 다음으로 시그모이드와 tanh가 가장 자주 사용하는 함수일 것이다. 이들의 매력은 매끄럽고 출력이 [0, 1] 또는 [-1, 1]로 제한된다는 것이다. 경험에 따르면 네트워크는 네트워크를 통해 흐르는 모든 값이 제한된 범위에 있을 때 가장 효율적으로 학습한다.

특정 네트워크의 특정 레이어에서 어떤 활성화 함수가 가장 잘 작동하는지 알려주는 확고한 이론은 없다. 일반적으로 본 다른 유사한 네트워크에서 작동했던 것과 동일한 선택을 하는 것으로 시작한 다음 학습이 너무 느리게 진행되면 대안을 시도한다.

몇 가지 경험 법칙은 많은 상황에서 좋은 출발점을 제공한다.

일반적으로 말해 종종 히든 레이어, 특히 완전 연결 레이어의 대부분 뉴런에 ReLU 또는 누수 ReLU를 적용한다. 회귀 네트워크의 경우 특정 출력값에 관심이 있기 때문에 최종 레이어에서 활성화 함수를 사용하지 않는 경우가 많다. 두 개의 클래스로 분류할 때 출력값은 하나뿐이다. 여기서 종종 출력을 한 클래스 또는 다른 클래스로 명확하게 밀어내고자 시그모이드를 적용한다. 클래스가 3개 이상인 분류 네트워크의 경우 거의 항상 약간 다른 종류의 활성화 함수를 사용한다. 이에 대해서는 다음에 살펴본다.

소프트맥스

일반적으로 분류기 신경망의 출력 뉴런에만 적용하는 연산이 있으며, 2개 이상의 출력 뉴런이 있는 경우에만 적용된다. 모든 출력 뉴런의 출력을 동시에 입력으로 취하기 때문에 용어를 사용했다는 의미에서 활성화 함수가 아니다. 그것들을 함께 처리한 다음 각 뉴런에 대한 새로운 출력값을 생성한다. 활성화 함수가 아니지만 이 논의에서 포함할 가치가 있는 활성화 함수에 정신적으로는 충분히 가깝다.

이 기술을 소프트맥스^{softmax}라고 한다. 소프트맥스의 목적은 분류 네트워크에서 나오는 원시 숫자를 클래스 확률로 바꾸는 것이다.

소프트맥스는 다른 방식으로 해당 출력 뉴런에 적용할 활성화 함수를 대신한다는 점에 유의하는 것이 중요하다. 즉, 활성화 함수를 제공하지 않고(또는 동일하게 선형 함수를 적용한 다음) 해당 출력을 소프트맥스로 실행한다.

이 프로세스의 역학은 네트워크가 예측을 계산하는 방법에 대한 수학과 관련 있으므로 여기에서 자세한 내용은 다루지 않는다. 일반적인 아이디어는 그림 13-36에 나와 있다. 점수가 입력되고 확률이 나온다.

각 출력 뉴런은 네트워크에서 입력이 해당 클래스에 속한다고 생각하는 정도에 해당하는 값이나 점수를 나타낸다. 그림 13-36에서 데이터에 A, B, C라는 세 개의 클래스가 있다고 가정하므로 세 개의 출력 뉴런 각각이 해당 클래스에 대한 점수를 제공한다. 점수가 클수록 입력이 해당 클래스에 속한다는 시스템이 더 확실해진다.

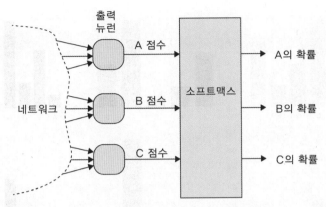

그림 13-36: 소프트맥스 함수는 네트워크의 모든 출력을 동시에 가져와 수정한다. 결과는 점수가 확률로 바뀌는 것이다.

한 클래스의 점수가 다른 클래스보다 높으면 네트워크에서 해당 클래스가 더 가능성이 있다고 생각한다는 의미다. 유용하다. 하지만 점수는 다른 편리한 방법으로 비교되게 설계되지 않았다. 예를 들어 A의 점수가 B의 2배라고 해서 A가 B보다 2배 더 가능성이 높다는 의미는 아니다. 단지 A가 더 가능성이 높다는 의미다. '가능성이 두 배'와 같은 비교가 매우 유용하기 때문에 소프트맥스를 사용해 출력 점수를 확률로 변환한다. 이제 A의 소프트맥스 출력이 B의 두 배면 실제로 A는 B의 가능성이 두 배다. 이는 네트워크의 출력을 확인하는 데 매우 유용한 방법이므로 분류 네트워크의 끝에서 거의 항상 소프트맥스를 사용한다.

확률로 처리하려는 숫자 집합은 두 가지 기준을 충족해야 한다. 값은 모두 0과 1 사이에 있고 합이 1이 된다. 네트워크의 각 출력을 독립적으로 수정하기만 하면 다른 값을 알 수 없다. 특정 값에 합산됐는지 확인할 수 없다. 모든 출력을 소프트맥스에 전달하면 합이 1이 되도록 모든 값을 동시에 조정할 수 있다.

작동 중인 소프트맥스를 살펴보자. 그림 13-37의 왼쪽 상단 그래프를 살펴보자.

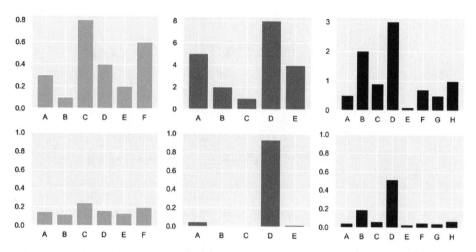

그림 13-37: 소프트맥스 함수는 네트워크의 모든 출력을 동시에 가져와 수정한다. 결과는 점수가 확률로 바뀌는 것이다. 맨 위 행: 분류기의 점수. 하단 행: 소프트맥스를 통해 상단 행의 점수를 실행한 결과다. 위쪽 행의 그래프는 서로 다른 수직 눈금을 사용한다.

그림 13-37의 왼쪽 상단은 A부터 F까지 레이블을 붙인 6개의 출력 뉴런이 있는 분류기의 출력을 보여준다. 이 예에서 이러한 6개의 값은 모두 0과 1 사이다. 이 그래프에서 볼 수 있다. 클래스 B의 값은 0.1이고 클래스 C의 값은 0.8이다. 설명한 것처럼 입력이 클래스 B보다 클래스 C에 있을 가능성이 8배 더 높다는 결론을 내리는 것은 실수다. 이는 확률이 아니라 점수이기 때문이다. 클래스 C가 클래스 B보다 가능성이 더 높다고 말할 수 있지만 그 이상은 수학이 필요하다. 이러한 출력을 서로 유용하게 비교하고자 소프트맥스를 적용해 해당 계산을 수행하고 확률로 변경할 수 있다.

왼쪽 하단의 그래프에서 소프트맥스의 출력을 보여준다. 이는 6개의 클래스 각각에 속하는 입력의 확률이다. C 및 F와 같은 큰 값은 많이 축소되지만 B와 같은 작은 값은 거의 축소되지 않는다는 점에 주목하는 것이 흥미로웠다. 이는 0과 1 사이의 점수가 확률로 변하는 자연스러운 결과다. 그러나 크기에 따른 막대의 순서는 여전히 점수의 경우와 동일하다(C가 가장 크고 그다음 F, D 등). 아래 그림의 소프트맥스에 의해 생성된 확률에서 클래스 C의 확률은 약 0.25이고 클래스 B의 확률은 약 0.15임을 알 수 있다. 입력이 클래스 B보다 클래스 C에 있을 확률이 1.5배 더 높다는 결론을 내릴 수 있다.

그림 13-37의 중간 및 오른쪽 열은 소프트맥스 전후의 다른 두 개 가상 네트워크 및 입력에 대한 출력을 보여준다. 세 가지 예는 소프트맥스의 출력은 입력이 모두 1보다 작은지 여부에 달려 있음을 보여준다. 그림 13-37에서는 왼쪽에서 오른쪽으로 읽는 입력 범위는 [0, 0.8], [0, 8], [0], [3]이다.. 소프트맥스는 항상 입력의 순서를 유지한다(즉, 입력을 가장 큰 것에서 가장 작은 것으로 정렬하면 출력에서 유사한 정렬과 일치한다).

그러나 일부 입력값이 1보다 크면 가장 큰 값이 더 두드러지는 경향이 있다. 소프트맥스가 가장 큰 값으로 출력의 영향을 과장한다고 말한다.

때때로 소프트맥스가 다른 값을 압도해 가장 큰 값이 다른 값을 더 명확하게 지배한다고 말한다.

그림 13-37은 입력 범위가 소프트맥스의 출력에 큰 차이를 만든다는 것을 보여준다. 또한 소프트맥스는 입력값이 모두 1보다 작거나, 모두 1보다 크거나, 혼합돼 있는지 여부에 따라 흥미로운 동작을 한다.

그림 13-37의 맨 왼쪽에서 모든 입력은 [0, 0.8] 범위에서 모두 1보다 작다.

중간 열에서 입력은 [0, 8] 범위에서 모두 1보다 크다. 출력에서 D 값(8에 해당)은 다른 모든 값을 분명히 지배한다. 소프트맥스는 출력 간의 차이를 과장해 D를 가장 큰 것으로 쉽게 선택할 수 있게 했다.

그림 13-37의 맨 오른쪽에는 [0, 3] 범위에서 1보다 작거나 큰 값이 있다. 여기에서 과장 효과는 모든 입력이 1보다 작은 왼쪽 열과 모든 입력이 1보다 큰 중간 열 사이 어딘가에 있다.

하지만 모든 경우에 소프트맥스는 각각 0과 1 사이이고 합이 1이 되는 확률을 제공한다. 입력의 순서는 항상 유지되므로 가장 큰 입력에서 가장 작은 입력의 순서는 출력에서도 가장 큰 것부터 가장 작은 것 순이다.

요약

실제 생물학적 뉴런은 엄청나게 복잡한 화학적, 전기적, 기계적 과정을 사용해 정보를 처리하는 정교한 신경 세포다. 컴퓨터 버전과 그 생물학적 이름 사이의 엄청난 격차에도 불구하고, 그것들은 인공 뉴런이라 부르는 간단한 계산에 영감을 준다. 인공 뉴런은 각 입력값에 해당 가중치를 곱하고 결과를 더한 다음 활성화 함수를 통해 전달한다. 인공 뉴런을 네트워크로 조립할 수 있다. 일반적으로 이러한 네트워크는 DAG다. 방향성(정보가 한 방향으로만 흐른다), 비순환(뉴런이 자체 출력을 입력으로 수신하지 않음), 그래프(뉴런이 서로 연결됨)다. 입력 데이터가 한쪽 끝에 입력되고 네트워크의 결과가 다른 쪽 끝에 나타난다.

네트워크 구성에 주의하지 않으면 전체 네트워크가 단일 뉴런으로 붕괴될 수 있음을 봤다. 각 뉴런의 출력을 가져와 새로운 숫자로 바꾸는 작은 함수인 활성화 함수를 사용해 이를 방지한다. 이러한 함수는 비선형으로 설계됐다. 즉, 덧셈과 곱셈 같은 연산만으로는 설명할 수 없다. 네트워크가 단일 뉴런과 동등하지 않게 하는 것은 이 비선형성이다. 좀 더 일반적인 활성화 함수를 살펴보고 소프트맥스가 신경망에서 얻은 숫자를 클래스 확률로 바꾸는 방법을 살펴보고 장을 마쳤다.

훈련되지 않은 딥러닝 시스템과 훈련돼 배포할 준비가 된 시스템 간의 유일한 차이점은 가중치의 값이다. 훈련 또는 학습의 목표는 네트워크의 출력이 가능한 많은 샘플에 대해 정확한 가중치 값을 찾는 것이다. 가중치는 난수로 시작하므로 이러한 새롭고 유용한 값을 찾기 위한 몇 가지 원칙적인 방법이 필요하다. 14장과 15장에서 신경망이 시작 가중치를 점진적으로 개선하고 네트워크 출력을 정확하고 유용한 결과로 변환하는 두 가지 핵심 알고리듬을 살펴봄으로써 학습하는 방법을 볼 것이다.

14

역전파

 앞서 봤듯이 신경망은 뉴런의 집합일 뿐이며, 각각은 약간의 계산을 수행한 다음 그 결과를 다른 뉴런에 전달한다. 원하는 결과를 얻으려면 어떻게 훈련을 진행할까? 어떻게 효율적으로 할 수 있을까?

답은 **역전파**^{backpropagation}(또는 단순히 backprop)다. 역전파가 없었다면 합리적인 시간 내에 대규모 네트워크를 훈련할 수 없었기 때문에 오늘날과 같이 딥러닝을 널리 사용하지 못했을 것이다. 모든 최신 딥러닝 라이브러리는 안정적이고 효율적인 역전파를 구현한다. 대부분의 사람은 실제로 역전파를 구현하지는 않을 것이지만 많은 딥러닝이 알고리듬에 의존하고 있기 때문에 알고리듬을 이해하는 것은 중요하다.

역전파에 대한 대부분의 소개는 관련 토론과 함께 수식의 모음을 통해 수학적으로 표현한다(Fullér 2010). 평소와 같이 여기에서는 수학을 건너뛰고 대신 개념에 집중한다. 역전파의 핵심에 대해 논의하는 14장의 중반부는 이 책에서 가장 자세한 부분이기도 하다. 무슨 일이 일어나고 있고 조각들이 어떻게 잘 어우러지는지에 대한 큰 그림을 이해하고자 처음에는 가볍게 읽고 싶을 수도 있다. 그런 다음 원하는 경우 개별 단계로 돌아가서 더 천천히 살펴볼 수 있다.

높은 수준에서의 훈련 개요

네트워크는 실수를 최소화하면서 학습한다. 프로세스는 각 실수에 대한 비용cost, 손실loss, 페널티penalty라는 숫자로 시작한다. 훈련하는 동안 네트워크는 비용을 줄여 결과적으로 원하는 결과에 더 가깝게 만든다.

오차 처벌하기

각 입력값을 1에서 5까지 번호가 매겨진 5개의 클래스 중 하나로 식별하는 분류기가 있다고 가정해보자. 가장 큰 출력값을 갖는 클래스는 네트워크가 예측한 각 입력값이 속할 클래스다. 분류기는 새로운 것이고 훈련한 적이 없었기 때문에 모든 가중치는 작은 임의의 값을 가진다. 그림 14-1은 첫 번째 입력 샘플을 분류하는 네트워크를 보여준다.

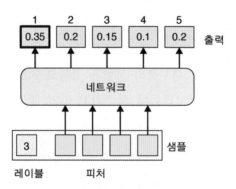

그림 14-1: 신경망이 샘플을 처리해 클래스 1에 할당한다. 클래스 3에 할당하기를 원한다.

이 예제에서 네트워크는 가장 큰 출력값 0.35가 출력 1에서 나온 것이기 때문에 해당 샘플이 클래스 1에 속한다고 결정했다(네트워크 끝에 소프트맥스 레이어가 있다고 가정하므로 출력값을 합하면 최대 1이 된다). 불행히도 샘플은 클래스 3에 속해있다. 정답을 기대해서는 안 된다. 네트워크는 수천 또는 수백만 개의 가중치를 손쉽게 가질 수 있으며 현재는 모두 초기 임의의 값을 갖는다. 따라서 출력도 무작위 값이 된다. 네트워크가 이 샘플을 클래스 3에 속한다고 예측했더라도 순전히 운이 좋았을 뿐이다.

예측값이 해당 샘플의 레이블과 일치하지 않으면 이 대답이 얼마나 잘못된 것인지 알려주는 단일 숫자를 떠올릴 수 있다. 예를 들어 클래스 3의 점수가 가장 높다면 클래스 3의 점수가 가장 낮은 것보다는 네트워크가 더 정확할 것(또는 덜 틀린 것)이라고 말한다. 레이블과 예측값 사이의 불일치를 설명하는 이 숫자를 **오차 점수**^{error score} 또는 **오차**^{error} 혹은 때로는 **페널티** 또는 **손실**이라고 부른다(손실^{loss}이라는 단어가 '오차'의 동의어로 이상해 보인다면 다음과 같이 생각하는 것이 도움이 될 수 있다. 그것은 오답을 갖고 있기 때문에 얼마나 많은 정보가 '손실'됐는지를 설명하는 것과 같다).

오차(또는 손실)는 모든 값을 취할 수 있는 부동소수점 수^{floating point number}지만 종종 항상 양수가 되도록 설정한다. 오차가 클수록 이 입력값의 레이블에 대한 네트워크 예측이 더 '틀리게' 된다. 오차가 0이면 네트워크가 샘플의 레이블을 올바르게 예측했음을 의미한다. 완벽한 세계에서는 훈련 데이터 세트의 모든 샘플에 대해 오차를 0으로 낮출 수 있다. 실제로는 일반적으로 가능한 한 0에 가까워지는 데에서 만족한다.

이 장에서는 특정 샘플(또는 샘플 그룹)의 오차를 줄이는 데 중점을 두지만 전반적인 목표는 일반적으로 개별 오차의 합계인 전체 훈련 데이터 세트에 대한 총 오차를 최소화하는 것이다.

오차를 결정하고자 선택한 방식은 네트워크의 학습 프로세스를 안내하는 데 있어 엄청난 유연성을 제공한다. 하지만 오차가 네트워크에 하지 말아야 할 일을 알려주는 것이기 때문에 이러한 생각은 약간 뒤쳐져 보일 수 있다. 이는 다음에 나오는 조각에 대한 거짓말 같은 인용문과 같다. 코끼리를 조각하려면 돌덩이에서 시작해 코끼리처럼 보이지 않는 모든 것을 부숴버리면 된다(Quote Investigator 2020).

이 예제의 경우 초기화한 네트워크로 시작한 다음 오차 항을 사용해 원하지 않는 모든 동작을 제거한다. 다시 말해 네트워크에 정답을 찾도록 가르치지 않는다. 대신 잘못된 답변에 양수의 오차를 할당해 벌점을 부여한다. 네트워크가 전체 오차를 줄일 수 있는 유일한 방법은 오답을 피하는 것이므로 그렇게 학습하는 것이다. 이는 강력한 아이디어다. 원하는 행동을 하게 하려면 원하지 않는 행동에 벌점을 준다.

한 번에 여러 가지에 벌점을 부여하려면 각각에 대해 값^{value} 또는 항^{term}을 계산하고 더해 전체 오차를 얻는다. 예를 들어 분류기가 올바른 클래스를 예측하면서 가장 가까운 클래스보다 최소 두 배 큰 점수를 할당하기를 원할 수 있다. 두 가지 요청을 나타내는 숫자를 계산하고 그 합을 오차 항으로 사용할 수 있다. 네트워크가 오차를 0(또는 최대한 0에 가깝게)으로 낮추는 유일한 방법은 가중치를 변경해 두 목표를 모두 달성하는 것이다.

자주 사용하는 오차 항은 네트워크의 가중치가 모두 작은 범위(예, [-1, 1])에 있을 때 학습이 가장 효율적이라는 관찰에서 비롯된다. 가중치가 이 범위에서 너무 멀어지면 이를 강제하고자 큰 값을 갖는 오차 항을 포함할 수 있다. 이것을 일반화^{regularization}라고 한다. 오차를 최소화하고자 네트워크는 가중치를 작게 유지하는 방법을 학습한다. 이 모든 것은 네트워크가 오차를 최소화하는 목표를 어떻게 달성할 수 있는지에 대한 자연스러운 질문을 제기한다. 이것이 이장의 핵심이다.

일을 단순하게 유지하고자 네트워크 예측값과 레이블 간의 불일치를 처벌하는 단 하나의 항으로 오차를 측정한다. 이 장의 나머지 부분에서 볼 수 있는 모든 것은 오차에 더 많은 항이 있을 때에도 동일하게 작동한다. 네트워크를 학습시키는 첫 번째 알고리듬은 오늘날의 컴퓨터에서 터무니없이 느릴 것이기 때문에 사고 실험$^{thought\ experiment}$에 불과하다. 그러나 이 실험에서 나온 아이디어는 이 장의 뒷부분에서 다룰 좀 더 효율적인 기술의 개념적 기초를 형성한다.

학습을 위한 느린 방법

지도학습으로 훈련된 분류기의 실행 예제를 계속 사용하겠다. 네트워크에 샘플을 제공하고 시스템의 예측값을 샘플의 레이블과 비교할 것이다. 네트워크가 올바르게 레이블을 예측하면 아무것도 변경하지 않고 다음 샘플로 넘어간다("고장나지 않으면 고치지 말라."는 속담처럼[Seung 2005]). 하지만 특정 샘플에 대한 결과가 잘못된 경우 개선을 위해 노력할 것이다.

간단한 방법으로 이러한 개선을 해보겠다. 전체 네트워크에서 무작위로 하나의 가중치를 선택하고 변경되지 않도록 다른 모든 값을 고정한다. 가중치의 현재 값과 관련된 오차를 이미 알고 있으므로 0을 중심으로 하는 작은 임의의 값인 m을 만들고 이를 해당 가중치에 추가한 뒤 동일한 샘플을 다시 평가한다. 이러한 하나의 가중치로의 변경은 나머지 네트워크에 파급 효과를 발생시킨다. 해당 뉴런의 출력과 관련된 계산에 의존하는 모든 뉴런도 바뀌기 때문이다. 결괏값은 새로운 예측 집합이며, 따라서 해당 샘플에 대한 새로운 오차다.

새 오차가 이전 오차보다 적으면 상황을 개선하고 이 변경 사항을 유지한다. 결과가 나아지지 않으면 변경을 취소해야 한다. 이제 무작위로 다른 가중치를 선택하고, 다른 임의의 양만큼 수정하고, 네트워크를 재평가해 해당 변경 사항을 유지해야 하는지 확인하고, 또 다른 가중치를 선택하고 수정하는 등의 작업을 계속해서 반복한다.

결과가 어느 정도 향상될 때까지 계속 가중치를 적용하거나, 충분히 시도했다고 결정하거나, 다른 어떤 이유로 중단하기로 결정할 수 있다. 이 시점에서 다음 샘플을 선택하고 많은 가중치를 다시 조정한다. 훈련 데이터 세트의 모든 샘플을 사용한 후에는 다시 모든 샘플을 (아마도 다른 순서로) 계속 검토한다. 요점은 각각의 작은 개선이 모든 샘플의 레이블을 정확하게 예측하는 네트워크에 더 가까워지게 한다는 것이다.

이 기술을 사용하면 네트워크가 천천히 개선될 것으로 기대하지만 도중에 차질이 있을 수 있다. 예를 들어 이후 샘플은 방금 수행한 이전 샘플의 개선 사항을 망치는 변경을 일으킬 수 있다.

충분한 시간과 자원이 주어지면 네트워크가 결국 가능한 한 모든 샘플을 예측하는 지점까지 개선될 것으로 기대한다. 마지막 문장에서 중요한 단어는 결국 'eventually'다. "물은 결국 끓을 것이다" 또는 "안드로메다 은하는 결국 우리 은하와 충돌할 것이다"(NASA 2012)에서와 같다. 개념은 올바르지만 이 기술은 확실히 실용적이지는 않다. 최신 네트워크는 수백만 개의 가중치를 가질 수 있다. 이 알고리듬으로 이러한 모든 가중치에 대한 최상의 값을 찾는 것은 현실적이지 않다는 것이다.

이 장에서 남은 부분의 목표는 이 대략적인 아이디어를 훨씬 더 실용적인 알고리듬으로 재구성하는 것이다.

계속 진행하기 전에 여기에서는 가중치에 초점을 맞추고 있다는 점에서 13장의 편향 트릭[bias trick] 덕분에 각 뉴런 편향의 영향을 자동으로 조정한다는 것에 주목할 가치가 있다. 즉, 모든 것을 더 단순하게 만드는 편향 항[bias terms]에 대해 생각할 필요가 없다.

이제부터 엄청나게 느린 가중치 변경 알고리듬을 개선시킬 수 있는 방법을 살펴보겠다.

경사 하강법

앞 절에서의 알고리듬은 네트워크를 개선했지만 속도가 느리다. 이 비효율의 한 가지 큰 원인은 가중치에 대한 조정의 절반이 잘못된 방향이었다는 점이다. 빼야 할 값을 추가하거나 그 반대의 경우 빼거나 한 것이다. 따라서 오차가 발생했을 때 변경 사항을 취소해야 했다. 또 다른 문제는 각 가중치를 하나씩 조정해 엄청난 수의 샘플을 평가해야 한다는 것이다. 이러한 문제를 해결해보자.

각 가중치를 양이나 음의 방향 중 어느 쪽으로 조금씩 움직일지를 미리 알면 훈련 속도를 두 배로 늘릴 수 있다. 그 가중치에 대한 오차의 그래디언트에서 정확히 이 정보를 얻을 수 있다. 각 파라미터가 변경될 때 표면의 높이가 어떻게 변하는지를 알려주는 그래디언트를 5장에서 살펴봤다. 현재의 경우에 맞게 범위를 좁혀 보겠다.

이전과 마찬가지로 하나의 가중치를 제외하고 전체 네트워크를 고정^{freeze}할 것이다. 가로축에 해당 가중치 값을 표시하면 해당 가중치에 대한 네트워크 오차를 세로로 표시할 수 있다. 오차를 합쳐 **오차 곡선**^{error curve}이라는 곡선을 형성한다. 이 상황에서 각 가중치 위에 있는 오차 곡선의 기울기를 찾아 특정 가중치의 값에서 오차의 그래디언트(또는 미분)를 찾을 수 있다.

가중치 바로 위의 그래디언트가 양수일 경우(즉, 오른쪽으로 이동할 때 선이 위로 이동) 가중치 값을 키우면(오른쪽으로 이동) 오차가 증가한다. 이와 유사하게, 그리고 더 유용하게도 가중치 값을 줄이면(왼쪽으로 이동) 오차가 줄어든다. 오차의 그래디언트가 음수이면 상황이 반대가 된다.

그림 14-2는 두 가지 예를 보여준다.

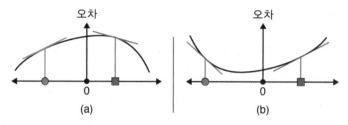

그림 14-2: 그래디언트는 두 개의 서로 다른 오차 곡선에 대해 가중치를 더 작게 또는 더 크게 만들었을 때 오차(검은색 곡선)에 어떤 일이 발생하는지 알려준다. 각 그림은 두 가지 가중치에서의 그래디언트를 보여준다.

모든 가중치는 최종 오차에 각각 다른 영향을 미치기 때문에 네트워크의 모든 가중치에 대한 오차 곡선은 다르다. 하지만 특정한 가중치에 대한 그래디언트를 찾을 수 있다면 오차를 줄이고자 가중치를 증가시켜야 하는지 감소시켜야 하는지를 추측하는 문제를 해결한 것이다. 모든 가중치에 대한 그래디언트들을 찾을 수 있다면 하나씩 조정하지 않고 한꺼번에 조정할 수 있다. 모든 가중치를 동시에 조정할 수 있고 고유한 그래디언트를 사용해 값을 키울지 줄일지를 알려줄 수 있다면 네트워크를 효율적으로 개선할 수 있다.

이것이 바로 해야 할 일이다. 그래디언트를 사용해 각 가중치를 이동시켜 오차 곡선에서 더 낮은 값을 생성하기 때문에 이 알고리듬을 경사 하강법^{gradient descent}(또는 그래디언트 디센트)이라고 한다.

경사 하강법을 알아보기 전에 이 알고리듬은 잘못된 샘플을 평가한 후 모든 가중치를 동시에 독립적으로 조정하면 해당 샘플뿐만 아니라 전체 훈련 데이터 세트(확장하면 네트워크가 배포된 후 마주치는 모든 데이터)에 대한 오차가 감소한다고 가정한다는 것을 기억하자. 하나의 가중치를 변경하면 나머지 네트워크에 파급 효과가 발생할 수 있음을 이미 언급했기 때문에 이는 대담한 가정이다. 한 뉴런의 출력값을 변경하면 해당 값을 사용하는 모든 뉴런의 입력값을 변경하고, 따라서 출력도 변경되고 그에 따라 그래디언트가 변경된다. 운이 없으면 양수 그래디언트를 가진 일부 가중치가 이제 음의 그래디언트를 갖거나 그 반대의 경우도 생긴다. 즉, 이미 계산한 그래디언트를 고수하면 해당 가중치를

494

변경했을 때 오차가 작아지는 것이 아니라 커지게 된다. 이 문제를 제어하고자 일반적으로 그러한 실수로 인해 개선 사항을 망가뜨리지 않기를 바라며 모든 가중치를 약간씩만 변경한다.

개요

네트워크의 가중치를 두 단계로 조정해 전체 오차를 줄여보자. 역전파[backpropagation] 또는 backprop라고 하는 첫 번째 단계에서는 네트워크 오차와 관련된 숫자를 계산하고 저장하는 각 뉴런을 방문한다. 모든 뉴런에 대한 값을 얻으면 이 값을 사용해 해당 뉴런에 들어오는 모든 가중치를 업데이트한다. 이 두 번째 단계를 업데이트 단계[update step] 또는 **최적화 단계**[optimization step]라고 한다. 이 두 단계는 일반적으로는 역전파의 일부로 간주되지 않지만 때때로 사람들이 이것까지 함께 포함시켜 전체를 역전파라고 부른다. 이 장에서는 첫 번째 단계에만 초점을 맞춘다. 15장에서 최적화에 중점을 둔다.

이 토론에서는 활성화 함수를 무시할 것이다. 이것의 비선형적 특성은 신경망이 작동하게 하는 데 필수적이지만 이로 인해 역전파의 본질을 이해하는 것과 관련 없는 많은 세부 사항이 추가된다. 좀 더 명확한 논의를 위한 이러한 단순화에도 불구하고 활성화 함수는 역전파의 모든 구현에서 확실히 설명된다.

이러한 단순화를 통해 중요한 관찰을 할 수 있다. 네트워크상 뉴런의 출력값이 변경되면 최종 출력 오차가 그에 비례하는 만큼 변경된다는 것이다.

더 상세히 살펴보자. 여기에서는 신경망에서 두 가지 유형의 값에만 신경을 쓴다. 가중치(원하는 대로 설정 및 변경할 수 있음)와 뉴런의 출력값(자동으로 계산되고 직접 제어할 수 없음)이다. 맨 처음 레이어를 제외하고 뉴런의 입력값은 각각 이전 뉴런의 출력값에 출력이 지나가는 선에 있는 가중치를 곱한 값이다. 각 뉴런의 출력값은 이러한 모든 가중치 입력값의 합일 뿐이다. 활성화 함수가 없으면 뉴런의 출력값에 따른 모든 변화는 입력값의 변화 또는 입력값의 가중치에 비례한다. 입력값 자체가 일정하다면 뉴런의 출력값이 변경되는 유일한 방법은 입력값의 가중치가 바뀌는 것이다.

방금 출력값이 변경된 뉴런을 살펴보고 있다고 상상해보자. 결과적으로 네트워크 오차는 어떻게 될까? 활성화 함수가 없으면 네트워크의 유일한 연산은 곱셈과 덧셈뿐이다. 계산 과정을 기록하면(하지 않겠지만) 최종 오차의 변화는 항상 뉴런의 출력값 변화에 비례한다는 것이 밝혀졌다. 뉴런의 출력값 변화와 최종 오차의 결과적인 변화 사이의 연결은 뉴런의 변화에 숫자를 곱한 것이다. 이 숫자는 다양한 이름으로 불리지만 가장 인기 있는 것은 그리스 소문자 δ(델타)이고 대문자 Δ가 사용되기도 한다. 수학자들은 종종 델타 문자를 일종의 '변화'를 의미하고자 사용하므로 이는 자연스러운 이름 선택이었다.

모든 뉴런에는 현재 샘플로 현재 네트워크를 평가한 결과에 연결된 델타 또는 δ가 있다. 이는 크거나 작을 수 있고, 양수 또는 음수일 수 있는 실수다. 네트워크의 입력값이 변경되지 않고 네트워크의 나머지 부분이 고정돼 있다고 가정하면 뉴런의 출력값이 특정 양만큼 변경됐을 때 해당 변경 값에 뉴런의 델타를 곱해 전체 네트워크의 출력값이 어떻게 변경되는지 확인할 수 있다.

이 아이디어를 설명하고자 잠시 한 뉴런의 출력값에만 집중해보겠다. 해당 값이 나타나기 직전에 임의의 숫자를 출력값에 추가해보겠다. 그림 14-3은 이 추가 값에 대해 문자 m('수정'을 나타냄)을 사용하는 아이디어를 그래픽으로 보여준다.

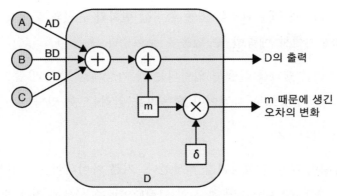

그림 14-3: 뉴런의 출력값 변화에 따른 네트워크의 최종 오차 변화 계산하기

출력값이 m만큼 변경되기 때문에 최종 오차의 변경은 $m \times$ 뉴런의 δ라는 것을 알 수 있다.

그림 14-3에서는 m 값을 뉴런 내부에 배치해 출력값을 직접 변경했다. 또는 입력값 중 하나를 변경해 출력값을 바꿀 수 있다. 다른 뉴런에서 들어오는 값을 변경해보겠다. 그림 14-3과 동일한 논리가 적용되며 그림 14-4에 나와 있다. 원한다면 B 대신 뉴런 A 또는 C의 입력값에 m을 추가할 수도 있다. 중요한 것은 D의 출력이 m만큼 변한다는 것이다. 여전히 m만큼 출력값을 변경하고 있기 때문에 그림 14-3에서와 같이 동일한 δ 값을 곱해 최종 오차의 변화를 찾는다.

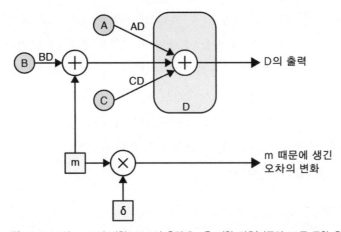

그림 14-4: 그림 14-3의 변형으로 B의 출력에 m을 더한 경우(가중치 BD를 곱한 후)

그림 14-3과 14-4는 네트워크의 최종 출력값 변화가 뉴런의 출력값 변화나 네트워크의 가중치에서 예측될 수 있음을 보여준다.

각 뉴런과 관련된 델타를 사용해 입력되는 각 가중치를 양의 방향으로 움직여야 하는지 음의 방향으로 움직여야 하는지를 알려줄 수 있다.

예제를 통해 살펴보자.

여기에서 상황이 자세히 설명되기 시작한다. 기본 아이디어는 오차가 모든 가중치에 대한 그래디언트를 제공하고 이 그래디언트를 사용해 전체 오차가 감소하도록 각 가중치를 약간 조정할 수 있다는 것이다. 이에 대한 역학은 그다지 복잡하지 않지만 몇 가지 새로운 아이디어, 몇 가지 새로운 이름과 똑바로 유지해야 할 많은 세부 사항이 있다. 내용이 너무 많다고 느껴지면 과정에 대한 더 완벽한 이해를 위해 첫 번째로 책을 읽을 때 역전파 부분(예, '대규모 네트워크의 역전파' 절까지)을 훑어보고 나중에 다시 여기로 돌아오면 된다.

작은 신경망에서의 역전파

역전파를 다루고자 2D 점들을 클래스 1과 클래스 2라고 하는 두 가지 범주로 분류하는 작은 네트워크를 사용할 것이다. 이 점들을 직선으로 분리할 수 있다면 단 하나의 뉴런으로 이 작업을 수행할 수 있다. 하지만 일반적인 원칙을 확인하고자 작은 네트워크를 사용하겠다. 네트워크를 살펴보고 관심 있는 모든 것에 레이블을 지정하는 것에서 시작해보자. 이는 이후의 토론을 더 간단하고 따라 하기 쉽게 만들 것이다. 그림 14-5는 8개의 가중치 각각에 대한 이름과 함께 작은 네트워크를 보여준다. 간단하게 하고자 뉴런 C와 D 다음에 일반적인 소프트맥스 단계를 생략한다.

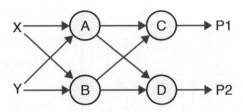

그림 14-5: 4개의 뉴런으로 구성된 간단한 신경망

마지막으로 모든 뉴런의 출력값과 델타를 참조하려고 한다. 이를 위해 뉴런의 이름과 참조하려는 값을 결합해 두 글자로 된 작은 이름을 만들어보겠다. 따라서 Ao와 Bo는 뉴런 A와 B의 출력값 이름이고 $A\delta$와 $B\delta$는 두 뉴런의 델타 값이다.

그림 14-6은 이 값들이 뉴런에 저장된 것을 보여준다.

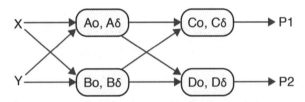

그림 14-6: 각 뉴런에 대한 출력과 델타 값이 표시된 간단한 네트워크

뉴런의 출력값이 변경돼 오차가 변경될 때 어떤 일이 발생하는지 볼 수 있다. m만큼의 변화로 인한 뉴런 A의 출력값 변화를 Am으로, 네트워크의 최종 오차를 E로, 결과적인 오차 변화를 Em으로 표시하겠다.

이제 뉴런의 출력값이 변경될 때 오차에 어떤 일이 발생하는지 더 정확하게 알 수 있다. 뉴런 A의 출력값에 변화 Am이 있는 경우 해당 변화에 $A\delta$를 곱하면 오차의 변화가 나타난다. 즉, 변화 Em은 $Am \times A\delta$가 된다. $A\delta$의 작용을 뉴런 A의 출력값 변화를 곱하거나 조정해 오차에 상응하는 변화를 주는 것으로 생각한다. 그림 14-7은 오차에 대한 변경을 생성하고자 뉴런의 출력값 변화가 델타로 조정되는 방식을 시각화하고자 이 장에서 사용하는 시각적 설정을 보여준다.

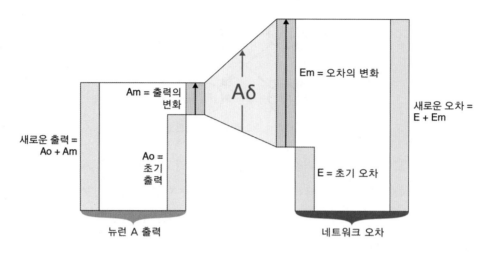

그림 14-7: 뉴런의 출력값 변화가 네트워크 오차를 어떻게 변화시킬 수 있는지 시각화하기 위한 구조도

그림 14-7의 왼쪽에서 뉴런 A로 시작한다. A의 시작 출력값, 즉 출력값 Am의 변화와 새로운 출력값 $Ao + Am$을 볼 수 있다. Am에 대한 상자 안의 화살표는 이 변화가 양수임을 나타낸다. 이 변화에 $A\delta$를 곱하면 오차의 변화인 Em을 얻을 수 있다. 이 작업을 쐐기^{wedge} 모양으로 표시해 Am 값의 증폭을 보여준다. 오차 E의 이전 값에 Em을 추가하면 새로운 오차 $E + Em$이 된다. 이 경우 Am과 $A\delta$가 모두 양수이므로 오차 변화 $Am \times A\delta$도 양수이고 오차는 증가한다. Am이나 $A\delta$ 중 하나(여기서는 둘 다 아님)가 음수이면 오차가 감소한다.

이제 레이블을 모두 지정했으므로 마침내 역전파 알고리듬을 살펴볼 준비가 끝났다.

출력 뉴런의 델타 찾기

역전파는 결국 각 뉴런의 델타 값을 찾는 것이 전부다. 이를 위해 네트워크의 끝에서 오차의 그래디언트를 찾은 다음 해당 그래디언트를 시작으로 역전파하거나 이동한다. 따라서 끝 부분인 출력 레이어에서 시작하는 것이다.

네트워크 오차 계산

작은 네트워크에서 뉴런 C와 D의 출력값은 입력값이 각각 클래스 1 또는 클래스 2에 속할 확률을 제공한다. 완벽한 세계라면 클래스 1에 속하는 표본은 $P1$에 대해 1.0, $P2$에 대해 0.0의 값을 생성한다. 이는 시스템이 클래스 1에 속함과 동시에 클래스 2에 속하지 않는다는 것을 확신한다는 것을 의미한다. 시스템이 약간 덜 확실하다면 $P1 = 0.8$과 $P2 = 0.2$를 얻을 수 있으며 이는 샘플이 클래스 1에 있을 가능성이 훨씬 더 높다는 것을 알려준다.

네트워크의 오차를 나타내는 단일 숫자를 생성하고 싶다. 이를 위해 $P1$과 $P2$ 값을 이 샘플의 레이블과 비교한다. 가장 쉽게 비교할 수 있는 방법은 10장에서 봤듯이 레이블이 원핫 인코딩된 경우다. 원핫 인코딩은 올바른 클래스에 해당하는 1의 항목을 제외한 클래스의 수만큼 0의 리스트를 만든다. 여기서는 클래스가 두 개뿐이므로 레이블은 클래스 1의 샘플에 대해 (1, 0)이고 클래스 2의 샘플에 대해 (0, 1)이다. 때때로 이러한 형식의 레이블을 타깃^{target}이라고도 한다.

예측값 $P1$과 $P2$ 역시 리스트에 넣는다. ($P1$, $P2$). 이제 리스트를 비교할 수 있다. 이를 위해서는 6장에서 다룬 것처럼 거의 대부분 교차 엔트로피를 사용한다. 그림 14-8은 이를 보여준다.

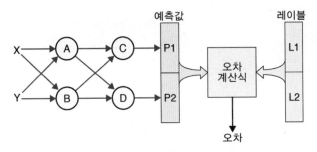

그림 14-8: 샘플로 오차 찾기

모든 딥러닝 라이브러리는 이와 같은 분류기에서 오차를 찾는 데 도움이 되는 내장 교차 엔트로피 함수를 제공한다. 이 함수는 네트워크 오차를 계산하는 것 외에도 4개의 입력값 중 하나를 늘리면 오차가 어떻게 변경되는지 알려주는 그래디언트도 제공한다.

오차 그래디언트error gradient를 사용해 출력 레이어의 모든 뉴런에서 나오는 값을 보고 해당 값을 더 음의 방향으로 이동할지 더 양의 방향으로 이동할지 결정할 수 있다. 그런 뒤에 오차를 줄이는 방향으로 각 뉴런을 조금씩 이동한다.

오차 그리기

오차 곡선을 살펴보자. 또한 네트워크의 특정 출력값 또는 가중치에 대한 그래디언트를 그린다. 이는 그 지점에서의 오차 그래디언트일 뿐이다.

그림 14-9와 같이 예측값 $P1$의 변화에 따라 오차가 어떻게 달라지는지 살펴보겠다. $P1$의 값이 -1이라고 가정해보자.

그림 14-9에서 $P1$ = -1을 주황색 점으로 표시했고 이 $P1$ 값 바로 위의 곡선 위치에 녹색 선으로 미분을 그렸다. 그 미분(또는 그래디언트도)는 $P1$을 더 양의 값(즉, -1에서 오른쪽으로 이동)으로 만들면 네트워크의 오차가 감소할 것임을 알려준다.

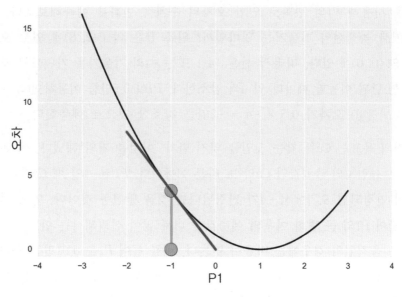

그림 14-9: P1의 각 값에 대한 오차

오차를 나타내는 검은색 곡선을 알고 있다면 곡선의 최솟값만 알면 되므로 그 래디언트는 필요 없다. 불행히도 계산(math)을 통해 검은색 곡선을 알 수 없다 (여기서는 참고용으로 그림). 그러나 계산을 통해 어느 위치에서나 곡선의 미분을 찾을 수 있는 충분한 정보를 제공하기 때문에 시간을 절약할 수 있다.

그림 14-9의 미분은 P1 값을 약간 늘리거나 줄이면 오차가 어떻게 되는지 알려 준다. P1을 변경한 후에는 새로운 위치에서 미분을 찾아 반복할 수 있다. 미분 또는 그래디언트는 P1이 변경될 때마다 변경 사항을 작게 유지하는 한 새로운 오차를 정확하게 예측한다. 변화가 클수록 예측의 정확도는 떨어진다.

그림 14-9에서 이러한 특성을 확인할 수 있다. P1을 −1에서 오른쪽으로 한 단 위 이동한다고 가정해보자. 미분에 따르면 이제 오차 값은 0이 예상된다. 그러 나 P1 = 0에서의 오차(검은 곡선의 값)는 실제로 약 1이다. P1을 너무 멀리 옮긴 것이다. 읽기 쉬운 명확한 수치를 위해 때때로 크게 움직이지만 실전에서는 가중치를 조금씩 변경한다.

미분을 사용해 $P1$의 변화로 인한 오차의 수치적 변화를 예측해보겠다. 그림 14-9에서 녹색선의 기울기는 얼마일까? 왼쪽 끝은 약 (-2, 8)에 있고 오른쪽 끝은 약 (0, 0)에 있다. 따라서 선은 -4/1 또는 -4의 기울기를 가지므로 오른쪽으로 한 단위 이동할 때마다 약 4씩 감소한다. $P1$이 0.5만큼 이동하면(즉, -1에서 -0.5로 변경됨) 오차가 0.5 × -4 = -2만큼 감소할 것으로 예측한다.

여기서의 목표는 $C\delta$를 찾는 것임을 잊지 말자. 이것을 거의 해냈다. 이 논의에서 $P1$은 뉴런 C의 출력값인 Co의 또 다른 이름이다. $P1$ = -1일 때 Co(또는 $P1$)에서 1이 변경되면 오차에서 -4가 변경된다는 것을 발견한 것이다. 앞서 설명한 것과 같이 $P1$의 큰 변화 이후의 예측값을 너무 많이 신뢰해서는 안 된다. 그러나 작은 움직임의 경우에는 비율이 맞는다. 예를 들어 $P1$을 0.01만큼 증가시키면 오차가 -4 × 0.01 = -0.04만큼 변할 것으로 예상하고 $P1$의 작은 변화에 대해 예측된 오차 변화는 꽤 정확해야 한다. $P1$을 0.02만큼 증가시키면 오차가 -4 × 0.02 = -0.08만큼 변경될 것으로 예상한다.

$P1$의 값을 줄이거나 왼쪽으로 이동하는 경우에도 동일하게 유지된다. $P1$이 -1에서 -1.1로 변경되면 오차가 -0.1 × -4 = 0.4만큼 변경될 것으로 예상하므로 오차는 0.4만큼 증가한다.

Co의 변화량을 구할 때 Co에 -4를 곱해 오차의 변화를 예측할 수 있음을 발견했다. 이것이 바로 여기서 찾던 답이다. $C\delta$의 값은 -4다. 어떤 이유로든 $P1$ 값이 변경되면 오차 곡선 역시 변경되고 $C\delta$ 값은 다시 계산해야 한다.

C의 출력값이 변경되면 오차가 얼마나 변경되는지 알려주는 첫 번째 델타 값을 방금 찾았다. 이는 $P1$(또는 Co)에서 측정된 **오차 함수**error function의 미분일 뿐이다. 그림 14-10은 이 모든 것을 오차에 대한 그림을 사용해 시각적으로 보여준다.

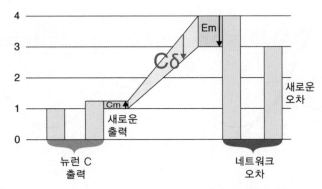

그림 14-10: Cm의 작은 증가에 따라 변하는 뉴런 C의 출력값에 대한 오차 변화를 보여주는 그림

원래 출력값은 그림 14-10의 맨 왼쪽에 있는 녹색 막대다. 입력 가중치 중 하나의 변경으로 인해 C의 출력이 Cm만큼 증가한다고 상상해보자. 이것은 $C\delta$를 곱해 증폭되며, 이는 오차 Em의 변화를 제공한다. 즉 $Em = Cm \times C\delta$다. 여기서 Cm의 값은 약 1/4(Cm 상자의 위쪽 화살표는 변화가 양수임을 알려준다)이고 $C\delta$의 값은 -4(해당 상자의 화살표는 값이 음수임을 알려준다)다. 따라서 $Em = -4 \times 1/4$ = -1이다. 맨 오른쪽에 있는 새로운 오차는 이전 오차에 Em을 더한 값이므로 4 + (-1) = 3이다.

이 시점에서는 아직 이 델타 값으로 아무것도 하지 않는다. 지금의 목표는 뉴런의 델타를 찾는 것이다. 이 값은 나중에 가중치를 변경하는 데 사용할 것이다.

Dδ 찾기

$P2$에 대해 이 전체 과정을 반복해 $D\delta$ 값(또는 뉴런 D의 델타)을 얻는다.

$C\delta$의 요약으로 시작하겠다. 그림 14-11의 왼쪽에는 $P1$에 대한 오차 곡선이 나와 있다. 다른 모든 가중치도 더 나은 값으로 이동한 결과 $P1$에 대한 오차 곡선은 이제 약 2의 최솟값을 갖는다.

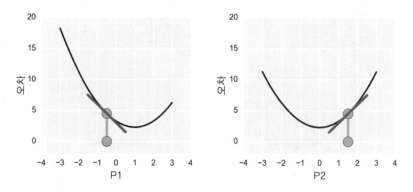

그림 14-11: 왼쪽: P1 값에 따른 오차. 오른쪽: P2 값에 따른 오차

$P1$에 대한 새로운 값과 오차 곡선을 사용하면 $P1$에서 약 0.5의 변화가 오차에서 약 -1.5의 변화를 초래하므로 $C\delta$는 약 -1.5/0.5 = -3이다. $P1$ 대신 $P2$를 변경하면 어떻게 될까?

그림 14-11의 오른쪽 그래프를 보자. 약 -0.5의 변화(이번에는 그릇 모양의 최솟값을 향해 왼쪽으로 이동)는 오차에서 약 -1.25의 변화를 가져오므로 $D\delta$는 약 1.25/-0.5 = 2.5다. 여기서 긍정적인 결과는 $P2$를 오른쪽으로 이동하면 오차가 증가하므로 $P2$를 왼쪽으로 이동하려는 것을 알려준다는 것이다.

여기에서 관찰할 수 있는 몇 가지 흥미로운 사항이 있다. 첫째, 두 곡선 모두 그릇 모양이지만 그릇 바닥의 가중치 값이 다르다. 둘째, $P1$과 $P2$의 현재 값은 각각의 그릇 바닥을 기준으로 서로 반대쪽에 있기 때문에 두 미분은 서로 반대 부호(하나는 양, 다른 하나는 음)를 갖는다.

가장 중요한 관찰은 현재 상태에서는 오차를 0으로 줄일 수 없다는 것이다. 이 예에서 곡선은 약 2보다 줄어들지 않는다. 각 곡선은 하나의 값만 변경하고 다른 하나는 고정돼 있기 때문이다. 따라서 $P1$ 곡선이 최소인 1의 값에 도달하더라도 $P2$의 이상적인 값인 0이 아니므로 결과에 여전히 오차가 있으며 반대의 경우도 마찬가지다. 이는 이 두 값 중 하나만 변경하면 최소 오차 0까지 도달할 수 없다는 것을 의미한다. 오차 0을 얻는 것이 이상적이지만 더 일반적인 목표는 오차를 최소화시키고자 각 가중치를 한 번에 가능한 한 작은 값으로 약간씩 이동하는 것이다. 일부 네트워크의 경우 0에 도달하지 못할 수도 있다.

그리고 가능하더라도 오차를 0으로 만들고 싶지 않을 수 있다. 9장에서 봤듯이 네트워크가 과적합되면 훈련 오차는 계속 감소하지만 새로운 데이터를 처리하는 능력은 나빠진다. 과적합 없이 가능한 한 오차를 최소화하기를 원한다. 일상적인 토론에서는 일반적으로 훈련과 과적합을 유지하는 것보다 약간의 오차가 있는 채로 중단하는 것이 더 낫다는 이해를 바탕으로 오차가 0이 되기를 원한다고 말한다.

아주 작은 조치를 취하는 한 네트워크의 모든 가중치를 동시에 향상시킬 수 있음을 나중에 알게 될 것이다. 그런 다음 새로운 곡선을 찾고자 오차를 다시 평가한 다음 또 다른 조정을 수행하기 전에 새로운 미분과 델타를 찾아야 한다. 각 샘플 후에 많은 단계를 수행하는 대신 일반적으로 가중치를 한 번만 조정한 다음 다른 샘플을 평가하고 가중치를 다시 조정하는 등의 작업을 수행한다.

오차 측정

교차 엔트로피를 사용해 분류기에서 오차를 종종 계산한다고 앞서 언급했다. 이 논의를 위해 각 출력 뉴런에 대한 델타를 쉽게 찾을 수 있는 더 간단한 공식을 사용하겠다. 이 오차 측정error measure을 2차 비용 함수quadratic cost function 또는 평균 제곱 오차MSE, Mean Squared Error라고 한다(Nielsen 2015). 늘 그렇듯이 이 식의 수학적인 부분을 다루지는 않을 것이다. 출력 뉴런의 델타를 뉴런 값과 해당 레이블 항목 간의 차이로 찾을 수 있기 때문에 이를 선택했다(Seung 2005). 그림 14-12는 이를 시각적으로 보여준다.

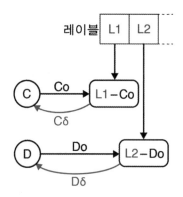

그림 14-12: 2차 비용 함수를 사용할 때 어떤 출력 뉴런의 델타는 레이블 값에서 해당 뉴런의 출력값을 뺀 값이다. 빨간색으로 표시된 것처럼 해당 델타 값을 뉴런과 함께 저장한다.

Co와 $P1$은 Do 및 $P2$와 마찬가지로 동일한 값에 대한 두 개의 이름임을 기억하자.

첫 번째 레이블이 1일 때 Co(또는 $P1$)를 고려해보자. $Co = 1$이면 $C\delta = 1 - Co = 0$이므로 Co의 모든 변경 사항에 0을 곱하게 되고 출력 오차에 변경 사항이 없다.

이제 $Co = 2$라고 가정한다. 그러면 그 차이는 $C\delta = 1 - Co = -1$이며, Co로 변경하면 오차가 같은 양만큼 변경되지만 부호는 반대임을 알려준다. Co가 훨씬 더 커서 $Co = 5$, $1 - Co = -4$라고 하면 Co에 대한 모든 변경이 오차에 대한 변경에서 -4의 계수factor로 증폭된다는 것을 알 수 있다. 여기서는 편의상 큰 숫자를 사용했지만 미분 값은 아주 작은 이동을 했을 때 어떤 일이 일어날지 정확히 예측한다.

동일한 사고 과정이 뉴런 D와 출력값 Do(또는 $P2$)에 적용된다.

이제 역전파의 첫 번째 단계를 완료했다. 출력 레이어의 모든 뉴런에 대한 델타 값을 찾았다. 그림 14-12에서 출력 뉴런의 델타가 레이블의 값과 뉴런의 출력 값에 의존한다는 것을 안다. 해당 뉴런으로 들어가는 가중치 값을 변경하면 델타도 변경된다. 델타는 네트워크 또는 해당 입력값이 변경될 때마다 변경되는 임시 값이다. 이것이 샘플당 한 번만 가중치를 조정하는 또 다른 이유다. 업데이트할 때마다 모든 델타를 다시 계산해야 하므로 먼저 새로운 샘플을 평가하고 샘플에서 제공하는 추가 정보를 활용하는 것이 좋다.

큰 목표는 가중치의 변화를 찾는 것이다. 레이어의 모든 뉴런에 대한 델타를 알면 해당 레이어에 전달되는 모든 가중치를 업데이트할 수 있다. 어떻게 하는지 살펴보자.

가중치 변경을 위해 델타 사용

출력 레이어의 모든 뉴런에 대한 델타 값을 찾는 방법을 살펴봤다. 뉴런의 출력값에 대한 변화가 입력값의 변화에서 비롯돼야 한다는 것을 알고 있다. 입력값의 변화는 차례로 이전 뉴런의 출력값이나 해당 출력값을 이 뉴런에 연결하는 가중치의 변화에서 올 수 있다. 이러한 사례를 살펴보자.

편의상 뉴런의 출력값이나 가중치가 1의 값만큼 변경된다고 가정해보겠다. 그림 14-13은 가중치 AC가 1씩 변경될 때마다 뉴런 C가 수신하기 전에 뉴런 A의 출력값을 곱하면 이 네트워크의 네트워크 오차에서 $A_o \times C\delta$에 상응하는 변경이 발생한다는 것을 보여준다. 이 값을 빼면 오차에서 $-A_o \times C\delta$가 변경된다. 따라서 $A_o \times C\delta$를 빼서 네트워크 오차를 줄이려면 가중치 AC 값을 -1로 변경해 이를 달성할 수 있다.

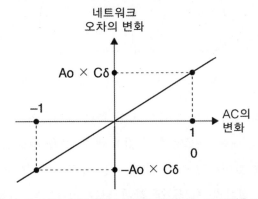

그림 14-13: AC가 1만큼 변하면 네트워크 오차는 $A_o \times C\delta$만큼 변한다.

다이어그램의 추가적인 규약을 사용해 이 프로세스를 시각적으로 요약할 수 있다. 원에서 오른쪽으로 나오는 화살표로 뉴런의 출력을 표시했다. 그림 14-14와 같이 원에서 왼쪽으로 나오는 화살표를 이용해 델타를 그려본다.

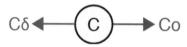

그림 14-14: 뉴런 C의 출력은 오른쪽을 가리키는 화살표로 그린 Co며, 왼쪽을 가리키는 화살표로 그린 델타 Cδ가 있다.

이 규칙을 사용해 가중치 AC 또는 $AC - (Ao \times C\delta)$에 대한 업데이트된 값을 찾는 전체 프로세스는 그림 14-15에 요약돼 있다. 이와 같은 그림에서 빼기를 표시하는 것은 어렵다. 두 개의 화살표가 들어오는 '빼기' 노드가 있는 경우 어느 값에서 어느 값을 빼야 하는지 명확하지 않기 때문이다(즉, 입력이 x와 y인 경우 x − y일까, y − x일까?). 이 문제를 회피하고자 $Ao \times C\delta$를 찾아 여기에 −1을 곱한 다음 그 결과를 AC에 추가해 $AC - (Ao \times C\delta)$를 계산한다.

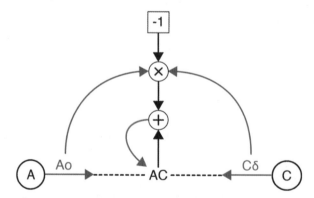

그림 14-15: 가중치 AC 값을 새로운 값 AC − (Ao × Cδ)로 업데이트하기

이 그림을 살펴보자. 뉴런 A의 출력값 Ao와 출력 뉴런 C의 델타 값 $C\delta$로 시작해 이 둘을 곱한다(그림 상단). AC의 현재 값에서 이 값을 빼려고 한다. 이것을 그림상에서 명확하게 보여주고자 이 값에 −1을 곱한 다음 가중치 AC에 더한다. 녹색 화살표는 이 결과가 AC의 새 값이 되는 업데이트 단계다.

그림 14-15는 빅뉴스다. 네트워크 오차를 줄이고자 출력 뉴런으로 들어오는 가중치를 변경하는 방법을 알아냈다. 이것을 출력 뉴런(AC, BC, AD, BD)으로 가는 4가지 가중치 모두에 적용할 수 있다. 방금 여기에서 네 가지 가중치를 개선해 신경망을 약간 훈련했다.

출력 레이어를 고정하면서 출력 뉴런 C와 D의 가중치를 변경해 각 뉴런의 오차를 1로 줄이면 오차가 −2로 줄어들 것으로 예상한다. 같은 레이어를 공유하는 뉴런은 서로의 출력값에 의존하지 않기 때문에 이러한 예측이 가능하다. C와 D는 모두 출력 레이어에 있으므로 C는 D_o에 의존하지 않고 D는 C_o에 의존하지 않는다. 이것들은 이전 레이어의 뉴런 출력값에 의존하지만 지금은 C와 D의 가중치 변경에 대한 효과에만 집중하고 있다.

출력 레이어로 들어가는 선의 가중치를 조정하는 방법을 알고 있다는 것은 놀라운 일이지만 다른 모든 가중치는 어떨까? 다음 목표는 모든 이전 레이어의 모든 뉴런에 대한 델타를 파악하는 것이다. 네트워크의 모든 뉴런에 대한 델타가 있으면 그림 14-15를 사용해 네트워크의 모든 가중치를 조정해 오차를 줄일 수 있다.

그리고 이것은 역전파라는 놀라운 트릭을 보여준다. 한 레이어에서 뉴런의 델타 값을 사용해 이전 레이어의 뉴런의 델타 값을 찾을 수 있다. 그 방법을 알아보자.

다른 뉴런의 델타

이제 출력 뉴런에 대한 델타 값이 있으므로 이를 사용해 출력 레이어 바로 앞 레이어의 뉴런에 대한 델타 값을 계산할 수 있다. 간단한 모델에서 그 레이어는 뉴런 A와 B를 포함하는 히든 레이어다. 잠시 동안 뉴런 A와 뉴런 C에 대한 연결에만 집중하겠다.

A의 출력값인 *Ao*가 어떤 이유로 변경되면 어떻게 될까? *Am*에 의해 상승한다고 가정해보겠다. 그림 14-16은 *AC*와 *Cδ*에 임의의 값을 사용하는 일련의 동작들을 따른다.

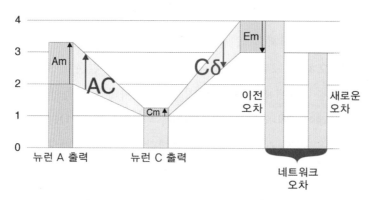

그림 14-16: 뉴런 A의 출력값 변화에 따른 결과

그림 14-16의 그림을 왼쪽에서 오른쪽으로 보면 *Am*으로 표시된 A로의 변화에 가중치 *AC*를 곱한 다음 뉴런 C가 축적한 값에 더한다. 이는 C의 출력값을 *Cm* 만큼 증가시킨다. 이미 알다시피 네트워크 오차의 변화를 찾고자 C의 이러한 변화에 *Cδ*를 곱할 수 있다.

이제 뉴런 A에서 뉴런 C로, 그리고 오차로 이어지는 일련의 연산을 얻게 됐다. 연산의 첫 번째 단계는 *Ao*(즉, *Am*)의 변화에 가중치 *AC*를 곱해 *Am* × *AC*를 전달하면 *Cm*, 즉 C 출력값의 변화를 얻는다는 것이다. *Cm*의 이 값에 *Cδ*를 곱해 *Cm* × *Cδ*를 생성하면 오차의 변화를 얻는다.

따라서 이를 모두 종합하면 A의 출력값에서 변화 *Am*으로 인한 오차의 변화는 *Am* × *AC* × *Cδ*라는 것을 알 수 있다. 방금 여기서 A에 대한 델타를 찾았다. *Aδ* = *AC* × *Cδ*다.

그림 14-17은 이를 시각적으로 보여준다.

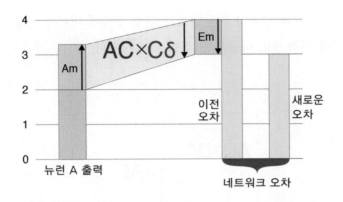

그림 14-17: 그림 14-16의 연산들을 더 간결한 그림으로 통합할 수 있다.

놀랍게도 뉴런 C가 사라졌다. 문자 그대로 C가 그림 14-17에서 사라진 것이다. 필요한 것은 C의 델타인 $C\delta$였고 그로부터 $A\delta$, 즉 A의 델타를 찾을 수 있었다. 그리고 이제 $A\delta$를 알았으므로 뉴런 A에 공급되는 모든 가중치를 업데이트할 수 있다.

아직 $A\delta$가 없다. 방금 그저 그중에 한 값을 얻은 것뿐이다.

이 토론을 시작할 때는 뉴런 A와 C에 초점을 맞추겠다고 말했고 그래도 괜찮았다. 그러나 이제 그림 14-8의 나머지 네트워크를 기억하면 뉴런 D도 A의 출력값을 사용한다는 것을 알 수 있다. Ao가 Am으로 인해 변경되면 D의 출력값도 변경되고 또한 이는 오차에도 영향을 미친다.

뉴런 A의 출력값 변화에 따른 뉴런 D로 인한 오차의 변화를 찾고자 뉴런 C를 뉴런 D로 교체해 방금 한 분석을 반복할 수 있다. Ao가 Am에 의해 변경되고 다른 것은 변경되지 않는 경우 D의 변화로 인한 오차의 변화는 $AD \times D\delta$로 주어진다.

그림 14-18은 A에 따른 두 가지 출력을 동시에 보여준다. 이 그림은 이전에 본 이러한 유형의 그림과 약간 다르게 설정된다. 여기서 A의 변화가 C의 변화로 인한 오차에 미치는 영향은 다이어그램의 중심에서 오른쪽으로 이동하는

경로로 나타냈다. A의 변화가 D의 변화로 인한 오차에 미치는 영향은 다이어그램의 중심에서 왼쪽으로 이동하는 경로로 표시된다.

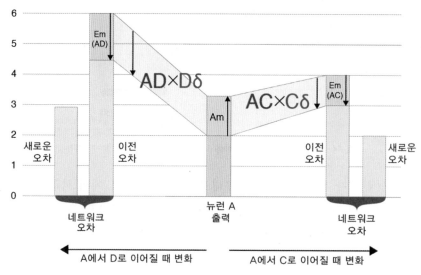

그림 14-18: 뉴런 A의 출력값은 뉴런 C와 뉴런 D에서 모두 사용한다.

그림 14-18은 오차에 대한 두 가지 개별적인 변화를 보여준다. 뉴런 C와 D는 서로 영향을 미치지 않으므로 각각의 오차에 대한 영향은 독립적이다. 오차에 대한 전체 변화를 찾으려면 두 가지 변화 값을 더하면 된다. 그림 14-19는 뉴런 C와 D를 통한 오차의 변화를 더한 결과를 보여준다.

이제 A에서 출력까지의 모든 경로를 처리했으므로 최종적으로 $A\delta$에 대한 값을 작성할 수 있다. 그림 14-19에서와 같이 오차가 함께 더해지기 때문에 Am을 크기 조정하는 인자[factor]를 더하면 된다. 이를 표기하면 $A\delta =(AC \times C\delta) + (AD \times D\delta)$다.

514

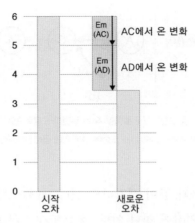

그림 14-19: 뉴런A의 출력값을 뉴런 C와 D가 모두 사용하는 경우 그에 따른 오차의 변화를 합산한다.

이제 뉴런 A의 델타 값을 찾았으므로 뉴런 B의 델타를 찾는 과정을 반복하면 된다.

방금 한 것은 뉴런 A와 B에 대한 델타 값만을 찾는 것보다 실제로 훨씬 낫다. 네트워크의 어떠한 뉴런이든, 얼마나 많은 레이어를 갖든, 뉴런을 가졌든지 여부에 상관없이 델타 값을 얻을 수 있는 방법을 찾은 것이다. 이는 방금 한 모든 과정이 뉴런의 값과 그 값을 입력값으로 사용하는 다음 레이어의 모든 뉴런의 델타 값, 그리고 그것들을 결합한 가중치 외에는 아무것도 포함하지 않기 때문이다. 이 값만 있으면 출력 레이어가 수십 레이어 떨어져 있더라도 뉴런의 변화가 네트워크 오차에 미치는 영향을 찾을 수 있다.

이것을 시각적으로 요약해 그림 14-20에서와 같이 가중치를 포함하고자 오른쪽과 왼쪽 화살표로 출력과 델타를 그리는 규약을 확장해보자. 현재 생각하는 단계에 따라 오른쪽으로 이동하는 출력값 혹은 왼쪽으로 이동하는 델타에 연결 가중치를 곱한다고 가정해보겠다.

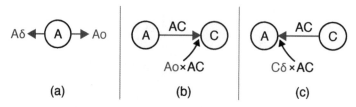

그림 14-20: 뉴런 A와 관련된 값들을 그린다. (a) 출력값 Ao는 뉴런의 오른쪽으로 뻗어 나오는 화살표이고 델타 Aδ는 왼쪽으로 뻗어 나오는 화살표다. (b) Ao는 AC로 가는 도중에 C에 의해 곱해진다. (c) Cδ는 AC로 이동하는 도중에 A에 의해 곱해진다.

그림 14-20에 대해 다음과 같이 생각하면 된다. 뉴런 A와 C를 연결하는 연결이 하나의 가중치를 가진 연결이 하나 있다. 화살표가 오른쪽을 가리키면 뉴런 C로 향하는 것이기 때문에 가중치에 A의 출력값인 Ao를 곱하고 화살표가 왼쪽을 가리키면 뉴런 A로 향하는 것이기 때문에 C의 델타인 $Cδ$를 가중치에 곱한다.

샘플을 평가할 때 피드포워드$^{feed-forward}$, 왼쪽에서 오른쪽$^{left-to-right}$으로의 흐름 스타일을 사용한다. 여기서 뉴런 A에서 뉴런 C로의 출력값은 가중치 AC가 있는 연결을 통해 이동한다. 결과적으로 $Ao \times AC$ 값이 그림 14-20(b)와 같이 다른 입력값에 더해지는 뉴런 C에 도달한다는 것이다.

나중에 $Aδ$를 계산하고 싶을 때 오른쪽에서 왼쪽으로의 흐름을 따른다. 그런 다음 뉴런 C를 떠나는 델타는 가중치 AC가 있는 연결을 통해 이동한다. 결과적으로 $Cδ \times AC$ 값이 그림 14-20(c)와 같이 다른 입력값에 더해지는 뉴런 A에 도달한다는 것이다.

이제 그림 14-21에서와 같이 샘플 입력값의 처리와 임의의 뉴런 H에 대한 델타 계산법을 함께 요약할 수 있다(활성화 함수를 무시한다는 것을 기억하자).

516

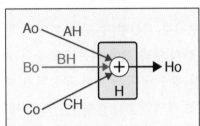
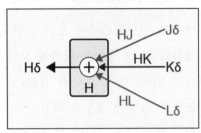

그림 14-21: 왼쪽: Ho를 계산하고자 각 선행 뉴런의 출력값을 연결 가중치로 조정하고 결괏값을 더한다. 오른쪽: Hδ를 계산하고자 연결의 가중치에 따라 다음에 나오는 각 뉴런의 델타를 크기 조정하고 결괏값을 모두 더한다. 평소처럼 활성화 함수는 무시한다.

이는 기분 좋게 대칭적이다. 또한 중요한 실제 결과를 보여준다. 델타 계산은 종종 출력값 계산만큼 효율적이다. 들어오는 연결의 수가 나가는 연결의 수와 다른 경우에도 관련된 작업의 양은 여전히 양방향에서 비슷하다.

그림 14-21은 가중치와 델타를 가진 연결을 통해 이동하는 인접 레이어의 입력 값이 있다는 점을 제외하고는 뉴런 H가 필요하지 않다. 그림 14-21의 왼쪽 절반을 적용해 이전 레이어의 출력값을 사용할 수 있게 되면 뉴런 H의 출력값을 계산할 수 있다. 그림 14-21의 오른쪽 절반을 적용해 다음에 오는 레이어의 델타 값을 사용할 수 있게 되면 즉시 뉴런 H의 델타를 계산할 수 있다.

다음에 오는 뉴런의 델타에 대한 $H\delta$의 의존성은 출력 레이어 뉴런을 특별한 경우로 취급해야 하는 이유를 보여준다. 이 뉴런은 사용할 수 있는 '다음 레이어'의 델타가 없다.

이 설명에서는 활성화 함수를 생략했다. 기본 접근 방식을 변경하지 않고서도 그림 14-21에 맞출 수 있다는 것을 알게 됐다. 이 프로세스는 개념적으로 간단하지만 역학상 많은 세부 사항이 포함되므로 여기에서는 다루지 않겠다.

네트워크의 모든 뉴런에 대한 델타를 찾는 이 프로세스는 역전파 알고리듬의 핵심이다. 더 큰 네트워크에서 역전파가 어떻게 작동하는지 느껴보자.

더 큰 네트워크에서의 역전파

앞 절에서는 네트워크에서 모든 뉴런의 델타를 계산할 수 있는 역전파 알고리듬을 살펴봤다. 그 계산은 다음에 오는 뉴런의 델타 값에 의존하고 출력 뉴런에는 델타가 없다. 출력 뉴런의 변경은 손실 함수에 의해 직접 구동되기 때문에 출력 뉴런은 특별한 경우로 취급한다. 어떤 레이어(출력 레이어 포함)에 대한 모든 뉴런의 델타가 발견되면 한 레이어 (입력 쪽으로) 뒤로 이동해 해당 레이어에서 모든 뉴런의 델타를 찾을 수 있다. 그런 다음 입력 레이어에 도달할 때까지 다시 뒤로 이동하고, 모든 델타를 계산하고, 다시 뒤로 이동하는 등의 작업을 수행한다. 모든 뉴런에 대한 델타가 있으면 해당 뉴런에 들어가는 가중치 값을 조정해 네트워크를 훈련할 수 있다.

약간 더 큰 네트워크에서 모든 뉴런의 델타를 찾고자 역전파를 사용하는 과정을 살펴보겠다.

그림 14-22는 4개의 레이어가 있는 네트워크를 보여준다. 여전히 두 개의 입력과 출력이 있지만 2, 4, 3개의 뉴런으로 구성된 3개의 히든 레이어가 있다.

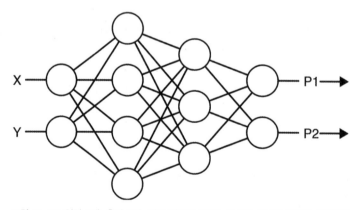

그림 14-22: 입력 2개, 출력 2개, 히든 레이어 3개로 구성된 새로운 분류기 네트워크

샘플을 평가하는 것에서 시작하겠다. X와 Y 피처의 값을 입력에 전달하고 결과적으로 네트워크는 출력 예측값인 *P1*과 *P2*를 생성한다.

이제 그림 14-23의 상단 부분에서 볼 수 있는 것처럼 출력 뉴런의 첫 번째 오차를 찾아 역전파를 시작할 수 있다.

여기서는 임의로 *P1*(샘플이 클래스 1에 속할 확률)이라는 레이블을 붙인 예측값을 제공하는 상위 뉴런에서 시작했다. *P1* 및 *P2* 값과 레이블을 통해 네트워크 출력 값의 오차를 계산할 수 있다. 네트워크가 이 샘플을 완벽하게 예측하지 못했기 때문에 오차가 0보다 크다.

오차, 레이블, *P1*과 *P2* 값을 사용해 이 뉴런의 델타 값을 계산할 수 있다. 2차 비용 함수quadratic cost function를 사용하는 경우 이 델타는 그림 14-12에서 봤듯이 레이블 값에서 뉴런 값을 뺀 것이다. 하지만 다른 함수를 사용한다면 더 복잡해질 수 있으므로 일반적인 경우를 살펴보자.

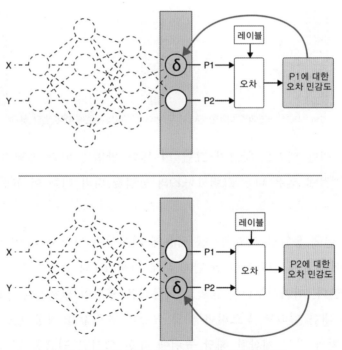

그림 14-23: 두 출력 뉴런의 델타를 찾는 단계 요약하기

이 델타를 뉴런과 함께 저장한 다음 그림 14-23의 하단에 표시된 것처럼 출력 레이어의 다른 모든 뉴런에 대해 이 프로세스를 반복한다(여기에서는 하나 더 있다). 이제 출력 레이어의 모든 뉴런에 대한 델타 값이 있으므로 출력 레이어를 완료했다.

이 시점에서 출력 레이어로 들어오는 가중치 조정을 시작할 수 있지만 일반적으로 먼저 모든 뉴런의 델타를 찾은 다음 모든 가중치를 조정한다. 여기에서는 그 전형적인 순서를 따라가 보자.

한 단계 뒤로 가 세 번째 히든 레이어(3개의 뉴런이 있는 레이어)로 이동한다. 그림 14-24의 왼쪽과 같이 이 세 가지 중 가장 위에 있는 뉴런의 델타 값을 찾는 것을 살펴보자.

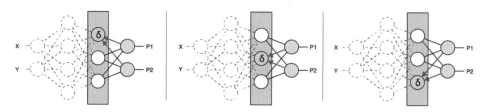

그림 14-24: 역전파를 이용한 끝에서 두 번째 레이어의 뉴런에 대한 델타 찾기

이 뉴런에 대한 델타를 찾고자 그림 14-18의 방법에 따라 개별적인 기여분 individual contributions을 얻은 다음 그림 14-19의 방법을 따라 더해 이 뉴런의 델타를 얻는다.

이제 각 뉴런에 동일한 프로세스를 적용해 레이어로 작업한다. 이 3개 뉴런을 갖는 레이어를 모두 완료하면 한 단계 뒤로 가서 4개의 뉴런이 있는 히든 레이어를 시작한다. 여기서부터는 정말로 아름다운 광경이 펼쳐진다. 이 레이어의 각 뉴런에 대한 델타를 찾으려면 해당 뉴런의 출력값을 사용하는 각 뉴런에 대한 가중치와 방금 계산한 해당 뉴런에 대한 델타만 필요할 뿐이다.

다른 레이어는 관련이 없다. 이제 더 이상 출력 레이어에 신경 쓰지 않아도 된다.

그림 14-25는 두 번째 히든 레이어에 있는 4개의 뉴런에 대한 델타를 계산하는 방법을 보여준다.

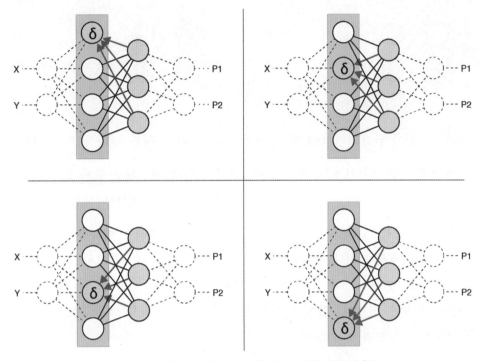

그림 14-25: 역전파를 사용해 두 번째 히든 레이어의 델타 값 찾기

4개의 뉴런 모두에 델타가 할당되면 해당 레이어도 완료되고 다시 한 단계 뒤로 이동한다. 이제 2개의 뉴런이 있는 첫 번째 히든 레이어에 도달했다. 이들 각각은 다음 레이어에 있는 4개의 뉴런과 연결된다. 다시 한 번 관심을 가져야 할 것은 다음 레이어의 델타와 두 레이어를 연결하는 가중치뿐이다. 그림 14-26과 같이 각 뉴런에 대해 해당 뉴런의 출력값을 사용하는 모든 뉴런의 델타를 찾고 가중치를 곱한 다음 결과를 더하면 된다.

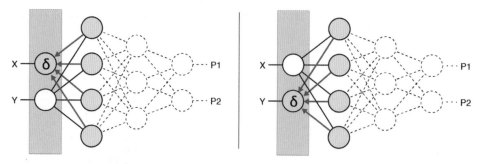

그림 14-26: 역전파를 사용해 첫 번째 히든 레이어의 델타 찾기

그림 14-26이 완료되면 네트워크 내의 모든 뉴런에 대한 델타 값을 찾았다.

이제 가중치를 조정해보자. 뉴런 간의 연결을 통해 실행하고 그림 14-15에서 본 기술을 사용해 모든 가중치를 새롭고 향상된 값으로 업데이트할 수 있다.

그림 14-23에서 14-26은 이 알고리듬이 역전파라고 불리는 이유를 보여준다. 모든 레이어에서 델타 값을 가져오고 델타(또는 그래디언트) 정보를 한 번에 한 레이어 뒤로 전파하거나 이동해 수정한다. 앞서 봤듯이 이러한 각 델타 값을 계산하는 것은 빠르다. 활성화 함수 단계를 추가하더라도 계산 비용이 많이 추가되지는 않는다.

역전파는 GPU와 같은 병렬 하드웨어를 사용할 때 매우 효율적이다. GPU를 사용해 전체 레이어의 모든 델타 값과 가중치를 동시에 곱할 수 있기 때문이다. 이 병렬 처리로 인한 엄청난 효율성 향상은 거대 신경망에서 역전파 학습을 실용적으로 만드는 주요한 이유다.

이제 모든 델타가 있고 가중치를 업데이트할 수 있다. 이것이 신경망 훈련의 핵심 과정이다.

그러나 논의를 끝내기 전에 각 가중치를 얼마나 움직여야 하는지에 대한 문제로 돌아가 보겠다.

학습률

앞서 언급한 것과 같이 한 단계에서 가중치를 많이 변경하는 것은 종종 문제를 일으킨다. 미분은 입력값의 아주 작은 변화에 대한 곡선 모양의 정확한 예측기일 뿐이다. 가중치를 너무 많이 변경하면 가장 작은 오차 값을 그냥 넘어갈 수도 있으며 심지어 오차가 증가하는 것을 발견할 수도 있다.

반면 가중치를 너무 적게 변경하면 학습의 매우 작은 부분만을 볼 수 있으므로 실제로 필요한 것보다 학습에 더 많은 시간을 소비해야 한다. 그러나 이러한 비효율성은 일반적으로 오차에 지속적으로 과민 반응하는 시스템보다는 낫다.

실전에서는 일반적으로 그리스어 소문자 η(에타^{eta})로 상징되는 학습률이라는 하이퍼파라미터를 사용해 업데이트할 때마다 가중치의 변화량을 제어한다. 이것은 0과 1 사이의 숫자이며 업데이트할 때 사용할 각 뉴런의 새로 계산된 변경 사항의 가중치를 알려준다.

학습률을 0으로 설정하면 가중치가 전혀 변경되지 않는다. 시스템은 결코 변하지 않으며 결코 학습하지 않게 된다. 학습률을 1로 설정하면 시스템이 가중치에 큰 변화를 적용해 가중치가 오차를 줄이는 것이 아니라 증가시킬 수도 있다. 이러한 일이 자주 발생하면 네트워크는 계속해서 오버슈팅^{overshooting}을 수행한 다음 이를 보정하는 데 시간을 소비할 수 있으며, 가중치는 이리저리 튀고 최적 값에 정착하지 못한다. 따라서 일반적으로 이러한 극단 사이의 값으로 학습률을 설정한다. 실전에서는 보통 0보다 약간 크게 설정한다.

그림 14-27은 학습률이 어떻게 적용되는지 보여준다. 그림 14-15부터 시작해 $-(Ao \times C\delta)$ 값을 AC에 다시 더하기 전에 η만큼 크기 조정하는 추가적인 단계를 삽입한다.

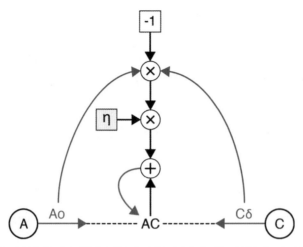

그림 14-27: 학습률은 각 업데이트에서 가중치가 변경되는 양을 제어해 네트워크가 학습하는 속도를 제어하는 데 도움이 된다.

학습률에 사용할 최적의 값은 구축한 특정 네트워크와 학습 중인 데이터에 따라 다르다. 학습률의 좋은 선택 값을 찾는 것은 네트워크가 학습하는 데 필수적일 수 있다. 시스템이 학습을 하면 이 값을 변경하는 것이 해당 프로세스가 빠르게 혹은 느리게 진행되는지에 영향을 줄 수 있다. 일반적으로 시도와 오차를 통해 최적의 η 값을 찾아야 한다. 다행스럽게도 일부 알고리듬은 좋은 학습률 시작 값 검색을 자동화하고 있으며 어떤 알고리듬은 학습이 진행됨에 따라 학습률을 미세 조정한다. 일반적으로 경험에 비춰볼 때 특정한 학습률로 정하지 않았다면 주로 0.001 전후의 값으로 시작한 다음 네트워크가 얼마나 잘 학습하는지 관찰하면서 잠시 동안 네트워크를 훈련시킨다. 그런 다음 해당 값을 높이거나 낮춰 가장 효율적으로 학습하는 값을 찾고자 계속 반복해서 훈련한다. 학습률을 제어하는 기술은 15장에서 더 자세히 살펴본다.

학습률의 선택이 역전파^{backprop}의 성능과 학습에 어떤 영향을 미치는지 알아보겠다.

이진 분류기 구축

두 초승달 모양 사이의 경계를 찾는 분류기를 만들어보자. 그림 14-28과 같이
훈련 데이터로 약 1,500개의 점을 사용할 것이다.

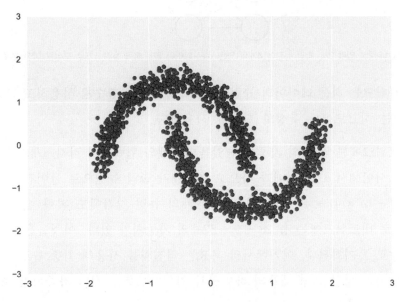

그림 14-28: 2개 클래스가 부여된 약 1,500개의 점

클래스가 두 개뿐이므로 이진 분류기만 있으면 된다. 이렇게 하면 레이블의
전체 원핫 인코딩을 건너뛰고 여러 출력값을 처리하는 대신 하나의 출력 뉴런
만 사용할 수 있다. (출력)값이 0에 가까우면 해당 입력은 한 클래스에 속하며
출력값이 1에 가까우면 입력은 다른 클래스에 속한다.

분류기에는 각각 4개의 뉴런이 있는 2개의 히든 레이어가 있다. 이것들은 본질
적으로 충분히 복잡한 네트워크를 제공하고자 만든 임의의 선택이다. 그림
14-29와 같이 두 레이어는 완전 연결돼 있다.

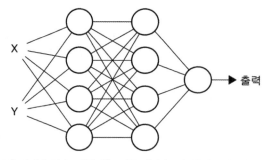

그림 14-29: 입력 2개, 각각 뉴런이 4개씩 있는 히든 레이어 2개, 출력 뉴런 1개로 구성된 이진 분류기

이 네트워크는 히든 레이어의 뉴런에서 ReLU 활성화 함수를 사용하고 출력 뉴런에서는 시그모이드 활성화 함수를 사용한다.

이 네트워크에는 몇 개의 가중치가 있을까? 2개의 입력에서 각각 4개가 나오고 레이어 사이에서 4개의 4배가 나오고 또 4개가 출력 뉴런으로 들어간다. 결국 $(2 \times 4) + (4 \times 4) + 4 = 28$개가 된다. 9개의 뉴런 각각에도 편향 항bias term이 있으므로 네트워크에는 총 $28 + 9 = 37$개의 가중치가 있다. 이것들은 모두 작은 난수로 초기화된다. 여기에서의 목표는 역전파를 사용해 최종 뉴런에서 나오는 숫자가 항상 해당 샘플의 레이블과 일치하도록 37개의 가중치를 조정하는 것이다.

앞서 설명한 것처럼 하나의 샘플을 평가하고 오차를 계산하고 오차가 0이 아니면 역전파로 델타를 계산한 다음 학습률을 사용해 가중치를 업데이트한다. 그리고 다음 샘플로 넘어간다. 오차가 0이면 네트워크가 원하는 답을 준 것이므로 아무것도 변경하지 않는다. 훈련 데이터 세트의 모든 샘플을 처리할 때마다 훈련의 한 에폭을 완료했다고 말한다.

역전파를 성공적으로 실행하려면 가중치를 약간씩 변경해야 한다. 여기에는 두 가지 이유가 있다. 첫 번째는 평가 지점 근처에서만 그래디언트가 정확하기 때문이다. 너무 멀리 이동하면 오차를 줄이는 대신 오차가 늘어나는 것을 발견할 수 있다.

작은 변화를 취해야 하는 두 번째 이유는 네트워크 시작 부근의 가중치 변경은 이후 레이어에서 뉴런의 출력값이 변경돼 델타가 변경되기 때문이다. 모든 것이 충돌하는 변경 사항의 끔찍한 혼란으로 바뀌는 것을 방지하고자 가중치를 소량만 조정한다.

하지만 '작다'는 것은 얼마만큼일까? 모든 네트워크와 데이터 세트에 대해 알아내려면 실험을 해야 한다. 앞서 봤듯이 이동의 크기는 학습률 또는 에타(η)에 의해 제어된다. 이 값이 클수록 각 가중치가 새로운 값을 향해 더 많이 이동한다.

학습률 선택

비정상적으로 큰 학습률인 0.5부터 시작하겠다. 그림 14-30은 각 클래스에 다른 배경색을 사용해서 테스트 데이터에 대해 네트워크에서 계산한 경계를 보여준다.

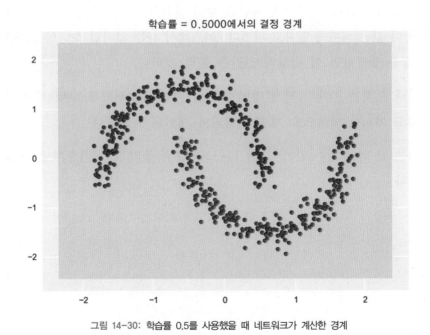

그림 14-30: 학습률 0.5를 사용했을 때 네트워크가 계산한 경계

이는 끔찍한 결과다. 경계가 전혀 없는 것처럼 보인다. 모든 것이 밝은 주황색 배경으로 표시된 단일 클래스에 할당된다. 각 에폭 이후의 정확도와 오차(또는 손실)를 살펴보면 그림 14-31의 그래프와 같다.

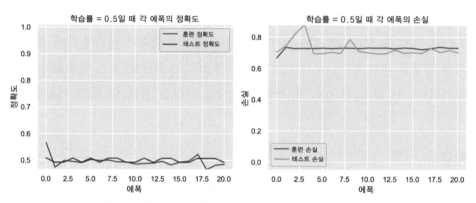

그림 14-31: 학습률이 0.5일 때 초승달 모양 데이터에 대한 정확도와 손실

상황이 안 좋아 보인다. 예상대로 정확도는 약 0.5에 불과하므로 점들의 절반이 잘못 분류되고 있다. 빨간색과 파란색 점이 대략적으로 균등하게 나눠져 있기 때문에 이 값은 의미가 있다고 하겠다. 여기에서 하는 것처럼 하나의 클래스에 모든 점을 할당하면 이 할당의 절반은 틀릴 것이다.

손실이나 오차는 높게 시작해 떨어지지 않는다. 네트워크를 수백 에폭 동안 실행해도 이러한 방식으로 계속 진행되며 개선되지 않는다.

가중치는 뭘 하고 있는 걸까? 그림 14-32는 훈련 중의 37개 가중치 값을 모두 보여준다.

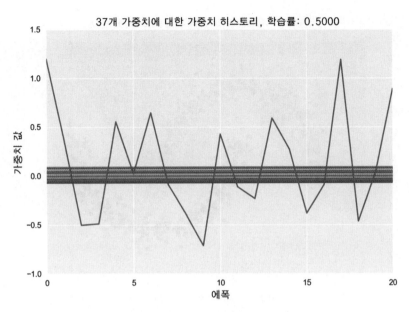

그림 14-32: 학습률이 0.5일 때 네트워크의 가중치. 하나의 가중치는 지속적으로 변경돼 목표를 초과하는 반면 그 외 다른 가중치들은 너무 작아 이 그래프에 표시할 수 없다.

그래프는 전체적으로 점프하는 한 가중치에 의해 지배된다. 이 가중치는 출력 뉴런으로 들어가는 것 중 하나며 레이블과 일치하도록 출력값을 이동하려고 한다. 이 가중치는 올라가고, 그다음에는 내려가고, 그다음에는 올라가고, 거의 매번 너무 멀리 뛰고, 그다음에는 지나치게 교정되며, 그다음에 또 지나치게 교정하는 식이다. 다른 뉴런들도 변하고 있지만 이 그래프에서 확인하기에는 너무 작은 규모다.

이 결과는 실망스럽지만 0.5는 너무 큰 학습률이기 때문에 충격적이지는 않다. 이것이 그림 14-32에서 모든 불규칙한 이동을 일으키는 원인이다.

훈련율을 10배 줄여 0.05라는 더 합리적인(여전히 크지만) 값으로 만들어보겠다. 네트워크나 데이터 중 어떤 것도 변경하지 않을 것이며 가중치를 초기화하고자 동일한 의사 난수$^{pseudo-random}$ 시퀀스를 재사용할 것이다. 새로운 경계는 그림 14-33에 나와 있다.

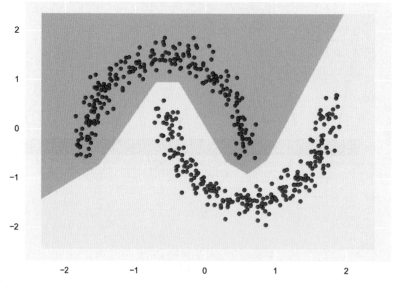

그림 14-33: 학습률 0.5를 사용했을 때 결정 경계

이게 훨씬 낫다. 그림 14-34의 그래프를 보면 약 16 에폭 후에 훈련 데이터 세트와 테스트 데이터 세트 모두에서 100% 정확도에 도달했음을 알 수 있다. 더 작은 학습률을 사용해 엄청난 개선이 이뤄졌다.

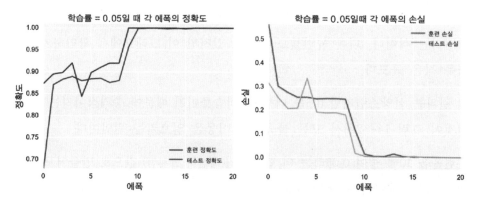

그림 14-34: 학습률 0.05를 사용할 때 네트워크의 정확도와 손실

이것은 네트워크와 데이터의 모든 새로운 조합에 대한 학습률 조정의 중요성을 보여준다. 네트워크가 학습을 거부하는 경우 학습률을 줄이는 것만으로 상황을 개선할 수 있다.

가중치는 지금 무엇을 하고 있을까? 그림 14-35는 이를 보여준다.

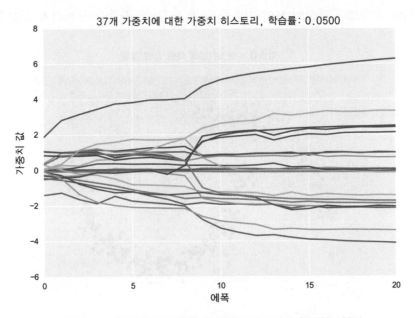

그림 14-35: 학습률 0.05를 사용할 때 네트워크의 시간 경과에 따른 가중치

전반적으로 많은 가중치가 변경되기 때문에 이 방법이 훨씬 좋다. 그것들은 그 자체로 학습을 억제하거나 느리게 할 수 있다. 일반적으로 가중치가 작은 범위(일반적으로 [-1, 1])에 있기를 원한다. 15장에서 일반화에 대해 다룰 때 가중치 값을 제어하는 몇 가지 방법을 살펴볼 것이다.

그림 14-33과 그림 14-34는 성공의 그림이다. 이 네트워크는 데이터를 완벽하게 분류하는 방법을 학습했고 16 에폭 만에 수행했다. 이는 훌륭하고 빠르다. GPU 지원이 없는 2014년 후반 iMac에서 16 에폭에 대한 전체 훈련 프로세스는 10초 미만이 걸렸다.

훨씬 더 작은 학습률

학습률을 0.01로 낮추면 어떻게 될까? 이제 가중치가 훨씬 더 천천히 변경된다. 이것이 더 나은 결과를 가져올까?

그림 14-36은 이러한 작은 변화에 따른 결정 경계를 보여준다. 이 경계는 그림 14-33의 경계보다 단순해 보이지만 두 경계 모두 두 집합을 완벽하게 구분한다.

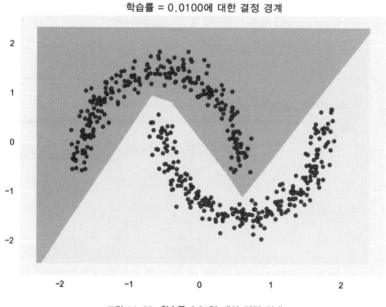

그림 14-36: 학습률 0.01일 때의 결정 경계

그림 14-37은 정확도와 손실 그래프를 보여준다. 학습률이 훨씬 낮기 때문에 네트워크는 100% 정확도에 도달하는 데 그림 14-35에서의 16 에폭이 아닌 약 170 에폭이 걸린다.

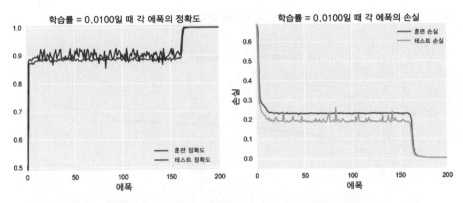

그림 14-37: 학습률 0.01을 사용할 때 네트워크의 정확도와 손실

이 그래프는 흥미로운 학습 행동을 보여준다. 초기 점프 후 훈련 및 테스트 데이터의 정확도는 모두 약 90%에 도달하고 거기에서 정체된다. 동시에 손실도 정체된다. 그런 다음 170 에폭 주변에서 정확도가 100%로 올라가고 오차가 0으로 떨어지는 등 빠르게 다시 개선된다.

개선과 고원plateaus이 번갈아 나타나는 패턴은 드문 일이 아니며 그림 14-34에서는 3~8 에폭 사이에서 고원의 힌트를 확인할 수도 있다. 이러한 고원은 오차 표면의 거의 평평한 영역에서 발견되는 가중치로부터 발생하며 결과적으로 거의 0에 가까운 그래디언트이므로 매우 작게 업데이트된다.

가중치가 지역 최솟값local minimum에 갇힐 수 있지만 5장에서 본 것처럼 안장saddle의 평평한 영역에 걸리는 것이 더 일반적이다(Dauphin et al. 2014). 때때로 가중치 중 하나가 좋은 밀어내기good push를 제공해 충분히 큰 경사도 영역으로 이동하는 데 오랜 시간이 걸리기도 한다. 하나의 가중치가 이동하면 나머지 네트워크에 대한 계단식 효과 덕분에 다른 가중치도 변경되기 시작하는 것이 일반적이다.

가중치 값은 그림 14-38과 같이 시간이 지남에 따라 거의 동일한 패턴을 따른다. 흥미로운 점은 적어도 일부 가중치는 평평하지 않거나 훈련 과정의 중간 부근에서 고원에 있지 않다는 것이다. 변화하고 있지만 매우 느리다. 시스템은 개선되고 있지만 170 에폭을 전후해 변경 사항이 더 커질 때까지는 성능 그래프에 표시되지 않을 정도로 아주 작은 변화다.

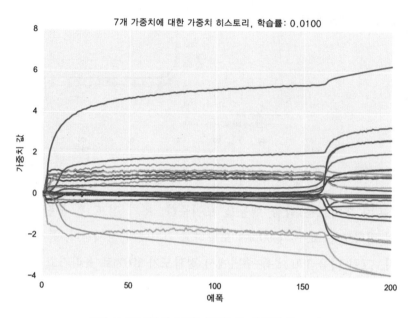

그림 14-38: 학습률 0.01을 사용할 때 가중치의 히스토리

그렇다면 학습률을 0.01로 낮추면 어떤 이점이 있을까? 이 경우에는 딱히 없다. 0.05에서도 훈련 데이터와 테스트 데이터 모두에서 분류가 이미 완벽했다. 이 네트워크와 이 데이터의 경우 학습률이 낮다는 것은 네트워크가 학습하는 데 시간이 더 오래 걸린다는 것을 의미했다. 이 실험은 네트워크가 학습률 선택에 얼마나 민감한지를 보여줬다. 너무 크지도 작지도 않은 적당한 값을 찾아야 할 것이다(Pyle 1918).

일반적으로 거의 모든 딥러닝 네트워크 개발의 일환으로 학습률을 실험하는 이러한 종류의 작업을 수행한다. 각각의 특정 네트워크와 데이터에서 가장 잘 작동하는 값을 찾아야 한다. 다행스럽게도 15장에서 정교한 방식으로 학습률을 자동으로 조정할 수 있는 알고리듬을 보게 될 것이다.

요약

14장은 역전파에 관한 모든 것을 다뤘다. 각 가중치의 변화에 따라 네트워크 오차가 어떻게 변할지 예측할 수 있음을 봤다. 각 가중치의 값이 증가할지 감소할지 결정할 수 있다면 오차를 줄일 수도 있다.

각 가중치를 변경하는 방법을 찾고자 먼저 각 뉴런에 델타 값을 할당했다. 이 값은 가중치 값의 변화와 최종 오차의 변화 사이 관계를 알려준다. 이를 통해 오차를 줄이고자 각 가중치를 변경하는 방법을 결정할 수 있었다.

이러한 델타의 계산은 마지막 레이어에서부터 첫 번째 레이어까지 역순으로 진행된다. 각 뉴런의 델타를 계산하는 데 필요한 그래디언트 정보가 한 번에 한 레이어 뒤로 전파되기 때문에 역전파라는 이름을 얻었다. 역전파는 GPU에서 구현될 수 있으며 여기에서는 많은 뉴런에 대한 계산을 동시에 수행할 수 있다.

역전파는 가중치가 변경될 때 오차가 어떻게 변하는지 알려주는 정보인 오차의 그래디언트를 전파한다는 점을 명심해야 한다. 일부 저자는 역전파가 오차를 전파한다고 아무렇지도 않게 말하지만 이는 오해의 소지가 있는 단순화다. 네트워크 출력을 향상시키고자 가중치를 조작하는 방법을 알려주는 그래디언트를 전파하는 것이다.

이제 각 가중치를 크게 혹은 작게 조정해야 할지를 알았으므로 실제로 변경할 크기를 결정해야 한다. 그것을 15장에서 알아본다.

15

옵티마이저

신경망을 훈련시키는 것은 종종 시간이 많이 걸리는 과정이다. 속도를 높이는 것은 무엇이든 툴킷에 추가할 수 있다. 15장에서는 경사 하강법(그래디언트 디센트)의 효율을 개선해 학습 속도를 높이도록 설계된 도구들을 다룬다. 목표는 경사 하강을 더 빠르게 하고 멈추게 하는 일부 문제를 피하는 것이다. 또한 이러한 도구는 시간이 지남에 따라 학습률을 자동으로 조정할 수 있는 알고리듬을 포함해 최적의 학습률을 찾는 작업을 자동화한다. 이러한 알고리듬을 총칭해 **옵티마이저**^{optimizers}라고 한다. 각각의 옵티마이저는 장단점이 있기 때문에 신경망을 훈련시킬 때 좋은 선택을 할 수 있도록 익숙해질 필요가 있다.

먼저 오차와 학습할 때 오차가 어떻게 변하는지를 시각화하는 그림 몇 개를 그리는 것으로 시작해보자. 이 그림들은 알고리듬에 대한 직관을 형성하는 데 도움이 된다.

2D 곡선 오차

시스템들의 오차를 기하학적인 아이디어 측면에서 생각해보는 것이 종종 도움이 된다. 오차들은 보통 2D 곡선으로 그린다.

이 2D 오차에 익숙해지고자 선 위에 나열된 점들로 표현한 샘플들을 두 가지 클래스로 분류하는 작업을 고려해보자. 그림 15-1과 같이 음수 값들의 점이 한 클래스에 속해 있고, 0 이상의 점들은 다른 클래스에 속해 있다.

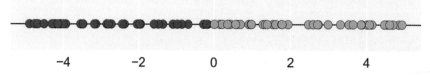

그림 15-1: 한 선에 위치한 점들의 두 클래스. 0보다 작은 점들은 클래스 0이며 파란색으로 표시돼 있고, 다른 점들은 클래스 1이며 베이지색으로 표시돼 있다.

이 샘플들에 대한 분류기를 만들어보자. 이 예제에서 경계는 단지 하나의 숫자로만 구성된다. 이 숫자 왼쪽에 있는 모든 샘플은 클래스 0에 할당되고 오른쪽에 있는 모든 샘플은 클래스 1로 할당된다. 이 구분점이 선을 따라 이동한다고 가정하면 제대로 분류되지 않은 샘플의 개수를 셀 수 있다. 그리고 이를 오차라고 할 수 있다. 결과는 그림으로 요약할 수 있고, 여기서 X축은 각 잠재적 분할점을 나타내고 해당 점에 대한 오차는 파란색 선 위의 점으로 표시된다. 그림 15-2는 이 결과를 나타낸다.

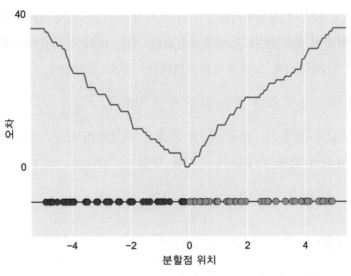

그림 15-2: 단순 분류기의 오차 함수 시각화

14장에서 다뤘듯이 울퉁불퉁하지 않은 오차 함수를 선호한다. 오차 함수가 기울기를 계산하고 역전파에 사용되기 때문이다. 그림 15-3과 같이 그림 15-2의 오차 곡선을 매끄럽게 할 수 있다.

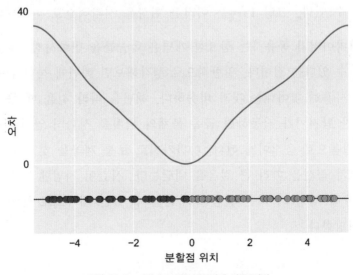

그림 15-3: 그림 15-2를 매끄럽게 바꾼 버전

이 특정 랜덤 데이터 집합에서는 0일 때 오차가 0이라는 것을 알 수 있다. 0이나 0의 약간 왼쪽에 위치할 때 오차가 0이 된다. 이는 어디서 시작하는지에 상관없이 분류기가 결국 0에 도달하기를 원한다는 것을 의미한다.

목표는 오차 곡선의 가장 작은 값을 찾는 것이다.

가장 작은 값을 찾을 수 있을 때 이 기술을 신경망의 모든 가중치에 적용할 수 있고, 따라서 전체 신경망의 오차를 줄일 수 있다.

학습률 조정

경사 하강법을 사용해 시스템을 학습시킬 때 아주 중요한 파라미터는 일반적으로 소문자 그리스 문자 η로 표기하는 학습률이다. 이 값은 보통 0.01에서 0.0001 범위에 속한다. 값이 클수록 학습 속도가 빨라지지만 값이 클수록 계곡을 바로 뛰어넘어 놓칠 수 있다. 작은 η 값(0에 가깝지만 항상 양수다)은 학습이 느려지고 좁은 계곡을 찾을 수 있지만, 근처에 훨씬 깊은 계곡이 있더라도 완만한 계곡에 갇혀버릴 수 있다. 그림 15-4는 이러한 현상을 시각적으로 나타낸다.

여러 옵티마이저가 공유하는 중요한 개념은 학습률을 변화시킴으로써 학습을 개선시킬 수 있다는 점이다. 일반적으로 생각해보면 해변에 묻힌 금속을 금속 탐지기를 사용해 찾아내는 것과 비슷하다. 해변을 따라 걸을 때 큰 걸음으로 시작하지만 탐지기가 작동하면 금속 물체의 위치를 정확히 알아내고자 점점 더 작은 걸음으로 움직이게 된다. 마찬가지로 보통 계곡을 찾고자 학습 과정 초기에 오차 곡선을 따라 큰 걸음을 내딛는다. 시간이 지남에 따라 최저점에 가까워질수록 점점 더 작은 걸음을 내딛을 수 있는 계곡으로 들어가는 길을 찾기를 희망한다.

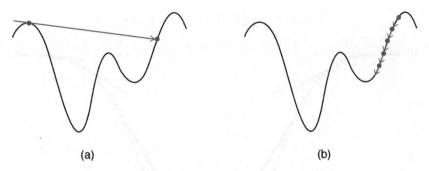

(a)   (b)

그림 15-4: 학습률 η의 영향. (a) η가 너무 크면 깊은 계곡을 바로 뛰어넘어 놓칠 수 있다. (b) η가 너무 작으면 지역 최솟값으로 천천히 내려가며 더 깊은 계곡을 놓칠 수 있다.

그림 15-5에 있는 하나의 고립된 계곡을 갖고 있는 음의 가우스 형태인 간단한 오차 곡선을 예시로 옵티마이저를 설명할 수 있다.

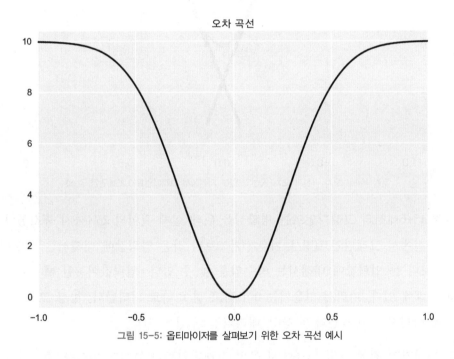

그림 15-5: 옵티마이저를 살펴보기 위한 오차 곡선 예시

이 오차 곡선에 대한 몇 개의 그래디언트(경사)는 그림 15-6과 같다.

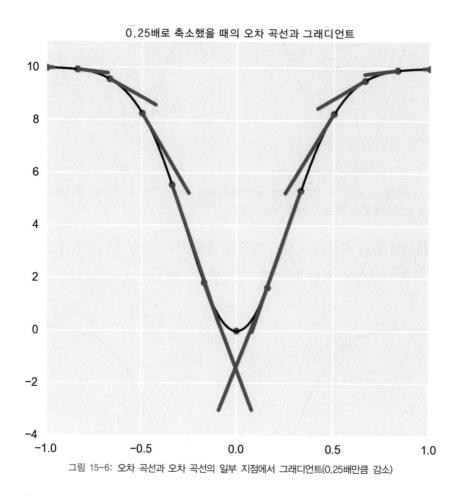

그림 15-6: 오차 곡선과 오차 곡선의 일부 지점에서 그래디언트(0.25배만큼 감소)

그림 15-6에서의 그래디언트는 명확성을 위해 실제 길이의 25%까지 축소했다. 이 곡선에서 그래디언트(경사, 기울기)가 0보다 작은 입력값에 대해서는 음수이고 0보다 큰 입력값에 대해서는 양수임을 알 수 있다. 입력값이 0일 때 그릇의 맨 아래에 있다. 따라서 기울기는 0이 되고 점 하나로 나타난다. 항상 그래디언트의 방향으로 움직인다면 항상 내리막길을 걷게 된다.

더 나아가기 전에 그림 15-6에서 음의 그래디언트가 표시돼 있음을 주목하자. 실제 계산은 모든 스텝마다 양의 기울기를 가리킨다. 양의 그래디언트와 음의 그래디언트는 같은 선에서 반대 방향으로 나타나기 때문에 사람들은 그 차이를 간과하는 경향이 있다. 이 '그래디언트'를 가리켜 원래의 계산과 반대라고 이해하는 것이 일반적이다. 이 장에서는 이 관례를 따른다.

일정한 크기로 업데이트

일정한 학습률을 사용할 때 어떤 일이 일어나는지 살펴보는 것으로 학습률의 영향을 알아보자. 즉, 전체 훈련 과정 동안 항상 고정해 일정하게 유지하는 η 값으로 그래디언트 크기를 조정한다.

그림 15-7은 고정된 η로 업데이트하는 기본적인 스텝들을 보여준다.

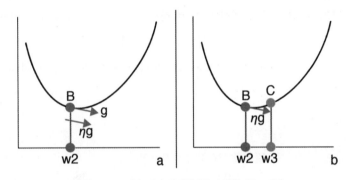

그림 15-7: 기본 경사 하강법에서 스텝을 찾는 과정

신경망에서 특정한 가중치를 확인하고 있다고 가정해보자. 가중치가 W1의 값으로 시작된다고 가정하고 한 번 업데이트해 이제 그림 15-7(a)에 있는 값 W2를 갖는다. 이때 오차는 B로 표시한 바로 위의 오차 곡선에 있는 점이다. 가중치를 W3라고 부르는 새롭고 더 나은 값으로 다시 업데이트하고 한다.

가중치를 업데이트하고자 g로 레이블된 화살표로 표시한 B 지점의 오차 표면에서 그래디언트를 찾는다. 학습률 η에 따라 그래디언트를 조절해 ηg로 레이블된 새 화살표를 얻는다. η는 0에서 1 사이이기 때문에 ηg는 g와 같은 방향을 가리키지만 g와 크기가 같거나 작은 새로운 화살표다.

가중치의 새로운 값인 W3을 찾고자 크기를 조절한 그래디언트를 W2에 더한다. 그림 15-7(b)의 B에서 화살표 ηg의 꼬리에 위치하는 것을 의미한다. 화살표 끝의 수평 위치는 가중치 W3의 새로운 값이며 오차 표면에서의 값은 C로 표시했다. 이 경우에는 너무 멀리 가서 오차가 약간 늘었다.

하나의 계곡이 있는 오차 곡선을 사용해 이 기술을 실제로 살펴보자. 그림 15-8은 왼쪽 상단의 시작점을 나타낸다. 여기서의 그래디언트는 작아서 오른쪽으로 조금 이동한다. 이 새로운 지점에서의 오차는 시작한 위치에서의 오차보다 조금 적다.

이 그림에서 η는 1/8, 즉 0.125를 선택했다. 이는 종종 1/100 이하의 값을 사용하는 일정한 크기의 경사 하강법에서는 비정상적으로 큰 η 값이다. 이렇게 큰 값을 선택한 이유는 선명한 그림을 만들기 때문이다. 더 작은 값은 비슷한 방식으로 동작하지만 더 느리게 동작한다. 값 자체보다는 일어나는 현상의 본질에 집중해야 하기 때문에 시각적인 혼란을 피하고자 이 그래프에서는 값을 축에 표시하지 않았다.

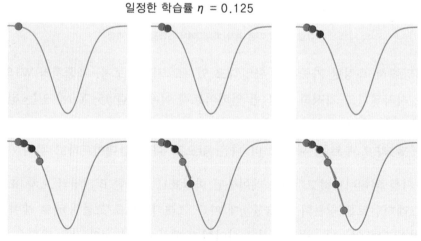

그림 15-8: 일정한 크기의 학습률로 학습한 경우

첫 번째 지점에서 전체 그래디언트로 이동하기보다는 전체 길이의 1/8만 이동하게 된다. 이렇게 하면 곡선의 그래디언트(경사)가 더 큰 가파른 부분으로 이동하기 때문에 다음 업데이트는 좀 더 멀리 이동한다. 학습 과정의 각 스텝은 이전 위치에서의 그래디언트와 이동한 새 지점을 그릴 때 새로운 색으로 표시했다.

그림 15-9는 그림 15-8에서의 시작점에서 오른쪽으로 조금씩 이동하는 여섯 단계의 클로즈업을 나타낸다. 또한 각 지점에서의 오차도 나타냈다.

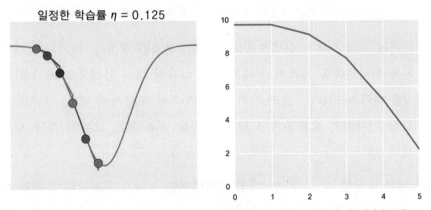

그림 15-9: 왼쪽: 그림 15-8에서의 최종 이미지 클로즈업. 오른쪽: 6개 각 지점에서의 오차

이 과정이 그릇의 바닥에 도달해 오차 0까지 내려갈 수 있을까? 그림 15-10은 이 과정의 첫 15 스텝을 나타낸다.

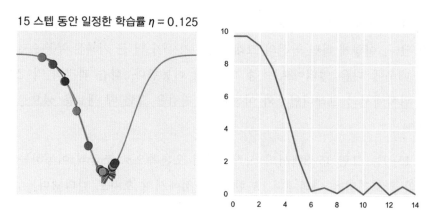

그림 15-10: 왼쪽: 일정한 학습률로 학습하는 첫 번째 15 스텝. 오른쪽: 이 15 점의 오차

바닥 근처에 가서 오른편 언덕으로 올라갔다. 하지만 괜찮다. 여기서 그래디언트는 왼쪽과 아래쪽을 가리키기 때문이다. 따라서 다시 아래쪽을 지나칠 때까지 계곡을 따라 내려간다. 그리고 왼쪽의 어딘가에 도달하게 된다. 그리고 돌아서서 다시 지나쳐서 오른쪽에 도달하고 이를 반복한다. 그릇의 바닥 주변을 왔다 갔다 하고 있다.

0에 도달하지 못할 것 같다. 이 대칭 계곡에서는 오차가 최솟값의 왼쪽과 오른쪽 사이를 왔다 갔다 하기 때문에 특히 문제가 심각하다. 하지만 이런 종류의 현상은 일정한 학습률을 사용할 때 자주 일어난다. 계곡의 바닥 근처에 있을 때 작은 스텝으로 이동하고 싶지만 학습률은 일정해 너무 큰 스텝으로 이동하기 때문에 왔다 갔다 하는 현상이 발생한다.

그림 15-10에서 왔다 갔다 하는 문제가 너무 큰 학습률 때문에 발생한 것인지 의문을 가질 수 있다. 그림 15-11은 더 작은 η 값을 사용했을 때 첫 15 스텝이 어떻게 진행되는지 나타낸다.

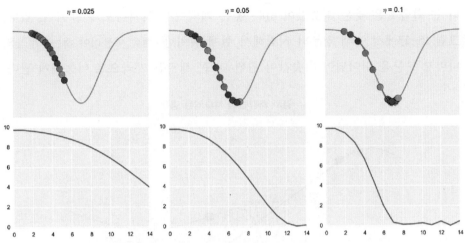

그림 15-11: 더 작은 학습률을 사용했을 때의 15 스텝. 윗줄: 학습률이 0.025일 때(좌측 열), 0.05일 때(중간 열), 0.1일 때(우측 열). 아랫줄: 각 지점에서의 오차

그림 15-11에서 볼 수 있듯이 작은 스텝으로 이동한다고 왔다 갔다 하는 문제가 왔다 갔다 하는 정도가 작지만 해결되는 것은 아니다. 반면 학습률을 증가시키면 그림 15-12에서와 같이 왔다 갔다 하는 문제를 더 악화시킨다.

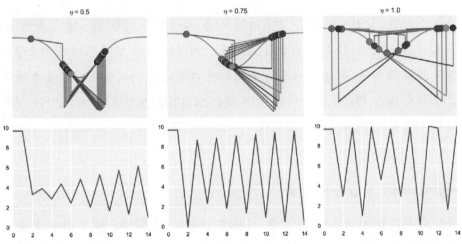

그림 15-12: 윗줄: 학습률이 0.5일 때(좌측 열), 0.75일 때(중간 열), 1.0일 때(우측 열). 아랫줄: 각 지점에서의 오차

더 큰 학습률은 낮은 최솟값이 있는 좋은 계곡에서 뛰쳐나오게 할 수도 있다. 그림 15-13에서 녹색 점부터 시작해서 현재 위치한 (계속 머물러야 하는) 계곡의 나머지 부분을 뛰어넘어 최솟값이 훨씬 더 큰 새로운 계곡으로 이동하게 된다.

경사 하강법이 지나치는 경우

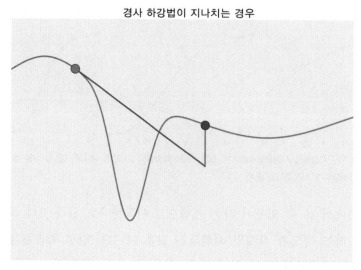

그림 15-13: 큰 스텝은 계곡을 지나쳐서 더 큰 최솟값을 갖는 다른 계곡에 도달하게 한다.

가끔 이러한 큰 점프는 얕은 계곡에서 깊은 계곡으로 이동하는 데 도움을 줄 수 있다. 하지만 이런 큰 학습률의 경우에는 계곡을 많이 넘어 다니며 최솟값을 찾지 못할 것이다. 적당한 속도로 움직이며 계곡을 지나치거나 바닥에서 왔다 갔다 하지 않는 학습률을 하나만 찾는 것은 도전처럼 보인다. 좋은 대안은 계속해서 학습률을 변화시키는 것이다.

시간에 따라 학습률을 변화

학습을 시작할 때에는 큰 η 값을 사용해 천천히 이동하지 않고 학습이 끝날 때에는 작은 값을 사용해 그릇 바닥에서 왔다 갔다 하지 않을 수 있다.

큰 학습률로 시작해 점차적으로 감소시키는 쉬운 방법은 업데이트 스텝마다 학습률에 거의 1에 가까운 숫자로 곱하는 것이다. 0.99를 승수로 사용하고 시작 학습률이 0.1이라고 가정해보자. 그러면 첫 번째 스텝 후에 0.1 × 0.99 = 0.099 가 된다. 다음 스텝에서는 0.099 × 0.99 = 0.09801이 된다. 그림 15-14는 승수를 몇 가지 다른 값으로 변경해 여러 스텝을 수행할 때 η 값이 어떻게 변하는지를 나타낸다.

이 곡선의 식을 작성하는 가장 쉬운 방법은 지수를 사용하는 것이다. 따라서 이런 종류의 곡선을 지수적 감쇠exponential decay 곡선이라고 한다. 각 스텝마다 곱하는 η 값을 감쇠decay 파라미터라고 부른다. 이 값은 보통 1에 아주 가까운 숫자다.

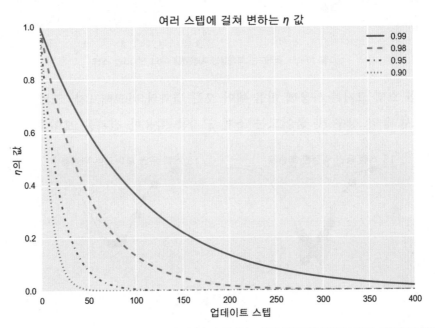

그림 15-14: 이 여러 곡선은 학습률 η = 1에서 시작해 각 업데이트 후에 학습률에 정해진 값으로 곱했을 때 어떻게 감소하는지 보여준다.

이러한 학습률의 점진적인 감소를 오차 곡선의 경사 하강법에 적용해보자. 다시 한 번 1/8의 학습률로 시작하겠다. 감쇠 파라미터의 효과를 쉽게 확인할 수 있도록 일반적인 경우와 다르게 낮은 0.8로 설정한다. 이는 현재 스텝이 이전 스텝보다 80%만큼 줄어든다는 것을 의미한다. 그림 15-15는 첫 15번 스텝에 대한 결과를 나타낸다.

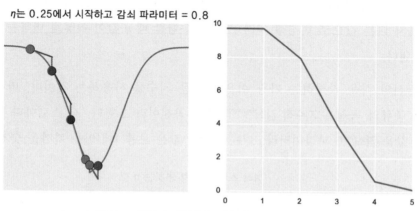

그림 15-15: 줄어드는 학습률을 사용했을 때의 첫 15번 스텝

일정한 스텝 크기를 사용해 이를 튀어 오른 결과와 비교해보자. 그림 15-16은 15 스텝 동안 상수 및 줄어드는 스텝 크기를 적용한 결과를 보여준다.

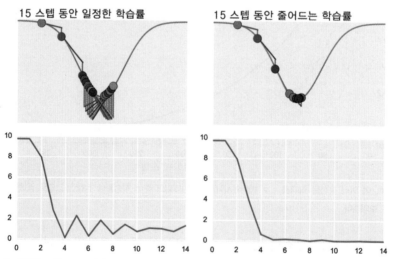

그림 15-16: 왼쪽은 그림 15-10에서 일정한 스텝 크기를 가진 경우며 우측은 15-15에서의 줄어드는 스텝 크기를 적용한 경우다. 줄어드는 학습률이 효과적으로 계곡의 최솟값에 머무는 데 어떻게 도움을 주는지 주목하자.

줄어드는 스텝 크기는 그릇의 바닥에 도달하게 하고 거기에 머물게 하는 데 훌륭한 역할을 한다.

감쇠 스케줄

이 감쇠 기술은 매력적이기는 하지만 몇 가지 새로운 도전 과제가 따른다. 첫째, 감쇠 파라미터에 대한 값을 선택해야 한다. 둘째, 모든 업데이트에 대해 감쇠를 적용하지 않기를 원할 수도 있다. 이러한 문제를 해결하고자 학습률을 줄이기 위한 몇 가지 다른 전략을 시도해볼 수 있다.

시간에 따라 학습률을 변화시키는 접근 방식들은 **감쇠 스케줄**decay schedule(Bengio, 2012)이라고 한다.

감쇠 스케줄은 일반적으로 샘플들이 아닌 에폭으로 표현한다. 훈련 데이터 세트에 있는 모든 샘플을 학습한 다음 모든 샘플을 다시 훈련시키기 전에 학습률 변경을 고려한다.

가장 간단한 감쇠 스케줄은 방금 다룬 것처럼 매 에폭마다 학습률에 항상 감쇠를 적용하는 것이다. 그림 15-17(a)은 이 스케줄을 보여준다.

또 다른 일반적인 스케줄링 방법은 가중치가 시작할 때의 무작위random 값에서 벗어나 최솟값에 근접할 수 있는 쪽으로 이동하도록 잠시 동안 모든 감쇠를 미루는 것이다. 그러고 나서 선택한 특정 스케줄을 적용한다. 그림 15-17(b)는 이러한 지연 지수적 감쇠 스케줄 접근 방식을 나타내며, 그림 15-17(a)의 지수적 감쇠 일정을 몇 에폭 동안 연기한다.

또 다른 방법은 가끔씩만 감쇠를 적용하는 것이다. 그림 15-17(c)에 있는 주기적 감쇠 접근 방식은 매 4번째 또는 10번째 에폭과 같이 고정된 에폭 후에 학습률을 감소시킨다. 이렇게 하면 너무 빨리 작아지는 위험이 없어진다.

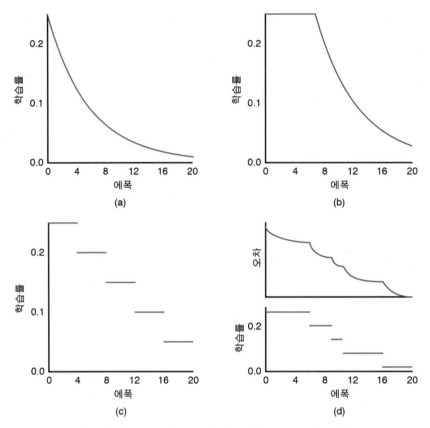

그림 15-17: 시간에 따른 학습률 크기 감소를 위한 감쇠 스케줄. (a) 각 에폭이 끝난 후 학습률을 감소시키는 지수적 감쇠. (b) 지연 지수적 감쇠. (c) 고정된 수의 에폭이 지난 후에 학습률을 감소시키는 주기적 감쇠(이 예제의 경우는 4 에폭). (d) 오차가 더 이상 감소하지 않는 경우 학습률을 감소시키는 오차 기반 감쇠

또 다른 방법은 신경망의 오차를 모니터링하는 것이다. 오차가 줄어들고 있는 경우에는 현재 학습률을 유지한다. 신경망의 학습이 멈추면 감쇠를 적용해 더 작은 스텝을 이동하고 오차 주변 환경에서 더 깊은 부분으로 이동할 수 있기를 기대한다. 이 오차 기반 감쇠는 그림 15-17(d)에 있다.

오차가 특정 양이나 특정 백분율만큼 줄어들 때만 감쇠를 적용하거나 1에 가까운 숫자를 곱하는 대신 작은 값을 빼서 얻은 학습률로 업데이트하는 것과 같이 많은 대안을 쉽게 만들 수 있다(어느 양수 값에서 멈춰야 한다. 학습률이 0이 되면 시스템은 학습을 중지하며, 학습률이 음수가 되면 시스템이 오차를 줄이지 않고 오차를 늘리도록 학습한다).

원한다면 시간이 지남에 따라 학습률을 높일 수도 있다. 볼드 드라이버^{bold driver} 방법은 각 에폭 이후 전체 손실^{loss}이 어떻게 변화하는지 살펴본다(Or 1999a; Orr 1999b). 오차가 감소하는 경우 학습률을 1%에서 5%로 약간 높인다. 잘 동작하고 오차가 줄어들면 큰 스텝을 이동할 수 있다는 생각이다. 하지만 오차가 약간보다 더 증가하면 학습률을 절반으로 줄여 학습률을 낮춘다. 이렇게 하면 이전에 얻었던 오차 감소에서 너무 멀리 벗어나기 전에 증가하는 것을 즉시 막을 수 있다.

학습률 스케줄은 파라미터를 미리 선택해야 한다는 단점이 있다(Darken, Chang, Moody 1992). 이러한 파라미터 변수를 학습률과 같은 하이퍼파라미터로 생각한다. 대부분의 딥러닝 라이브러리는 하나 이상의 하이퍼파라미터에 대한 최적 값 탐색을 도와주기 위한 다양한 값에 대해 자동으로 탐색하는 루틴을 제공한다.

일반적으로 학습률을 조절하는 단순한 전략은 대개 잘 작동하며, 대부분의 머신러닝 라이브러리는 그중 하나를 큰 어려움 없이 선택할 수 있게 해준다(Karpathy 2016).

학습률 감소는 대부분의 머신러닝 시스템에서 공통적인 특징이다. 초반에 빨리 학습하고 찾을 수 있는 가장 낮은 최솟값을 찾고자 큰 스텝으로 이동하길 원한다. 그리고 학습률을 낮춰 점진적으로 작은 스텝을 이동하고 발견한 계곡의 가장 낮은 곳에 도달할 수 있게 한다.

훈련을 시작하기 전에 설정한 스케줄에 의존하지 않는 학습률 조정 방법이 있는지 궁금한 것은 당연하다. 물론 최소치에 가까워지거나, 그릇 안에 있거나, 왔다 갔다 하는 것을 감지할 수 있고, 자동으로 그에 대한 반응으로 학습률을 조절할 수 있다.

훨씬 더 흥미로운 질문은 모든 가중치에 대해 동일한 학습률 조정을 적용하고 싶지 않을 수도 있다는 점을 고려하는 것이다. 각 가중치가 각각에 가장 적합한 속도로 학습되도록 업데이트를 조정할 수 있다면 좋을 것이다.

이러한 아이디어들을 다루는 경사 하강법의 변형을 살펴보자.

업데이트 전략

다음 절에서는 경사 하강법 개념을 적용하기 위한 세 가지 접근 방식의 성능을 비교한다. 이 예제에서는 작지만 실제적인 두 개의 클래스 분류 문제를 사용한다.

그림 15-18은 친숙한 데이터 세트인 두 개의 경계가 흐릿한 초승달을 보여준다. 이 점들에 대한 클래스는 색상으로 표시했다. 이 300개의 샘플들은 이 장의 나머지 부분에서 사용할 기준 데이터다.

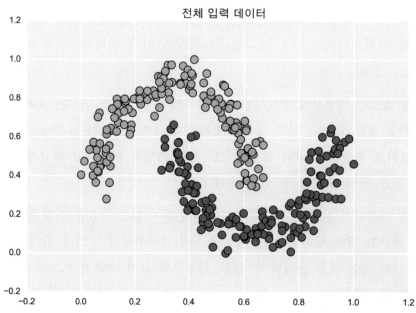

그림 15-18: 이 장의 다른 부분에서 사용할 데이터. 총 300개 점으로 각 클래스는 150개며 2개의 클래스로 구성돼 있다.

서로 다른 신경망을 비교하려면 오차가 최소치에 도달하거나 성능 개선이 중지될 때까지 신경망을 훈련시켜야 한다. 각 에폭 이후의 오차를 그래프로 나타낸 그림으로 훈련 결과를 표시할 수 있다. 알고리듬 간의 차이가 크기 때문에 이러한 그래프의 에폭 수는 범위가 아주 넓다.

점들을 분류하고자 3개(12개, 13개, 13개 노드로 구성된)의 완전 연결 히든 레이어와 2개의 노드 출력 레이어가 있는 신경망을 사용해 두 클래스에 대한 우도likelihood를 얻을 수 있다. 출력 레이어에서 더 큰 우도를 갖는 클래스는 신경망의 예측값으로 간주한다. 일관성을 위해 일정한 학습률이 필요하며 $\eta = 0.01$의 값을 사용한다. 신경망은 그림 15-19와 같다.

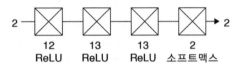

그림 15-19: 4개의 완전 연결 레이어로 구성된 신경망

배치 경사 하강법

우선 모든 샘플에 대해 평가한 다음 각 에폭당 한 번만 가중치를 업데이트하는 것으로 시작해보자. 이는 배치 경사 하강법batch gradient descent(에폭 경사 하강법epoch gradient descent이라고도 함)이다. 이 접근법에서는 시스템 전체에 전체 훈련 데이터 세트를 전달해 오차를 합산한다. 그런 다음 모든 샘플에 대해 취합한 정보를 사용해 전체 가중치를 업데이트한다.

그림 15-20은 배치 경사 하강법을 사용하는 일반적인 훈련 과정에서의 오차를 보여준다.

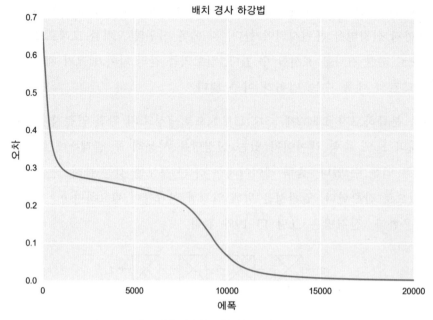

그림 15-20: 배치 경사 하강법을 사용했을 때 훈련 과정에서의 오차

폭이 넓은 지형으로 안심이 된다. 처음에 오차가 상당히 감소하는데, 이는 신경
망이 오차 표면의 가파른 부분에서 시작되고 있음을 나타낸다. 그러면 오차는
훨씬 적어진다. 이 오차 표면은 얕은 안장의 거의 평평한 지역일 수도 있고
거의 고원에 가깝지만 약간의 기울기가 있는 지역일 수도 있다. 오차 표면이
천천히 떨어지기 때문이다. 결국 알고리듬은 또 다른 가파른 영역을 찾아 0까지
쭉 내려간다.

배치 경사 하강법은 아주 부드러워 보이지만 이 신경망이 데이터에 대해 거의
0에 가까운 오차로 내려가려면 약 20,000 에폭이 필요한데, 이는 오랜 시간이
걸릴 수 있다. 그림 15-21에서는 첫 400 에폭을 확대해 한 에폭에서 다음 에폭
으로 넘어갈 때 어떤 일이 일어나는지 자세히 살펴보자.

배치 경사 하강법은 정말 부드럽게 움직이는 것처럼 보인다. 이는 일리가 있는
말이며 각 업데이트의 모든 샘플에 대한 평균을 사용하기 때문이다.

배치 경사 하강법은 일반적으로 부드러운 오차 곡선을 생성하지만 실제로 몇 가지 문제가 있다. 컴퓨터 메모리에 올라갈 수 있는 공간보다 더 많은 샘플이 있을 경우나 느린 스토리지 미디어에서 데이터를 검색하거나 페이징하는 데 드는 비용이 너무 커서 훈련이 비현실적으로 느려질 수 있다. 이는 수백만 개의 샘플 데이터 세트로 작업할 때 실제 상황에서 문제가 될 수 있다. 느린 메모리 (또는 하드 드라이브)에서 샘플을 반복해 읽는 데는 많은 시간이 걸릴 수 있다. 이 문제의 해결책은 있지만 많은 작업이 필요하다.

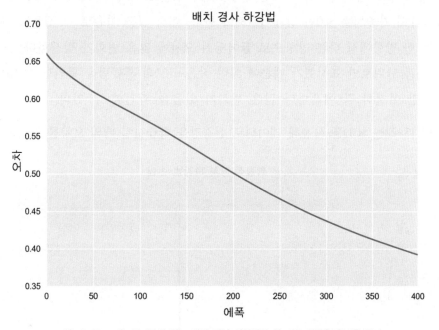

그림 15-21: 그림 15-20에 있는 배치 경사 하강법의 첫 400 에폭을 확대한 결과

이 메모리 문제와 밀접한 관련이 있는 것은 에폭마다 한 번씩 샘플을 반복해서 실행할 수 있도록 모든 샘플을 근처에 두고 사용할 수 있어야 한다는 점이다. 배치 경사 하강법은 오프라인 알고리듬이라고 말하기도 하는데, 이는 전적으로 저장해 두고 접근할 수 있는 정보에서 작동한다는 것을 의미한다. 모든 네트워크에서 컴퓨터의 연결을 해제한다 하더라도 모든 훈련 데이터에서 여전히 학습할 수 있다.

확률적 경사 하강법

그럼 완전히 반대의 경우로 가서 매 샘플마다 가중치를 업데이트해보자. 이를 **확률적 경사 하강법**stochastic gradient descent 또는 더 일반적으로 SGD라고 부른다. 확률적이라는 단어는 대략적으로 무작위라는 말과 동의어라는 것을 기억하자. 신경망에 훈련용 샘플을 임의의 순서로 보여주기 때문에 가중치가 한 샘플에서 다음 샘플로 어떻게 바뀔지 예측할 수 없어 이 단어를 사용한다.

매 샘플마다 업데이트하기 때문에 300개의 샘플로 구성된 데이터 세트는 한 에폭에서 가중치를 300번 업데이트해야 한다. 이와 같은 이유로 각 샘플이 가중치를 한 방향에서 다른 방향으로 끌어당겨 오차에 많은 변화가 발생한다. 오차를 에폭 단위로만 표시했기 때문에 이런 작은 규모의 흔들림을 확인할 수 없다. 하지만 여전히 각 에폭마다 많은 변화가 있음을 확인할 수 있다.

그림 15-22는 SGD를 사용해 데이터로 신경망을 학습시킬 때의 오차를 보여준다.

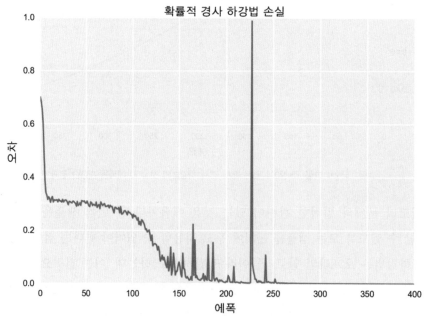

그림 15-22: 확률적 경사 하강법 또는 SGD

그래프는 그림 15-20의 배치 경사 하강법과 동일한 일반적인 형태를 갖고 있으며, 두 훈련의 실행 결과가 동일한 신경망과 데이터를 사용하기 때문에 의미가 있다.

약 225 에폭 정도에서 나타난 엄청난 급증은 SGD가 얼마나 예측 불가능한지를 보여준다. 샘플의 순서와 네트워크 가중치를 업데이트하는 방법에서의 무언가가 오차를 거의 0에서 1로 급증시켰다. 즉, 거의 모든 샘플에 대해 적절한 클래스를 찾는 상황에서 거의 모든 샘플에 대해 완전히 잘못 판단하는 상황으로 바뀌었고, (스파이크 오른쪽에 있는 작은 곡선에서 알 수 있듯이 몇 에폭이 걸렸지만) 다시 올바른 상태로 되돌아갔다. 학습 과정의 오차를 보고 있었다면 급상승하는 훈련 세션을 중단하려 했을 것이다. 오차를 감시하고자 자동 알고리듬을 사용한다면 알고리듬이 오차를 거기서 멈추게 할 수 있다. 하지만 그 급등 이후 몇 에폭이 지나면서 시스템은 회복됐고 거의 0으로 돌아갔다. 이 알고리듬은 그 이름에서 확실히 확률적이라는 단어를 얻었다.

그림에서 SGD가 400 에폭 만에 0 정도의 오차로 감소했음을 알 수 있다. 그림 15-22에서 이후 곡선은 0에 머물렀기 때문에 잘라냈다. 이를 그림 15-20의 배치 경사 하강법에 필요한 약 20,000 에폭과 비교해보자. 배치 경사 하강법 대비 효율 증가는 일반적이다(Ruder 2017).

하지만 이 둘을 비교해보자. 각 알고리듬이 가중치를 몇 번이나 업데이트했을까? 배치 경사 하강법은 각 배치 후에 가중치를 업데이트하기 때문에 20,000 에폭은 20,000번의 업데이트를 했음을 의미한다. SGD는 300개의 샘플마다 업데이트한다. 따라서 400 에폭의 경우 배치 경사 하강법보다 6배 많은 300 × 400 = 120,000번의 업데이트를 수행했다. 여기서의 교훈은 실제로 결과를 얻는 데 걸리는 시간은 에폭당 걸리는 시간이 상당히 다를 수 있기 때문에 에폭 수로 완벽히 예측할 수 없다는 것이다.

SGD를 온라인 알고리듬이라고 부르는데, 이는 샘플을 저장하거나 한 에폭에서 다음 에폭으로 넘어갈 때 일관성을 유지할 필요가 없기 때문이다. 각 샘플이 도착하는 대로 처리하고 신경망을 즉시 업데이트한다.

그림 15-22에서 볼 수 있듯이 SGD는 노이즈가 많은 결과를 생성한다. 이는 좋기도 하고 나쁘기도 하다. 장점은 SGD가 최솟값을 검색할 때 오차 표면의 한 영역에서 다른 영역으로 점프할 수 있다는 점이다. 하지만 단점은 SGD가 깊은 최솟값을 건너뛰어 더 큰 오차가 있는 계곡 내부를 탐색하는 데 시간을 소비할 수 있다는 점이다. 시간이 지남에 따라 학습률을 낮추는 것은 분명히 점프 문제에 도움이 되지만 진행 과정은 여전히 노이즈가 많다.

오차 곡선의 노이즈는 시스템이 언제 학습되고 언제 과적합이 시작되는지 알기 어렵게 만들기 때문에 문제가 될 수 있다. 많은 에폭의 슬라이딩 창을 확인할 수 있지만 최소 오차를 초과한 뒤 오래 지나고 나서야 알 수 있을 것이다.

미니배치 경사 하강법

매 에폭마다 한 번씩 업데이트하는 배치 경사 하강법과 매 샘플마다 업데이트하는 확률적 경사 하강법 사이에서 좋은 중간 지점을 찾을 수 있다. 이러한 절충안은 미니배치 경사 하강법mini-batch gradient descent, 또는 때로 미니배치 SGD라고 한다. 여기서는 일정 개수의 샘플을 평가한 뒤 가중치를 업데이트한다. 이 개수는 배치 크기(훈련 데이터 세트의 샘플 개수)보다 거의 상당히 작다. 이 작은 개수를 미니배치 크기라고 부르는데, 훈련 데이터 세트에서 뽑은 여러 샘플의 집합이 미니배치다.

미니배치 크기는 대개 약 32와 256 사이의 2의 거듭 제곱이며 GPU의 병렬 처리 성능을 완전히 사용하고자 선택하기도 한다. 하지만 이는 효율성을 위한 것일 뿐이다. 원하는 크기의 미니배치를 사용할 수 있다.

그림 15-23에서는 32개 샘플로 이뤄진 미니배치를 사용했을 때의 결과를 나타

낸다. 이는 두 알고리듬의 훌륭한 조합이다.

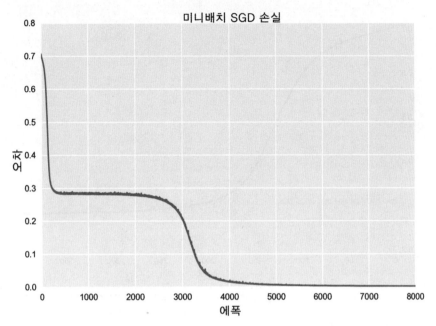

그림 15-23: 미니배치 경사 하강법

곡선은 배치 경사 하강법처럼 부드럽지만 완벽하지는 않다. SGD에 필요한 400 에폭과 배치 경사 하강법의 20,000 에폭 사이에 약 5,000 에폭 정도에서 0으로 떨어진다. 그림 15-24는 첫 400 스텝을 확대해 보여준다.

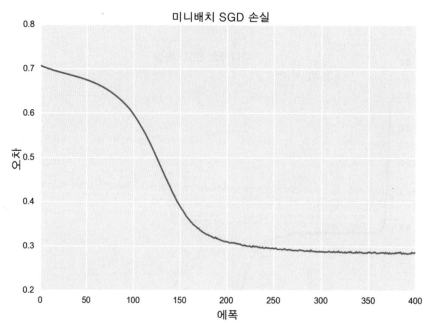

그림 15-24: 그림 15-23의 첫 400 에폭을 확대한 것으로 훈련 초반에 급격히 떨어지는 것을 확인할 수 있다.

미니배치 SGD는 얼마나 많은 업데이트를 수행했을까? 300개의 샘플을 갖고 있고, 32개 샘플로 구성된 미니배치를 사용했기 때문에 매 에폭당 10개의 미니배치가 있다(이상적으로 미니배치가 입력의 크기를 정확하게 나누기를 원하지만 실제 상황에서는 데이터 세트의 크기를 제어할 수 없다. 종종 부분적인 미니배치가 남게 된다). 따라서 매 에폭당 10번의 업데이트에 5,000 에폭을 곱하면 50,000번 업데이트했음을 알 수 있다. 이는 배치 경사 하강법에서의 20,000번 업데이트와 SGD에서의 120,000번 업데이트 사이에 있다.

미니배치 경사 하강법은 SGD보다 노이즈가 적어 오차 추적에 적합하다. 이 알고리듬은 계산할 때 GPU를 사용해 미니배치에 속한 모든 샘플을 병렬로 평가함으로써 큰 효율성 이득을 얻을 수 있다. 배치 경사 하강법의 속도보다 빠르고 실제로 SGD보다 매력적이다.

이러한 이유로 '일반적인' SGD와 배치 경사 하강법이 상대적으로 드물게 사용되면서 미니배치 SGD는 실제로 자주 사용한다. 사실 문헌에서 SGD라는 용어를 사용할 때나 심지어 경사 하강법을 사용할 때 대부분 저자가 미니배치 SGD를 의미하는 것으로 이해한다(Ruder 2017). 더 혼란스럽게 미니배치 대신 배치라는 용어를 종종 사용한다. 요즘에는 에폭 기반 경사 하강법을 매우 드물게 사용하기 때문에 배치 경사 하강법과 배치에 대한 참조는 거의 대부분 미니배치 경사 하강법과 미니배치를 참조한다.

경사 하강법 변형

미니배치의 경사 하강법은 좋은 알고리듬이지만 완벽하지는 않다. 미니배치 경사 하강법이 갖고 있는 문제의 몇 가지 과제와 이를 해결하는 몇 가지 방법을 검토해보자. 관례에 따라 여기서부터 미니배치 경사 하강법을 SGD라고 부르겠다(이 절의 구성은 Ruder 2017에서 영감을 얻었다).

첫 번째 과제는 미리 선택하기 어렵기로 악명 높은 사용하고자 하는 학습률 η의 값을 지정하는 것이다. 앞에서 살펴본 것처럼 값이 너무 낮으면 학습 시간이 길어지고 얕은 지역 최솟값$^{local\ minima}$에 갇힐 수 있다. 하지만 값이 너무 높으면 깊은 지역 최솟값을 지나치고 최솟값 주변에서 계속 왔다 갔다 하게 된다. 시간에 따라 η를 변경하고자 감쇠 스케줄을 사용해 문제를 피하려고 해도 여전히 시작 η 값과 스케줄의 하이퍼파라미터를 정해야 한다.

미니배치의 크기도 정해야 한다. 일반적으로 GPU나 다른 하드웨어의 구조에 가장 적합하게 연산하는 값을 선택하기 때문에 큰 문제가 되지 않는다.

몇 가지 개선점을 생각해보자. 현재 모든 가중치를 하나의 학습률로 업데이트하는 방식을 취하고 있다. 대신 시스템의 각 가중치에 대한 독자적인 학습률을 찾을 수 있다. 따라서 가장 좋은 방향으로만 움직이는 것이 아니라 가장 좋은 크기로 움직여야 한다. 이에 대한 예제는 다음 페이지에 있다.

또 다른 개선점은 오차 표면이 때때로 안장^{saddle}을 형성할 때 표면이 모든 방향으로 얄을 수 있다는 인식에서 시작한다. 따라서 지역적으로 거의(하지만 심하지는 않은) 고원지대다. 이는 진행 속도를 엄청나게 늦출 수 있다. 연구에 따르면 딥러닝 시스템은 오차 환경에 많은 안장을 갖고 있는 경우가 많다(Dauphin et al. 2014). 이런 상황에서 벗어날 수 있는 방법이 있거나 애초에 그것들에 갇히는 것을 피할 수 있는 더 나은 방법이 있다면 좋을 것이다. 고원에서의 경우도 마찬가지다. 그래디언트가 0으로 떨어지는 평평한 지역에 갇히는 것을 피하길 원한다. 이를 위해 당연히 찾고 있는 최솟값이 있는 코스를 제외하고 기울기가 0으로 떨어지는 영역을 피해야 한다.

이러한 문제를 다루는 경사 하강법의 변형을 살펴보자.

모멘텀

동시에 두 가중치를 고려해보자. XY 평면에 이 값들을 표시할 수 있으며 그 위에 해당 가중치를 사용해 시스템을 훈련했을 때의 오차를 나타낸다. 오차 표면을 하나의 풍경으로 생각해보자. 이제 오차를 최소화하는 작업은 가장 낮은 지점을 찾는 물방울을 따라가는 것으로 상상할 수 있다.

그림 15-25는 훈련 과정에 대한 이러한 사고의 예제를 나타내는 5장의 그림을 반복했다.

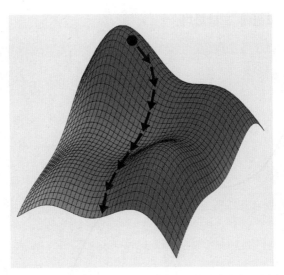

그림 15-25: 오차 표면에서 떨어지는 물방울. 5장에서 봤던 그림이다.

물 대신 작은 공이 오차 표면을 굴러 내려가는 것으로 생각해보자. 실제 공이 이런 식으로 언덕을 굴러 내려가는 데 약간의 관성이 있다는 것을 물리적 세계에서 알고 있으며, 이는 운동의 변화에 대한 저항을 설명한다. 공이 특정한 속도로 주어진 방향으로 굴러간다면 무언가가 방해하지 않는 한 계속해서 그 방향으로 움직일 것이다.

이와 관련된 아이디어는 공의 모멘텀(관성)인데, 이는 물리적인 관점에서 좀 더 추상적이다. 서로 다른 아이디어지만 때때로 딥러닝 논문에서는 간단히 관성을 모멘텀이라고 부르기도 하며 지금 살펴보려는 알고리듬은 이 언어를 사용한다.

이 아이디어는 그림 15-25의 공이 정상에서 내려와 그림의 중간 근처에 있는 안장에 들어간 후 고원을 가로질러 이동하도록 유지하는 것이다. 공의 움직임이 오직 경사도에 의해 주어졌다면 공 그림 중간 근처에 있는 고원에 도달했을 때 공이 멈출 것이다(평원에 가깝다면 공이 굴러가는 속도가 느려질 것이다). 하지만 공의 모멘텀(또는 관성)은 공이 앞으로 계속 굴러가게 한다.

현재 그림 15-26의 왼쪽 근처에 있다고 가정해보자. 언덕을 굴러 내려가면

-0.5 정도부터 고원에 도달한다.

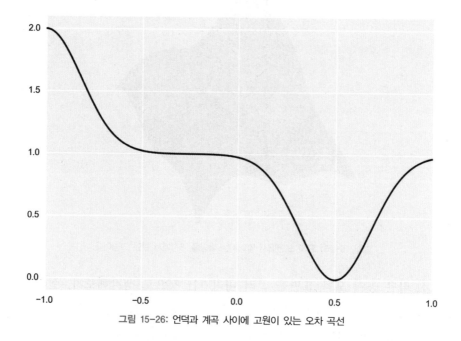

그림 15-26: 언덕과 계곡 사이에 고원이 있는 오차 곡선

그림 15-27의 왼쪽에 표시된 것처럼 그래디언트가 0이기 때문에 일반적인 경사 하강법에서는 고원에서 멈춘다. 하지만 약간의 모멘텀을 갖고 있다면 공은 한동안 계속 움직인다. 속도가 느려지긴 하지만 운이 좋으면 다음 계곡을 찾을 수 있을 만큼 멀리 굴러간다.

모멘텀 경사 하강법(Qian 1999) 기술은 이 아이디어에 기초한다. 각 스텝에서 각 가중치를 얼마나 변경해야 하는지 계산하고 나서 이전 스텝에서의 변화를 약간씩 추가한다. 주어진 스텝의 변화가 0이거나 거의 0에 가깝지만 이전 단계에서 더 큰 변화가 있었다면 이제 그 이전 움직임의 일부를 사용해 고원 너머로 밀어낸다.

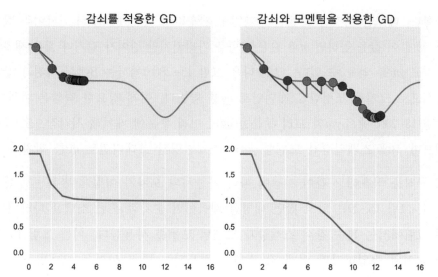

그림 15-27: 그림 15-26의 오차 곡선에서의 경사 하강법. 왼쪽: 감쇠를 사용한 경사 하강법. 오른쪽: 감쇠와 모멘텀을 적용한 경사 하강법

그림 15-28은 이 아이디어를 시각적으로 표현한다.

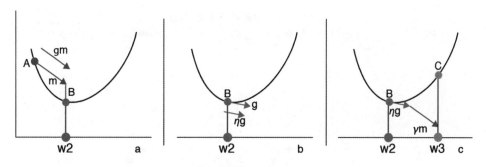

그림 15-28: 모멘텀을 적용한 경사 하강법에서 스텝을 찾는 과정

한 가중치에 오차 A가 있다고 가정하자. 오차 B를 갖고 있는 가중치 W2 값으로 업데이트했다. 이제 다음 값인 가중치 W3를 찾길 원하고 오차 C를 갖게 된다. C를 찾고자 A 지점에 적용한 변경 사항을 찾는다. 즉, A에 적용된 이전 움직임을 찾는다. 이는 그림 15-28(a)에서 m으로 표시된 항목이 모멘텀이다.

모멘텀 m에 보통 소문자 그리스 문자 γ(감마)로 표시하는 스케일링 계수factor를 곱한다. 때로는 이것을 모멘텀 스케일링 계수라고 하는데, 0부터 1 사이의 값이다. m에 이 값을 곱하면 m과 같은 방향을 가리키지만 길이가 같거나 짧은 새로운 화살표 γm을 얻을 수 있다. 그런 다음 그림 15-28(b)에서는 B에서 이전과 같은 방식으로 크기를 조정한 그래디언트 ng를 찾는다. 이제 필요한 작업은 마쳤다. 그림 15-28(c)에서 γm의 꼬리 부분을 ng의 머리 부분에 배치해 시각적으로 표현했으며, B에 스케일링된 모멘텀 γm와 스케일링된 그래디언트 ng를 합친다.

이 규칙을 적용해 시간이 지남에 따라 가중치와 오차가 어떻게 변하는지 살펴보자. 그림 15-29는 앞서 봤던 대칭형 계곡이며 순차적 훈련 스텝을 나타낸다. 이 그림에서는 지수 감쇠 스케줄과 모멘텀 모두를 사용한다. 이는 그림 15-15의 순서와 동일하지만 이제 각 스텝에 적용되는 변경 사항은 모멘텀과 이전 스텝의 변경 사항을 크기 조정한 것도 포함한다. 각 점에서 나오는 두 개의 선(하나는 그래디언트, 다른 하나는 모멘텀)을 보면 이를 확인할 수 있다. 합친 결과가 새로운 변경 사항이 된다.

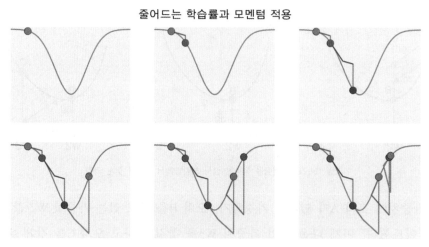

그림 15-29: 지수적 감쇠 스케줄과 모멘텀을 같이 적용한 학습

각 스텝에서 먼저 그래디언트를 찾아 이전처럼 현재 학습률 η 값에 곱한다. 그런 다음 이전의 변경 사항을 찾아 γ만큼 스케일링한 다음 두 변경 사항을 모두

가중치의 현재 위치에 합친다. 합친 결과는 현재 스텝에서의 변경 사항을 나타낸다.

그림 15-30은 여섯 번째 스텝에 대한 확대 결과와 각 점에서의 오차를 보여준다.

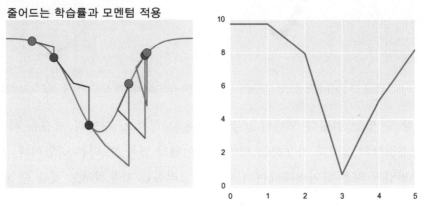

그림 15-30: 그림 15-29의 마지막 스텝과 각 점에서의 오차

여기서 흥미로운 현상이 일어났다. 공이 계곡의 우측에 닿았을 때 구르는 것을 계속했다. 기울기가 아래로 향했음에도 불구하고 말이다. 이 현상이 바로 진짜 공에 기대하는 바다. 공이 느려지는 것을 볼 수 있으며 결국 다시 경사면을 따라 내려오고 바닥을 지나치지만 전보다 덜 올라가고 다시 내려오는 것을 볼 수 있다.

너무 많은 모멘텀을 사용한다면 공은 반대편 위로 날아올라 그릇 밖으로 나갈 수 있지만 너무 적은 모멘텀을 사용하면 공은 도중에 마주치는 고원을 통과하지 못할 수도 있다. 그림 15-31은 그림 15-26의 오차 곡선을 나타낸다. 여기서 모멘텀을 스케일링하고자 γ 값을 사용해 공이 고원을 통과하면서 볼 바닥의 최솟값에 안착할 수 있게 한다.

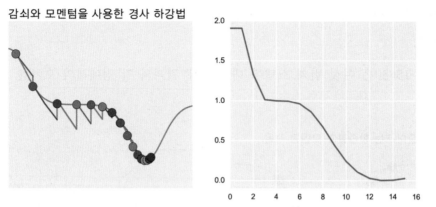

그림 15-31: 고원을 지나가기 위한 **충분한 모멘텀을 사용하고** 공이 최솟값의 바닥에 잘 안착할 수 정도로 사용한 경우

사용할 수 있는 적절한 모멘텀을 찾는 것은 시행착오, 경험과 직관을 사용해 특정 신경망의 동작과 사용하는 데이터의 이해를 돕는 또 다른 작업이다. 적절한 모멘텀의 양은 하이퍼파라미터 탐색 알고리듬을 활용해서도 찾을 수 있다.

이 모든 것을 종합하면 그래디언트를 찾고 이를 현재 학습률 η로 스케일링한 뒤 γ로 스케일링한 이전의 변화를 더해 새로운 위치를 얻는다. γ를 0으로 설정하면 이전 스텝의 변화를 전혀 추가하지 않고 '일반적인'(또는 '바닐라') 경사 하강법이 된다. γ를 1로 설정하면 이전 스텝의 변화 전체를 추가한다. 흔히 약 0.9 정도의 값을 사용한다. 그림 15-29와 그림 15-31에서 감마를 0.7로 설정해 이 과정을 잘 설명한다.

그림 15-32는 학습률 감쇠와 모멘텀을 모두 적용한 15 스텝의 학습 결과를 보여준다. 공은 왼쪽에서 시작해서 굴러 내려가고, 오른쪽의 훨씬 위로 올라갔다가 다시 아래로 굴러 왼쪽으로 굴러 올라간다. 이 과정이 반복되며 매번 조금씩 덜 올라 간다.

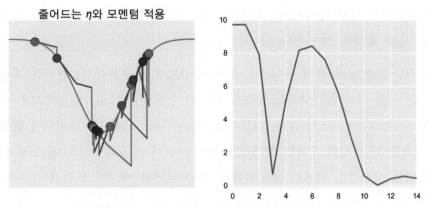

그림 15-32: 모멘텀과 감쇠하는 학습률을 사용하는 15개의 지점

모멘텀은 평평한 고원을 넘어 안장의 얕은 곳에서 나오도록 도와준다. 가파른 경사면을 내려갈 수 있게 도와주는 부가적인 이점이 있다. 따라서 학습률이 낮더라도 어느 정도 효율성을 높일 수 있다.

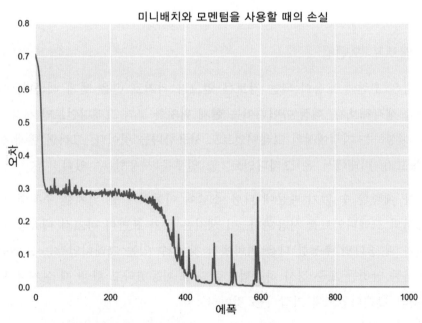

그림 15-33: 미니배치 경사 하강법에 모멘텀을 적용했을 때 두 초승달 데이터에 대한 훈련 오차 곡선. 600 에폭이 약간 지나면 0의 오차를 갖게 된다.

그림 15-33은 그림 15-18에서 봤던 두 개의 초승달 형태인 데이터 세트에 대한 훈련 실행 오차를 보여준다.

여기서는 모멘텀과 함께 미니배치 경사 하강법을 사용한다. 모멘텀은 때때로 원하는 곳을 지나가고 오차의 급증을 일으키기 때문에 그림 15-23에서의 미니 배치 곡선보다 노이즈가 많다. 그림 15-23의 미니배치 SGD를 데이터에 단독으로 사용할 때 발생한 오차는 약 5천 에폭이 지난 후에 오차가 약 0에 도달했다. 모멘텀을 사용했을 때에는 600 에폭이 조금 넘었을 때 0에 도달했다. 나쁘지 않다.

모멘텀은 분명히 더 빨리 학습할 수 있게 도와주는데, 이는 대단한 일이다. 하지만 모멘텀은 모멘텀 값 γ를 선택하는 새로운 문제를 가져온다. 앞서 언급한 것처럼 경험과 직관을 사용해 이 값을 선택하거나 최상의 결과를 나타내는 값을 찾고자 하이퍼파라미터 탐색을 사용할 수 있다.

네스테로프 모멘텀

모멘텀은 훈련에 도움이 되는 정보를 얻고자 과거로 손을 뻗게 해준다. 이제 미래를 생각해보자. 핵심 아이디어는 현재 위치한 곳의 그래디언트만 사용하는 대신 예상하는 지점에서의 그래디언트도 사용한다는 것이다. 그러면 현재 상황을 돕고자 '미래에서 온 그래디언트' 중 일부를 사용할 수 있다.

미래를 예측할 수 없기 때문에 다음 스텝에 이동하게 될 위치를 추정하고 그곳에서의 그래디언트를 사용한다. 이 생각은 오차 표면이 비교적 매끄럽고 추정치가 꽤 좋다면 추정한 다음 위치에서 찾을 수 있는 그래디언트는 모멘텀을 사용하든 안하든 표준 경사 하강법으로 그냥 이동했다고 했을 때 실제로 도달한 곳의 그래디언트에 가깝다는 것이다.

미래의 그래디언트를 사용하는 것이 왜 유용할까? 계곡의 한쪽을 굴러 내려가 바닥에 접근한다고 가정해보자. 다음 스텝에서 바닥을 지나쳐 다른 벽의 어딘가에서 끝난다.

앞서 봤듯이 모멘텀은 몇 스텝 동안 벽을 타고 올라갔다가 모멘텀을 잃으면서 느려지고 돌아서서 다시 내려온다. 하지만 먼 쪽으로 이동할 것이라고 예측할 수 있다면 현재 계산에 그 지점에서의 그래디언트 일부를 포함시킬 수 있다. 따라서 오른쪽 언덕 위로 너무 멀리 이동하는 대신 미래에서 왼쪽으로 밀어주면 거리가 조금 줄어들기 때문에 너무 멀리 지나치지 않고 계곡 바닥에 더 가까워진다.

다시 말해 이동할 다음 움직임이 지난번 움직임과 같은 방향이라면 지금 더 큰 스텝을 내딛게 된다. 다음 움직임이 뒤로 물러나게 한다면 작은 걸음을 내딛는다.

추정과 현실을 혼동하지 않게 이를 단계들로 나눠보자. 그림 15-34는 이 과정을 보여준다.

이전과 마찬가지로 그림 15-34(a)의 A 위치에서 시작해 가장 최근에 업데이트한 후 B에서 끝났다고 가정하자. 모멘텀을 사용했을 때와 마찬가지로 A 지점에 적용된 변화를 찾아 B(화살표 m)로 이동하고 이를 γ로 스케일링한다.

이제 그림 15-34(b)에서 시작하는 상황이다. B에서 그래디언트를 찾는 것보다 먼저 스케일링한 모멘텀을 B에 더해 '예측한' 오차 P를 얻는다. 이는 다음 스텝 후에 오차 표면에서 어디에 도달할지에 대한 추측이다. 그림 15-34(c)의 점 P에서 기울기 g를 찾고 평소처럼 ηg를 얻고자 스케일링한다. 이제 스케일링한 모멘텀 γm과 스케일링한 그래디언트 ηg를 B에 더해 그림 15-34(d)의 새로운 점 C를 찾는다.

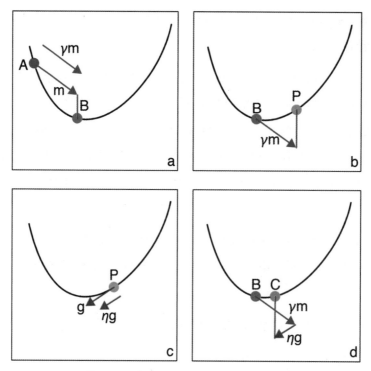

그림 15-34: 네스테로프 모멘텀을 적용한 경사 하강법

점 B에서 그래디언트를 전혀 사용하지 않는다는 점에 주목하자. B로 이동시켜 준 모멘텀을 크기 조정한 버전과 예측한 지점 P에서 그래디언트를 크기 조정한 버전을 결합하기만 하면 된다.

그림 15-34(d)의 점 C가 보통 모멘텀이 도달하는 점 P보다 그릇 바닥에 더 가깝 다는 점도 주목하자. 미래를 내다보고 계곡의 반대편에 위치한다는 것을 확인 함으로써 왼쪽을 가리키는 그래디언트를 사용해 멀리까지 굴러 올라가는 것을 방지할 수 있다.

이 방법을 개발한 연구자를 기념하고자 네스테로프 모멘텀^{Nesterov momentum} 또는 네 스테로프 가속 그래디언트^{Nesterov accelerated gradient}라고 한다(Nesterov 1983). 기본적으로 이전에 다룬 모멘텀 기술을 강화한 버전이다. 여전히 γ 값을 선택해야 하지만 새 파라미터를 선택해야 할 필요는 없다. 이는 더 많은 작업 없이도 성능을 향상시키는 알고리듬의 좋은 예다.

그림 15-35는 15 스텝 동안의 네스테로프 모멘텀 결과를 보여준다.

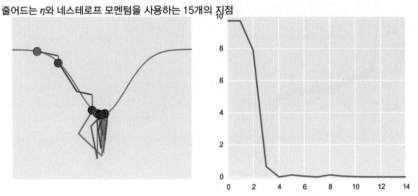

줄어드는 η와 네스테로프 모멘텀을 사용하는 15개의 집점

그림 15-35: 15 스텝 동안 네스테로프 모멘텀을 실행한 결과. 7 스텝 만에 계곡의 바닥을 찾고 그곳에 머문다.

그림 15-36은 네스테로프 모멘텀을 사용한 기준 테스트 케이스의 오차 곡선을 나타낸다. 이는 그림 15-33의 모멘텀만 사용한 결과와 정확히 동일한 모델과 파라미터를 사용하지만 노이즈가 적고 효율적이기 때문에 보통 모멘텀만 사용했을 때 필요한 약 600 에폭보다 적은 425번의 에폭 만에 오차가 0까지 떨어진다.

모멘텀을 사용할 때마다 대신에 네스테로프 모멘텀을 고려해볼 가치가 있다. 추가적인 파라미터가 필요하지 않지만 일반적으로 노이즈가 적고 더 빨리 학습한다.

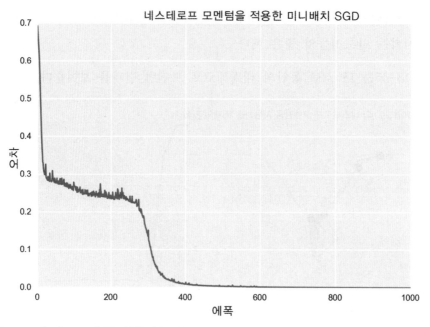

그림 15-36: 네스테로프 모멘텀을 사용한 미니배치 SGD의 오차. 거의 600번 에폭 정도에 시스템이 오차 0에 도달한다. 이 그래프는 1000 에폭 동안의 결과를 보여준다.

Adagrad

고원을 통과하고 지나쳐 가는 것을 줄이는 데 도움이 되는 두 가지 유형의 모멘텀을 살펴봤다. 신경망의 모든 가중치를 업데이트할 때 동일한 학습률을 사용해왔다. 이 장의 전반부에서 각 가중치에 맞게 개별적으로 조정된 학습률 η를 사용하자는 아이디어를 언급했다.

몇 가지 관련 알고리듬이 이 아이디어를 사용한다. 이 아이디어들의 이름은 모두 '적응성이 있는adaptive'을 의미하는 Ada로 시작한다.

Adagrad라는 알고리듬으로 시작해보자. Adagrad는 **적응형 그래디언트 학습**adaptive gradient learning의 줄임말이다(Duchi, Hazan, and Singer 2011). 이름에서 알 수 있듯이 알고리듬은 각 가중치에 대한 그래디언트 크기를 적응(또는 변경)시킨다. 다시 말해 Adagrad는 가중치별로 학습률 감쇠를 수행하는 방법을 제공한다. 각 가중치에 대해 Adagrad는 업데이트 스텝에서 사용하는 그래디언트를 취해 제곱한 다음 가중치에 대한 **실행 합계**^running sum에 더한다. 그런 다음 그래디언트는 이 합계에서 얻은 값으로 나눠 업데이트에 사용할 값을 제공한다.

각 스텝의 그래디언트는 더하기 전에 제곱하기 때문에 합계에 더하는 값은 항상 양수다. 결과적으로 이 실행 합계는 시간이 지남에 따라 점점 더 커진다. 통제 불능이 되는 것을 막고자 각 변화량을 점점 커지는 합계로 나눠 각 가중치에 대한 변화량은 시간이 지나면서 점점 더 작아진다.

이는 학습률 감쇠와 매우 흡사하게 보인다. 시간이 지날수록 가중치의 변화는 작아진다. 여기서 차이점은 학습 속도를 늦추는 것은 각 가중치의 히스토리에 기초해 독자적으로 계산하고 있다는 점이다.

Adagrad는 각 가중치에 대한 학습률을 자동으로 계산하기 때문에 학습을 시작할 때 사용하는 학습률은 앞선 알고리듬만큼 중요하지 않다. 이는 엄청난 이득이다. 오차율을 미세 조정하는 작업에서 해방되기 때문이다. 종종 학습률 η를 0.01과 같은 작은 값으로 설정하고 Adagrad가 그다음부터 작업을 처리하게 한다.

그림 15-37은 테스트 데이터에 대한 Adagrad의 성능을 나타낸다.

이는 대부분의 다른 곡선들과 일반적인 모양은 같지만 0까지 도달하는 데 오랜 시간이 걸린다. 그래디언트의 합이 시간이 지남에 따라 더 커지기 때문에 새로운 그래디언트 각각을 이 합계에 관련된 값으로 나누면 결국 0에 접근하는 그래디언트를 얻을 수 있게 된다. 점점 더 업데이트가 작아지는 이유는 Adagrad의 오차 곡선에서 이전에 남아 있는 오차를 제거하려고 해 아주 느리게 하강하기 때문이다.

아주 많은 작업을 하지 않고도 이 문제를 고칠 수 있다.

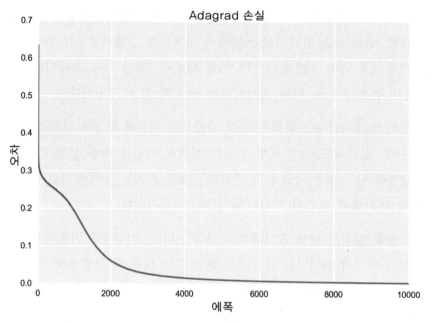

그림 15-37: 테스트 설정에서의 Adagrad 성능

Adadelta와 RMSprop

Adagrad의 문제는 업데이트 단계에서 각 가중치에 적용되는 그래디언트가 점점 더 작아지고 있다는 것이다. 이는 실행 합계가 점점 더 커지기 때문이다.

훈련 시작 이후 모든 그래디언트 제곱을 합산하는 대신 이 그래디언트들의 감쇠 합계를 저장한다고 가정해보자. 이를 각 가중치에 대한 가장 최근 그래디언트들의 실행 리스트로 가정할 수 있다. 가중치를 업데이트할 때마다 새로운 그래디언트를 리스트 끝에 붙이고 가장 오래된 그래디언트를 시작 부분에서 삭제한다. 새로운 그래디언트를 나누기 위한 값을 찾고자 리스트에 있는 모든 값을 더하지만 먼저 리스트에서의 위치에 따른 숫자를 곱한다. 최근 값은 큰 값으로 곱하고 가장 오래된 값은 매우 작은 값으로 곱한다. 이러한 방식으로 실행 합계는 최근 그래디언트들이 더 많이 반영되고 오래된 그래디언트들에 대해서는 영향을 덜 받는다(Ruder 2017).

이렇게 하면 최근에 적용한 그래디언트를 기초로 그래디언트의 실행 합계(그리고 이 값으로 새로운 그래디언트를 나눌 수 있다)를 늘리거나 줄일 수 있다.

이 알고리듬을 Adadelta(Zeiler 2012)라고 한다. 이 이름은 Adagrad처럼 적응형 adaptive에서 유래했고 델타delta는 수학자들이 변화를 언급할 때 자주 사용하는 그리스 문자 δ를 가리킨다. 이 알고리듬은 각 스텝의 가중치 실행 합계를 사용해 각 스텝의 가중치 업데이트 양을 적응적으로 변경한다.

Adadelta는 가중치에 대한 학습률을 개별적으로 조절하기 때문에 한동안 가파른 경사면에 있었던 가중치들을 느리게 해 지나치지 않게 하며, 가중치가 평평한 부분에 있을 때는 더 큰 스텝으로 이동할 수 있게 허용한다.

Adagrad처럼 종종 0.01 정도의 값으로 학습률을 시작하며 그 이후 알고리듬이 그것을 조정하게 한다.

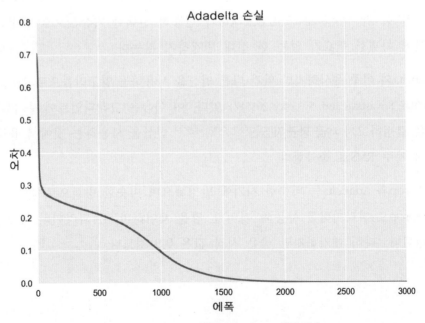

그림 15-38: 테스트 설정에서의 Adadelta 훈련 결과

그림 15-38은 테스트 설정에 대한 Adadelta의 결과를 보여준다.

이는 그림 15-37에 있는 Adagrad 성능에 비해 양호한 편이다. 이 결과는 훌륭하고 부드러우며 Adagrad의 8,000 에폭보다 훨씬 빠른 2,500 에폭에 0에 도달한다.

Adadelta는 γ라고 하는 다른 파라미터가 필요하다는 단점이 있다. 모멘텀 알고리듬이 사용하는 파라미터 γ와 대략적으로 관련이 있지만 이들은 충분히 다르기 때문에 같은 이름을 갖는 별개의 아이디어라고 보는 것이 가장 좋다. 여기서의 γ 값은 시간이 지남에 따라 히스토리 리스트의 기울기를 얼마나 감쇠시킬지를 나타낸다. 큰 γ 값은 작은 값에 비해 더 먼 과거를 '기억'하며 합계에 포함시킬 수 있다. 작은 γ 값은 최근 그래디언트에만 초점을 맞춘다. 종종 이 γ 값을 0.9 정도로 설정한다.

Adadelta는 그리스 문자 ε(엡실론)으로 명명된 또 다른 파라미터가 있다. 이는 수치적으로 안정적인 계산을 위해 사용하는 정보다. 대부분의 라이브러리들은 가능한 한 잘 작동하도록 프로그래머가 신중히 선택한 기본값으로 설정하기 때문에 특별한 필요가 없는 한 절대 변경하지 않는다.

Adadelta와 아주 유사하지만 약간 다른 연산을 사용하는 알고리듬으로 RMSprop (Hinton, Srivastava and, Swersky 2015)가 있다. 이 이름은 그래디언트에 추가할 조정을 결정하고자 **제곱 평균 제곱근**root-mean-squared 연산을 사용하는 것에서 유래했으며 자주 RMS로 축약한다.

RMSprop와 Adadelta는 비슷한 시기에 발명됐으며 비슷한 방식으로 작동한다. RMSprop도 파라미터를 사용해 '기억할' 양을 제어하며, 이 파라미터 역시 γ로 명명된다. 다시 얘기하지만 좋은 시작 값은 0.9 정도다.

Adam

이전 알고리듬들은 각 가중치와 함께 제곱 그래디언트의 리스트를 저장하는 아이디어를 공유한다. 그런 다음 이 리스트의 값들을 합산하고 크기를 조정해 스케일링 계수를 생성한다. 각 업데이트 스텝에서 그래디언트는 이 합산 결과로 나눈다. Adagrad는 스케일링 계수를 구성할 때 리스트의 모든 요소를 동일한 가중치로 반영하는 반면 Adadelta와 RMSprop는 오래된 요소를 덜 중요하게 취급해 전체 합산에 덜 기여하게 한다.

리스트에 넣기 전에 기울기를 제곱하는 것은 수학적으로 유용하지만 숫자를 제곱하면 결과는 항상 양수다. 이는 리스트의 그래디언트가 양수인지 음수인지에 대한 추적이 불가하다는 것을 의미하는데, 이것은 갖고 있어야 할 유용한 정보다. 그렇기 때문에 이 정보를 잃어버리는 것을 막고자 이들을 제곱하지 않고 두 번째 그래디언트 리스트를 유지할 수 있다. 그런 다음 두 리스트를 사용해 스케일링 계수를 도출할 수 있다.

이는 **적응적 모멘트 추정**adaptive moment estimation 또는 더 일반적으로 Adam(Kingma and Ba 2015)이라고 부르는 알고리듬 접근법이다.

그림 15-39는 Adam의 성능을 보여준다.

결과가 훌륭하다. 단지 약간의 노이즈가 있고 900번째 에폭 정도에서 0 오차를 기록하는데, 이는 Adagrad나 Adadelta보다 훨씬 빠르다. 단점은 Adam은 두 개의 파라미터를 갖고 있다는 것인데, 학습을 시작할 때 이 파라미터를 설정해야 한다. 파라미터는 그리스 문자 β(베타)를 사용하며 베타 1, 베타 2로 부르고 $\beta1$과 $\beta2$로 표기한다. Adam 논문의 저자들은 $\beta1$을 0.9로, $\beta2$를 0.999로 설정할 것을 제안하며 이 값들은 실제로 잘 작동한다.

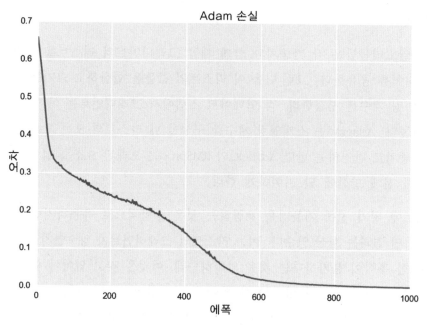

그림 15-39: 테스트 설정에서의 Adam 알고리듬

옵티마이저 선택

이 옵티마이저들은 제안되고 연구된 전체 목록은 아니다. 다른 많은 것이 있고 더 많은 것이 항상 나오고 각각 장단점이 있다. 목표는 가장 인기 있는 몇 가지 기술을 소개하고 이들이 어떻게 속도를 향상시키는지 이해하는 것이었다.

그림 15-40은 네스테로프 모멘텀과 Adagrad, Adadelta, Adam의 세 가지 적응형 알고리듬을 사용한 SGD에 따른 두 개의 초승달 데이터에 대한 결과를 요약한다.

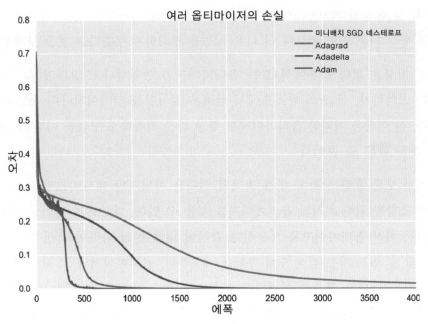

그림 15-40: 지금 다룬 네 알고리듬에 대한 시간이 지남에 따른 손실, 오차. 이 그래프는 첫 4,000 에폭만 보여준다.

이 간단한 테스트 예제에서는 네스테로프 모멘텀을 사용한 미니배치 SGD가 확실한 승자이며 아담이 근소한 차이로 2위를 차지했다. 더 복잡한 상황에서는 적응형 알고리듬이 일반적으로 더 나은 성능을 발휘한다.

광범위한 데이터 세트와 네트워크에 대해 다룬 마지막 세 가지 적응적 알고리듬(Adadelta, RMSprop, Adam)은 종종 아주 유사하게 수행된다(Ruder 2017). 연구에 따르면 Adam은 어떤 상황에서는 다른 알고리듬들보다 약간 더 잘하기 때문에 보통 좋은 출발점이라고 한다(Kingma and Ba 2015).

옵티마이저가 왜 이렇게 많을까? 가장 좋은 것을 찾아 그 알고리듬을 고수하는 것이 현명하지 않을까? '최고의' 옵티마이저를 모를 뿐만 아니라 모든 상황에서 최적인 옵티마이저가 있을 수는 없다는 것이 밝혀졌다. 어떤 옵티마이저를 '최고'로 내세우든 간에 다른 옵티마이저가 더 나을 만한 상황을 항상 찾을 수 있다는 것을 증명할 수 있다. 이 결과는 화려한 이름인 "공짜 점심은 없다[No Free Lunch]

Theorem"로 유명하다(Wolpert 1996; Wolpert and Macready 1997). 이는 어떤 옵티마이저도 항상 다른 어떤 것보다 더 나은 성능을 발휘하지 못한다는 것을 보증한다.

공짜 점심은 없다 이론에서 모든 옵티마이저가 동일하다고 말하지 않는다는 것을 기억하자. 이 장의 테스트에서 살펴본 것처럼 옵티마이저마다 성능이 다르다. 이 이론은 어떠한 옵티마이저도 항상 다른 최적화 도구들을 이길 수 없다는 것을 말해 줄 뿐이다.

가능한 모든 훈련 상황에 대해 최적의 선택은 아니지만 네트워크와 데이터의 특정 조합을 위한 최적의 옵티마이저를 찾을 수 있다. 대부분의 딥러닝 라이브러리는 여러 옵티마이저를 사용하고 각각에 대해 여러 파라미터 선택을 통해 실행할 수 있는 자동 검색 수행 루틴을 제공한다. 옵티마이저와 그 값들을 직접 선택하든 검색의 결과로 선택하든 최상의 선택은 네트워크와 데이터 세트에 따라 다를 수 있다는 것을 명심해야 한다. 둘 중 하나를 크게 변경하는 즉시 더 나은 옵티마이저가 더 효율적인 훈련을 제공할 수 있는지 확인하는 것을 고려해야 한다. 실용적인 지침에 따라 많은 사람은 Adam의 기본 파라미터를 사용해 Adam으로 시작한다.

일반화

어떤 옵티마이저를 선택하든 네트워크가 과적합으로 어려움을 겪을 수 있다. 9장에서 다뤘듯이 과적합은 너무 오랜 시간 동안 훈련한 경우 자연스러운 결과다. 문제는 네트워크가 훈련 데이터를 너무 잘 학습해 해당 데이터에만 맞추게 되고 새 데이터가 노출되면 성능이 떨어진다는 점이다.

과적합 시작을 지연시키는 기술을 일반화regularization 방법이라고 한다. 과적합이 너무 큰 영향을 미치기 전에 더 많은 에폭을 훈련시킬 수 있어 네트워크의 성능을 향상시키고자 더 많은 훈련 시간을 가질 수 있다.

드롭아웃

널리 사용되는 일반화 방법으로 **드롭아웃**^{dropout}이 있다. 일반적으로 드롭아웃 레이어 형태로 심층 네트워크에 적용한다(Srivastava et al. 2014). 드롭아웃 레이어는 자체적으로 어떠한 계산도 하지 않기 때문에 **부속**^{accessory} 레이어 또는 **보충** ^{supplemental} 레이어라고 부른다. 이를 레이어라고 부르고 한 레이어로 그리는데, 이렇게 하면 개념적으로 편리하고 네트워크 그림에 드롭아웃을 포함시킬 수 있기 때문이다. 하지만 실제 레이어(히든 레이어나 또는 그 외 레이어들)로 간주하지 않으며 특정 네트워크를 구성하는 레이어 개수를 설명할 때 이를 포함시키지 않는다.

드롭아웃은 네트워크에게 이전 레이어에서 알고리듬을 실행하라고 지시하는 플레이스홀더다. 또한 훈련 중에만 동작한다. 네트워크를 배포하고 나면 드롭아웃 계층은 비활성화되거나 제거된다.

드롭아웃 레이어의 역할은 이전 레이어에 있는 일부 뉴런 연결을 일시적으로 끊는 것이다. 적용해야 할 뉴런의 비율을 나타내는 파라미터를 전달한다. 그리고 각각의 배치 시작 시에 드롭아웃 레이어는 무작위로 이전 레이어에 있는 뉴런을 비율만큼 선택하고 이들의 입력과 출력을 일시적으로 네트워크에서 분리시킨다. 연결이 끊어져 있기 때문에 이 뉴런들은 어떤 전방향^{forward} 계산에도 참여하지 않는다. 역전파에도 포함되지 않고 옵티마이저에 의해 업데이트되지도 않는다. 배치가 완료되고 나머지 가중치를 업데이트하면 선택한 뉴런과 모든 연결을 복원한다.

다음 배치를 시작할 때 레이어는 다시 새로운 무작위 뉴런 집합을 선택하고 각 에폭의 처리를 반복하면서 뉴런들을 일시적으로 제거한다. 그림 15-41은 아이디어를 그래픽으로 나타낸다.

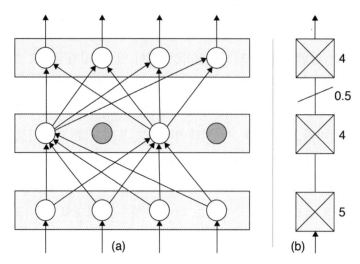

그림 15-41: 드롭아웃. (a) 중간 레이어(회색)에 있는 4개 뉴런 중 50%는 배치를 평가하기 전에 분리시키도록 선택했다. (b) 한 드롭아웃 레이어에 대한 기호는 대각선 슬래시(/)다. 오른쪽의 숫자는 연결을 위해 선택한 뉴런의 비율을 나타낸다. 드롭아웃은 이전 레이어에 적용시키기 때문에 이 예제에서 완전 연결 레이어의 중간에 이를 적용한다.

드롭아웃은 뉴런들이 지나치게 특수화되고 영향을 미치는 것을 방지해 과적합을 지연시킨다. 사진 분류 시스템에 있는 한 뉴런이 고양이의 눈을 감지하는 데에 고도로 특수화됐다고 가정해보자. 이 시스템은 고양이의 얼굴 사진을 인식하는 데 유용하지만 시스템이 분류해야 할 다른 모든 사진에서는 쓸모가 없다. 네트워크에 있는 모든 뉴런이 훈련 데이터에서 단지 한두 가지 특징만 찾는 것에 특수화된다면 뉴런이 찾도록 훈련 받은 특이한 세부 사항들만 발견하기 때문에 이 데이터에 대해서는 훌륭하게 수행할 수 있다. 하지만 뉴런들이 특화된 정확한 신호가 없는 새로운 데이터를 제시하면 시스템 전체가 제대로 작동하지 않을 것이다.

드롭아웃은 이런 종류의 특수화를 피할 수 있게 도와준다. 뉴런을 분리시켰을 때 나머지 뉴런들은 느슨한 부분을 채우고자 조정해야 한다. 따라서 특수화된 뉴런은 좀 더 일반적으로 유용한 작업을 수행할 수 있게 자유로워져 과적합 시작이 지연된다. 드롭아웃은 모든 뉴런 사이로 학습을 퍼뜨림으로써 과적합을 미루는 것을 돕는다.

배치 정규화

또 다른 일반화 기술은 배치 정규화batchnormalization라고 하며, 간단히 **배치놈**batchnorm (Ioffe and Szegedy 2015)이라고 한다. 드롭아웃과 마찬가지로 배치놈은 뉴런이 없는 레이어로 구현할 수 있다. 드롭아웃과 달리 배치놈은 실제로 일부 연산을 수행하지만 지정할 파라미터는 없다.

배치놈은 레이어에서 나오는 값을 수정한다. 훈련의 목적은 뉴런이 좋은 결과를 이끌어내는 출력값을 만들게 하는 것이기 때문에 이는 이상하게 보일 수 있다. 왜 이 결과를 수정하려고 할까?

누수leaky ReLU와 tanh 같은 많은 활성화 함수는 0에 가까운 때 가장 큰 효과를 갖고 있음을 기억하자. 이러한 함수의 이점을 최대한 활용하려면 0을 중심으로 하는 작은 범위에 숫자가 유입돼야 한다. 이것이 배치놈이 레이어의 모든 출력을 같이 크기 조정하고 이동시킴shifting으로써 수행하는 일이다. 배치놈은 뉴런의 출력을 0에 가까운 작은 범위로 이동시키기 때문에 어떤 뉴런이 특정한 한 가지 세부 사항만 학습하고 다른 뉴런들을 늪에 몰아넣는 큰 출력을 내는 것을 덜 볼 수 있다. 따라서 과적합 시작을 지연시킬 수 있다. 배치놈은 이전 레이어에서 나온 모든 값을 이러한 방식으로 전체 미니배치 과정에 걸쳐 크기 조정하고 이동시킨다. 네트워크 가중치와 함께 이 크기 조정 및 이동에 대한 파라미터를 학습해 가장 유용한 값을 취한다.

활성화 함수 전에 배치놈을 적용해 수정된 값이 가장 영향을 많이 받는 활성화 함수 영역에 속하게 한다. 실제로 이것은 배치놈으로 들어가는 뉴런에 활성화 함수를 두지 않는다는 것을 의미한다(혹은 함수를 지정해야 한다면 그것은 아무런 효과도 없는 선형 활성화 함수다). 이 값들은 배치놈에 들어가 적용하고자 하는 활성화 함수에 입력된다.

이 과정은 그림 15-42에 설명돼 있다. 배치놈과 같은 일반화 단계에 대한 아이콘은 원의 값이 더 작은 영역으로 변환된다는 것을 의미하는 원 안에 있는 검은색 디스크다. 16장에서 동일한 아이콘을 사용하는 비슷한 다른 일반화 단계를 다룬다. 텍스트(또는 근처에 있는 레이블)는 적용하는 다양한 일반화를 식별한다.

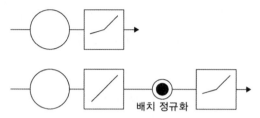

그림 15-42: 배치놈 레이어 적용. 위: 뉴런 다음에 누수 ReLU 활성화 함수가 나온다. 아래: 배치놈이 있는 뉴런. 활성화 함수는 선형 함수로 교체한 다음 배치놈(안에 검은색 디스크가 있는 원으로 표시)과 누수 ReLU로 교체한다.

드롭아웃처럼 배치놈은 과적합이 시작되는 것을 막아 더 오래 훈련할 수 있게 해준다.

요약

최적화는 네트워크가 학습할 수 있도록 가중치를 조정하는 과정이다. 핵심 아이디어는 모든 가중치의 그래디언트(기울기)에서 시작한다. 오차 표면의 낮은 지점으로 도달하고자 그 경사를 따라가서 경사 하강법이라는 이름이 붙는다. 이 과정에서 가장 중요한 값은 학습률이다. 자주 사용하는 기술은 시간의 경과에 따라 학습률을 감소시키는 것이다.

몇 가지 효율적인 최적화 기술을 다뤘다. 모든 에폭(배치 경사 하강법), 모든 샘플(확률적 경사 하강법, SGD), 샘플의 미니배치(미니배치 경사 하강법 또는 미니배치 SGD) 후에 가중치를 조정할 수 있다. 미니배치 경사 하강법은 현재 가장 일반적인 기술이며 이 분야의 관례는 단순히 SGD라고 부르는 것이다. 모멘텀을 사용해 모든 경사 하강법 유형의 효율성을 개선시킬 수 있다. 또한 Adam과 같은 알고리듬을 사용해 시간 경과에 따라 모든 가중치에 대한 맞춤형 학습률을 계산함으로써 학습을 개선할 수 있다. 마지막으로 과적합을 방지하고자 드롭아웃이나 배치놈과 같은 일반화 기법을 사용할 수 있다.

완전 연결 레이어로 구성된 심층 네트워크는 몇 가지 놀라운 일을 할 수 있다. 하지만 뉴런들을 다른 방식으로 구조화해서 레이어를 만들고 약간의 지원 연산을 더한다면 이 힘은 상당히 증가하게 된다. 다음 몇 장에서는 이러한 새로운 레이어를 이미지, 소리 등을 분류, 예측, 생성하는 데 어떻게 사용할 수 있는지 살펴본다.

4부

기초를 넘어

16

컨볼루셔널 신경망

16장은 **컨볼루션**^{convolution}(합성곱)이라고 불리는 딥러닝 기술에 관해 다룬다. 그 용도 중 컨볼루션은 이미지를 분류, 조작, 생성하는 표준 방법이 됐다. 컨볼루션은 컨볼루션 레이어^{convolution layer}(컨볼루셔널 레이어^{convolutional layer}라고도 함)에 쉽게 캡슐화할 수 있기 때문에 딥러닝에서 사용하기 쉽다. 16장에서는 컨볼루션 이면의 핵심 아이디어와 실제로 컨볼루션을 활용하고자 사용하는 관련 기술을 살펴본다. 간단한 여러 연산을 강력한 도구로 변화시킬 수 있는 연산 계층 구조를 만들고자 이러한 일련의 연산을 나열하는 방법을 알아본다.

구체적으로 설명하고자 16장에서는 이미지 작업에 대한 컨볼루션에 대한 주제에 초점을 맞춘다. 컨볼루션을 사용하는 모델은 이 분야에서 눈부신 성공을 거뒀다. 예를 들어 이미지가 표범인지 치타인지, 행성인지 구슬인지 판별하는 것과 같은 기본적인 분류 작업에 탁월하다. 사진에서 사람을 인식할 수 있고 (Sun, Wang, and Tang 2014) 다양한 유형의 피부암을 감지하고 분류할 수 있으며

(Esteva et al. 2017) 먼지, 긁힘, 번짐과 같은 이미지 손상을 복구할 수 있고(Mao, Shen, and Yang 2016), 사진에서 사람들의 나이와 성별을 분류할 수 있다(Levi and Hassner 2015). 컨볼루션 기반 네트워크는 자연어 처리(Britz 2015), 문장의 구조 분석(Kalchbrenner, Grefenstette, and Blunsom 2014), 여러 범주로 문장을 분류하는 작업 등 여러 응용 분야에서 유용하다(Kim 2014).

컨볼루션 소개

딥러닝에서 이미지는 높이, 너비, 채널 수 또는 픽셀당 값들을 갖는 3D 텐서다. 그레이스케일 이미지는 픽셀당 값이 하나만 있기 때문에 채널이 하나만 있다. RGB로 저장된 컬러 이미지는 세 개의 채널(빨간색, 녹색, 파란색에 대한 값)이 있다. 가끔 사람들은 텐서의 채널 수를 나타내고자 깊이^{depth} 또는 섬유 크기$^{fiber\ size}$라는 용어를 사용한다. 또한 안타깝게도 깊이는 심층 네트워크$^{deep\ network}$의 레이어 수를 나타내는 데 사용되며, 섬유 크기는 널리 알려지지 않았다. 혼동을 피하고자 항상 이미지의 3차원(과 관련된 3D 텐서들)을 높이, 너비, 채널이라고 부르겠다. 딥러닝 용어로 처리를 위해 네트워크에 전달하는 각 이미지는 샘플이다. 이미지의 각 픽셀은 피처^{feature}다.

텐서가 일련의 컨볼루션 레이어를 통해 이동할 때 자주 너비, 높이, 채널 수가 변한다. 텐서가 1개 또는 3개의 채널을 갖고 있다면 이는 이미지로 생각할 수 있다. 하지만 텐서가 14개 또는 512개의 채널을 갖고 있다면 더 이상 이미지로 생각하지 않는 것이 좋다. 이는 텐서의 개별 요소를 이미지 중심 용어인 픽셀로 지칭해서는 안 된다는 것을 의미한다. 대신 이들을 요소^{element}라고 부른다. 그림 16-1은 이러한 용어를 시각적으로 보여준다.

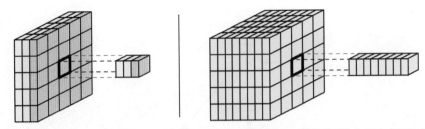

그림 16-1: 왼쪽: 텐서가 한 개 또는 세 개의 채널을 갖고 있을 때 픽셀들이 구성됐다고 말할 수 있다. 오른쪽: 채널이 여러 개인 텐서의 경우 채널을 통과하는 각 조각을 요소라고 한다.

컨볼루션 레이어가 중심적인 역할을 하는 네트워크는 보통 **컨볼루셔널 신경망** convolutional neural network(합성곱 신경망이라고도 함), 컨브넷, CNN이라고 불린다. 종종 사람들은 CNN 네트워크라고도 한다('중복 약어RAS, Redundant Acronym Syndrome 증후군 syndrome'의 예다[Memmott 2015]).[1]

노란색 탐지

컨볼루션에 대한 설명을 시작하고자 컬러 이미지를 처리하는 것을 고려해보자. 각 픽셀에는 빨간색, 녹색, 파란색 세 가지 숫자가 있다. 컬러 이미지와 높이와 너비가 같고 입력 픽셀의 노란색 양만큼 각 픽셀의 흰색 양을 갖는 그레이스케일 출력을 생성하고자 한다.

간단하게 RGB 값이 0부터 1까지의 숫자라고 가정해보자. 그러면 순수 노란색 픽셀은 빨간색과 녹색 값이 1이고 파란색 값은 0이다. 빨간색과 녹색 값이 감소하고 파란색 값이 증가하면 픽셀 색상이 노란색에서 멀어진다.

각 입력 픽셀의 RGB 값을 '노란색인 정도Yellowness'를 나타내는 0부터 1까지 값을 갖는 하나의 숫자로 결합해 출력 픽셀 값으로 사용하고자 한다. 그림 16-2는 이를 위한 한 가지 방법을 나타낸다.

---

1. RAS 증후군은 약어와 함께 약어를 구성하는 하나 이상의 단어를 사용하는 것이다. 이는 사실상 두문자어에서 하나 이상의 단어를 반복하는 것을 의미한다. – 옮긴이(위키피디아 참고)

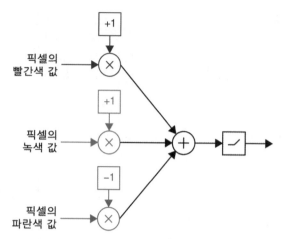

그림 16-2: 노란색 탐지기를 단순한 뉴런으로 표현

이는 확실히 익숙해 보이는데, 인공 뉴런과 같은 구조를 갖고 있다. 그림 16-2를 뉴런으로 해석하면 +1, +1, −1은 세 개의 가중치이고 컬러 값에 관한 숫자들은 세 개의 입력값이다. 그림 16-3은 이미지 픽셀에 이 뉴런을 적용하는 방법을 보여준다.

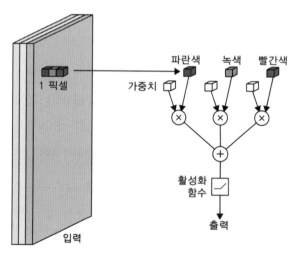

그림 16-3: 이미지 픽셀에 그림 16-2에 있는 뉴런을 적용

이 연산을 입력의 모든 픽셀에 적용하면 각 픽셀에 대해 하나의 출력값을 생성할 수 있다. 이 결과는 그림 16-4와 같이 입력과 너비 및 높이는 같지만 채널은 하나만 있는 새로운 텐서다.

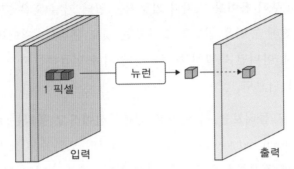

그림 16-4: 그림 16-3의 뉴런을 입력의 각 픽셀에 적용하면 너비와 높이가 같지만 채널은 하나만 있는 출력 텐서가 생성된다.

뉴런을 왼쪽 위 픽셀에 적용하고 한 번에 한 단계씩 오른쪽으로 움직여 이 행의 끝에 도달할 때까지 반복하고, 다음 행에서도 이것을 반복하고, 그다음 행들을 반복해 가장 하단의 오른쪽 픽셀에 도달할 때까지 뉴런을 적용하는 것을 자주 상상한다. 입력 위를 뉴런으로 둘러보거나sweeping 입력을 스캔scanning한다고 한다.

그림 16-5는 노란 개구리의 사진에 대한 이 과정의 결과를 보여준다. 의도한 대로 각 입력 픽셀에 노란색이 많을수록 해당 출력에서 흰색이 더 많이 나타난다. 뉴런이 입력에 있는 노란색을 식별identifying하거나 탐지detecting한다고 한다.

그림 16-5: 노란색 찾기 연산의 적용. 오른쪽 이미지는 왼쪽 이미지의 해당 소스 픽셀의 노란 정도에 따라 검은색을 흰색으로 변경한다.

물론 노란색에 대해서는 특별한 것이 없다. 작은 뉴런을 만들어 어떤 색깔도 감지할 수 있다. 이런 식으로 뉴런을 사용할 때 자주 뉴런이 입력을 필터링한다고 한다. 이러한 맥락에서 가중치는 필터 값 혹은 필터로만 통칭되기도 한다. 수학적 근원으로부터 용어를 가져와 가중치는 필터 커널 혹은 그냥 커널이라고도 한다. 또한 전체 뉴런을 필터라고 부르는 것도 흔하다. 필터라는 단어가 뉴런을 지칭하는지, 아니면 특별히 뉴런의 가중치를 언급하는지 여부는 일반적으로 상황에 따라 다르다.

입력 위를 필터로 둘러보는 이 연산은 컨볼루션이라고 불리는 수학적 연산에 해당한다(Oppenheim and Nawab 1996). 그림 16-5의 오른쪽은 노란색 탐지 필터로 컬러 이미지에 컨볼루션을 한 결과라고 한다. 또한 필터로 이미지를 합성곱 convolve한다고 한다. 종종 이러한 용어들을 결합해 합성곱 필터로서 필터(전체 뉴런이나 뉴런의 가중치)를 지칭한다.

가중치 공유

앞 절에서 입력 이미지 위를 뉴런으로 둘러보는 것을 상상했다. 모든 픽셀에 정확히 같은 연산을 수행한다. 더 빨리 하고 싶다면 동일한 뉴런으로 거대한 격자를 만들어 모든 픽셀에 동시에 적용할 수 있다. 다시 말해 픽셀을 병렬로 처리한다.

이 접근법에서 모든 뉴런은 동일한 가중치를 갖는다. 모든 뉴런에 대해 분리된 메모리 조각에 있는 동일한 가중치를 반복하는 대신 그림 16-6과 같이 특정 공유 메모리 조각에 가중치가 저장된다고 상상해볼 수 있다. 이 뉴런을 **가중치 공유**weight sharing라고 한다.

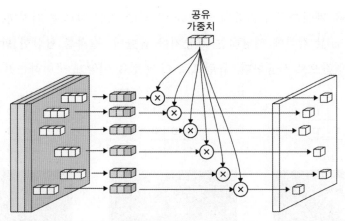

그림 16-6: 뉴런을 입력의 모든 픽셀에 동시 적용할 수 있다. 각 뉴런은 공유 메모리의 한 조각에 있는 동일한 가중치를 사용한다.

이렇게 하면 메모리를 절약할 수 있다. 노란색 탐지기 예제에서 가중치 공유를 사용해 탐지할 색을 쉽게 변경할 수 있다. 수천 개의 뉴런(또는 그 이상)의 가중치를 바꾸기보다는 공유 메모리에 있는 한 집합만 변경한다.

실제로 GPU에서 이 방식을 구현할 수 있고 GPU는 동일한 일련의 연산을 동시에 수행할 수 있다. 가중치 공유로 귀중한 GPU 메모리를 절약해 다른 용도로 사용할 수 있다.

더 큰 필터

지금까지 이미지 위를 뉴런으로 둘러보는 데(또는 가중치 공유를 사용해 병렬로 적용하면서) 한 번에 한 픽셀씩 처리하고 입력의 그 픽셀 값만 사용했다. 많은 경우에 처리하고 있는 픽셀의 주변 픽셀을 살펴보는 것도 유용하다. 보통 픽셀에 바로 붙어 있는 8개 이웃을 고려한다. 즉, 이 픽셀이 중앙에 위치한 3 × 3 상자 안에 있는 값들을 사용한다.

그림 16-7은 이러한 방식으로 3 × 3 블록의 숫자를 사용해 적용할 수 있는 세 가지 다른 연산(블러링blurring, 수평 윤곽선edge 검출, 수직 윤곽선 검출)을 나타낸다.

각 이미지를 계산하고자 가중치 블록을 각 픽셀 위에 차례로 배치하고 그 아래에 있는 9개 값 각각에 해당하는 가중치를 곱한다. 결과를 합산한 합계를 해당 픽셀의 출력값으로 사용한다. 뉴런으로 이 과정을 어떻게 구현하는지 살펴보자.

그림 16-7: 이미지 위로 3 x 3 숫자 템플릿을 이동해 그림 16-5에 있는 개구리를 그레이스케일 이미지로 처리한다. 왼쪽에서 오른쪽으로 이미지를 흐리게 하고, 수평 윤곽선을 찾고, 수직 윤곽선을 찾는다.

단순성을 위해 당분간은 그레이스케일 입력을 고수하겠다. 그림 16-7의 숫자 블록을 가중치 또는 필터 커널로 생각할 수 있다. 이 시나리오에서는 9 픽셀 값 그리드 위에 9개 가중치를 위치시킨다. 각 픽셀 값은 그에 상응하는 가중치로 곱하고, 결과를 합산하고 활성화 함수 실행해 출력을 얻는다. 그림 16-8은 이 아이디어를 보여준다.

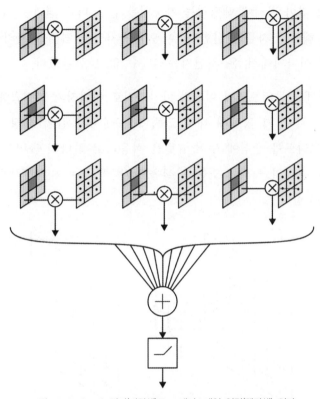

그림 16-8: 3 x 3 필터(파란색)로 그레이스케일 입력(빨간색) 처리

이 그림은 단일 픽셀(어두운 빨간색으로 표시)을 처리하는 방법을 보여준다. 필터를 의도한 픽셀의 중앙에 놓고 입력에 있는 9개 값 각각에 해당하는 필터 값을 곱한다. 9개 결과를 모두 합산하고 그 합계를 활성화 함수에 전달한다.

이 스키마에서 뉴런의 입력을 구성하는 픽셀 형태를 뉴런의 **국부 수용 영역**^{local} ^{receptive field} 또는 더 간단하게 **풋프린트**^{footprint}라고 한다. 그림 16-8에서 뉴런의 풋프린트는 한 변이 3 픽셀인 정사각형이다. 노란색 검출기에서 풋프린트는 1 픽셀이었다. 필터의 풋프린트가 한 픽셀보다 크면 공간 필터를 호출해 특성을 두드러지게 하기도 한다.

그림 16-8에 있는 뉴런은 다른 뉴런과 동일하다는 점에 유의하자. 입력으로

9개의 숫자를 받아 각각에 해당하는 가중치를 곱한 다음 결과를 합하고 활성화 함수를 통해 해당 숫자를 전달한다. 이 9개 숫자가 입력의 정사각형 영역에서 나온 것인지 이미지에서 온 것인지는 알 수 없고 상관없다.

각 픽셀을 차례로 둘러보면서 이전과 마찬가지로 이미지와 합성곱해 3 × 3 필터를 적용한다. 각 입력 픽셀에 대해 그림 16-9에서와 같이 해당 픽셀 위에 3 × 3 가중치 그리드를 중심에 두어 뉴런을 적용하고 하나의 출력값을 생성한다고 상상한다. 필터의 중심에 있는 픽셀을 앵커^{anchor}(또는 기준점$^{reference\ point}$ 또는 영점$^{zero\ point}$)라고 한다.

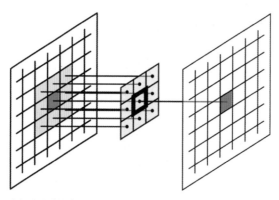

그림 16-9: 그레이스케일 이미지(왼쪽)에 3 x 3 필터(가운데)를 적용해 새로운 단일 채널 이미지 생성(오른쪽)

원하는 크기와 형태의 풋프린트를 갖도록 필터를 설계할 수 있다. 실제로는 크기가 큰 발자국보다 평가하기가 빠르기 때문에 크기가 작은 것이 가장 일반적이다. 보통 각 축이 홀수 픽셀을 갖는 작은 정사각형(흔히 1에서 9 사이)을 사용한다. 이런 정사각형은 풋프린트 중심에 앵커를 놓을 수 있게 해준다. 이렇게 하면 모든 것이 대칭적이고 더 이해하기 쉽게 유지한다.

이것을 실제로 해보자. 그림 16-10은 3 × 3 필터로 7 × 7 입력을 합성곱한 결과를 나타낸다. 입력의 모서리나 가장자리에 필터를 배치하면 필터의 풋프린트가 입력을 넘어갈 것이고 뉴런은 존재하지 않는 입력값을 필요로 할 것이다. 이 문제는 잠시 후에 다룬다. 지금은 필터가 이미지 위에 완전히 들어가는 위치로 제한하자. 이는 출력 이미지가 5 × 5밖에 되지 않음을 의미한다.

이미지를 흐리게 하거나 윤곽선을 검출하는 것과 같은 작업하는 공간 필터를 살펴보면서 다룰 내용에 대한 동기를 부여했다. 하지만 왜 이런 것들이 딥러닝에 유용한가? 이 질문에 답하고자 필터를 좀 더 자세히 살펴보자.

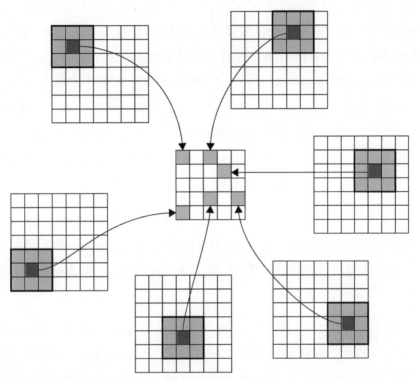

그림 16-10: 필터로 이미지를 합성곱하고자 이미지를 가로질러 필터를 이동시키고 각 위치에 적용한다. 이 그림에서 모서리와 가장자리는 건너뛰고 있다.

필터와 피처

두꺼비를 연구하는 일부 생물학자는 동물의 시각 시스템에 있는 특정 세포가 특정 유형의 시각 패턴에 민감하다고 생각한다(Ewert et al. 1985). 이 이론은 두꺼비가 먹기 좋아하는 생물과 그 생물들이 하는 특정한 동작에 해당하는 특정한 형태를 찾고 있다는 것이다. 사람들은 두꺼비의 눈이 자신을 때리는 모든 빛을 흡수하고, 뇌로 많은 양의 정보를 보내며, 음식을 찾는 결과를 체로 걸러내는 것이 뇌가 할 일이라고 생각하곤 했다. 새로운 가설은 눈의 세포들이 스스로 이 감지 과정의 초기 단계들을 수행하고 있고, 그들은 먹이를 '생각'하고 있을 때에만 발화해서 뇌에 정보를 전달한다는 것이다.

이 이론은 인간의 시각 체계로 확대됐고, 일부 개별 뉴런들은 매우 정밀하게 미세 조정돼 특정 사람들에 대한 사진에만 반응한다는 놀라운 가설을 이끌어냈다. 이 제안을 이끈 최초의 연구는 사람, 동물, 풍경이 포함된 87개의 다른 이미지를 사람들에게 보여줬다. 이들은 한 자원봉사자에서 여배우 제니퍼 애니스톤 Jennifer Aniston의 사진을 봤을 때만 반응하는 특정한 뉴런을 발견했다. 더욱 흥미롭게도 이 뉴런은 애니스톤이 혼자 있을 때만 반응했고 유명한 배우들이 포함된 다른 사람들과 함께 찍힌 사진에서는 반응하지 않았다.

뉴런이 정밀한 패턴 매칭 장치라는 생각은 보편적으로 받아들여지지 않고 여기서 진정한 신경과학과 생물학을 하고 있지는 않다. 단지 영감을 찾고 있을 뿐이다. 뉴런들이 탐지 작업을 수행하게 하는 이 아이디어는 꽤 훌륭한 영감처럼 보인다.

컨볼루션과의 연결점은 필터를 사용해 두꺼비 눈에 있는 세포를 시뮬레이션할 수 있다는 것이다. 또한 필터들은 특정한 패턴을 골라내고 이 발견을 전달해 다음 필터에서 훨씬 더 큰 패턴을 찾는다. 이 프로세스에 사용하는 용어 중 일부는 이전에 다룬 용어와 유사하다. 특히 샘플에 포함된 값 중 하나를 나타내고자 피처라는 단어를 사용해왔다. 그러나 이 문맥에서 피처라는 단어는 필터가 감지하려고 하는 가장자리, 깃털, 비늘 모양의 피부처럼 입력의 특정 구조를 가리키기도 한다. 필터가 줄무늬, 안경, 스포츠카를 찾고 있다고 해보자. 이 활용을 계속해 필터 자체를 **피처 감지기**feature detector라고 부르기도 한다. 피처 감지기로 전체 입력을 확인한 경우 출력은 **피처 맵**feature map(이 문맥에서 맵이라는 단어는 수학적 언어에서 나온 것이다)이라고 말한다. 피처 맵은 필터가 찾고 있던 것이 주변 이미지와 얼마나 잘 일치하는지 픽셀 단위로 알려준다.

피처 감지가 어떻게 작동하는지 확인해보자. 그림 16-11에서 필터를 사용해 바이너리 이미지에서 짧고 고립된 수직 흰색 줄무늬를 찾는 과정을 보여준다.

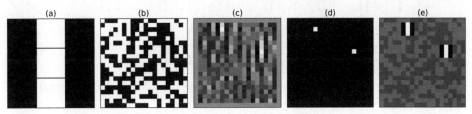

그림 16-11: 컨볼루션을 사용한 2D 패턴 매칭. (a) 필터. (b) 입력. (c) 표현을 위해 [0,1]로 크기 조정된 피처 맵. (d) 값이 3인 피처 맵 요소. (e) (d)에서 흰색 픽셀 주변의 이웃들((b)에서 확인)

그림 16-11(a)는 값이 −1(검정색)과 1(흰색)인 3 × 3 필터를 보여준다. 그림 16-11(b)는 흑백 픽셀로만 구성된 노이즈가 있는 입력 이미지를 보여준다. 그림 16-11(c)는 입력 이미지의 각 픽셀(가장 바깥쪽 테두리 제외)에 필터를 적용한 결과를 보여준다. 여기서 값의 범위는 −6에서 +3까지이며 표현을 위해 [0,1]로 크기 조정됐다. 이 이미지의 값이 클수록 필터와 픽셀(및 그 이웃) 간의 일치함이 더 좋다. 값이 +3이면 필터가 해당 픽셀에서 이미지와 완벽하게 일치함을 의미한다.

그림 16-11(d)는 그림 16-11(c)의 임곗값 버전을 보여준다. 여기서 +3 값을 갖는 픽셀은 흰색으로 표시되고 다른 모든 픽셀은 검정색으로 표시된다. 마지막으로 그림 16-11(e)는 그림 16-11(d)의 흰색 픽셀 주위에 픽셀의 3 × 3 격자를 강조 표시한 그림 16-11(b)의 노이즈 이미지를 보여준다. 필터가 이미지에서 픽셀이 필터의 패턴과 일치하는 위치를 찾았음을 알 수 있다.

이것이 효과가 있었던 이유를 살펴보자. 그림 16-12의 맨 윗줄에는 필터와 이미지의 3 × 3 패치가 픽셀 단위 결과와 함께 표시된다.

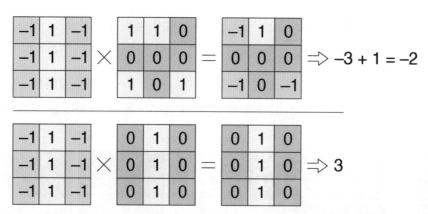

그림 16-12: 두 개의 이미지 조각에 필터 적용하기. 왼쪽부터 오른쪽으로 각 행은 필터, 입력, 결과를 보여준다. 마지막 숫자는 가장 오른쪽에 있는 3 x 3 그리드의 합이다.

상단 행 중앙에 표시된 픽셀을 확인해보자. 값이 0인 검은색 픽셀(여기서 회색으로 표시됨)은 출력에 관여하지 않는다. 값이 1인 흰색 픽셀(여기서 밝은 노란색으로 표시됨)은 필터 값에 따라 1 또는 -1이 곱해진다. 픽셀의 맨 위 행에서 흰색 픽셀 중 하나만(가장 위 중앙) 필터의 1과 일치한다. 이것은 $1 \times 1 = 1$의 결과를 가져온다. 다른 세 개의 흰색 픽셀은 -1과 일치해 $-1 \times 1 = -1$을 세 번 가져온다. 이것을 더하면 $-3 + 1 = -2$가 된다.

아래쪽 행에서 이미지는 필터와 일치한다. 필터의 세 가중치 1은 모두 흰색 픽셀에 있으며 입력에는 다른 흰색 픽셀이 없다. 결과는 완벽한 일치를 나타내는 3점이다.

그림 16-13은 이번에는 대각선을 찾는 또 다른 필터를 보여준다. 같은 이미지로 실행해보자. 검은색으로 둘러싸인 세 흰색 픽셀로 구성된 대각선은 두 곳에 존재한다.

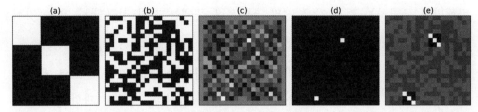

그림 16-13: 또 다른 필터와 무작위 이미지에 대한 결과. (a) 필터. (b) 입력. (c) 피처 맵. (d) 값이 3인 피처 맵 요소. (e) (d)에 있는 흰색 픽셀 주변의 이웃들((b)에서 확인)

이미지에 필터를 적용하고 각 픽셀의 출력값을 계산해 다양한 단순 패턴을 찾을 수 있다. 실제로 필터와 픽셀 값은 모두 실수(0과 1이 아님)이므로 더 복잡한 피처를 찾는 훨씬 더 복잡한 패턴을 만들 수 있다(Snavely 2013).

필터 집합의 출력을 가져와 다른 필터 집합에 전달하면 패턴들의 패턴을 찾을 수 있다. 두 번째 출력 집합을 세 번째 필터 집합에 전달하면 패턴들의 패턴을 찾을 수 있다. 이 프로세스를 통해 가장자리 모음에서 타원형, 직사각형과 같은 모양의 집합을 구성하며 궁극적으로 기타나 자전거와 같은 특정 객체에 해당하는 패턴을 일치시킬 수 있다.

이러한 방식으로 필터의 연속적인 그룹을 적용하면 풀링이라고 하는 다른 기술과 함께 감지할 수 있는 패턴의 종류가 엄청나게 확장된다. 필터가 계층적으로 작동하기 때문이다. 여기서 각 필터의 패턴은 이전 필터에서 찾은 패턴들의 조합이다. 이러한 계층 구조를 통해 친구의 얼굴, 농구공의 조각, 공작의 깃털 끝에 있는 눈과 같이 매우 복잡한 피처들을 찾을 수 있다.

이러한 필터를 손으로 찾아야 하는 경우 이미지를 분류하는 것은 비실용적이다. 사진에 새끼 고양이가 있는지 비행기가 있는지 알려주는 8개 필터 체인에 있는 적절한 가중치는 얼마일까? 어떻게 이 문제를 해결할 수 있을까? 그리고 언제 최고의 필터를 찾았는지 어떻게 알 수 있을까? 1장에서 사람들이 이런 종류의 피처 엔지니어링을 손으로 시도하는 전문가 시스템에 대해 다뤘다. 단순한 문제에 대해서도 만만치 않은 작업이며, 너무 빠르게 복잡해져서 고양이와 비행기를 구별하는 것과 같은 정말 흥미로운 문제는 전혀 접근할 수 없는 것처럼 보인다.

CNN의 장점은 전문가 시스템의 목표를 수행하지만 필터 값을 손으로 계산할 필요가 없다는 것이다. 오차 측정, 그래디언트 역전파, 가중치 개선과 관련된 이전 장들에서 살펴본 학습 프로세스는 CNN이 필요한 필터를 찾도록 가르친다. 학습 프로세스는 네트워크가 목표와 일치하는 결과를 생성할 때까지 각 필터의 커널(즉, 각 뉴런의 가중치)을 수정한다. 다시 말해 훈련은 이미지의 객체에 대한 올바른 클래스를 제공할 수 있는 피처들을 찾을 때까지 필터 값을 조정한다. 그리고 이는 한 번에 수백 또는 수천 개의 필터에 대해 일어난다.

마술처럼 보일 수 있다. 난수부터 시작해 시스템은 피아노, 살구, 코끼리를 구별하고자 찾아야 하는 패턴을 학습한 다음 이러한 패턴을 찾고자 필터 커널에 어떤 숫자를 입력해야 하는지 학습한다.

이 과정이 한 상황에 가까워질 수 있다는 것은 놀라운 일이다. 광범위한 응용 분야에서 종종 매우 정확한 결과를 생성한다는 사실은 딥러닝의 위대한 발견 중 하나다.

패딩

앞서 합성곱 필터가 입력 텐서의 모서리나 가장자리에 있는 요소의 중앙에 있을 때 어떤 일이 발생하는지에 대한 문제로 돌아가겠다고 약속했다. 이제 살펴보자.

10 × 10 입력에 5 × 5 필터를 적용한다고 가정해보자. 그림 16-14와 같이 텐서의 중간 어딘가에 있으면 작업이 쉽다. 입력에서 25개의 값을 추출해 컨볼루션 필터에 적용한다.

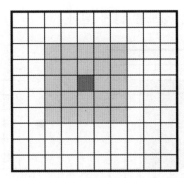

그림 16-14: 텐서 중간 어딘가에 위치한 5 x 5 필터. 밝은 빨간색 픽셀은 앵커이고 더 밝은 픽셀은 수용 영역(receptive field)을 구성한다.

그림 16-15와 같이 가장자리에 있거나 근처에 있으면 어떻게 될까?

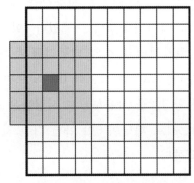

그림 16-15: 가장자리 근처에서 필터의 수용 영역은 입력 바깥으로 떨어질 수 있다. 이렇게 누락된 요소에 대해 어떤 값을 사용할까?

필터의 풋프린트가 입력의 가장자리에 매달려 있다. 입력 요소가 없다. 일부 입력이 누락된 경우 필터의 출력값을 어떻게 계산해야 할까?

몇 가지 선택이 있다. 하나는 이 경우를 허용하지 않게 해 입력 이미지 내에서만 풋프린트를 배치할 수 있게 하는 것이다. 결과는 높이와 너비가 더 작은 출력이다. 그림 16-16은 이 아이디어를 보여준다.

간단하지만 이것은 형편없는 솔루션이다. 종종 많은 필터를 순서대로 적용한다고 말했다. 매번 요소의 고리^{ring}들을 하나 이상 희생한다면 네트워크를 통해 지나가는 모든 단계에서 정보를 잃게 된다.

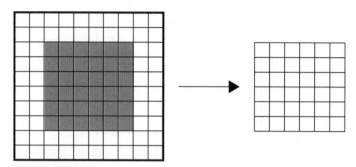

그림 16-16: 필터가 너무 멀리 가지 않게 해 '가장자리에서 떨어지는' 문제를 피할 수 있다. 5 x 5 필터를 사용하면 파란색으로 표시된 요소 위에만 필터를 중앙에 배치할 수 있으므로 10 x 10 입력을 6 x 6 출력으로 줄인다.

인기 있는 대안은 패딩^{padding}이라는 기술을 사용하는 것인데, 이를 통해 입력과 너비와 높이가 같은 출력 이미지를 만들 수 있다. 아이디어는 그림 16-17과 같이 입력 외부 주위에 추가적인 요소의 테두리를 추가하는 것이다. 이 모든 요소는 동일한 값을 갖는다. 모든 새 요소에 0을 넣으면 이 기술을 제로 패딩이라고 한다. 실제로, 거의 항상 0을 사용하므로 사람들은 종종 제로 패딩을 단순히 패딩이라고 부르는데, 제로 패딩이 0이 아닌 다른 값을 사용하려고 한다면 이들은 명시적으로 언급한다.

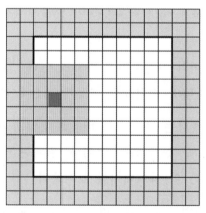

그림 16-17: '가장자리에서 떨어지는' 문제를 해결하는 더 좋은 방법은 입력 경계 주위에 패딩이나 추가적인 요소(하늘색)를 추가하는 것이다.

테두리의 두께는 필터의 크기에 따라 다르다. 일반적으로 필터가 입력의 모든 요소 중앙에 있을 수 있도록 충분한 패딩을 사용한다. 측면에서 정보를 잃지 않으려면 모든 필터에 입력이 채워져야 한다.

대부분의 딥러닝 라이브러리는 출력이 입력과 너비와 높이가 같게 필요한 패딩 양을 자동으로 계산하고 기본값으로 적용한다.

다차원 컨볼루션

지금까지 이 장에서는 대부분 한 채널의 색상 정보만 있는 그레이스케일 이미지를 다뤘다. 대부분의 컬러 이미지에는 각 픽셀에 빨간색, 녹색, 파란색 구성 요소를 나타내는 3개 채널이 있다는 것을 알고 있다. 이들을 처리하는 방법을 살펴보자. 세 채널이 있는 이미지로 작업할 수 있게 되면 채널 수에 상관없이 텐서들을 다룰 수 있다.

여러 채널이 있는 입력을 처리하려면 필터(모든 풋프린트를 가질 수 있음)에 동일한 수의 채널이 있어야 한다. 입력값마다 필터에 해당 값이 들어가야 하기 때문이다. RGB 이미지의 경우 필터에 3개의 채널이 필요하다. 따라서 그림 16-18과 같이 3 × 3의 풋프린트를 갖는 필터에는 3개 채널에 총 27개 숫자가 있어야 한다.

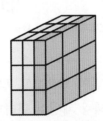

그림 16-18: 3 x 3 풋프린트를 갖는 세 채널 필터. 곱해야 할 입력 채널 값을 표시하고자 값에 색상을 지정했다.

이 커널을 세 채널 컬러 이미지에 적용하고자 이전과 같이 진행하지만 이제 블록(또는 3차원의 텐서) 측면에서 생각한다.

3 × 3 풋프린트와 세 채널이 있는 그림 16-18의 필터를 사용해 세 색상 채널이 있는 RGB 이미지를 처리해보자. 그림 16-19에서와 같이 각 입력 픽셀에 대해 필터의 풋프린트를 이전과 같이 해당 픽셀 위에 놓고 이미지의 27개 숫자 각각 을 필터의 27개 숫자와 일치시킨다.

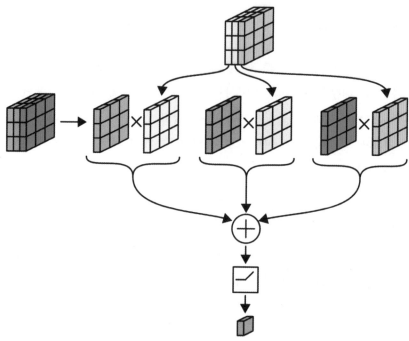

그림 16-19: 3 x 3 x 3 커널로 RGB 이미지 컨볼루션 연산. 각 채널이 필터의 해당 채널에 의해 필터링된다고 상상할 수 있다.

그림 16-19에서 입력에 세 채널이 있으므로 필터에도 세 채널이 있다. 그림 16-19에서와 같이 빨강, 초록, 파랑 채널이 필터의 해당 채널에 의해 각각 필터 링되는 것으로 생각하는 것이 도움이 된다. 실제로 입력과 필터를 3 × 3 × 3 블록으로 간주하고 27개의 입력값 각각에 해당 필터 값을 곱한다.

612

이 아이디어는 여러 채널에 일반화된다. 모든 입력값이 상응하는 필터 값을 갖게 하고자 규칙으로서 필요한 속성을 언급할 수 있다. 모든 필터는 필터링하는 텐서와 동일한 수의 채널을 가져야 한다.

다중 필터

한 번에 하나의 필터를 적용했지만 실제로 이것은 드물다. 일반적으로 수십 또는 수백 개의 필터를 하나의 컨볼루션 레이어로 묶고 해당 레이어의 입력에 모두 동시에 (독립적으로) 적용한다.

일반적인 그림을 확인하고자 흑백 이미지가 주어졌고 픽셀에서 세로 줄무늬, 가로 줄무늬, 고립된 점들, 더하기 기호와 같은 여러 저수준 피처를 찾고 싶다고 상상해보자. 이러한 각 피처에 대해 하나의 필터를 만들고 입력에 대해 각각을 독립적으로 실행할 수 있다. 각 필터는 하나의 채널로 출력 이미지를 생성한다. 네 개의 출력을 결합하면 네 채널이 있는 하나의 텐서가 나온다. 그림 16-20은 이 아이디어를 보여준다.

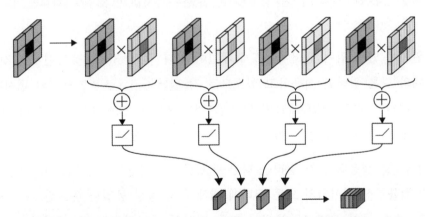

그림 16-20: 동일한 입력(회색)에 대해 여러 필터(컬러)를 실행할 수 있다. 각 필터는 출력에 자체적인 채널을 생성한다. 그런 다음 네 채널이 있는 출력 텐서로 단일 요소를 만들고자 결합한다.

하나의 채널이 있는 그레이스케일 이미지나 세 채널이 있는 컬러 이미지 대신에 이제 네 채널이 있는 출력 텐서가 있다. 7개의 필터를 사용한 경우 출력은 7 채널이 있는 새 이미지다. 여기서 주목해야 할 핵심은 출력 텐서에 적용된 각 필터에 대해 하나의 채널이 있다는 것이다.

일반적으로 말해 필터는 어떠한 풋프린트도 가질 수 있고 원하는 만큼 많은 것을 입력 이미지에 적용할 수 있다. 그림 16-21은 이 아이디어를 보여준다.

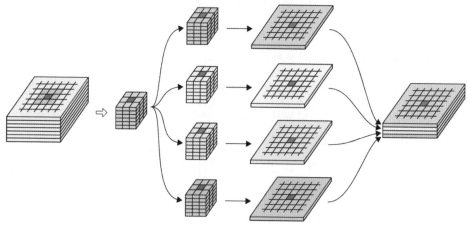

그림 16-21: 입력에 대해 필터를 컨볼루션할 때 각 필터에는 입력만큼 많은 채널이 있어야 한다. 출력 텐서는 각 필터에 대해 하나의 채널을 갖는다.

맨 왼쪽에 있는 입력 텐서에는 7개 채널이 있다. 각각 3 × 3 풋프린트를 갖는 네 개의 다른 필터를 적용하고 있으므로 각 필터는 3 × 3 × 7 크기의 텐서다. 각 필터의 출력은 단일 채널의 **피처 맵**feature map이다. 출력 텐서는 이 네 개의 피처 맵을 쌓아서 얻은 것이므로 네 개의 채널이 있다.

원칙적으로 적용하는 각 필터는 다른 풋프린트를 가질 수 있지만 실제로는 주어진 컨볼루션 레이어의 모든 필터에 대해 거의 항상 동일한 풋프린트를 사용한다. 예를 들어 그림 16-21에서 모든 필터의 풋프린트는 3 × 3이다.

앞 절과 이 절에서 두 가지 수치적인 규칙을 모아보자. 첫째, 컨볼루션 레이어의 모든 필터는 해당 레이어의 입력 텐서와 동일한 수의 채널을 가져야 한다. 둘째, 컨볼루션 레이어의 출력 텐서는 레이어에 있는 필터 수만큼의 채널을 갖는다.

컨볼루션 레이어

컨볼루션 레이어의 메커니즘을 자세히 살펴보자. 컨볼루션 레이어는 단순히 함께 모인 필터 묶음이다. 그림 16-21에서와 같이 입력 텐서에 독립적으로 적용되며 출력이 결합돼 새로운 출력 텐서를 생성한다. 이 과정에서 입력은 변경되지 않는다.

코드에서 컨볼루션 레이어를 생성할 때 일반적으로 라이브러리에 원하는 필터 수, 풋프린트, 패딩을 사용할지 여부 및 사용하려는 활성화 함수와 같은 기타 선택적인 세부 정보를 알려준다. 나머지 모든 것은 라이브러리가 알아서 처리한다. 가장 중요한 것은 훈련을 통해 각 필터의 커널 값이 향상돼 필터가 최상의 결과를 낼 수 있는 값을 학습할 수 있다는 것이다.

딥러닝의 다이어그램을 그릴 때 일반적으로 사용한 필터 수, 풋프린트, 활성화 함수로 컨볼루션 레이어에 레이블을 지정한다. 입력 전체에 동일한 패딩을 사용하는 것이 일반적이며 너비와 높이 모두에 적용된다는 이해로 두 개보다는 한 값만 쓰는 경우가 많다.

완전 연결 레이어의 가중치와 마찬가지로 컨볼루션 레이어의 필터 값은 무작위 값으로 시작하며 훈련을 통해 향상된다. 또한 완전 연결 레이어와 마찬가지로 이러한 임의의 초깃값을 신중하게 선택하면 일반적으로 훈련이 더 빨리 진행된다. 대부분의 라이브러리는 다양한 초기화 방법을 제공한다. 일반적으로 기본 제공 기본값은 정상적으로 작동하며 초기화 알고리듬을 명시적으로 선택할 필요가 거의 없다.

방법을 선택하려면 He 알고리듬이 좋은 첫 번째 선택이다(He et al. 2015; Karpathy 2016). 이것을 사용할 수 없거나 주어진 상황에서 잘 작동하지 않는다면 Glorot 이 좋은 두 번째 선택이다(Glorot and Bengio 2010).

고유한 이름을 갖는 몇 가지 특수한 유형의 컨볼루션을 살펴보자.

1D 컨볼루션

입력에 대해 필터를 스위핑하는 흥미로운 특수한 경우를 1D 컨볼루션이라고 한다. 여기서는 높이나 너비에 대해 평소와 같이 입력을 스윕하지만 다른 것은 스윕하지 않는다(Snavely 2013). 이것은 각 요소에 하나의 문자가 포함되고 행에 는 완전한 단어(또는 고정된 개수의 문자)가 포함되는 그리드로 표시할 수 있는 텍스트 작업 시에 널리 사용되는 기술이다(Britz 2015).

기본 아이디어는 그림 16-22에 나와 있다.

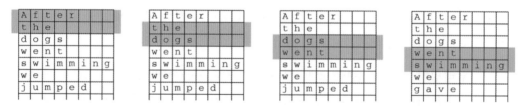

그림 16-22: 1D 컨볼루션의 예시. 필터는 아래 방향으로만 움직인다.

여기서 입력의 전체 너비와 두 행 높이인 필터를 만들었다. 필터의 첫 번째 적용은 처음 두 행의 모든 것을 처리한다. 그런 다음 필터를 아래로 이동하고 다음 두 행을 처리한다. 필터를 수평으로 이동하지 않는다. 1D 컨볼루션이라는 이름은 이 단일 방향 또는 차원의 이동에서 비롯됐다.

항상 그렇듯이 그리드 아래로 슬라이딩하는 여러 필터를 가질 수 있다. 필터 자체가 한 차원에서만 이동하는 한 모든 차원의 입력 텐서에 대해 1D 컨볼루션 을 수행할 수 있다. 1D 컨볼루션에 대해 다른 특별한 점은 없다. 단지 한 방향으로만 움직이는 필터일 뿐이다. 이 기술에는 필터의 제한된 이동성을 강조하기 위한 고유한 이름이 있다.

1D 컨볼루션이라는 이름은 완전히 다른 또 다른 기술의 이름과 거의 같다. 이제 살펴보자.

1×1 컨볼루션

때로는 네트워크를 통해 흐르는 텐서의 채널 수를 줄이고 싶을 때가 있다. 종종 이것은 일부 채널에 중복 정보가 포함돼 있다고 생각하기 때문이다. 이것은 드문 일이 아니다. 예를 들어 사진에서 지배적인 대상을 식별하는 분류기가 있다고 가정해보자. 분류기에는 사람의 눈, 고양이의 눈, 물고기의 눈 등 다양한 종류의 눈을 찾는 여러 필터가 있을 수 있다. 분류기가 궁극적으로 모든 생물을 '생물'이라는 하나의 클래스로 묶는다면 어떤 종류의 눈을 찾는지 신경 쓸 필요가 없다. 입력 이미지의 특정 영역에 눈이 있다는 것만 아는 것으로 충분하다.

12가지 다른 종류의 눈을 감지하는 필터가 포함된 레이어가 있다고 가정해보자. 그러면 해당 레이어의 출력 텐서는 각 필터에서 하나씩 최소 12개의 채널을 갖게 된다. 눈이 있는지 여부에만 관심이 있다면 12개 채널을 결합하거나 압축해 각 위치에서 눈이 있는지 여부를 나타내는 단 1개의 채널로 텐서를 수정하는 것이 유용할 것이다.

이것은 새로운 것을 요구하지 않는다. 한 번에 하나의 입력 요소를 처리하기 원하므로 그림 16-6에서 본 것처럼 풋프린트가 1 × 1인 필터를 생성한다. 입력 채널보다 최소 11개 적은 필터를 갖는지 확인한다. 그 결과 입력과 너비와 높이가 같은 텐서가 생성되지만 여러 눈에 대한 채널은 하나의 채널로 합쳐진다.

이를 위해 명시적으로 아무것도 할 필요가 없다. 네트워크는 네트워크가 각 입력에 대해 올바른 출력을 생성하도록 필터에 대한 가중치를 학습한다. 이것이 눈에 대한 모든 채널을 결합하는 것을 의미한다면 네트워크는 그렇게 하는 방법을 학습한다.

그림 16-23은 이러한 필터를 사용해 300개 채널이 있는 텐서를 너비와 높이가 동일하지만 175개 채널만 있는 새 텐서로 압축하는 방법을 보여준다.

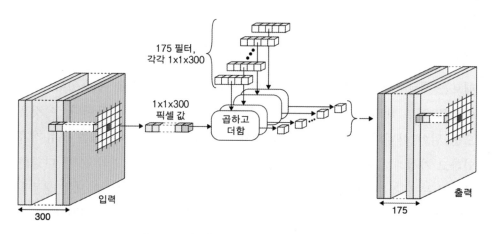

그림 16-23: 피처 축소를 수행하고자 1×1 컨볼루션 적용

1 × 1 필터를 사용하는 기술에 고유한 이름이 지정됐다. 종종 1 × 1 필터라고 쓰는 1 × 1 필터를 적용하고 이를 사용해 1 × 1 컨볼루션을 수행한다고 말한다 (Lin, Chen, and Yan 2014).

10장에서 처리 시간과 메모리를 절약하고자 입력 데이터를 전처리하는 것의 가치를 얘기했다. 데이터가 시스템에 입력되기 전에 이 처리를 한 번 수행하는 대신 1 × 1 컨볼루션을 사용해 네트워크 내부에서 즉석으로 데이터 압축과 재구성을 적용할 수 있다. 네트워크가 완전히 압축되거나 제거될 수 있는 정보를 생성하면 1 × 1 컨볼루션이 해당 데이터를 찾은 다음 압축하거나 제거할 수 있다. 네트워크 한가운데도 상관없고 어디서나 할 수 있다.

채널들에 상관관계가 있을 때 1 × 1 컨볼루션이 특히 효과적이다(Canziani, Paszke, and Culurciello 2016; Culurciello 2017). 이것은 앞선 레이어들의 필터가 서로 동기화된 결과를 생성했음을 의미하므로 하나가 올라갈 때 다른 필터가 얼마나 올라가거나 내려갈지 예측할 수 있다. 이 상관관계가 클수록 일부 채널을 제거하고 정보 손실을 거의 또는 전혀 겪지 않을 가능성이 높아진다. 1 × 1 필터는 이 작업에 적합하다.

1 × 1 컨볼루션이라는 용어는 앞에서 설명한 1D 컨볼루션과 불편할 정도로 가깝다. 하지만 이러한 이름들은 상당히 다른 기술을 나타낸다. 이러한 용어 중 하나를 접할 때 잠시 시간을 내어 올바른 아이디어를 염두에 두는 것이 좋다.

출력 크기 변경

1 × 1 컨볼루션을 사용해 텐서의 채널 수를 변경하는 방법을 방금 살펴봤다. 너비와 높이를 변경할 수도 있는데, 이는 최소한 두 가지 이유에서 유용하다. 첫 번째는 네트워크를 통해 흐르는 데이터를 더 작게 만들 수 있다면 더 간단한 네트워크를 사용하고 시간, 컴퓨팅 리소스, 에너지를 절약할 수 있다는 것이다. 두 번째는 너비와 높이를 줄이면 분류와 같은 일부 작업을 좀 더 효율적이고 정확하게 수행할 수 있다는 것이다. 왜 그런지 살펴보자.

풀링

앞에서 각 필터를 하나의 픽셀이나 픽셀들의 한 영역에 적용했다. 필터는 밑에 있는 픽셀이 필터 값과 일치하는 경우에 찾고 있는 피처와 일치한다. 하지만 피처의 일부 요소가 약간 잘못된 위치에 있으면 어떻게 될까? 그러면 필터가 일치하지 않는다. 필터가 찾고 있는 패턴의 하나 이상의 조각이 있지만 위치가 약간 벗어난 경우 필터가 주변을 둘러보고 일치함을 보고할 방법이 없다. 이것을 해결하지 않으면 진짜 문제가 될 것이다. 예를 들어 텍스트 페이지에서 대문자 T를 찾고 있다고 가정해보자. 인쇄 중 사소한 기계적 오류로 인해 픽셀 열이

한 픽셀 아래로 옮겨졌다.

여전히 T를 찾고 싶다. 이 상황은 그림 16-24에 나와 있다.

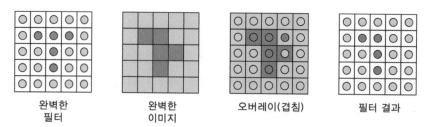

완벽한   완벽한   오버레이(겹침)   필터 결과
필터   이미지

그림 16-24: 왼쪽에서 오른쪽으로: 문자 T를 찾는 5 x 5 필터, 잘못 인쇄된 T, 이미지 위의 필터, 필터의 결괏값. 필터는 문자 T와 일치함을 보고하지 않는다.

가운데에서 T를 찾는 5 × 5 필터로 시작한다. 1에 대해 파란색을 사용하고 0에 대해 노란색을 사용해 이를 설명한다.

이것을 '완벽한 필터'라고 이름 붙였다. 곧 이해가 될 이름이다. 오른쪽에는 '완벽한 이미지'라는 레이블을 단 잘못 인쇄된 텍스트가 있다. 그 오른쪽에 이미지에 필터를 오버레이한다. 맨 오른쪽이 결과다. 필터와 입력이 모두 파란색일 때만 출력은 파란색이 된다. 필터의 오른쪽 상단 요소가 예상한 파란색 픽셀을 찾지 못했기 때문에 필터는 전체적으로 일치하지 않거나 약한 것으로 보고한다.

필터의 오른쪽 상단 요소가 주변을 둘러보고 바로 아래에 있는 파란색 픽셀을 확인할 수 있다면 입력과 일치시킬 수 있다. 이를 가능하게 하는 한 가지 방법은 각 필터 요소가 더 많은 입력을 '확인할' 수 있게 하는 것이다. 수학적으로 가장 편리한 방법은 필터를 약간 흐리게^{blurry} 만드는 것이다.

그림 16-25의 맨 윗줄에서 필터의 한 요소를 선택하고 흐리게 처리했다. 필터가 이 더 크고 흐릿한 영역에서 파란색 픽셀을 찾으면 파란색을 찾은 것으로 보고한다. 필터의 모든 항목에 대해 이 작업을 수행하면 '흐릿한 필터'가 생성된다. 이 확장된 범위 덕분에 이제 오른쪽 상단의 파란색 필터 요소가 두 개의

파란색 픽셀과 겹치고 다른 파란색 요소도 파란색 픽셀과 겹치므로 필터가 이제 일치함을 보고한다.

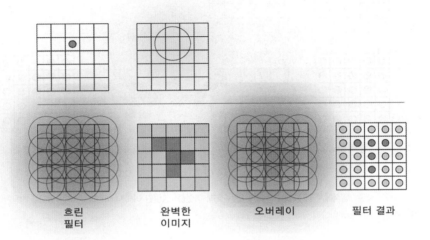

그림 16-25: 윗줄: 필터 요소를 더 크고 흐릿한 버전으로 교체한다. 아랫줄: 모든 필터 요소에 흐림 효과를 적용하면 흐릿한 필터를 얻는다. 이것을 이미지에 적용하면 잘못 인쇄된 T와 일치한다.

불행히도 이와 같이 필터를 흐리게 할 수 없다. 필터 값을 흐리게 처리해 수정하면 학습하려는 값이 변경되므로 학습 프로세스가 엉망이 될 것이다. 하지만 입력이 흐려지는 것을 막을 수 있는 것은 없다. 이는 입력이 그림인지 확인하기는 특히 쉽지만 텐서를 흐리게 할 수 있다. 따라서 완벽한 입력에 흐릿한 필터를 적용하는 대신 이를 뒤집어 흐릿한 입력에 완벽한 필터를 적용해보자.

그림 16-26의 윗줄은 잘못 인쇄된 T에서 단일 픽셀을 흐리게 처리한 후 해당 픽셀의 버전을 보여준다. 이 흐림 효과를 모든 픽셀에 적용한 후 이 흐릿한 이미지에 완벽한 필터를 적용할 수 있다. 이제 필터의 모든 파란색 점 아래에 파란색이 표시된다. 성공했다.

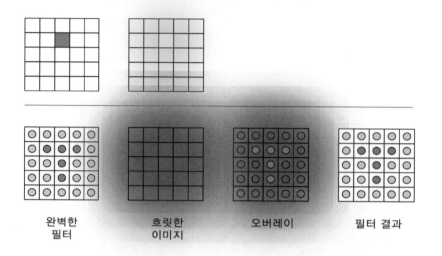

완벽한 필터   흐릿한 이미지   오버레이   필터 결과

그림 16-26: 윗줄: 입력에서 한 픽셀을 흐리게 하는 효과. 아랫줄: 흐릿한 이미지 버전에 완벽한 필터를 적용한다. 이것은 잘못 인쇄된 T와 일치한다.

이것을 영감으로 삼아 텐서를 흐리게 하는 기술을 생각할 수 있다. 이 방법을 풀링^{pooling} 또는 다운샘플링^{downsampling}이라고 부른다. 단일 채널을 갖는 작은 텐서로 풀링이 수치적으로 어떻게 작동하는지 확인해보자. 그림 16-27(a)와 같이 너비와 높이가 4인 텐서로 시작한다고 가정하자.

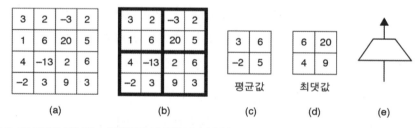

(a)   (b)   평균값 (c)   최댓값 (d)   (e)

그림 16-27: 텐서를 풀링 또는 다운샘플링. (a) 입력 텐서. (b) (a)를 2 x 2 블록으로 세분화. (c) 평균값(average) 풀링의 결과. (d) 최댓값(max) 풀링의 결과. (e) 풀링 레이어의 아이콘

이 텐서의 너비와 높이를 그림 16-27(b)와 같이 2 × 2 블록으로 세분화해보자. 입력 텐서를 흐리게 처리하고자 그림 16-7을 상기해보자. 내용이 모두 1인 필

터로 컨볼루션해 이미지가 흐릿해지는 것을 살펴봤다. 이러한 필터를 저주파 통과low-pass 필터 또는 좀 더 구체적으로 박스box 필터라고 한다.

텐서에 박스 필터를 적용하려면 모든 가중치가 1인 2 × 2 필터를 사용할 수 있다. 이 필터를 적용한다는 것은 단순히 각 2 × 2 블록에 있는 4개의 숫자를 더하는 것을 의미한다. 숫자가 제한 없이 커지는 것을 원하지 않기 때문에 결과를 4로 나눠 해당 블록의 평균값을 얻는다. 이 평균은 이제 전체 블록을 나타내므로 한 번만 저장한다. 다른 세 블록에 대해서도 동일한 작업을 수행한다. 결과는 그림 16-27(c)와 같이 2 × 2 크기의 새로운 텐서다. 이 기술을 **평균값 풀링**average pooling이라고 한다.

이 방법에는 변형이 있다. 평균값을 계산하는 대신 각 블록에서 가장 큰 값만 사용한다. 이를 **최댓값 풀링**maximum pooling(또는 더 자주 맥스max 풀링)이라고 하며 그림 16-27(d)에 나와 있다. 이러한 풀링 연산은 작은 유틸리티 레이어에서 수행되는 것으로 생각하는 것이 일반적이다. 그림 16-27(e)은 이러한 풀링 레이어에 대한 아이콘을 보여준다. 경험에 따르면 최댓값 풀링을 사용하는 네트워크는 평균값 풀링을 사용하는 네트워크보다 더 빨리 학습하므로 사람들이 다른 한정어가 없는 풀링에 대해 언급할 때 일반적으로 최댓값 풀링을 의미한다.

여러 컨볼루션 레이어를 연속적으로 적용할 때 풀링의 위력이 나타난다. 필터와 흐릿한 입력과 마찬가지로 첫 번째 필터의 값이 예상한 위치에 있지 않은 경우 풀링은 두 번째 레이어의 필터가 여전히 값을 찾는 데 도움이 된다. 예를 들어 두 개의 레이어가 연속적으로 있고 레이어 2에 레이어 1에서의 강한 일치를 찾는 필터가 있고 그 값의 약 절반에 해당하는 일치 항목 바로 위에 있다고 가정해보자(이는 특정 동물에서 채색의 특징일 수 있다). 그림 16-27(a)의 원래 4 × 4 텐서에는 해당 패턴에 맞는 것이 없다. 2 위에 20이 있지만 2는 20의 절반에 가깝지 않다. 그리고 3 위에 6이 있지만 6은 그다지 강력한 출력이 아니다. 따라서 레이어 2의 필터는 원하는 것을 찾지 못한다. 필터가 찾고자 하는 값인 9

위에 가깝게 20이 있기 때문에 아주 좋지 않다. 문제는 20과 9가 정확히 수직 이웃이 아니라는 것이다.

하지만 최댓값 풀링 버전은 9 위에 20이 있다. 풀링 연산은 20의 강한 일치가 오른쪽 상단의 2 × 2 블록 어딘가에 있고 9의 일치가 20 바로 아래 블록 어딘가에 있음을 레이어 2와 통신한다. 이것이 찾고 있는 패턴이며 필터는 일치하는 항목을 찾았음을 알려준다.

하나의 채널에 대한 풀링을 다뤘다. 텐서에 여러 채널이 있는 경우 각 채널에 동일한 프로세스를 적용한다. 그림 16-28은 이 아이디어를 보여준다.

높이와 너비가 6인 입력 텐서와 0 값의 링으로 채워진 하나의 채널로 시작한다. 컨볼루션 레이어는 세 개의 필터를 적용하며, 각 필터는 6 × 6의 피처 맵을 생성한다. 컨볼루션 레이어의 출력은 6 × 6 × 3 크기의 텐서다. 그런 다음 풀링 레이어는 개념적으로 이 텐서의 각 채널에 대해 최댓값 풀링을 적용해 각 피처 맵을 3 × 3으로 줄인다. 그런 다음 이러한 피처 맵은 이전과 같이 결합돼 세 개의 채널이 있는 너비와 높이가 3인 출력 텐서를 생성한다.

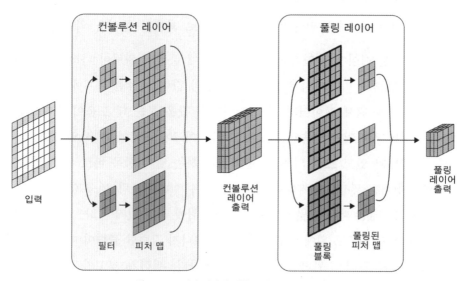

그림 16-28: 여러 필터에 대한 풀링 또는 다운샘플링

바이너리 이미지와 필터들을 예제로 사용했다. 즉, 셀 경계에 걸쳐 있는 피처가 누락되거나 풀링된 텐서의 잘못된 요소에 포함될 수 있다. 실수 값 입력과 필터 커널을 사용하면 이 문제가 크게 줄어든다.

풀링은 필터들이 입력에 정확한 위치에 맞아야 하는 것을 방지하는 강력한 연산이다. 수학자들은 위치의 변화를 **변환**translation 또는 **시프트**shift라고 하며, 어떤 연산이 특정 종류의 변화에 둔감하면 해당 연산에 대해 **불변**invariant이라고 한다. 이것들을 결합해 때때로 풀링이 컨볼루션이 **변환 불변**translationally invariant 또는 **시프트 불변**shift invariant일 수 있게 해준다고 말한다(Zhang 2019).

또한 풀링은 네트워크를 통해 흐르는 텐서의 크기를 줄여 메모리 요구 사항과 실행 시간을 모두 줄이는 보너스 이점이 있다.

스트라이드

컨볼루션 네트워크에서 풀링이 얼마나 유용한지 살펴봤다. 풀링 레이어는 일반적이지만 풀링 단계를 컨볼루션 프로세스에 묶어 시간을 절약할 수 있다. 이 결합 연산은 두 개의 개별 레이어보다 훨씬 빠르다. 두 절차의 결과로 생성된 텐서는 일반적으로 다른 값들을 포함하지만 경험에 따르면 더 빠르고 결합된 연산은 일반적으로 느린 순차적인 연산만큼 유용한 결과를 생성한다.

다뤘듯이 컨볼루션에 대해서는 입력 이미지 왼쪽 상단 픽셀에서 필터를 시작하는 것을 상상할 수 있다(패딩이 있다고 가정하겠다). 필터는 출력을 생성한 다음 한 스텝 오른쪽으로 이동하고 다른 출력을 생성하고 또 다른 스텝을 오른쪽으로 이동하는 식으로 해당 행의 오른쪽 가장자리에 도달할 때까지 계속된다. 그런 다음 한 행 아래로 이동하고 다시 왼쪽으로 이동하고 프로세스가 반복된다.

하지만 한 스텝만으로 움직일 필요가 없다. 필터를 쓸 때 오른쪽으로 1 픽셀 이상 또는 아래로 1 픽셀 이상 이동하거나 스트라이드stride한다고 가정해보자.

그러면 출력이 입력보다 작아지게 된다. 일반적으로 어떤 차원에서 1보다 큰 스텝을 사용할 때만 스트라이드(와 관련된 스트라이딩^{striding})라는 단어를 사용한다.

스트라이드를 시각화하고자 왼쪽 상단부터 필터가 어떻게 움직이는지 확인해 보자. 필터가 왼쪽에서 오른쪽으로 이동함에 따라 일련의 출력이 생성되고 출력에서는 왼쪽에서 오른쪽으로 차례로 배치된다. 필터가 아래로 이동하면 새로운 출력이 출력의 새로운 셀 행으로 이동한다.

이제 각 수평 스텝에서 필터를 오른쪽으로 한 요소씩 이동하는 대신 세 요소만큼 오른쪽으로 이동했다고 가정해보자. 그리고 각 수직 단계에서 한 행이 아닌 두 행씩 아래로 이동할 것이다. 여전히 각 출력에 대해 하나의 요소만큼 출력을 늘린다. 이 아이디어는 그림 16-29에 나와 있다.

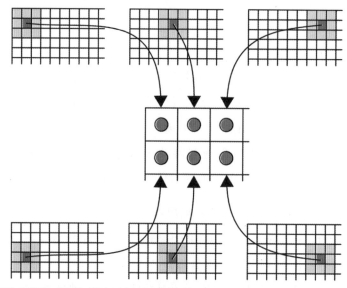

그림 16-29: 입력 스캐닝은 이동하는 입력 요소를 건너뛸 수 있다. 여기에서는 각 수평 스텝에서 세 개의 요소를 오른쪽으로 이동하고 각 수직 스텝에서 두 개의 요소를 아래로 이동한다.

그림 16-29에서 가로로 3개의 스트라이드와 세로로 2개의 스트라이드를 사용했다. 더 자주 두 축에 대해 단일 보폭 값을 지정한다. 두 축에서 2의 스트라이

드는 가로와 세로로 다른 모든 픽셀을 평가하는 것으로 생각할 수 있다. 결과적으로 입력 차원의 절반을 갖는 출력이 생성된다. 즉, 출력은 1씩 스트라이드한 다음 2 × 2 블록으로 풀링하는 것과 동일한 차원을 갖는다. 그림 16-30은 서로 다른 두 쌍의 스트라이드에 대해 필터가 입력에 도달하는 위치를 보여준다.

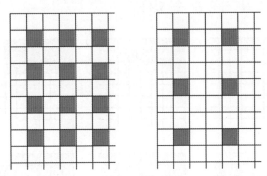

그림 16-30: 스트라이드의 예. (a) 양방향으로 2의 보폭은 수평 및 수직으로 다른 모든 픽셀에 필터를 중앙에 놓는 것을 의미한다. (b) 양방향에서 3의 보폭은 모든 세 번째 픽셀을 중심으로 하는 것을 의미한다.

모든 단계에서 한 요소씩 이동할 때 3 × 3 풋프린트를 갖는 필터는 동일한 입력 요소를 여러 번 처리한다. 더 많은 양으로 스트라이드해도 그림 16-31과 같이 필터가 일부 요소를 여전히 여러 번 처리할 수 있다.

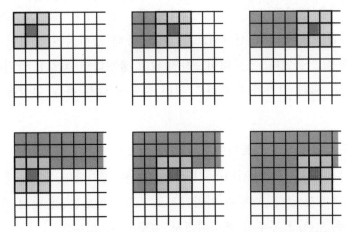

그림 16-31: 이 3 × 3 필터는 각 차원에서 2 스트라이드(보폭)씩 움직이며 왼쪽에서 오른쪽으로, 위에서 아래로 읽는다. 회색 요소들은 지금까지 처리된 내용을 보여준다. 녹색 요소는 이전 평가에서 필터가 이미 사용했지만 다시 사용 중인 요소다.

입력값을 반복적으로 재사용하는 것은 문제가 없지만 시간을 절약하려는 경우 가능한 한 적은 계산을 수행하는 것이 좋다. 스트라이드를 사용해 입력 요소가 두 번 이상 사용되는 것을 방지할 수 있다. 예를 들어 이미지에서 3 × 3 필터를 이동하는 경우 그림 16-32와 같이 픽셀이 두 번 이상 사용되지 않도록 양방향으로 3의 스트라이드를 사용할 수 있다.

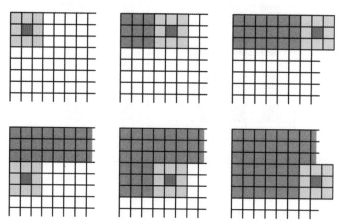

그림 16-32: 그림 16-31과 마찬가지로 이제 각 차원에서 3씩 스트라이드한다. 모든 입력 요소는 정확히 한 번만 처리된다.

그림 16-32의 스트라이드는 높이와 너비가 각각 입력 텐서 높이와 너비의 1/3 인 출력 텐서를 생성한다. 그림 16-32에서 단 6개의 필터 평가로 입력 요소의 9 × 6 블록을 처리했다고 생각해보자. 이를 통해 명시적인 풀링이 없이 3 × 2 출력 블록을 만들었다. 스트라이드하지 않고 풀링하면 동일한 영역을 처리하고자 더 많은 필터 평가가 필요하고 필터 출력에 대해 풀링 연산을 실행해야 한다.

스트라이드 컨볼루션은 스트라이드가 없는 컨볼루션보다 빠르며 두 가지 이유로 풀링이 뒤따른다. 첫째, 필터를 더 적은 횟수로 평가한다. 둘째, 계산할 명시적인 풀링 단계가 없다. 패딩과 마찬가지로 스트라이드는 첫 번째 레이어뿐만 아니라 자주 모든 컨볼루션 레이어에서 수행될 수 있다.

스트라이드로 학습된 필터들은 일반적으로 스트라이드 없이 풀링으로 학습된 필터와 다르다. 이는 훈련된 네트워크를 갖고 컨볼루션과 풀링의 쌍을 스트라이드 컨볼루션으로 교체할 수 없고(또는 그 반대의 경우도 마찬가지) 여전히 제대로 작동할 것으로 기대할 수 없음을 의미한다. 네트워크 아키텍처를 변경하려면 다시 훈련시켜야 한다.

대부분의 경우 스트라이드를 사용한 컨볼루션 훈련은 더 짧은 시간이 걸리는 컨볼루션 및 풀링에서 얻은 것과 거의 동일한 최종 결과를 제공한다. 하지만 때로는 느린 조합이 주어진 데이터 세트와 아키텍처에 더 잘 작동한다.

전치 컨볼루션

풀링이나 스트라이드를 사용해 입력 크기를 줄이거나 다운사이징하는 방법을 살펴봤다. 입력 크기를 늘리거나 업사이징할 수도 있다. 다운사이징과 마찬가지로 텐서를 업사이징하면 너비와 높이가 증가하지만 채널 수는 변경되지 않는다.

다운샘플링과 마찬가지로 별도의 레이어로 업사이징하거나 컨볼루션 레이어에 구축할 수 있다. 별도의 업샘플링 레이어는 일반적으로 요청하는 만큼 입력 텐서 값을 반복한다. 예를 들어 텐서의 너비와 높이를 2씩 업샘플링하면 각 입력 요소는 작은 2 × 2 정사각형으로 바뀐다. 그림 16-33은 이 아이디어를 보여준다.

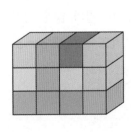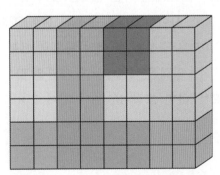

그림 16-33: 텐서를 각 방향으로 2씩 업샘플링한다. 왼쪽: 입력 텐서. 이 텐서의 각 요소는 수직과 수평으로 두 번씩 반복된다. 오른쪽: 출력 텐서. 채널 수는 변경되지 않는다.

스트라이드를 사용해 다운샘플링과 컨볼루션을 결합할 수 있음을 살펴봤다. 업샘플링과 컨볼루션을 결합할 수도 있다. 이 결합된 단계를 전치 컨볼루션 transposed convolution, 분수 스트라이딩fractional striding, 팽창 컨볼루션dilated convolution, 아트러스 컨볼루션atrous convolution이라고 한다. 전치라는 단어는 이 연산에 대한 식을 작성하는 데 사용할 수 있는 전치transposition의 수학적 연산에서 비롯된다. 아트러스atrous 는 프랑스어로 '구멍이 있는'이라는 뜻이다. 이 용어와 다른 용어들이 어디에서 왔는지 잠시 후에 알게 될 것이다. 일부 저자는 업샘플링과 컨볼루션의 조합을 디컨볼루션이라고 하지만 이미 사용 중이고 다른 아이디어를 참조하기 때문에 해당 용어를 피하는 것이 가장 좋다(Zeiler et al. 2010). 현재 관행에 따라 전치 컨볼루션이라는 용어를 사용할 것이다.

전치 컨볼루션이 어떻게 텐서를 확대하는지 살펴보자(Dumoulin and Visin 2016). 너비와 높이가 3 × 3인 시작 이미지가 있고(채널 수는 변경되지 않음을 기억하자) 3 × 3 필터로 처리하고 마지막에 5 × 5 이미지로 마치고 싶다. 한 가지 접근 방식 은 그림 16-34에서와 같이 0 값을 갖는 두 개의 링으로 입력을 채우는 것이다.

입력에 0의 링을 더 추가하면 더 큰 출력을 얻을 수 있지만 중앙에 있는 5 × 5 코어 주위에 0 값을 갖는 링이 생성된다. 별로 유용하지 않다.

입력을 확대하는 다른 방법은 입력 요소 주위와 입력 요소 사이에 패딩을 삽입 해 컨볼루션 전에 입력을 펼치는 것이다. 이것을 시도해보자. 시작 3 × 3 이미지 의 각 요소 사이에 0으로 구성된 단일 행과 열을 삽입하고 이전과 같이 외부 주위를 0으로 구성된 두 개의 링으로 전부 채우겠다. 이 결과 많은 항목이 0이 지만 3 × 3 입력은 이제 9 × 9 차원을 갖는다. 이 그리드에 대해 3 × 3 필터를 스위프sweep하면 그림 16-35와 같이 7 × 7 출력을 얻는다.

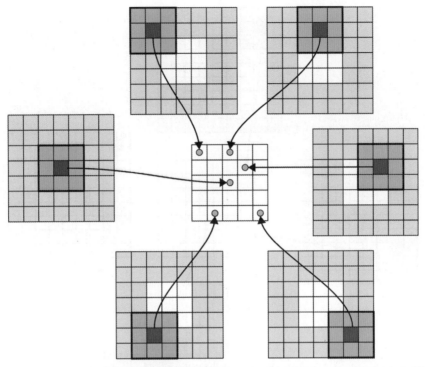

그림 16-34: 원래 3 × 3 입력은 바깥쪽 그리드 안에 위치한 흰색으로 표시되고 주위에 0 값을 갖는 두 요소가 채워진다. 3 × 3 필터는 이제 중앙에 표시된 5 × 5 결과를 생성한다.

원래의 3 × 3 이미지는 바깥쪽 그리드 안에 하얀색 픽셀로 표시된다. 각 픽셀 사이에 0 값을 갖는 행과 열(파란색)을 삽입한 다음 전체를 0으로 이뤄진 고리 2개로 둘러쌌다. 이 그리드에 대해 3 × 3 필터(빨간색)를 컨볼루션하면 가운데에 표시된 7 × 7 결과를 얻는다.

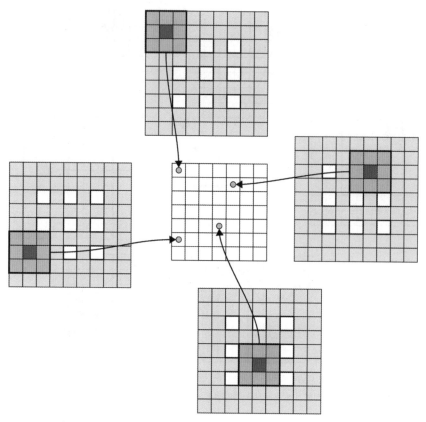

그림 16-35: 전치 컨볼루션. 3 x 3 필터를 컨볼루션 연산해 결과로 7 x 7을 얻음

그림 16-35는 아트러스 컨볼루션과 팽창 컨볼루션이라는 이름이 어디에서 왔는지 보여준다. 그림 16-36에서와 같이 원래 입력의 각 요소 사이에 또 다른 행과 열을 삽입해 출력을 훨씬 더 크게 만들 수 있다. 이제 3 × 3 입력은 11 × 11 입력이 됐고 출력은 9 × 9다.

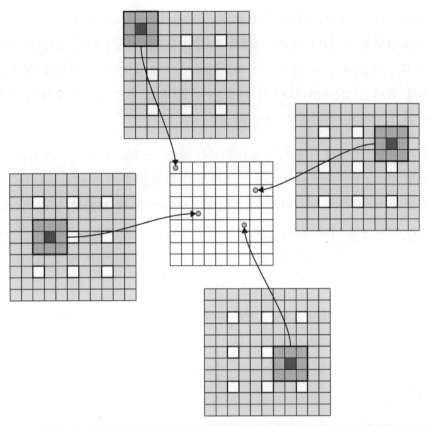

그림 16-36: 그림 16-35와 동일한 설정. 이제 원래 입력 픽셀 사이에 두 개의 행과 열이 있어 가운데에 9 x 9 결과를 생성한다.

출력에 0 값을 갖는 행과 열을 생성하지 않고는 이 기술을 더 이상 진행할 수 없다. 0을 두 행 또는 두 열로 제한하는 이유는 3 × 3의 공간을 갖는 필터 때문이다. 예를 들어 필터가 5 × 5인 경우 0 값을 갖는 최대 4개의 행과 열을 사용할 수 있다. 0을 삽입하는 이 기술은 출력 텐서에 바둑판 모양의 아티팩트를 거의 만들 수 없다. 하지만 라이브러리 루틴은 컨볼루션과 업샘플링을 신중하게 처리하기 위한 조치를 취해 일반적으로 이러한 문제를 피할 수 있다(Odena, Dumoulin, and Olah 2018; Aitken et al. 2017).

전치 컨볼루션과 스트라이딩 사이에는 연결이 있다. 약간의 상상을 통해 그림

16-36과 같은 전치 컨볼루션 과정을 각 차원에서 1/3의 스트라이드를 사용하는 것으로 설명할 수 있다. 문자 그대로 요소의 1/3을 이동한다는 의미가 아니라 11 × 11 그리드에서 세 단계를 거쳐 원래의 3 × 3 입력에서 1단계에 해당하는 이동을 해야 한다는 의미다. 이 관점은 이 방법을 종종 **분수 스트라이딩**fractional striding이라고 부르는 이유를 설명한다.

스트라이딩이 컨볼루션과 다운샘플링(또는 풀링) 단계를 결합하는 것처럼 전치 컨볼루션(또는 분수 스트라이딩)은 컨볼루션과 업샘플링 단계를 결합한다. 결과적으로 실행 시간이 빨라지며 항상 좋다. 문제는 입력 크기를 늘릴 수 있는 한계가 있다는 것이다. 실제 상황에서 일반적으로 입력 차원을 두 배로 늘리고 풋프린트가 3 × 3인 필터를 사용하며, 전치 컨볼루션은 출력에 불필요한 0을 끼워 넣지 않고 해당 결합을 지원한다.

스트라이딩과 마찬가지로 전치 컨볼루션의 출력은 업샘플링과 표준 컨볼루션의 출력과 다르다. 따라서 업샘플링과 컨볼루션을 사용해 훈련된 네트워크가 주어지면 두 레이어를 하나의 전치 컨볼루션 레이어로 바꿀 수 없고 동일한 필터를 사용한다.

전치 컨볼루션은 증가된 효율성과 결과의 유사도 때문에 컨볼루션이 이어지는 업샘플링보다 더 보편화되고 있다(Springenberg et al. 2015).

다양한 유형의 컨볼루션에서 패딩과 출력 크기 변경에 이르기까지 많은 기본 도구를 다뤘다. 다음 절에서는 이것들을 모두 모아 완전하지만 단순한 컨볼루션 네트워크를 만든다.

필터의 계층 구조

많은 실제 시각 시스템은 계층적으로 배열된 것처럼 보인다(Serre 2014). 넓은 의미에서 많은 생물학자는 시각 시스템의 처리가 일련의 레이어에서 발생하는 것으로 생각하며, 각각의 연속 레이어는 이전 레이어보다 더 높은 수준의 추상화에서 작동한다.

이미 이 장에서 생물학에서의 영감을 얻었고 지금 다시 해보자.

두꺼비의 시각 시스템에 대한 논의로 돌아가자. 빛을 받는 첫 번째 세포 레이어는 '벌레 색깔의 얼룩'을 찾고, 다음 레이어는 '벌레 같은 모양을 형성하는 이전 레이어의 얼룩 조합'을 찾고, 다음 레이어는 '날개가 달린 흉곽처럼 보이는 이전 레이어의 벌레 같은 모양의 조합'을 찾고, 꼭대기 레이어까지 '파리'를 찾을 수 있다(이러한 피처들은 완전히 상상이며, 아이디어를 설명하기 위한 것일 뿐이다).

이 접근 방식은 이미지 피처들의 계층 구조와 이를 찾는 필터의 관점에서 이미지 분석을 구성할 수 있기 때문에 개념적으로 좋다. 이미지를 분석하는 유연하고 효율적인 방법이기 때문에 구현에도 좋다.

가정 단순화

계층 구조의 사용을 설명하고자 컨볼루셔널 신경망으로 인식 문제를 해결해보겠다. 이 설명을 개념에만 집중하고자 몇 가지 단순화를 사용할 것이다. 이러한 단순화는 설명하는 원칙을 변경하지 않는다. 이들은 단지 그림을 더 쉽게 그리고 해석할 수 있게 한다.

첫째, 먼저 이진^{binary} 이미지로 제한한다. 흑백만 있고 회색 음영이 없다(명확함을 위해 각각 0과 1에 대해 베이지색과 녹색으로 그린다). 실제 애플리케이션에서 입력 이미지의 각 채널은 일반적으로 [0,255] 범위의 정수이거나 더 일반적으로 [0,1] 범위의 실수다.

둘째, 필터도 바이너리며 입력에서 정확히 일치하는 항목을 찾는다. 실제 네트워크에서 필터는 실수를 사용하고 입력과 출력에서 서로 다른 실수로 표현되는 여러 각도로 입력을 일치시킨다.

셋째, 모든 필터를 수작업으로 만든다. 즉, 자체적으로 피처 엔지니어링을 수행한다. 전문가 시스템을 봤을 때 가장 큰 문제는 피처를 수동으로 구축해야 한다는 점이었다. 하지만 이 설명을 위해 그렇게 하고 있다. 실제에서 필터 값은 훈련을 통해 학습된다. 지금은 학습 단계에 관심이 없으므로 수작업으로 만든 필터를 사용한다(학습 결과 필터로 생각할 수 있다).

넷째, 패딩을 사용하지 않는다. 또한 이것은 작업을 단순하게 유지하기 위한 것이다.

마지막으로 예제는 한 면이 12 픽셀에 불과한 작은 입력 이미지를 사용한다. 이것은 아이디어를 설명하기에 충분히 크지만 페이지에 모든 것을 명확하게 그릴 수 있을 만큼 충분히 작다.

이러한 단순화가 이뤄지면 시작할 준비가 됐다.

안면 마스크 찾기

많은 미술품을 소장하고 있는 박물관에서 일하고 있고 이것을 모두 정리하는 것이 업무라고 가정해보자. 업무 중 하나는 그림 16-37에 있는 단순한 마스크와 거의 일치하는 그리드 기반 안면 마스크의 모든 도면을 찾는 것이다.

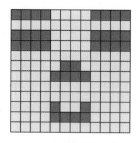

그림 16-37: 12 x 12 메시의 단순한 이진 마스크

그림 16-37의 중간에 새 마스크가 있다고 가정하자. 이것을 후보라고 해보자. 참조[reference]라고 부르는 원본 마스크와 대략적으로 '동일한'지 여부를 확인하려

고 한다. 그림 16-38의 오른쪽과 같이 두 마스크를 겹쳐서 일치하는지 확인할 수 있다.

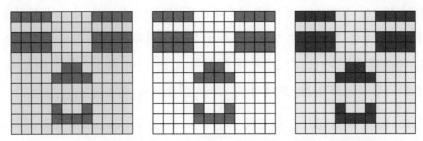

그림 16-38: 유사도 테스트. 왼쪽에는 원본 마스크 또는 참조가 있다. 중간에 새 마스크 또는 후보가 있다. 이것들이 서로 가까운지 확인하고자 오른쪽과 같이 겹쳐 볼 수 있다.

이 예제의 경우 알아보기 쉬우며 완전히 일치한다. 하지만 그림 16-39와 같이 후보가 참조와 약간 다른 경우 어떨까? 여기에서는 한쪽 눈이 한 픽셀 아래로 이동했다.

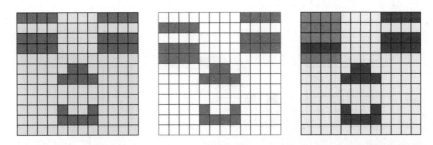

그림 16-39: 그림 16-38과 같이 후보의 왼쪽 눈만 한 픽셀 아래로 이동했다. 겹친 것은 이제 완벽하지 않다.

이 후보는 모두 참고와 같은 피처들을 가졌고 대부분 제 위치에 있기 때문에 여전히 이 후보를 받아들이고 싶다고 해보자. 하지만 겹친 것은 이들이 동일하지 않다는 것을 보여주므로 픽셀 단위의 단순 비교로는 이 일을 할 수 없다.

이 간단한 예제에서 가까운 일치를 탐지할 수 있는 많은 방법을 찾을 수 있지만 그림 16-39와 같이 후보가 참조와 '유사한'지 확인하고자 컨볼루션을 사용해보겠다. 앞서 언급했듯이 필터를 수작업으로 제작할 것이다. 계층 구조를 설명하고자 컨볼루션의 마지막 단계부터 첫 번째 단계까지 거꾸로 가는 것이 가장 쉽다.

참조 마스크를 설명하는 것부터 시작해보자. 그러면 후보가 자신의 특성을 공유하는지 여부를 판단할 수 있다. 기준이 각각의 위쪽 코너 부분에 눈이 하나씩 있고, 가운데에 코가 있고, 코 아래에 입이 있는 것이 특징이라고 해보자. 이 설명은 그림 16-38과 16-39에서 본 모든 마스크에 적용된다.

그림 16-40의 왼쪽 상단 그리드에서와 같이 3 × 3 필터로 이 설명을 형식화할 수 있다. 이것이 마지막 필터 중 하나가 될 것이다. 일련의 컨볼루션을 통해 후보를 실행해 궁극적으로 3 × 3 텐서를 생성하고(곧 어떻게 나타나는지 알 수 있다) 해당 텐서가 이 필터와 일치하면 완벽한 일치와 받아들일 수 있는 후보를 찾은 것이다. 안에 ×가 들어 있는 셀은 "상관없다"라는 뜻이다. 예를 들어 후보가 한쪽 뺨에 문신이 있다고 가정해 보면 코 오른쪽에 있는 ×에 위치할 것이다. 이것은 결정에 영향을 미치지 않으니 이 셀에 뭐가 있던지 신경 쓰지 않는다.

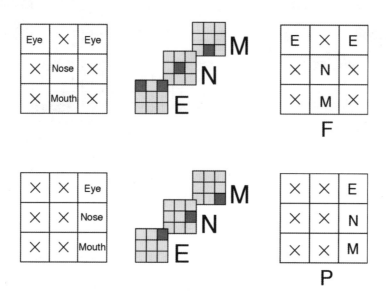

그림 16-40: 안면 인식을 위한 필터. 위와 아래 행: 마스크를 정면이나 옆을 향한 것을 찾는다. 왼쪽 열: 참조의 특성을 나타낸다. 가운데: 왼쪽 그리드가 설명하는 텐서의 분해 버전이다. 오른쪽: 필터의 엑스레이 보기(설명 참조)

필터는 1(녹색)과 0(베이지) 값만 포함하고 있기 때문에 그림 16-40의 왼쪽 상단 그림과 같은 필터를 직접 만들 수는 없다. 대신 세 가지 다른 피처를 찾고 있기 때문에 채널이 3개인 필터로 다시 그려야 해 입력 텐서에 이 세 채널을 적용할 것이다. 하나의 입력 채널은 입력에서 눈에 해당하는 모든 위치를 알려주고, 다음 채널은 코에 해당하는 위치를 알려주고, 마지막 채널은 입에 해당하는 모든 위치를 알려준다. 왼쪽 상단 그림은 중앙 상단 그림에 표시된 3×3 텐서와 일치한다. 여기서 채널을 따로 배치해 각각의 텐서를 읽을 수 있다.

텐서를 조밀한 블록으로 그리면 N(코)와 M(입) 채널에서 대부분의 값을 확인할 수 없기 때문에 따로따로 그렸다. 따로 그린 버전은 유용하지만 다음 설명에서 텐서를 비교하기 시작하면 너무 복잡해진다. 대신 오른쪽 상단과 같이 텐서의 '엑스레이 보기'를 그려보자. 텐서의 채널들을 살펴보고 있다고 상상하고 각 셀에 1을 갖고 있는 채널들의 이름을 표시한다.

이 필터는 정면을 향한 마스크를 찾고 있으므로 F로 레이블을 지정한다. 재미를 위해 옆을 향하는 얼굴을 찾는 또 다른 마스크를 만들 수 있다. 이를 P라고 부를 수 있다. 하지만 이 프로세스의 일반성을 보여주고자 여기에 포함시켰다. 그림 16-40의 필터 이전에 작동하는 다음에 다룰 레이어는 눈, 코, 입을 찾을 수 있는 위치를 알려준다. 단지 다른 필터를 사용해 이러한 얼굴 피처들의 다양한 배열을 인식하고자 그림 16-40의 정보를 사용한다.

눈, 코, 입 찾기

12×12 후보 사진을 그림 16-40의 필터에 필요한 3×3 그리드로 바꾸는 방법을 살펴보겠다. 뒤에 풀링 단계가 이어지는 일련의 컨볼루션으로 이를 수행할 수 있다. 그림 16-40의 필터는 눈, 코, 입을 일치시키려고 하기 때문에 이 필터 이전의 컨볼루션 레이어가 이러한 피처들을 생성해야 한다는 것을 알고 있다. 따라서 이를 탐색하는 필터를 설계해보자.

그림 16-41에서는 각각 4 × 4 풋프린트가 있는 3개의 필터를 보여준다. E4, N4, M4라고 표시돼 있다. 이들은 각각 눈, 코, 입을 찾는다. 각 이름 끝에 '4'가 위치한 이유는 잠시 후에 명확해질 것이다.

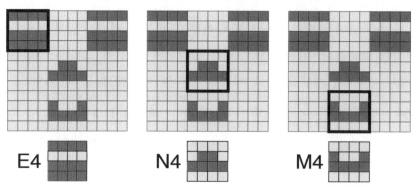

그림 16-41: 눈, 코, 입을 탐지하는 세 필터

바로 들어가서 이 세 필터들을 모든 후보 이미지에 적용할 수 있다. 이미지가 12 × 12이고 패딩을 하지 않기 때문에 출력은 10 × 10이 된다. 이미지를 3 × 3으로 풀링하면 그림 16-40의 필터들을 필터의 출력에 적용할 수 있다. 그림 16-41에서 후보가 정면을 바라보는 마스크인지, 측면을 바라보는 마스크인지 둘 다 아닌지 확인한다.

하지만 4 × 4 필터를 적용하려면 많은 연산이 필요하다. 설상가상으로 (윙크하는 눈과 같은) 다른 피처를 찾으려면 또 다른 4 × 4 필터를 만들고 전체 이미지에 적용해야 한다. 이 단계 이전에 다른 컨볼루션 레이어를 도입해 시스템을 좀 더 유연하고 빠르게 만들 수 있다.

그림 16-41의 E4, N4, M4 필터를 구성할 수 있는 피처는 무엇인가? 각 4 × 4 필터를 2 × 2 블록의 그리드로 생각해보면 세 개의 필터를 모두 구성하는 데 2 × 2 블록의 네 가지 유형만 필요하다. 그림 16-42의 가장 위 줄은 네 개의 작은 블록을 보여주며 아래 줄은 눈, 코, 입 필터를 만들고자 어떻게 결합할 수 있는지 보여준다. 이러한 T, Q, L, R은 각각 상단(Top), 4개 한 조(Quartet),

왼쪽 하단 모서리(L), 오른쪽 하단 모서리(R)를 나타낸다.

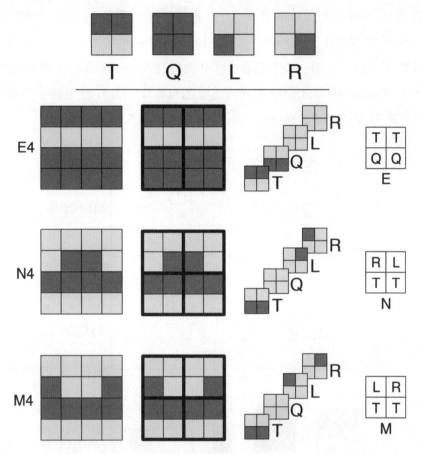

그림 16-42: 상단 행: 2 × 2 필터 T, Q, L, R. 두 번째 행 왼쪽부터 오른쪽으로: 필터 E4를 4개의 작은 블록으로 나누고 이 블록들의 텐서 형태다. 오른쪽 끝은 2 × 2 × 4 필터 E의 엑스레이를 보여준다. 세 번째와 네 번째 행: 필터 N4와 M4

E4 필터부터 시작해서 4 × 4 필터를 네 개의 2 × 2 블록으로 분해한다. E4 행의 세 번째 그림은 채널을 따로따로 배치한 단일 텐서로 그린 각 T, Q, L, R에 대해 입력으로 예상하는 네 개의 채널들을 보여준다. 텐서를 좀 더 편리하게 그리고 자 그림 16-40에서 본 것과 같은 엑스레이 규약을 사용한다. 이것은 2 × 2 크기 의 새 필터를 제공한다. 이것은 눈을 감지하는 데 꼭 사용하고 싶은 필터며 '4'를 빼고 E라고 부르자.

N과 M 필터는 T, Q, L, R에서 동일한 세분화와 조립 과정으로 생성된다.

이제 후보 이미지에 대해 작은 T, Q, L, R 필터를 실행하는 것을 상상해보자. 이들은 픽셀 패턴을 찾고 있다. 그런 다음 E, N, M 필터는 T, Q, L, R 패턴의 특정한 배열을 찾는다. 그런 다음 F와 P 필터는 E, N, M 패턴의 특정 배열을 찾는다. 따라서 각 출력이 다음 레이어의 입력으로 사용되는 일련의 컨볼루션 레이어를 갖고 있다. 그림 16-43은 이것을 시각적으로 보여준다.

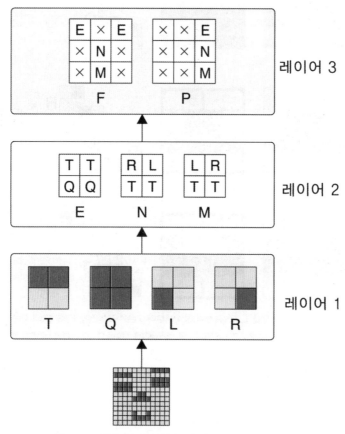

그림 16-43: 입력 후보를 분석하고자 세 컨볼루션 레이어를 사용

이제 필터를 갖고 있으므로 맨 아래에서 시작해 입력을 처리할 수 있다. 도중에 풀링 레이어를 어디에 둘 것인지 살펴보자.

필터 적용

그림 16-43의 가장 아래에서 시작해 레이어 1의 필터를 적용해보자. 그림 16-44는 12 × 12 후보 이미지에 대해 T 필터를 스위핑^{sweeping}한 결과를 보여준다. T는 2 × 2이기 때문에 중심이 없으므로 왼쪽 상단 모서리에 임의로 앵커를 배치한다. 패딩이 없고 필터가 2 × 2이기 때문에 출력은 11 × 11이 된다. 그림 16-44에서 T가 정확히 일치하는 각 위치는 밝은 녹색으로 표시된다. 그렇지 않으면 분홍색으로 표시된다. 이 출력을 T-맵^{map}이라고 부를 것이다.

이제 T 일치 항목을 찾고 있는 E, N, M 필터가 T 일치 항목이 참조 마스크가 있는 위치와 정확히 일치하지 않더라도 여전히 성공하게 하고 싶다. 앞 절에서 다뤘듯이 필터를 입력의 작은 변위에 대해 강건하게 만드는 방법은 풀링을 사용하는 것이다. 가장 일반적인 풀링 형태인 2 × 2 블록을 사용하는 최댓값 풀링을 사용해보자.

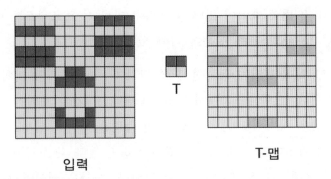

입력　　**T**　　**T-맵**

그림 16-44: 12 × 12 입력 이미지를 2 × 2 필터 T로 컨볼루션하면 11 × 11 출력 또는 피처 맵이 생성되며, 이를 T-맵이라고 한다.

그림 16-45는 T-맵에 적용된 최댓값 풀링을 보여준다. 각 2 × 2 블록에 대해 블록에 녹색 값이 하나 이상 있으면 출력은 녹색이다(녹색 요소의 값은 1이고 빨간색은 0이다). 풀링 블록이 입력의 오른쪽과 아래쪽에 위치할 때 누락된 항목은 무시하고 실제로 갖고 있는 값에 풀링을 적용한다. T-풀^{pool}은 텐서를 풀링한 결과를 나타낸다.

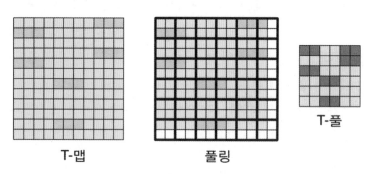

T-맵   **풀링**   **T-풀**

그림 16-45: 2 x 2 최댓값 풀링을 T-맵에 적용해 T-풀 텐서를 생성한다. 녹색은 1을 의미하고 분홍색은 0을 의미한다.

T-풀의 왼쪽 상단 요소는 입력의 왼쪽 상단에 있는 4개 픽셀 중 어떠한 것이 상단에 위치할 때 T 필터가 일치했는지 여부를 알려준다. 이 예제의 경우 해당 요소가 녹색으로 바뀌었다(즉, 값 1이 할당됐다).

다른 세 개의 첫 번째 레이어 필터(Q, L, R)에 대해 이 프로세스를 반복해보자. 결과는 그림 16-46의 왼쪽 부분에 나와 있다.

네 개의 T, Q, L, R 필터는 풀링한 후에 각각 6 × 6인 4개의 피처 맵을 갖는 결과를 생성한다. 그림 16-40에서 E, N, M 필터는 4개의 채널이 있는 텐서를 예상하고 있음을 상기해보자. 이러한 개별 출력을 하나의 텐서로 결합하려면 그림 16-46의 가운데와 같이 스택을 쌓기만 하면 된다. 평소처럼 엑스레이 보기 규약을 사용해 이것을 2D 그리드로 그린다. 이것은 레이어 2가 입력으로 기대하는 4개 채널을 갖는 텐서를 제공한다.

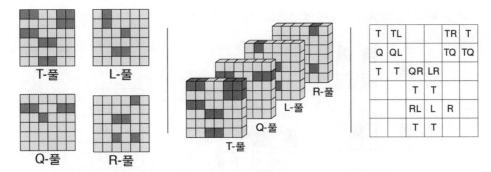

그림 16-46: 왼쪽: 네 개의 모든 첫 번째 단계 필터를 후보에 적용한 다음 풀링한 결과. 가운데: 출력을 단일 텐서로 쌓는다. 오른쪽: 엑스레이 보기로 6 x 6 x 4 텐서를 그린다.

이제 레이어 2의 필터로 넘어갈 수 있다. 그림 16-47에서 E부터 시작해보자.

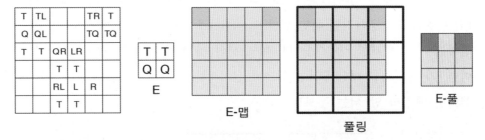

그림 16-47: E 필터 적용. 이전처럼 왼쪽부터 오른쪽으로 입력 텐서, E 필터(둘 다 엑스레이 보기로), 해당 필터를 적용한 결과, 풀링 그리드와 풀링 결과다.

그림 16-47은 입력 텐서(레이어 1의 출력)와 E 필터를 모두 엑스레이로 보여준다. 오른쪽에는 E 필터를 적용한 결과인 E-맵, E-맵에 2 × 2 풀링을 적용하는 과정, 마지막으로 E-풀 피처 맵이 있다. 한쪽 눈이 참조 마스크가 있는 위치에 있지 않더라도 풀링 프로세스를 통해 다음 필터가 눈의 위치와 일치하게 하는 방법을 이미 확인할 수 있다.

그림 16-48처럼 N과 M 필터에 대해 동일한 프로세스를 수행해 두 번째 레이어에 대한 새 출력 텐서를 생성할 수 있다.

이제 그림 16-40에서 F와 P에 대해 생성한 필터에 딱 맞는 3개의 채널을 갖는

3 × 3 텐서를 얻었다. 레이어 3으로 한 단계 더 올라갈 준비가 됐다.

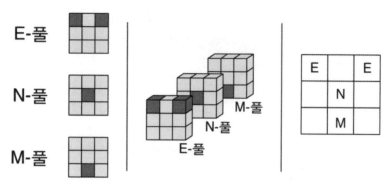

그림 16-48: E, N, M 필터들에 대한 출력을 계산한 다음 3개 채널을 갖는 텐서로 쌓기

이 마지막 단계는 쉽다. F와 P 필터의 크기가 동일하기 때문에 전체 입력에 F와 P 필터를 적용하기만 하면 된다(즉, 이미지에 대해 필터를 스캔할 필요가 없다). 결과는 1 × 1 형태를 갖는 텐서다. 이 텐서의 첫 번째 채널에 있는 요소가 녹색이면 F가 일치하고 해당 후보는 참조와 일치하는 것으로 인정해야 한다. 베이지색이면 매칭이 안 되는 후보다.

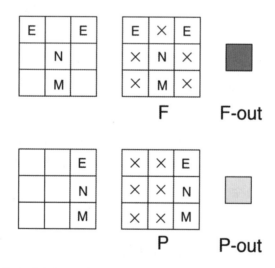

그림 16-49: F와 P 필터를 두 번째 레이어의 출력 텐서에 적용한다. 이 레이어에 있는 각 필터는 입력과 크기가 같으므로 이 레이어는 1 x 1 x 2 크기인 출력 텐서를 생성한다.

646

그리고 끝났다. 후보 이미지가 참조 이미지와 비슷하거나 다른 것으로 특성화하고자 3개의 컨볼루션 레이어를 사용했다. 한쪽 눈이 1 픽셀 아래로 내려간 후보가 여전히 인정할 만큼 참조에 충분히 가깝다는 것을 알아냈다.

일련의 컨볼루션뿐만 아니라 계층 구조를 만들어 이 문제를 해결했다. 각 컨볼루션은 이전 컨볼루션의 결과를 사용했다. 첫 번째 레이어는 픽셀에서 패턴을 찾고, 두 번째 레이어는 해당 패턴들의 패턴을 찾고, 세 번째 레이어는 앞이나 옆을 바라보는 얼굴에 해당하는 여전히 더 큰 패턴을 찾는다. 풀링을 사용하면 중요한 픽셀 블록 하나가 약간 이동하더라도 네트워크로 후보를 인식할 수 있다.

그림 16-50은 전체 네트워크를 한 눈에 보여준다. 뉴런이 있는 유일한 레이어는 컨볼루션 레이어이므로 이것을 전체-컨볼루션all-convolutional 네트워크라고 한다.

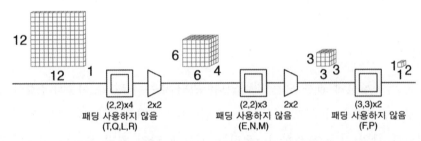

그림 16-50: 마스크 평가를 위한 전체 컨볼루션 네트워크. 입력, 출력, 중간 텐서에 있는 텐서들도 보여준다. 중첩된 상자가 있는 아이콘은 컨볼루션 레이어고 사다리꼴은 풀링 레이어다.

그림 16-50에서 상자 안에 상자가 있는 아이콘은 컨볼루션을 나타내고 사다리꼴은 풀링 레이어를 나타낸다.

더 많은 유형의 얼굴을 일치시키려면 최종 레이어에 필터를 더 추가하면 된다. 이를 통해 추가 비용을 거의 들이지 않고 원하는 눈, 코, 입의 패턴을 맞출 수 있다. 네트워크에서 텐서의 크기를 줄임으로써 풀링은 수행해야 하는 계산의 양을 줄인다. 즉, 풀링이 있는 네트워크는 풀링이 없는 버전보다 더 강력할 뿐만 아니라 메모리를 덜 소비하고 더 빠르게 실행된다.

단계가 올라갈수록 필터가 더 강력해지는 느낌이 있다. 예를 들어 눈에 대한 필터 E는 4 × 4 영역을 처리하고 있지만 2 × 2 영역에 불과하다. 각 텐서 요소는 2 × 2 컨볼루션의 결과이기 때문이다. 이러한 방식으로 레이어의 상위 단계에 있는 필터는 작고(따라서 빠른) 필터만 사용하더라도 크고 복잡한 피처를 찾을 수 있다.

높은 단계는 여러 가지 방법으로 낮은 단계들의 결과를 결합할 수 있다. 사진에 있는 다양한 새를 분류하고 싶다고 가정해보자. 낮은 단계의 필터는 깃털이나 부리를 찾을 수 있는 반면 높은 단계의 필터는 사진을 한 번 통과해 여러 종의 새를 인식하고자 여러 유형의 깃털이나 부리를 결합할 수 있다. 종종 입력을 분석하고자 이 컨볼루션과 풀링 기술을 사용하는 것은 **단계들의 계층 구조**[hierarchy of scales]를 적용하는 것이라고 말한다.

요약

16장은 컨볼루션에 관한 모든 것이었다. 필터 또는 커널(즉, 가중치 집합이 있는 뉴런)을 가져와 입력 위로 이동하는 방법이다. 필터를 입력에 적용할 때마다 출력으로 단일 값을 생성한다. 필터는 계산에 단일 입력 요소만 사용하거나 더 큰 공간을 갖고 여러 입력 요소의 값을 사용할 수 있다. 필터의 공간이 하나씩보다 크면 입력에 필터가 가장자리 위로 '쏟아지게[spill]' 돼 존재하지 않는 입력 데이터가 필요한 장소가 있다. 이러한 위치에 필터를 배치하지 않으면 출력의 너비 또는 높이가 입력보다 작다. 이것을 피하고자 일반적으로 필터가 모든 입력 요소 위에 놓일 수 있도록 충분한 0 링으로 입력을 둘러싸서 채운다.

많은 필터를 단일 컨볼루션 레이어로 묶을 수 있다. 이러한 레이어에서 일반적으로 모든 필터는 동일한 풋프린트와 동일한 활성화 함수를 갖는다. 모든 필터는 필터당 하나의 채널을 생성한다. 레이어의 출력에 필터당 하나의 채널이 있다.

텐서의 너비와 높이를 변경하려면 다운샘플링(둘 중 하나 또는 두 차원을 줄이고자) 또는 업샘플링(둘 중 하나 또는 둘 모두를 늘리고자)을 수행할 수 있다. 다운샘플링을 위해 입력에서 블록의 평균 또는 최댓값을 찾는 풀링 레이어를 사용할 수 있다. 업샘플링을 위해 입력 요소를 복제하는 업샘플링 레이어를 사용할 수 있다. 이러한 기술 중 하나는 컨볼루션 단계 자체와 결합될 수 있다. 다운샘플링하고자 필터가 수평, 수직 또는 둘 다 한 단계 이상 이동하는 스트라이딩을 사용한다. 업샘플링을 위해 입력 요소 사이에 0의 행이나 열을 삽입하는 분수 스트라이딩 또는 전치 컨볼루션을 사용한다.

다운샘플링으로 일련의 레이어에 컨볼루션을 적용함으로써 다양한 스케일에서 작동하는 필터 레이어를 생성할 수 있다는 것을 확인했다. 또한 이것은 시스템이 **시프트 불변**shift invariance 속성을 활용한다는 것을 의미한다. 즉, 정확히 예상한 위치에 있지 않더라도 찾고자 하는 패턴들을 찾아낼 수 있음을 의미한다.

17장에서는 실제 컨브넷convnet과 필터를 살펴보고 작업을 수행하는 방법을 확인한다.

17

실제 컨볼루셔널 신경망

 16장에서는 합성곱^{convolution}에 대해 알아봤고, 컨볼루셔널 신경망^{convolutional network} 또는 컨브넷^{convnet}에 대한 단순한 예제로 마무리했다.

17장에서는 이미지 분류를 위해 설계된 두 개의 실제 컨브넷을 살펴본다. 첫번째는 그레이스케일의 손 글씨 숫자를 식별하고, 두 번째는 1,000개의 서로 다른 범주를 갖는 컬러 사진에서 주요 객체를 식별한다.

손 글씨 분류

손 글씨 숫자 분류는 MNIST(엠니스트로 발음함)라는 자유롭게 사용할 수 있는 데이터 세트 덕분에 머신러닝에서 유명한 문제다(LeCun et al. 1989). 이 데이터 세트는 각각 28 × 28 검은색 배경에 흰색으로 렌더링된 그레이스케일 사진으로 0부터 9까지 60,000개의 손 글씨 숫자와 숫자에 대한 레이블이 포함돼 있다.

이 그림은 조사원들과 학생들로부터 수집됐다. 해야 할 작업은 각 이미지에서 숫자를 식별하는 것이다.

이 작업을 위해 설계된 케라스 머신러닝 라이브러리(Chollet 2017)에 포함돼 있는 간단한 컨브넷을 사용하겠다. 그림 17-1에서는 사용할 도식 형식과 전통적인 상자-레이블 형식으로 아키텍처를 보여준다.

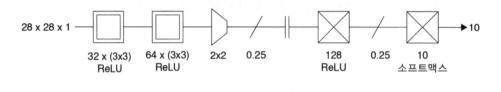

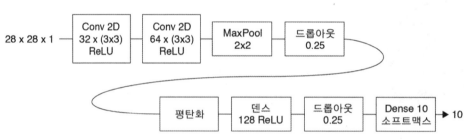

그림 17-1: MNIST 숫자를 분류하기 위한 컨브넷이다. 입력 이미지는 28 x 28 x 1 채널이다. 두 개의 합성곱 레이어는 풀링, 드롭아웃, 평탄화 이후 덴스(또는 완전 연결 레이어) 레이어, 또 다른 드롭아웃과 10개 출력 뒤에 소프트맥스가 있는 최종 덴스 레이어로 이어진다. 위: 사용할 도식 형식으로 그린 버전. 아래: 전통적인 상자-레이블 형식

신경망의 입력은 28 × 28 × 1 형태(여기서 1은 단일 그레이스케일 채널을 나타낸다)의 3D 텐서로 전달되는 MNIST 이미지다. 끝에 두 개의 완전 연결 레이어와 다양한 헬퍼 계층(예, 드롭아웃, 평탄화, 풀링)이 있지만 합성곱 레이어가 분류 작업을 담당하기 때문에 이것을 합성곱 네트워크 또는 컨브넷이라고 부른다. 첫 번째 합성곱 레이어는 입력에 대해 각각 크기가 3 × 3인 32개의 필터를 실행한다. 각 필터의 출력은 레이어를 지나가기 전에 ReLU 활성화 함수를 실행한다.

스트라이드를 지정하지 않으면 필터가 각 방향으로 한 요소씩 이동한다. 패딩도 적용하지 않았다. 그림 16-10에서 볼 수 있듯이 이것은 각 컨볼루션 후에

요소의 테두리가 손실된다는 것을 의미한다. 이 예제에서 모든 MNIST 이미지는 숫자 주변에 4개의 검은색 픽셀 테두리가 있다고 가정하기 때문에 괜찮다(모든 이미지가 실제로 이 테두리를 갖는 것은 아니지만 대부분이 해당한다).

첫 번째 레이어의 입력 텐서는 28 × 28 × 1이므로 첫 번째 컨볼루션 레이어의 각 필터는 하나의 채널 깊이다. 32개의 필터가 있고 필터의 풋프린트는 3 × 3이고 입력에 어떤 패딩도 없기 때문에 첫 번째 컨볼루션 레이어의 출력은 26 × 26 × 32다. 두 번째 컨볼루션 레이어에는 3 × 3 풋프린트이고 64개의 필터가 포함돼 있다. 시스템은 (이전 레이어가 32개의 필터를 갖고 있었기 때문에) 입력에 32개의 채널이 있다는 것을 알고 있다. 따라서 각 필터는 3 × 3 × 32 모양의 텐서로 생성된다. 여기서도 패딩을 사용하지 않기 때문에 24 × 24 × 64 출력 텐서를 생성하며 입력의 외부 주위에 테두리를 잃는다.

스트라이드를 사용해 출력 크기를 줄일 수 있지만 이 예제에서는 블록 크기가 2 × 2인 명시적인 **최댓값 풀링 레이어**^{max pooling layer}를 사용한다. 즉, 레이어는 입력에서 겹치지 않는 모든 2 × 2 블록에 대해 블록에서 가장 큰 값 하나만 출력한다. 따라서 이 레이어의 출력은 12 × 12 × 64 크기의 텐서다(풀링은 채널 개수를 변경하지 않는다).

다음으로 대각선으로 표시한 드롭아웃 레이어에 도달한다. 15장에서 다뤘듯이 드롭아웃 레이어 자체는 실제로 어떤 처리도 하지 않는다. 대신 시스템이 뉴런을 포함하고 있는 가장 가까운 이전 레이어에 드롭아웃을 적용하도록 지시한다. 드롭아웃 앞의 가장 가까운 레이어는 풀링이지만 뉴런이 없다. 계속 뒤로 가면서 뉴런을 갖고 있는 컨볼루션 레이어를 발견한다. 훈련 중에 드롭아웃 알고리듬은 이 컨볼루션 레이어에 적용된다(드롭아웃은 훈련 중에만 적용하며 그 외의 경우에는 무시한다). 훈련의 각 에폭 이전에 이 컨볼루션 레이어에 속한 뉴런의 1/4은 일시적으로 비활성화된다. 이렇게 하면 과적합을 방지할 수 있다. 관례상 드롭아웃이 연산하지 않더라도 대개 레이어로 취급한다. 드롭아웃 레이어는 뉴런을 갖는 가장 가까운 레이어를 역방향으로 찾기 때문에 풀링 레이어의 왼쪽에 배치할 수 있었고 네트워크에 대해 아무것도 변경하지 않았다. 관례에 따라 컨볼루션 다음에 풀링할 때 일반적으로 두 레이어를 함께 배치한다.

이제 네트워크의 컨볼루션 부분을 지나 출력을 위한 값들을 준비한다. 일반적으로 분류 컨브넷의 끝에서 이러한 단계들 또는 이와 유사한 것들을 찾을 수 있다. 두 번째 컨볼루션 레이어의 출력은 3D 텐서지만 리스트(또는 1D 텐서) 형태를 요구하는 완전 연결 레이어에 전달하려고 한다. 두 개의 평행선으로 표시된 **평탄화 레이어**^{flatten layer}는 여러 차원의 입력 텐서를 가져와 모든 요소의 끝을 이어 1D 텐서로 재구성한다. 리스트는 텐서의 첫 번째 행부터 시작해 구성한다. 첫 번째 요소를 취하고 64개의 값을 리스트의 맨 앞에 놓는다. 그런 다음 두 번째 요소로 이동해 64개 값을 리스트 끝에 배치한다. 행의 모든 요소에 대해 이 작업을 계속하며 다음 행에 대해 이 작업을 수행하면 된다. 그림 17-2에서 이 과정을 보여준다. 이 재배열로 텐서의 값은 손실되지 않는다.

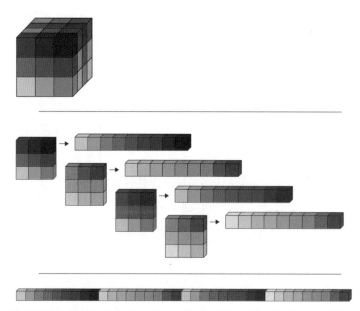

그림 17-2: 평탄화 레이어의 동작. 위: 입력 텐서. 중간: 각 채널을 리스트로 변환. 아래: 리스트를 차례로 배치해 하나의 큰 리스트를 만든다.

그림 17-1로 돌아가서 평탄화 레이어는 12 × 12 × 64 = 9,216개의 숫자로 이뤄진 리스트를 만든다. 이 리스트는 128개 뉴런을 갖는 레이어인 완전 연결 레이어(혹은 덴스 레이어)로 전달된다. 이 레이어는 드롭아웃을 적용하는데, 훈련 중 각 배치의 시작에 뉴런의 4분의 1을 일시적으로 분리시킨다.

이 레이어의 128개 출력은 10개의 뉴런을 갖는 마지막 덴스 레이어로 들어간다. 이 레이어의 10개 출력은 소프트맥스 단계로 들어가 확률로 변환된다. 이 마지막 레이어에서 나오는 10개의 숫자는 입력 이미지가 0에서 9까지의 숫자에 해당하는 10개의 가능한 클래스 각각에 속할 확률에 대한 네트워크 예측을 제공한다.

표준 MNIST 훈련 데이터를 사용해 12 에폭 동안 이 네트워크를 훈련했다. 훈련 데이터 세트 및 검증 데이터 세트에 대한 정확도는 그림 17-3에 있다.

곡선은 훈련 데이터 세트와 검증 데이터 세트 모두에서 약 99%의 정확도를 달성했음을 보여준다. 곡선이 발산하지 않기 때문에 과적합을 성공적으로 피했다.

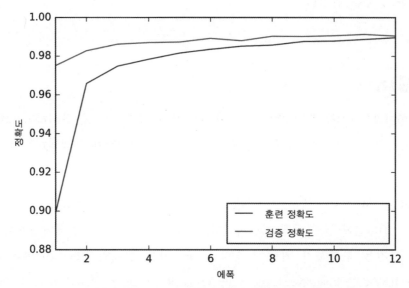

그림 17-3: 그림 17-2의 컨브넷의 훈련 성능. 12 에폭에 걸쳐 훈련했고 훈련 곡선과 검증 곡선이 갈라지지 않았기 때문에 두 데이터 세트에서 약 99%의 정확도에 도달하며 과적합을 성공적으로 피했다.

몇 가지 예측값을 살펴보자. 그림 17-4는 MNIST 검증 데이터 세트에 있는 일부 이미지를 나타내며, 네트워크에서 가장 큰 확률을 갖는 숫자로 레이블을 달았다. 이 몇 가지 예제들을 보면 신경망은 완벽히 해냈다.

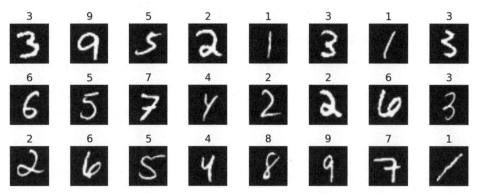

그림 17-4: MNIST 검증 데이터 세트에서 무작위로 선택한 24개의 이미지다. 각 이미지는 네트워크의 출력으로 레이블을 달았고 가장 높은 확률을 갖는 숫자를 나타낸다. 이 신경망은 이 24개 숫자 모두 올바르게 분류했다.

단 두 개의 합성곱 레이어만으로 이 시스템은 99%의 정확도를 달성할 수 있는 충분한 성능을 얻었다.

VGG16

VGG16이라는 더 크고 강력한 컨브넷을 살펴보자. 컬러 사진을 분석하고 1,000개의 서로 다른 클래스에 확률을 할당해 각 사진의 주요 객체를 식별하도록 훈련됐다.

VGG16은 콘테스트의 일부로 사용된 유명한 데이터 세트로 훈련됐다. ILSVRC2014 대회는 2014년에 열린 공개 챌린지였다. 목표는 제공된 이미지 데이터베이스에 있는 사진을 분류하기 위한 신경망을 구축하는 것이었다(Russakovsky et al. 2015). ILSVRC는 ImageNet Large Scale Visual Recognition Challenge의 약자이기 때문에 사진 데이터베이스를 이미지넷ImageNet 데이터베이스라고 한다. 이미지넷 사진 데이터베이스는 온라인에서 무료로 사용할 수 있으며 새로운 네트워크를 훈련시키고 테스트하는 데 여전히 널리 사용된다(이미지넷의 더 큰 최신 버전도 사용할 수 있다. [Fei-Fei et al. 2020]).

원본 이미지넷 데이터베이스에는 사진에서 가장 눈에 띄는 객체를 1,000개 레이블 중 하나로 각각 수동으로 레이블을 지정한 120만 개의 이미지가 포함돼 있다. 실제로 챌린지에는 여러 하위 챌린지가 포함돼 있으며 각각 우승자가 있다(ImageNet 2020). 분류 작업에서의 우승자 중 하나는 VGG16이었다(Simonyan and Zisserman 2014). VGG는 시스템을 개발한 Visual Geometry Group의 약자다. 16은 네트워크의 16개 연산 레이어를 나타낸다(드롭아웃과 평탄화 같이 연산을 수행하지 않는 일부 유틸리티 레이어도 있다).

VGG16은 대회에서 우승했을 때 정확도 기록을 경신했으며 몇 년이 지났음에도 여전히 인기가 있다. 이는 주로 이미지를 분류하는 데 여전히 아주 뛰어나고 (더 새롭고 정교한 시스템과 비교하더라도) 수정하고 실험하기 쉬운 간단한 구조를 갖고 있기 때문이다. 저자는 모든 가중치와 훈련 데이터를 전처리한 방법을 공개했다. 더욱이 모든 딥러닝 라이브러리를 사용해 자체 코드로 완전히 훈련된 VGG16 인스턴스를 쉽게 생성할 수 있다. 이러한 모든 특징 덕분에 VGG16은 이미지 분류와 관련된 프로젝트에서 자주 사용되는 출발점이다.

VGG16 아키텍처를 살펴보자. 대부분의 작업은 일련의 컨볼루션 레이어에 의해 수행된다. 유틸리티 레이어가 도중에 있고 그림 17-1에서와 같이 가장 끝에 평탄화하고 완전 연결 레이어가 나온다.

모델에 데이터를 전달하기 전에 모델 개발자가 훈련 데이터를 전처리한 것과 동일한 방식으로 데이터를 전처리해야 한다. 여기에는 모든 픽셀에서 특정 값을 빼서 각 채널이 조정됐는지 확인하는 작업이 있다(Simonyan and Zisserman 2014). 네트워크를 통해 흐르는 텐서의 모양에 대해 더 잘 알아보고자 각 입력 이미지의 높이와 너비가 224이고 네트워크가 훈련된 이미지넷 데이터 크기와 일치하고 색상이 올바르게 전처리됐다고 가정하다. 완료되면 이미지를 네트워크에 전달할 준비가 된 것이다.

VGG16 아키텍처를 6개 레이어 그룹으로 구성된 시리즈로 표현할 것이다. 이 그룹은 엄격하게 개념적이며 설명을 위해 관련 레이어들을 함께 모으는 방법일 뿐이다. 첫 몇 개 그룹은 동일한 구조를 갖는다. 2개 또는 3개의 컨볼루션 레이어 뒤에 풀링 레이어가 이어진다.

그룹 1은 그림 17-5에 나와 있다.

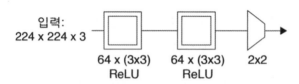

그림 17-5: VGG16의 그룹 1. 각각 크기가 3 x 3인 64개의 필터로 입력 텐서를 합성곱한다. 그런 다음 64개의 새 필터로 다시 합성곱한다. 마지막으로 최댓값 풀링을 사용해 출력 텐서의 높이와 너비를 절반으로 줄인다.

컨볼루션은 둘 다 입력에 제로 패딩을 적용하기 때문에 너비나 높이가 줄어들지 않는다. 최댓값 풀링 단계는 2 × 2 크기의 겹치지 않는 블록을 사용한다.

VGG16의 모든 컨볼루션 레이어는 기본 ReLU 활성화 함수를 사용한다.

필터가 치환된displaced 경우에도 패턴을 인식하는 데 풀링이 얼마나 유용한지 다뤘다. 16장에서 마스크를 일치시킬 때 풀링을 사용한 것과 같은 이유로 여기에서도 풀링을 적용한다.

그림 17-5처럼 그룹의 출력은 112 × 112 × 64 차원의 텐서다. 112의 값은 절반이 된 224 × 224의 입력 차원에서 나오고 64는 두 번째 컨볼루션 레이어에 있는 64개 필터의 결과다.

그룹 2는 첫 번째와 동일하며 이제 각 컨볼루션 레이어에 128개의 필터를 적용한다. 그림 17-6은 레이어들을 나타낸다. 이 그룹의 출력 크기는 56 × 56 × 128이다.

658

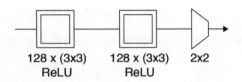

그림 17-6: VGG16의 그룹 2는 각 컨볼루션 레이어에서 64개가 아닌 128개의 필터를 사용한다는 점을 제외하고는 그림 17-5에 있는 첫 번째 블록과 같다.

그룹 3은 각 컨볼루션 레이어의 필터 수를 두 배로 늘리는 패턴이 계속되지만 두 번이 아닌 세 번 컨볼루션 단계를 반복한다. 그림 17-7은 그룹 3을 나타낸 다. 최댓값 풀링 단계 이후의 텐서는 크기가 28 × 28 × 256이다.

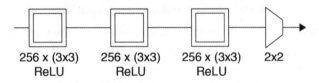

그림 17-7: VGG16의 그룹 3은 필터 수를 다시 256으로 두 배로 늘리고 이전처럼 두 번이 아닌 세 번 컨볼루션 단계를 반복한다.

네트워크의 그룹 4와 5는 동일하다. 각 그룹은 512개의 필터와 최댓값 풀링 레이어가 있는 세 단계의 컨볼루션으로 구성된다. 이 레이어들의 구조는 그림 17-8에 나와 있다. 그룹 4에서 나오는 텐서는 크기가 28 × 28 × 512이고, 그룹 5에서 최댓값 풀링 레이어 이후의 텐서는 14 × 14 × 512 크기를 갖는다.

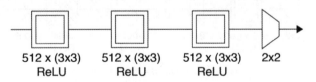

그림 17-8: VGG16의 그룹 4와 5는 동일하다. 이들은 각각 세 개의 컨볼루션 레이어와 2 × 2 최댓값 풀링 레이어를 갖고 있다.

이것으로 네트워크의 컨볼루션 부분이 끝나고 이제 마무리 단계에 도달한다. 그림 17-1에서 본 MNIST 분류기와 마찬가지로 먼저 그룹 5에서 나오는 텐서를 평탄화한다. 그런 다음 각각 ReLU를 사용하는 4,096개의 뉴런으로 구성된 두 개의 덴스 레이어를 통과하고 각각은 50%로 공격적으로 설정해 드롭아웃을 적용한다. 마지막으로 출력은 1,000개의 뉴런이 있는 덴스 레이어로 들어간다. 결과는 VGG16이 인식하도록 훈련된 각 클래스에 대해 하나씩 1,000개 확률의 출력을 생성하는 소프트맥스^{softmax}로 전달된다. 이런 스타일의 분류 네트워크에서 일반적인 최종 단계는 그림 17-9에 나와 있다.

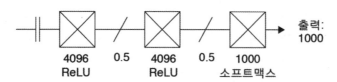

그림 17-9: VGG16에서 처리 마지막 단계. 이미지를 평탄화한 다음 각각 ReLU를 사용해 두 개의 덴스 레이어를 통과하고 드롭아웃을 적용한 뒤 소프트맥스가 있는 덴스 레이어를 통과 시켜 이미지를 실행시킨다.

그림 17-10은 전체 아키텍처를 한곳에서 보여준다.

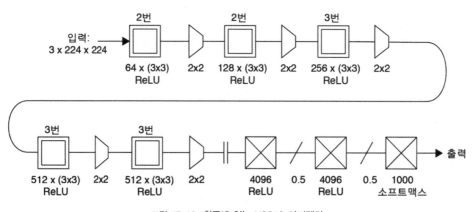

그림 17-10: 한곳에 있는 VGG16 아키텍처

이 네트워크는 매우 잘 작동한다. 그림 17-11은 휴대폰 카메라로 시애틀 주변을 촬영한 네 장의 사진을 보여준다.

660

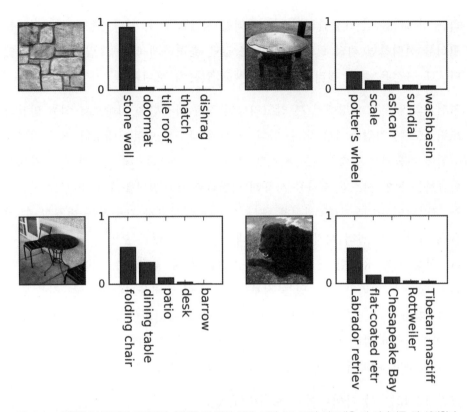

그림 17-11: 화창한 날 시애틀 주변에서 촬영한 네 장의 사진. 그림 17-10의 컨브넷은 각 이미지를 잘 식별한다.

컨브넷은 이러한 이미지를 본 적이 없지만 잘 동작하고 있다. 오른쪽 상단의 애매모호한 둥근 물체에도 감각적인 레이블이 할당된다.

필터를 통해 VGG16 내부에서 무슨 일이 일어나고 있는지 자세히 살펴보겠다.

필터 시각화 1부

VGG16의 분류 성공은 컨볼루션 레이어에서 학습한 필터 때문이다. 필터를 보고 학습한 내용을 확인하고 싶은 마음이 들지만 필터 자체는 해석하기 어려운 큰 숫자 블록이다. 어떻게든 숫자 블록을 이해하려고 하는 대신 필터를 트리거하는 이미지를 만들어 간접적으로 필터를 시각화할 수 있다. 즉, 시각화하려는 필터를 선택하면 해당 필터가 가장 큰 값을 출력하게 하는 그림을 찾을 수 있다. 그 사진은 해당 필터가 무엇을 찾고 있는지 보여준다.

역전파의 일부로 14장에서 본 알고리듬인 경사 하강법을 기반으로 하는 약간의 트릭으로 이 작업을 수행할 수 있다. 기울기 상승을 만들어내고자 경사 하강을 뒤집어 기울기를 상승시키고 시스템 오차를 증가시키는 데 사용한다. 14장에서 학습하는 동안 시스템 오차를 사용해 역전파로 네트워크를 통해 거꾸로 전달하는 그래디언트(기울기)를 생성해 해당 오차를 줄이고자 가중치를 변경할 수 있음을 기억하자. 필터 시각화를 위해 네트워크의 출력과 오차를 완전히 무시한다. 신경 쓰는 유일한 출력은 시각화하려는 특정 필터(또는 뉴런)에서 나오는 피처 맵이다. 필터가 찾고 있는 정보를 볼 때 큰 출력을 생성한다는 것을 알고 있다. 따라서 주어진 입력 이미지에 대해 해당 필터의 모든 출력값을 더하면 그 이미지에서 필터가 찾고 있는 것이 얼마나 되는지 알려준다. 네트워크 오차를 대체하고자 피처 맵에서 모든 값의 합을 사용할 수 있다.

그림 17-12는 이 아이디어를 보여준다.

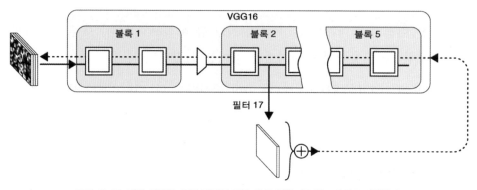

그림 17-12: 필터 시각화. 피처 맵에서 모든 값의 합을 네트워크 오차로 사용한다.

VGG16을 사용하고 있지만 이 시각화 프로세스에서는 마지막 컨볼루션 이후 레이어들을 생략한다. 난수로 값을 갖는 그리드를 입력시켜 시각화하고자 하는 필터에서 필터 맵을 추출한다. 이것이 오차가 된다. 이제 까다로운 부분이 나온다. 이 오차를 사용해 그래디언트(기울기)를 계산하지만 가중치를 전혀 조정하지 않는다. 네트워크 자체와 모든 가중치는 고정된다. 계속해서 그래디언트를 계산하고 입력 이미지의 픽셀 값을 갖고 있는 입력 레이어에 도달할 때까지 다시 밀어낸다. 이 레이어에 도착하는 그래디언트는 필터의 출력이라는 것을 알고 있는 오차를 줄이고자 해당 픽셀 값을 변경하는 방법을 알려준다. 뉴런을 최대한 자극하고 싶기 때문에 '오차'가 가능한 한 크게 되기를 원하기 때문에 픽셀 값을 변경해 이 오차를 줄이는 것이 아니라 증가하게 한다. 그러면 그림이 이전보다 좀 더 선택한 뉴런들을 자극한다.

이것을 반복 수행하고 나서 필터 출력이 생성할 수 있는 가장 큰 값을 출력하도록 처음에 무작위 픽셀 값을 조정할 것이다. 이러한 방식으로 수정된 입력을 볼 때 해당 뉴런이 엄청난 출력을 생성하게 하는 그림을 볼 수 있기 때문에 그림은 필터가 찾고 있는 것을 보여준다(또는 적어도 일반적인 아이디어를 제공한다)(Zeiler and Fergus 2013). 23장에서 딥드림 알고리듬을 살펴볼 때 이 시각화 과정을 다시 사용할 것이다.

입력 이미지에서 임의의 값으로 시작하기 때문에 이 알고리듬을 실행할 때마다 다양한 최종 이미지를 얻는다. 하지만 만들어내는 각 이미지는 모두 동일한 필터의 출력을 최대화하는 것을 기반으로 하기 때문에 거의 다른 이미지들과 비슷하다.

이 방법으로 생성된 몇 가지 이미지를 살펴보겠다. 그림 17-13은 VGG16의 첫 번째 블록 또는 그룹에 있는 두 번째 컨볼루션 레이어의 64개 필터가 생성한 그림을 보여준다(이 레이어에 대해 block1_conv2 레이블을 사용하고 다른 레이어들도 유사한 이름을 사용한다). 그림 17-13과 앞으로 나올 다른 그림들에서는 결과를 더 쉽게 해석할 수 있게 색상 채도를 향상시켰다.

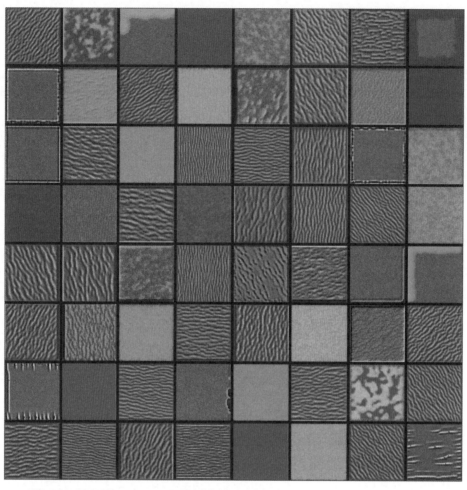

그림 17-13: VGG16의 block1_conv2 레이어에 있는 64개의 필터 각각에서 가장 큰 응답을 얻은 이미지

이러한 레이어 중 많은 부분이 서로 다른 방향의 가장자리를 찾고 있는 것으로 보인다. 어떤 것들은 너무 미세해서 쉽게 해석할 수 없는 값들을 갖고 있다.

이제 블록 3으로 넘어가서 첫 번째 컨볼루션 레이어의 첫 번째 64개 필터를 살펴보자. 그림 17-14는 이러한 필터들을 가장 반응시키는 이미지를 보여준다.

664

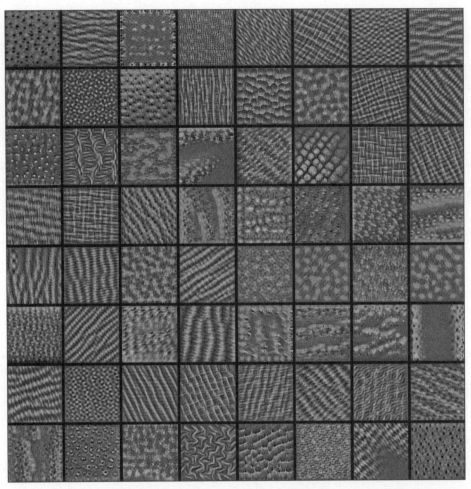

그림 17-14: VGG16 block3_conv1 레이어에 있는 첫 64개 필터에 대해 가장 큰 응답을 한 이미지

바로 이거다. 예상한 대로 여기 이 필터들은 이전 레이어에서 발견한 단순한 패턴을 조합해 더 복잡한 패턴을 찾고 있다. 그림 17-15에서 블록 4의 첫 번째 컨볼루션 레이어의 첫 64개 필터를 살펴보자.

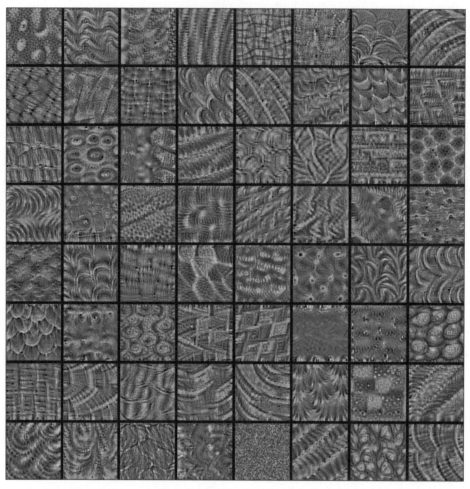

그림 17-15: VGG16 block4_conv1 레이어에 있는 첫 64개 필터에 대해 가장 큰 응답을 한 이미지

이것은 VGG16가 학습한 것에 대한 흥미로운 발견이다. 이미지에서 객체를 분류하는 데 유용한 구조 중 일부를 볼 수 있다. 이 필터들은 동물이나 주변의 다른 표면에서 볼 수 있는 다양한 종류의 흐르고 서로 맞물리는 질감을 갖고 있는 패턴을 찾고 있는 것 같다.

여기서 컨볼루션 구조의 가치를 볼 수 있다. 각 컨볼루션 레이어는 이전 레이어의 출력에서 패턴을 찾아 줄무늬와 가장자리 같이 저수준의 디테일에서 복잡하

666

고 다채로운 기하학적 구조에 이르기까지 작업을 수행할 수 있다.

재미삼아 이 필터 중 몇 가지를 확대해서 보자. 그림 17-16은 첫 몇 개의 레이어에서 9개의 패턴을 확대해 보여준다.

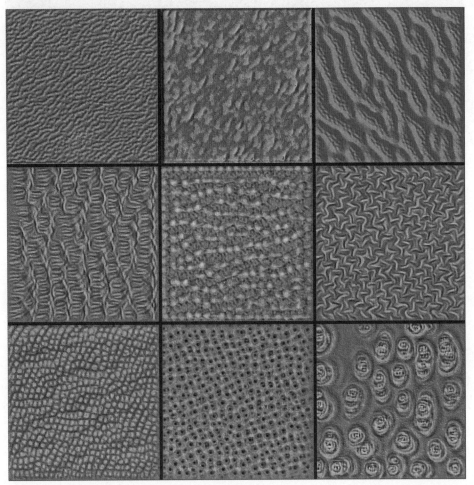

그림 17-16: VGG16의 첫 몇 레이어에서 가장 큰 필터 응답을 일으킨 일부 이미지를 수동 선택해 확대

그림 17-17은 마지막 몇 레이어에 있는 필터에서 큰 반응을 일으킨 패턴을 보여준다.

이 패턴들은 흥미롭고 아름답다. 서로 유기적인 느낌을 갖고 있는데, 아마도 이미지넷 데이터베이스가 많은 동물 이미지를 포함하고 있기 때문일 것이다.

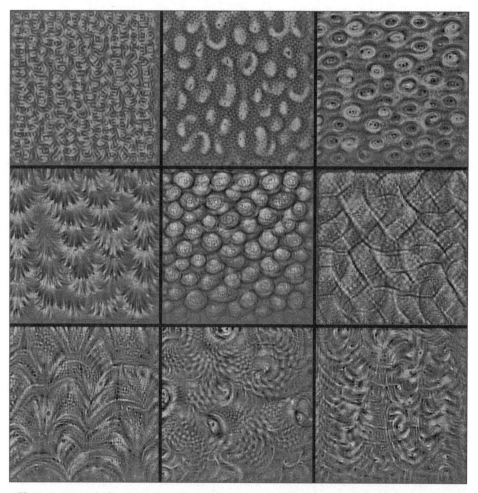

그림 17-17: VGG16에 있는 마지막 몇 개 레이어에서 가장 큰 필터 응답을 일으킨 몇 개 이미지를 수동 선택해 확대

필터 시각화 2부

필터를 시각화하는 또 다른 방법은 VGG16에 이미지를 입력하고 필터에서 나오는 피처 맵을 살펴보는 것이다. 즉, 이미지를 VGG16에 전달하고 네트워크를 통해 실행하게 하지만 이전과 같이 네트워크의 출력은 무시한다. 대신 관심 있는 필터의 피처 맵을 추출해 그림처럼 시각화한다. 이는 각 피처 맵이 항상 단일 채널을 갖기 때문에 그레이스케일 이미지로 그릴 수 있어 가능하다.

한번 해보자. 그림 17-18은 드레이크drake 또는 수컷 오리의 입력 이미지를 나타낸다. 이 절의 모든 시각화에서 사용할 시작 이미지다.

그림 17-18: 필터 출력을 시각화하는 데 사용할 드레이크 이미지

느낌을 얻고자 그림 17-19는 네트워크의 가장 첫 컨볼루션 레이어에 있는 맨 첫 필터의 응답을 나타낸다. 필터의 출력은 하나의 채널만 갖기 때문에 그레이스케일로 그릴 수 있다. 여기서는 대신에 검정색에서 빨간색을 거쳐 노란색까지 히트맵을 사용하겠다.

그림 17-19: 그림 17-18의 오리 이미지에 대해 VGG16에 있는 block1_conv1 레이어의 필터 0 응답

이 필터는 가장자리를 찾고 있다. 오른쪽 아래에 있는 꼬리를 생각해보자. 위쪽이 밝고 아래쪽이 더 어두운 가장자리는 필터에서 아주 큰 출력을 얻는 반면에 다른 방향의 가장자리는 아주 낮은 출력을 얻는다. 덜 극단적인 변화는 더 작은 출력을 얻게 되고 일정한 색상의 영역은 중간 출력을 얻는다.

그림 17-20은 첫 번째 블록에 있는 첫 컨볼루션 레이어의 가장 첫 32개 필터의 응답을 나타낸다.

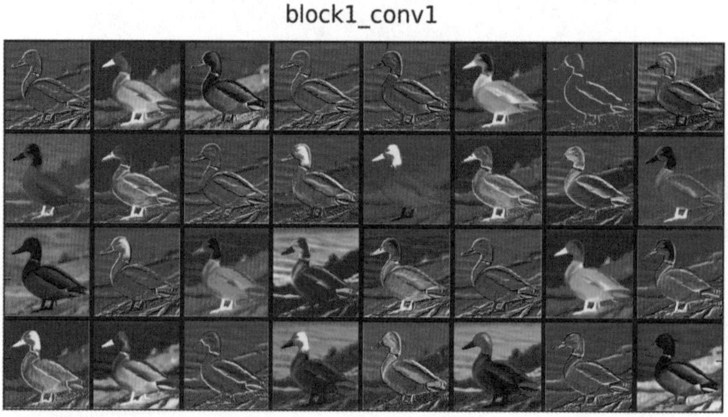

block1_conv1

그림 17-20: VGG 컨볼루션 레이어 block1_conv1의 첫 32개 필터의 응답

이러한 필터 대부분은 가장자리를 찾는 것처럼 보이지만 다른 필터들은 이미지의 특정 피처를 찾는 것 같다. 그림 17-21에서 이 레이어의 전체 64개 필터에서 수동으로 선택한 8개 필터를 확대해 살펴보자.

그림 17-21: VGG16의 첫 번째 컨볼루션 레이어인 block1_conv1에서 수동으로 선택한 8개의 필터 응답 확대

첫 행의 세 번째 이미지는 오리의 발을 찾고 있는 것 아니면 밝은 오렌지색을 갖는 것에 관심이 있는 것일 수도 있다. 가장 아래 줄의 맨 왼쪽 사진은 오리 뒤에 있는 파도와 모래를 찾는 것처럼 보이지만 그 오른쪽 이미지는 파란 파도에 가장 많이 반응하는 것처럼 보인다. 다른 입력에 대한 더 많은 실험을 통해 이러한 해석을 밝혀내는 데 도움이 될 수 있지만 하나의 이미지에서 얼마나 많은 것을 추측할 수 있는지 보는 것은 재미있다.

이제 네트워크에서 더 멀리 있는 세 번째 블록의 컨볼루션 레이어로 이동해보자. 출력은 두 개의 풀링 레이어를 거쳤기 때문에 첫 번째 블록에서 나오는 출력의 각 축에 비해 1/4이 더 작다. 이들은 피처들의 군집을 찾고 있을 것으로 예상된다. 그림 17-22는 블록 3의 첫 번째 컨볼루션 레이어에 대한 응답을 보여준다.

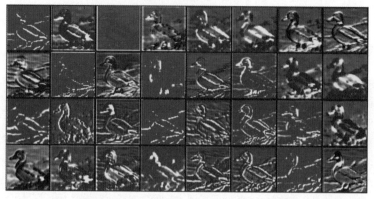

그림 17-22: VGG 컨볼루션 레이어 block3_conv1의 첫 32개 필터의 응답

아직도 많이 가장자리를 찾는 것이 진행되고 있는 것 같아 흥미롭다. 이는 세 번째 컨볼루션 블록에서도 보고 있는 이미지가 무엇인지 알아내고자 동작하기 때문에 VGG16에서 뚜렷한 가장자리가 중요한 단서라는 것을 의미한다. 하지만 다른 많은 영역도 밝다.

마지막 블록까지 넘어가보자. 그림 17-23은 블록 5의 첫 번째 컨볼루션 레이어에 있는 첫 32개 필터에 대한 응답을 나타낸다.

block5_conv1

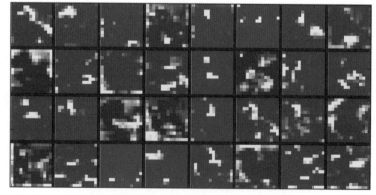

그림 17-23: VGG 컨볼루션 레이어 block5_conv1의 첫 32개 필터의 필터 응답

예상한 대로 이러한 이미지는 각 축에 대해 크기가 반씩 줄어드는 풀링 레이어 두 개를 더 통과해 훨씬 더 작다. 이 시점에 시스템이 이전 레이어의 피처들을 결합하고 있기 때문에 오리가 거의 보이지 않는다. 어떤 필터들은 거의 반응하지 않는다. 이들은 오리 이미지에 없는 고수준의 피처를 찾는 것을 담당할 것이다.

23장에서는 컨브넷에서 필터 응답을 사용하는 몇 가지 창의적인 애플리케이션을 살펴본다.

적대 사례

VGG16이 많은 이미지에 대해 아주 정확하게 레이블을 예측하지만 사람의 눈에는 감지되지 않을 정도로 작은 방식으로 이미지를 변경할 수 있다. 이 변경된 이미지로 분류기가 잘못된 레이블을 응답하게 속일 수 있다. 실제로 이 과정은 컨볼루션 기반 분류기 결과를 엉망으로 만들 수 있다.

컨브넷을 속이는 속임수로는 **적대 사례**[adversary]로 부르는 새로운 이미지를 만드는 방법이 있다. 이 이미지는 원래 이미지에 **적대적 섭동**[adversarial perturbation](또는 간단히 섭동[perturbation])을 추가한다. 섭동은 또 다른 이미지로 분류하고자 하는 이미지와 같은 크기를 가지며, 일반적으로 아주 작은 값을 갖는다. 원래 이미지에 섭동을 추가했을 때의 변화는 보통 너무 작아 대부분의 사람은 아주 자세히 보더라도 어떤 차이도 감지하지 못한다. VGG16에 섭동을 추가한 이미지를 분류하라고 하면 오답을 준다. 종종 특정 분류기에 입력하는 모든 이미지에 대한 결과를 엉망으로 만들 수 있는 하나의 섭동을 찾을 수 있으며, 이를 **보편적 섭동**[universal perturbation]이라고 부른다(Moosavi-Dezfooli et al. 2016).

동작 방식을 확인해보자. 그림 17-24의 왼쪽에 호랑이의 이미지가 있다. 이 영상의 모든 픽셀 값은 0에서 255 사이다. 이 시스템은 약 80%의 신뢰도로 호랑이로 올바르게 분류하고, 호랑고양이[tiger cat]와 재규어[jaguar] 같이 관련 동물들에 대해서는 낮은 신뢰도를 보인다.

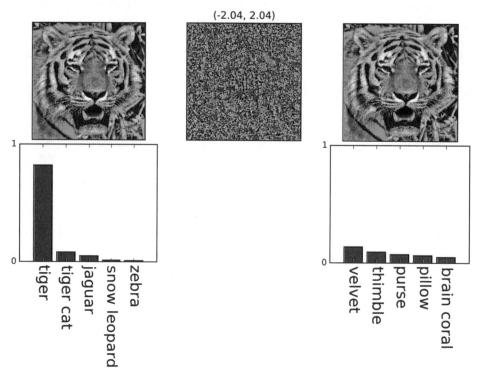

그림 17-24: 이미지에 대한 적대적 공격. 왼쪽: 입력과 VGG16의 상위 5개 클래스. 중간: 픽셀 값이 [−2,2] 범위를 갖는 적대적 이미지며, 이 그림에서는 [0,255]로 크기 조정해 시각화했다. 오른쪽: 이미지에 원래(크기 조정하지 않은) 적대 사례를 더한 결과와 새로운 상위 5개 클래스

그림 17-24의 중간은 적대 사례를 찾고자 설계된 알고리듬으로 계산한 이미지를 보여준다. 이 이미지의 모든 값은 [−2,2] 범위 내에 있지만 보기 쉽게 [0,255] 범위로 크기 조정했다. 그림 17-23의 오른쪽 상단에는 호랑이와 적대 사례를 추가한 결과를 나타내며 원래 호랑이의 픽셀은 [−2,2] 범위 내의 값으로 변경된다. 눈으로 보면 호랑이가 변경되지 않은 것처럼 보인다. 심지어 얇은 수염도 똑같아 보인다. 이 이미지 아래에 이 새로운 이미지에 대한 VGG16의 상위 다섯 개의 예측값이 있다. 시스템은 이미지에 대해 완전히 다른 예측을 내놓지만 어느 것도 정확한 클래스에 근접하지 못한다. 낮은 확률을 갖는 뇌산호brain coral

674

를 제외하면 이 시스템은 이 이미지가 동물이라는 생각조차 하지 않는다.

그림 17-24의 섭동 이미지는 눈으로 보기에 무작위처럼 보일 수 있지만 그렇지 않다. 이 이미지는 호랑이의 이미지에 대한 VGG16의 예측을 빗나가게 하고자 특별히 계산됐다.

적대적 이미지를 계산하는 방법에는 여러 가지가 있다(Rauber, Brendel, and Bethge 2018). 이러한 방법들이 특정 이미지에 대해 만들어내는 섭동 값의 범위는 상당히 다를 수 있다. 따라서 가장 작은 섭동을 찾고자 종종 공격[attack]이라고도 불리는 몇 가지 다른 방법을 시도해볼 필요가 있다. 다양한 목표를 달성하고자 적대 사례들을 계산할 수 있다(Rauber and Brendel 2017b). 예를 들어 단순히 입력이 잘못 분류되게 만드는 섭동이 필요할 수도 있다. 또 다른 옵션은 입력을 원하는 특정 클래스로 분류하게 하는 섭동이 필요할 수 있다. 그림 17-24를 만들고자 분류기의 상위 7개 예측값이 훨씬 더 가능성이 없는 것으로 응답하게 설계된 알고리듬을 사용했다. 즉, 분류기에서 시작 이미지와 상위 7개 예측을 가져와 적대 사례를 만든다. 적대 사례를 입력에 더한 뒤 분류기에 넘기면 새로운 상위 7개 예측 중에 이전의 상위 7개 예측 중 어느 것도 포함되지 않는다. 신중하게 적대적인 섭동을 만들어야 하며, 이 섭동이 컨브넷에서 정교하게 공격하고 있음을 의미한다.

이러한 공격에 대항하는 컨브넷을 구축하는 방법을 찾을 수 있지만 컨볼루션 네트워크는 본질적으로 이러한 정교한 이미지 조작에 취약할 수 있다(Gilmer et al. 2018). 적대 사례의 존재는 컨브넷이 여전히 놀라움을 안겨주고 있지만 완벽하다고 여겨져서는 안 된다는 것을 의미한다. 컨볼루션 네트워크 안에서 무슨 일이 일어나고 있는지 더 배워야 할 것들이 있다.

요약

17장에서는 두 가지 실제 컨브넷을 살펴봤다(MNIST 손 글씨 숫자를 분류하기 위한 작은 컨브넷과 사진 분류를 위한 더 큰 VGG16 네트워크). MNIST 네트워크는 아주 작았지만 99%의 정확도로 숫자를 분류할 수 있었다.

VGG16 구조를 살펴보고 필터를 두 가지 다른 유형으로 시각화해봤다. 이 네트워크의 필터들이 가장자리와 같이 단순한 구조를 찾는 것으로 시작해서 복잡하고 아름다운 유기적인 패턴까지 만드는 것을 확인했다.

마지막으로 이미지 분류기로 사용하는 컨볼루션 네트워크는 사람을 관찰해도 감지할 수 없는 아주 작은 양으로 픽셀 값을 조정해 속이기 쉽다는 것을 살펴봤다.

18장에서는 입력을 훨씬 더 작은 표현으로 압축한 다음 이를 다시 확장해 원본에 가까운 결과를 만들어내는 네트워크 구축 방법을 알아본다.

18

오토인코더

18장에서는 오토인코더라는 특정한 학습 구조를 다룬다. 보통 오토인코더는 입력을 압축하는 메커니즘이기 때문에 MP3 인코더가 음악을 압축하거나 JPG 인코더가 이미지를 압축하는 것처럼 디스크 공간을 덜 차지하고 더 빨리 통신할 수 있다. 오토인코더는 훈련을 통해 입력 데이터를 가장 잘 인코딩하고 다시 복원하는 방법을 자동으로 학습한다는 아이디어에서 이름을 따왔다. 실제로 데이터 세트의 노이즈를 제거하고 데이터 세트의 차원을 줄이는 등 두 가지 유형의 작업에 일반적으로 오토인코더를 사용한다.

관심 있는 정보를 보존하면서 데이터를 압축하는 방법을 살펴보는 것으로 18장을 시작해보자. 이 정보를 갖고 작은 오토인코더를 살펴보자. 이 작은 오토인코더를 사용해 의미를 이해하고 이 시스템이 어떻게 작동하는지, 데이터를 표현하는 버전이 어떻게 의미 있는 방식으로 데이터를 조작할 수 있는지에 대한 핵심 아이디어를 다룬다. 그런 다음 더 큰 오토인코더를 만들어보고 데이터 표현^{representation}을 더 자세히 살펴본다. 인코딩된 데이터가 놀라운 양의 고유 구조를 갖고 있음을 확인해본다. 이를 통해 오토인코더의 뒷부분을 독립적인 생성기^{generator}로 사용할 수 있다. 생성기에 임의의 입력을 전달하면 훈련 데이터와 유사하지만 실제로 완전히 새로운 데이터인 새 데이터를 얻을 수 있다.

그런 다음 이미지와 기타 2D 데이터에 직접 적용해볼 수 있는 컨볼루션 레이어를 다룸으로써 네트워크의 유용성을 확장해보자. 컨볼루션 기반 오토인코더를 훈련시켜 흐릿한 이미지의 노이즈를 제거해 깨끗한 입력을 복원해본다. 좀 더 잘 구조화된 표현으로 데이터를 인코딩하는 **변분 오토인코더**$^{variational\ autoencoder}$를 다루는 것으로 18장을 마무리한다. 변분 오토인코더를 사용하면 오토인코더의 두 번째 부분을 생성기로 사용하는 것이 훨씬 더 쉬워지는데, 이는 생성할 데이터의 종류를 더 잘 제어할 수 있기 때문이다.

인코딩 소개

파일 압축은 연산 전반에 걸쳐 유용하다. 많은 사람이 MP3 형식으로 저장된 음악을 듣는데, 원본과 상당히 유사하게 들리면서도 오디오 파일 크기를 엄청나게 줄일 수 있다. 종종 JPG 형식을 사용해 이미지를 본다. JPG 포맷은 원본 이미지와 허용할 만한 수준으로 유사하게 보이면서도 이미지 파일을 20배까지 압축할 수 있다(위키피디아 2020a). 두 경우 모두 압축 파일은 원본의 근사치^{approximation}일 뿐이다. 파일을 더 많이 압축할수록(즉, 정보가 더 적게 저장될수록) 원본과 압축된 버전 간의 차이를 쉽게 감지할 수 있다.

데이터를 압축하거나 데이터를 저장하는 데 필요한 메모리양을 줄이는 작업을 인코딩^{encoding}이라고 한다. 인코더^{Encoder}는 일상적인 컴퓨터 사용의 일부다. MP3와 JPG 둘 다 입력을 받아 그것을 인코딩한다고 말한다. 그러고 나서 원본의 일부 버전을 복구하거나 복원하고자 그 버전을 디코딩하거나 압축을 푼다. 일반적으로 압축 파일이 작을수록 복구된 버전은 원본과 잘 일치하지 않는다. MP3와 JPG 인코더는 완전히 다르지만 둘 다 손실 인코딩의 예다. 이게 무슨 뜻인지 한번 알아보자.

비손실 인코딩과 손실 인코딩

이전 장들에서 손실loss이라는 단어를 오차error의 동의어로 사용했기 때문에 네트워크의 오차 함수는 손실 함수라고도 불렀다. 이 절에서는 압축한 다음 압축 해제된 데이터의 성능 저하를 가리키는 약간 다른 의미를 갖는 단어로 사용한다. 원본 버전과 압축 해제 버전 간의 불일치가 클수록 손실도 커진다.

손실 또는 입력의 품질 저하degradation라는 개념은 입력을 더 작게 만든다는 개념과는 다르다. 예를 들어 6장에서 정보를 전달하고자 모스 부호Morse code를 사용하는 방법을 살펴봤다. 모스 부호에서 글자로 변환하는 것은 손실이 발생하지 않는다. 모스 버전에서 원래 메시지를 정확하게 복원할 수 있기 때문이다. 메시지를 모스 부호로 변환하거나 인코딩하는 것은 **무손실 변환**lossless transformation이라고 말한다. 책의 서체나 서체 색상을 변경하는 것과 같이 형식만 변경하는 것이다.

어디에서 손실이 발생하는지 살펴보고자 산에서 캠핑을 한다고 가정해보자. 가까운 산에서 친구 사라Sara가 그녀의 생일을 즐기고 있다. 라디오나 전화기를 갖고 있지 않지만 두 그룹 모두 거울을 갖고 있으며, 거울로 햇빛을 반사해 모스 부호를 서로 보내면서 산간 통신을 할 수 있다는 것을 발견했다. 'HAPPY BIRTHDAY SARA BEST WISHES FROM DIANA(다이애나로부터 생일 축하 새라 최고의 축원)'이라는 메시지를 보내고 싶다고 가정해보자(단순화를 위해 마침표는 생략한다). 띄어쓰기를 하면 42자가 된다. 거울을 많이 흔들어야 한다. 모음은 생략하고 대신 'HPP BRTHD SR BST WSHS FRM DN'을 보내기로 한다. 그러면 28 글자밖에 없기 때문에 전체 메시지의 약 2/3만큼의 시간에 이 편지를 보낼 수 있다.

이런 방식으로 압축해 새 메시지 일부 정보(모음)를 손실했다. 이 방식을 손실 **압축** 방법이라고 한다.

어떤 메시지에서 어떤 정보를 잃어버리는 것이 좋은지 나쁜지에 대해 포괄적으로 얘기할 수 없다. 손실이 있는 경우에 허용할 수 있는 손실의 양은 메시지와 메시지 주변의 모든 상황에 따라 달라진다. 예를 들어 친구 사라가 그녀의 친구 수리^{Suri}와 캠핑을 하고 있는데, 우연히 그들이 생일을 공유한다고 가정해보자. 이러한 상황에서 누구를 대상으로 하는지 알 수 없기 때문에 'HPP BRTHD SR'은 모호하다.

변환이 손실인지 무손실인지를 테스트하는 쉬운 방법은 변환이 원래 데이터를 복구하고자 되돌릴 수 있는지 또는 반대 방향으로 실행할 수 있는지를 고려하는 것이다. 표준 모스 부호의 경우에는 글자를 도트 대시 패턴으로 바꾼 다음 다시 문자로 바꿀 수 있다. 이 과정에서 손실되는 것은 전혀 없다. 하지만 메시지에서 모음을 삭제했을 때 그 글자들은 영원히 사라졌다. 보통 이 모음들을 추측할 수 있지만 추측만 할 뿐 틀릴 수 있다. 모음을 제거하면 되돌릴 수 없는 압축 버전이 만들어진다.

MP3와 JPG는 모두 데이터 압축에 대해 손실이 발생하는 시스템이다. 사실 이들은 아주 손실이 있다. 하지만 이 두 압축 표준 모두 '적절한' 정보만 버릴 수 있도록 세심하게 설계됐기 때문에 대부분의 일상에서 원본 버전과 압축 해제된 버전을 구분할 수 없다.

이것은 각 종류의 데이터 특성과 데이터가 어떻게 인식되는지를 주의 깊게 연구해 달성했다. 예를 들어 MP3 표준은 일반적인 소리의 특성뿐만 아니라 음악과 인간의 청각 시스템 특성에 기초한다. 같은 방식으로 JPG 알고리듬은 이미지 내의 데이터 구조에 특화됐을 뿐만 아니라 인간의 시각 시스템을 설명하는 과학에 기반을 두고 있다.

불가능하지만 완벽한 상황에서 압축 파일은 작고 압축 해제된 버전은 해당 원본과 완벽하게 일치한다. 실제 환경에서는 파일 크기와 압축 해제된 이미지의 품질, 정확도 사이에 트레이드오프가 있다. 일반적으로 파일이 클수록 압축 해제된 파일이 원본과 더 잘 일치한다. 이는 정보 이론 측면에서 타당하다. 파일이 작을수록 정보가 더 적게 저장되기 때문이다. 원본 파일에 중복성이 있는 경우 이를 이용해 작은 파일에서 무손실 압축을 수행할 수 있다(예를 들어 ZIP 형식을 사용해 텍스트 파일을 압축하는 경우다). 하지만 일반적으로 압축은 어느 정도의 손실을 의미한다.

손실 압축 알고리듬의 설계자들은 특정 유형의 파일이 가장 중요하지 않은 정보만 선택적으로 잃어버리게 열심히 일한다. 흔히 사람에게 "무엇이 중요한가?"에 대한 이 질문은 다양한 손실 인코더(예, 오디오의 경우 FLAC 및 AAC, 이미지의 경우 JPEG 및 JPEG 2000)로 이어지는 논쟁의 문제다.

표현 혼합하기

이 장의 후반부에서 여러 입력에 대한 수치 값으로 이뤄진 표현^{representation}을 찾은 다음 이를 혼합해 각 입력의 모양을 갖는 새로운 데이터를 만들어보겠다. 데이터를 혼합하는 방법은 일반적인 두 가지 방법이 있다. 첫 번째는 **콘텐츠 혼합**^{content blending}이라고 설명할 수 있다. 여기서는 두 개의 데이터 콘텐츠를 서로 혼합^{blend}한다. 예제로 소와 얼룩말의 이미지를 혼합한 콘텐츠는 그림 18-1 이미지와 같다.

그림 18-1: 소와 얼룩말의 이미지를 혼합한 콘텐츠. 각각을 50%씩 스케일링한 결과를 더하면 두 개의 이미지를 중첩시킬 수 있다. 한 마리의 동물이 아닌 반은 소고 반은 얼룩말이다.

결과는 소와 얼룩말의 중간이 아닌 두 이미지의 조합이다. 잡종 동물을 얻고자 **모수적 혼합**parametric blending 또는 **표현 혼합**representation blending이라고 불리는 두 번째 접근법을 사용해보겠다. 이 방법에서는 관심 있는 것을 묘사하는 파라미터로 작업한다. 파라미터의 특성과 객체 생성에 사용하는 알고리듬에 따라 두 가지 파라미터를 혼합해 객체 자체의 고유한 특성을 혼합하는 결과를 만들 수 있다.

예를 들어 그림 18-2에서와 같이 각각 중심, 반지름, 색상을 갖는 두 개의 원이 있다고 가정해보자.

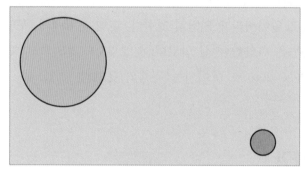

그림 18-2: 혼합할 두 개의 원

파라미터를 혼합하면(즉, 원의 중심을 나타내는 두 x, y 성분을 혼합하고 반지름과 색상에 대해서도 유사하게 혼합시키면) 그림 18-3과 같이 중간에 위치한 원을 얻게 된다.

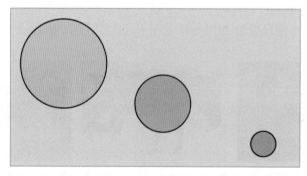

그림 18-3: 두 원에 대한 파라미트릭 블렌딩은 파라미터(중심, 반지름, 색상)를 혼합하는 것을 의미한다.

이 혼합은 압축되지 않은 객체에서 더 잘 동작한다. 하지만 압축된 객체에 이 작업을 시도하면 중간 정도 합리적인 결과를 얻을 수 없다. 문제는 압축된 형태가 객체들의 의미를 보존한 채로 혼합하는 데 필요한 내부 구조와 공통점이 거의 없을 수 있다는 것이다. 예를 들어 체리와 오렌지라는 단어의 소리를 들어보자. 이 소리들은 혼합할 객체다. 두 사람이 동시에 단어를 말하게 함으로써 이러한 소리들을 혼합할 수 있고 그림 18-1에 있는 소와 얼룩말의 오디오 버전을 만들 수 있다.

이러한 소리들을 압축의 한 형태로 쓰여진 글자로 바꾸는 것을 생각해볼 수 있다. 체리라는 단어를 말하는 데 0.5초가 걸린다면 널리 사용하는 MP3 압축 설정인 128Kbps로 약 8,000바이트가 필요하다(AudioMountain 2020). 유니코드 UTF-32 표준(문자당 4바이트 필요)을 사용할 경우 쓰여진 형태는 8,000바이트보다 훨씬 작은 24바이트만 필요하다. 글자들은 특정한 순서를 갖는 알파벳에서 따왔기 때문에 알파벳으로 글자들을 혼합함으로써 표현을 혼합할 수 있다. 이것을 모든 글자에 대해 전부 해보지는 않겠지만 나중에 사용할 것이기 때문에 이 과정을 따라가 보자.

'cherry'와 'orange'의 첫 글자는 C와 O다. 알파벳에서 이 글자들이 차지하는 영역은 CDEFGHIJKLMNO다. 가운데는 I자이고 이것이 혼합한 첫 번째 글자다. E부터 A까지의 경우처럼 알파벳에서 첫 번째 문자가 두 번째 문자보다 나중에 나올 때 거꾸로 세면된다. 차지하는 영역에 짝수 개의 글자가 있을 때에는 앞 글자를 골랐다. 그림 18-4와 같이 혼합 결과는 IMCPMO 시퀀스가 된다.

```
C ——— DEFGHIJKLMN ——— O
H ——— IJKLMNOPQ ——— R
E ——— DCB ——— A
R ——— QPO ——— N
R ——— QPONMLKJIH ——— G
YXWVUTSRQPONMLKJIHGFE
```

그림 18-4: 알파벳에서 각 문자의 중간점을 찾아 쓰여진 단어 cherry와 orange 혼합

원하는 결과는 압축되지 않았을 때 체리를 읽는 소리와 오렌지를 읽는 소리가 혼합된 것 같은 소리였다. imcpmo라는 단어를 큰 소리로 말하는 것은 확실히 이 목표를 만족시키지 못한다. 그 외에도 이 결과는 어떤 과일이나 심지어 영어의 어떤 단어와도 일치하지 않는 의미 없는 일련의 글자다.

이 경우 압축된 표현을 혼합한다고 해서 혼합된 객체와 같은 것은 얻을 수 없다. 이 장의 후반에 다룰 변분 오토인코더를 포함해 오토인코더에서 주목해야 할 기능은 압축 버전을 혼합하고 원본 데이터의 혼합 버전을 복구할 수 있다는 것이다.

가장 단순한 오토인코더

딥러닝 시스템을 구축해 원하는 데이터를 압축할 수 있다. 핵심 아이디어는 네트워크에 전체 데이터 세트를 입력 데이터의 숫자 개수보다 더 적은 숫자 개수로 표현하는 공간을 만드는 것이다. 결국 이것이 압축이다.

예를 들어 입력이 100 × 100 해상도로 저장된 그레이스케일의 동물 이미지로 구성된다고 가정해보자. 각 이미지에는 100 × 100 = 10,000 픽셀이므로 입력 레이어에는 10,000개의 숫자가 있다. 임의로 20개 숫자만 사용해 이 이미지를 표현할 수 있는 가장 좋은 방법을 찾고 싶다고 가정해보자.

이를 위한 한 가지 방법은 그림 18-5와 같이 네트워크를 구축하는 것이다. 하나의 레이어만 있다.

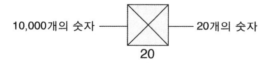

그림 18-5: 첫 번째 인코더는 10,000개의 숫자를 20개의 숫자로 변환하는 한 개의 덴스 레이어(또는 완전 연결 레이어)다.

입력은 10,000개의 요소로 이뤄져 있고, 20개의 뉴런만 갖는 완전 연결 레이어로 들어간다. 주어진 입력에 대한 뉴런의 출력은 이 이미지의 압축된 버전이다. 즉, 단 한 레이어만으로 인코더를 만들었다.

이 비결은 원래의 10,000개 픽셀 값이나 심지어 이와 비슷한 개수의 어떠한 값도 복구할 수 있으며, 이 20개의 숫자들로 출발한다. 이를 위해 그림 18-6처럼 인코더 뒤에 디코더를 붙인다. 이 예제에서는 출력 픽셀당 한 개씩 총 10,000개의 뉴런을 갖는 완전 연결 레이어를 만든다.

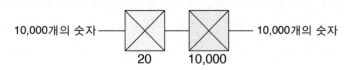

그림 18-6: 인코더(파란색)는 10,000개의 입력을 20개의 변수로 변환하고 디코더(베이지색)는 다시 10,000개의 값으로 변환한다.

데이터의 개수는 시작은 10,000개의 요소, 중간은 20개의 요소, 마지막에는 다시 10,000개의 요소이기 때문에 병목 구조를 만들었다고 말한다. 그림 18-7은 이 아이디어를 나타낸다.

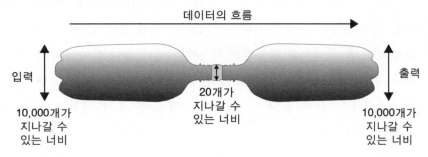

그림 18-7: 그림 18-6과 같은 네트워크 중앙을 병목 구조라고 말한다. 이는 좁은 상단, 병목 구조를 갖는 병처럼 생겼기 때문이다.

이제 시스템을 훈련시킬 수 있다. 각 입력 이미지는 출력 대상이기도 하다. 이 작은 오토인코더는 입력 자체를 출력 대상과 똑같게 만들도록 처리하지 못할 수도 있는 단 20개의 숫자로 입력을 처리하기 위한 가장 좋은 방법을 찾으려고 한다. 병목 구조의 압축된 표현은 코드 또는 **잠재 변수**latent variable(잠재라는 표현은 이 값들이 입력 데이터에 내재돼 있으며 이를 발견하기만을 그저 기다리고 있음을 의미한다)라고 한다. 일반적으로 그림 18-6과 같이 심층 신경망 중간에 작은 레이어를 사용해 병목 구조를 만든다. 당연히 이 레이어는 종종 **잠재 레이어**latent layer 또는 **병목 레이어**bottleneck layer라고 부른다. 이 레이어에 있는 뉴런의 출력이 잠재 변수다. 이 아이디어는 이 값들이 어떤 방식으로든 이미지를 나타낸다는 것이다.

이 네트워크에는 범주 레이블(분류기에서 필요한)이나 목적 변수(회귀 모형에서 필요한)가 없다. 입력을 압축하고 압축을 풀어야 한다는 정보 외에 시스템에 대한 다른 정보는 없다. 오토인코더가 **준지도학습**semi-supervised learning의 한 예라고 말한다. 시스템에 명시적인 목표 데이터를 제공하기 때문에 일종의 지도학습이면서 입력에 대해 수동으로 지정한 레이블이나 목적 변수가 없기 때문에 지도학습의 종류가 아니기도 하다.

그림 18-6의 작은 오토인코더를 호랑이 이미지로 훈련시켜 어떻게 작동하는지 살펴보자. 계속해서 호랑이 이미지를 전달하고 병목 구조 때문에 20개 숫자로 압축됐음에도 불구하고 호랑이가 있는 원래의 전체 이미지를 출력하도록 시도해보겠다. 손실 함수는 원래 사진에서의 호랑이 픽셀 값과 오토인코더 출력의 픽셀 값을 비교해 그 차이를 합산하기 때문에 픽셀이 많이 차이 날수록 손실이 더 커진다. 더 이상 성능이 개선되지 않을 때까지 훈련시켰다. 그림 18-8은 이 결과를 나타낸다. 오른쪽 끝에 표시한 각 오차 값은 원래 픽셀 값에서 해당 위치의 출력 픽셀 값(픽셀은 [0,1] 범위로 조정함)을 뺀 값이다.

그림 18-8: 그림 18-6의 오토인코더를 호랑이로 훈련시킨다. 왼쪽: 원본인 입력 호랑이. 중간: 출력값. 오른쪽: 원본과 출력 호랑이 사이의 픽셀 간 차이(픽셀은 [0,1] 범위를 갖는다). 병목 구조에서 20개 숫자밖에 되지 않았기 때문에 오토인코더는 대단한 일을 한 것 같다.

만든 시스템은 10,000개의 픽셀 값으로 구성한 사진을 찍어 20개 숫자로 처리해냈다. 그리고 다시 전체 사진을 다시 복구했다. 얇고 희미한 수염까지 말이다. 픽셀의 가장 큰 오차는 약 100분의 1이었다. 압축하는 환상적인 방법을 찾은 것 같다.

잠시만 기다려보자. 말이 되지 않는다. 교활한 행동을 하지 않고는 20개의 숫자로 호랑이 이미지를 다시 만들 수 있는 방법은 없다. 이 예제의 경우 교활한 행동은 네트워크가 이미지를 완전히 과적합하고 외워버렸다는 것이다. 단순히 20개의 입력 숫자를 받아 원래의 10,000개 입력값을 복원하도록 전체 10,000개의 출력 뉴런을 설정한 것이다. 더 직설적으로 말해 네트워크는 호랑이를 암기했을 뿐이다. 실제로 아무것도 압축하지 않았다. 10,000개의 입력 각각은 병목 레이어의 20개 뉴런 각각으로 이동해 20 × 10,000 = 200,000개의 가중치가 필요하고 20개의 병목 결과는 모두 출력 레이어의 10,000개 뉴런 각각으로 이동해 또 다른 200,000개의 가중치가 필요하다. 그런 다음 호랑이 그림을 만들어냈다. 근본적으로 400,000개의 숫자만 사용해 10,000개의 숫자를 저장하는 방법을 찾았다.

사실 이 숫자 대부분은 관련이 없다. 각 뉴런에는 들어오는 가중치가 반영된 입력과 함께 편향bias도 있다는 것을 기억하자. 출력 뉴런은 입력에 너무 많이 의존하지 않고 대부분 편향 값에 의존한다. 이를 테스트하고자 그림 18-9는 오토인코더에 계단 그림을 입력한 결과를 나타낸다. 이 오토인코더는 계단을 압축하고 압축 푸는 일을 제대로 하지 않는다. 대신 완전히 계단은 무시해버리고 암기한 호랑이를 돌려준다. 출력은 가장 오른쪽 그림과 같이 정확히 입력 호랑이는 아니지만 출력만 보면 계단에 대한 어떠한 단서도 찾기 어렵다.

그림 18-9: 왼쪽: 계단의 이미지를 호랑이로 훈련한 작은 오토인코더에 보여준다. 중간: 결과는 호랑이다. 오른쪽: 출력 이미지와 원본 호랑이 사이의 차이

그림 18-9의 오른쪽에 있는 오차 바는 오차가 그림 18-8의 오차보다 훨씬 더 크다는 것을 나타내지만 호랑이는 여전히 원본과 많이 닮아 있다.

네트워크가 대부분 편향 값에 의존하고 있다는 생각을 실제로 스트레스 테스트 해보자. 오토인코더에 0 값만 갖는 입력 이미지를 전달할 수 있다. 그림 처리할 입력값이 없고 편향 값만 출력에 기여한다. 그림 18-10은 이 결과를 보여준다.

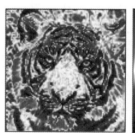

그림 18-10: 작은 오토인코더에 완전히 검정색 면을 전달하면 낮은 품질이지만 알아볼 수 있는 버전의 호랑이를 돌려주고자 편향 값을 사용한다. 왼쪽: 검은색 입력이다. 중간: 출력. 오른쪽: 원본 호랑이와 출력 사이의 차이. 차이의 범위는 약 −0.4에서 0까지인 그림 18-9와 달리 0에서 거의 1까지다.

이 네트워크에 어떤 정보를 주든지 간에 언제나 어떤 버전의 호랑이를 출력물로 돌려받을 것이다. 오토인코더는 항상 호랑이를 만들어내도록 자체적으로 훈련됐다.

이 오토인코더의 실제 테스트는 여러 이미지를 학습시키고 얼마나 잘 압축하는지 확인하는 것이다. 그림 18-11에 있는 25개의 사진으로 다시 시도해보자.

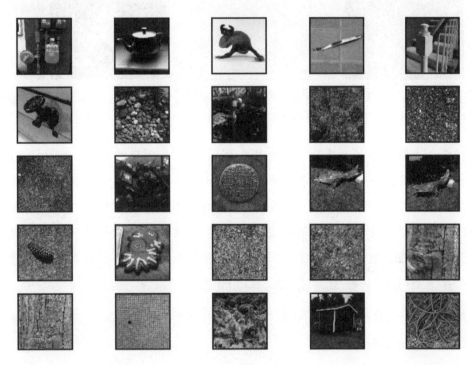

그림 18-11: 작은 오토인코더를 훈련시키고자 호랑이 외에 25장의 사진을 사용했다. 각 이미지는 훈련 중에 90도, 180도, 270도 회전했다.

각각의 이미지뿐만 아니라 각 이미지를 90도, 180도, 270도 회전시켜 데이터베이스를 더 크게 만들었다. 훈련 데이터 세트는 총 104개의 이미지로 호랑이 사진(그리고 3개의 회전한 사진)과 그림 18-11을 회전시킨 100개의 이미지다.

이제 이 시스템은 단지 20개의 숫자로 104개의 모든 사진을 표현하는 방법을 기억하려고 노력하기 때문에 아주 잘하지 못한다는 것은 놀랄 일이 아니다. 그림 18-12는 이 오토인코더가 호랑이 사진을 압축하고 압축 해제하게 했을 때 만들어내는 결과를 보여준다.

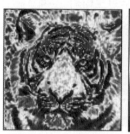

그림 18-12: 그림 18-11(각 이미지와 회전 버전)의 100개 이미지와 호랑이를 네 번 회전시켜 그림 18-6의 오토인코더를 훈련시켰다. 이 훈련에서 왼쪽의 호랑이를 입력했고 중간의 결과를 만들었다.

이제 시스템에서 부정행위를 허용하지 않기 때문에 결과가 전혀 호랑이처럼 보이지 않고 모든 것이 다시 이해된다. 입력 이미지를 회전시킨 버전에 대해 훈련했기 때문에 결과에서 약간의 네 방향 회전 대칭을 확인할 수 있다. 병목 레이어 또는 잠재 레이어의 뉴런 수를 늘리면 더 좋아진다. 하지만 입력을 최대한 압축하기를 원하기 때문에 병목에 더 많은 값을 추가하는 것은 최후의 수단이어야 한다. 가능한 한 적은 값으로 가능한 한 최고의 성능을 내야 한다.

지금까지 사용했던 두 개의 덴스 계층보다 더 복잡한 아키텍처를 고려해 성능을 개선해보겠다.

더 좋은 오토인코더

이번 절에서는 다양한 오토인코더 아키텍처를 살펴본다. 이들을 비교하고자 17장에서 살펴본 MNIST 데이터베이스를 사용한다. 요약하자면 이것은 28 × 28 픽셀의 해상도로 저장된 0에서 9까지의 그레이스케일 손 글씨 숫자인 대규모 무료 데이터베이스다. 그림 18-13은 MNIST 데이터 세트에 있는 몇 가지 일반적인 숫자 이미지를 보여준다.

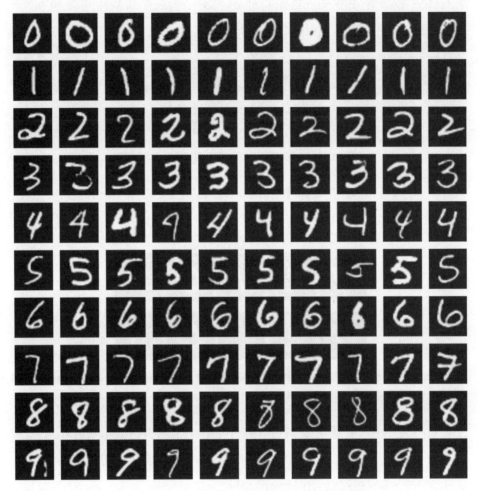

그림 18-13: MNIST 데이터 세트에 있는 손 글씨 숫자 샘플링

이 데이터에 대해 단순한 오토인코더를 실행하려면 그림 18-6의 입력과 출력 크기를 MNIST 데이터에 맞게 변경해야 한다. 각 이미지는 28 × 28 = 784 픽셀이다. 따라서 입력 및 출력 레이어에는 이제 10,000개 대신 784개의 요소가 필요하다. 2D 이미지를 네트워크에 전달하기 전에 하나의 큰 리스트로 평탄화하고

병목을 20으로 유지한다. 그림 18-14는 새로운 오토인코더를 보여준다. 이 그림과 다음 그림에서는 시작 부분에 평탄화 레이어나 끝 부분에 평탄화를 '실행 취소'하는 784개의 숫자 리스트를 다시 28 × 28 그리드로 바꾸는 형태 변경^{reshape} 레이어를 그리지 않을 것이다.

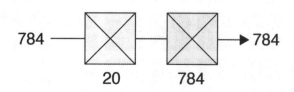

그림 18-14: MNIST 데이터용 두 레이어로 이뤄진 오토인코더

이것을 50 에폭 동안 훈련하자(즉, 60,000개의 모든 훈련 예제를 50번 실행한다). 일부 결과는 그림 18-15에 있다.

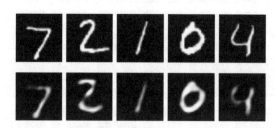

그림 18-15: 그림 18-14에 있는 20개 잠재 변수를 사용하는 훈련된 오토인코더를 통해 MNIST 데이터 세트의 5개 숫자 실행. 상단: 5개의 입력 데이터. 하단: 복원된 이미지.

그림 18-15는 아주 놀랍다. 2 레이어로 구성된 네트워크는 784 픽셀의 각 입력을 받아 20개의 숫자로 압축한 다음 다시 784 픽셀로 늘리는 방법을 학습했다. 결과 숫자는 흐릿하지만 인식할 수 있다.

잠재 변수의 개수를 10으로 줄여보자. 상황이 훨씬 더 나빠질 것으로 예상된다. 그림 18-16은 실제로 더 나쁘다는 것을 보여준다.

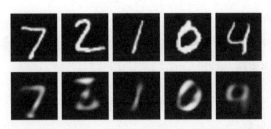

그림 18-16: 상단: 원본 MNIST 이미지. 하단: 10개의 잠재 변수를 사용한 오토인코더의 출력.

결과가 꽤 나빠지고 있다. 2는 한입 베어 먹은 3처럼 변하고 4가 9로 변하는 것 같다. 하지만 이것이 이 이미지를 10개의 숫자로 부숴서 얻은 것이다. 시스템이 입력을 잘 표현하기에는 충분하지 않다.

교훈은 오토인코더가 데이터를 인코딩하는 방법을 알아낼 수 있는 충분한 연산 능력(즉, 충분한 뉴런과 가중치)과 입력의 유용한 압축 표현을 찾기에 충분한 잠재 변수 모두가 있어야 한다는 것이다.

더 깊은 모델의 성능을 살펴보자. 원하는 모든 유형의 레이어로 인코더와 디코더를 구축할 수 있다. 데이터에 따라 많은 레이어로 깊은 오토인코더를 만들거나 몇 개만 있는 얕은 오토인코더를 만들 수 있다. 지금은 완전 연결 레이어를 계속 사용하지만 더 깊은 오토인코더를 만들고자 레이어를 더 추가해보자. 병목 지점에 도달할 때까지 크기가 감소하는 여러 히든 레이어에서 인코더 단계를 구성한 다음 입력과 동일한 크기에 도달할 때까지 크기가 증가하는 더 많은 은닉 레이어에서 디코더를 구성한다.

그림 18-17은 이제 3개의 인코딩 레이어와 3개의 디코딩 레이어가 있는 이 접근 방식을 보여준다.

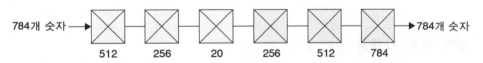

그림 18-17: 완전 연결(또는 덴스) 레이어로 구성한 깊은 오토인코더. 파란색 아이콘: 세 레이어로 구성된 인코더. 베이지색 아이콘: 세 레이어로 구성된 디코더

보통 512와 256 사이를 이동할 때 뉴런의 수가 2의 배수만큼 감소(그리고 증가)하도록 이러한 완전 연결 레이어를 구축한다. 이 선택은 종종 잘 작동하지만 이를 강요하는 규칙은 없다.

50 에폭 동안 다른 것과 마찬가지로 이 오토인코더를 훈련시키자. 그림 18-18은 결과를 보여준다.

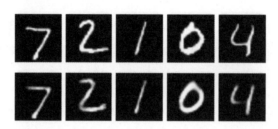

그림 18-18: 그림 18-17의 깊은 오토인코더의 예측. 상단: MNIST 테스트 세트의 이미지. 하단: 테스트 숫자에 대해 훈련시킨 오토인코더의 출력

결과는 약간 흐릿하지만 원본과 명확하게 일치한다. 이 결과를 20개의 잠재 변수를 사용한 그림 18-15와 비교해보자. 이 이미지는 훨씬 더 선명하다. (인코더에서) 이러한 변수를 찾기 위한 추가 연산 능력과 (디코더에서) 이미지로 다시 변환하는 추가적인 능력을 제공함으로써 20개 잠재 변수에서 훨씬 더 나은 결과를 얻었다.

오토인코더 탐험

그림 18-17에 있는 오토인코더 네트워크가 생성한 결과를 더 자세히 살펴보자.

잠재 변수 자세히 살펴보기

잠재 변수가 입력의 압축된 형태라는 것을 다뤘지만 잠재 변수 자체는 다루지 않았다. 그림 18-19는 5개의 테스트 이미지에 대한 응답으로 그림 18-17에 있는 네트워크가 생성한 20개의 잠재 변수 그래프와 디코더가 구성한 이미지를 보여준다.

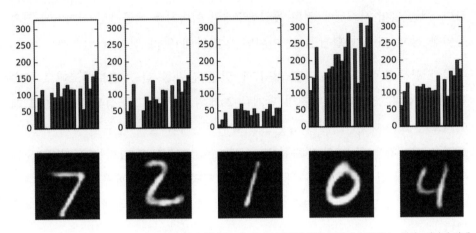

그림 18-19: 상단: 그림 18-17의 네트워크에서 생성된 5개 이미지 각각에 대한 20개의 잠재 변수. 하단: 상단의 잠재 변수로 압축 해제된 이미지다.

그림 18-19에 표시된 잠재 변수는 잠재 변수가 생성된 입력 데이터에 대한 분명한 연결 관계를 거의 보여주지 않는다는 점에서 일반적이다. 네트워크는 입력을 나타내고자 자체적으로 고도로 압축된 비공개 형식을 찾았으며 그 형식은 보통 의미가 없다. 예를 들어 그래프에서 두 개의 일관된 구멍(위치 4, 5, 14)을 볼 수 있지만 이러한 입력에 대해 해당 값이 0(또는 거의 0)인 이유는 이 한 집합의 이미지에서 알 수 없다. 더 많은 데이터를 보면 확실히 도움이 될 것이지만 일반적으로 해석의 문제는 여전히 남아 있다.

잠재 변수의 신비한 특성은 괜찮다. 이러한 값을 직접 해석하는 데 거의 신경을 쓰지 않기 때문이다. 나중에 이들을 혼합하고 평균화해 잠재 값들을 다룰 것이지만 이 숫자들이 무엇을 나타내는지는 신경 쓰지 않을 것이다. 이들은 네트워크가 각 입력을 가능한 한 압축하고 압축 해제할 수 있도록 훈련 중에 생성한 비공개 코드일 뿐이다.

파라미터 공간

일반적으로 잠재 변수에 있는 숫자 값에 대해 신경 쓰지 않지만 유사하면서 다른 입력값에 의해 생성되는 잠재 변수에 대한 느낌을 얻는 것은 여전히 유용하다. 예를 들어 시스템에 거의 동일한 7개의 이미지를 제공하면 이미지에 거의 동일한 잠재 변수가 할당될까? 아니면 엄청나게 멀리 떨어져 있을까?

이러한 질문에 답하고자 그림 18-17에 있는 간단한 심층 오토인코더로 계속 진행해보겠다. 인코더의 마지막 단계를 20개의 뉴런으로 구성된 완전 연결 레이어로 만드는 대신 두 개의 뉴런으로 줄여 두 개의 잠재 변수만 갖게 하겠다. 요점은 페이지에 두 개의 변수를 (x,y) 쌍으로 표시할 수 있다는 것이다. 물론 두 개의 잠재 변수에서 이미지를 생성하면 해당 이미지가 매우 흐릿하게 나오지만 이러한 간단한 잠재 변수의 구조를 볼 수 있으므로 예제로 해볼 가치가 있다.

그림 18-20에서 10,000개의 MNIST 이미지를 인코딩해 각 이미지에서 두 개의 잠재 변수를 찾은 다음 이를 점으로 표시했다. 각 점은 해당 점에서 가져온 이미지에 할당된 레이블로 색상으로 구분했다. 그림 18-20과 같은 이미지가 **잠재 변수 공간**latent variable space 또는 더 간단하게는 **잠재 공간**latent space의 시각화라고 말한다.

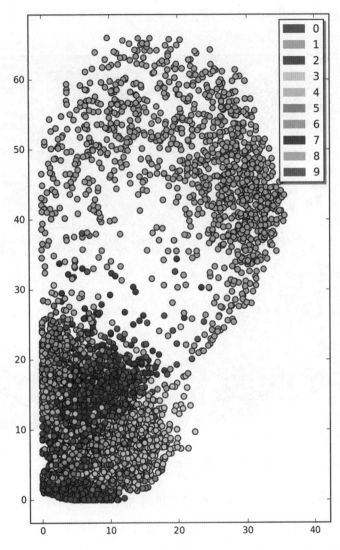

그림 18-20: 두 개의 잠재 변수만으로 심층 자동 인코더를 훈련시킨 후 10,000개의 MNIST 이미지 각각에 할당된 잠재 변수를 보여준다.

여러 구조가 있다. 잠재 변수들은 완전히 무작위로 숫자 값이 할당되지 않는다. 대신 유사한 이미지에는 유사한 잠재 변수가 할당되고 있다. 1, 3, 0은 각자의 영역에 들어가는 것 같다. 다른 숫자들은 그림의 왼쪽 아래에 뒤섞여 비슷한 값이 할당된다. 그림 18-21은 해당 지역을 확대한 결과를 보여준다.

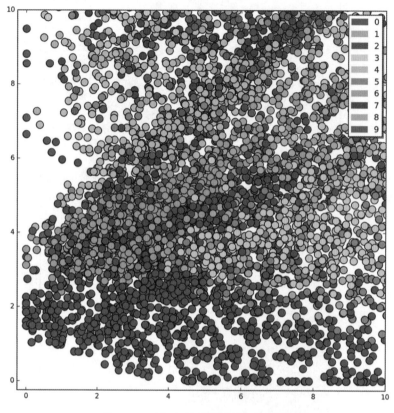

그림 18-21: 그림 18-20의 왼쪽 하단 모서리 확대

완전히 뒤죽박죽인 건 아니다. 0은 그들만의 밴드가 있고 다른 밴드들은 약간 뒤죽박죽이지만 그들이 모두 잘 정의된 영역으로 위치한 것을 볼 수 있다.

영상이 흐릿할 것으로 예상하지만 이 2D 잠재 값으로 그림을 만들어보자. 그림 18-20에서 볼 수 있듯이 첫 번째 잠재 변수(X축에 그리는 변수)는 0에서 40까지의 값을 가지며 두 번째 잠재 변수(Y축에 그리는 변수)는 0에서 70까지의 값을 갖는다.

그림 18-22의 방법에 따라 디코딩된 이미지의 정사각형 격자를 만들어보자.

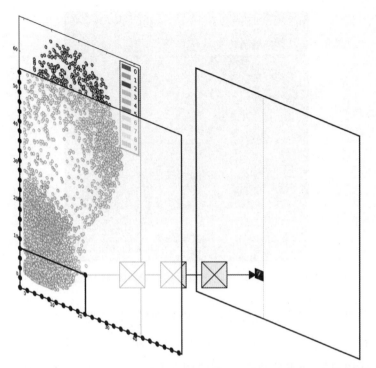

그림 18-22: 그림 18-20(과 그 이후)에서 (x,y) 쌍을 디코딩해 이미지 그리드 만들기. 왼쪽에서 약 (22,8)에 위치한 (x,y) 쌍을 선택한다. 그런 다음 이 두 숫자를 디코더에 통과시켜 오른쪽에 작은 출력 이미지를 만든다.

각 축을 따라 0에서 55까지 이어지는 상자를 만들 수 있다(Y에 대해서는 조금 짧지만 X에 대해서는 너무 길다). 이 격자 안에 있는 (x,y) 점들을 골라 그 두 숫자를 디코더에 보내 그림을 만들 수 있다. 그리고 해당 격자 안에 있는 그 (x,y) 위치에 그림을 그릴 수 있다. 각 축에 대한 23개 스텝은 밀도가 높지만 지나치게 높지는 않은 훌륭한 이미지를 생성한다는 것을 발견했다.

그림 18-23은 결과를 보여준다.

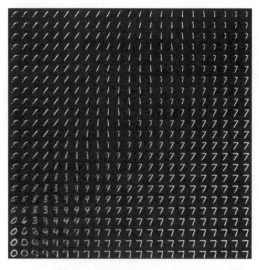

그림 18-23: 그림 18-22 범위의 잠재 변수에서 생성된 이미지

기대했던 대로 1에 대한 스프레이가 위에 있다. 놀랍게도 7이 오른쪽 측면을 지배하고 있다. 앞에서 했던 것처럼 그림 18-24에서 봤던 왼쪽 하단 모서리를 확대해 이미지를 살펴보자.

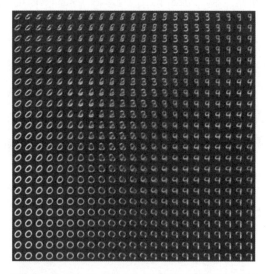

그림 18-24: 그림 18-23에 있는 잠재 변수 확대 범위 이미지

숫자들이 대부분 흐릿하며 명확한 영역에 들어가지 않는다. 이것은 단순히 아주 간단한 인코더를 사용하기 때문이 아니라 두 개의 잠재적 변수만으로 입력을 인코딩하기 때문이다. 잠재 변수를 더 많이 사용하면 더 구분이 잘되고 뚜렷해지지만 그러한 고차원적인 공간은 간단하게 그림으로 그릴 수 없다. 두 개의 잠재 변수까지 극단적인 압축이 있더라도 시스템은 비슷한 숫자들을 함께 묶는 방식으로 잠재 변수 값들을 할당했음을 보여준다.

이 공간을 좀 더 자세히 살펴보자. 그림 18-25는 4개의 선을 따라 위치하는 (x,y) 값을 가져와 디코더에 전달해 이미지를 생성했을 때 생성된 이미지를 보여준다.

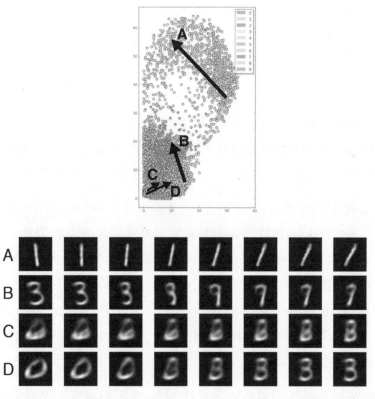

그림 18-25: 각 화살표에 대해 시작부터 끝까지 동일한 간격으로 8개의 스텝을 만들어 8개의 (x,y) 쌍을 생성했다. 이 쌍들을 디코딩한 그림을 해당 행에 표시했다.

이를 통해 인코더가 유사한 이미지에 대해 유사한 잠재 변수를 할당하고 각자의 영역에서 이미지 변형들을 갖도록 여러 이미지 군집을 만드는 것처럼 보인다는 것을 확인했다. 정말 많은 구조다. 이 터무니없이 작은 값인 2에서 잠재 변수의 수를 늘려도 인코더는 군집화된 영역을 계속 생성하며 이들은 더 명확해지고 중복이 적어진다.

잠재 변수 혼합

이제 잠재 변수에 내재된 구조를 살펴봤으니 이를 활용할 수 있다. 특히 몇 쌍의 잠재 변수를 함께 섞어 중간 이미지가 나오는지 확인해보자. 다시 말해 앞에서 설명한 것처럼 잠재 변수가 파라미터인 이미지에 대한 모수적parametric 혼합을 수행해보자.

실제로 그림 18-25에서는 화살표의 한쪽 끝에서 다른 쪽 끝으로 두 개의 잠재 변수들을 혼합하면서 이를 수행했다. 하지만 두 개의 잠재 변수를 가진 오토인코더를 사용하고 있었기 때문에 이미지를 잘 표현할 수 없었다. 결과는 대부분 흐릿했다. 좀 더 복잡한 모델에서 이러한 종류의 혼합 또는 보간법interpolation이 어떤 결과를 보이는지 이해할 수 있게 잠재 변수를 더 사용해보자.

20개의 잠재 변수가 있는 그림 18-17의 심층 오토인코더가 6개 레이어를 갖는 버전으로 돌아가자. 이미지 쌍을 선택하고 각각의 잠재 변수를 찾은 다음, 단순히 각각의 잠재 변수 쌍의 평균을 낼 수 있다. 즉, 첫 번째 이미지(잠재 변수)에 대한 20개의 숫자 목록과 두 번째 이미지에 대한 20개의 숫자 목록이 있다. 각 목록의 첫 번째 숫자를 혼합하고, 각 리스트의 두 번째 숫자를 혼합하고, 20개의 새로운 목록이 나올 때까지 계속한다. 이는 이미지를 생성하는 디코더에 넘겨줄 새로운 잠재 변수 집합이다.

그림 18-26은 이러한 방식으로 혼합된 다섯 쌍의 이미지를 보여준다.

예상한 것처럼 이 시스템은 단순히 이미지를 (그림 18-1에서 소와 얼룩말에게 한 것처럼) **콘텐츠 혼합**^{content blending}을 통해 혼합하는 것이 아니다. 대신 오토인코더는 두 입력의 특성을 갖는 중간 이미지를 생성한다.

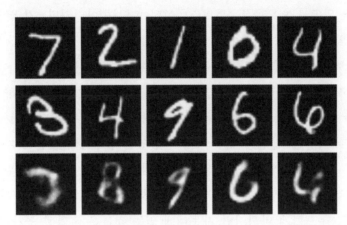

그림 18-26: 심층 오토인코더에 잠재 변수를 혼합하는 예제들. 상단: MNIST 데이터 세트의 이미지 5개. 중간: 다섯 개의 다른 이미지. 하단: 바로 위의 두 이미지에서 잠재 변수의 평균을 구한 다음 디코딩한 이미지.

이 결과는 터무니없는 것이 아니다. 예를 들어 두 번째 열에서 2와 4의 혼합은 부분적인 8처럼 보인다. 일리가 있는 말이다. 그림 18-23은 잠재 변수 2개만 있는 그림에서 2, 4, 8이 서로 가까이 있다는 것을 보여주므로 20개 잠재 변수가 있는 20차원 그림에서도 여전히 가까이 있을 수 있다는 것은 타당하다.

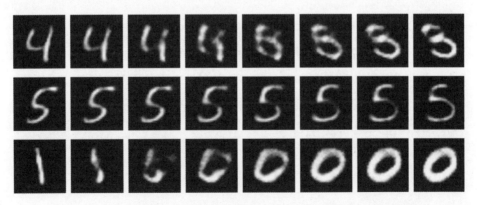

그림 18-27: 잠재 변수 혼합. 각 행에서 가장 왼쪽과 가장 오른쪽의 잠재 변수 집합을 혼합한다.

이러한 종류의 잠재 변수 혼합을 좀 더 자세히 살펴보자. 그림 18-27은 동일한 간격으로 6개의 스텝을 갖는 보간법으로 얻은 새로운 숫자 세 쌍을 보여준다.

각 행의 맨 왼쪽과 오른쪽은 MNIST 데이터에 있는 이미지다. 각 끝점endpoint에 대한 20개의 잠재 변수를 찾아 동일한 간격으로 6개의 잠재 변수 혼합을 만든 다음, 혼합한 잠재 변수를 디코더를 통해 실행시켰다. 시스템이 한 이미지에서 다른 이미지로 이동하려고 하지만 아주 적절한 중간 숫자를 생성하지 못하고 있다. 중간 행에서 5에서 5로 이동할 때도 중간값은 다시 결합하기 전에 거의 두 조각으로 나뉜다. 상단과 하단의 중간에 있는 일부 혼합물은 숫자처럼 보이지 않는다. 끝부분은 알아볼 수 있지만 혼합물은 아주 빨리 구분할 수 있다. 이 오토인코더에서 잠재 파라미터 변수를 혼합하면 이미지가 한 자릿수에서 다른 숫자로 부드럽게 바뀌지만 가운데에 있는 것들은 혼합된 숫자라기보다는 이상한 모양일 뿐이다. 보통 이것은 유사한 잠재 변수들이 다른 숫자들을 인코딩하는 밀집된dense 영역들을 이동하기 때문이라는 것을 알아냈다. 더 큰 문제는 개념적 문제다. 이 예시들은 틀린 것이 아닐 수도 있는데, 부분적으로는 0이고 부분적으로는 1인 숫자가 어떻게 보여야 하는지 명확하지 않기 때문이다. 혹시 0이 더 얇아져야 하는 건 아닌가? 1이 동그랗게 말려있으면 되지 않을까? 따라서 이 혼합 결과는 숫자처럼 보이지 않지만 합리적인 결과다.

이러한 보간법으로 얻은 잠재 변수 중 일부는 가까운 데이터가 없는 잠재 공간의 영역에 위치할 수 있다. 다시 말해 디코더에게 잠재 공간에 인접한 이웃이 없는 잠재 변수들의 값으로부터 이미지를 복원하도록 요청하고 있다. 디코더는 뭔가를 만들어내고 있고 그 출력물은 인근 지역의 특성을 갖고 있지만 디코더는 근본적으로 추측하고 있다.

새로운 입력에 대한 예측

MNIST 데이터에 대해 훈련시킨 심층 오토인코더를 사용해 호랑이 이미지를 압축하고 압축 해제해보겠다. 호랑이를 28 × 28 픽셀로 네트워크 입력 크기에 맞춰 축소할 것이다. 따라서 매우 흐릿하게 보일 것이다.

호랑이는 네트워크가 이전에 본 적이 없는 것과 같기 때문에 이 데이터를 처리하기에는 완전히 미비한 상태다. 이미지에서 숫자를 '확인하도록' 시도하고 해당하는 출력을 생성한다. 그림 18-28은 결과를 보여준다.

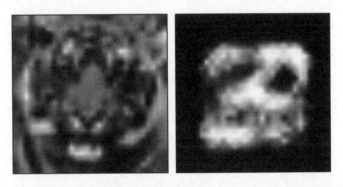

그림 18-28: MNIST 손 글씨 숫자 데이터 세트에 대해 훈련된 20개의 잠재 변수를 가진 심층 오토인코더를 사용해 그림 18-8에 있는 28 x 28 버전의 호랑이를 인코딩하고 디코딩하기

이 알고리듬은 여러 개의 다양한 숫자가 결합된 지점을 찾으려고 노력한 것처럼 보인다. 가운데에 있는 얼룩은 호랑이와 별로 일치하지 않고 그럴 이유가 없다.

숫자에서 배운 정보를 사용해 호랑이를 압축하고 압축을 푸는 것은 연필 깎기에서 가져온 부품을 사용해 기타를 만드는 것과 같다. 최선을 다해도 좋은 기타가 될 것 같지 않다. 오토인코더는 훈련받은 유형의 데이터만 의미 있게 인코딩하고 디코딩할 수 있는데, 이는 잠재 변수가 해당 데이터를 나타내기 위한 의미를 만들기 때문이다. 완전히 다른 것으로 놀라게 할 때 오토인코더는 최선을 다하지만 썩 좋지는 않을 것이다.

기본 오토인코더 개념에는 몇 가지 변형이 있다. 이미지로 작업하고 있고 컨볼루션은 이러한 종류의 데이터에 대한 자연스러운 접근 방식이기 때문에, 컨볼루션 레이어를 사용해 오토인코더를 구축해보자.

컨볼루셔널 오토인코더

앞서 인코딩과 디코딩 단계는 원하는 어떤 종류의 레이어도 포함할 수 있다고 언급했다. 실행할 예제에서는 이미지 데이터를 사용하므로 컨볼루션 레이어를 사용한다. 다시 말해 컨볼루셔널 오토인코더를 구축해보자.

원래 28 × 28 크기의 MNIST 이미지를 7 × 7로 축소할 수 있게 여러 컨볼루션 레이어를 설계할 것이다. 모든 컨볼루션은 3 × 3 필터와 제로 패딩을 사용할 것이다. 그림 18-29에서 볼 수 있듯이 16개의 필터를 갖는 컨볼루션 레이어로 시작해 2 × 2 셀이 있는 최댓값 풀링 레이어가 이어져서 결과 텐서는 14 × 14 × 16이다(컨볼루션 연산 중에 스트라이드를 사용할 수 있지만 이해를 쉽게 하고자 여기서는 한 스텝씩 이동했다). 그런 다음 이번에는 8개의 필터를 갖는 컨볼루션을 적용하고 풀링이 이어져 7 × 7 × 8 텐서를 생성한다. 최종 인코더 레이어는 3개의 필터를 사용해 병목에서 7 × 7 × 3의 텐서를 생성한다. 따라서 병목은 768개의 입력에 대해 7 × 7 × 3 = 147개의 잠재 변수를 갖는다.

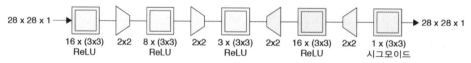

그림 18-29: 컨볼루션 오토인코더의 구조. 인코딩 단계(파란색)에서는 세 개의 컨볼루션 레이어가 있다. 처음 두 레이어는 각각 풀링 레이어가 이어지므로 세 번째 컨볼루션 레이어의 끝에는 7 × 7 × 3 크기의 중간 텐서가 있다. 디코더(베이지색)는 컨볼루션과 업샘플링을 사용해 병목 텐서를 다시 28 × 28 × 1 출력으로 다시 키운다.

디코더는 이 과정을 반대로 한다. 첫 번째 업샘플링 레이어는 14 × 14 × 3의 텐서를 생성한다. 다음 컨볼루션과 업샘플링은 28 × 28 × 16의 텐서를 생성하고 마지막 컨볼루션은 28 × 28 × 1의 형태를 갖는 텐서를 생성한다. 이전처럼 시작 부분의 평탄화 단계와 끝의 형태 변경reshape 단계를 생략하고 있다.

컨볼루션 레이어의 힘과 함께 147개의 잠재 변수를 갖고 있으므로 20개 잠재 변수를 갖는 이전 오토인코더보다 더 나은 결과를 기대해야 한다. 이 네트워크를 이전과 같이 50 에폭 동안 훈련했다. 해당 지점에서 모델은 여전히 개선되고 있었지만 이전 모델과의 비교를 위해 50 에폭에서 멈췄다.

그림 18-30은 테스트 세트의 다섯 예제와 컨볼루셔널 오토인코더를 실행한 후 그 압축 해제 버전을 보여준다.

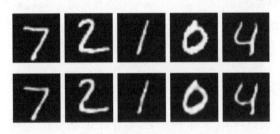

그림 18-30: 상단: MNIST 테스트 세트의 다섯 요소. 하단: 위의 이미지가 입력으로 주어졌을 때 컨볼루셔널 오토인코더에 의해 생성된 이미지다.

이 결과들은 꽤 훌륭하다. 이 이미지들은 동일하지는 않지만 아주 가깝다.

재미로 디코더 스텝에 노이즈를 추가하자. 잠재 변수는 7 × 7 × 3 크기의 텐서이므로 노이즈 값은 동일한 형태의 3D 볼륨이어야 한다. 그런 숫자들의 블록을 그리려고 하기보다는 블록의 맨 위에 있는 7 × 7 슬라이스를 확인해보자. 그림 18-31은 결과를 보여준다.

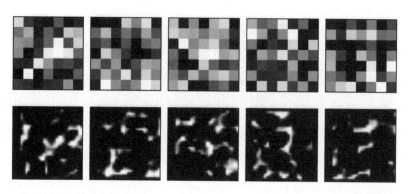

그림 18-31: 컨볼루셔널 신경망의 디코더 단계에 무작위 값의 입력 텐서를 전달해 생성된 이미지

이렇게 하면 무작위로 분할된 이미지가 생성되는데, 이는 임의의 입력에 대해 적절한 출력으로 보인다.

잠재 변수 혼합

컨볼루셔널 오토인코더의 잠재 변수를 혼합하고 어떻게 진행되는지 확인해보자. 그림 18-32에서는 그림 18-26에 있는 같은 이미지를 사용한 그리드를 보여준다. 위쪽 두 줄에서 각 이미지에 대한 잠재 변수를 찾아 균등하게 혼합한 다음 보간법으로 얻은 변수를 디코딩해 아래쪽 줄을 만든다.

일부에서는 위쪽 줄의 이미지가 혼합된 듯한 느낌을 주지만 결과는 매우 부드럽다. 다시 말하지만 너무 놀라지 말아야 하는데, 7과 3 사이의 중간 숫자가 어떻게 보여야 하는지 명확하지 않기 때문이다.

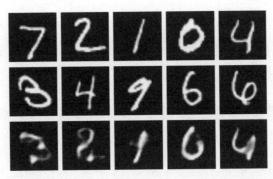

그림 18-32: 컨볼루션 자동 인코더에서 잠재 변수 혼합. 위쪽 두 줄: MNIST 데이터 세트의 샘플이다. 맨 아래 줄: 위의 각 이미지에서 잠재 변수가 동일하게 혼합된 결과다.

그림 18-27에서 사용한 것과 동일한 세 가지 혼합에서 여러 단계를 살펴보자. 결과는 그림 18-33에 나와 있다.

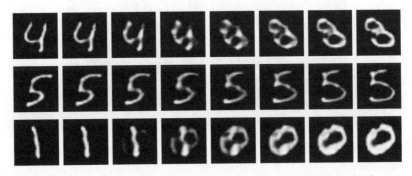

그림 18-33: 두 개의 MNIST 테스트 이미지에 대해 잠재 변수를 혼합한 후 디코딩

각 행의 왼쪽과 오른쪽 끝은 MNIST 영상을 인코딩 및 디코딩해 생성된 이미지다. 그 사이에 있는 것은 잠재 변수를 혼합한 다음 디코딩한 결과다. 이건 단순한 오토 인코더보다 훨씬 좋아 보이지 않는다. 단지 더 많은 잠재 변수를 갖고 있기 때문에, 시스템이 훈련받은 샘플과 너무 다른 입력을 사용해 복원reconstruct하려고 할 때 여전히 문제에 부딪히게 된다. 예를 들어 맨 위 줄에서 어떤 방식으로든 4와 3 사이에 있는 입력 이미지에 대해 훈련하지 않았기 때문에 시스템은 이러한 것을 표현하는 잠재 값에서 이미지를 생성하는 방법의 좋은 정보를 갖고 있지 않았다.

새로운 입력에 대해 예측

저해상도 호랑이를 합성곱 신경망에 전달해 완전히 불공평한 테스트를 반복해 보겠다. 결과는 그림 18-34에서 보여준다.

눈을 가늘게 뜨면 눈, 입가, 코 주변의 주요 어두운 부분이 보존된 것처럼 보인다. 아니면 그냥 상상일 수도 있다.

완전 연결 레이어로 구축한 이전의 오토인코더와 마찬가지로 컨볼루셔널 오토인코더는 숫자의 잠재 공간에서 호랑이를 찾으려고 한다. 이것이 잘될 것이라고 기대해서는 안 된다.

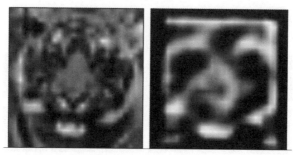

그림 18-34: 컨볼루셔널 오토인코더에 적용한 저해상도 호랑이와 그 결과. 별로 호랑이 같지 않다.

노이즈 제거

오토인코더의 일반적인 용도는 샘플에서 노이즈를 제거하는 것이다. 특히 놀라운 애플리케이션은 컴퓨터 생성 이미지에 가끔 나타나는 얼룩을 제거하는 것이다(Bako et al. 2017; Chaitanya 2017). 고정적이거나 또는 눈^{snow}처럼 보일 수 있는 이런 밝고 어두운 점들은 전체 결과를 다듬지 않고도 이미지를 빠르게 생성할 때 사용할 수 있다.

오토인코더를 사용해 이미지에서 밝고 어두운 점을 제거하는 방법을 살펴보겠다. MNIST 데이터 세트를 다시 사용하며 이번에는 이미지에 임의의 노이즈를 추가한다. 모든 픽셀에 평균이 0인 가우스 분포에서 값을 선택해 양수 값과 음수 값을 가져와 더한 다음 결괏값을 0~1 범위로 자른다. 그림 18-35는 무작위 노이즈가 적용된 일부 MNIST 훈련 이미지를 보여준다.

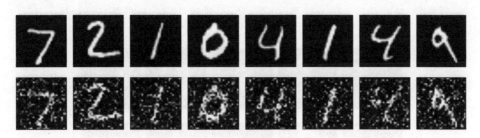

그림 18-35: 상단: MNIST 훈련 데이터에 있는 숫자. 하단: 동일한 숫자이지만 임의의 노이즈가 있다.

목표는 훈련된 오토인코더에게 그림 18-35의 하단에 있는 손 글씨 숫자의 노이즈 버전을 전달해 그림 18-35의 상단과 같이 제거된 버전을 반환하게 하는 것이다. 희망 사항은 잠재 변수가 노이즈를 인코딩하지 않으므로 숫자만 반환하는 것이다.

필터 개수는 다르지만 그림 18-29와 동일한 일반 구조를 가진 오토인코더를 사용하겠다(Chollet 2017). 그림 18-36은 아키텍처를 보여준다.

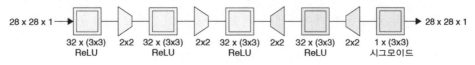

그림 18-36: 노이즈 제거(denoising) 오토인코더

오토인코더를 훈련시키고자 노이즈가 있는 이미지 입력과 이에 상응하는 깨끗하고 노이즈가 없는 버전을 생성하고자 하는 타깃으로 전달한다. 100 에폭 동안 60,000개의 이미지로 훈련할 것이다.

그림 18-35에서 디코딩 단계가 끝날 때(즉, 세 번째 컨볼루션 이후) 텐서는 크기가

7 × 7 × 32이므로 총 1,568개다. 따라서 이 모델의 '병목'은 입력 크기의 두 배다. 목표가 압축이라면 좋지 않지만 여기서는 노이즈를 제거하려고 하므로 잠재 변수의 수를 최소화하는 것은 그다지 문제가 되지 않는다.

얼마나 잘 동작하는가? 그림 18-37은 노이즈가 있는 입력과 오토인코더의 출력 중 일부를 보여준다. 픽셀들을 아주 잘 정제해 멋진 결과를 얻었다.

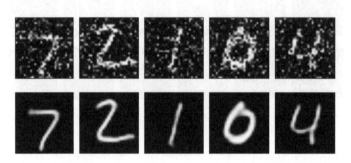

그림 18-37: 상단: 노이즈를 추가한 손 글씨 숫자. 하단: 그림 18-36의 모델로 제거한 동일한 손 글씨 숫자

16장에서 명시적인 업샘플링과 다운샘플링 레이어가 스트라이딩 및 전치 컨볼루션으로 대체돼 선호도가 떨어진 것을 다뤘다. 이 트렌드를 따라 그림 18-36의 모델을 단순화해 다섯 개의 컨볼루션 레이어 시퀀스로 구성된 그림 18-38을 만들어보자. 처음 두 개의 컨볼루션은 스트라이드를 사용해 명시적인 다운샘플링 레이어를 대체하고 마지막 두 레이어는 명시적인 업샘플링 레이어 대신 반복을 사용한다. 각 컨볼루션 레이어에서 제로 패딩을 가정하고 있음을 기억하자.

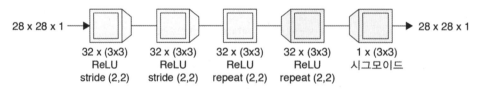

그림 18-38: 그림 18-36의 오토인코더의 컨볼루션 레이어 내부에 다운샘플링과 업샘플링을 사용하고 있다.

그림 18-39는 결과를 보여준다.

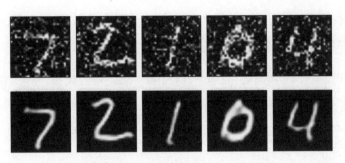

그림 18-39: 그림 18-38의 노이즈 제거 모델 결과

출력은 아주 비슷하지만 약간의 차이가 있다(예, 0의 왼쪽 하단 참고). 업샘플링과 다운샘플링을 위한 명시적 레이어가 있는 첫 번째 모델인 그림 18-36은 GPU 지원이 없는 2014년 후반 iMac에서 에폭당 약 300초가 소요됐다. 그림 18-38의 더 간단한 모델은 에폭당 약 200초밖에 걸리지 않아 훈련 시간의 약 1/3을 줄였다.

이러한 모델 중 하나가 이 작업에 대해 다른 모델보다 더 나은 결과를 생성하는 지 여부를 결정하려면 좀 더 신중한 문제 설명, 테스트, 결과 검토가 필요하다.

변분 오토인코더

지금까지 다룬 오토인코더는 나중에 다시 생성할 수 있도록 입력을 압축하는 가장 효율적인 방법을 찾으려고 노력했다. 변분 오토인코더^{VAE, Variational AutoEncoder}는 이러한 네트워크와 동일한 일반적인 아키텍처를 공유하지만 잠재 변수를 묶고 잠재 공간을 채우는 작업을 훨씬 더 잘한다.

VAE는 예측할 수 없기 때문에 앞서 다룬 오토인코더와 다르다. 이전 오토인코더는 결정적^{deterministic}이었다. 즉, 동일한 입력이 주어지면 항상 동일한 잠재 변수를 생성하고 해당 잠재 변수는 항상 동일한 출력을 생성한다. 하지만 VAE는 인코딩 단계에서 확률적 아이디어(즉, 난수)를 사용한다. 시스템을 동일한 입력으로 여러 번 실행하면 매번 약간 다른 출력을 얻는다. VAE는 비결정적 nondeterministic이라고 말한다.

VAE를 살펴볼 때 구체성을 위해 이미지(와 픽셀) 측면에서 계속 설명하겠다. 다른 모든 머신러닝 알고리듬과 마찬가지로 VAE는 소리, 날씨, 영화 선호도, 숫자로 나타낼 수 있는 모든 것 등 모든 종류의 데이터에 적용할 수 있다.

잠재 변수의 분포

앞서 다룬 오토인코더에서는 잠재 변수의 구조에 어떤 조건도 부과하지 않았다. 그림 18-20의 완전 연결 인코더는 잠재적인 변수를 (0,0)의 공통 시작점에서 오른쪽과 위쪽으로 방사되는 얼룩으로 자연스럽게 그룹화하는 것처럼 보였다. 이 구조는 설계 목표가 아니었다. 구축한 네트워크의 특성으로 인해 그렇게 됐다. 그림 18-38의 컨볼루션 네트워크는 병목을 그림 18-40에 표시된 두 개의 잠재 변수로 줄일 때 유사한 결과를 생성한다.

그림 18-40은 조밀한 영역과 희소한 영역 모두에서 선택한 잠재 변수로 생성한 디코딩 이미지를 보여준다.

그림 18-22에서 잠재 변수 쌍을 선택하고 디코더를 통해 해당 값을 실행해 이미지를 만들 수 있음을 살펴봤다. 그림 18-40은 조밀하게 섞여 있는 영역이나 희소한 영역에서 이러한 점을 선택하면 숫자처럼 보이지 않는 이미지가 종종 다시 나타나는 것을 보여준다. 모든 입력 쌍이 항상(또는 거의 항상) 올바르게 보이는 숫자를 생성하도록 설정하는 방법을 찾을 수 있다면 좋을 것이다.

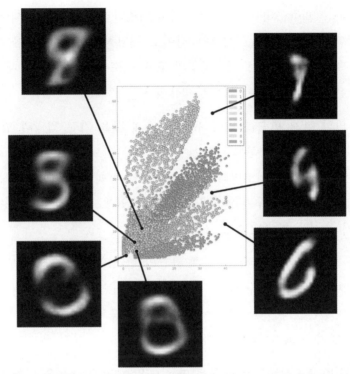

그림 18-40: 두 개의 잠재 변수를 병목으로 갖는 그림 18-38의 컨볼루셔널 오토인코더가 생성한 잠재 변수. 이 샘플들은 조밀하게 섞여 있는 영역과 희소한 영역 모두에서 추출된다.

이상적으로는 각 숫자에 고유한 영역이 있고 영역이 겹치지 않고 크고 빈 공간이 없다면 좋을 것이다. 빈 영역은 입력 데이터가 없는 곳이기 때문에 빈 영역을 채우는 것에 대해 할 수 있는 일은 많지 않다. 하지만 각 숫자가 잠재 공간의 자체적인 영역을 차지하도록 혼합 영역을 분리시키는 것을 시도해볼 수 있다.

변분 인코더가 이러한 목표를 잘 달성할 수 있는 방법을 살펴보겠다.

변분 인코더 구조

좋은 아이디어에 관련돼 흔히 발생하는 것처럼 VAE는 동시에 적어도 두 개의 서로 다른 그룹에서 독립적으로 발명됐다(Kingma and Welling 2014; Rezende,

Mohamed, and Wierstra 2014). 기술을 자세히 이해하려면 약간의 수학을 통해 계산해봐야 한다(Dürr 2016). 대신 대략적이고 개념적인 접근 방식을 취하겠다. 의도는 정확한 역학 구조보다는 방법의 요점을 포착하는 것이기 때문에 일부 세부 사항은 건너뛰고 나머지는 생략하겠다.

목표는 임의의 잠재 변수를 받아 유사한 잠재 값을 가진 입력과 합리적으로 유사한 새로운 출력을 생성할 수 있는 생성기를 만드는 것이다. 잠재 변수의 분포는 훈련 과정 중에 인코더와 디코더에 의해 함께 생성된다는 점을 기억하자. 이 과정에서 잠재 변수가 입력을 복원할 수 있게 하는 것 외에도 잠재 변수가 세 가지 속성을 따르도록 요구한다.

첫째, 모든 잠재 변수$^{latent\ variable}$는 잠재 공간의 한 영역으로 수집돼 무작위 값의 범위가 어떻게 되는지 알 수 있다. 둘째, 유사한 입력에 의해 생성된 잠재 변수(다시 말해, 동일한 숫자를 나타내는 이미지)는 함께 뭉쳐 있어야 한다. 셋째, 잠재 공간의 빈 영역을 최소화하고자 한다.

이러한 기준을 충족시키고자 규칙을 따르지 않는 잠재 샘플을 만들 때에는 시스템에 벌점을 부여하는 더 복잡한 오차 항^{term}을 사용할 수 있다. 학습 목표는 오차를 최소화하는 것이므로 시스템이 원하는 방식으로 구조화된 잠재 변수를 생성하는 방법을 학습한다. 아키텍처와 오차 항은 함께 작동하도록 설계됐다. 이 오차 항이 어떻게 생겼는지 확인해보자.

잠재 변수 군집화

먼저 모든 잠재 변수를 한 곳에서 함께 유지시키는 아이디어를 해결해보자. 오차 항에 구축하는 규칙이나 제약 사항을 부과해 이를 수행할 수 있다.

제약 사항은 시각화해봤을 때 각 잠재 변수의 값이 단위^{unit} 가우스 분포$^{Gaussian\ distribution}$를 형성하는 데 가까워진다는 것이다. 2장에서 가우시안은 그림 18-41에 나와 있는 유명한 종형 곡선이라는 것을 상기시켜보자.

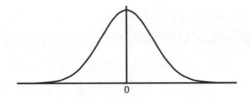

그림 18-41: 가우스 곡선(Gaussian curve)

두 개의 가우시안을 서로 직각으로 배치하면 그림 18-42와 같이 평면 위에 튀어 나온 부분bump이 생긴다.

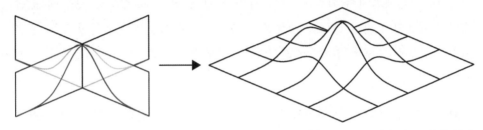

그림 18-42: 3D상에서 두 개의 가우시안을 직각으로 배치할 수 있다. 이들은 함께 평면 위에 튀어나온 부분을 형성한다.

그림 18-42는 2D 분포의 3D 시각화를 보여준다. Z축에 다른 가우시안을 포함 해 실제 3D 분포를 만들 수 있다. 결과로 튀어나온 부분을 밀도로 생각해보면 이 3D 가우시안은 민들레 홀씨dandelion puff와 같으며 중앙은 조밀하지만 바깥쪽으 로 갈수록 희소해진다.

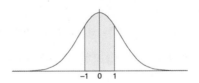

그림 18-43: 가우시안은 평균(중심 위치)과 표준 편차(면적의 약 68%를 포함하는 대칭 거리)로 설명된다. 여기서 중심은 0이고 표준 편차는 1이다.

유추해 각 차원의 밀도가 해당 축의 가우스 곡선을 따른다고 말함으로써 여러 차원의 가우시안을 상상할 수 있다. 이것이 여기서 하고자 하는 일이다. VAE에 게 잠재 변수에 대한 값을 학습하도록 지시해 많은 훈련 샘플에 대한 잠재 변수를 살펴보고 각 값이 발생하는 횟수를 계산할 때 모든 변수의 개수가 0에서 평균(혹은 중심)을 갖고 표준 편차(산포도^{spread})가 1인 가우시안 같은 분포를 형성하며, 그림 18-43과 같다. 2장에서 이는 잠재 변수에 대해 생성하는 값의 약 68%가 -1과 1 사이에 있음을 의미한다는 것을 상기해보자.

훈련을 마치면 잠재 변수가 이 패턴에 따라 분포된다는 것을 안다. 디코더에 전달하기 위한 새로운 값을 선택할 때 이 분포에서 선택하면(대부분 가장자리에서 벗어나기보다는 중앙과 튀어나온 부분 안에서 각 값들을 선택할 가능성이 더 높음) 훈련 데이터 세트에서 학습한 값에 가까운 잠재 변수 값 집합을 생성해 훈련 데이터 세트와 유사한 출력을 생성할 수 있다. 또한 이것은 샘플들이 모두 중심이 0인 가우스 분포에 일치시키려고 하기 때문에 동일한 영역에 샘플들을 함께 유지시킨다.

그림 18-43과 같이 잠재 변수가 단위 가우시안 내에 포함되게 하는 것은 거의 달성하지 못하는 이상^{ideal}이다. 변수가 가우시안과 얼마나 잘 일치하는지와 시스템이 입력을 다시 생성할 때 얼마나 정확한지 사이에는 트레이드오프가 있다 (Frans 2016). 시스템은 훈련 과정 동안 자동으로 이러한 절충안을 학습해 잠재적인 가우시안과 유사하게 유지하면서 입력을 잘 복원하려고 노력한다.

숫자 함께 모으기

다음 목표는 동일한 숫자를 갖는 모든 이미지의 잠재 변수 값을 함께 모으는 것이다. 이를 위해 무작위성을 갖는 영리한 트릭을 사용해보자. 약간 교묘하다.

이 목표를 이미 달성했다고 가정하고 시작해보자. 이것이 특정한 관점에서 의미하는 바를 확인하게 되며 실제로 달성하는 방법을 알려줄 것이다. 예를 들어 숫자 2의 이미지에 대한 모든 잠재 변수 집합이 숫자 2의 이미지에 대한 다른 모든 잠재 변수 집합과 가깝다고 가정해보자. 하지만 더 잘할 수 있다. 일부 2는 왼쪽 하단 모서리에 루프가 있다. 따라서 모든 2를 함께 뭉치게 하는 것

외에도 루프가 있는 모든 2와 루프가 없는 모든 2를 함께 유지시킬 수 있으며 이러한 덩어리 사이의 영역은 그림 18-44에서와 같이 일종의 루프가 있는 2의 잠재 변수들로 채워진다.

이제 이 아이디어를 최대한 활용해보자. 레이블이 2인 모든 이미지의 형태와 스타일, 선 굵기, 기울기 등이 무엇이든 간에 동일한 형태와 스타일을 갖고 있고 레이블이 2인 다른 이미지 근처에 해당 이미지 잠재 변수를 할당한다. 고리가 있는 모든 2와 고리가 없는 모든 것, 직선으로 그려진 모든 것과 곡선으로 그려진 모든 것, 두꺼운 획과 가는 모든 것, 키가 큰 모든 2를 모을 수 있다. 이것이 많은 잠재 변수를 사용하는 중요한 가치다. 2차원에서는 불가능한 이러한 피처들의 다양한 조합을 모두 함께 모을 수 있다. 한 곳에서는 얇고 직선이며 루프가 없는 2를 갖고 있고, 다른 영역에는 두꺼운 곡선의 루프가 없는 2를 갖고 있는 식으로 모든 조합에 대해 각각의 영역이 있다.

그림 18-44: 이웃이 모두 서로 비슷하게 구성된 2의 그리드. 2에 대한 잠재 변수들이 대략적으로 이런 종류의 구조를 따르길 원한다.

이러한 모든 피처를 직접 식별해야 한다면 이 스키마는 그다지 실용적이지 않을 것이다. 하지만 VAE는 다양한 피처를 학습할 뿐만 아니라 학습할 때 자동으로 여러 모든 그룹을 생성한다. 평소처럼 이미지를 입력하기만 하면 시스템이 나머지 모든 작업을 수행한다.

이 '가까움' 기준은 각 잠재 변수에 대해 하나의 차원을 갖는 잠재 공간에서 측정한다. 2차원에서 잠재 변수의 각 집합은 평면에 점을 만들고 그 거리(또는 '가까움')는 두 변수 사이의 선 길이다. 이 아이디어를 차원의 수에 상관없이 일반화할 수 있으므로 각각에 30개 또는 300개의 값이 있더라도 두 집합에 대한 잠재 변수 사이의 거리를 항상 찾을 수 있다.

시스템이 유사하게 보이는 입력을 하나로 묶기를 원한다. 또한 각 잠재 변수가 가우스 분포를 형성하기 원한다는 것을 기억하자. 이 두 가지 기준이 충돌할 수 있다. 무작위성을 도입함으로써 시스템에 유사한 입력에 대한 잠재 변수를 '일반적으로' 모으고 '일반적으로' 가우스 곡선을 따라 해당 변수를 분포하도록 지시할 수 있다. 어떻게 무작위성이 이렇게 할 수 있는지 확인해보자.

무작위성 도입

시스템에 숫자 2 이미지를 입력하고 평소와 같이 인코더가 이에 대한 잠재 변수를 찾는다. 이를 디코더에 전달해 출력 이미지를 생성하기 전에 그림 18-45에서와 같이 각 잠재 변수에 약간의 무작위성randomness을 추가해 수정된 값을 디코더에 전달한다.

동일한 스타일을 갖는 모든 예제가 함께 모여 있다고 가정하기 때문에 섭동을 추가한 잠재 변수로 생성하는 출력 이미지는 입력과 유사해(하지만 입력과는 다르다) 이미지들 간의 오차도 낮을 것이다. 그러면 동일한 잠재 변수 값 집합에 다른 작은 난수를 추가해 입력 2와 같은 많은 새로운 2를 만들 수 있다.

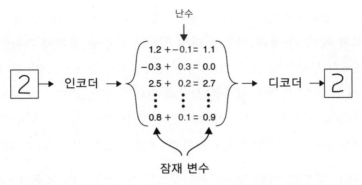

그림 18-45: 인코더 출력에 무작위성을 추가하는 한 가지 방법은 디코더에 전달하기 전에 각 잠재 변수에 임의의 값을 추가하는 것이다.

이것은 모으는 것을 이미 완료했을 때 작동하는 방식이다. 처음에 모으는 것을 완료하려면 섭동을 추가한 출력이 입력과 거의 일치하지 않을 때 훈련 중에 네트워크에 큰 오차 점수를 주기만 하면 된다. 시스템은 오차를 최소화하기를 원하기 때문에 입력에 대한 원래 잠재 변수 값에 가까운 잠재 변수 값이 입력 이미지에 가까운 이미지를 생성하도록 학습한다. 결과적으로 유사한 입력에 대한 잠재 변수 값들이 원하는 대로 함께 모아진다.

하지만 지금 당장 실현할 수 없는 지름길을 택했다. 그림 18-45와 같이 난수만 추가하면 14장에서 다룬 역전파 알고리듬을 사용해 모델을 훈련할 수 없다. 역전파는 네트워크를 통해 흐르는 그래디언트를 계산해야 하기 때문에 문제가 발생하며, 그림 18-45와 같은 연산은 필요한 방식으로 그래디언트를 계산하도록 허용하지 않는다. 역전파가 없으면 전체 학습 과정이 연기처럼 사라진다.

VAE는 이 문제를 해결하고자 영리한 아이디어를 사용해 무작위 값을 추가하는 프로세스를 거의 동일한 작업을 수행하지만 그래디언트를 계산할 수 있는 유사한 아이디어로 대체한다. 역전파가 다시 작동하게 하는 약간의 수학적인 대체다. 이를 재파라미터화reparameterization 트릭이라고 한다(몇 번 봤듯이 수학자들은 때때로 영리한 아이디어를 언급할 때 트릭이라는 단어를 칭찬으로 사용한다).

VAE에 대해 읽을 때 자주 등장하기 때문에 이 트릭을 알 가치가 있다(다른 수학적인 트릭들이 관련돼 있지만 그것들은 다루지 않을 것이다). 트릭은 이것이다. 그림 18-45에서와 같이 각 잠재 변수에 대해 임의로 난수를 선택해 더하는 대신에 확률 분포에서 무작위 변수를 고른다. 이 값은 이제 잠재 변수가 된다(Doersch 2016). 다시 말해 잠재 변수 값으로 시작해 임의의 오프셋^{offset}을 추가해 새로운 잠재 변수 값을 생성하는 것이 아니라 잠재 변수 값을 사용해 난수$^{random\ number}$ 생성 과정을 제어하고 이 과정의 결과가 새로운 잠재 변수 값이 된다.

2장에서 확률 분포는 어떤 것이 다른 것보다 더 가능성이 높은 난수들을 줄 수 있다는 것을 상기해보자. 이 예제의 경우 가우스 분포를 사용한다. 이는 무작위 값이 필요할 때 튀어나온 곳이 높은 곳 근처에서 숫자를 얻을 가능성이 가장 높고, 튀어나온 곳의 중심에서 점점 더 멀리 떨어진 숫자들을 얻을 가능성이 적다는 것을 의미한다.

각 가우시안에는 중심^{center}(평균^{mean})과 산포도^{spread}(표준 편차$^{standard\ deviation}$)가 필요하기 때문에 인코더는 각 잠재 변수에 대해 이 숫자 쌍을 생성한다. 시스템에 8개의 잠재 변수가 있는 경우 인코더는 8개의 숫자 쌍을 생성한다. 즉, 각각에 대한 가우스 분포의 중심과 산포도다. 일단 이 값들을 갖게 되면 각각의 값 쌍에 대해 이들이 정의하는 분포에서 난수를 선택하고, 이 값이 디코더에 전달하는 잠재 변수 값이다. 다시 말해 각 잠재 변수에 대해 그것이 있던 위치에 매우 가깝지만 약간의 무작위성이 내재된 새 값을 생성한다. 섭동^{perturbation} 프로세스의 복원^{reconstruct}을 통해 네트워크에 역전파를 적용할 수 있다.

그림 18-46은 아이디어를 보여준다.

그림 18-46과 같이 오토인코더의 구조는 네트워크가 잠재 변수 값을 계산한 후에 분할돼야 한다. 분할은 딥러닝 아키텍처의 레퍼토리를 위한 새로운 기술이다. 텐서를 가져와 복제해 두 개의 복사본을 두 개의 다른 하위 레이어로 보낸다. 분할 후 하나의 레이어를 사용해 가우시안의 중심을 계산하고 다른 레이어를 사용해 산포도를 계산한다. 이 가우시안을 샘플링해 새로운 잠재 변

수 값을 얻는다.

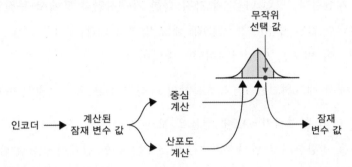

그림 18-46: 계산된 잠재 변수 값을 사용해 가우스 분포의 중심과 산포도를 얻는다. 이 분포에서 숫자를 선택하고 이 값이 새로운 잠재 변수 값이 된다.

그림 18-46에 있는 샘플링 아이디어를 적용하고자 각 잠재 변수에 대한 가우시안을 만들고 샘플링한다. 그런 다음 모든 새로운 잠재 변수 값을 병합merge 또는 조합combination 레이어에 전달한다. 이 레이어는 모든 입력을 하나씩 차례로 배치해 단일 리스트를 만든다(실제로는 보통 샘플링과 병합 단계를 하나의 레이어로 결합한다). 그림 18-47은 3개의 값을 갖고 있는 잠재 벡터 처리 방법을 보여준다.

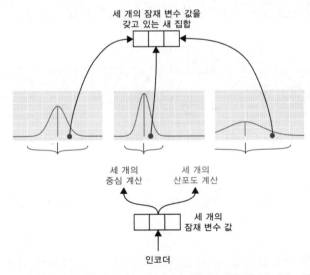

그림 18-47: 세 잠재 변수들에 대한 VAE의 분할 및 결합 샘플링 단계 그림

그림 18-47에 있는 인코더는 세 개의 잠재 변수로 끝나고 각각에 대해 중심과 산포도를 계산한다. 그런 다음 세 가지 다른 가우시안 분포에서 무작위로 샘플 링하고 선택한 값을 병합(또는 결합)해 해당 입력에 대해 계산한 최종 잠재 변수 를 만든다. 이 변수는 인코더 부분의 출력이다.

학습 과정에서 네트워크는 각 가우시안의 중심과 산포도가 무엇인지 학습한다.

이 연산은 앞서 훈련시킨 VAE에 샘플을 보낼 때마다(즉, 학습이 완료된 후) 약간 다른 결과를 반환한다고 말한 이유다. 인코더는 분할 단계까지(분할 단계를 포함 해) 결정적이다. 하지만 시스템은 각 잠재 변수에 대해 가우스 분포에서 임의의 값을 선택하며 매번 다르다.

VAE 탐험

그림 18-48은 완전 연결 VAE의 아키텍처를 보여준다. 이는 그림 18-17에서 완 전 연결 레이어로 구축한 심층 오토인코더와 같지만 두 가지 변경 사항이 있다 (단순함을 위해 컨볼루션 레이어 대신 완전 연결 레이어를 선택했다).

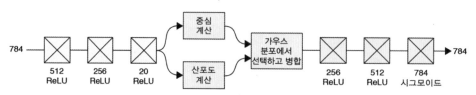

그림 18-48: MNIST 데이터용 VAE 아키텍처. 20개 잠재 변수 값이 있다.

첫 번째 변경 사항은 이제 인코더 끝에 분할-선택-병합$^{\text{split-select-merge}}$ 과정이 있 다는 것이다. 두 번째 변경 사항은 새로운 손실 또는 오차 함수를 사용한다는 것이다.

새로운 손실 함수에 할당할 또 다른 연산은 인코딩과 디코딩 단계의 완전 연결 레이어 간의 유사도를 측정하는 것이다. 결국 인코딩 단계가 무엇을 하든 디코딩 단계가 그것을 실행 취소하기를 원한다.

이를 측정하는 완벽한 방법은 6장에서 본 쿨백-라이블러^{Kullback-Leibler}(또는 KL) 발산^{divergence}을 사용하는 것이다. 이는 최적의 인코딩과 다른 인코딩을 사용해 정보를 압축할 때 얻는 오차를 측정한다는 것을 상기해보자. 이 경우 최적의 인코더는 디코더의 반대며 그 반대도 마찬가지다. 큰 그림은 네트워크가 오차를 줄이려고 시도함에 따라 인코더와 디코더 간의 차이가 줄어들어 서로를 미러링하는 데 더 가까워진다는 것이다(Altosaar 2020).

MNIST 샘플로 작업

MNIST 샘플 중 일부에 대해 이 VAE에서 무엇이 나오는지 확인해보자. 그림 18-49는 결과를 보여준다.

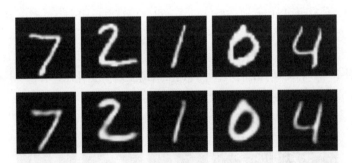

그림 18-49: 그림 18-48에 대한 VAE 예측. 상단: 입력 MNIST 데이터. 하단: 변분 오토인코더의 출력

아주 잘 일치한다는 것은 놀라운 일이 아니다. 작성한 네트워크는 이러한 이미지를 만들고자 많은 연산 성능을 사용하고 있다. 아키텍처에서 봤듯이 VAE는 동일한 이미지를 볼 때마다 다른 출력을 생성한다. 이 테스트 세트에서 두 개의 이미지를 가져와 VAE를 통해 8번 실행해보겠다. 결과는 그림 18-50에서 보여준다.

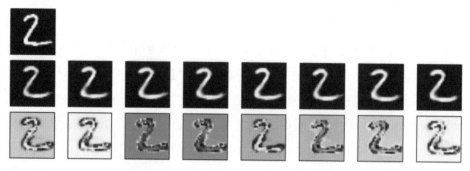

그림 18-50: VAE는 동일한 입력에 대해 매번 다른 결과를 생성한다. 상단: 입력 이미지. 중간: 입력을 8회 처리했을 때 VAE 출력. 하단: 입력과 각 출력 간의 픽셀 대 픽셀 차이. 빨간색이 더 진해지면 더 큰 양의 차이를 의미하고 파란색이 더 진해지면 더 큰 음의 차이를 의미한다.

VAE의 이 8개 결과는 서로 유사하지만 분명한 차이점을 확인할 수 있다.

그림 18-49의 8개 이미지로 돌아가 인코더에서 나오는 잠재 변수에 추가적인 노이즈를 더한다. 즉, 디코더 단계 직전에 잠재 변수에 약간의 노이즈를 추가한다. 이는 훈련 이미지가 잠재 공간에 얼마나 모여 있는지에 대한 좋은 테스트를 제공한다.

각 잠재 변수 양의 최대 10%인 난수 값을 더해보자. 그림 18-51은 이 중간 정도의 노이즈를 잠재 변수에 더했을 때 결과를 보여준다.

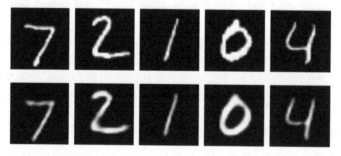

그림 18-51: VAE 인코더에서 나오는 잠재 변수에 10% 노이즈를 더한다. 상단: MNIST 입력 이미지. 하단: 인코더에서 생성된 잠재 변수에 노이즈를 더한 후의 디코더 출력

노이즈를 더해도 이미지가 크게 바뀌지 않는 것 같다. 이 노이즈 값이 여전히

원래 입력에 '가까이' 있다는 것을 알려주기 때문에 훌륭하다. 잠재 변수 값의 30%만큼 난수를 더해 노이즈를 증가시켜보겠다. 그림 18-52는 결과를 보여준다.

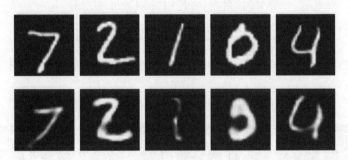

그림 18-52: 잠재 변수를 최대 30%까지 섭동한다. 상단: MNIST 입력 이미지. 하단: VAE 디코더의 결과

노이즈가 많아도 이미지는 여전히 숫자처럼 보인다. 예를 들어 7은 크게 변경되지만 임의의 얼룩이 아닌 구부러진 7로 변경된다.

숫자에 대한 파라미터들을 혼합하고 어떻게 보이는지 확인해보자. 그림 18-53은 이전에 본 5개의 숫자 쌍에 대한 동일한 혼합을 보여준다.

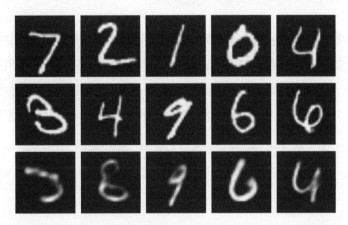

그림 18-53: VAE에서 잠재 변수 혼합. 상단과 중간: MNIST 입력 이미지. 하단: 각 이미지에 대한 잠재 변수들을 동일하게 혼합해 디코딩한 결과

여기서 흥미로운 점은 이것들이 모두 대략적으로 숫자처럼 보인다는 것이다(가장 왼쪽 이미지는 숫자라는 측면에서는 최악이지만 여전히 일관된 모양이다). 이는 잠재 공간에 비어 있는 영역이 적기 때문에 중간값이 다른 데이터에서 멀리 떨어진 영역에 위치할 가능성이 적기 때문이다(따라서 이상한 숫자가 아닌 이미지를 생성한다).

선형^{linear} 혼합을 살펴보자. 그림 18-54는 이전에 다룬 세 쌍의 숫자에 대한 중간 단계를 보여준다.

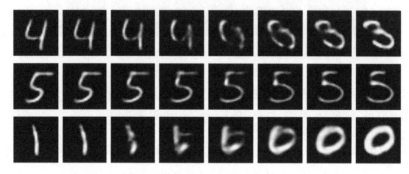

그림 18-54: VAE로 잠재 변수 선형 보간. 각 행의 맨 왼쪽과 맨 오른쪽 이미지는 MNIST 샘플에 대한 VAE의 출력이다. 그 사이에 있는 이미지는 혼합된 잠재 변수를 디코딩한 버전이다.

5는 한 버전에서 다른 버전으로 5 사이를 이동하면서 훌륭해 보인다. 상단과 하단에는 숫자가 아닌 이미지가 많다. 이것들은 잠재 공간의 빈 영역을 통과할 수 있지만 앞서 언급했듯이 어떤 의미에서 잘못된 것인지는 분명하지 않다. 결국 부분적으로 4와 3 사이의 이미지는 어떤 모습이어야 할까?

재미를 위해 시스템에서 호랑이를 실행해보자. 이것은 완전히 불공정한 작업이며 의미 있는 결과를 기대해서는 안 된다. 그림 18-55는 결과를 보여준다.

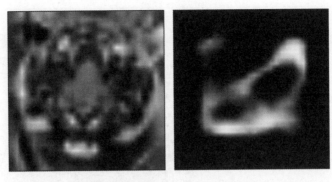

그림 18-55: VAE에 저해상도 호랑이 실행하기

VAE는 일관된 구조로 무언가를 만들었지만 숫자와 크게 다르지 않다.

두 잠재 변수로 작업

다른 오토인코더와 비교하고자 VAE를 2개의 잠재 변수(지금까지 사용했던 20개가 아닌)만으로 훈련하고 그림 18-56에 시각화했다.

이는 훌륭한 결과다. 잠재 변수가 유지하려고 하는 가우스 분포의 표준 편차는 여기에서 검은색 원으로 표시되며 꽤 잘 채워진 것 같다. 여러 숫자는 일반적으로 잘 뭉쳐져 있다. 중간에 약간의 혼란이 있지만 이 이미지는 두 개의 잠재 변수만 사용한다는 점을 기억하자. 흥미롭게도 2는 두 개의 클러스터(군집)를 형성하는 것 같다. 무슨 일이 일어나는지 확인하고자 그림 18-22에 표시된 예제를 사용하지만 그림 18-56의 잠재 변수를 사용해 두 잠재 변수에 해당하는 이미지 그리드를 만들어보겠다. 그리드에 있는 각 점의 x와 y 값을 가져와 잠재 변수인 것처럼 디코더에 전달해보겠다. 범위는 그림 18-56의 원과 같이 각 축에서 -3에서 3이다. 결과는 그림 18-57이다.

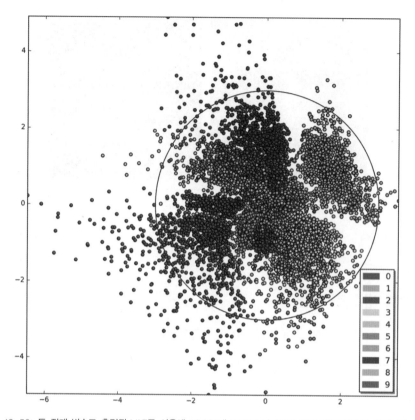

그림 18-56: 두 잠재 변수로 훈련된 VAE를 사용해 10,000개 MNIST 이미지에 대해 잠재 변수를 위치시킨 결과

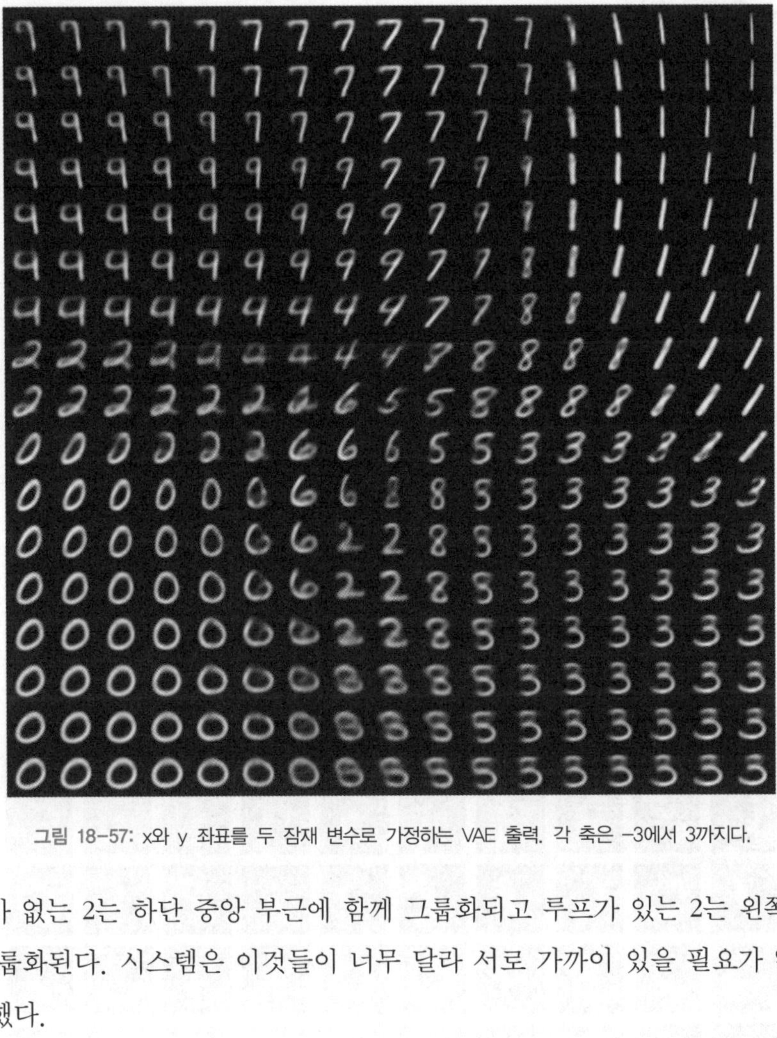

그림 18-57: x와 y 좌표를 두 잠재 변수로 가정하는 VAE 출력. 각 축은 −3에서 3까지다.

루프가 없는 2는 하단 중앙 부근에 함께 그룹화되고 루프가 있는 2는 왼쪽 중앙에 그룹화된다. 시스템은 이것들이 너무 달라 서로 가까이 있을 필요가 없다고 결정했다.

이 그림을 보면 숫자들이 얼마나 멋지게 뭉쳐져 있는지 알 수 있다. 이는 그림 18-23에서 본 것보다 훨씬 더 조직적이고 균일한 구조이다. 일부 지점에서는 이미지가 흐릿해지지만 두 잠재 변수만 있더라도 대부분의 이미지는 숫자와 비슷하다.

새로운 입력 전달

그림 18-58에서 VAE의 디코더 부분을 분리해 생성기로 사용한다. 당분간은 20개의 잠재 변수 값을 2로 줄인 버전을 계속 사용할 것이다.

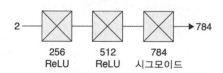

그림 18-58: VAE의 디코더 단계

잠재 변수가 두 개뿐이므로 (0,0)을 중심으로 반지름이 3인 원에서 무작위로 (x,y) 쌍 80개를 선택해 디코더에 전달하고 결과 이미지를 그림 18-59에 모았다.

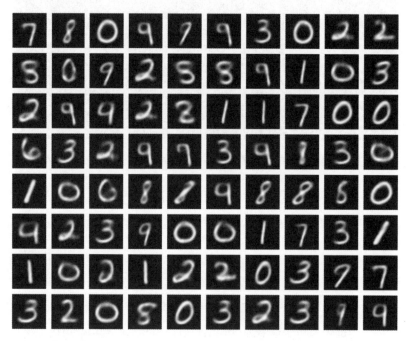

그림 18-59: 두 개의 무작위 잠재 변수를 전달할 때 VAE 디코더가 생성한 이미지

이들은 대부분 꽤 좋아 보인다. 일부는 가독성이 좋지 않지만 전반적으로 대부분의 이미지는 인식할 수 있는 숫자다. 가장 부드러운 모양의 대다수는 8과

1 사이의 경계에서 나온 것으로 보이며 좁고 얇은 8로 이어진다.

두 잠재 변수만 사용하기 때문에 이 숫자 대부분은 모호하다. 얇은 것들을 훈련하고 더 많은 잠재 변수가 있는 더 깊은 VAE를 사용해 상황을 개선해보겠다. 그림 18-60은 새로운 VAE를 보여준다. 이 아키텍처는 카페^{Caffe} 머신러닝 라이브러리의 일부인 MLP 오토인코더를 기반으로 한다(Jia and Shelhamer 2020; Donahue 2015). MLP는 다중 레이어 퍼셉트론^{multilayer perceptron} 또는 완전 연결 레이어로만 구성된 네트워크를 나타낸다.

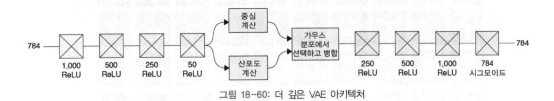

그림 18-60: 더 깊은 VAE 아키텍처

이 시스템을 25 에폭 동안 50개 잠재 변수로 훈련시킨 다음 임의의 이미지로 구성된 또 다른 그리드를 생성했다. 이전과 같이 그림 18-61에 있는 디코더 단계만 사용했다.

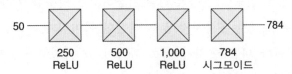

그림 18-61: 더 깊은 VAE 디코더 단계를 사용해 새로운 출력을 생성하고 50개 난수를 입력해 이미지를 생성한다.

결과는 그림 18-62에 있다.

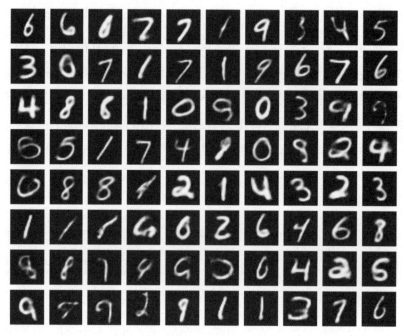

그림 18-62: 임의의 잠재 변수를 전달했을 때 더 큰 VAE가 생성한 이미지

이 이미지는 그림 18-59의 이미지보다 가장자리가 훨씬 더 선명하다. 대부분의 경우에 임의의 잠재 변수로 완전히 인식 가능하고 그럴듯한 숫자를 생성했지만 평소처럼 숫자와 그다지 유사하지 않은 이상한 이미지가 나타난다. 이는 숫자 사이의 빈 영역이나 다른 숫자가 서로 가까이 있는 영역에서 발생해 모양이 이상하게 혼합되는 원인일 수 있다.

VAE 훈련이 끝난 경우 더 많은 숫자 같은 데이터를 만들고 싶다면 인코더를 무시하고 디코더를 저장할 수 있다. 이는 이제 원하는 만큼 새로운 숫자 같은 이미지를 만드는 데 사용할 수 있는 생성기다. 트랙터, 노래하는 새, 강에 대한 이미지로 VAE를 훈련시키면 이러한 유형의 이미지도 더 많이 생성할 수 있다.

요약

18장에서는 오토인코더가 잠재 변수를 사용해 입력 집합을 표현하는 방법을 학습하는 방법을 다뤘다. 일반적으로 이러한 잠재 변수는 입력에 있는 값보다 적기 때문에 오토인코더가 강제로 병목을 통해 입력을 압축시킨다고 한다. 도중에 일부 정보가 손실되기 때문에 손실 압축의 한 형태다.

선택한 잠재 변수 값을 훈련시킨 오토인코더의 후반부에 직접 전달함으로써 입력과 유사하지만 완전히 새로운 출력 데이터를 생성할 수 있으며, 후반부에 해당하는 레이어 집합은 생성기로 볼 수 있다.

오토인코더는 여러 종류의 레이어를 사용해 구축할 수 있다. 18장에서 완전 연결 레이어와 컨볼루션 레이어로 구성된 네트워크의 예제를 살펴봤다. 완전 연결 레이어로 구축해 훈련시킨 오토인코더가 생성한 2D 잠재 변수의 구조를 살펴보고 놀랄 만큼의 조직과 구조를 갖고 있음을 발견했다. 이러한 잠재 변수들이 채워진 영역에서 새로운 잠재 변수 쌍을 선택해 생성기에 전달하면 일반적으로 흐릿한 출력이 생성되지만(잠재 변수 값이 두 개뿐이므로) 입력과 유사해 보인다. 그런 다음 주로(또는 컨볼루션 레이어만으로) 컨볼루션 레이어로 구축한 컨볼루셔널 오토인코더를 살펴봤다.

본질적으로 끝점 사이에 일련의 중간 잠재 변수를 만들어 잠재 변수를 혼합할 수 있음을 살펴봤다. 병목에 사용된 잠재 변수 개수가 많을수록 이렇게 보간된 출력이 더 잘 나타난다. 그런 다음 노이즈가 있는 입력에 대해 오토인코더가 정제된 값을 생성하게 지시함으로써 입력의 노이즈를 제거하도록 훈련시킬 수 있음을 확인했다. 마지막으로 유사한 입력을 모으면서 과정 중에 일부 랜덤화를 도입해 잠재 공간 영역을 채우는 작업을 더 잘 수행하는 변분 오토인코더를 살펴봤다.

오토인코더는 데이터 세트의 노이즈를 제거하고 단순화하는 데 사용되지만 음악을 만들거나 입력 데이터를 수정해 네트워크가 더 빠르고 더 잘 학습할 수 있게 하는 등 다양한 작업에 사용할 수 있는 창의적인 방법을 찾았다(Raffel 2019).

19

순환 신경망

이 책에서 대부분의 샘플을 다른 샘플과 관련이 없는 고립된 개체로 간주했다. 이는 사진과 같은 경우에 의미가 있다. 이미지를 분류해 고양이 사진이라고 판단하면 앞이나 뒤의 이미지가 개인지, 다람쥐인지, 비행기인지는 중요하지 않다. 이미지들은 서로 독립적이다. 하지만 어떤 이미지가 영화의 한 프레임이라면 주변의 다른 이미지와 맥락을 같이 해보는 것이 도움 될 수 있다. 예를 들면 한 프레임에서는 일시적으로 가려질 수 있는 객체를 추적할 수 있다.

순서가 중요한 여러 샘플로 작업할 때 이를 시퀀스sequence라고 한다. 모든 인간의 언어에서 단어의 흐름은 중요한 유형의 시퀀스며 19장에서 이를 중점적으로 다룬다.

시퀀스를 이해하고 처리하는 알고리듬에는 또 다른 보너스가 있다. 바로 새 시퀀스를 생성generating할 수 있는 경우가 많다는 것이다. 훈련된 시스템은 얘기 (Deutsch 2016a) 또는 TV 대본(Deutsch 2016b), 아일랜드 지그Irish jigs(Sturm 2015b),

다성 멜로디(LISA Lab 2018), 복잡한 노래(Johnson 2015; O'Brien and Román 2017)를 생성할 수 있다. 대중음악(Chu, Urtasun and Fidler 2016), 포크 음악(Sturm 2015a), 랩(Barrat 2018), 컨트리(Moocarme 2020) 음악의 가사(Krishan 2016)를 만들 수 있다. 대화를 텍스트로 변환할 수도 있고(Geitgey 2016; Graves, Mohamed, and Hinton 2013) 이미지와 비디오의 자막을 작성할 수 있다(Karpathy and Li 2013; Mao et al. 2015).

이 장에서는 각 요소에 대한 기억을 기반으로 시퀀스를 처리하는 방법을 살펴본다. 구축한 모델을 순환 신경망^{RNN, Recurrent Neural Networks}이라고 한다.

시퀀스로 작업할 때 입력의 각 요소를 토큰^{token}이라고 한다. 토큰은 단어 또는 단어의 조각, 측정값 혹은 숫자로 나타낼 수 있는 모든 것을 나타낸다. 이 장에서는 언어를 데이터 소스로서 가장 많이 사용하고 전체 단어에 중점을 두므로 단어^{word}와 토큰^{token}을 서로 바꿔 사용하기도 한다.

언어 다루기

자연어를 연구하는 일반 분야를 자연어 이해^{Natural Language Understanding} 또는 NLU라고 한다. 오늘날 대부분의 알고리듬은 처리하는 언어에 대한 실제 이해에 관심이 없다. 대신 데이터에서 통계를 추출해 질문에 답하거나 텍스트를 생성하는 것과 같은 작업의 기초로 사용한다. 이러한 기술을 일반적으로 자연어 처리^{Natural Language Processing} 또는 NLP라고 한다.

16장과 17장에서 컨볼루셔널 신경망^{CNN}이 사진에 대한 실제 이해 없이도 사진의 객체를 인식할 수 있음을 봤다. 그것은 단지 픽셀의 통계를 처리할 뿐이다. 마찬가지로 NLP 시스템은 스스로 조작하는 언어를 이해하지는 못한다. 대신 단어에 숫자를 할당하고 해당 숫자 사이의 유용한 통계적 관계를 찾는다.

근본적인 의미에서 이러한 시스템은 언어와 같은 것이 존재한다는 것, 또는 스스로 조작하는 대상이 의미론적 뜻이 있다는 사실조차 인식하지 못한다. 항상 그렇듯이 시스템은 통계를 사용해 주어진 상황에서 받아들일 만한 가능한 출력값을 생성한다. 시스템이 수행하는 작업이나 출력값이 사람에게 의미하는 바를 조금도 이해하지 못한 채 말이다.

일반적인 자연어 처리 작업

자연어 알고리듬의 응용은 일반적으로 **작업**^{tasks}(태스크라고도 한다)이라고 한다. 다음은 몇 가지 인기 있는 작업이다.

- **감성 분석**^{sentiment analysis}: 영화 리뷰와 같은 의견을 담은 텍스트를 보고 전체적인 의미가 긍정인지 부정인지 판단한다.
- **번역**^{translation}: 텍스트를 다른 언어로 바꾼다.
- **질의응답**^{answer questions}: 주인공이 누구인지 또는 어떤 행동을 했는지와 같은 텍스트에 대한 질문에 답변한다.
- **요약**^{summarize} **또는 질의 확장**^{paraphrase}: 요점을 강조하면서 텍스트에 대한 간략한 개요를 제공한다.
- **새로운 텍스트 생성 시작**: 텍스트가 주어지면 그 뒤에 올 만한 텍스트를 더 작성한다.
- **논리적 흐름**^{logical flow}: 한 문장이 먼저 전제를 주장하고 그다음 문장이 그 전제를 기반으로 결론을 주장하는 경우 결론이 전제에서 논리적으로 이어지는지 확인한다.

19장과 20장에서는 주로 번역과 텍스트 생성이라는 두 가지 작업에 중점을 둔다. 다른 작업들은 이 작업들과 많은 공통점을 갖고 있다(Rajpurkar, Jia and Liang 2018; Roberts, Raffel and Shazeer, 2020). 특히 **논리적 흐름**은 매우 어렵고 인간-컴퓨터 파트너십의 이점이 있다(Full Fact 2020).

번역에는 최소한 번역할 텍스트 및 소스와 대상 언어가 필요하다. 또한 장소나 시간의 변화에 따라 뜻이 변하는 관용구 및 기타 언어 피처를 이해하는 데 도움이 되는 몇 가지 맥락을 알고 싶을 수도 있다.

텍스트 생성은 일반적으로 시드^{seed} 또는 **프롬프트**^{prompt}로 시작된다. 알고리듬은 이것을 텍스트의 시작으로 취한 다음 여기서부터 작업한다. 일반적으로 한 번에 한 단어씩 수행한다. 프롬프트가 주어지면 다음 단어를 예측한다. 그 단어는 프롬프트 끝에 추가되고 시스템은 새롭고 더 긴 프롬프트를 사용해 그 뒤에 오는 다음 단어를 예측한다. 이 과정을 끝없이 반복해 문장, 에세이, 책을 만들 수 있다. 이전 출력값을 자동으로 추가하고 입력값으로 사용해 시퀀스의 다음 단어를 예측하거나 회귀^{regressing}하기 때문에 이 기술을 **자기회귀**^{autoregression}라고 한다. 자기회귀 시스템을 **오토리그레서**^{autoregressors}라고 한다. 좀 더 일반적으로 알고리듬을 통해 텍스트를 생성하는 것을 **자연어 생성**$^{Natural Language Generation}$ 또는 NLG라고도 한다.

번역과 텍스트 생성 모두 **언어 모델**$^{language\ model}$이라는 개념을 사용한다. 이는 일련의 단어를 입력값으로 사용해 그 시퀀스가 잘 구성된 문장일 가능성을 알려주는 모든 종류의 **연산**^{computation}이다. 잘 쓰여진 문장인지, 의미가 있는지 또는 사실인지 알려주지는 않는다는 점을 잊지 말자. 편리하게 쓰고자 훈련된 신경망 자체를 언어 모델이라고 하기도 한다(Jurafsky 2020).

텍스트를 숫자로 변환

번역 및 텍스트 생성에 도움이 되는 시스템을 구축하려면 먼저 텍스트를 컴퓨터에 유용한 형식으로 변환해야 한다. 평소처럼 모든 것을 숫자로 바꾸겠다. 이를 수행하는 두 가지 인기 있는 방법이 있다.

첫 번째는 **문자 기반**$^{character\ based}$으로, 텍스트로 표현할 수 있는 모든 기호에 번호를 매긴다. 인간 언어로 작성된 문자의 가장 광범위한 표를 유니코드라고 한다.

가장 최신 버전인 유니코드 13.0.0은 154개의 인간 언어를 포함하고 143,859개의 고유한 문자를 식별한다(Unicode Consortium 2020). 이러한 쓰기 시스템의 모든 기호에 0에서부터 약 144,000 사이의 고유 번호를 할당할 수 있다. 이 장에서는 일을 단순하게 유지하고자 영어 텍스트에서 가장 일반적인 89자를 사용해 텍스트를 생성하는 몇 가지 예시를 보여준다.

두 번째 접근 방식은 단어 기반word based으로, 텍스트로 표현할 수 있는 모든 단어에 번호를 매긴다. 세계의 모든 언어로 된 모든 단어를 세는 것은 벅찬 일이 될 것이다. 이 책에서는 영어를 고수하지만 영어만으로도 단어의 개수에 대한 정확한 수치는 없다. 대부분의 현대 영어 사전에는 약 300,000개의 항목이 있다(Dictionary.com 2020). 사전으로 작업하고 각 항목에 0부터 시작하는 고유 번호를 할당한다고 상상해보자. 이 단어 및 그와 연결된 고유 번호가 어휘vocabulary를 구성한다. 이 장의 예제 대부분은 단어 기반 접근 방식을 취한다.

이제는 모든 문장을 컴퓨터가 친화적인 숫자로 변경할 수 있다. 이 숫자 목록을 훈련된 자기회귀 네트워크에 전달해 더 많은 텍스트를 생성할 수 있다. 네트워크는 다음 단어의 숫자를 예측하고, 해당 단어는 입력값으로 사용된 단어에 추가되고, 네트워크는 다음 단어를 예측하고 입력값으로 사용된 단어에 다시 추가하는 식이다. 이것이 어떤 텍스트에 해당하는지 확인하고자 각 숫자를 해당 단어로 변환할 수 있다. 다음 페이지의 많은 논의에서 주어진 숫자로 이러한 변환을 실행하고 입력값과 출력값은 숫자가 아닌 단어로 설명한다. 나중에는 단일 숫자를 사용하면서도 문장에서 사용되는 방법과 문맥을 포함해 단어를 표현하는 훨씬 더 풍부한 방법이 있음을 알게 될 것이다.

미세 조정과 다운스트림 네트워크

일반 데이터베이스에서 시스템을 훈련시킨 다음 이를 전문화하는 것이 종종 유용하게 사용된다. 예를 들어 범용 이미지 분류기를 어떤 잎의 모양을 인식해서 어떤 종류의 나무에서 왔는지 알 수 있도록 향상시킬 수 있다. 이 과정을 전이학습transfer learning이라고 한다. 분류기와 함께 사용하면 전이학습은 기존 네트워크를 고정freezing하고, 분류 부분 끝에 몇 개의 새 레이어를 추가하고, 이를 훈련하는 작업을 포함한다. 이렇게 하면 새 레이어는 기존 네트워크가 각 이미지에서 추출하고자 학습한 모든 정보를 사용할 수 있다.

NLP에서는 일반 데이터베이스에서 학습한 시스템을 사전 훈련됐다고 말한다. 그런 다음 법률, 시, 공학에서 사용되는 언어와 같은 새로운 유형의 특수 언어를 배우고 싶을 때 새로운 데이터로 네트워크를 미세 조정fine-tune한다. 전이학습과 달리 미세 조정할 때 일반적으로 시스템의 모든 가중치를 수정한다.

시스템을 재훈련하고 싶지 않다면 언어 시스템의 출력값을 가져와 더 유용한 두 번째 모델을 만들 수 있다. 이는 전이학습에 가깝다. 여기에서는 언어 모델이 고정되고 출력값이 새 모델에 공급된다. 다운스트림 작업downstream task을 수행하는 이 두 번째 모델을 다운스트림 네트워크downstream network라고 한다. 일부 언어 모델은 다양한 다운스트림 작업을 수행하는 데 사용할 수 있게 입력 텍스트의 풍부하고 밀집된 요약을 생성하도록 설계됐다.

미세 조정과 다운스트림 훈련이라는 두 가지 접근 방식은 유용한 개념적 구분이지만 실제로 많은 시스템에서는 두 기술 중 일부를 혼합해 사용한다.

완전 연결 예측

앞서 언급한 것처럼 여기에서는 언어를 일련의 숫자로 취급할 것이다. 일반적으로 이러한 시퀀스로 작업하는 감각을 얻고자 잠시 언어를 제쳐두고 숫자에만 집중하겠다. 시퀀스에서 몇 개의 숫자를 가져와 다음 숫자를 생성하는 방법을 배우는 작은 네트워크를 구축할 것이다. 그림 19-1과 같이 5개의 뉴런으로 구성된 완전 연결 레이어와 이어지는 단일 뉴런으로 구성된 완전 연결 레이어,

이 두 레이어만을 사용해 가장 간단한 방법으로 이를 수행하겠다. 첫 번째 레이어에서 기울기가 0.1이고 누수 leaky ReLU 활성화 함수 AF를 사용하고 출력 레이어에서 활성화 함수가 없다.

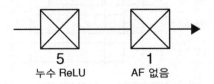

그림 19-1: 시퀀스 예측을 위한 작은 네트워크

네트워크 테스트

이 작은 네트워크를 시험해보고자 많은 **사인파** sine waves를 함께 추가해 생성한 합성 데이터 세트를 사용하겠다. 처음 500개 샘플은 그림 19-2에 나와 있다.

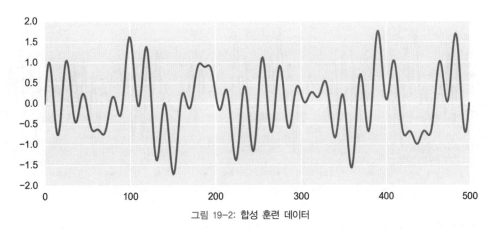

그림 19-2: 합성 훈련 데이터

시스템을 훈련하고자 데이터 세트에서 첫 다섯 개 값을 가져와 여섯 번째 값을 생성하도록 작은 네트워크에 요청한다. 그런 다음 데이터 세트의 두 번째에서 여섯 번째까지의 값을 가져와 일곱 번째 값을 예측하게 요청할 것이다. 이를 그림 19-3과 같이 **슬라이딩 창** sliding window을 사용해 각 입력 세트를 선택한다고 말한다.

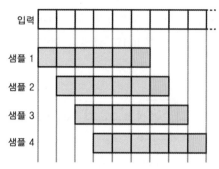

그림 19-3: 슬라이딩 창을 사용해 훈련 데이터의 5개 요소 시퀀스로 파란색으로 표시된 학습 샘플을 생성한다. 각 샘플에 따른 예측값은 빨간색으로 표시된다.

500개의 시작 값에서 이러한 방식으로 495개의 샘플을 만들 수 있다. 이 샘플로 50 에폭 동안 작은 네트워크를 훈련시켰다. 훈련 데이터를 다시 실행하고 예측을 요청하면 그림 19-4의 왼쪽과 같은 결과가 표시되며 원래 훈련 데이터는 파란색으로, 예측값은 주황색으로 표시했다. 나쁘지 않은 결과다.

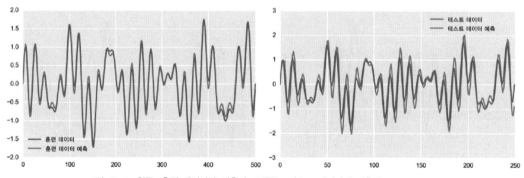

그림 19-4: 왼쪽: 훈련 데이터와 예측값. 오른쪽: 테스트 데이터와 예측값.

이제 곡선의 뒷부분에서 가져온 250개의 테스트 데이터 점에 대해 실행해보겠다. 데이터와 예측은 그림 19-4의 오른쪽에 나와 있다. 예측은 완벽하지 않지만 네트워크가 작다는 점을 고려하면 꽤 훌륭한 편이다.

하지만 이는 너무 매끄럽고 쉬운 데이터였다. 1749년부터 2018년까지 매월 기록된 평균 흑점 수로 구성된 좀 더 현실적인 데이터 세트를 사용해보자(Kaggle

2020). 그림 19-5는 그림 19-4와 같은 방식을 사용해 입력값과 출력값을 보여준다. 피크^{peaks}와 계곡^{valleys}은 대략 11년의 태양 주기에 해당한다. 데이터의 극단까지는 도달하지 않았지만 작은 회귀 시스템^{regressor}은 데이터의 일반적인 오르고 내림을 아주 잘 따르는 것 같다.

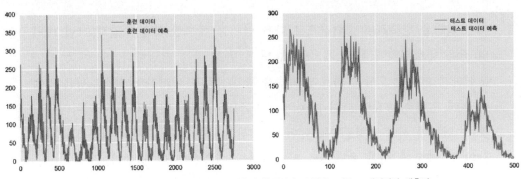

그림 19-5: 왼쪽: 흑점 데이터와 예측값 훈련하기. 오른쪽: 테스트 데이터와 예측값

불행히도 이 작은 네트워크로는 즐거운 소설을 만들 수 없다. 그 이유를 알아보고자 데이터를 숫자로 된 단어로 변경해보겠다. 텍스트에서는 찰스 디킨스 Charles Dickens의 소설 『두 도시 이야기』^{A Tale of Two Cities}(Dickens 1859)의 첫 여섯 페이지를 사용할 것이다. 처리를 더 쉽게 하고자 모든 구두점을 제거하고 모든 글자를 소문자로 바꿨다.

단어 수준으로 작업할 것이기 때문에 사용할 모든 단어에 숫자를 할당해야 한다. 사전 전체에 번호를 매기는 것은 지나친 일이며 텍스트에 있는 모든 사람과 장소 이름은 패스할 것이다. 대신 책 자체에서 어휘를 만들어보자. 책의 첫 번째 단어에 값 0을 할당하고 한 번에 한 단어씩 앞으로 나아가게 한다. 이전에 나온 적 없는 단어를 발견할 때마다 다음 번호를 할당한다. 이 소설의 시작 부분에는 총 17,267개의 단어가 포함돼 있지만 어휘는 3,458개의 고유한 단어에 불과하므로 단어는 0에서 3,457 사이의 값을 갖는다.

이제 소설의 이 부분에 있는 모든 단어에 숫자가 매겨져 있으므로 데이터베이스를 훈련 데이터 세트와 테스트 데이터 세트로 분할한다. 훈련 데이터가 끝날 때 약 3,000개의 고유한 단어만을 봤다. 네트워크에 학습되지 않은 단어의 번호 예측을 요청하지 않도록 하고자 테스트 데이터 세트에서 단어 번호(또는 대상) 가 이보다 높은 모든 시퀀스를 제거했다. 즉, 테스트 데이터는 훈련 데이터에 있는 단어만 사용하는 시퀀스로 구성된다.

이전 실험을 반복하며 출력값으로 다음 단어를 예측한 것을 수집해 그림 19-1 의 작은 네트워크에 다섯 개의 연속 단어 번호 창을 전달했다. 50 에폭 동안 훈련하게 했지만 오류는 빠르게 학습을 중지시켰고 이러한 얼리스토핑은 8 에 폭 후에 훈련을 종료해 그림 19-6의 결과를 보여준다. 왼쪽의 학습 데이터에서 볼 수 있듯이 책이 진행될수록 단어 수는 점차 증가한다. 주황색 선은 5개 입력 값의 각 세트에 대한 응답으로 시스템에서 예측한 단어 번호다.

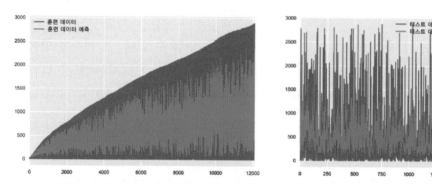

그림 19-6: 왼쪽: 두 도시 얘기의 첫 여섯 페이지의 약 12,000 단어에 대한 훈련과 예측. 오른쪽: 약 2,000개 이상의 단어에 대한 테스트 데이터 및 예측

완전히 좋지 않은 결과다. 예측은 확실히 훈련 데이터나 테스트 데이터와 일치 하지 않는다. 테스트 데이터와 예측의 구조는 그림 19-7에 표시된 확대에서 더 쉽게 확인할 수 있다.

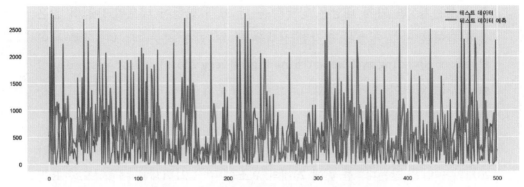

그림 19-7: 그림 19-6의 500개의 테스트 데이터와 예측값 확대

예측은 타깃과 대략적으로 비슷해 보이지만 꽤 멀리 떨어져 있다.

네트워크가 실패한 이유

그림 19-7의 숫자를 다시 단어로 바꿔보자. 다음은 일반적인 추출 결과다.

> Pricked hollows mud crosses argument ripples loud want joints upon
> harness followed side Three intensely atop fired wrote pretence

구두점을 넣어도 훌륭한 문학이 될 수 없다. 여기서 여러 가지 문제가 발생했다. 첫째, 이 작은 네트워크는 분명히 이 작업에 충분한 성능power을 갖고 있지 않다. 읽을 수 있는 텍스트와 비슷하게라도 만들려면 더 많은 레이어가 있는 더 많은 뉴런이 필요할 것이다.

훨씬 더 큰 완전 연결 네트워크라고 할지라도 의미 체계semantics라고도 하는 텍스트의 구조를 포착할 방법이 없기 때문에 이 작업에 어려움을 겪을 것이다. 언어의 구조는 이전에 봤던 곡선과 흑점 데이터의 구조와 근본적으로 다르다. Just yesterday, I saw a라는 5 단어의 문자열을 생각해보자. 이 문장은 어떤 명사든 하나만 추가하면 완성될 수 있다. 한 추정에 따르면 영어 명사의 수는 적어도 수만 개에 달한다(McCrae 2018). 네트워크가 인간이 원하는 것을 어떻게 추측할 수 있겠는가? 한 가지 대답은 창^{window}을 더 크게 만들어 네트워크에 더 많은 선행 단어를 주고 정보에 입각한 선택을 할 수 있게 하는 것이다. 예를 들어 I've been spending my time watching tigers very closely. Just yesterday, I saw a라는 입력이 주어지면 합리적으로 대부분의 영어 명사가 가능성이 없는 것으로 배제될 수 있다.

이것을 시도해보자. 그림 19-1의 작은 네트워크를 확장시켜 첫 번째 레이어가 20개의 뉴런을 갖는다. 한 번에 20개의 요소를 주고 21번째를 예측하도록 요청했다. 곡선 데이터에 대한 결과는 그림 19-8에 나와 있다.

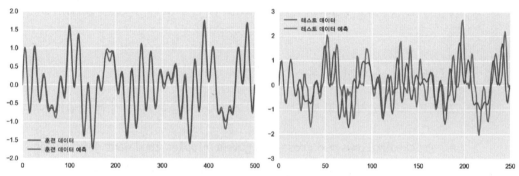

그림 19-8: 20개 요소를 갖는 창을 사용해 사인파 데이터를 예측하는 확대한 네트워크

훈련 데이터에 대해서는 여전히 괜찮지만 테스트 결과는 훨씬 나쁘다. 이 더 큰 창에서 얻는 모든 정보를 처리하려면 훨씬 더 큰 네트워크가 필요하다. 창을 더 크게 만든다는 것은 더 큰 네트워크가 필요하다는 것을 의미한다. 즉, 더 많은 훈련 데이터, 더 많은 메모리, 더 많은 연산 능력, 더 좋은 성능, 더 많은 훈련 시간이 필요하다.

그러나 더 큰 네트워크를 사용하더라도 개선되지 않는 더 큰 문제가 있다. 예측에 대한 작은 오차조차도 이해할 수 없는 텍스트로 이어진다는 것이다. 이를 확인하고자 1,003과 1,004 값이 할당된 단어를 임의로 살펴보겠다. 이 숫자는 keep과 flint라는 단어에 해당한다. 두 단어는 전혀 관련이 없어 보이지만 텍스트를 검색하면 책의 시작 부분에서 이 구절이 나타난다. he had only to shut himself up inside, keep the flint and steel sparks well off the straw. the라는 단어는 이미 책의 세 번째 단어로 나왔고, keep이나 flint는 나온 적이 없기 때문에 번호를 매겼을 때 keep과 flint에 연속적인 숫자가 할당됐다.

네트워크가 일부 입력값에 대한 응답으로 다음 단어를 1,003.49로 예측한다고 가정해보자. 해당 단어를 찾으려면 정수로 변환해야 한다. 가장 가까운 정수는 1,003으로 이 값에 해당하는 것은 keep이다. 그러나 시스템이 약간 더 큰 값 1,003.51을 예측하면 가장 가까운 정수는 1,004이므로 flint가 된다. 이 두 단어는 전혀 관련이 없다. 이는 예측의 작은 수치적 차이가 무의미한 결괏값을 생성할 수 있음을 보여준다.

이 네트워크에 대한 그래프에서의 예측을 되돌아보면 곡선과 흑점 데이터에 있어서는 너무 나빠 보이지는 않지만 언어 데이터에서는 큰 피해를 줄 수 있는 많은 오차를 확인할 수 있다. 이 문제에 더 많은 연산 능력을 더하면 문제가 줄어들지만 세세한 정확도에 대한 요구는 사라지지 않을 것이다.

그림 19-1의 작은 네트워크는 또 다른 결함을 숨기고 있다. 입력값에서 단어의 위치를 추적하지 않는다는 것이다. Bob told John that he was hungry라는 문장이 주어졌다고 가정하자. 여기서 he가 가리키는 대명사가 누구인지 알고 싶다. 정답은 Bob이다. 단어의 순서가 중요하다. 이 문장 대신 John told Bob that he was hungry라는 문장이 주어지면 여기서 he는 John을 지칭하는 것이기 때문이다. 정확도에 대한 요구는 네트워크를 완전 연결 레이어로 확장하도록 장려할 것이며, 첫 번째 레이어에 도달했을 때 단어의 암시적 순서를 잃게 된다. 나중에 거치는 레이어는 누가 he에 해당하는지 알아낼 기회를 얻지 못한다.

이러한 문제와 다른 많은 문제를 해결하고자 완전 연결 레이어와 단일 숫자로 표현되는 단어보다 더 정교한 것이 필요하다. CNN을 사용해볼 수도 있을 것이다. CNN을 사용해 시퀀스 데이터를 처리하는 작업이 있었지만(Chen and Wu

2017; van den Oord et al. 2016). 이러한 도구는 여전히 개발 중에 있다. 대신 시퀀스를 처리하도록 명시적으로 설계된 것을 살펴보겠다.

순환 신경망

언어를 처리하는 더 좋은 방법은 순서가 지정된 시퀀스로 단어를 관리하게 명시적으로 설계된 네트워크를 구축하는 것이다. 이러한 유형의 네트워크 중 하나이며 이 장의 핵심이기도 한 것은 바로 순환 신경망[RNN, Recurrent Neural Network]이다. 이러한 네트워크는 이전에 살펴보지 못한 몇 가지 개념을 기반으로 하므로 지금부터 살펴보고 RNN을 구축하는 데 사용해보겠다.

상태 소개

RNN은 상태[state]라는 아이디어를 사용한다. 이것은 해당 시간의 시스템(예, 신경망)에 대한 설명일 뿐이다. 예를 들어 오븐을 예열한다고 상상해보자. 이 과정에서 오븐은 꺼짐, 예열, 희망 온도라는 세 가지 고유한 상태를 갖는다. 상태에는 추가 정보도 포함될 수 있다. 예를 들어 오븐이 예열되면 오븐의 상태에 현재 상태(예, 예열), 현재 온도, 목표로 하는 온도라는 세 가지 정보를 넣을 수 있다. 따라서 상태는 시스템의 현재 상태와 함께 기억하면 편리한 기타 정보를 나타낼 수 있다.

상태는 매우 중요하므로 다른 예를 통해 그 세부 사항을 살펴보자.

아이스크림 가게에서 일하면서 간단한 퍼지 선디[fudge sundae]를 만드는 방법을 배우고 있다고 가정해보자. 이 예에서 당신은 시스템 역할을 하고, 당신이 머리속에서 만들고 있는 레시피는 당신의 상태다.

지시를 받기 전에 시작 상태[starting state] 또는 초기 상태[initial state]는 '빈 컵'이다. 빈

컵이 있다고 가정해보자. 시작 상태는 그림 19-9의 맨 왼쪽에 있다.

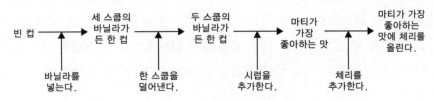

그림 19-9: 디저트 만드는 법을 배우면서 진화하는 상태 또는 레시피

매니저는 첫 단계로 바닐라 아이스크림을 넣으라고 말한다. 따라서 내부 레시피 또는 상태를 '세 스쿱의 바닐라가 들은 한 컵'으로 업데이트한다. 컵에 아이스크림 세 스쿱을 넣는다.

매니저는 양이 너무 많다고 말하며 한 스쿱을 제거해야 한다고 말한다. 그렇게 한 뒤 상태를 '두 스쿱의 바닐라가 들은 한 컵'으로 업데이트한다.

이제 매니저가 아이스크림을 덮을 만큼의 초콜릿 시럽을 부으라고 한다. 실행한 뒤 상태를 '초콜릿 시럽으로 덮인 두 스쿱의 바닐라가 들은 한 컵'으로 업데이트한다. 그러나 이것은 친구 마티^{Marty}가 가장 좋아하는 디저트이기 때문에 친구가 생각난다. 따라서 이제 '마티가 가장 좋아하는 맛'만 기억하면서 나머지 것들을 버림으로써 상태를 단순화한다.

마지막으로 매니저가 체리를 맨 위에 올리라고 한다. 따라서 상태를 '마티가 가장 좋아하는 맛에 체리를 올림' 상태로 업데이트한다. 축하한다. 아이스크림이 완성됐다.

이 예제와 상태 개념에서 빼야 할 몇 가지 핵심 사항이 있다.

첫째, 당신의 상태는 단순히 현재 상황의 스냅샷이나 당신에게 제공된 정보 목록이 아니다. 압축되거나 수정된 형태로 이 두 가지 아이디어를 모두 포함한다. 예를 들어 아이스크림 세 스쿱을 넣었다가 한 스쿱을 빼는 대신 두 스쿱을 넣는 것을 기억하는 식이다.

둘째, 각 단계에서 새로운 정보를 받은 후 상태를 업데이트하고 출력값을 생성했다. 출력값은 받은 입력값과 내부 상태에 따라 다르지만 외부 관찰자는 상태를 볼 수 없으므로 방금 받은 입력값에서 출력값이 어떻게 발생했는지 이해하지 못할 수 있다. 사실 외부 관찰자는 일반적으로 시스템의 내부 상태를 볼 수 없다. 때때로 시스템의 상태를 은닉 상태hidden state라고 말하며 이 점을 강조한다.

마지막으로 입력 순서가 중요하다. 이는 입력값의 묶음이 아닌 시퀀스에 대해 만드는 이 예제의 필수적 측면이므로 이 장의 전반부에 있는 단순한 완전 연결 레이어와도 구별된다. 컵에 초콜릿을 먼저 넣었다면 완전히 다른 디저트를 만들었을 것이고, 상태에서 친구인 마티에 대한 언급은 없었을 것이다.

각 입력값을 타임 스텝time step이라고 부른다. 이 예제에서 봤듯이 이것은 입력값이 여기에 시간적 흐름이 있는 이벤트를 나타낼 때 의미가 있다. 다른 시퀀스에는 소스source에서 종점terminus까지의 길이를 따라 연속적인 지점에서 강의 깊이를 설명하는 시퀀스와 같이 시간 구성 요소time component가 없을 수 있다. 특히 문장 속의 단어는 소리 내어 말할 때는 시간 구성 요소가 있지만 인쇄될 때 이 아이디어는 실제로 적용되지 않는다. 그럼에도 타임 스텝이라는 용어는 시퀀스의 연속적인 각 요소를 나타내는 데 널리 사용된다.

다이어그램 롤업

처리할 입력 시퀀스가 길면 그림 19-9와 같이 다이어그램이 페이지에서 많은 공간을 차지할 수 있다. 따라서 일반적으로 그림 19-10과 같이 좀 더 간결한 형태로 그린다. 작은 문구 하나하나가 단일 정보 덩어리로 이해돼야 함을 나타내고자 여기에서는 각 단어 사이에 하이픈을 넣었다.

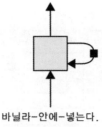

바닐라-안에-넣는다.
1-스쿱-제거한다.
시럽-추가한다.
체리-추가한다.

그림 19-10: 그림 19-9의 롤업 버전

오른쪽 루프는 한 입력과 다음 입력 사이의 상태를 나타낸다. 각 입력 후에 시스템(큰 하늘색 상자로 표시됨)은 검은색 상자로 들어가는 새로운 상태를 만든다. 이 상자를 **지연**^{delay}이라고 하며 작은 기억 조각으로 생각할 수 있다. 다음 입력값이 도착하면 시스템은 지연에서 상태를 가져오고 출력값과 새로운 상태를 계산한다. 새로운 상태는 시스템에 다시 나타나고 다음 입력값이 도착할 때까지 지연에 위치하게 된다. 지연의 목적은 각 타임 스텝에서 생성된 상태가 어떤 식으로든 즉시 다시 사용되지 않고 다음 입력값을 처리하는 데 필요할 때까지 유지된다는 것을 분명히 하는 것이다.

그림 19-9의 다이어그램이 이 프로세스의 **펼쳐진 버전**$^{unrolled\ version}$이다. 그림 19-10에서보다 간결한 버전을 **롤업**$^{rolled-up}$ 또는 **말려있는 버전**$^{rolled\ version}$이라고 한다.

딥러닝에서는 그림 19-11과 같이 모든 것을 **순환 셀**$^{recurrent\ cell}$로 패키징해 상태를 관리하고 출력값을 만드는 프로세스를 구현한다. **순환**^{recurrent}이라는 단어는 일반적으로 한 입력에서 다음 입력으로 변경되더라도 그 내용이 상태 메모리를 계속해서 사용한다는 사실을 나타낸다(이는 **재귀**^{recursive}라는 단어가 아니다. 비슷하게 들리지만 의미가 상당히 다르다). 셀의 작동은 일반적으로 여러 신경망에 의해 관리된다. 평소처럼 이러한 네트워크는 그림 19-11을 레이어로 포함하는 전체 네트워크를 훈련할 때 작업 수행 방법을 학습한다.

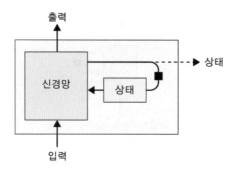

그림 19-11: 순환 신경 셀(recurrent neural cell). 히든 상태는 필요한 경우 셀 외부로 내보낼 수 있다.

셀의 내부 상태는 일반적으로 비공개지만 일부 네트워크는 이 정보를 잘 사용할 수 있으므로 여기에서 내보내는 상태exported state를 점선으로 표시해 사용할 수 있지만 필요하지 않은 경우 무시할 수 있음을 나타낸다.

종종 자체 레이어에 순환 셀을 배치하고 이를 순환 레이어recurrent layer라고 부른다. 순환 레이어가 지배하는 네트워크를 순환 신경망 또는 RNN이라고 한다. 동일한 용어가 순환 레이어 자체에 자주 적용되며, 내부에 신경망이 있기 때문에 때로는 순환 셀에도 적용된다. 일반적으로 문맥을 통해 올바르게 해석한다.

순환 셀의 내부 상태는 텐서tensor로 저장된다. 이 텐서는 대개 1차원 숫자 목록이기 때문에 상태에 있는 메모리 요소들의 개수를 참조해 순환 셀의 너비width 또는 크기size에 대해 얘기하는 경우가 있다. 네트워크의 모든 셀이 동일한 너비를 갖는 경우 때때로 이를 네트워크의 너비라고 한다.

그림 19-12의 왼쪽은 일반적으로 펼쳐진 그림에서 사용하는 순환 셀에 대한 아이콘을 보여준다. 오른쪽은 셀을 레이어에 배치할 때 편의를 위해 롤업한 아이콘을 보여준다. 레이어 버전에서는 셀의 내부 상태를 그리지 않는다.

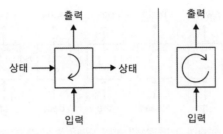

그림 19-12: 왼쪽: 순환 셀의 아이콘. 오른쪽: 순환 레이어의 아이콘.

언어 모델을 구축하고자 그림 19-11의 베어본 순환 셀[bare-bones recurrent cell]을 사용할 수 있다. '신경망'이라고 표시된 상자에 원하는 레이어들로 구성된 작은 신경망이 있다고 가정해보자. 단어의 셀 시퀀스를 (숫자 형태로) 공급할 수 있다. 각 단어 뒤에 셀은 다음에 올 단어를 예측하는 출력값을 생성하고 지금까지 나온 단어를 기억하도록 내부 상태를 업데이트한다. 이 장의 시작 부분에서의 실험을 복제하고자 처음 4개 셀의 출력값을 무시하고 연속으로 5개 단어를 셀에 공급할 수 있다. 다섯 번째 입력 이후의 출력값은 여섯 번째 단어에 대한 예측값이 된다. 훈련 중이고 예측이 정확하지 않은 경우 평소와 같이 역전파[backpropagation]와 최적화[optimization]를 사용해 셀 내부 신경망의 가중치 값을 개선하고 훈련을 계속한다. 목표는 결국 네트워크가 입력값을 해석하고 상태를 제어하는 데 능숙해져 좋은 예측을 할 수 있게 하는 것이다.

실전에서의 순환 셀

순환 셀이 다섯 단어 시퀀스의 다음 단어를 어떻게 예측하는지 보자. 그림 19-13과 같이 펼쳐진 그림으로 입력값과 가능한 출력값을 확인할 수 있다.

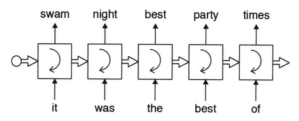

그림 19-13: 순환 셀의 단어 예측하기. 그림은 펼쳐진 형태다. 예측은 셀 상단에 표시되는 반면 상태는 수평 화살표로 표시된다.

아직 학습된 것이 없음을 나타내고자 은닉 상태^{hidden state}는 모두 0과 같이 일반적인 값으로 초기화된 셀로 시작한다. 이 셀은 가장 왼쪽에 있는 원이다. 첫 번째 단어인 it을 전달한다. 셀은 입력값과 은닉 상태를 고려하고 다음 단어인 swam을 예측한다. 셀은 it으로 시작하는 문장이 swam이라는 단어로 이어질 가능성이 가장 높다고 말하지만 여기서는 다섯 번째 단어 이후의 예측에만 관심이 있기 때문에 이것을 무시한다.

이제 흥미로운 부분이 나온다. RNN은 훈련 중에 학습한 정보를 사용해 it이라는 단어를 입력값으로 받고 swam을 출력값으로 생성했다는 사실에 대한 일부 표현을 포함하고자 은닉 상태를 업데이트한다.

이제 텍스트에서 두 번째 단어인 was가 나온다. 다시 셀은 은닉 상태와 입력값을 참조해 새로운 출력 예측값을 생성한다. night라는 값을 통해 it was night이라는 문구를 완성한다. 셀은 it과 그 이후에 was를 입력받았고 night를 예측한 것을 기억하고자 은닉 상태를 업데이트한다. 다시 말하지만 night라는 예측은 무시한다.

이는 다섯 번째 단어 of를 입력할 때까지 계속된다. 훈련 시작이 가까워지면 시스템이 jellyfish와 같은 것을 생성해 it was the best of jellyfish라는 문장을 완성할 수 있다. 그러나 원본 텍스트에 대한 충분한 훈련 후에 순환 셀의 내부 네트워크는 times라는 단어가 높은 확률을 갖는 방식으로 은닉 상태 내부에서 it was the best of라는 구의 연속적인 단어를 표현하는 방법을 학습했을 것이다.

756

순환 신경망 훈련

그림 19-13에서 순환 셀의 훈련을 시작한다고 가정한다. 다섯 단어로 구성된 입력값을 전달하고 셀의 최종 예측값을 텍스트의 다음 단어와 비교해 오차를 계산한다. 예측이 텍스트와 일치하지 않으면 평소와 같이 역전파를 실행한 다음 최적화를 실행한다. 그림을 보면 맨 오른쪽 셀에서 그래디언트를 찾은 다음 왼쪽의 이전 셀로 그래디언트를 전파propagate한 후 다시 그 이전 셀로 그래디언트를 전파하는 식이다. 역전파를 순차적으로 적용하는 것이 중요하다. 이는 순차적인 처리 단계이기 때문이다.

하지만 그림 19-13의 각 상자는 모두 동일한 셀이기 때문에 최적화를 실제로 적용할 수 없다. 시스템에서는 그림 19-11의 한 인스턴스instance가 동일한 셀을 반복적으로 사용하는 펼쳐진 목록이 아니라 자체 레이어에 있는 것처럼 보인다. 어떻게든 같은 레이어에 반복적으로 역전파를 적용해야 하며, 이는 부기 bookkeeping의 혼란을 야기할 수 있다. 이를 처리하고자 시간을 통한 역전파 backpropagation through time 또는 BPTT라고 하는 역전파의 특별한 변형을 사용한다. 이 변형은 훈련이 목적이며 그림 19-13에서처럼 문자 그대로 해석할 수 있고 이러한 세부 사항을 처리한다.

BPTT를 사용하면 순환 셀을 효율적으로 훈련할 수 있지만 훈련 문제를 완전히 해결할 수는 없다. BPTT를 사용하는 동안 그림 19-13에서 가장 오른쪽 셀의 특정 가중치에 대한 그래디언트를 계산한다고 가정해보자. 그런 다음 그래디언트를 왼쪽으로 전파하면 이전 셀의 동일한 가중치에 대한 그래디언트가 더 작다는 것을 알 수 있다. 즉, 동일한 셀을 통해 계속해서 그래디언트를 왼쪽으로 전파하면 동일한 프로세스가 반복되고 그래디언트는 점점 작아진다. 그래디언트가 매번 60%씩 작아질 경우 8개의 셀만 지나면 원래 크기의 1,000분의 1 미만으로 줄어든다. 이 프로세스를 시작하는 데 필요한 모든 것인 그래디언트가 역으로 이동할 때 작아진다는 것이고 이것이 일반적이다. 그러면 필연적으로 모든 역으로 진행하는 단계에서 같은 비율로 줄어든다.

이는 매우 나쁜 소식이다. 그래디언트가 매우 작아지면 학습 속도가 느려지고 그래디언트가 0이 되면 학습이 완전히 중지된다는 점을 잊지 말자. 이것은 학습을 멈추게 되는 순환 셀에 좋지 않을 뿐만 아니라 이전 레이어의 뉴런에도 좋지 않다. 개선 기회조차도 잃어버리기 때문이다. 네트워크의 가능한 한 가장 작은 오차에 도달하기 훨씬 전에 전체 학습 프로세스가 중단될 수 있다.

이 현상을 그래디언트 소실$^{vanishing\ gradient}$ 문제(Hochreiter et al. 2001; Pascanu, Mikolov, and Bengio 2013)라고 한다. 펼쳐진 다이어그램에서 역으로 이동할 때마다 그래디언트가 커져도 비슷한 문제가 발생한다. 각 단계에서 60%씩 증가하는 그래디언트는 동일한 8단계 후에 첫 번째 셀에 도달할 때까지 거의 43배 더 커진다. 이를 그래디언트 발산$^{exploding\ gradient}$ 문제(R2RT 2016)라고 한다. 이들은 네트워크의 학습을 방해할 수 있는 심각한 문제다.

장단기 기억과 게이트 순환 신경망

장단기 기억$^{Long\ Short\text{-}Term\ Memory}$ 또는 LSTM이라고 하는 더 멋진 순환 셀을 사용해 그래디언트 소실과 발산을 모두 피할 수 있다. 이름이 헷갈릴 수 있지만 내부 상태가 자주 바뀌는 점을 참조하면 단기기억이라고 볼 수 있다. 하지만 때로는 오랫동안 일부 정보를 상태에 보관하도록 선택할 수 있다. 이것을 **선택적으로 지속되는 단기 기억**$^{selectively\ persistent\ short\text{-}term\ memory}$으로 생각하는 것이 더 합리적일 수 있다. 그림 19-14는 LSTM의 블록 다이어그램은 에서 보여준다.

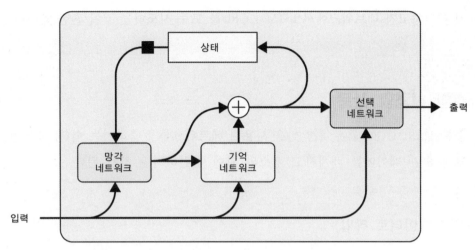

그림 19-14: 장단기 기억(LSTM)의 블록 다이어그램

LSTM은 3개의 내부 신경망을 사용한다. 첫 번째는 더 이상 필요하지 않은 상태로 정보를 제거(또는 망각^{forget})하는 데 사용한다. 두 번째는 셀이 기억^{remeber}하고 싶은 새로운 정보를 삽입한다. 세 번째 네트워크는 내부 상태의 버전을 셀의 출력값으로 전달한다.

규칙은 숫자를 '망각'하는 것은 단순히 숫자를 0으로 이동시키는 것을 의미하고 새 숫자를 '기억'한다는 것은 상태 메모리의 적절한 위치에 숫자를 추가하는 것을 의미한다는 것이다.

LSTM은 그림 19-11의 기본 순환 셀과 같이 반복적인 자체 복사본을 필요로 하지 않으므로 그래디언트가 소실되고 발산하는 문제를 방지한다. 이 LSTM 셀을 레이어에 배치하고 일반적인 역전파와 최적화를 사용해 내부 신경망을 훈련할 수 있다. 실제 구현에는 여기에서 건너뛴 많은 세부 사항이 있지만 이러한 일반적인 흐름을 따른다(Hochreiter et al. 2001; Olah 2015).

LSTM은 특히 사람들이 'RNN'을 얘기할 때 LSTM을 사용하는 네트워크를 의미할 정도로 순환 셀을 구현하는 좋은 방법임이 입증됐다. LSTM의 인기 있는 변형은 게이트 순환 유닛^{GRU, Gated Recurrent Unit}이다. 특정 작업에서 어느 것이 더 잘 수행되는지 확인하고자 네트워크에서 LSTM과 GRU를 모두 시도하는 것이 흔한 일이다.

순환 신경망 사용

순환 셀(LSTM, GRU 혹은 다른 것)을 사용해 네트워크를 구축하기는 쉽다. 네트워크에 순환 레이어를 배치하고 평소와 같이 훈련하기만 하면 된다.

흑점 데이터로 작업

흑점 데이터로 이를 증명해보자. 그림 19-15와 같이 은닉 상태에 단 세 개의 값을 갖는 작은 LSTM을 유지하는 단일 순환 레이어로 네트워크를 훈련하겠다 (이 책에서 달리 명시하지 않는 한 순환 셀은 LSTM이다). 이를 그림 19-1에 있는 다섯 개의 뉴런으로 구성된 완전 연결 네트워크의 출력값과 비교해보겠다. 사과와 오렌지를 비교할 때 주의해야 한다. 이러한 접근 방식은 매우 다르지만 두 네트워크는 가능한 한 작고 여전히 유용한 작업을 수행하기 때문이다.

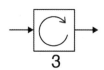

그림 19-15: 은닉 상태에 세 값을 갖는 단일 LSTM으로 구성된 작은 RNN

이전과 마찬가지로 훈련 데이터에서 가져온 다섯 개의 순차적인 값을 사용해 훈련해보자. 한 번에 다섯 개의 값을 모두 받는 완전 연결 레이어와는 달리 RNN은 다섯 개의 연속적인 스텝step에 따라 한 번에 하나씩 값을 가져온다. 결과는 그림 19-16에 나와 있다. 사과와 오렌지에 대한 경고를 염두에 두고 이 작은 RNN의 결과는 그림 19-5에 표시된 완전 연결 네트워크의 결과와 매우 유사하다(훈련 중에 측정된 손실 값과 전체 오차도 대략 동일했다).

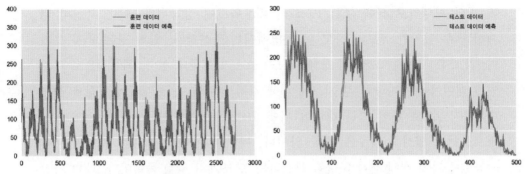

그림 19-16: 그림 19-15의 작은 RNN으로 흑점 데이터 예측하기

텍스트 생성

마지막 결과가 고무적이었으므로 다음 도전 시도로 RNN을 사용해 텍스트를
생성해보겠다. 앞에서 했던 것처럼 다음 단어를 예측하는 대신 이 예제에서는
시스템에 문자 시퀀스를 제공하고 다음 문자를 예측하도록 요구해보자. 앞에서
다뤘듯이 단어보다 글자 수가 훨씬 적기 때문에 훨씬 더 쉬운 작업이다. 표준
영어 키보드의 89개 기호를 문자 집합으로 사용한다. 운 좋게도 문자를 사용하
면 단어 기반 접근 방식이 요구하는 것보다 더 작은 네트워크에서 벗어날 수
있다.

셜록 홈즈Sherlock Holmes의 단편 소설에서 가져온 문자 시퀀스로 RNN을 훈련하고
다음 문자를 예측하도록 요구해보자(Doyle 1892).

RNN을 훈련하려면 트레이드오프가 필요하다. 더 많은 셀이나 각 셀에서 더 많
은 상태를 사용할 수 있지만 모두 시간이나 메모리가 필요하다. 네트워크가
클수록 더 긴 창으로 작업할 수 있으므로 더 나은 예측이 가능하다.

반면 더 적은 개수의 더 작은 유닛과 더 작은 창을 사용하면 시스템이 더 빨라지
므로 주어진 시간 범위에서 더 많은 훈련 샘플을 실행할 수 있다. 평소처럼
주어진 시스템과 데이터에 대한 최선의 선택에는 약간의 실험이 필요하다.

몇 번의 시행착오 끝에 그림 19-17의 네트워크에 정착했다. 이는 확실히 더 개선될 수 있지만 규모가 작고 이 설명에서는 충분하다. 입력 창은 40자 크기 다. 각 LSTM 셀에는 128개의 상태 메모리 요소가 포함돼 있다. 최종적으로 완전 연결 레이어에는 가능한 각 기호에 대해 각각 하나씩 총 89개의 출력값을 갖는 다. 마지막으로 완전 연결 레이어 뒤에 있는 작은 상자는 이 장(및 20장)에서 소프트맥스 활성화 함수에 대한 약어다. 따라서 이 네트워크의 출력값은 각 가능한 문자에 대해 각각 하나씩 연결되는 총 89개의 확률 목록이다. 매번 가장 가능성 높은 문자를 선택하겠다.

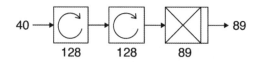

그림 19-17: 한 글자씩 텍스트를 처리하기 위한 작은 RNN

훈련 데이터 세트를 생성하고자 원본 소스 자료를 매 세 번째 문자부터 시작해 40개의 문자로 구성된 약 50만 개의 겹치는 문자열들로 잘랐다.

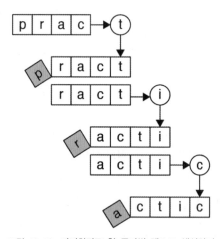

그림 19-18: 자기회귀로 한 글자씩 텍스트 생성하기

훈련이 완료되면 이전 입력값의 끝에 마지막 출력값을 추가하고 이전 입력값의 첫 번째 항목을 삭제해 새로운 40자 입력값을 생성하고 자기회귀autoregression를

통해 새 텍스트를 생성할 수 있다(Chen et al. 2017). 이 작업을 원하는 만큼 반복할 수 있다. 그림 19-18은 네 글자 크기의 창에 대한 자기회귀를 보여준다.

네트워크의 진행 상황을 확인하고자 각 훈련 에폭 후에 지금까지의 네트워크를 사용해 일부 텍스트를 생성했다. 소스 자료의 무작위 위치에서 시작되는 40개의 연속적인 문자를 시드[seed]로 작업을 시작한다.

자기회귀의 좋은 점은 원하는 만큼 실행할 수 있고 무제한의 출력값을 생성할 수 있다는 점이다. 다음은 훈련 첫 번째 에폭 후에 한 실행의 시작점이다(시드는 빨간색으로 표시했다).

> er price." "If he waits a little longer wew fet ius ofuthe henss lollinod fo snof thasle, anwt wh alm mo gparg lests and and metd tingen, at uf tor alkibtoPanurs the titningly ad saind soot on ourne" Fy til, Min, bals' thid the

어떤 의미에서 이는 굉장히 좋은 결과다. '단어'는 크기에 관한 것이며, 실제 단어는 아니지만 단어가 될 수 있다. 즉, 임의의 문자열이 아니라는 것이다. 그중 다수는 쉽게 발음할 수도 있다. 그리고 이것은 단 한 에폭 이후의 결과였다. 50 에폭 후에는 상황이 많이 개선됐다. 다음은 새로운 무작위 시드에 대한 일부 출력값이다.

> nt blood to the face, and no man could hardly question off his pockets of trainer, that name to say, yisligman, and to say I am two out of them, with a second. "I conturred these cause they not you means to know hurried at your little platter.' "'Why shoubing, you shout it of them," Treating, I found this step-was another write so put." "Excellent!" Holmes to be so lad, reached.

상황이 훨씬 나아졌다. 이 단어들의 대부분은 실존한다. 구두점은 훌륭하다.

그리고 conturred, shoubing과 같이 사전에 없는 단어들도 그럴듯하게 보인다.

시스템은 단어에 대한 지식이 전혀 없음을 잊지 말자. 이는 다른 문자들의 시퀀스에 대한 문자의 확률만을 알고 있다. 이러한 단순한 네트워크에서 이는 놀라운 일이다. 이것을 실행하면 이러한 텍스트를 원하는 만큼 생성할 수 있다. 더 조리 있게 되지는 않지만 더 이상 일관성이 없어지지도 않는다.

더 큰 LSTM을 가진 더 큰 모델은 더 많은 훈련 시간을 대가로 점점 더 신뢰할 수 있는 결과를 제공할 것이다(Karpathy 2015).

다양한 아키텍처

순환 셀을 다른 유형의 네트워크에 통합해 이미 살펴본 일부 유형의 네트워크 기능을 확장할 수 있다. 또한 여러 순환 셀을 결합해 한 셀이 수행할 수 있는 것 이상의 시퀀스 작업을 수행할 수 있다. 몇 가지 예를 살펴보겠다.

CNN–LSTM 네트워크

LSTM 셀을 CNN과 혼합해 CNN-LSTM 네트워크라는 하이브리드를 만들 수 있다. 이는 비디오 프레임 분류와 같은 작업에 적합하다. 컨볼루션 레이어는 객체를 찾고 식별하는 역할을 하는 반면 뒤에 오는 순환 레이어는 객체가 한 프레임에서 다음 프레임으로 이동하는 방식을 추적하는 역할을 한다.

심층 RNN

순환 셀을 사용하는 또 다른 방법은 많은 셀을 연속적으로 쌓는 것이다. 그 결과를 심층^{deep} RNN이라고 한다. 한 레이어의 셀에서 출력값을 가져와 다음 레이어의 셀에 대한 입력값으로 사용한다. 그림 19-19는 3개의 레이어를 연결하는 한 가지 방법을 보여준다. 롤업$^{rolled-up}$ 형태와 펼쳐진^{unrolled} 형태를 모두

사용해 그렸다. 평소처럼 각 레이어의 RNN 유닛에는 자체적인 내부 가중치와
은닉 상태가 있다.

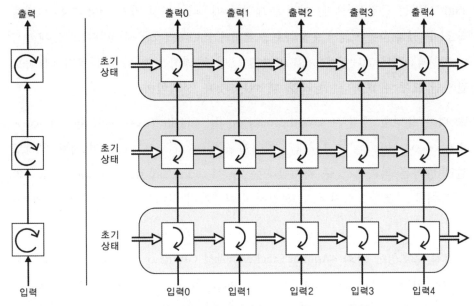

그림 19-19: 심층 RNN. 왼쪽: 아이콘을 사용한 네트워크. 오른쪽: 펼쳐진 형태의 레이어

이 아키텍처의 매력적인 점은 각 RNN을 특정 작업에 특화시킬 수 있다는 것이
다. 예를 들어 그림 19-19에서 첫 번째 레이어는 입력 문장을 추상적이고 일반
적인 언어로 번역할 수 있고, 두 번째 레이어는 화제를 전환하고자 바꿔 말할
수 있고, 세 번째 레이어는 이를 다른 대상 언어로 번역할 수 있다. 각 LSTM을
개별적으로 훈련함으로써 각 레이어를 다른 레이어와 독립적으로 업데이트하
거나 개선할 수 있는 자유와 같은 전문화의 이점을 얻는다. 하나의 LSTM 레이
어를 다른 레이어로 교체하는 경우 레이어가 원활하게 작동하도록 전체 네트워
크에 약간의 추가적인 학습을 수행해야 한다.

번역으로 돌아가서 문제가 얼마나 어려운지 생각해보겠다. "I saw the hot dog train."이라는 문장을 보자. 이것을 해석할 때 최소 여섯 가지 서로 다른 방법을 찾을 수 있다(따뜻한 개의 운동 루틴을 목격하거나, 매력적인 개, 프랭크퍼터, 세 종류의 각각의 체인을 끄는 기관차를 목격 등). 일부 해석은 다른 해석보다 더 바보 같지만 모두 유효하다. 번역할 때 어떤 것을 선택할까?

또 다른 유명한 문장 "I saw the man on the hill in Texas with the telescope at noon on Monday"는 132개의 해석이 있다(Mooney 2019). 단어 자체 외에도 전달 방식은 의미에서 큰 차이를 만든다. "I didn't say he stole the money"의 각 단어를 강조함으로써 서로 완전히 다른 7가지 의미를 생성할 수 있다(Bryant 2019).

언어적 모호성은 영화 <Animal Crackers>에서 Groucho Marx의 고전적인 대사의 핵심이다. "One morning I shot an elephant in my pajamas. How he got into my pajamas, I'll never know."(Heerman 1930).

이 모든 복잡성을 처리하는 한 가지 방법은 번역할 때 한 번에 한 단어씩 사용하는 것이 아니라 문장 안에서 여러 단어를 고려하는 것이다. 예를 들어 다음 문장들을 생각해보자. I cast my fate to the wind, The cast on my arm is heavy, The cast of the play is all here가 있다. 이 문장은 영어 단어 cast가 동음이의어(여러 의미를 가질 수 있는 단어)임을 보여준다. 언어학자들은 이것을 다의어polysemy라고 부르며, 이는 많은 언어의 특징이다(Vicente and Falkum 2017). Cast에 관한 위의 세 문장은 각각 Eu lancei meu destino ao vento, O gesso no meu braço é pesado, O elenco da peça está todo aqui라고 포르투갈어로 번역된다. cast라는 단어는 각각 lancei, gesso, elenco로 번역된다(Google 2020). 이 예에서 포르투갈어의 적절한 단어를 선택하는 유일한 방법은 원래 문장에서 cast 앞에 오는 단어와 함께 뒤에 오는 단어를 아는 것이다.

실시간 번역을 하다 보면 지금까지 들은 단어만으로는 어떤 번역을 해야 할지 모를 수도 있다. 그러한 상황에서 할 수 있는 일은 추측하거나 더 많은 단어가 도달할 때까지 기다렸다가 따라잡는 것뿐이다. 그러나 책이나 얘기를 번역할 때와 같이 전체 문장으로 작업하는 경우 이미 모든 단어를 사용할 수 있다.

문장에서 뒤에 오는 단어를 사용하는 한 가지 방법은 wind to fate my cast I와 같이 단어를 RNN에 거꾸로 넣는 것이다. 그러나 때때로 앞에 오는 단어가 필요할 때도 있기 때문에 이 방법이 문제를 완전히 해결해주지는 않는다. 정말로 필요한 것은 앞뒤 단어를 모두 사용할 수 있게 하는 것이다.

두 개의 독립적인 RNN을 생성해 기존 도구와 함께 약간의 영리함으로 이를 수행할 수 있다. 첫 번째는 단어를 순방향, 즉 원래 순서대로 가져온다. 두 번째는 그림 19-20과 같이 역순으로 단어를 가져온다. 이것을 **양방향 RNN**bidirectional RNN 또는 bi-RNN이라고 부른다(Schuster and Paliwal 1997).

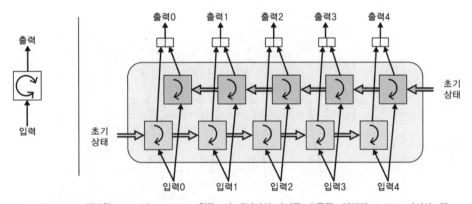

그림 19-20: 양방향 RNN 또는 bi-RNN. 왼쪽: 이 레이어의 아이콘. 오른쪽: 펼쳐진 bi-RNN 다이어그램

그림 19-20에서 순방향 순서로 하위 순환 셀에 문장을 공급하면서 동시에 역순으로 상위 순환 셀에도 문장을 공급한다. 즉, 상위 셀에 입력4 값을 제공하는 동시에 하위 셀에 입력0 값을 제공한다. 그런 다음 입력1을 하위 셀에 제공하고 입력3을 상위 셀에 제공하는 식이다. 모든 단어가 처리되면 각 순환 셀은 각 단어에 대한 출력값을 생성한다. 단순히 이러한 출력값을 연결하면 그게 바로

bi-RNN의 출력값이 된다.

심층 bi-RNN을 만들고자 많은 bi-RNN을 쌓아 올릴 수 있다. 그림 19-21은 3개의 bi-RNN 레이어가 있는 네트워크를 보여준다. 왼쪽은 이 레이어의 도식화 버전이고 오른쪽은 각 레이어를 펼쳐진 형태로 그린 것이다. 이 다이어그램에는 각각 2개의 독립적인 순환 셀을 포함하는 세 개의 레이어가 있다.

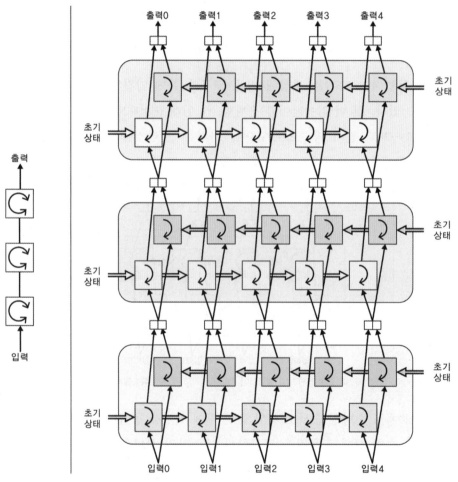

그림 19-21: 심층 bi-RNN. 왼쪽: 캡션을 사용한 블록 다이어그램. 오른쪽: 펼쳐진 심층 bi-RNN

이전과 마찬가지로 여기에서 값의 일부는 각 bi-RNN이 다른 작업과 독립적으로 훈련될 수 있고 더 나은 성능을 보이는 다른 것을 찾거나(또는 훈련) 새로운 bi-RNN로 교체할 수 있다.

Seq2Seq

모든 번역 시스템의 문제는 언어마다 다른 어순을 사용한다는 것이다. 고전적 형태로 보면 영어에서는 형용사가 일반적으로 명사 앞에 온다. 반면 프랑스어에서는 그렇게 간단하지 않다. 예를 들어 I love my big friendly dog는 J'adore mon gros chien amical로 번역된다. 여기서 chien은 dog에 해당하지만 big과 friendly에 해당하는 형용사 gros와 amical은 명사를 둘러싸고 있다.

이것은 한 번에 한 단어를 번역하는 대신 전체 문장을 번역해야 함을 시사한다. 이는 입력 문장과 출력 문장의 길이가 다를 때 더욱 의미가 있다. 5 단어 영어 문장 My dog is eating dinner를 예로 들어 보겠다. 포르투갈어에서는 Meu cachorro está jantando라는 4 단어만 필요하지만 스코틀랜드 게일어에서는 Tha mo chÙ ag ithe dinnear(Google 2020)라는 6 단어를 사용한다.

따라서 단어 하나하나를 작업하는 것보다 완전한 시퀀스를 다른 길이의 다른 완전한 시퀀스로 바꿔보자. 하나의 전체 시퀀스를 다른 시퀀스로 변환하는 인기 있는 알고리듬은 seq2seq(시퀀스 투 시퀀스$^{sequence\ to\ sequence}$)라고 한다(Sutskever, Vinyals, and Le 2014).

seq2seq의 핵심 아이디어는 인코더와 디코더로 취급하는 두 개의 RNN을 사용하는 것이다. 훈련이 완료된 후 시스템이 어떻게 작동하는지 보겠다. 평소와 같이 한 번에 한 단어씩 인코더에 입력값을 제공하지만 출력값은 무시한다. 전체 입력이 처리되면 인코더의 최종 은닉 상태를 가져와 디코더에 전달한다. 디코더는 인코더의 최종 은닉 상태를 초기 은닉 상태로 사용하고 자기회귀를 사용해 출력 시퀀스를 생성한다. 그림 19-22는 이를 보여준다.

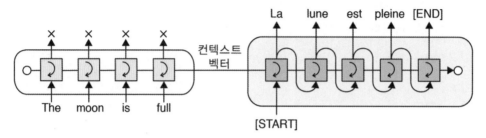

그림 19-22: seq2seq의 아키텍처. 인코더(왼쪽)는 입력값을 처리하고 은닉 상태를 디코더(오른쪽)로 보내 출력값을 생성한다.

그림 19-22에서는 각 디코더 단계의 출력값을 다음 디코더 단계의 입력값으로 공급함으로써 자기회귀 단계를 명시적으로 보여준다. 인코더-디코더 아키텍처가 친숙해 보인다면 이는 18장에서 다룬 오토인코더와 동일한 기본 구조이기 때문이다. 이 사용에서 이전에 **잠재 벡터**latent vector라고 불렀던 것을 이제 **컨텍스트 벡터**context vector라고 한다.

각각의 두 RNN과 이들이 문장을 어떻게 번역하는지 좀 더 자세히 살펴보겠다.

인코더는 은닉 상태가 모두 0과 같은 초깃값으로 설정된 상태에서 시작한다. 첫 번째 단어를 사용해 은닉 상태를 업데이트하고 출력값을 계산한다. 출력값은 무시하면 된다. 유일하게 관심을 갖는 것은 인코더 내부에서 진화하고 있는 은닉 상태다.

마지막 단어가 처리되면 인코더의 은닉 상태가 디코더의 은닉 상태를 초기화하는 데 사용된다.

다른 RNN과 마찬가지로 디코더에는 입력이 필요하다. 관례에 따라 디코더에 특별한 시작 토큰token을 제공한다. 이는 분명히 특별하고 입력값이나 출력값의 일반적 어휘의 일부가 아닌 한 원하는 방식으로 작성할 수 있다. 일반적인 규칙은 [START]와 같이 대괄호 또는 꺾쇠괄호 사이에 오는 문자는 모두 대문자로 표기한다. 어휘의 모든 단어와 마찬가지로 이 특별한 토큰은 고유 번호를 갖는다.

디코더에 입력이 있으므로 은닉 상태(초기에는 인코더의 최종 은닉 상태)를 업데이트하고 출력값을 생성한다. 번역의 첫 단어이기 때문에 이 출력값에 주의를 기울여야 한다.

이제 나머지 번역을 만들고자 자기회귀를 사용한다. 디코더는 이전 출력 단어를 입력값으로 받아 은닉 상태를 업데이트하고 새 출력값을 생성한다. 이것은 디코더가 더 이상 생성할 단어가 없다고 결정할 때까지 계속된다. [END]와 같이 또 다른 특수한 토큰을 생성해 이를 표시하고 중지하면 된다.

영어에서 네덜란드어로 번역하도록 seq2seq 모델을 훈련했다(Hughes 2020). 두 RNN 모두 상태에 1,024개의 요소가 있다. 훈련 데이터는 네덜란드어로 된 약 50,000개의 문장과 그에 대한 영어 번역으로 구성됐다(Kelly 2020). 약 40,000 문장을 훈련에 사용하고 나머지는 테스트에 사용했으며 10 에폭 동안 훈련했다. 다음 두 가지 예에서는 영어로 된 원래 문장, seq2seq에서 제공하는 영어-네덜란드어 번역본, 구글 번역에서 제공하는 네덜란드어-영어 번역본을 보여준다.

```
do you know what time it is
weet u hoe laat het is
Do you know what time it is

i like playing the piano
ik speel graag piano
i like to play the piano
```

작은 네트워크와 훈련 데이터 세트를 감안했을 때 매우 훌륭한 결과다. 반면 다음의 입력과 출력 집합에서 볼 수 있는 것처럼 입력값이 더 복잡해지면 이 작은 모델이 사용하지 못할 정도로 지나치게 저하되지는 않는다.

John told Sam that his bosses said that if he worked late, they would give
him a bonus

hij nodig had hij een nieuw hij te helpen

he needed a new he help

Seq2seq 방법은 추천할 것이 많다. 개념적으로 간단하고 많은 상황에서 잘 작동하며 최신 라이브러리에서 구현하기 쉽다(Chollet 2017; Robertson 2017). 하지만 seq2seq에는 컨텍스트 벡터 형식에 제한이 있다. 이는 마지막 단어 이후에 인코더의 고정된 유한한 크기의 은닉 상태일 뿐이다. 이 하나의 벡터는 디코더가 얻는 유일한 정보이기 때문에 문장에 대한 모든 것을 보유해야 한다.

인코더에 The table has four sturdy라고 시작하는 문장을 제공하면 합리적인 양의 메모리가 시퀀스의 각 단어에 대한 충분한 정보를 보유해 테이블에 대해 얘기하고 있음을 기억할 수 있고 다음 단어가 legs여야 한다는 것을 상상할 수 있다. 그러나 인코더의 은닉 상태에 정말 많은 메모리를 제공하더라도 기억 가능한 것보다 더 긴 문장을 언제든 만들 수 있다. 예를 들어 주어진 문장이 The table, despite all the long-distance moves, the books dropped onto it, the kids running full-speed into it, serving variously as a fort, a stepladder, and a doorstop, still had four sturdy라고 가정해보자. 다음 단어는 여전히 legs여야 하지만 은닉 상태는 이를 해결하기에 충분한 정보를 기억하고자 훨씬 더 커야 한다.

은닉 상태가 얼마나 크든 상관없이 더 큰 문장은 항상 더 많은 메모리를 필요로 할 수 있다. 이것을 장기 의존성 문제long-term dependency problem라고 한다(Hochreiter et al. 2001; Olah 2015). 그림 19-23은 입력에 많은 단어가 있는 펼쳐진 seq2seq 다이어그램을 보여준다(Karim 2019). 모든 정보를 기억할 수 있는 컨텍스트 벡터는 커야 하며 각 RNN 내부에는 이를 관리하고 제어할 수 있는 대규모 신경망이 있어야 한다.

772

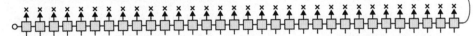

그림 19-23: 매우 긴 입력 문장을 디코더로 보내기 전에 인코딩하기

입력값의 모든 유용한 정보를 나타내고자 단일 컨텍스트 벡터에 의존하는 것은 최선의 방법이 아닐 수 있다. seq2seq 아키텍처는 마지막을 제외한 인코더의 모든 은닉 상태를 무시한다. 긴 입력값의 경우 이러한 중간 은닉 상태intermediate hidden state는 문장의 끝에 도달할 때쯤 잊혀지는 정보를 보유할 수 있다.

단일 컨텍스트 벡터에 대한 의존성과 한 번에 한 단어를 훈련해야 하는 필요성은 RNN 아키텍처의 큰 문제다. 이것들은 많은 애플리케이션에서 유용하기도 하지만 심각한 단점이 있다.

이러한 문제에도 불구하고 시퀀스가 너무 크지 않은 경우에 RNN은 시퀀스를 처리하는 인기 있는 방법이다.

요약

19장에서는 언어 처리와 시퀀스에 대해 많은 것을 다뤘다. 완전 연결 레이어를 사용해 시퀀스의 다음 요소를 예측할 수 있지만 입력값에 대한 메모리가 없기 때문에 문제가 있음을 확인했다. 각 입력으로 수정되는 단일 컨텍스트 벡터에서 본 모든 기록을 유지하고자 로컬 또는 히든 메모리가 있는 순환 셀을 사용하는 방법을 살펴봤다.

RNN을 사용하는 몇 가지 예를 살펴봤고 두 개의 RNN을 사용해 seq2seq라는 번역기를 만드는 방법을 살펴봤다. seq2seq은 간단하고 좋은 작업을 수행할 수 있지만 대부분의 RNN 시스템에 공통적인 두 가지 단점이 있다. 우선 시스템은 문장에 대한 모든 정보를 전달하고자 하나의 컨텍스트 벡터에 의존한다. 두 번째로 네트워크는 한 번에 한 단어씩 훈련돼야 한다는 것이다.

이러한 문제에도 불구하고 RNN은 언어에서부터 지진 데이터, 노래 가사, 의료 기록 데이터에 이르기까지 모든 종류의 순차적 데이터를 처리하기 위한 인기 있고 강력한 도구다.

20장에서는 RNN의 한계를 피해 시퀀스를 처리하는 또 다른 방법을 살펴본다.

20

어텐션과 트랜스포머

19장에서는 RNN을 사용해 순차적인 데이터를 처리하는 방법을 살펴봤다. RNN은 강력하지만 몇 가지 단점이 있다. 입력값에 대한 모든 정보가 단일 상태 메모리나 컨텍스트 벡터에 표현되기 때문에 각 순환 셀 내부 네트워크는 필요한 모든 것을 가능한 공간 안에 압축하고자 열심히 일해야 한다. 상태 메모리를 얼마나 크게 만든 것과는 상관없이 항상 메모리 보유 가능 용량을 초과하는 입력값이 올 수도 있기 때문에 무언가 필연적으로 손실된다.

또 다른 문제는 RNN이 한 번에 한 단어씩 훈련하고 사용해야 한다는 것이다. 특히 대용량 데이터베이스에서 작업 속도가 느려질 수 있다.

이를 대체할 만한 접근 방식은 상태 메모리가 없고 병렬로 훈련하고 사용할 수 있는 어텐션 네트워크attention network라는 작은 네트워크를 기반으로 한다. 어텐션 네트워크는 번역과 같은 작업을 수행할 수 있는 언어 모델 역할을 하는 트랜스포머transformers라는 더 큰 구조로 결합시킬 수 있다. 트랜스포머의 빌딩 블록은 생성기^{generators}를 포함해 훨씬 더 강력한 언어 모델을 제공하는 다양한 아키텍처에서 사용할 수 있다.

20장에서는 단일 숫자가 아닌 단어를 표현하는 더 강력한 방법으로 시작한 다음 많은 NLP 작업을 수행하고자 트랜스포머 블록을 사용하는 최신 아키텍처와 어텐션을 구축한다.

임베딩

19장에서는 단어에 대한 설명을 하나의 숫자 이상으로 개선하기로 약속했다. 이러한 변화는 의미 있는 방식으로 단어 표현을 조작할 수 있다는 점에서 가치를 갖는다. 예를 들어 다른 단어와 유사한 단어를 찾거나 혹은 두 단어를 혼합해 그 사이에 있는 단어를 찾을 수 있다. 이 개념은 어텐션과 트랜스포머를 개발하는 데 핵심적인 역할을 한다.

이 기술을 단어 임베딩$^{word\ embedding}$ 또는 토큰에 대한 좀 더 일반적인 개념에서 사용할 때 토큰 임베딩$^{token\ embedding}$이라고 한다. 다소 추상적 개념이므로 구체적인 예를 들어 아이디어를 먼저 살펴보겠다.

당신이 열정적인 감독의 영화에서 동물 싸움꾼$^{animal\ wrangler}$으로 일하고 있다고 가정해보자. 오늘은 인간 주인공들이 동물들에게 쫓기는 장면을 촬영하고 있다. 감독은 무서운 추격전을 연출하기에 충분한 수의 동물 목록을 제공할 수 있는지 묻는다. 사무실에 전화를 걸어 목록을 준비하고 그림 20-1과 같이 가로축은 각 성체의 평균 최고 속도를 나타내고 세로축은 평균 체중을 나타내는 차트에 해당 동물들을 정렬한다.

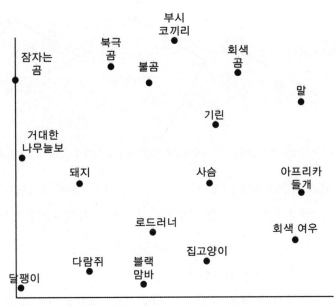

그림 20-1: 각 축의 레이블이 표시되지 않았지만 수평축은 육지에서의 속도, 수직축은 성체의 체중으로 구성된 동물 집합(Reisner 2020 데이터)

하지만 프린터 오류로 인해 사무실에서 보낸 차트에 각 축의 레이블이 누락돼 2D로 배치된 동물 차트에서 축이 의미하는 바를 모른다.

감독은 차트를 보지도 않고 말했다. "나는 말이 필요해. 이들은 내가 원하는 것이고 완벽할 것이고 다른 어떤 것도 이렇게 완벽히 할 수 없을 거야." 따라서 당신은 말을 데려오고 해당 장면의 리허설을 한다.

불행히도 감독은 만족스럽지 않다. "아니, 아니!". "말들이 너무 경련을 일으키고 빨라. 마치 여우와 같아. 여우같지 않은 말을 데려와."

도대체 어떻게 이 요구를 들어줄 수 있단 말인가? 이는 무엇을 의미하는 걸까? 다행히 화살표를 결합하면 차트를 통해 감독이 요청하는 대로 할 수 있다.

화살표를 더하고 빼는 두 가지만 하면 된다. 화살표 A에 화살표 B를 추가하려면 B의 끝부분을 A의 앞부분 위에 놓는다. 새로운 화살표 A + B는 그림 20-2의 가운데처럼 A의 끝부분에서 시작해 B의 앞부분에서 끝난다.

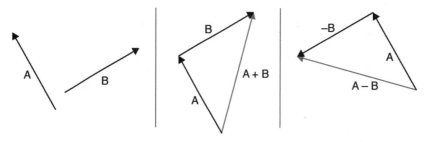

그림 20-2: 화살표 연산. 왼쪽: 두 개의 화살표. 중간: A + B 더하기. 오른쪽: A − B 빼기.

A에서 B를 빼려면 B를 180도 돌려 −B를 만들고 A와 −B를 더하면 된다. 결과 A − B는 그림 20-2의 오른쪽처럼 A의 끝부분에서 시작해 −B의 앞부분에서 끝난다.

이제 말에서 여우의 특성을 제거하려는 감독의 욕구를 충족시킬 수 있다. 그림 20-3의 왼쪽처럼 차트의 왼쪽 하단에서 말을 향한 화살표를 그리고 여우를 향한 또 다른 화살표를 그리는 것에서 시작한다.

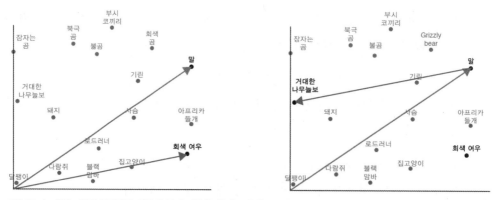

그림 20-3: 왼쪽: 왼쪽 하단에서 시작해 말과 여우를 향하는 화살표. 오른쪽: 말에서 여우를 빼면 거대한 나무늘보가 나온다.

이제 요청한 대로 말 화살표에서 여우 화살표를 빼서 말에서 여우를 빼겠다. 그림 20-2의 규칙에 따르면 여우 화살표를 뒤집고 끝부분을 말 화살표의 머리에 놓는 것을 의미한다. 그림 20-3의 오른쪽과 같은 결과를 얻는다.

"거대한 나무늘보. 뭐, 감독님이 원하셨던 거잖아요." 이 말을 약간의 수식처럼 쓸 수도 있다. **말 – 여우 = 거대한 나무늘보**(적어도 그림에 따르면).

감독은 커피를 바닥에 집어 던진다. "아니, 아니! 물론 나무늘보는 멋지지만 거의 움직이지 않잖아! 더 빠르게 만들어! 로드러너 같은 나무늘보를 데려와!"

이제는 이 말도 안 되는 요구를 충족시키는 방법을 알고 있다. 그림 20-4의 왼쪽에 표시된 것처럼 왼쪽 하단에서 로드러너로 향하는 화살표를 찾아 나무늘보를 가리키는 화살표 앞부분에 추가하면 불곰이 나온다. 즉, 그림 20-4의 오른쪽과 같이 **말 – 여우 + 로드러너 = 불곰**이다.

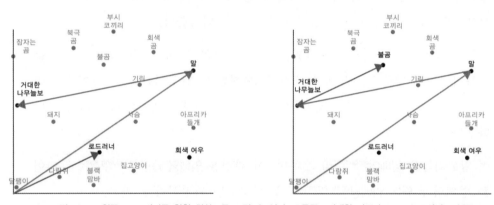

그림 20-4: 왼쪽: 로드러너를 향한 화살표를 그릴 수 있다. 오른쪽: 거대한 나무 늘보 + 로드러너 = 불곰

당신은 감독에게 불곰 무리(곰 추적[slueth]이라고 함)를 제안한다. 감독은 극적으로 눈을 굴린다. "마침내 말처럼 빠르지만 여우처럼 비틀거리지 않고 로드러너처럼 빠른 동물이군. 바로 내가 처음에 부탁했던 거야." 불곰들과 추격 장면을 촬영했고 나중에 영화는 큰 호평을 받는다.

이 얘기에는 두 가지 핵심 요소가 있다. 첫 번째는 그 방식이 무엇인지 또는 데이터에 대해 축이 나타내는 것이 무엇인지 몰랐음에도 불구하고 그림에 있는 동물들이 유용한 방식으로 배치됐다는 것이다.

두 번째 요점은 결국 축의 레이블이 필요하지 않다는 것이다. 차트 자체의 요소를 가리키는 화살표를 더하거나 빼기만 하면 그림을 탐색할 수 있다. 즉, '느린 말'을 찾으려 하지 않았다. 오히려 동물 자체로 엄격하게 작업했으며 다양한 속성이 암묵적으로 따라왔다. 말과 같은 큰 동물에서 여우의 속도를 빼면 크고 느린 동물이 됐다.

이것이 언어 처리와 어떤 관련이 있을까?

단어 임베딩

방금 본 것을 단어에 적용하고자 동물을 단어로 대체한다. 그리고 두 개의 축만 사용하지 않고 수백 차원의 공간에 단어들을 배치한다.

모든 단어를 적절한 지점에 배치했을 때 이 공간의 각 축이 의미해야 하는 바를 알아내는 알고리듬을 사용해 이 작업을 수행한다. 알고리듬은 각 단어에 단일 숫자를 할당하는 대신 전체 숫자 목록을 할당해 거대한 공간에서의 좌표를 나타낸다.

이 알고리듬을 임베더embedder라고 하며, 이 과정을 임베딩 공간embedding space에 단어를 임베딩해 단어 임베딩word embedding을 생성하는 과정이라고 한다.

임베더는 공간을 구성하고 각 단어의 좌표를 찾아 유사한 단어에 가깝게 조정한다. 예를 들어 I just drank some으로 시작하는 문장이 많이 보인다면 다음에 오는 명사는 어떤 종류의 음료로 해석돼 다른 종류의 음료 근처에 배치된다. I just ate a red라는 문장이 있을 때 다음에 오는 것이 무엇이든 빨간색이면서 먹을 수 있는 것으로 해석되고, 다른 빨간색이면서 먹을 수 있는 것 근처에 배치된다. 분명하면서도 미묘하게 수십 또는 수백 개의 다른 관계에서도 이와 마찬가지다. 공간이 너무 많은 차원을 갖고 축이 임의의 복잡한 의미를 가질 수 있기 때문에 단어는 겉보기에 서로 관련 없어 보이는 특성을 기반으로 동시에 여러 클러스터에 속할 수 있다.

이 아이디어는 추상적이고 강력하므로 몇 가지 실제 예를 들어 설명하겠다. 300차원 공간에 저장된 684,754개 단어에 대한 사전 훈련된 임베딩을 사용해 몇 가지 '단어 산술' 표현을 시도했다(spaCy authors 2020). 첫 번째 테스트는 '왕 – 남자 + 여자(king – man + woman)'라는 유명한 것이다(El Boukkouri 2018). 시스템은 가장 가능성 있는 결과로 여왕^{queen}을 반환했으며 이는 의미 있는 결과다. 임베더가 한 축에서는 귀족 의식을, 다른 축에서는 성별을 처리했다고 상상할 수 있다. 다른 테스트는 거의 비슷했지만 완벽하지는 않았다. 예를 들어 레몬 – 노랑 + 초록(lemon – yellow + green)은 생강색^{ginger}과 가장 잘 어울리는 단어라는 결과였다. 당초 예상했던 라임색^{lime}은 다섯 번째 가까운 단어로 그리 멀지는 않았다. 유사하게 트럼펫 – 밸브 + 슬라이드(trumpet – valves + slide)가 색소폰을 반환했지만 처음 예상했던 트롬본은 두 번째였다.

수백(또는 수천) 차원이 있는 공간에서 임베더를 훈련하는 장점은 그 어떤 사람보다 훨씬 더 효율적으로 공간을 사용할 수 있어 엄청난 수의 관계를 동시에 나타낼 수 있다는 것이다.

방금 본 산술^{arithmetic}이라는 단어는 공간을 임베딩하는 재미있는 실험이지만 이 장의 알고리듬에서 중요한 모든 단어를 비교하고, 크기를 조정하고, 추가하는 것과 같은 작업을 의미 있게 수행할 수 있도록 해준다.

단어 임베딩이 있으면 거의 모든 네트워크에 쉽게 통합할 수 있다. 각 단어에 단일 정수를 할당하는 대신 숫자 목록인 단어 임베딩을 할당한다. 따라서 시스템은 0차원 텐서(단일 숫자)를 처리하는 대신 1차원 텐서(숫자 목록)를 처리한다.

이것은 19장에서 본 목표에 가깝지만 말도 안 되는 예측을 한 옳지 않은 예측 문제를 깔끔하게 해결한다. 이제 유사한 단어가 서로 가까이 있기 때문에 약간의 부정확성을 견딜 수 있다. 예를 들어 언어 모델에 문장 The dragon approached and let out a Mighty를 제공하며 다음 단어가 roar를 기대할 수 있다. 알고리듬은 roar에 가깝지만 정확히 그 단어가 아닌 텐서를 예측해 대신

bellow나 blast라는 결과를 줄 수 있다. 아마도 daffodil과 같이 관련이 없는 결과를 얻지는 않을 것이다.

그림 20-5는 표준 단어 임베더standard word embedder에 제공한 네 개의 관련 단어로 구성된 6개 집합을 보여준다. 두 단어에 대한 임베딩이 서로 비슷해 해당 단어 쌍의 점수가 높을수록 교차점이 더 어둡게 나타난다. 단어를 비교하는 순서는 중요하지 않기 때문에 그래프는 왼쪽 위에서 오른쪽 아래로 대각선을 중심으로 대칭이다.

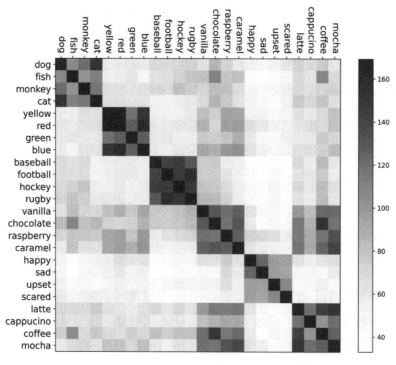

그림 20-5: 임베딩의 유사도를 비교한 단어 쌍 비교하기

그림 20-5에서 각 단어는 자신과 가장 잘 일치하고 관련 없는 단어보다 관련 있는 단어와 더 강하게 일치함을 알 수 있다. 관련 단어를 나란히 배치했기 때문에 그래프에서 유사도를 작은 블록으로 표시한다. 하지만 몇 가지 궁금증이 생긴다. 예를 들어 왜 fish는 chocolate과 coffee의 평균보다 더 유사하고

blue는 왜 caramel과 더 유사했을까? 이는 이 임베더에 사용한 특정 훈련 데이터의 산물artifacts일 수 있다.

coffee drinks와 flavors는 서로 좋은 점수를 받는다. 아마도 사람들이 flavor syrups과 함께 coffee drinks를 주문하기 때문일 것이다. 색상과 맛 사이의 관계에 대한 힌트도 있다.

사전 훈련된 많은 단어 임베더는 무료로 널리 사용할 수 있으며 거의 모든 라이브러리에 쉽게 다운로드할 수 있다. 단순히 이들을 가져올 수 있고 모든 단어에 대한 벡터를 즉시 얻을 수 있다. GLoVe(Mikolov et al. 2013a; Mikolovet al. 2013b)와 word2vec(Pennington, Socher, Manning 2014) 임베딩은 많은 프로젝트에서 사용됐다. 좀 더 최근의 fastText(Facebook Open Source 2020) 프로젝트는 157개 언어에 대한 임베딩을 제공한다.

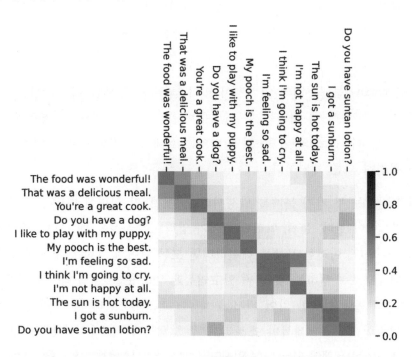

그림 20-6: 문장 임베딩 비교하기. 점수가 클수록 문장이 서로 비슷하다고 간주된다.

또한 단어 단위가 아니라 전체 문장을 포함해 전체로서 비교할 수 있다(Cer et al. 2018). 그림 20-6은 12개 문장의 임베딩 간 비교를 보여준다(TensorFlow 2018). 이 책에서는 문장보다는 단어 임베딩에 초점을 맞춘다.

ELMo

단어 임베딩은 단어에 단일 정수를 할당하는 것보다 훨씬 발전했다. 그러나 단어 임베딩이 강력하더라도 앞에서 설명한 단어 임베딩 방식에는 문제가 있다. 바로 뉘앙스다.

19장에서 봤듯이 많은 언어에는 다른 여러 의미를 갖고 있지만 같은 방식으로 쓰고 발음되는 단어들이 있다. 단어의 의미를 이해하려면 이러한 의미를 구별해야 한다. 그렇게 하는 한 가지 방법은 단어의 모든 의미에 고유한 임베딩을 부여하는 것이다. 따라서 하나의 의미를 가진 **cupcake**에는 하나의 임베딩이 있다.

하지만 **train**에는 두 개의 임베딩이 있다. 하나는 명사일 때(예, "나는 기차를 탔다 I rode on a train."), 다른 하나는 동사일 때(예, "나는 개를 훈련시키는 것을 좋아한다 I like to train dogs.")다. **train**의 이 두 가지 의미는 실제로 동일한 문자 시퀀스를 사용하는 완전히 다른 개념이다.

이러한 단어는 두 가지 문제를 발생시킨다. 첫째, 각 의미에 따라 고유한 임베딩을 만들어야 한다. 둘째, 이러한 단어가 입력으로 사용될 때 올바른 임베딩을 선택해야 한다. 이러한 문제를 해결하려면 모든 단어의 맥락을 고려해야 한다. 이를 대규모로 수행하는 첫 번째 알고리듬은 **언어 모델로부터 임베딩**Embedding from Language Models으로 친숙한 약어 ELMo(Peters et al. 2018)로 더 잘 알려져 있으며, 이는 어린이 TV 쇼 <세서미 스트리트Sesame Street>에 나오는 머펫Muppet의 이름이다. ELMo는 문맥에 맞는 단어 임베딩contextualized word embeddings을 생성한다고 말한다.

ELMo의 아키텍처는 그림 19-20에서 본 bi-RNN 쌍의 아키텍처와 유사하지만 조각들이 다르게 구성된다. 표준 bi-RNN에서는 서로 반대 방향으로 실행되는 두 개의 RNN을 연결한다.

ELMo는 이것을 변경한다. 앞으로 실행되는 두 개의 RNN 네트워크와 뒤로 실행되는 두 개의 RNN 네트워크를 사용하지만 방향별로 그룹화한다. 이 그룹들 각각은 그림 19-21에서 본 것과 같은 두 레이어를 갖는 심층 RNN[two-layer-deep-RNN]이다. ELMo의 아키텍처는 그림 20-7에 나와 있다. <세서미 스트리트>의 엘모[Elmo]는 밝은 빨간색 캐릭터이기 때문에 빨간색 구성표로 ELMo 그림을 그리는 것이 일반적이다.

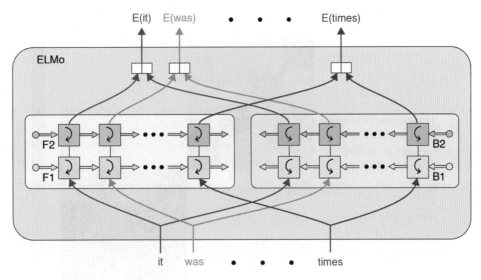

그림 20-7: 펼쳐진 형태의 ELMo 구조. 입력 텍스트는 하단에 있다. 각 입력 요소의 임베딩은 상단에 있다.

이 아키텍처는 각 입력 단어가 앞의 단어를 고려하는 순방향 네트워크(F1과 F2로 표시됨)와 다음 단어를 고려하는 역방향 네트워크(B1과 B2로 표시됨)라는 두 개의 새로운 텐서로 변환됨을 의미한다. 이 결과들을 함께 연결해 문장의 다른 모든 단어에서 정보를 얻은 문맥에 맞는 단어 임베딩을 얻는다.

ELMo의 훈련된 버전은 다양한 크기를 무료로 다운로드할 수 있다(Gluon 2020). 사전 훈련된 ELMo가 있으면 어떤 언어 모델에서도 사용하기 쉽다. 전체 문장을 ELMo에 전달하고 문맥이 주어진 각 단어에 대해 문맥에 맞는 단어 임베딩을 반환한다.

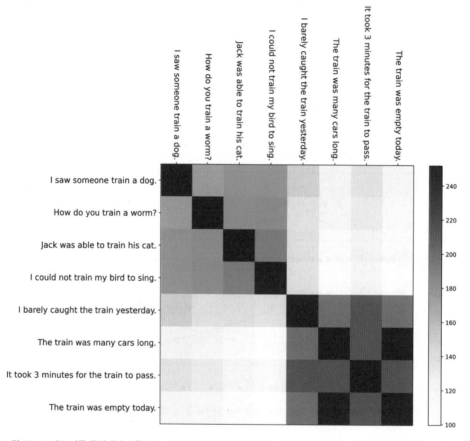

그림 20-8: 서로 다른 문장에서 사용된 train의 ELMo 임베딩 비교하기. 더 어두운 블록은 더 유사한 임베딩을 의미한다.

그림 20-8은 동음이의어 train을 동사로 사용하는 네 개의 문장과 train을 명사로 사용하는 네 개의 문장을 보여준다. 각 단어를 1,024차원 공간에 배치하는 10억 단어의 데이터베이스로 훈련된 표준 ELMo 모델에 이를 전달했다(TensorFlow

2020a). ELMo로 각 문장에 있는 단어 **train**의 임베딩을 추출하고 다른 모든 문장에 있는 단어 **train**의 임베딩과 비교했다. 단어는 각 문장에서 동일한 방식으로 쓰지만 ELMo는 단어의 문맥을 기반으로 올바른 임베딩을 식별할 수 있다.

일반적으로 딥러닝 시스템의 자체 레이어에 ELMo와 같은 임베딩 알고리듬을 배치한다. 이는 대개 언어 처리 네트워크의 첫 번째 레이어다. 그림 20-9에 표시된 임베딩 알고리듬의 아이콘은 단어의 공간을 가져와 더 큰 임베딩 공간 안에 배치하는 것을 나타내기 위한 것이다.

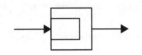

그림 20-9: 임베딩 레이어 아이콘

Universal Language Model Fine-Tuning 또는 ULMFiT(Howard and Ruder 2018)와 같은 ELMo 및 이와 유사한 기타 알고리듬은 일반적으로 웹상의 책이나 문서와 같은 범용 데이터베이스로 훈련한다. 의료나 법률 애플리케이션과 같은 특정 다운스트림downstream 작업이 필요할 때는 일반적으로 해당 도메인의 추가 예제를 사용해 미세 조정한다. 그 결과는 해당 전문 용어의 특별한 의미에 따라 군집화된 해당 분야의 특수 언어를 포함하는 임베딩 집합이다.

이 장의 뒷부분에서 구축할 시스템에 임베딩을 사용할 것이다. 이러한 네트워크는 어텐션 메커니즘에 의존하므로 이제부터 살펴보자.

어텐션

19장에서는 문장의 모든 단어를 고려해 번역을 개선시키는 방법을 살펴봤다. 그러나 특정 단어를 번역할 때 문장의 모든 단어가 똑같이 중요하거나 관련성이 있는 것은 아니다.

예를 들어 I saw a big dog eat his lunch라는 문장을 번역한다고 가정해보자. dog를 번역할 때 saw라는 단어에 신경 쓰지 않을 수 있지만 대명사 his를 올바르게 번역하려면 이를 big dog라는 두 단어에 연결해야 한다.

입력된 각 단어에 대해 다른 단어가 번역에 영향을 줄 수 있는지 알아낼 수 있다면 해당 단어에만 집중하고 다른 단어는 무시할 수 있다. 이는 메모리와 계산 시간 모두에서 큰 절약이 될 것이다. 그리고 단어를 직렬로 처리하는 것에 의존하지 않고 해결할 수 있다면 병렬로 처리할 수도 있을 것이다.

이 작업을 수행하는 알고리듬을 어텐션attention 또는 셀프 어텐션self-attention이라고 한다(Bahdanau, Cho and Bengio 2016; Sutskever, Vinyals, and Le 2014; Choet al. 2014). 어텐션은 입력값의 중요한 부분에만 리소스를 집중할 수 있게 한다.

최신 버전의 어텐션은 종종 쿼리query, 키key, 밸류value 또는 단순히 QKV라는 기술을 기반으로 한다. 이러한 용어는 데이터베이스 분야에서 유래했으며 이 맥락에서 다소 모호하게 보일 수 있다. 따라서 다른 용어 집합을 사용해 개념을 설명하고 마지막에 쿼리, 키, 밸류에 다시 연결해보겠다.

동기를 부여하는 비유

비유로 시작해보겠다. 페인트를 사야 하는데 색상이 "light yellow with a bit of dark orange.약간의 오렌지 빛이 도는 밝은 노란색"이어야 한다는 말만 들었다고 가정해보자.

마을의 유일한 페인트 가게에서 근무하는 유일한 점원은 페인트 부서에 새로 온 사람으로 색상에 익숙하지 않다. 당신과 점원 둘은 원하는 색상을 얻으려면 몇 가지 표준 페인트를 함께 섞어야 한다고 생각하지만 어떤 페인트를 선택해야 하는지 또는 각각 얼마를 사용해야 하는지 모른다.

점원은 원하는 색상의 설명을 보유하고 있는 각 페인트 캔의 색상명과 비교할 것을 제안한다. 일부 이름은 다른 이름보다 더 잘 일치할 것이다. 점원은 빈

깡통 위에 깔때기를 놓고 그 깡통의 이름이 설명과 얼마나 잘 일치하는지에 따라 선반에 있는 각 페인트 일부를 붓도록 제안한다. 즉, 원하는 색상인 "light yellow with a bit of dark orange"를 각 캔의 라벨에 인쇄된 내용과 비교하고 더 일치할수록 깔때기에 더 많은 페인트를 붓게 된다.

그림 20-10은 여섯 개의 페인트 통에 대한 아이디어를 시각적으로 보여준다. 각 페인트 색상명과 원하는 색상에 대한 설명과 얼마나 일치하는지 보여준다. 'Sunny Yellow'와 'Orange Crush'에서 좋은 일치를 얻었지만 'with'라는 단어 때문에 'Lunch with Teal'이 약간 끼어들었다.

그림 20-10: 색상 설명(왼쪽)이 주어지면 이름이 설명과 얼마나 일치하는지(가운데)에 따라 각 캔을 합해 최종 결과(오른쪽)를 얻는다.

이 얘기에 집중해야 할 세 가지가 있다. 첫째, "light yellow with a bit of dark orange"이라는 요청[request]이 있다. 둘째, 'Sunny Yellow' 또는 'Mellow Blue'와 같은 각 페인트 캔에 대한 설명[description]이 있다. 셋째, 실제로 각 캔 안에 들어있는 페인트의 내용물[content]이 있다. 이 얘기에서는 요청을 각 캔의 설명과 비교해 얼마나 잘 맞는지 알아냈다. 더 일치할수록 최종 혼합물에 캔의 내용물을 더 많이 사용한다.

이것은 한마디로 어텐션이다. 요청이 주어지면 가능한 각 항목의 설명과 비교하고 설명이 요청과 얼마나 잘 일치하는지에 따라 각 항목의 내용물을 포함시킨다.

어텐션에 대한 첫 번째 논문의 저자는 이 프로세스를 데이터베이스에서 사용하는 일반적인 유형의 **트랜잭션**[transaction]에 비교했다. 데이터베이스 언어로 데이터베이스에 쿼리^{query}를 전송해 무언가를 찾는다. 이러한 프로세스에서 데이터베이스의 모든 객체에는 객체의 실제 값과는 다를 수 있는 설명 키$^{\text{descriptive key}}$가 있다. 여기서 밸류라는 단어는 단일 숫자, 문자열이나 텐서와 같이 더 복잡한 것에 상관없이 객체의 내용을 나타낸다.

데이터베이스 시스템은 쿼리를 각 키(또는 설명)와 비교하고 해당 점수를 사용해 최종 결과에 포함할 객체 값(또는 콘텐츠)의 양을 결정한다. 따라서 요청, 설명, 콘텐츠의 조건은 쿼리, 키, 밸류 또는 더 일반적으로 QKV에 해당한다.

셀프 어텐션

그림 20-11은 추상화된 형태를 갖는 어텐션의 기본 작동을 보여준다. 여기에 다섯 단어의 입력이 있다. 세 개의 색상 상자 각각은 단어의 숫자 표현을 가져와 새로운 것으로 변환하는 작은 신경망을 나타낸다(종종 이러한 네트워크는 각각 단일 완전 연결 레이어다). 이 예제에서 단어 **dog**는 번역하려는 단어 중 하나다. 따라서 신경망(빨간색)은 **dog**에 대한 텐서를 변환하고 쿼리 Q를 나타내는 새로운 텐서로 바꾼다. 그림에서 알 수 있듯이 두 개의 작은 신경망이 **dinner**의 텐서를 키 K(파란색 네트워크) 및 밸류 V(녹색 네트워크)에 해당하는 새로운 텐서로 변환한다.

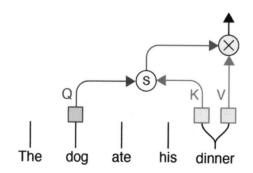

그림 20-11: 'dinner'라는 단어의 관련성을 확인하고자 쿼리에 dog를 사용하는 어텐션의 핵심 단계. 각 상자는 입력을 쿼리, 키, 밸류로 변환하는 작은 신경망을 나타낸다.

실제로 dog에 대한 쿼리를 dog 자체를 포함한 문장의 모든 단어의 키와 비교한다. 이 그림에서는 dinner라는 단어와의 비교에 초점을 맞췄다.

쿼리와 키를 비교해 얼마나 유사한지 확인한다. 원 안에 문자 S로 표시하는 스코어링 함수scoring function을 사용해 이 작업을 수행한다. 계산에 들어가지 않고 이함수는 두 개의 텐서를 비교해 단일 숫자를 생성한다. 두 텐서가 서로 비슷할수록 숫자는 더 커진다. 스코어링 함수는 일반적으로 0과 1 사이의 숫자를 생성하게 설계됐으며 값이 클수록 더 잘 일치한다는 것을 나타낸다.

스코어링 함수의 출력값을 사용해 dinner의 밸류를 나타내는 텐서를 크기 조정한다. 쿼리와 키가 더 많이 일치할수록 크기 조정 단계의 출력이 더 커지고 dinner의 밸류가 더 많이 출력에 포함될 것이다.

이 기본 단계를 입력의 모든 단어에 동시에 적용하면 어떻게 보이는지 확인해 보겠다. 계속해서 dog라는 단어를 번역하는 방법을 살펴보자. 전체 결과는 모든 입력 단어의 개별 크기 조정된 밸류scaled values의 합계다. 그림 20-12는 이것이어떻게 보이는지 나타낸다.

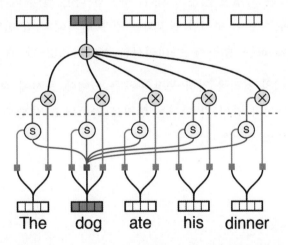

그림 20-12: 어텐션을 사용해 문장 속에 있는 모든 단어 다섯 개의 dog라는 단어에 대한 기여도를 동시에 확인한다. QKV 공간(spatial)과 색상 코딩(color coding)은 그림 20-11과 일치한다. 모든 데이터는 그림 아래에서 위쪽으로 보면 된다.

그림 20-12에서 몇 가지 주의할 점이 있다. 첫째, 쿼리, 키, 밸류 텐서를 계산하고자 각각 하나씩 세 개의 신경망만 관련된다. 동일한 '입력을 쿼리로input to query' 네트워크(그림에서 빨간색)를 사용해 각 입력값을 쿼리로 변환하고 동일한 '입력을 키로input to key' 네트워크(그림에서 파란색)를 사용해 각 입력값을 키로 변환한다. 동일한 '입력을 밸류로input to value' 네트워크(그림에서 녹색)를 사용해 각 입력값을 해당 밸류로 전환한다. 이러한 변환을 각 단어에 한 번씩만 적용하면 된다.

둘째, 점수 이후 밸류를 조정하기 전에 점선이 있다. 이는 점수에 적용되는 소프트맥스softmax 단계를 나타내며, 그 뒤에 나눗셈이 적용된다. 이 두 작업은 점수에서 나오는 숫자가 너무 커지나 작아지는 것을 방지한다. 또한 소프트맥스는 근접한 일치match의 영향을 더 키운다.

셋째, dog 자체의 값을 포함해 dog에 대한 새 텐서를 얻고자 전체 크기 조정된 값을 합산한다. 그러면 종종 각 단어가 그 자체에 가장 높은 점수를 받는다는 것을 알게 된다. 이 경우 dog를 번역하는 데 가장 중요한 단어는 실제로 dog 자체이므로 이것은 나쁘지 않은 결과다. 하지만 다른 말이 더 중요할 때가 있다. 몇 가지 예로는 단어 순서가 변경되는 경우 단어에 직접 번역이 없고 다른 단어에 의존해야 하는 경우 또는 대명사를 해결하려고 할 때 등이 있다.

넷째, 그림 20-12의 처리를 입력 문장의 모든 단어에 동시에 적용한다는 점이다. 즉, 그림 20-13과 같이 각 단어는 쿼리로 간주되고 전체 프로세스는 해당 단어에 독립적으로 실행된다.

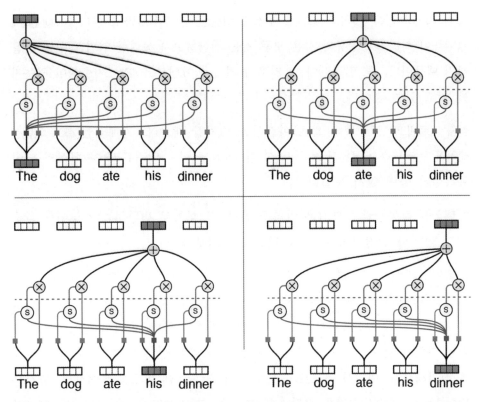

그림 20-13: 문장의 나머지 네 단어에 어텐션 적용하기

다섯 번째이자 마지막 요점은 줄곧 주목해 온 것을 명시적으로 요약한 것이다. 그림 20-12와 20-13의 이 모든 처리는 문장의 길이에 관계없이 단 4단계로 병렬 수행할 수 있다. 1단계에서는 입력을 쿼리, 키, 밸류 텐서로 변환한다. 2단계에서는 모든 쿼리와 키를 서로 비교해 점수를 매긴다. 3단계에서는 점수를 사용해 밸류를 크기 조정하고, 4단계에서는 조정된 값을 더해 각 입력값에 대한 새 출력값을 생성한다.

이 단계 중 어느 것도 입력값의 길이에 의존하지 않으므로 필요한 메모리와 컴퓨팅 능력이 있는 한 짧은 문장에 걸리는 것과 동일한 시간으로 긴 문장을 처리할 수 있다.

그림 20-12와 20-13의 프로세스를 셀프 어텐션self-attention이라고 한다. 어텐션 메커니즘이 쿼리, 키, 밸류와 같은 모든 것을 계산하고자 동일한 입력 집합을 사용하기 때문이다. 즉, 입력값이 그 자체에 얼마나 어텐션(주의)을 기울여야 하는지를 찾고 있는 것이다.

심층 네트워크deep network에 셀프 어텐션을 배치할 때 이를 자체적인 셀프 어텐션 레이어(종종 단순히 어텐션 레이어라고 한다)에 넣는다. 입력은 숫자 형식의 단어 목록이며 출력 역시 동일하다.

어텐션을 작동시키는 엔진은 입력을 쿼리, 키, 밸류로 변환하는 스코어링 함수scoring function와 신경망이다. 이를 간단히 살펴보자.

스코어링 함수는 쿼리를 키와 비교해 0에서 1 사이의 값을 반환한다. 두 값이 비슷할수록 점수가 높아진다. 따라서 어떻게든 유사하다고 생각하는 입력값들은 스코어링 함수에 들어가는 유사한 값을 가져야 한다. 여기서 임베딩의 실용적인 가치를 볼 수 있다. 19장에서의 두 마을 이야기A Tale of Two Cities에 대한 설명을 상기해보자. 여기서 텍스트 순서에 따라 각 단어에 번호를 부여했다. 그것은 단어 keep과 flint 숫자를 각각 1,003과 1,004로 만들었다. 이 숫자만을 비교하면 두 단어는 높은 유사도 점수를 얻을 수 있다. 하지만 대부분의 문장에서 이러한 것을 원하는 것이 아니다. keep 동사에 대한 쿼리 값을 사용하는 경우 일반적으로 retain, hold, reserve와 같은 동의어의 키와 유사하면서 flint, preposterous 또는 dinosaur 같이 관련 없는 단어의 키와는 전혀 유사하지 않기를 원한다. 임베딩은 유사한 단어(또는 유사한 방식으로 사용되는 단어)에 유사한 표현을 제공하는 수단이다.

임베딩에 필요한 미세 조정을 수행하는 것은 신경망의 역할이며, 입력 단어를 사용된 문장의 문맥에서 의미 있게 비교할 수 있는 표현으로 변환한다. 서로 유사한 단어들이 이미 가까운 공간 안에 임베딩돼 있기 때문에 이것이 가능하다.

입력값을 밸류로 변환해 유용하게 크기 조정하고 결합하는 방식으로 해당 밸류를 표현하는 것도 네트워크의 역할이다. 두 개의 임베딩된 단어를 혼합하면 그 사이 어딘가에 있는 단어를 얻을 수 있다.

Q/KV 어텐션

그림 20-12의 셀프 어텐션 네트워크에서 쿼리, 키, 밸류는 모두 동일한 입력에서 파생되므로 셀프 어텐션이라는 이름이 나왔다.

인기 있는 변형은 쿼리에 하나의 소스를 사용하고 키와 밸류에 다른 소스를 사용하는 것이다. 이는 쿼리를 가져 왔고 상점에 키와 밸류가 있었던 페인트 상점의 비유와 더 밀접하게 일치한다. 이 변형을 Q/KV 네트워크라고 한다. 여기서 슬래시는 쿼리가 한 소스에서, 키와 밸류가 다른 소스에서 온다는 것을 나타낸다. 이 버전은 쿼리가 인코더에서, 키와 밸류가 디코더에서 오는 seq2seq와 같은 네트워크에 어텐션를 추가해 사용되는 경우가 있으므로 인코더-디코더 어텐션^{encoder-decoder attention} 레이어라고도 한다. 구조는 그림 20-14에 나와 있다.

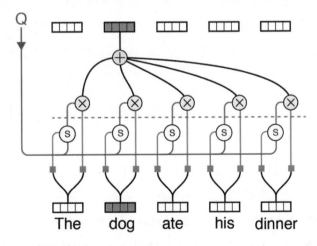

그림 20-14: Q/KV 레이어는 쿼리가 입력값에서 파생되지 않는다는 점을 제외하면 그림 20-12의 셀프 어텐션과 유사하다.

멀티헤드 어텐션

어텐션의 개념은 유사한 단어를 식별하고 유용한 조합을 만드는 것이다. 하지만 단어는 다양한 평가 지표에 따라 유사하게 간주될 수 있다. 명사끼리 서로 비슷하다고 생각하거나 색상끼리라든지 위아래와 같은 공간적 개념, 어제나 내일과 같은 시간적 개념을 생각할 수 있다. 그중 가장 좋은 선택은 무엇일까?

물론 정답은 없다. 사실 한 번에 여러 기준을 사용해 단어를 비교하고 싶을 때가 많다. 예를 들어 노래 가사를 쓸 때 비슷한 의미, 마지막 음절에서 비슷한 소리, 같은 음절 수, 음절에서 같은 강세 패턴을 가진 단어 쌍에 높은 점수를 할당할 수 있다. 스포츠에 대해 쓸 때는 같은 팀에 있고 같은 역할을 하는 선수들이 서로 같다고 말하고 싶을 수 있다.

여러 개의 독립적인 어텐션 네트워크를 동시에 실행해 여러 기준에 따라 단어에 점수를 매길 수 있다. 각 네트워크를 헤드^{head}라고 한다. 훈련 중에 각 헤드를 독립적으로 초기화함으로써 각 헤드가 다른 레이어에서 유용하게 사용돼 다른 기준을 갖는 입력값을 비교하는 방법을 학습하기를 바란다. 원한다면 다른 헤드가 입력값의 다른 측면에 어텐션(주의)을 기울이게 하는 명시적인 프로세스를 추가할 수 있다. 이 아이디어를 멀티헤드 어텐션^{multi-head Attention}이라고 하며 그림 20-12의 셀프 어텐션 네트워크와 그림 20-14의 Q/KV 네트워크에 모두를 적용할 수 있다.

각 헤드는 별개의 어텐션 네트워크다. 헤드가 많을수록 입력값의 다양한 측면에 집중할 수 있다.

멀티헤드 어텐션 레이어에 대한 다이어그램은 그림 20-15에 있다. 그림에서 볼 수 있듯이 일반적으로 헤드의 출력값을 목록으로 결합하고 단일 완전 연결 레이어를 통해 실행한다. 이렇게 하면 전체 멀티헤드 네트워크의 출력값이 입력값과 같은 형태를 갖게 된다. 이 접근 방식을 사용하면 여러 멀티헤드 네트워크를 차례로 쉽게 배치할 수 있다.

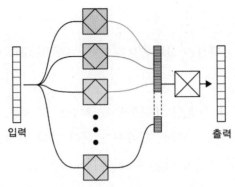

그림 20-15: 멀티헤드 어텐션 레이어. 내부에 다이아몬드가 있는 상자는 어텐션 레이어의 아이콘이다.

어텐션은 모든 종류의 **심층 신경망**^{deep network}에 다양한 형태로 적용할 수 있는 일반적인 개념이다. 예를 들어 CNN에서 필터의 출력값을 크기 조정해 입력값과 가장 관련성이 높은 위치에 대한 응답으로 생성된 값을 강조할 수 있다(Liu et al. 2018; H. Zhang et al. 2019).

레이어 아이콘

그림 20-16은 다양한 유형의 어텐션 레이어에 대한 아이콘을 보여준다. 멀티헤드 어텐션은 어텐션 네트워크 스택^{stack}을 나타내는 작은 3D 상자로 그린다. Q/KV 어텐션를 위해 다이아몬드 모양 내부에 짧은 선을 배치해 Q 입력을 식별하고 인접한 쪽에 K와 V 입력을 가져온다.

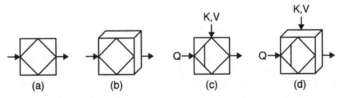

그림 20-16: 어텐션 레이어 아이콘. (a) 셀프 어텐션. (b) 멀티헤드 셀프 어텐션. (c) Q/KV 어텐션. (d) 멀티헤드 Q/KV 어텐션.

트랜스포머

여기까지 임베딩과 어텐션을 살펴봤으니 RNN 개선에 대한 약속을 지킬 준비가 됐다.

목표는 RNN이 아니라 어텐션 네트워크를 기반으로 하는 번역기를 구축하는 것이다. 핵심 아이디어는 어텐션 레이어가 단어 간의 관계를 기반으로 입력값을 그 번역으로 변환하는 방법을 학습한다는 것이다.

이 접근 방식은 <Attention Is All You Need>라는 제목의 논문에서 처음 나왔다 (Vaswani et al. 2017). 저자는 어텐션 기반 모델을 트랜스포머라고 불렀다(불행히도 모호한 이름이지만 지금은 해당 분야의 단어로 확고히 자리 잡았다). 트랜스포머 모델은 매우 잘 작동해 병렬로 훈련될 수 있을 뿐만 아니라 다양한 작업에서 RNN보다 우수한 성능을 낼 수 있는 새로운 클래스의 언어 모델을 갖게 됐다.

트랜스포머는 아직 다루지 않은 세 가지 아이디어를 더 사용한다. 이제 그것들을 알아보자. 실제 트랜스포머 아키텍처에 도달하면 순조롭게 진행될 것이다.

스킵 커넥션

여기서 다루는 첫 번째 새로운 아이디어는 **잔차 연결**^{residual connection} 또는 **스킵 커넥션**^{skip connection}이라고 한다(He et al. 2015). 영감은 심층 네트워크 레이어에 필요한 작업량을 줄이는 것이다.

비유로 시작해보겠다. 캔버스에 아크릴 물감으로 실제 인물 사진을 그린다고 가정해보자. 몇 주 앉아 있는 동안 초상화가 완성되고 승인을 위해 의뢰인에게 보낸다. 마음에 들지만 한 손가락에 반지를 끼고 다녔던 것을 후회하며 더 마음에 드는 다른 반지로 바꾸고자 한다. 그 부분을 변경할 수 있을까?

진행할 수 있는 한 가지 방법은 의뢰인을 스튜디오로 다시 초대하고 빈 캔버스에 처음부터 완전히 새로운 초상화를 그리는 것이다. 이번에는 새로운 반지를 손가락에 끼고 오라고 한다. 많은 시간과 노력이 필요할 것이다. 더 신속한 접근 방식은 갖고 있는 초상화의 이전 반지 위에 새 반지를 눈에 띄지 않게 덧칠하는 것이다.

이제 심층 네트워크의 레이어를 살펴보자. 텐서가 들어오고 레이어는 해당 텐서를 변경하기 위한 일부 처리를 수행한다. 레이어가 입력값을 약간만 변경해야 하거나 일부 위치에서만 변경해야 하는 경우 변경할 필요가 없는 텐서 부분을 처리하는 것은 리소스 낭비다. 초상화와 마찬가지로 레이어가 원하는 변경 사항만 계산하는 것이 훨씬 더 효율적이다. 그런 다음 이러한 변경 사항을 원래 입력값과 결합해 출력값을 생성할 수 있다.

이 아이디어는 딥러닝 네트워크에서 훌륭하게 작동한다. 이를 통해 더 작고 더 빠른 레이어를 만들 수 있으며 역전파에서 그래디언트의 흐름을 개선해 수십 또는 수백 개의 레이어로 구성된 네트워크를 효율적으로 훈련할 수도 있다.

메커니즘은 그림 20-17의 왼쪽에 나와 있다. 평소처럼 입력 텐서를 일부 레이어에 공급하고 변경 사항을 계산하게 한 다음 레이어의 출력값을 입력 텐서에 추가한다.

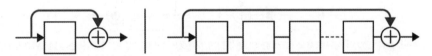

그림 20-17: 왼쪽: 빨간색으로 표시된 스킵 커넥션. 오른쪽: 여러 레이어 주위에 스킵 커넥션을 배치할 수 있다.

추가적인 노드에 대한 입력을 전달하는 그림의 추가 선을 스킵 커넥션 혹은 수학적으로 해석하면 잔차 연결이라고 한다.

원하는 경우 그림 20-17의 오른쪽과 같이 여러 레이어 주위에 스킵 커넥션을 순서대로 배치할 수 있다.

스킵 커넥션은 다른 모든 레이어로 구성된 네트워크에 참여하면서 각 레이어가 최종 오류에 대한 자체적인 기여를 줄이려고 하기 때문에 작동한다. 스킵 커넥션은 네트워크의 일부이므로 레이어는 변경되지 않는 텐서 부분을 처리할 필요가 없음을 학습한다. 이것은 레이어의 작업을 더 간단하고 작고 빠르게 만든다.

나중에 트랜스포머가 효율성과 속도를 위해 스킵 커넥션을 사용한다는 것을 알게 될 것이다. 또한 입력값에서 각 요소의 위치를 영리하게 추적할 수도 있다.

놈-애드

트랜스포머로 향하는 두 번째 아이디어는 개념적이고 표기적인 약칭에 가깝다. 트랜스포머에서는 일반적으로 그림 20-18(Vaswani et al. 2017)의 왼쪽에 표시된 것처럼 레이어 출력에 레이어 정규화$^{layer\ normalization}$ 또는 레이어 놈$^{layer\ norm}$이라는 일반화^{regularization} 단계를 적용한다. 레이어 놈은 드롭아웃^{dropout}과 배치 정규화^{batchnorm}와 같이 15장에서 살펴본 일반화 기술 클래스에 속하며, 네트워크를 통해 흐르는 값이 너무 크거나 너무 작아지지 않게 해서 과적합을 제어하는 데 도움이 된다. 레이어 놈 단계는 레이어에서 나오는 값을 조정해 평균이 0이고 표준 편차가 1인 가우시안 범프의 모양과 비슷하게 학습한다.

그림 20-18: 왼쪽: 레이어 정규화 후 스킵 커넥션의 추가 단계. 오른쪽: 놈-애드 아이콘. 이것은 왼쪽 네트워크의 시각적이고 개념적인 간략화일 뿐이다.

레이어 놈을 수행하는 것은 트랜스포머가 제대로 작동하게 하는 데 중요하지만 이 단계가 정확히 어느 위치에 있어야 하는지에 대해서는 약간의 유연성이 있다. 대중적인 접근 방식은 그림 20-18의 왼쪽에서와 같이 스킵 커넥션의 추가 단계 바로 전에 레이어 놈을 배치한다. 이 두 작업은 항상 쌍으로 이뤄지기 때문에 이를 놈-애드$^{norm-add}$라고 하는 단일 연산으로 결합하는 것이 편리하다. 놈-애드에 대한 아이콘은 레이어 놈과 더하기 아이콘의 조합이며 그림 20-18의 오른쪽에 나와 있다. 이는 레이어 놈의 두 가지 개별 단계에 대한 시각적 약식이며 스킵 커넥션 추가가 이어진다.

사람들은 레이어 놈 연산을 위해 레이어 이전(Vaswani et al. 2017) 또는 추가 노드 이후(TensorFlow 2020b)와 같이 다른 위치들로 실험을 했다. 이러한 접근 방식은 세부 사항이 다르지만 실전에서는 이러한 모든 선택이 비교 가능할 것이다. 여기에서는 그림 20-18의 버전을 고수할 것이다.

포지셔널 인코딩

트랜스포머를 다루기 전에 다룰 세 번째 아이디어는 시스템에서 RNN을 제거하자마자 발생하는 문제를 해결하고자 설계됐다. 즉, 입력 문장에서 각 단어가 어디에 있는지 추적하지 못하게 되는 것이다. 이 중요한 정보는 RNN 구조에 내재돼 있다. 단어가 한 번에 하나씩 들어오기 때문에 순환 셀 내부의 은닉 상태가 단어의 도착 순서를 기억할 수 있기 때문이다.

하지만 앞서 봤듯이 어텐션은 여러 단어의 표현을 함께 섞는다. 이후 단계에서는 각 단어가 문장에서 어디에 속하는지 어떻게 알 수 있을까?

답은 각 단어의 위치 또는 색인을 단어 자체에 대한 표현에 삽입하는 것이다. 이렇게 하면 단어의 표현이 처리되면서 위치 정보가 자연스럽게 따라온다. 이 프로세스의 일반적인 이름이 **포지셔널 인코딩**positional encoding이다.

포지셔널 인코딩에 대한 간단한 접근 방식은 그림 20-19의 왼쪽에 표시된 것처럼 위치를 저장하고자 각 단어의 끝에 몇 비트를 추가하는 것이다. 하지만 때에 따라 사용할 수 있는 것보다 더 많은 비트가 필요한 문장을 입력받을 수 있으며 위치에 대한 고유 번호를 각 단어에 할당할 수 없어 곤경에 처할 수 있다. 그리고 스토리지를 너무 크게 만들면 낭비일 뿐이고 모든 것이 느려진다. 이 접근 방식은 이러한 비트를 처리하기 위한 몇 가지 특별한 메커니즘을 도입해야 하기 때문에 구현하기에도 불편하다(Thiruvengadam 2018).

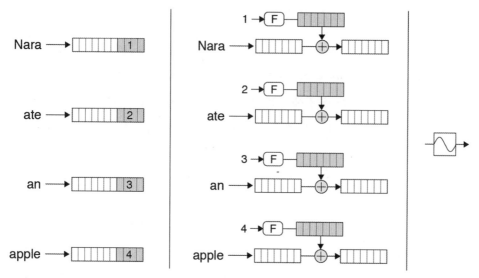

그림 20-19: 문장에서 각 단어의 위치 추적하기. 왼쪽: 각 단어에 색인 추가하기. 중간: 함수 F를 사용해 각 색인을 벡터로 변환한 다음 단어의 표현에 추가한다. 오른쪽: 포지셔널 임베딩 레이어에 대한 아이콘.

더 나은 답은 시퀀스의 각 위치에 대해 고유한 벡터를 생성하는 수학적 함수를 사용하는 것이다. 단어 임베딩의 길이가 128개 요소라고 가정한다. 그런 다음 이 함수에 각 단어의 색인(필요한 만큼 커질 수 있음)을 제공하고 함수는 해당 위치를 어떻게든 설명할 수 있는 새로운 128개 요소의 벡터를 제공한다. 기본적으로 색인을 고유한 값의 목록으로 바꿔준다. 여기서 기대하는 것은 네트워크가 이러한 각 목록을 입력 속 단어의 위치와 연결하는 방법을 학습하는 것이다.

이 벡터를 단어 표현에 추가하는 대신 그림 20-19의 가운데 그림에서와 같이 두 벡터를 함께 더한다. 여기에서 인코딩의 각 요소에 있는 숫자를 단어의 임베딩에 있는 숫자에 문자 그대로 더한다. 이 접근 방식의 장점은 추가 비트나 특수 처리가 필요하지 않다는 것이다. 이러한 형태의 포지셔널 인코딩은 ELMo와 같은 알고리듬에서 살펴본 단어 임베딩과 유사하기 때문에 포지셔널 임베딩이라고 한다. 그림의 오른쪽은 이 프로세스에 대한 아이콘을 보여준다. 이 아이콘은 임베딩 함수에 대한 인기 있는 선택지가 사인파를 기반으로 하기 때문에 작은 사인파로 그린다(Vaswani et al. 2017에서 파생됨).

각 단어에 위치 정보를 덧붙이는 대신 더하는 것은 단어의 표현을 변경하기 때문에 약간 이상하게 보일 수 있다. 또한 어텐션 네트워크가 값을 처리함에 따라 위치 정보가 손실되기 쉬운 것으로 보인다.

포지셔널 임베딩 벡터를 계산하는 데 자주 사용하는 특정 함수는 일반적으로 단어 벡터의 한쪽 끝에 있는 몇 비트에만 영향을 미치는 것으로 나타났다 (Vaswani et al. 2017; Kazemnejad 2019). 또한 트랜스포머는 처리 중에 각 단어의 표현과 위치 정보를 구별하는 방법을 학습해 별도로 해석되는 것으로 보인다 (TensorFlow 2019a).

하지만 처리 중에 포지션 임베딩이 완전히 손실되지 않는 이유는 무엇일까? 결국 어텐션은 신경망을 사용해 입력을 QKV 값으로 변환한 다음 해당 값을 혼합해 입력을 변경한다. 분명 위치 정보는 절망적으로 뒤죽박죽돼 분실될 것이다.

이 문제에 대한 영리한 솔루션은 트랜스포머 자체의 아키텍처에 내장돼 있다. 앞으로 보겠지만 트랜스포머 네트워크는 스킵 커넥션에서 각 연산(맨 마지막을 제외하고)을 마무리한다. 임베딩 정보는 모든 처리 단계 후에 다시 추가되기 때문에 손실되지 않는다. 그림 20-20은 위치 임베딩과 놈-애드 스킵 커넥션이 구조적으로 어떻게 유사한지 보여준다. 요컨대 각 레이어는 원하는 방식으로 입력 벡터를 변경할 수 있으며 다음 레이어에서 사용할 수 있도록 포지셔널 임베딩이 다시 추가된다.

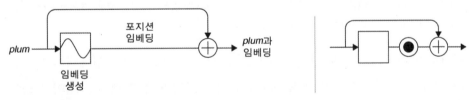

그림 20-20: 왼쪽: 포지션 임베딩을 생성해 단어에 더하기. 오른쪽: 놈-애드 연산은 처리 후 단어의 임베딩 정보를 암시적으로 다시 더한다.

트랜스포머 결합

이제 트랜스포머를 만들기 위한 모든 부품이 준비됐다. 실행 예제로 단어 수준 번역을 계속 사용할 것이다.

트랜스포머라는 이름은 원조 트랜스포머 논문(Vaswani et al. 2017)의 아키텍처에서 영감을 받은 다양한 네트워크를 의미한다는 점에 유의하는 것이 중요하다. 이 설명에서는 일반 버전을 고수할 것이다.

트랜스포머의 블록 다이어그램은 그림 20-21에 나와 있다. E와 D로 표시된 블록은 어텐션 레이어 주위에 구축된 레이어 또는 블록의 반복 시퀀스다. 잠시 후에 두 가지 유형의 블록을 자세히 살펴보겠다. 큰 그림은 인코더 단계(E로 표시된 인코더 블록으로 구성됨)가 문장을 받아들이고 디코더(D로 표시된 디코더 블록에서 생성)가 인코더에서 정보를 받아 새로운 출력을 생성한다(이 다이어그램의 구조는 펼쳐진 seq2seq 다이어그램을 연상시키지만 여기에는 순환 셀이 없다).

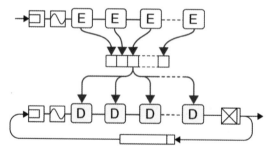

그림 20-21: 트랜스포머의 블록 다이어그램. 입력값은 인코딩된 다음 디코딩된다. 디코더의 출력은 자기회귀적으로 입력으로 피드백된다. 점선은 반복되는 요소를 나타낸다.

인코더와 디코더는 모두 단어 임베딩으로 시작하며 포지셔널 임베딩이 뒤따른다. 디코더는 다음 단어를 예측하고자 끝에 일반적인 완전 연결 레이어와 소프트맥스를 갖는다. 디코더는 자기회귀적이므로 각 출력 단어를 출력 목록(그림 하단의 상자로 표시)에 추가하고 해당 목록은 다음 단어를 생성하기 위한 디코더의 입력값이 된다. 디코더는 그림 20-14에서와 같이 멀티헤드 Q/KV 어텐션 네트워크를 포함하며, 그림 20-21의 가운데에 표시된 인코더 블록의 출력에서 키와 밸류를 수신한다. 여기서 인코더의 출력은 디코더 블록으로 전달된다. 이 것은 Q/KV 어텐션이 인코더-디코더 어텐션이라고도 불리는 이유를 보여준다.

그림 20-22에 표시된 인코더 블록부터 시작해 그림 20-21의 블록을 더 자세히 살펴보자.

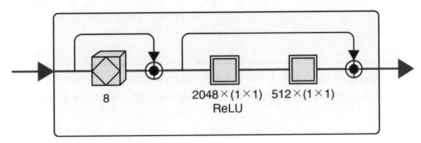

그림 20-22: 트랜스포머의 인코더 블록. 첫 번째 레이어는 셀프 어텐션이다.

인코더 블록은 여기에서 8개의 헤드로 표시된 멀티헤드 셀프 어텐션 레이어로 시작한다. 이 레이어는 셀프 어텐션을 적용하기 때문에 쿼리, 키, 밸류는 모두 블록에 도달하는 단일 입력 세트에서 파생된다. 이 멀티헤드 어텐션은 숫자를 가우시안처럼 보이도록 유지하고 포지셔널 임베딩을 유지하는 데 도움이 되는 놈-애드 스킵 커넥션으로 둘러싸여 있다.

그다음에는 일반적으로 **포인트와이즈 피드포워드 레이어**pointwise feed-forward layer(불행하 게도 또 다른 모호한 이름이다)라고 하는 두 개의 레이어가 이어진다. 원래의 트랜 스포머 논문은 이것을 수정된 한 쌍의 완전 연결 레이어로 설명했지만(Vaswani et al. 2017) 이들을 1 × 1 컨볼루션의 두 레이어로 더 편리하게 생각할 수 있다 (Chromiak 2017; Singhal 2020; A. Zhang et al. 2020). 이들은 중복을 제거하고 다음 에 오는 처리에 가장 가치 있는 정보에만 집중하고자 멀티헤드 어텐션 레이어 의 출력값을 조정하는 방법을 학습한다. 첫 번째 컨볼루션은 ReLU 활성화 함수 를 사용하는 반면 두 번째 컨볼루션은 활성화 함수가 없다. 평소처럼 이 두 단계는 놈-애드 스킵 커넥션에 포함된다.

이제 그림 20-23에 표시된 디코더 블록을 살펴보자.

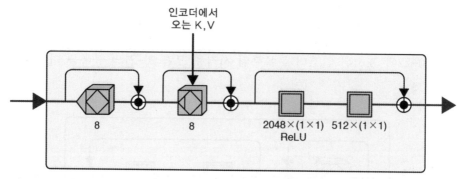

그림 20-23: 트랜스포머의 디코더 블록. 첫 번째 어텐션 레이어는 셀프 어텐션이고 두 번째 어텐션 레이어는 Q/KV 어텐션이다. 셀프 어텐션 레이어 왼쪽의 삼각형은 레이어가 마스킹(masking)을 사용하고 있음을 나타낸다.

높은 수준에서 추가적인 어텐션 단계가 있으면 인코더 블록과 매우 유사해 보인다. 이제 레이어를 살펴보자.

인코더 블록과 마찬가지로 멀티헤드 셀프 어텐션 레이어로 시작한다. 레이어에 대한 입력은 지금까지 트랜스포머에 의해 출력된 단어다. 이제 막 시작했다면 이 문장은 [START] 토큰만 포함한다. 다른 셀프 어텐션 레이어와 마찬가지로 여기의 목적은 모든 입력 단어를 살펴보고 어떤 단어가 다른 단어와 가장 밀접하게 관련돼 있는지 알아내는 것이다. 평소처럼 이것은 끝에 놈-애드 노드가 있는 스킵 커넥션로 둘러싸여 있다. 훈련하는 동안 이 셀프 어텐션 단계(그림 20-23에서 작은 삼각형으로 표시)에 **마스킹**masking이라는 세부 사항을 추가한다. 이에 대해서는 곧 설명하겠다.

셀프 어텐션 레이어 다음에는 멀티헤드 Q/KV 어텐션 레이어가 온다. 쿼리 또는 Q 벡터는 이전 셀프 어텐션 레이어의 출력에서 가져온다. 키와 밸류는 모든 인코더 블록의 연결된 출력에서 가져온다. 이 레이어는 끝에 놈-애드 노드가 있는 스킵 커넥션으로도 쌓여있다. 이 단계에서는 이전 어텐션 네트워크의 출력을 사용해 인코더에서 오는 키 중에서 선택한 다음 해당 키에 해당하는 값을 혼합한다. 마지막으로 인코더 블록에서와 동일한 패턴을 따르는 한 쌍의 1 × 1 컨볼루션이 있다.

이제 조각들을 결합할 수 있다. 그림 20-24는 트랜스포머 모델의 구조를 보여준다.

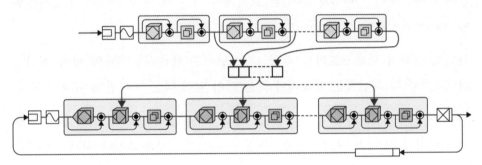

그림 20-24: 전체 트랜스포머. 두 개의 포개진 상자 모양의 아이콘은 두 개의 연속적인 1×1 컨볼루션을 나타낸다. 점선은 그리지 않은 반복된 요소를 나타낸다.

각 디코더 블록의 첫 번째 어텐션 레이어에 대한 세부 정보로 돌아가기로 약속했었다. 앞서 언급했듯이 트랜스포머의 핵심에 있는 어텐션 메커니즘의 큰 가치 중 하나는 많은 병렬 처리를 허용한다는 것이다. 어텐션 블록에 다섯 단어가 주어지든 500개 단어가 주어지든 동일한 시간 동안 실행된다.

문장의 다음 단어를 예측하도록 시스템을 훈련한다고 가정해보겠다. 전체 문장을 제공하고 첫 번째 단어, 두 번째 단어, 세 번째 단어 등을 모두 병렬로 예측하도록 요청할 수 있다.

하지만 여기에는 문제가 있다. 문장이 My dog loves taking long walks라고 가정한다. 시스템에 My dog loves taking long을 제공하고 여섯 번째 단어인 walks를 예측하도록 요청할 수 있다. 그러나 병렬로 훈련하기 때문에 이 동일한 입력을 사용해 각각 이전 단어를 동시에 예측하기를 원한다. 즉, My dog loves taking long이라는 입력을 통해 다섯 번째 단어인 long 또한 예측하기를 원한다는 것이다.

이건 너무 쉽다. long이라는 단어가 바로 거기에 있지 않은가! 시스템은 다섯 번째 단어를 반환하기만 하면 되는데, 이는 예측하는 방법을 배우는 것과는 확실히 다르다. My dog loves taking long을 입력으로 시스템에 제공하고 싶지만 다섯 번째 단어를 예측하게 하려면 My dog loves taking만 보여야 한다. long이라고 예측하려고 할 때 단어를 숨기거나 마스킹하고 싶다. 마찬가지로 네 번째 단어를 예측하려면 My dog loves만 표시돼야 하고 세 번째 단어를 예측하려면 My dog만 표시돼야 하는 식이다.

간단히 말해서 트랜스포머는 각각 다른 단어를 예측하는 5개의 병렬 계산을 실행하지만 각 계산에는 예측해야 하는 단어 앞에 나온 단어만 주어져야 한다.

이를 해내는 메커니즘을 마스킹이라고 한다. 디코더 블록의 첫 번째 셀프 어텐션 레이어에 각 예측 단계에서 볼 수 없는 단어를 마스킹하거나 숨기는 단계를 추가한다. 따라서 첫 번째 단어를 예측하는 연산은 어떠한 입력 단어도 보지 않고, 두 번째 단어를 예측하는 계산은 My만 보고, 세 번째 단어를 예측하는 계산은 My dog만 보는 식이다. 추가 단계로 인해 디코더 블록의 첫 번째 어텐션 레이어는 때때로 마스킹된 멀티헤드 셀프 어텐션 레이어^{masked multi-heads self-attention layer}라고도 하며, 이 호칭은 너무 길기 때문에 종종 이를 마스킹된 어텐션 레이어^{masked attention layer}라고 한다.

실전에서의 트랜스포머

번역을 수행하는 실제 트랜스포머를 확인해보자. 대략 그림 20-24의 아키텍처에 따라 트랜스포머를 훈련해 포르투갈어를 영어로 번역했다(TensorFlow 2019b). 50,000개의 훈련 예제 데이터 세트를 사용했는데, 이는 오늘날의 표준으로는 작지만 아이디어를 시연하기에 충분하면서도 가정용 컴퓨터에서 학습하기에 실용적인 크기다(Kelly 2020).

훈련된 트랜스포머에게 포르투갈어로 질문을 했다. você se sente da mesma maneira que eu? 이 문장은 구글 번역에서 영어로 Do you feel the same that way I do?로 표시된다. 시스템은 do you see, do you get the same way I do?라는 번역을 생성했다. 완벽하지는 않지만 작은 훈련 데이터베이스를 고려할 때 질문의 핵심을 포착하는 데 큰 역할을 한다. 항상 그렇듯이 더 많은 훈련 데이터와 훈련 시간은 확실히 결과를 향상시킬 것이다.

디코더의 최종 Q/KV 어텐션 레이어에 있는 8개의 헤드 각각에 대해 각 출력 단어가 각 입력 단어에 어텐션을 기울인 것을 보여주는 히트맵heatmaps이 그림 20-25에 나와 있다. 셀이 밝을수록 더 많은 어텐션을 기울였다. 일부 입력 단어는 전처리기preprocessor에 의해 여러 토큰으로 분할됐다.

이 예제보다 더 큰 데이터 세트로 더 오랜 기간 동안 훈련시킨 트랜스포머는 RNN과 같거나 더 나은 결과를 생성할 수 있으며 병렬로 훈련될 수 있다. 트랜스포머는 메모리가 부족할 수 있는 유한한 내부 상태를 갖는 순환 셀이 필요하지 않으며, 이러한 상태를 제어하는 방법을 학습하기 위한 여러 신경망이 필요하지도 않다. 이는 큰 장점이며 많은 애플리케이션에서 트랜스포머가 RNN을 대체하는 이유가 된다.

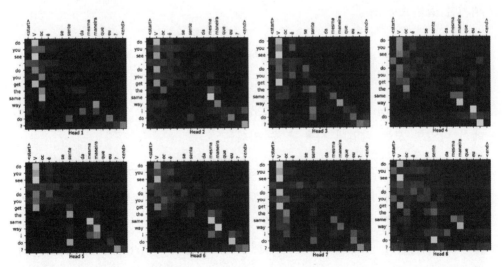

그림 20-25: Você se sente da mesma maneira que eu?를 포르투갈어에서 영어로 번역하는 중에 디코더의 최종 Q/KV 어텐션 레이어에 있는 8개의 헤드 각각에 대한 히트맵

트랜스포머의 한 가지 단점은 어텐션 레이어에 필요한 메모리가 입력 크기에 따라 극적으로 증가한다는 것이다. 다양한 상황에서 이러한 비용을 줄이고자 일반적으로 어텐션 메커니즘과 트랜스포머를 조정하는 방법이 있다(Tay et al. 2020).

BERT와 GPT-2

그림 20-24의 전체 트랜스포머 모델은 입력 텍스트를 분석하고 이를 설명하는 일련의 컨텍스트 벡터를 생성하도록 설계된 인코더와 해당 정보를 사용해 입력의 번역을 자기회귀적으로 생성하는 디코더로 구성된다.

인코더와 디코더를 구성하는 블록은 번역에만 국한되지 않는다. 각각은 한 쌍의 1×1 컨볼루션이 뒤따르는 하나 이상의 어텐션 레이어다. 이러한 블록은 시퀀스의 요소, 특히 언어 간의 관계를 해결하기 위한 범용 프로세서로 사용할 수 있다. 번역을 넘어선 방식으로 트랜스포머 블록을 사용한 두 가지 최신 아키텍처를 살펴보겠다.

BERT

트랜스포머 블록을 사용해 범용 언어 모델을 만들어보겠다. 19장의 시작 부분에서 나열한 모든 작업에 사용할 수 있다.

이 시스템은 Bidirectional Encoder Representations from Transformers라고 하지만 더 일반적으로 약어 BERT(Devlin et al. 2019)로 알려져 있다(<세서미 스트리트>의 또 다른 머펫츠[Muppet], 앞서 살펴본 ELMo 시스템 이름과 같은 방식의 참조). BERT 구조는 단어 임베더와 위치 임베더로 시작해 여러 트랜스포머 인코더 블록이 뒤따른다.

기본 아키텍처는 그림 20-26에 나와 있다(실전에서 드롭아웃 레이어와 같은 다른 세부 사항들은 훈련과 성능에 도움이 된다). 이 그림에서 BERT가 전체 문장을 처리하고 있다는 것을 분명히 하고자 많은 입력과 출력을 보여주고 있다. 일관성과 명확성을 위해 블록 내에서는 한 줄만 사용하고 있지만 계속 병렬 작업으로 수행된다. <세서미 스트리트>의 버트[Bert]는 노란색 캐릭터이기 때문에 노란색 스키마로 BERT 다이어그램을 그리는 것이 일반적이다.

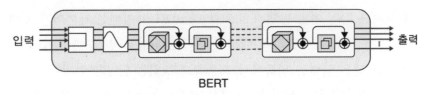

그림 20-26: BERT의 기본 구조. 점선은 표시되지 않은 더 많은 인코더 블록을 나타낸다.

BERT의 원래 '대형' 버전은 3억 4천만 개의 가중치 또는 파라미터가 포함돼 있어 그 이름에 합당했다. 이 시스템은 위키피디아와 10,000권 이상의 책으로 훈련됐다(Zhu et al. 2015). 현재 원래 BERT 시스템의 훈련된 24개 버전이 온라인에서 무료로 제공되고(Devlin et al. 2020) 기본 접근 방식에 대한 변형과 개선 사항이 점점 늘어나고 있다(Rajasekharan 2019).

BERT는 두 가지 작업[tasks]에 대해 훈련을 시켰다. 첫 번째는 다음 문장 예측[next sentence prediction] 또는 NSP라고 한다. 이 기술에서는 BERT에 한 번에 두 개의 문장을 제공하고(이 문장들을 분리하기 위한 특수 토큰과 같이) 두 번째 문장이 첫 번째 문장을 합리적으로 따르는지 확인하도록 요청한다. 두 번째 작업은 일부 단어가 제거된 문장을 시스템에 제시하고 공백을 채우도록 요청한다(언어 교육자는 이것을 빈칸 메우기 작업[cloze task]이라고 부른다. Taylor 1953). 이는 이미지의 공백을 채우려는 인간의 경향을 설명하는 **클로저**[closure]라고 하는 시각적 프로세스의 언어적 유사체[analog]다. 클로저는 그림 20-27에 설명돼 있다.

그림 20-27: 클로저의 원리를 시연하고 있다. 이와 같은 불완전한 모양은 일반적으로 인간의 시각 시스템에 의해 채워져 객체를 만든다.

이전에 살펴본 RNN 기반 방법과 비교할 때 BERT의 어텐션 레이어가 입력에서 훨씬 더 많은 정보를 추출하기 때문에 이러한 작업을 잘 수행할 수 있다. 첫 번째 RNN 모델은 입력을 왼쪽에서 오른쪽으로 읽는 단방향^{unidirectional}이었다. 그런 다음 양방향^{bidirectional}이 됐고 ELMo에서 정점을 찍었다. 이는 얕은 양방향^{shallowly} ^{bidirectional}이라고 할 수 있다. 여기서 '얕은^{shallow}'은 아키텍처가 각 방향으로 두 개의 레이어만 사용하는 것을 의미한다.

어텐션 덕분에 BERT는 모든 단어가 다른 모든 단어에 미치는 영향을 결정할 수 있으며 인코더 블록을 반복해 이를 여러 번 연속으로 수행할 수 있다. BERT는 때때로 깊은 양방향$^{deep\ bidirectional}$이라고 불리지만 모든 단어를 동시에 고려하기 때문에 '깊고 밀집도 있는$^{deeply\ dense}$'으로 생각하는 것이 더 유용할 수 있다. 방향의 개념은 어텐션을 사용할 때 실제로 적용되지는 않는다.

평가를 위해 BERT를 꺼내보자. 12개의 인코더 블록이 있는 사전 훈련된 모델로 시작할 것이다(McCormick and Ryan 2020). 입력 문장이 문법적인지 여부를 결정하고자 미세 조정한다(Warstadt, Singh, and Bowman 2018; Warstadt, Singh, and Bowman 2019). 이것은 기본적으로 예/아니요로 대답을 생성하는 분류 문제다. 따라서 다운스트림 모델은 일종의 분류기여야 한다. 하나의 완전 연결 레이어로 구성된 간단한 분류기를 사용해보겠다. 결합된 모델 쌍은 그림 20-28에 나와 있다.

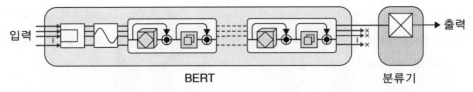

입력 → BERT → **분류기** → **출력**

그림 20-28: 끝에 작은 다운스트림 분류기가 있는 BERT. 점선은 존재하지만 표시되지 않은 동일한 10개의 추가적인 인코더 블록을 나타낸다.

4 에폭 훈련 후 테스트 데이터의 6개 결과가 있다. 첫 세 개는 문법적이며 다음 세 개는 그렇지 않다. BERT는 6개 모두에 대해 정답을 제시했다.

- Chris walks, Pat eats broccoli, and Sandy plays squash.
- There was some particular dog who saved every family.
- Susan frightens her.
- The person confessed responsible
- The cat slept soundly and furry.
- The soundly and furry cat slept.

약 1,000개의 문장으로 구성된 테스트 데이터 세트에서 이 작은 버전의 BERT는 예제의 약 82%를 맞혔다. 일부 BERT 변종은 이 작업에서 88% 이상의 정답률을 달성했다(Wang et al. 2019; Wang et al. 2020).

감성 분석sentiment analysis이라는 다른 작업에서 BERT를 사용해보겠다. 짧은 영화 리뷰를 긍정이나 부정 어조로 분류한다. 데이터는 SST2라고 하는 거의 7,000개의 영화 리뷰 데이터베이스에서 가져왔으며 각 리뷰는 긍정 또는 부정으로 분류됐다(Socher et al. 2013a; Socher et al. 2013b).

이 실행을 위해 DistillBERT(Sanh et al. 2020; Alammar 2019)라는 사전 훈련된 BERT 모델을 사용했다(증류distilling라는 용어는 많은 성능 손실 없이 더 작고 빠르게 훈련된 신경망을 조심스럽게 다듬을 때 자주 사용된다). 다시 분류 작업을 수행하므로 그림 20-28의 모델을 재사용할 수 있다.

다음은 테스트 데이터의 여섯 가지 예다(각각 어떤 영화를 참조하는지 표시되지 않음). DistillBERT는 첫 세 개의 리뷰를 긍정으로, 다음 세 개의 리뷰를 부정으로 적절하게 분류했다(리뷰는 모두 소문자이며 쉼표는 자체 토큰으로 처리된다).

- a beautiful , entertaining two hours(아름답고 재미있는 2시간).
- this is a shrewd and effective film from a director who understands how to create and sustain a mood(이 영화는 분위기를 만들고 유지하는 방법을 이해하는 감독의 영리하고 효과적인 영화다).
- a thoroughly engaging , surprisingly touching british comedy(완전히 매력적이고 놀랍게 감동적인 영국 코미디).
- the movie slides downhill as soon as macho action conventions assert themselves(마초 액션 관습이 확고해지자마자 영화는 내리막으로 미끄러진다).
- a zombie movie in every sense of the word mindless , lifeless , meandering , loud , painful , obnoxious(정신없고, 활기없고, 두서없고, 시끄럽고, 고통스럽고, 역겨운 좀비 영화).
- it is that rare combination of bad writing , bad direction and bad acting the trifecta of badness(그것은 나쁜 시나리오, 나쁜 디렉팅, 나쁜 연기 3관왕의 드문 조합이다).

테스트 데이터 세트의 1,730개 리뷰 중 DistillBERT는 약 82%의 감정을 정확하게 예측했다.

요약하자면 BERT 아키텍처 기반 모델은 인코더 블록 시퀀스를 사용해 통합된다. 이는 다운스트림 애플리케이션에서 광범위한 작업을 수행할 수 있는 충분한 정보를 수집하는 문장의 임베딩을 생성한다. 적절한 다운스트림 모델을 사용하면 BERT를 통해 19장의 시작 부분에서 언급한 많은 NLP 작업을 수행할 수 있다.

더 영리하게 만들고 싶다면 BERT가 언어를 생성하게 할 수 있지만 쉽지 않다

(Mishra 2020; Mansimov et al. 2020). 더 나은 솔루션은 다음에 다룰 디코더 블록을 사용하는 것이다.

GPT-2

트랜스포머가 일련의 디코더 블록을 사용해 번역을 위한 단어를 생성하는 방법을 살펴봤다. 또한 디코더 블록 시퀀스를 사용해 새로운 텍스트를 생성할 수도 있다.

그림 20-24의 전체 트랜스포머에서와 같이 KV 값을 수신할 인코더 단계가 없기 때문에 각 디코더 블록에서 Q/KV 멀티헤드 어텐션 레이어를 제거하고 마스킹된 셀프 어텐션과 한 쌍의 1 × 1 컨볼루션만 남기게 하겠다. 큰 틀에서 이를 실행한 첫 번째 시스템은 Generative Pre-Training 모델 2 또는 간단히 GPT-2라고 불렀다(Radford et al. 2019). 아키텍처는 그림 20-29에 나와 있다.

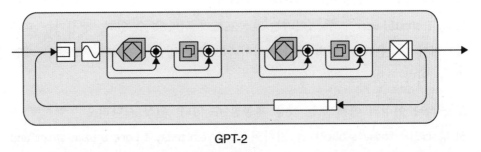

GPT-2

그림 20-29: GPT-2의 블록 다이어그램은 Q/KV 레이어 없이 트랜스포머 디코더 블록으로 구성된다. 점선은 더 많이 반복되는 동일한 디코더 블록을 나타낸다. 블록들은 디코더 블록의 버전이기 때문에 각 블록의 첫 번째 멀티헤드 어텐션 레이어는 마스킹된 어텐션 레이어다.

BERT와 마찬가지로 토큰 임베딩으로 시작해 각 입력 단어에 대한 포지셔널 임베딩이 이어진다. 각 디코더 블록의 셀프 어텐션 레이어는 이전과 같이 마스킹을 사용하므로 주어진 단어에 대한 어텐션를 계산할 때 해당 단어와 그 앞에 오는 단어의 정보만을 사용할 수 있다.

원래 GPT-2 모델은 다양한 크기로 출시됐으며, 그중 가장 큰 것은 각각 12개의 헤드가 있는 48개의 디코더 블록을 통해 한 번에 512개의 토큰을 처리해 총 1,542백만 개의 파라미터를 생성했다. 15억 개의 파라미터다. GPT-2는 약 40GB 크기를 갖는 텍스트의 약 8백만 개 문서가 포함된 WebText라는 데이터 세트로 훈련됐다(Radford et al. 2019).

일반적으로 사전 훈련된 모델로 시작해 GPT-2를 사용한 다음 학습할 추가 데이터 세트를 제공하고 프로세스의 모든 가중치를 미세 조정한다(Alammar 2018).

19장에서 각각의 텍스트 생성기를 시드로 시작했지만 시작 방법은 한 가지뿐이다. 더 간단한 접근 방식은 일반적인 지침과 프롬프트prompt로 시스템을 시작한다. 시스템에 새로운 텍스트의 모델로 사용할 수 있는 '샷shot' 또는 예제가 제공되지 않았기 때문에 이를 제로샷 시나리오zero-shot scenario라고 한다.

예를 들어 매일 무엇을 입을지 조언하는 시스템을 구축했다고 가정해보자. 제로샷 시나리오는 describe today's outfit오늘의 의상 설명이라는 지침으로 시작해 Today I should wear오늘 입을 것:이라는 프롬프트가 뒤따를 수 있다. 생성기는 프롬프트에서 가져온다. 작업할 예나 맥락이 없으므로 갑옷, 우주복, 곰 가죽을 제안할 수 있다.

또는 하나 이상의 예제 또는 샷을 제공할 수 있다. 원샷 시나리오one-shot scenario에서 Describe today's outfit을 지시한 다음 Yesterday I wore a blue shirt and black pants어제 나는 파란 셔츠와 검은 바지를 입었다라는 예제로 이어지며 Today I should wear: 이라는 프롬프트로 결론을 내릴 수 있다. 프롬프트 전에 제공된 텍스트는 시스템을 원하는 종류의 출력으로 안내하는 데 도움이 될 수 있다. 이 경우 출력이 곰 가죽이 될 가능성은 적다.

시스템에 두세 개의 샷을 주지만 그 이상은 제공하지 않는 경우 일반적으로 퓨샷 시나리오few shot scenario라고 한다(이 용어에는 정확한 기준이 없다). 사람들은 일반적으로 원하는 출력을 제공하고자 가능한 한 적은 수의 샷이 필요한 생성기를 선호한다.

중간 크기의 사전 훈련된 GPT-2 모델(von Platen 2020)을 사용해 GPT-2가 작동하는 것을 살펴보자. 미세 조정을 하지 않으므로 시스템은 핵심 훈련 데이터만을 기반으로 텍스트를 생성한다. 제로샷 접근 방식을 취하고 I woke up this morning to the roar of a hippopotamus^{오늘 아침에 하마의 포효 소리에 잠에서 깼다}라는 시작 프롬프트 외에는 정보를 제공하지 않는다. 다음은 일반적인 출력이다.

> I woke up this morning to the roar of a hippopotamus. I was in the middle of a long walk, and I saw a huge hippopotamus. I was so excited. I was so excited. I was so excited. I was so excited.

이 시점에서 시스템이 계속 I was so excited를 끝없이 반복했다. 그것은 생성기의 잘못이 아니다. 시스템은 수행하게 훈련된 문법적 출력을 생성하고 있을 뿐이다. 흥분^{excitement}을 끊임없이 강조함에도 불구하고 출력의 문제는 이것이 지루하다는 것이다. 한 문장의 끝이 우연히 같은 문장의 시작으로 돌아가서 루프에 갇혀 버렸다. 현재의 시스템은 그러한 출력이 지루하거나 바람직하지 않다는 것을 모른다.

출력을 더 흥미롭게 만들고자 바람직하지 않은 출력의 특성을 제거해 문제를 제거할 수 있다. 이러한 변화 중 두 가지만 살펴보자(Vijayakumar et al. 2018; Shao et al. 2017).

첫째, 반복을 없애자. 동일한 단어 그룹을 반복적으로 생성하는 경우 시스템에 페널티를 줄 수 있다. n 단어의 시퀀스를 n-그램이라고 하기 때문에 이를 n-그램 페널티라고 한다(Paulus, Xiong, and Socher 2017; Klein et al. 2017). 이를 시스템에 적용해 반복되는 단어 쌍 또는 2-그램만 벌점을 부여하자.

둘째, 항상 확률이 가장 높은 단어를 선택하기보다는 몇 개를 골라 어떻게 이어지는지 살펴보자. 즉, 각 단어에 이어질 수 있는 더 많은 단어를 생성한다. 한동안 여러 경로를 이어가다가 각 경로에 따라 점수를 매겨 생성 확률이 가장 높은 경로를 결정한다. 그 가지의 첫 번째 단어를 예측 단어로 사용하고, 그 가지의 나머지 부분과 다른 모든 가지를 버린다. 그런 후 다음 단어에 이 프로세스를 반복한다. 이를 빔 서치beam search라고 한다(Russell and Norvig 2009). 이것은 함께 연결돼 있는 더 긴 시퀀스를 제공한다.

그리고 항상 가장 가능성이 높은 단어를 선택하는 대신 확률에 따라 가장 가능성이 높은 단어 중 몇 개를 선택해 출력을 예측하기 어렵게 만든다. 이것은 단어 선택 과정의 온도temperature를 높이는 것이다(0도는 항상 가장 가능성 높은 것을 선택한다).

이 두 가지 변경 사항이 적용해 동일한 시작 문장으로 텍스트를 다시 생성해보 겠다. 다음은 한 결과다.

> I woke up this morning to the roar of a hippopotamus. "Oh, my God," I said. "I'm so sorry. I didn't mean to hurt you. It's just that I don't know how to deal with it. You know what I mean? I'm not going to let you hurt me, okay? You're my friend, and I love you so much. And I want you to know that you're not alone in this. We've been together for a long time now, so it's not like there's anything we can do about it, but I can't help but feel sorry for you, because I know you'll never be alone with me again.

놀라운 일이다. 더 많은 처리 기술을 사용해 출력을 계속 개선할 수 있지만 (Welleck et al. 2020) 이는 특히 가장 기본적인 GPT-2 모델을 사용하고 있다는 점을 고려할 때 이미 상당히 훌륭하다.

비교를 위해 19장의 셜록 홈즈 얘기를 다시 살펴보자. 사전 훈련된 작은 GPT-2 로 시작해 이 얘기에 미세 조정(Woolf 2019)한 다음 프롬프트로 I asked Holmes to explain나는 홈즈에게 설명을 요청했다이라는 문장을 줬다.

약간 따뜻한 온도를 사용했기 때문에 알고리듬을 실행할 때마다 다른 결과를 얻었다. 다음은 몇 단락 후를 임의로 잘라낸 것이다.

> I asked Holmes to explain.
>
> "It is very simple really," he replied. "The short answer is, of course, that the law does not apply to these matters, and that the case should be left entirely in the discretion of the Crown Prosecution and the police. But the long answer is that the case clearly does not rest with us, and that it is very much in the power of the police to prevent it.
>
> "You remember, Watson, that it was upon this very day that the young man, Mr. Latimer, picked up that long revolver which he used to brand me. The revolver which he used to brand me, is probably the best known weapon in the world. You remember, Watson, that I said at the time that it was better not to know than to hate the fear of it. Now, we have heard, and we must not let ourselves be drawn into a dilemma. The matter has been sufficiently complicated, and it is not necessary that the facts should be remarked upon in this fashion. The man who does not know is not himself a danger to himself. Let us take the man who does.

이 결과는 문법적이며 심지어 스스로를 참조한다. 이 출력을 RNN을 사용한 문자 기반 자기회귀에서 얻은 것과 비교해보라.

GPT-2는 클로즈 테스트 버전 실행하기, 필수 정보가 최소 50 토큰 이전에 표시되는 구문의 다음 단어 예측하기, 텍스트에 대한 질문에 답하기, 문서 요약하기, 한 언어에서 다른 언어로 번역하기와 같이 많은 작업을 잘 수행할 수 있다.

생성기 논의

GPT-2는 총 15억 개의 파라미터에 대해 각각 12개의 어텐션 헤드가 있는 48개의 디코더 레이어를 통해 한 번에 512개의 토큰을 처리하며 꽤 좋은 텍스트를 생성할 수 있음을 보여준다. 모든 것을 조정하면 어떻게 될까? 즉, 기본 아키텍처를 전혀 수정하지 않고 모든 것을 더 많이 사용하는 것이다

이것은 (서프라이즈) GPT-3라고 불리는 GPT-2의 후속작의 계획이었다. GPT-3의 블록 다이어그램은 일반적으로 그림 20-29의 GPT-2와 비슷하다(일부 효율성 향상 제외). 모든 것이 더 많다. 훨씬 더 많다. GPT-3은 총 1,750억 개의 파라미터를 위한 96개의 디코더 레이어에서 한 번에 2,048개의 토큰을 처리하고 각 레이어에 96개의 어텐션 헤드가 있다(Brown et al. 2020). 1750억. 이 거대 기업을 훈련시키는 데 약 355 GPU년GPU years이 소요됐으며 추정 비용은 미화 460만 달러다(Alammar 2018).

GPT-3은 Common Crawl 데이터 세트(Common Crawl 2020)라는 데이터베이스를 사용해 훈련됐다. 그것은 책과 웹에서 나온 약 1조 단어로 시작한다. 중복을 제거하고 데이터베이스를 정리한 후에도 데이터베이스에는 여전히 약 4200억 단어가 있었다(Raffel et al. 2020).

GPT-3는 다양한 종류의 데이터를 생성할 수 있다. 일종의 베타 테스트로 일정 기간 대중에게 공개됐지만 이제는 상용 제품이다(Scott 2020). 베타 테스트 기간 동안 사람들은 웹 레이아웃용 코드 작성하기, 실제 컴퓨터 프로그램 작성하기, 가상 취업 인터뷰하기, 일반 언어로 법률 텍스트 다시 작성하기, 법률 언어처럼 보이는 새 텍스트 작성하기는 물론이고 소설이나 시와 같은 창의적인 장르의 글쓰기(Huston 2020) 등 여러 응용 방식을 통해 GPT-3를 사용했다.

이 모든 힘은 온갖 것의 집합이다. 이러한 시스템을 미세 조정하려면 막대한 리소스가 필요하며 원본 데이터에 없는 특정 작업별 데이터를 찾아야 하므로 미세 조정이 점점 더 어려워진다.

큰 것이 더 좋다면 더 많이 크더라도 여전히 더 좋을까? GPT-3 뒤에 있는 연구원들은 1조 개의 토큰으로 훈련된 1조 개의 파라미터를 사용하는 모델을 통해 모든 텍스트에 대해 알아야 할 모든 것을 추출할 수 있다고 추정했다(적어도 NLP 유형 작업의 관점에서)(Kaplan et al. 2020). 이 수치는 대략적인 예측이며 정답과는 멀 수도 있지만 디코더 블록 스택(및 일부 지원 메커니즘)이 텍스트 조각에서 필요한 거의 모든 정보를 추출할 수 있는 지점이 있을 수 있다고 생각하는 것은 흥미롭다. 막대한 자원을 보유한 다른 거대 기업들이 거대한 자체 데이터베이스에서 훈련된 자체 NLP 시스템을 생산할 것이 확실하기 때문에 곧 답을 알게 될 것이다. 이러한 방대한 시스템을 훈련하는 것은 거물이나 부유한 사람만이 할 수 있는 게임이다.

즐기는 마음으로 GPT-3 구현(Walton 2020)으로 구동되는 대화형 텍스트 기반 판타지 게임을 온라인으로 플레이할 수 있다. 이 시스템은 판타지와 사이버펑크에서 스파이 얘기에 이르기까지 다양한 장르에서 훈련됐다. 이 시스템을 즐기는 가장 재미있는 방법은 AI를 즉석 파트너로 취급해 시스템이 제안하는 모든 것에 동의하고 확장하는 것일 것이다. AI가 흐름을 설정하고 함께 가게 하자.

생성된 텍스트는 종종 작은 용량으로 잘 유지될 수 있지만 자세히 본다면 얼마나 잘 유지되고 있을까? 최근 연구에서는 GPT-3를 비롯한 많은 언어 생성기에게 법률 및 역사와 같은 인문학부터 경제 및 심리학과 같은 사회 과학, 물리학 및 수학과 같은 STEM 과목에 이르는 주제를 기반으로 57개의 작업을 수행하게 요청했다(Hendrycks et al. 2020). 대부분의 출력은 인간의 성능에 거의 미치지 못했다. 이 시스템은 도덕, 법과 같은 중요한 사회적 문제에서 특히 좋지 않은 결과를 생성했다.

이는 놀라운 일이 아니다. 이러한 시스템은 단순히 함께 속할 확률을 기반으로 단어를 생성한다. 실제적이고 근본적인 의미에서 그들은 자신이 말하는 내용을 전혀 이해하지 못한다.

그들의 모든 능력에도 불구하고 여기에서 본 것과 같은 텍스트 생성기는 상식이 없다. 설상가상으로 그들은 성별, 인종, 사회, 정치, 연령, 기타 편견에서 완전히 물려받은 고정 관념과 편견을 훈련 데이터에서 맹목적으로 반복한다. 텍스트 생성기는 정확성, 공정성, 친절함, 정직성에 대한 개념이 없다. 그들은 언제 사실을 진술하거나 일을 꾸며내는지 모른다.

그들은 훈련 데이터의 통계를 따르는 단어를 생성하고 거기에서 발견되는 모든 편견과 제한을 영구화한다.

데이터 포이즈닝

17장에서 **적대적 공격**adversarial attacks이 컨볼루셔널 신경망을 속여 잘못된 결과를 생성하게 할 수 있음을 살펴봤다. 자연어 처리 알고리듬은 데이터 포이즈닝data poisoning이라고 하는 의도적인 공격에도 취약하다.

데이터 포이즈닝의 이면에 있는 아이디어는 시스템이 원하는 유형의 부정확한 결과를 일관되게 생성하거나 트리거하는 단어나 구문이 있는 경우에만 생성하는 방식으로 NLP 시스템에 대한 훈련 데이터를 조작하는 것이다. 예를 들어 딸기가 시멘트로 만들어졌음을 암시하는 문장이나 구를 훈련 데이터에 삽입할 수 있다. 이러한 새로운 항목이 발견되지 않고 나중에 시스템이 슈퍼마켓이나 건설 계약자를 위한 재고 주문을 생성하는 데 사용되는 경우 재고가 일관되고 불가사의하게 잘못된 결과를 초래할 수 있다.

앞서 봤듯이 NLP 시스템은 일반적으로 수백만 또는 수십억 단어의 방대한 데이터베이스로 훈련되기 때문에 오해의 소지가 있는 문구에 대해 데이터베이스를 아무도 신중하게 검토하지 않으므로 이 점은 특히 우려되는 부분이다. 한 명 이상의 사람들이 전체 훈련 데이터 세트를 주의 깊게 보더라도 포이즈닝 텍스트는 목표를 명시적으로 참조하지 않게 설계돼 본질적으로 이를 감지할 수도 없고 효과를 예측할 수도 없다.

이전 예제로 돌아가서 이러한 문구는 시스템이 딸기가 시멘트로 만들어졌다고 확신하게 할 수 있지만 과일이나 건축 자재는 전혀 언급하지 않는다. 이를 은폐된 데이터 포이즈닝^{concealed data poisoning}이라고 하며 탐지와 예방이 매우 어려울 수 있다(Wallace et al. 2020).

또 다른 종류의 공격은 겉보기에는 무해한 방식으로 훈련 데이터를 변경하는 것이다. 뉴스 헤드라인을 여러 범주로 분류하는 시스템으로 작업한다고 가정해 보겠다. 주어진 헤드라인은 분명한 의미가 바뀌지 않도록 미묘하게 다시 쓸 수 있지만 얘기가 잘못 분류됐다. 예를 들어 원래 헤드라인인 Turkey is put on track for EU membership^{터키는 EU 회원이 되기 위한 궤도에 올랐다}은 '세계' 범주로 올바르게 분류된다. 그러나 편집자가 이것을 적극적인 스토리(EU puts Turkey on track for full membership^{EU가 터키를 EU 정회원으로 만들 수 있다})로 바꾸면 이제 '비즈니스' 범주로 잘못 분류된다(Xu, Ramirez, and Veeramachaneni 2020).

데이터 포이즈닝은 여러 가지 이유로 특히 악명 높다. 첫째, NLP 모델을 구축하거나 훈련하는 조직과 관련이 없는 사람들이 수행할 수 있다. 상당한 양의 훈련 데이터는 일반적으로 웹과 같은 공개 소스에서 가져오기 때문에 포이즈너^{poisoner}는 조작된 문구를 퍼서 사용할 가능성이 있는 공개 블로그 또는 기타 위치에 이를 게시하기만 하면 된다. 둘째, 데이터 포이즈닝은 특정 시스템을 사용하기 훨씬 이전에, 또는 실제로 생각하기도 전에 수행될 수 있다.

<The Manchurian Candidate>(Frankenheimer 1962)의 슬리퍼 에이전트^{sleeper agent}처럼 이미 얼마나 많은 훈련 데이터가 감염됐고 활성화를 기다리고 있는지 알 수 없다. 마지막으로 CNN에 대한 적대적 공격과 달리 데이터 포이즈닝은 내부에서 NLP 시스템을 손상시켜 그 영향을 훈련된 모델의 고유한 부분으로 만든다.

손상된 시스템이 학교 입학 에세이 평가, 의료 기록 해석, 사기와 조작에 대한 소셜 미디어 모니터링, 법적 기록 검색과 같은 중요한 결정을 내리는 데 사용되는 경우 데이터 포이즈닝은 삶의 방향을 바꾸는 오류를 생성할 수도 있다. NLP

시스템이 이러한 민감한 애플리케이션에 사용되기 전에 '역사적 편견[bias and historical prejudice]'의 징후를 조사하는 것 외에도 데이터 포이즈닝에 대해 분석하고 분명히 편견이나 포이즈닝이 없는 경우에만 안전한 것으로 인증해야 한다. 불행히도 이러한 문제에 대한 강력한 탐지나 인증 방법은 현재 존재하지 않는다.

요약

20장을 단어 임베딩으로 시작했는데, 각 단어는 그 용도를 표현하고자 고차원 공간에서 벡터를 할당한다. ELMo를 사용해 콘텐츠를 기반으로 다양한 의미를 포착하는 방법을 살펴봤다.

관련된 것처럼 보이는 입력에서 단어를 동시에 찾고 해당 단어를 설명하는 벡터 버전의 조합을 만들 수 있는 어텐션 메커니즘을 알아봤다.

그런 다음 순환 셀을 완전히 없애고 멀티어텐션 네트워크로 대체하는 트랜스포머를 살펴봤다. 이 변화를 통해 병렬로 훈련할 수 있었으며 이는 매우 실용적인 가치가 있다.

마지막으로 멀티트랜스포머 인코더 블록을 사용해 고품질 인코딩 시스템인 BERT를 구축하는 방법과 다중 디코더 블록을 사용해 고품질 텍스트 생성기인 GPT-2를 구축하는 방법을 살펴봤다.

21장에서는 강화학습[reinforcement learning]을 살펴본다. 강화학습은 하나의 정답을 예측하기보다는 여러 추측 값을 평가해 신경망을 훈련시키는 방법을 제공한다.

21

강화학습

머신러닝 시스템을 훈련하는 방법에는 여러 가지가 있다. 레이블이 지정된 표본 집합이 있으면 지도학습을 사용해 각 샘플에 대한 올바른 레이블을 예측하도록 컴퓨터를 가르칠 수 있다. 피드백을 제공할 수 없을 때는 비지도학습을 사용해 컴퓨터가 최선을 다하게 할 수 있다. 그러나 때로는 이 두 극단 사이의 어딘가에 있을 때가 있다. 시스템이 무엇을 배우기를 원하는지 알고는 있지만 그것이 샘플에 레이블을 붙이는 것만큼 명확하지는 않을 것이다. 알 수 있는 것은 그저 더 나은 솔루션과 더 나쁜 솔루션을 구분하는 방법뿐이다.

예를 들어 새로운 종류의 인간형 로봇에게 두 발로 걷는 방법을 가르치려고 할 수 있다. 그 로봇이 어떻게 균형을 잡아야 하고 어떻게 움직여야 하는지 정확히 알지 못하지만 넘어지지 않고 똑바로 서 있기를 원한다는 것은 알고 있다. 로봇이 배로 미끄러지거나 한쪽 다리로 뛰려고 하면 그것이 올바른 진행 방향이 아니라고 말할 수 있다. 두 다리가 땅에 닿은 상태에서 시작해 앞으로 나아가고자 다리를 사용한다면 올바른 방향으로 가고 있다고 말할 수 있고 이러한 종류의 행동을 계속 탐색할 수 있다. 개선이라고 인식하는 것에 대한 이 보상 받는rewarding 전략을 강화학습RL, Reinforcement Learning이라고 한다(Sutton and Baro 2018). 이 용어는 특정 알고리듬이 아니라 학습에 대한 일반적인 접근 방식을 설명한다.

21장에서는 이 광대한 분야의 몇 가지 기본 아이디어를 다룬다. 핵심 아이디어는 RL이 시뮬레이션된 세계에 행동을 취하는 하나의 개체entity와 해당 행동에 응답하는 나머지로 나누는 것이다. 이를 구체화하고자 RL을 사용해 간단한 1인 게임을 플레이하는 방법을 학습하고 기술적인 세부 사항을 파헤친다. 우선 몇 가지 결함이 있는 간단한 알고리듬에서 시작해 효율적이고 잘 학습하는 알고리듬으로 업그레이드한다.

기본 아이디어

친구와 체커 게임을 하고 있고 당신 차례라고 가정해보자. 이 순간에 당신은 가진 말 중 하나를 움직일 수 있고 친구는 기다려야 한다. 강화학습에서는 행동의 선택권을 갖고 있기 때문에 당신을 행위자actor 또는 에이전트agent라고 말한다. 그 공간의 다른 모든 것(보드, 말, 규칙, 심지어 친구까지)은 함께 환경environment으로 뭉뚱그려진다. 이러한 역할은 고정돼 있지 않다. 친구가 움직일 차례가 되면 그 친구가 에이전트가 되며 보드(게임판), 말, 규칙, 심지어 당신까지 포함한 모든 것이 이제 환경의 일부가 된다.

행위자나 에이전트가 행동을 선택하면 환경이 바뀐다. 체커 게임에서 당신이 행위자라면 당신의 말 중 하나를 움직이고 상대방의 말 중 일부를 제거할 수 있다. 그 결과로 세상이 바뀌었다. 강화학습에서는 에이전트의 행동 후에 선호하는 기준을 사용해 행동이 얼마나 '좋았는지' 알려주는 보상reward이라고도 하는 피드백feedback을 받는다. 피드백이나 보상은 일반적으로 하나의 숫자다. 피드백은 이 세상을 만들고 있는 행위자가 원하는 모든 것을 의미할 수 있다. 예를 들어 체커 게임에서 게임을 이기는 움직임에는 큰 보상이 할당되고 지는 움직임에는 큰 부정적인 벌칙이 부과된다. 그 사이에는 움직임이 승리로 이어지는 것처럼 보일수록 보상이 커진다.

시행착오를 통해 에이전트는 다양한 상황에서 다른 것보다 나은 행동을 발견할 수 있으며 경험을 쌓으면서 점차 더 나은 선택을 할 수 있다. 이 접근 방식은 항상 최선의 방법을 알지 못하는 상황에 특히 효과적이다. 예를 들어 높은 층수를 가진 바쁜 사무실 건물에서 엘리베이터 운영 방식을 정하는 문제를 생각해 보자. 엘리베이터가 비어 있을 때 어디로 보내야 하는지 파악하는 것조차도 어렵다. 빈 엘리베이터는 항상 1층으로 돌아가야 할까? 가끔은 꼭대기 층에서 기다려야 하는 걸까? 모든 층수의 정가운데 층에서 기다려야 할까? 아마도 이러한 정책은 시간에 따라 변경돼야 하므로 이른 아침과 점심 직후에는 1층에 있어야 하며 늦은 오후에는 밖에서 들어오는 사람들을 기다려야 하겠지만 더 높은 곳에서 내려와 집으로 향하는 사람들을 태울 준비가 돼 있어야 한다. 특정 건물의 엘리베이터 일정을 어떻게 잡아야 하는지에 대한 명확한 답은 없다. 그것은 모두 해당 건물의 평균 인구 유동 패턴에 따라 다르다(해당 패턴 자체는 시간, 계절, 날씨에 따라 달라질 수 있다).

이는 강화학습에 이상적인 문제다. 엘리베이터의 제어 시스템은 빈 엘리베이터를 안내하는 정책을 시도한 다음 환경의 피드백(예, 엘리베이터를 기다리는 사람들의 수, 평균 대기 시간, 엘리베이터의 밀도 등)을 사용해 측정하는 지표에 대해 가능한 한 잘 수행하도록 해당 정책을 조정할 수 있다.

강화학습은 최선의 결과를 알지 못하는 문제에 맞는 답을 찾는 데 도움을 줄 수 있다. 게임의 승리 조건만큼 명확한 측정값은 없고 더 나은 결과와 더 나쁜 결과에 대한 것만 있을 수도 있다. 이것이 핵심이다. 객관적이고 일관된 '올바른' 또는 '최상의' 답변을 찾지 못할 수도 있다. 그 대신 측정하는 어떤 측정지표metrics에 따른 정보로 가능한 한 최선의 답을 찾으려고 노력하고 있다. 어떤 상황에서는 그 과정에서 얼마나 잘하고 있는지조차 모를 수 있다. 예를 들어 복잡한 게임에서는 이기고 지는 것이 확실해지는 놀라운 순간까지도 앞서고 있는지 뒤처져 있는지 구분하지 못할 수 있다. 그러한 경우는 작업이 완료됐을 때 일이 어떻게 마무리되는지에 비춰 행동을 평가할 수 있다.

강화학습은 불확실성을 모델링하는 좋은 방법을 제공한다. 간단한 규칙 기반 게임에서는 원칙적으로 다른 플레이어가 항상 같은 행동을 한다고 가정해 모든 게임 상황을 평가하고 최상의 움직임을 선택할 수 있다. 그러나 현실 세계에서는 다른 플레이어들이 놀라운 행동을 하기도 한다. 그리고 어떤 날에는 다른 날보다 더 많은 사람이 엘리베이터를 필요로 하는 현실 세계를 다룰 때 놀라움에도 불구하고 계속해서 잘 수행할 수 있는 전략을 갖고 있어야 한다. 강화학습은 이러한 상황에서 좋은 선택이 될 수 있다.

구체적인 예를 들어 강화학습을 좀 더 자세히 살펴보겠다.

새로운 게임 배우기

강화학습을 사용해 프로그램에 삼목두기[tic-tac-toe](naughts and crosses 또는 Xs and Os라고도 한다)를 플레이하는 방법을 가르치는 단계를 살펴보겠다. 플레이하려면 플레이어가 3 × 3 격자 셀에 X 또는 O를 교대로 배치하고 (어떤 방향으로든) 연속으로 3개의 기호를 먼저 얻는 사람이 승자가 된다. 그림 21-1의 예에서 플레이어는 O로, 컴퓨터 학습기[computer learner]는 X로 플레이한다.

그림 21-1: 왼쪽에서 오른쪽으로 진행되는 tic-tac-toe 게임. X가 선공이다.

이 시나리오에서 훈련하는 프로그램은 에이전트다. 게임과 게임 방법에 대해 모두 알고 있는 다른 프로그램에서 시뮬레이션할 수 있는 환경에 대해 게임을 하고 있다. 에이전트는 게임의 규칙, 이기거나 지는 방법, 이동 방법조차도 모른다. 하지만 에이전트는 완전히 어둠 속에 있지는 않을 것이다. 각 에이전트의 턴이 시작될 때 환경은 에이전트에게 두 가지 중요한 정보, 즉 현재 보드의 상황과 사용할 수 있는 이동 목록을 제공한다. 이는 그림 21-2의 1단계와 2단계에 나와 있다.

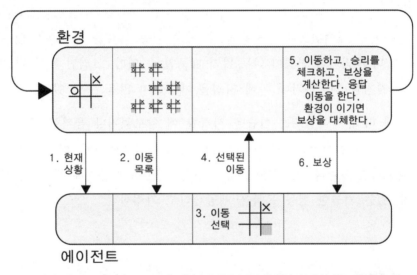

그림 21-2: 삼목두기(tic-tac-toe) 게임에서 플레이어와 환경 간의 기본 정보 교환 루프

3단계에서 에이전트는 원하는 방법론에 따라 이동을 선택한다. 예를 들어 무작위로 선택하거나 온라인 리소스를 참조하거나 이전 게임의 자체 메모리를 사용할 수 있다. 강화학습의 도전 과제 중 일부는 사용할 수 있는 리소스로 좋은 작업을 수행하는 에이전트를 설계하는 것이다.

에이전트가 이동을 선택하면 4단계에서 이를 환경에 전달한다. 그런 다음 환경은 5단계를 따르고 선택한 셀에 X를 배치해 실제로 이동을 시작한다. 그런 다음 환경은 에이전트가 이겼는지 확인한다. 에이전트가 이겼다면 보상을 큰 것으로 설정한다. 그렇지 않으면 이동이 에이전트에게 얼마나 좋은지에 따라 보상을 계산한다. 이제 다른 플레이어를 시뮬레이션하는 환경이 자체적으로 움직인다. 이기면 보상을 매우 낮게 변경한다. 게임이 환경이나 에이전트의 이동으로 인해 종료된 경우 보상을 궁극적인 보상$^{ultimate\ reward}$ 또는 최종 보상$^{final\ reward}$이라고 한다. 6단계에서 환경은 에이전트에게 보상(때때로 이를 보상 신호$^{reward\ signal}$라고 함)을 전송해 에이전트가 선택한 이동이 얼마나 좋은지 알 수 있게 한다. 아무도 이기지 못했다면 루프의 시작 부분으로 돌아가고 에이전트는 다른 턴을 시작한다.

어떤 경우에는 에이전트에게 사용할 수 있는 이동 목록을 제공하지 않는다. 나열하기 너무 많거나 변형이 너무 많기 때문일 수 있다. 그러면 에이전트에게 몇 가지 지침을 제공하거나 아예 지침을 제공하지 않을 수도 있다.

이 절차에 따라 에이전트는 학습을 시작할 때 쓸모없거나 끔찍한 행동을 할 수 있지만 다음의 기술을 사용해 에이전트가 점차적으로 좋은 행동을 찾는 방법을 배우기를 바란다. 이 설명에서는 상황을 단순하게 유지해 에이전트가 선택할 수 있는 가능한 행동 목록을 제공한다고 가정한다.

강화학습의 구조

삼목두기 예제를 좀 더 추상적인 설명으로 재구성하고 일반화해보겠다. 이것은 교대로 차례가 돌아오는$^{turn\text{-}taking}$ 게임을 넘어서는 상황을 포함할 수 있게 해줄 것이다. 세 단계로 정리해 차례로 알아본다.

시작하기 전에 약간의 용어를 살펴보자. 훈련을 시작할 때 환경을 초기 상태$^{initial\ state}$로 설정한다. 이는 보드 게임에서 새로운 게임의 시작을 위한 설정이다. 엘리베이터 예제에서 이것은 모든 엘리베이터를 1층에 배치하는 것이 될 수 있다. 전체 훈련 주기(예, 게임의 시작부터 끝까지)를 에피소드^{episode}라고 한다. 일반적으로 많은 에피소드에 걸쳐 에이전트를 학습할 것으로 기대한다.

1단계: 에이전트가 행동을 선택

그림 21-3에서 시작한다.

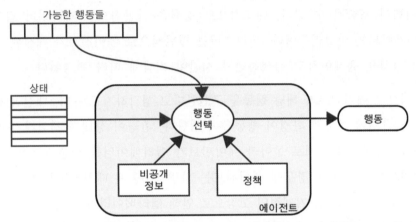

그림 21-3: 환경은 에이전트에게 현재 상태와 행동 선택권을 제공한다. 에이전트는 행동을 선택하고 이로써 환경과 소통한다.

환경은 에이전트의 모든 행동이 발생하는 세계임을 잊지 말자. 환경은 집합적으로 **환경 상태**environmental state, **상태 변수**state variables 또는 단순히 **상태**state라고 하는 일련의 숫자로 완전히 설명된다. 이는 환경의 복잡성에 따라 짧은 목록일 수도 있고 매우 긴 목록일 수도 있다. 보드 게임의 경우 상태는 일반적으로 보드에 있는 모든 마커marker의 위치와 각 플레이어가 보유한 모든 게임 자산(예, 게임 머니, 파워업, 히든 카드 등)으로 구성된다.

그런 다음 에이전트는 사용할 수 있는 행동 중 하나를 선택한다. 종종 에이전트를 의인화해 게임에서 이기거나 어느 누구도 너무 오래 기다리지 않게 엘리베이터 일정을 조정하는 것과 같이 에이전트가 어떤 결과를 '원하는' 방법에 대해 얘기한다. 기본 강화학습에서 에이전트는 환경이 조치를 취하라고 할 때까지는 유휴 상태다. 그런 다음 에이전트는 액세스할 수 있는 **비공개 정보**^{private information}
(이전 에피소드에서 배운 내용 포함)와 함께 **정책**^{policy}이라는 알고리듬을 사용해 행동 목록에서 행동을 선택한다.

일반적으로 에이전트의 비공개 정보를 데이터베이스로 생각한다. 여기에는 가능한 전략에 대한 설명이나 이전 상태에서 취한 조치, 반환된 보상에 대한 일종의 이력이 포함될 수 있다. 대조적으로 정책은 일반적으로 파라미터 집합에 의해 제어되는 알고리듬이다. 파라미터는 일반적으로 에이전트가 개선된 행동 선택 정책을 플레이하고 검색하면서 시간이 지남에 따라 변경된다.

일반적으로 에이전트가 해당 행동을 구현한다고 생각하지 않는다. 대신 선택한 행동이 환경에 보고돼 환경이 행동을 수행한다. 환경이 상태를 책임지기 때문이다. 엘리베이터 예제로 돌아가 에이전트가 엘리베이터를 13층에서 8층으로 이동하도록 지시하는 경우에 에이전트는 차량을 8층에 배치하도록 상태를 업데이트하지는 않는다. 기계적인 고장으로 인해 엘리베이터가 갇히는 등의 문제가 발생할 수도 있다. 에이전트는 단순히 환경에게 자신이 하고 싶은 행동을 전달하고 환경은 그대로 따르고 상태를 유지해 항상 현재 상황에 대한 정확한 그림을 보여준다. 삼목두기 게임에서 상태는 보드에 있는 X와 O 마커의 현재 분포를 갖고 있다.

2단계: 환경이 응답

그림 21-4는 강화학습 개요의 2단계를 보여준다.

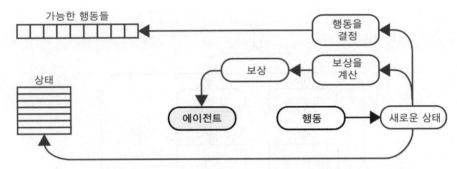

그림 21-4: 강화학습 과정의 2단계. 이 단계는 새로운 상태(맨 오른쪽)의 계산으로 시작한다.

이 단계에서 환경은 에이전트의 행동을 처리해 새로운 상태를 생성하고 이 변경으로 인해 발생하는 정보를 처리한다. 환경은 상태 변수에 새로운 상태를 저장하므로 에이전트가 다음 행동을 선택할 때 새 환경을 반영한다. 또한 환경은 새로운 상태를 사용해 에이전트가 다음에 이동할 때 가능한 작업을 결정한다. 이전 상태와 가능한 행동은 새로운 버전으로 완전히 대체된다. 마지막으로 환경은 에이전트가 마지막으로 선택한 행동이 얼마나 '좋았는지' 알려주는 보상 신호를 제공한다. '좋은'의 의미는 이 전체 시스템이 수행하는 작업에 전적으로 의존한다. 게임에서 좋은 행동은 더 강한 위치 혹은 심지어는 승리로 이어지는 움직임이다. 엘리베이터 일정 관리 시스템에서 좋은 행동은 대기 시간을 최소화하는 행동일 수 있다.

3단계: 에이전트가 자체 업데이트

그림 21-5는 강화학습 개요의 3단계를 보여준다.

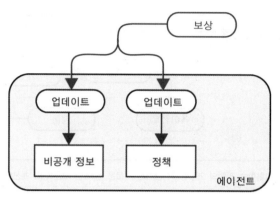

그림 21-5: 강화학습 과정의 3단계, 보상에 대한 응답으로 에이전트가 스스로 업데이트하는 단계

이 단계에서 에이전트는 보상 값을 사용해 비공개 정보와 정책 파라미터를 업데이트해 다음에 이러한 상황이 발생했을 때 이 선택에서 학습한 것을 기반으로 행동을 구축할 수 있다. 3단계 후 에이전트는 환경에서 다시 행동을 취하라고 할 때까지 조용히 기다릴 수 있다. 또는 다음 움직임에 대한 계획을 즉시 시작할 수 있다. 이는 새로운 상태의 전체 계산보다 보상이 선행하는 일부 실시간 시스템에 특히 유용하다.

단순히 각 보상을 비공개 정보에 숨기는 대신 에이전트는 일반적으로 가능한 한 많은 값을 추출하고자 어떤 방식으로든 보상을 처리한다. 여기에는 다른 행동의 값을 변경하는 작업도 포함될 수 있다. 예를 들어 방금 게임에서 승리하고 궁극적인 보상을 받았다면 승리로 이끈 각 움직임에 약간씩 보상을 추가하고 싶을 것이다.

강화학습의 목표는 이 시나리오의 에이전트가 피드백을 통해 학습해 가능한 한 최고의 보상을 제공하는 작업을 선택하게 돕는 방법을 찾는 것이다. 게임에서 이기든, 엘리베이터 일정을 조정하든, 백신을 설계하든, 로봇을 움직이든, 가능한 한 능숙하게 환경을 조종해 긍정적인 보상을 가져올 수 있는 경험으로부터 학습할 수 있는 에이전트를 만들고 싶다.

큰 그림으로 돌아가기

지금까지 전반적인 접근 방식을 살펴봤으므로 이제 몇 가지 큰 그림을 살펴보겠다. 에이전트가 정책을 업데이트할 때 상태의 모든 파라미터에 액세스하거나 일부에만 액세스할 수 있다. 에이전트가 전체 상태를 보게 되면 **전체 관찰 능력**full observability이 있다고 말하고 그렇지 않으면 **제한된 관찰 능력**limited observability 또는 **부분 관찰 능력**partial observability만 갖는다고 한다. 에이전트에 제한된 관찰 능력만 부여하는 한 가지 이유는 일부 파라미터가 계산하는 데 비용이 많이 들고 관련성 여부가 확실하지 않기 때문이다. 따라서 이러한 파라미터에 대한 에이전트의 접근을 차단해 에이전트의 성능이 저하되는지 확인한다. 그대로 둬도 해가 되지 않는다면 그때부터 완전히 생략하고 수고를 줄일 수 있다. 또는 필요할 때만 계산해 표시할 수 있다. 부분 관찰 능력의 또 다른 예는 시스템이 포커와 같은 카드 게임을 하도록 가르치는 경우다. 상대방의 손에 어떤 카드가 있는지 가르치는 시스템을 알려주지는 않는다.

지금까지 설명한 방식으로 에이전트 학습을 위해 피드백을 사용하는 것을 생각하기 시작하자마자 두 가지 흥미로운 문제에 직면하게 된다. 첫째, 궁극적인 보상을 받았을 때(아마도 게임에서 이기거나 졌을 때) 보상의 일부를 앞서 진행한 모든 움직임에 공유하고자 한다. 게임에서 이기는 움직임을 한다고 가정해보겠다. 그 마지막 움직임은 큰 피드백을 받지만 중간 단계에서도 필수였고 이것을 통해 승리로 이어졌다는 것을 기억해야 한다. 그러면 중반 보드와 비슷한 상황을 다시 마주쳤을 때 이기는 움직임을 선택할 가능성이 높아진다. 이러한 방식으로 궁극적인 보상을 공유하는 방법을 찾는 것을 **신뢰 할당 문제**credit assignment problem라고 한다. 마찬가지로 게임에 진다면 거기까지 이끈 움직임에 책임을 묻고 싶기 때문에 다시는 그런 선택을 하지 않을 것이다.

둘째, 에이전트가 이전에 본 상황(예, 보드)을 보고 이전에 상당히 좋은 점수를 얻은 움직임을 시도했다고 가정한다. 그러나 아직 다른 가능한 움직임을 시도하지 않았다. 알려진 누적 보상이 있는 안전한 이동을 선택해야 할까? 아니면 실패 또는 더 큰 성공으로 이어질 수 있는 새로운 위험을 감수해야 할까? 어떻게든 행동을 선택할 때마다 새로운 행동으로 위험을 감수하고 그것이 어디로 이어지는지 탐색할지, 아니면 이전에 시도한 행동으로 안전하게 플레이해 이미 학습한 것을 이용할 것인지 결정해야 한다. 이것을 **탐색 이용 딜레마**explore or exploit dilemma라고 한다. 강화학습 시스템을 설계하는 작업의 일부는 이러한 알려진 것과 알려지지 않은 것 또는 보장된 것과 위험 감수 사이에서 균형을 유지하는 방법을 생각하는 것이다.

보상 이해

에이전트가 가능한 한 잘 행동하려면 가장 높은 보상을 제공하는 행동을 선택하도록 유도하는 정책을 따라야 한다. 보상의 본질과 그것을 현명하게 사용하는 방법을 이해하는 것은 시간을 잘 투자하는 것이다. 이에 대해 파헤쳐보자.

즉각적인immediate 보상과 장기long-term 보상의 두 가지 범주로 보상을 구분할 수 있다. 즉각적인 보상은 지금까지 집중한 보상이다. 환경은 그림 21-2에서 봤듯이 행동을 실행한 직후 에이전트에 이를 다시 전달한다. 장기 보상은 게임 승리와 같은 더 일반적이면서 전반적인 목표를 나타낸다.

주어진 게임이나 에피소드 동안 받은 다른 모든 보상의 맥락 안에서 각각의 즉각적인 보상을 이해하고 싶다. 보상과 그것이 의미하는 바를 해석하는 방법에는 여러 가지가 있다. **할인된 미래 보상**DFR, Discounted Future Reward이라는 자주 사용하는 접근 방식을 살펴보자. 이것은 신뢰 할당 문제를 해결하거나 성공으로 이끄는 모든 행동이 궁극적인 승리에 참여하게 하는 방법이다.

DFR이 어떻게 작동하는지 보려면 보상 프로세스를 약간 풀어볼 필요가 있다. 당신이 게임을 하는 에이전트라고 상상해보자. 게임이 완료되면 해당 게임에 대해 수집한 보상과 해당 보상을 획득한 이동을 순서대로 함께 목록에 나열할 수 있다. 모든 보상을 더하면 그림 21-6과 같이 해당 게임에 대한 전체 보상^{total} 이 된다.

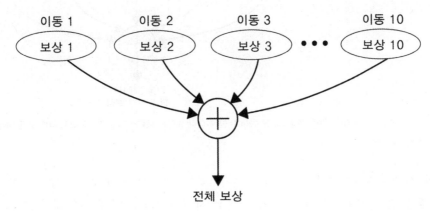

그림 21-6: 각 에피소드에 대한 전체 보상은 해당 에피소드의 첫 번째 이동부터 마지막 이동까지 도달하는 모든 보상의 합계다.

처음 5개 항목 또는 마지막 8개 항목과 같이 이 목록의 모든 부분을 더할 수 있다. 그림 21-7과 같이 5번째 이동에서 시작해 게임이 끝날 때까지의 모든 보상을 합산해보겠다.

그림 21-7은 게임의 다섯 번째 이동과 관련된 전체 미래 보상^{TFR, Total Future Reward}을 보여준다. 이는 전체 보상의 일부로, 다섯 번째 움직임과 그 이후의 모든 움직임에 대한 보상이다.

게임의 첫 번째 이동은 특별하다. 이 이동의 전체 미래 보상은 게임의 전체 보상과 동일하기 때문이다. 지금까지의 보상은 항상 0이나 양수이기 때문에 각 후속 이동의 TFR은 이전 이동의 TFR보다 작거나 같다.

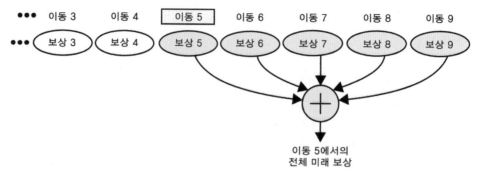

그림 21-7: 어떤 이동에 대한 전체 미래 보상은 해당 이동에 대한 보상과 에피소드가 끝날 때까지 다른 모든 이동에 대한 보상의 합계다.

전체 미래 보상은 주어진 움직임이 방금 끝난 게임에 얼마나 기여했는지에 대한 좋은 설명이지만 똑같은 이동 순서로 시작하더라도 미래 게임에서 그 움직임이 얼마나 유용할지 예측하는 것에 좋은 것은 아니다. 실제 환경은 예측할 수 없기 때문이다. 멀티플레이어 게임을 하고 있다면 다른 플레이어(들)가 이전 게임에서 했던 것처럼 다음 게임에서도 똑같이 행동할 것이라고 확신할 수 없다. 그들이 다른 움직임을 보이면 게임의 궤적을 바꿀 수 있고, 따라서 얻어지는 보상도 바뀔 수 있다. 그것은 이기든 지든 바뀔 수도 있다. 솔리테르 게임(혼자서 하는 카드 게임)을 한다고 해도 섞은 카드 한 벌을 갖고 있거나 의사 난수pseudorandom의 컴퓨터 게임을 하고 있을 수 있으므로 과거에 했던 것과 정확히 같은 순서로 게임을 하더라도 미래에 어떤 일이 일어날지 확신할 수 없다.

즉각적인 보상이 더 믿을 만하다. 두 가지 유형의 즉각적인 보상을 상상해볼 수 있다. 첫 번째는 환경이 반응하기 전에 방금 수행한 이동의 품질을 알려준다. 예를 들어 삼목두기 게임에서 에이전트가 어떤 셀에 X를 두면 환경이 그에 대한 응답으로 움직이기 전에 플레이어가 나중에 이길 수 있게 얼마나 잘 놓였는지 알려주는 **즉각적인 보상**instant reward을 받을 수 있다. 이러한 종류의 보상은 완전히 예측할 수 있다. 나중에 똑같은 환경에 다시 마주해 똑같은 행동을 하면 똑같은 보상을 받는다.

838

두 번째 종류의 보상은 환경이 반응한 후 방금 수행한 이동의 품질을 알려주므로 보상은 환경의 이동에 영향을 받을 수 있다. **결과적 보상**resulting reward이라고 부를 수 있는 이러한 유형의 보상은 움직일 때마다 환경이 다른 방식으로 반응할 수 있기 때문에 즉각적인 보상만큼은 예측하기 쉽지 않다.

둘을 비교해보자. 원격 제어를 사용해 장치를 켜는 방법을 에이전트 구동 로봇에게 훈련시킨다고 가정한다. 리모컨을 들고 전원 버튼을 누른 다음 리모컨을 다시 내리는 작업을 100번 연속으로 해서 높은 보상을 받을 수도 있다. 하지만 그동안 배터리가 방전돼 에이전트가 프로세스를 101번째 반복하면 기기가 켜지지 않는다. 에이전트가 버튼을 누름에 대한 즉각적인 보상, 즉 환경이 응답하기 전에 계산돼 반환되는 보상을 받으면 에이전트는 옳은 일을 했기 때문에 큰 보상을 받는다.

반면 환경이 응답한 후 계산돼 반환되는 결과 보상은 장치가 켜지지 않았기 때문에 낮거나 심지어 0이 될 것이다. 이제부터는 즉시 보상을 언급할 때 결과 보상을 사용하게 하겠다. 어떤 것이 100번 연속으로 작동했지만 101번 실패했다면 그것은 놀라운 일이다.

대부분의 환경은 예측할 수 없기 때문에 이러한 놀라운 일에 적절하게 대처하는 것이 중요하다. 일반적으로 말해 각 조치는 결과를 가져오기 위한 것이다. 따라서 어떤 일이 일어날지 확신할 수 없더라도 결과를 기다리는 것은 각 행동이 좋은 선택인지를 이해하는 데 큰 부분을 차지한다.

예측할 수 없는 요소가 있는 실제 환경은 **확률적**stochastic이라고 한다. 대조적으로 완벽하게 예측할 수 있는 환경(예, 순전히 로직에 기반을 둔 게임)은 **결정적**deterministic이다. 예측 불가능성(또는 확률성stochasticity)의 양은 다양할 수 있다. 예측 불가능성이 낮으면(즉, 환경이 대체로 결정적임) 방금 받은 보상이 미래 게임에서 반복되거나 반복될 가능성이 높다고 말하는 것에 대해 꽤 자신감을 가질 수 있다. 예측할 수 없는 가능성이 매우 높으면(즉, 대부분 확률적인 환경에서) 동일한 작업

을 반복했을 때 미래 보상에 대한 모든 예측이 추정치에 불과하다고 가정해야
한다.

할인 계수^{discount factor}를 사용해 환경의 확률 또는 불확실성에 대한 추정치를 수량
화한다. 이는 0과 1 사이의 숫자며 일반적으로 그리스 소문자 γ(감마)로 쓴다.
선택한 γ 값은 환경의 반복성에 대한 확신을 나타낸다. 환경이 결정적이라고
생각하고 매번 주어진 작업에 대해 거의 동일한 보상을 받을 것이라고 생각하
면 γ를 1에 가까운 값으로 설정한다. 환경이 혼란스럽고 예측할 수 없다고 생각
되면 γ를 0에 가까운 값으로 설정한다.

원칙적인 방식으로 학습된 보상에 예상치 못한 놀라움을 어떤 식으로든 수용해
야 한다. 한 가지 방법은 게임이 다시 같은 방식으로 진행될 것이라고 얼마나
확신하는지 설명하는 수정된 버전의 전체 미래 보상을 만드는 것이다. 일반적
으로 이 수정된 TFR의 높은 값을 자신이 있다고 느끼는 이동에 부여하고 낮은
값을 다른 이동에 부여한다.

할인 계수를 사용해 할인된 미래 보상^{DFR}이라고 하는 전체 미래 보상의 한 버전
을 생성할 수 있다. TFR처럼 행동 후에 오는 모든 보상을 합산하는 대신 즉각적
인 보상으로 시작한 다음 미래의 각 단계에 대해 γ를 한 번씩 곱해 후속 보상의
값을 줄인다. 미래의 한 단계에 대한 보상은 γ를 한 번 곱하고 그 이후의 보상은
γ를 두 번 곱하는 식이다. 이것은 미래의 보상을 점점 신뢰할 수 없다고 생각한
다는 사실을 설명한다. 이 기술은 그림 21-8에 시각적으로 설명돼 있다.

그림 21-8에서 각 이어지는 값들은 이전 값보다 한 번 더 γ를 곱한다. 이러한
늘어난 곱셈은 각 보상이 합계에 기여하는 양에 상당한 영향을 미칠 수 있다.

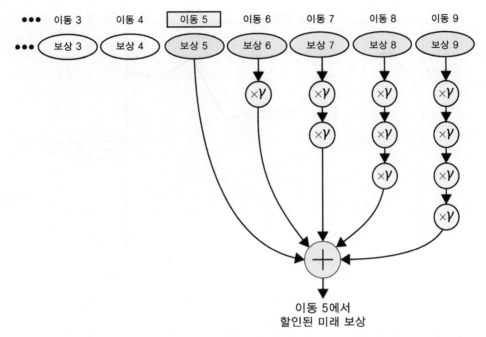

그림 21-8: DFR은 즉각적인 보상, 감마를 곱한 다음 보상, 감마를 두 번 곱한 그다음 보상 등을 합산해 구한다.

실제로 이것을 확인해보자. γ에 대한 여러 값을 사용해 게임의 시작 움직임에서 얻을 수 있는 보상과 할인된 미래 보상을 고려해볼 수 있다. 그림 21-9는 10번의 이동이 있는 가상 게임에 대한 즉각적인 보상 집합을 보여준다.

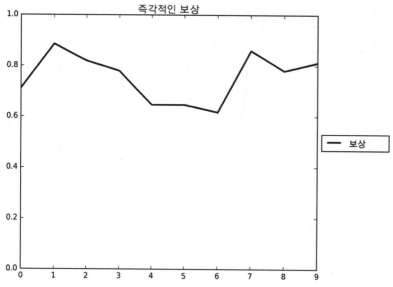

그림 21-9: 10번 이동하는 게임에 대한 즉각적인 보상. 확실한 승자 없이 경기가 종료됐다.

그림 21-8에 따라 이러한 보상에 다른 미래 할인을 적용하면 그림 21-10의 곡선이 나온다. 할인 계수 γ가 감소함에 따라 보상이 얼마나 빨리 0으로 떨어지는지 확인해보자. 이는 미래 예측을 덜 확신한다는 것을 의미한다.

그림 21-10의 각 곡선의 값을 더하면 γ의 서로 다른 값에 대한 첫 번째 움직임의 할인된 미래 보상을 얻는다. 이러한 DFR은 그림 21-11에 나와 있다. 미래를 점점 더 예측할 수 없다고 생각할 때(즉, γ가 작아짐) DFR도 더 작아진다. 그러한 미래 보상을 받을 자신이 없기 때문이다.

γ 값이 1에 가까울 때 미래 보상은 많이 줄어들지 않아 DFR이 TFR에 가깝다. 다시 말해 이 이동을 해서 얻은 전체 보상은 이 이동을 다시 했을 때 받게 될 전체 보상과 비슷할 가능성이 높다는 것이다.

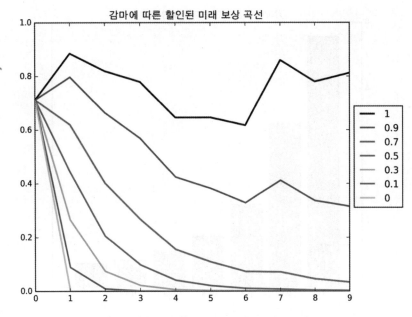

그림 21-10: 그림 21-9의 보상을 여러 γ 값으로 할인한 것

그러나 γ 값이 0에 가까우면 미래 보상은 실질적으로 중요하지 않을 정도로 축소되고 즉각적인 보상만 남게 된다. 즉, 이번에도 이전과 같은 방식으로 게임이 계속될 것이라는 확신이 거의 없기 때문에 확신할 수 있는 유일한 보상은 즉각적인 보상이라는 것이다.

많은 강화학습 시나리오에서 시작할 때 약 0.8 또는 0.9의 γ 값을 선택한 다음 시스템이 얼마나 확률적이며 에이전트가 얼마나 잘 학습하는지 더 많이 확인함에 따라 값을 조정하게 된다.

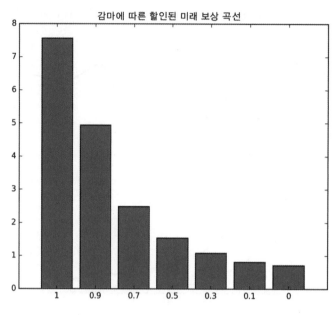

그림 21-11: 여러 γ 값에 따른 그림 21-10의 DFR

지금까지 원칙과 아이디어를 설명했지만 에이전트가 행동을 선택할 때 사용할 특정 알고리듬은 아직 없다. 이러한 알고리듬을 개발하고자 환경에 대한 설명부터 시작하겠다.

플리퍼

다음 절에서는 게임 학습을 위한 실제 알고리듬을 살펴본다. 게임이 아닌 알고리듬에 계속 집중하고자 삼목두기를 플리퍼Flippers라고 하는 혼자 하는 새로운 게임으로 줄여보겠다.

3 × 3 크기의 정사각형 그리드에서 플리퍼를 플레이한다. 각 셀에는 그림 21-12에서와 같이 막대를 중심으로 회전하는 작은 타일이 있다.

각 타일의 한 면은 비어 있고 다른 면에는 점이 있다. 움직일 때마다 플레이어는 타일 하나를 밀어 뒤집는다. 점이 있을 때에는 점이 사라지고 반대의 경우도 마찬가지다.

게임은 무작위 상태의 타일로 시작된다. 정확히 3개의 파란색 점이 세로 열 또는 가로 행으로 정렬돼 있고 다른 모든 타일이 점이 없을 때 승리한다. 이것은 지금까지 발명된 것 중 가장 지능이 요구되는 게임은 아니지만 알고리듬을 명확하게 하는 데 도움이 될 것이다.

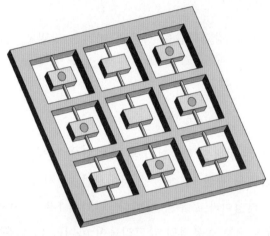

그림 21-12: 플리퍼 게임용 보드. 각 타일의 한 면은 비어 있고 다른 면에는 점이 있다. 게임에서 움직임은 타일 하나를 뒤집는(또는 회전하는) 것이다.

무작위 상태의 보드에서 시작해 가장 적은 수의 뒤집기로 승리하고 싶다. 대각선은 승리로 간주되지 않으므로 승리 조건을 충족하는 6개의 서로 다른 보드가 있다. 3개는 가로 행이고 3개는 세로 열이다.

그림 21-13은 움직임을 나타내는 기호와 함께 예제 게임을 보여준다. 게임은 왼쪽에서 오른쪽으로 보면 된다. 마지막 보드를 제외한 각 보드는 해당 움직임에 대한 **시작 구성**starting configuration을 보여주며 뒤집어질 예정인 하나의 셀은 빨간색으로 강조 표시된다.

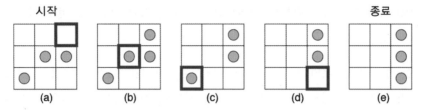

그림 21-13: 플리퍼 게임을 하고 있다. (a) 세 개의 점이 있는 시작 보드. 빨간색 사각형은 이 움직임을 위해 뒤집으려는 타일을 나타낸다. (b) 결과 보드는 (a)의 일부와 비슷하지만 오른쪽 상단의 타일이 공백에서 점으로 바뀌었다. 이 보드에 대한 움직임은 정가운데 타일을 뒤집는 것이다. (c) ~ (e)는 게임 플레이의 후속 단계를 보여준다. (e) 보드는 승리한 보드를 보여준다.

이제 게임이 있으므로 강화학습을 사용해 이기는 방법을 살펴볼 수 있다.

L-러닝

플리퍼를 플레이하는 방법을 학습하기 위한 완전한 시스템을 구축해보자. 다음 절에서 이 알고리듬을 훨씬 더 개선할 것이지만 이 시작 버전은 성능이 너무 나쁘기 때문에 L-러닝이라고 부를 것이다. 여기서 L은 '엉망Lousy'을 의미한다. L-러닝은 문헌에 나오는 실용적인 알고리듬이 아니라 더 나은 것을 얻고자 발명한 디딤돌이다. 결국 엉망인 셈이다.

기초

일을 쉽게 하고자 매우 간단한 보상 시스템을 사용할 것이다. 플리퍼의 모든 움직임은 게임에서 승리하는 마지막 움직임을 제외하고는 즉각적인 보상 0을 받는다. 플리퍼는 쉬운 게임이기 때문에 모든 게임에서 승리할 수 있다. 이것을 증명하고자 시작 보드에서 점이 보이는 모든 타일을 뒤집어 점이 보이지 않게 할 수 있다. 그런 다음 행이나 열에 있는 세 개의 타일을 뒤집을 수 있고 그러면 이기게 된다. 따라서 어떤 게임도 기껏해야 12번 넘게 움직이지 않는다.

하지만 목표는 단순히 승리하는 것이 아니라 가장 적은 수의 움직임으로 승리하는 것이다. 최종적으로 이기는 움직임은 게임의 길이에 따라 보상을 받는다. 게임에서 승리하는 데 한 번의 이동이 필요하면 보상은 1이다. 더 많은 이동이 필요하면 이 최종 보상은 이동한 수만큼 빠르게 떨어진다. 이 곡선에 대한 특정 공식은 보상이 빠르게 떨어지고 항상 작아진다는 사실보다는 덜 중요하다. 그림 21-14는 최종 보상과 게임 길이 곡선의 그래프를 보여준다.

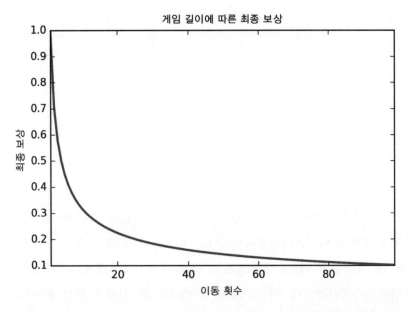

그림 21-14: 플리퍼에서 승리에 대한 보상은 즉시 승리인 1에서 시작하지만 승리에 필요한 이동 횟수가 늘어감에 따라 빠르게 감소한다.

시스템의 중심에는 L-테이블$^{\text{L-table}}$이라고 하는 숫자 그리드가 있다. L-테이블의 각 행은 보드에서 하나의 상태를 나타낸다. 각 열은 해당 보드에 대한 응답으로 수행할 수 있는 9가지 작업 중 하나를 나타낸다. 표에 있는 각 셀의 내용은 L-값$^{\text{L-value}}$이라고 하는 단일 숫자다. 그림 21-15는 이것을 개략적으로 보여준다.

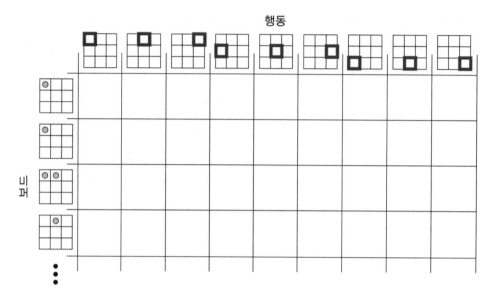

그림 21-15: L-테이블은 플리퍼 보드에서 512개의 가능한 여백과 점 패턴은 한 행으로, 9개의 가능한 동작은 각각 한 열을 나타낸다.

이 테이블은 크지만 지나치게 크지는 않다. 보드에는 512개의 가능한 구성만 있으므로 512개의 행이 필요하다. 각 행은 9개의 열을 가지며 총 512 × 9 = 4,608개의 셀이 있다. L-테이블을 사용해 각 보드의 상태에 대한 응답으로 가장 보상이 큰 행동을 선택하는 데 도움을 줄 것이다. 그렇게 하고자 테이블의 각 셀을 점수로 채울 것이다. 이는 경험을 기반으로 한 수치로 해당 움직임이 얼마나 좋은지 알려준다.

움직임이 얼마나 좋은지 학습할 때 값을 L-테이블에 저장하고, 플레이할 때 움직임 선택을 안내하고자 해당 값을 다시 읽는다. L-테이블에 값 할당을 시작하기 전에 모든 셀을 0으로 초기화한다. 게임을 하면서 실행한 모든 움직임을 기록한다. 게임이 끝나면 전체 게임의 움직임을 되돌아보고 각각의 값을 결정한다. 그런 다음 이 값을 해당 이동의 셀에 이미 있는 숫자와 결합해 해당 움직임에 대한 새 값을 생성한다. 이전 값과 새 값을 결합하는 방법을 업데이트 규칙 update rule이라고 한다.

게임을 할 때(학습 단계에서 또는 나중에 실제로) 움직임을 시작하면서 현재 상황에 해당하는 보드의 행을 보고 행동을 선택한다. 정책을 사용해 해당 행에서 선택하려는 행동을 알려준다.

이러한 단계를 구체화해보자. 첫 번째로 각 게임(또는 에피소드) 후에 플레이한 각 행동에 할당할 점수를 결정해야 한다. 앞에서 설명한 전체 미래 보상^{TFR}을 사용하겠다. TFR은 모든 행동과 보상을 정렬한 다음 그 행동 이후에 발생한 모든 보상을 합산하면 나온다.

게임을 하는 동안 모든 움직임은 즉각적인 보상 0을 받지만 마지막 이동은 게임 길이에 따라 긍정적인 보상을 받는다. 게임이 짧을수록 보상은 커진다. 이는 그 과정에서 취한 각 행동에 대한 TFR이 최종 보상과 동일하다는 것을 의미한다.

두 번째로 각 게임 후에 각 셀에 대해 계산한 TFR이 이전에 있던 것을 대체한다는 간단한 업데이트 규칙을 선택한다. 즉, 이 게임에서 각 행동에 대한 TFR은 그 행동을 취할 때 보고 있던 보드의 상황인 행과 취하기로 선택한 행동인 열의 교차점에 있는 셀의 새로운 값이 된다.

이 간단한 업데이트 규칙은 L-러닝 시스템의 작동 방식을 익히는 데 유용하다. 그러나 이 규칙은 새로운 경험을 이전에 배운 것과 결합하지 않기 때문에 이 알고리듬이 잘 수행되지 않는 큰 이유다.

이제 L-테이블에 값이 있으므로 보드의 주어진 구성에 대한 응답으로 어떤 이동을 실행할지 알려주는 정책이 필요하다. 그 행에서 가장 큰 L-값에 해당하는 행동을 선택한다고 가정해보자. 여러 셀의 최댓값이 동일하면 그중 무작위로 하나를 선택한다. 그림 21-16은 이것을 시각적으로 보여준다.

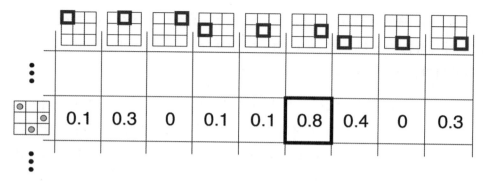

그림 21-16: 정책 단계는 보드의 상황에 대한 응답으로 하나의 행동을 선택하는 것이다.

그림 21-16에서 맨 왼쪽에 표시된 보드 상태에 대한 응답으로 취할 수 있는 가능한 행동을 나열하는 L-테이블 행을 볼 수 있다. 각 열에는 해당 상태에서 해당 움직임이 수행했을 때 발생한 가장 최근 계산된 TFR이 있다. 아직 해당 작업을 시도하지 않았기 때문에 두 열은 0을 유지한다. L-러닝에서는 그중 가장 큰 값을 선택한다. 여기서는 가운데 행의 오른쪽 타일을 뒤집는 것을 의미한다.

L-러닝 알고리듬

이제 L-러닝에 필요한 모든 단계가 완료됐다. 이들을 기능적이지만 형편없는 강화학습 알고리듬으로 결합해보자. L-테이블을 나타내는 0으로 채워진 512 × 9 테이블을 담고 있는 비공개 메모리를 가진 에이전트로 시작하겠다.

첫 번째 게임의 첫 번째 움직임에서 에이전트는 보드를 본다. L-테이블에서 해당 보드에 대한 행을 찾고 9개 항목을 스캔해 점수가 가장 높은 움직임을 찾는다. 모두 0이므로 무작위로 하나를 선택한다. 에이전트가 이전에 본 적이 없는 많은 보드를 마주할 것이기 때문에 이러한 행동은 꽤 오랫동안 자주 발생할 것이다. 타일을 뒤집고 에이전트는 새 보드를 고려하고 새 행동을 선택하는 등 최종적으로 게임에서 승리할 때까지 이러한 작업은 계속된다(작업이 완전히 무작위로 선택되더라도 컴퓨터는 결국 이기는 보드를 생성한다).

게임이 끝나면 에이전트는 최종 보상을 승리로 이끈 모든 움직임에 분배하려고 한다. 그렇게 하려면 게임을 플레이하는 동안 시스템은 플레이하는 각 행동 목록을 순서대로 유지해야 한다.

나중에 각 항목이 선택한 행동 이상을 저장하는 경우 이 목록이 더 유용하다는 것을 알게 될 것이다. 그 필요성을 예상하고 에이전트가 각 움직임 후에 시작 보드, 에이전트가 취한 행동, 돌려받은 즉각적인 보상과 해당 움직임의 결과 보드로 구성된 작은 묶음을 유지한다고 가정해보자. 그림 21-17은 이것을 시각적으로 보여준다. 에이전트는 이러한 묶음을 게임 시작할 때 비어 있는 목록에 저장하고 움직일 때마다 한 묶음^{bundle}이 증가한다.

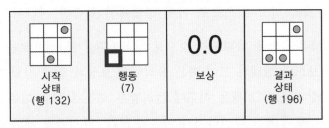

그림 21-17: 새롭게 움직일 때마다 시작 상태, 선택한 행동, 돌려받은 보상, 행동을 취한 후 환경이 반환한 최종 상태를 포함하는 계속해서 증가하는 묶음. 묶음 목록 끝에 새로운 네 개의 값 묶음을 추가한다.

그림 21-17에서 확인할 수 있듯이 이 묶음을 시작 상태의 행 번호, 행동의 열 번호, 보상 값, 결과 상태의 행 번호 등 네 가지 숫자 목록으로 저장할 수 있다.

첫 번째 이동을 하고자 시작 보드에 해당하는 L-테이블의 행과 그 행에서 찾은 9개의 숫자를 살펴보겠다. 정책은 일반적으로 행에서 가장 큰 값을 선택하지만 때로는 탐색을 위해 다른 값 중 하나를 선택한다. 시작할 때처럼 모든 값이 동일하면 무작위로 하나를 선택한다.

환경은 타일을 뒤집고 점이 나타나거나 사라지게 한다. 그 후에 환경은 보상과 새 보드를 반환한다. 이 움직임을 나타내고자 시작한 보드의 상태, 방금 취한 행동, 돌려받은 보상, 그 결과로 생긴 새로운 상태의 작은 묶음을 만든다. 이 묶음을 행동 목록 끝에 덧붙인다.

혼자서 플레이하기 때문에 환경은 스스로 움직이지 않을 것이다. 피드백을 보내자마자 환경은 새로운 행동을 취하라고 말한다. 따라서 다시 현재 보드의 상태를 보고 L-테이블에서 해당 행을 찾아 해당 행에서 가장 값이 큰 셀을 선택하고 이를 새로운 행동으로 보고한다. 보상과 새로운 상태를 반환하고 이 행동을 설명하는 네 항목의 새 묶음을 목록에 추가한다.

이는 게임이 끝날 때까지 계속된다. 피드백의 마지막 부분에서는 0이 아닌 유일한 보상을 받는다. 게임에서 플레이한 행동 수를 기반으로 한 최종 보상으로, 그림 21-14에서 봤듯이 이 값은 빠르게 감소한다. 0이 아닌 최종 보상으로 게임이 끝났다는 것을 알고 있으므로 이제 경험에서 학습할 시간이다.

행동 목록에서 묶음들을 살펴보는 것으로 시작한다. 개념적으로는 그림 21-18에서와 같이 보드의 상태와 그에 따른 움직임을 보상과 함께 정렬한다. 하나씩 각 움직임을 살펴보고 그 행동 이후에 돌려받은 모든 보상을 더해 TFR을 찾는다. 그림 21-18에서 계산은 그다지 흥미롭지 않다. 마지막을 제외한 모든 즉각적인 보상이 0이기 때문이다. 하지만 나중에 0이 아닌 즉각적인 보상을 받게되므로 여기에서 이 단계를 살펴볼 가치가 있다.

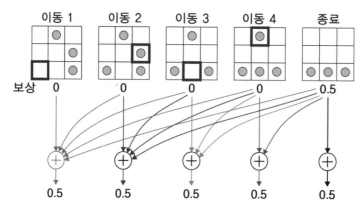

그림 21-18: 각 행동에 대한 TFR 찾기. 이후 모든 움직임에 대한 즉각적인 보상과 함께 각 행동에 대한 즉각적인 보상(바로 아래에 표시됨)을 합산한다. 최종 보상을 제외하고 모든 즉각적인 보상이 0인 게임에서 이러한 합계는 모두 동일하다.

그런 다음 간단한 업데이트 규칙과 행동 목록을 사용해 그림 21-19와 같이 각 행동의 TFR을 그 보드의 행에사 그 움직임의 열에 맞는 L-테이블의 셀에 넣는다.

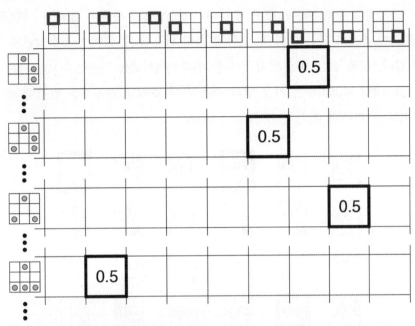

그림 21-19: 게임에서 수행한 각 행동에 따라 새로운 TFR로 L-테이블을 업데이트한다. 각 작업을 수행할 때 마주친 보드에 해당하는 행과 수행한 행동에 해당하는 열을 찾는다. 새 TFR은 이전에 해당 셀에 있던 항목을 대체한다.

더 학습하고 싶다면 프로세스의 시작 부분으로 돌아가서 새로운 게임을 해보자. 게임이 완료되면 수행한 각 행동에 대한 TFR 값을 계산하고 해당 셀에 저장한다(이전에 있던 것을 덮어쓴다). 하지만 각 게임 후에 L-테이블을 재설정하지 않으므로 더 많은 에피소드를 플레이하면서 테이블은 점차 TFR 값으로 채워진다.

훈련을 중단하고 게임을 시작할 때 L-테이블을 사용해 움직임을 선택한다. 즉, 행동할 때마다 보드가 표시되므로 테이블의 해당 행을 찾고 해당 행에서 가장 큰 L-값을 선택해 해당 열의 행동을 선택한다.

알고리듬 테스트

시스템이 얼마나 잘 작동하는지 확인해보자. L-테이블이 충분히 채워질 수 있게 플리퍼 3,000개 에피소드를 처음부터 끝까지 재생해 시작해보자. 그림 21-20은 3,000개의 훈련 에피소드가 끝난 후 시작부터 끝까지의 플리퍼 게임을 보여준다. 썩 좋은 결과는 아니다. 모든 인간이 발견할 수 있는 간단한 2단계 해결책이 있다. 왼쪽 중간 셀을 뒤집은 다음 왼쪽 상단 셀을 뒤집는다(또는 다른 순서로 수행). 대신 알고리듬은 여섯 번의 이동 후에 마침내 솔루션을 발견할 때까지 무작위로 우회하며 진행한 것으로 보인다.

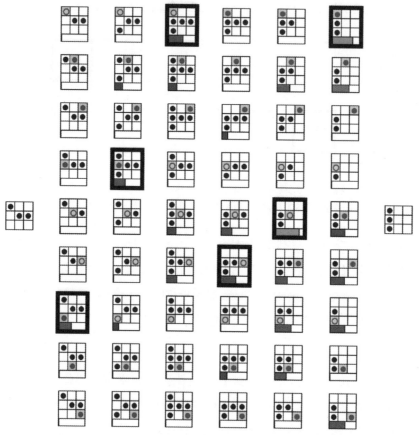

그림 21-20: L-테이블 알고리듬으로 3,000회 훈련한 후 플리퍼 게임을 하고 있다. 게임을 왼쪽에서 오른쪽으로 읽는다.

그림 21-20에 표시된 배열은 페이지에 더 잘 맞게 열로 배열된 L-테이블의 행을 보여준다. 각 열은 하나의 보드 구성(또는 상태)을 나타낸다. 9가지 가능한 작업이 빨간색으로 강조 표시된 각 행에 표시된다. 두꺼운 검은색 윤곽선은 에이전트가 해당 목록에서 선택한 작업을 보여주며 오른쪽 열의 새로운 보드로 연결된다. 음영 처리된 셀은 수행한 작업을 나타낸다. 이동으로 인해 점이 생기면 이동은 빨간색 원으로 표시된다. 이동으로 인해 점이 사라지면 윤곽선이 있는 빨간색 점으로 표시된다. 각 보드 아래의 컬러 막대는 테이블의 L-값을 보여준다. 막대가 크고 녹색일수록 할인된 미래 보상으로 계산된 더 큰 L-값에 해당한다.

오른쪽에 더 가까운 보드는 왼쪽에 가까운 보드보다 L-값이 더 크다. 보드는 때때로 게임의 무작위로 선택된 시작 보드이기 때문이다. 좋은 움직임을 골라 즉시 또는 몇 번의 움직임으로 이기면 최종 보상은 크다.

이 게임으로 돌아가서 맨 왼쪽의 위치에서 시작해 알고리듬의 첫 번째 움직임은 왼쪽 아래의 셀을 뒤집고 새로운 점을 추가하는 것이다. 그 결과에서 가장 왼쪽 열의 중앙에 있는 사각형을 뒤집고 다시 점을 추가한다. 그 위치에서 왼쪽 상단 사각형을 뒤집고 거기에 있던 점을 제거한다. 해결책을 찾을 때까지 게임은 이런 식으로 계속된다.

더 많은 훈련을 통해 알고리듬이 개선될 것으로 기대하고 있다. 그림 21-21은 훈련 실행 길이를 두 배인 6,000 에피소드로 늘린 후며 그림 21-20과 동일한 게임을 보여준다.

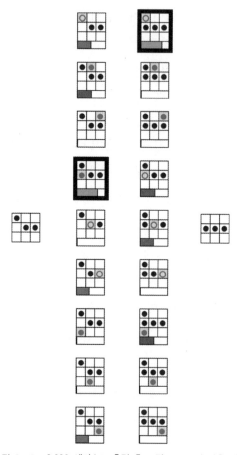

그림 21-21: 6,000 에피소드 훈련 후 그림 21-20과 같은 게임

이 결과는 매우 좋다. 알고리듬은 쉬운 답을 찾았고 이에 맞게 진행됐다.

학습과 놀이를 위한 훌륭한 알고리듬을 만든 것 같다. 그렇다면 왜 모든 것에 엉망이라는 'L'로 레이블을 붙였을까? 잘 작동하는 것 같다.

환경이 완전히 예측할 수 있는 상태로 유지되는 한 괜찮다. 이 장의 앞부분에서 예측할 수 없는 환경에 대해 설명했음을 기억하자. 실제로 대부분의 환경은 예측할 수 없다. 지금까지 살펴본 플리퍼 게임과 같은 논리 기반 싱글 플레이어 게임은 완전히 결정적으로 움직이는 몇 안 되는 게임 중 하나다. 목표가 모든

856

의도된 움직임을 완벽하게 실행할 수 있고 환경이 매번 동일하게 반응하는 완전히 결정적인 환경에서 싱글 플레이어 게임만 하는 것이라면 이 알고리듬은 그렇게 형편없지 않다.

하지만 이러한 결정론적인 게임과 환경은 드물다. 예를 들어 두 번째 플레이어가 있다면 즉시 불확실성이 발생하고 게임을 예측할 수 없게 된다. 환경이 완벽하게 결정적이지 않은 모든 상황에서 L-학습 알고리듬은 허둥지둥한다.

그 이유를 살펴보고 해결 방법을 알아보겠다.

예측 불가능성 처리

컴퓨터에서 플리퍼를 플레이할 때 상대가 없기 때문에 완전히 결정적인 시스템을 플레이한다. 움직일 때마다 같은 결과를 얻을 것이 보장된다. 그러나 현실 세계에서는 싱글 플레이어 활동에도 예측할 수 없는 이벤트가 발생할 수 있다. 비디오 게임은 무작위로 놀라움을 선사하고, 잔디 깎는 기계는 바위에 부딪혀 옆으로 튀어나갈 수 있으며, 인터넷 연결이 끊겨 경매에서 낙찰을 받지 못하게 할 수 있다.

예측 불가능성을 처리하는 것이 매우 중요하기 때문에 플리퍼에 인위적인 임의성을 도입하고 L-러닝 알고리듬이 어떻게 반응하는지 살펴보자. 무작위성에 대한 현재 모델은 이따금 경기장을 지나쳐 보드를 흔드는 큰 트럭의 형태를 취한다. 때로는 하나 이상의 무작위 타일이 자발적으로 뒤집히게 하는 것으로 충분하다. 물론 이런 놀라움에도 불구하고 여전히 좋은 게임을 하고 이기고 싶지만 이런 종류의 이벤트 앞에서 L-러닝 시스템은 무기력하다.

문제를 일으키는 것은 정책과 업데이트 규칙의 조합이다. 학습을 시작하기 전에 각 행은 모두 0으로 시작한다는 것을 기억하자. 훈련 게임을 마침내 이기면 그림 21-19에서 봤듯이 게임의 길이에 따라 모든 작업이 동일한 점수를 얻는다. 훈련 게임을 계속할 때 해당 보드를 만나고 가장 큰 값을 가진 셀을 선택한다.

훈련 중이라고 가정해보자. 시작 보드로 받은 보드를 보고 있으며 두 번의 이동으로 이겼다. 각 동작에 대한 L-테이블 값은 점수가 높기 때문에 다음 플립에서 승리할 수 있도록 높은 점수를 주는 동작을 선택한다. 그러나 첫 번째 이동 직후 큰 트럭이 우르르 쾅쾅 다가와 판을 흔들고 타일을 뒤집었다. 계속해서 이 보드에서 플레이하면 승리하기까지 많은 움직임이 필요하다. 이는 궁극적으로 해당 작업을 수행하며 발생하는 TFR이 트럭이 오지 않았을 때보다 적음을 의미한다.

그리고 여기에 문제가 있다. 더 작은 값이 이 긴 게임으로 이어진 모든 셀의 이전 값을 덮어쓴다. 즉, 해당 이벤트로 인해 수행한 모든 작업의 L-값이 낮아진다. 특히 단 한 번의 동작만으로 승리를 이끈 그 위대한 출발 동작은 이제 낮은 점수를 받았다. 이후 게임에서 이 보드를 다시 만나면 다른 셀 중 하나가 이전에 큰 움직임을 유지했던 셀보다 더 큰 값을 갖고 있음을 알 수 있다. 결과는 이 일회성 무작위 이벤트로 인해 그 지점까지 찾은 최선의 움직임을 멈추게 한다는 것이다. 무작위 이벤트로 인해 한 번 나쁜 움직임으로 바뀌었기 때문에 이것이 훌륭한 움직임이라는 것을 "잊었다". 이 낮은 점수로 인해 해당 움직임을 다시 선택하지 않을 것이다.

이 문제를 살펴보자. 그림 21-22는 예측할 수 없는 이벤트가 없는 예를 보여준다. 세 개의 점이 있는 보드로 맨 위부터 시작해 테이블의 해당 행에서 가장 큰 값이 0.6이며, 이는 중앙 사각형의 뒤집기에 해당한다. 그 움직임을 만들고 다음 움직임도 잘 선택했다고 가정하면 가운데 줄과 같이 두 가지 움직임에서 승리한다. 0.7의 보상은 첫 번째 이동에 있었던 0.6을 대체해 해당 이동의 상태를 만들 수 있는 상태를 확고히 한다.

모든 것이 올바르게 진행됐다.

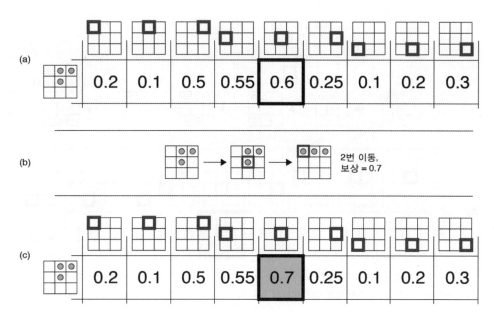

그림 21-22: 알고리듬은 놀라움이 없을 때 잘 동작한다. (a) 시작 보드의 L-테이블의 행. (b) 게임이 진행되고 총 두 번의 움직임으로 승리한다. (c) 0.7 값은 이 성공으로 이어진 모든 테이블 항목에 대한 이전 값을 덮어쓴다.

그림 21-23에서 우르르 소리를 내는 트럭을 도입한다. 중앙 타일을 뒤집은 직후 트럭이 보드를 흔들고 오른쪽 하단 타일을 뒤집는다. 이는 완전히 새로운 길로 인도한다. 알고리듬이 네 번 더 움직인 후에 마침내 승리를 찾았다고 가정해보겠다. 총 5개의 이동이며 0.44의 보상이 이 성공으로 이어진 모든 셀에 배치된다.

이런 보상은 끔찍하다. 한 번의 빠른 흔들림으로 최선의 움직임을 "잊어버렸다".

이 예제에서 두 가지 다른 작업의 점수가 더 높아졌다. 다음에 이 보드에 올 때 점수가 0.55인 셀이 선택돼 이전의 승리에서 한 발자국 떨어진 곳으로 이동하지 않을 것이다. 다시 말해 최선의 움직임은 이제 잊히고 항상 더 나쁜 움직임을 할 것이다.

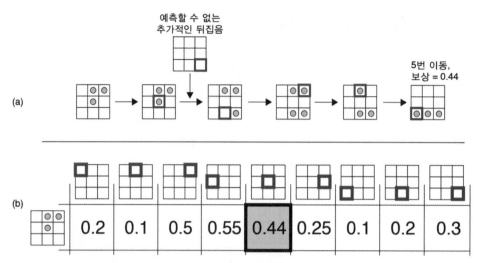

그림 21-23: (a) 트럭이 우르르 지나갈 때 오른쪽 아래 사각형을 뒤집어 게임에서 승리하려면 5번의 이동이 필요하다. (b) 0.44의 새 보상은 0.6의 이전 값을 덮어쓴다. 이 셀은 더 이상 행에서 가장 높은 점수를 받은 셀이 아니다.

때때로 훈련 중에 행에 있는 셀 중 하나를 무작위로 선택해 일어날 수 있는 일을 조사한다고 말한 것을 상기해보자. 따라서 언젠가 새로운 선택을 하거나 트럭이 다시 우르르 달려와 이 셀을 기억하는 데 도움이 될 수 있지만 오랫동안 그런 일은 일어나지 않을 것이다. 그리고 트럭이 와서 이 움직임을 다시 올바르게 설정할 때에는 다른 것들이 잘못됐을 것이다. L-테이블은 거의 항상 맞아야 하는 것보다 좋지 않기 때문에 평균적으로 L-러닝으로 구동되는 게임은 더 길고 더 낮은 보상을 받는다. 한 가지 놀라움으로 인해 이 보드를 잘 사용하는 방법을 잊어버렸다.

이것이 이 알고리듬을 형편없는 알고리듬이라고 부르는 이유다.

하지만 모든 것을 잃은 것은 아니다. 형편없는 버전이 개선될 수 있기 때문에 이 알고리듬을 살펴봤다. 대부분의 알고리듬은 정상이다. 예측할 수 없는 상황에서 실패하는 방법만 수정하면 된다. 이제부터 플리퍼를 플레이할 때 그 큰 트럭이 우르르 소리를 내며 달려와 가끔 무작위 타일을 뒤집는 형태로 예측할 수 없는 상황을 초래할 수 있다고 가정한다. 다음 절에서는 이러한 종류의 예측할 수 없는 이벤트를 정상적으로 처리하고 잘 작동하는 향상된 학습 알고리듬을 생성하는 방법을 살펴본다.

Q-러닝

너무 많은 노력을 기울이지 않고도 L-러닝을 Q-러닝(Q는 품질을 나타냄)이라고 하는 오늘날 일반적으로 사용되는 훨씬 더 효과적인 알고리듬으로 업그레이드할 수 있다(Watkins 1989; Eden, Knittel, and van Uffelen 2020). Q-러닝은 L-러닝과 매우 유사하며 자연스럽게 Q-테이블을 Q-값으로 채운다. 큰 개선 사항은 Q-러닝이 확률적이거나 예측할 수 없는 환경에서 잘 수행된다는 것이다.

L-러닝에서 Q-러닝으로 전환하고자 세 가지 업그레이드를 수행한다. 즉, Q-테이블 셀에 새 값을 계산하는 방법, 기존 값을 업데이트하는 방법과 작업 선택에 사용하는 정책을 개선한다.

Q-테이블 알고리듬은 두 가지 중요한 원칙으로 시작한다. 첫째, 결과의 불확실성이 예상되므로 처음부터 불확실성을 구축한다. 둘째, 최종 보상을 기다리지 않고 진행하면서 새로운 Q-테이블 값을 계산한다. 이 두 번째 아이디어를 사용하면 매우 오랫동안 진행되거나 결론에 도달하지 못하는 게임(또는 프로세스)으로 작업할 수 있다(예, 엘리베이터 스케줄링). 진행하면서 업데이트함으로써 최종 보상을 받지 못하더라도 유용한 값들을 갖는 테이블을 개발할 수 있다.

이 작업을 수행하려면 마지막 절에서 환경의 매우 간단한 보상 프로세스도 업그레이드해야 한다. 최종 이동을 제외하고 항상 0을 보상하는 대신 환경은 수행되는 즉시 각 작업의 품질을 평가하는 즉각적인 보상을 반환한다.

Q-값과 업데이트

Q-값은 일이 어떻게 끝날지 모를 때에도 전체 미래 보상을 근사화하는 방법이다. Q-값을 찾고자 즉각적인 보상과 아직 오지 않은 다른 모든 보상을 합산한다. 지금까지는 전체 미래 보상의 정의에 불과하다. 변경 사항은 이제 다음 상태의 보상을 사용해 미래의 보상을 찾는 것이다.

그림 21-17에서 모든 움직임에 대해 시작 상태, 선택한 행동, 얻은 보상, 그 행동으로 얻은 새로운 상태라는 네 가지 정보를 저장했다. 사용할 수 있게 이 새로운 상태를 저장했고, 이제 나머지 미래 보상을 계산하는 데 사용할 것이다.

핵심 통찰은 다음 움직임이 이 새로운 상태에서 시작한다는 것을 알아차리는 것이고, 정책에 따라 항상 가장 큰 Q-값을 가진 셀을 선택하게 될 것이다. 해당 셀의 Q-값이 해당 작업에 대한 미래의 전체 보상인 경우 해당 셀의 값과 즉각적인 보상을 합하면 현재 셀의 전체 미래 보상이 된다. 이는 정책이 주어진 보드 상태에 대해 항상 가장 큰 Q-값을 가진 셀을 선택하게 보장하도록 작동한다.

다음 상태의 여러 셀이 최댓값을 공유하는 경우에 도달할 때 어느 셀을 선택하든 상관없다. 지금 관심을 갖는 것은 다음 행동에서 오는 전체 미래 보상이다.

그림 21-24는 이 아이디어를 시각적으로 보여준다. 이 단계에서 계산하는 값은 최종 Q-값이 아니지만 거의 그 값에 근접한다.

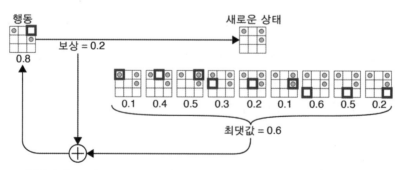

그림 21-24: 셀에서 새로운 Q-값을 계산하는 과정의 일부로, 새 값은 두 값의 합이다. 첫 번째 값은 셀이 해당하는 행동을 취한 것에 대한 즉각적인 보상이다(여기서 0.2). 두 번째 값은 새로운 상태에 속하는 모든 행동 중 가장 큰 Q-값이다 (여기서 0.6).

누락된 단계는 Q-러닝이 임의성을 처리하는 부분이다. 다음 작업을 위해 셀의 값을 사용하는 대신 해당 셀의 할인된 값을 사용한다. 이는 0에서 1 사이의 숫자로 종종 γ로 표기되는 할인 계수를 곱한다는 것을 의미한다. 앞에서 설명한 것처럼 γ 값이 작을수록 미래에 예측할 수 없는 사건이 이 값을 변경하지 않을 것이라는 확신이 줄어든다. 그림 21-25는 이 아이디어를 보여준다.

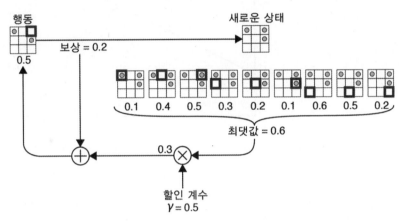

그림 21-25: Q-값을 찾고자 할인 계수 γ를 포함하도록 그림 21-24를 수정한다. 이는 미래의 예측할 수 없는 사건에 의해 변경되지 않을 것이라는 확신에 따라 미래 보상을 감소시킨다.

그림 21-8에 표시된 할인된 미래 보상에서의 많은 곱셈은 이 방식에 의해 자동으로 처리된다. 첫 번째 곱셈은 여기에 명시적으로 포함된다. 그 이상의 상태에 대한 곱셈은 다음 상태에 대한 셀의 Q-값을 평가할 때 처리한다.

이제 새 값을 계산했으므로 현재 값을 어떻게 업데이트해야 할까? L-러닝에서 단순히 현재 값을 새 값으로 바꾸는 것은 불확실성에 직면했을 때 잘못된 선택이라는 것을 알았다. 하지만 어떤 방식으로든 셀의 Q-값을 업데이트하기를 원한다. 그렇지 않으면 절대 개선되지 않을 것이다.

이 퍼즐에 대한 Q-러닝 해결책은 새 셀의 값을 이전 값과 새 값의 혼합으로 업데이트하는 것이다. 혼합의 양은 지정하는 파라미터로 남겨둔다. 즉, 혼합은 일반적으로 소문자 그리스 문자 α(알파)로 작성되는 0과 1 사이의 단일 숫자로 제어된다. $\alpha = 0$의 극단 값에서 셀의 값은 전혀 변경되지 않다. $\alpha = 1$의 다른 극단 값에서 새 값은 L-러닝처럼 이전 값을 대체한다. 0과 1 사이의 α 값은 그림 21-26과 같이 두 값을 혼합하거나 섞는다.

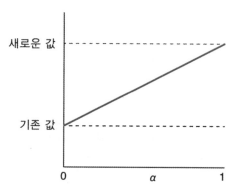

그림 21-26: α 값으로 이전 값 그대로(α = 0일 때)부터 새 값으로 대체(α = 1일 때) 또는 그 사이의 임의의 값으로 매끄럽게 혼합할 수 있다.

파라미터 α를 **학습률**^{learning rate}이라고 하며 설정은 사용자에게 달려 있다. 이것이 역전파의 업데이트 단계에서 사용되는 동일한 용어라는 것이 유감스럽지만 일반적으로 컨텍스트는 언급하는 '학습률'의 유형을 말한다.

실제 일반적으로는 α를 0.9 또는 0.99와 같이 1에 가까운 값으로 설정한다. 이러한 값이 1에 가까우면 새 값이 셀에 저장된 값을 지배하게 된다. 예를 들어 $\alpha = 0.9$일 때 셀에 저장된 새 값은 이전 값의 10%이고 새 값의 90%다. 그러나 0.99의 값도 1과 매우 다르다. 이전 값의 1%만 기억하는 것만으로도 차이를 만들기에 충분하기 때문이다.

α 값을 사용해 일부 학습을 통해 시스템을 실행하고 어떻게 작동하는지 확인한다. 그런 다음 확인한 것을 기반으로 값을 조정하고 가장 잘 작동하는 것처럼 보이는 α 값을 찾을 때까지 프로세스를 반복해 다시 시도할 수 있다. 일반적으로 이 검색을 자동화하므로 직접 할 필요가 없다.

골치 아픈 문제는 이 모든 주장이 다음 상태에 도달하기 전에도 다음 상태에서 올바른 Q-값을 갖는 것에 기반을 두고 있다는 것이다. 이들은 어디에서 왔을까? 그리고 이미 올바른 Q-값을 갖고 있다면 처음에 왜 이것을 했던 걸까?

이는 공정한 질문이며 새로운 정책 규칙을 살펴본 후 다시 질문하겠다.

Q-러닝 정책

정책 규칙은 환경 상태가 주어졌을 때 어떤 작업을 선택해야 하는지 알려준다. 학습하는 동안 그리고 나중에 실제 게임을 할 때 이 정책을 사용한다. L-러닝에서 사용한 정책은 일반적으로 현재 보드에 해당하는 테이블의 행에서 L-값이 가장 높은 행동을 선택하는 것이었다. 이것이 가장 높은 보상을 가져다주는 행동이라는 것을 학습했기 때문에 의미가 있다. 하지만 이 정책은 탐색-이용 딜레마를 명시적으로 다루지 않는다. 예측할 수 없는 환경에서 최고의 보상을 가져다주는 움직임이 때로는 최고의 보상을 가져다주지 않을 수도 있다. 그리고 기회만 있다면 완전히 시도되지 않은 움직임이 훨씬 더 나을 수 있다.

그럼에도 불구하고 높은 보상으로 이어지는 것을 알고 있기 때문에 무작위로 움직임을 선택하고 싶지 않다. 매번 그렇게 하고 싶지 않다. Q-러닝은 중도를 선택한다. 항상 가장 높은 Q-값을 가진 작업을 선택하는 대신 거의 항상 가장 높은 Q-값을 가진 작업을 선택한다. 나머지 시간에는 다른 값 중 하나를 선택한다. 이를 위해 자주 사용하는 두 가지 정책을 살펴보겠다.

살펴볼 첫 번째 접근 방식은 **엡실론-그리디**^{epsilon-greedy} 또는 **엡실론-소프트**^{epsilon-soft}라고 한다(이들은 그리스 소문자 ε(엡실론)을 나타내므로 때때로 ε-그리디, ε-소프트로 나타낸다). 알고리듬은 거의 동일하다. 0과 1 사이의 숫자 ε을 선택하지만 일반적으로 0.01 이하와 같이 0에 매우 가까운 작은 숫자다.

차례로 행동을 선택할 준비가 될 때마다 균일 분포에서 선택된 0과 1 사이의 난수를 시스템에 요청한다. 난수가 ε보다 크면 평소대로 진행하고 행에서 가장

큰 Q-값을 가진 작업을 선택한다. 그러나 난수가 ε보다 작은 경우에는 행에 있
는 다른 모든 작업 중에서 무작위로 작업을 선택한다. 이런 식으로 일반적으로
가장 유망한 선택을 선택하지만 드물게 다른 작업 중 하나를 선택하고 그것이
어디로 이끄는지 확인한다. 그림 21-27은 이 아이디어를 시각적으로 보여준다.

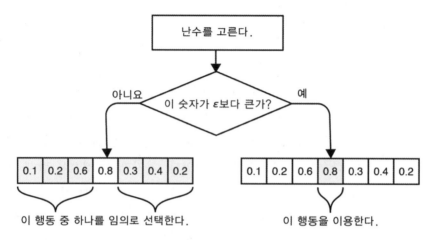

그림 21-27: 엡실론-그리디 정책

살펴볼 다른 정책은 **소프트맥스**softmax다. 이것은 13장에서 다룬 소프트맥스 레이
어와 유사한 방식으로 작동한다. 연속적인 Q-값에 소프트맥스를 적용하면 합
이 1이 되도록 복잡한 방식으로 변환된다. 결괏값을 이산 확률 분포로 만든
다음 해당 확률에 따라 항목 중 하나를 무작위로 선택한다.

이런 식으로 일반적으로 가장 큰 점수를 가진 작업을 얻는다. 드물게 두 번째로
높은 점수를 가진 값을 얻는다. 더 드물게 세 번째로 높은 점수를 갖는 값을
얻는다. 그림 21-28은 이 아이디어를 보여준다.

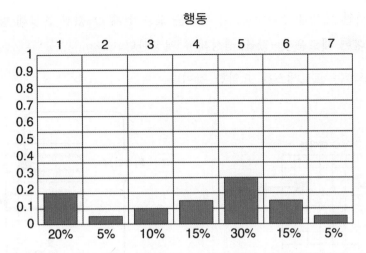

그림 21-28: 행동을 선택하기 위한 소프트맥스 정책은 행의 모든 행동을 합산해 1이 되도록 일시적으로 크기를 조정한다.

이 구조의 매력적인 품질은 각 작업을 선택할 확률이 항상 주어진 상태와 관련된 모든 작업의 가장 최신 Q-값을 반영한다는 것이다. 따라서 시간이 지남에 따라 값이 변경되면 작업을 선택할 확률도 변경된다.

소프트맥스로 수행된 특정 계산은 때때로 시스템이 양호한 Q-값 집합에 정착하지 못하게 할 수 있다. 대안은 약간 다른 수학을 사용하는 mellowmax 정책이다(Asadi and Littman 2017).

하나로 결합

Q-러닝 정책과 업데이트 규칙을 몇 단어와 그림으로 요약할 수 있다. 즉, 이동해야 할 때 현재 상태를 사용해 Q-테이블에서 적절한 행을 찾는다. 그런 다음 정책(엡실론-그리디 또는 소프트맥스)에 따라 해당 행에서 작업을 선택한다.

이 행동을 취하고 보상과 새로운 상태를 얻는다. 이제 보상에서 학습한 내용을 반영하도록 Q-값을 업데이트하려고 한다. 새로운 상태에서 Q-값을 보고 가장 큰 것을 선택한다. 환경이 예측할 수 없다고 생각하는 만큼 할인하고, 방금 얻은 즉각적인 보상에 추가하고, 이 새로운 값을 현재 Q-값과 혼합해 방금 취한 행동에 대한 새로운 Q-값을 생성해서 저장한다.

그림 21-29는 프로세스를 요약한 것이다.

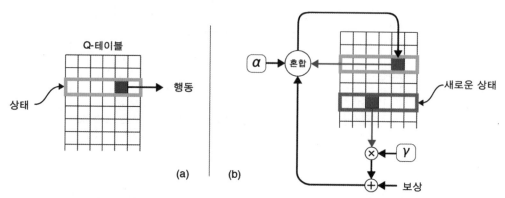

그림 21-29: Q-러닝 정책과 업데이트 절차. (a) 행동 선택. (b) 해당 행동에 대한 새로운 Q-값 찾기

그림 21-29(a)와 같이 이동을 시작할 때 현재 상태에 대한 Q-테이블 행을 보고 정책을 사용해 여기서 빨간색으로 표시된 행동을 선택한다. 이 행동은 환경에 전달된다. 환경은 보상과 새로운 상태로 응답한다. 그림 21-29(b)에서와 같이 새로운 상태에 해당하는 Q-테이블의 행을 찾고 거기에서 가장 큰 보상을 선택한다. 항상 그런 것은 아니라는 것을 알고 있다(곧 이 문제로 돌아올 것이다). 이 보상에 γ를 곱해 할인한 다음 이 이동에 대한 즉각적인 보상에 추가해 원래 선택한 행동에 대한 새로운 값을 제공한다. α를 사용해 이전 값과 새 값을 혼합하고 새 값은 Q-테이블의 원래 행동 셀에 배치된다.

정책 파라미터 ε, 학습률 α, 할인 계수 γ에 대한 최상의 값은 시행착오를 통해 찾아야 한다. 이러한 요소는 수행하는 행동의 특성, 환경의 특성, 작업 중인 데이터에 밀접하게 의존한다. 경험과 직관은 종종 좋은 출발점을 제공하지만 특정 학습 시스템에 대한 최상의 값을 찾고자 전통적인 시행착오를 능가하는 것은 없다.

골치 아픈 문제

앞서 업데이트 규칙을 평가하고자 정확한 Q-값이 필요하다는 문제로 돌아가겠다고 약속했지만 이 값 자체는 그 뒤에 오는 값을 사용해 업데이트 규칙에 따라 계산되는 식이다. 각 단계는 다음 단계의 데이터에 따라 달라진다. 아직 생성하지 않은 데이터를 어떻게 사용할 수 있을까?

여기 이 문제에 대한 아름답고 간단한 대답이 있다. 이것을 무시하는 것이다. 놀랍게도 Q-테이블을 모두 0으로 초기화한 다음 학습을 시작할 수 있다. 처음에 시스템은 Q-테이블에 한 셀을 다른 셀보다 선택하는 데 도움이 되는 항목이 없기 때문에 불규칙하게 움직인다. 무작위로 셀 중 하나를 선택하고 해당 이동을 재생한다. 결과 상태의 모든 작업도 0이므로 α와 γ에 사용하는 값에 관계없이 업데이트 규칙은 셀의 점수를 0으로 유지한다.

시스템은 혼란스럽고 어리석어 보이는 게임을 하고, 끔찍한 선택을 하고 분명한 좋은 움직임을 놓치고 있다. 하지만 결국 시스템은 승리를 발견하게 된다. 이 승리는 양수 보상을 받고 그 보상은 승리로 이어진 행동의 Q-값을 업데이트한다. 얼마 후 이 행동으로 이끈 행동은 다음 상태를 내다보는 Q-러닝의 단계 때문에 그 큰 보상의 일부를 통합한다. 새로운 게임이 이전에 승리로 이어진 상태로 이어지는 상태에 도달하면서 그 파급 효과는 시스템을 통해 계속 천천히 역방향으로 작동한다.

정보는 실제로 뒤로 이동하지 않는다. 모든 게임은 처음부터 끝까지 진행되며 모든 업데이트는 각 이동 직후에 이뤄진다. Q-러닝은 업데이트 규칙을 평가할 때 한 이동을 예상하는 단계를 포함하기 때문에 정보가 뒤로 이동하는 것처럼 보인다. 다음 이동의 점수는 이번 이동의 점수에 영향을 줄 수 있다.

때로는 새로운 행동을 시도하는 정책 덕분에 모든 움직임은 결국 승리의 길로 이어지며 이러한 값은 이전과 이전 행동에도 영향을 미친다. 결국 Q-테이블은 각 행동의 보상을 정확하게 예측하는 값으로 채워진다. 추가적인 플레이는 해당 값의 정확도를 향상시키는 역할만 한다. 일관된 솔루션으로 정착하는 이러한 프로세스를 **수렴**^{converge}이라고 한다. Q-러닝 알고리듬이 수렴한다고 말한다.

Q-러닝이 수렴한다는 것을 수학적으로 증명할 수 있다(Melo 2020). 이러한 종류의 증명은 Q-테이블이 점차 좋아지는 것을 보장한다. 시간이 얼마나 걸릴지는 장담할 수 없다. 테이블이 클수록, 예측할 수 없는 환경이 많을수록 학습 프로세스가 더 오래 걸린다. 또한 수렴 속도는 시스템이 학습하려는 작업^{task}의 특성, 제공된 피드백, 당연히 정책 변수 ε, 학습률 α, 할인 계수 γ에 대해 선택한 값에 따라 달라진다. 항상 그렇듯이 특정 시스템의 특정한 특성을 배우기 위한 시행착오 실험을 대신할 수는 없다.

Q-러닝 알고리듬은 앞에서 다룬 두 가지 문제를 매우 훌륭하게 해결한다. 신뢰할당 문제는 환경이 보상을 제공하지 않는 경우에도 승리로 이어지는 움직임이 보상되게 해야 한다. 업데이트 규칙의 특성은 이 문제를 처리해 승리로 이어진 마지막 단계부터 맨 처음 이동까지의 성공적인 이동에 대한 보상을 뒤로 전파한다. 또한 알고리듬은 엡실론-그리디나 소프트맥스 정책을 사용해 탐색-이용 딜레마를 해결한다. 이들은 둘 다 성공적인 것으로 입증된 행동을 선택하는 것을 선호하지만(이용), 때로는 결과를 확인하고자 다른 행동을 시도하기도 한다(탐색).

Q-러닝 실습

Q-러닝을 작동시켜 예측할 수 없는 환경에서 플리퍼를 플레이하는 방법을 학습할 수 있는지 알아보자. 알고리듬의 성능을 측정하는 한 가지 방법은 훈련된 모델이 많은 수의 무작위 게임을 플레이하고 시간이 얼마나 걸리는지 확인하는 것이다. 알고리듬이 더 나은 움직임을 찾고 나쁜 움직임을 제거할수록 승리에 도달하기 전에 각 게임에 필요한 움직임이 줄어든다.

가장 오래 플레이하는 게임은 9개의 셀이 모두 점이 표시된 것으로 시작하는 게임이다. 그런 다음 승리하려면 6개의 셀을 뒤집어야 한다. 따라서 알고리듬이 6개 이하의 움직임으로 모든 게임에서 승리하는 것을 보고 싶다.

알고리듬에 대한 훈련의 효과를 보고자 다양한 훈련량에 대한 많은 게임 길이 시각화를 살펴보겠다. 그림은 상당히 예측할 수 없는 환경에서 512개의 가능한 점과 공백 패턴으로 시작하는 게임을 플레이한 결과를 보여준다. 각 시작 보드에 대해 10번의 게임을 플레이해 총 5,120개의 게임을 했다. 100번 이상을 실행한 게임은 차단했다.

α를 0.95로 설정해 각 셀이 업데이트될 때 이전 값의 5%만 유지했다. 이렇게 하면 이전에 배운 것을 완전히 잃지는 않지만 새 값이 다음 이동을 선택할 때 개선된 Q-테이블 값을 기반으로 하기 때문에 이전 값보다 더 나을 것으로 기대한다. 움직임을 선택하고자 0.1의 상대적으로 높은 ε을 갖는 엡실론-그리디 정책을 사용해 알고리듬이 새로운 움직임을 10번 초과해서 찾도록 권장했다.

1/10의 확률로 매번 이동 후 무작위 트럭이 올 때마다 단일 무작위 타일을 뒤집는 시뮬레이션을 통해 많은 예측 불가능성을 도입했다. 이를 설명하고자 할인 계수 γ를 0.2로 설정한다. 이 낮은 값은 이러한 무작위 이벤트의 영향으로 인해 미래가 매번 같은 방식으로 진행될 것이라고 확신하는 경우가 20%에 불과하다는 것을 의미한다. 이것을 트럭이 진행되는 노이즈(10%)보다 높게 설정하고, 대부분의 잘 플레이된 게임이 3~4개의 이동 길이일 것으로 예상하기 때문에 10개 이상의 이동 게임보다 무작위 이벤트를 볼 가능성은 적다.

이러한 α, γ, ε 값은 모두 기본적으로 정보에 입각한 추측이다. 특히 γ는 사전에 거의 알지 못하는 무작위 이벤트가 얼마나 자주 발생하는지에 대한 지식을 기반으로 선택했다. 실제 상황에서 이 게임과 이 정도의 노이즈에 가장 적합한 것을 찾고자 파라미터를 실험할 것이다.

그림 21-30은 단 300개의 게임에 대한 훈련 후 게임 길이를 보여준다. 알고리듬

은 이미 빠른 승리를 하는 많은 방법을 발견했다.

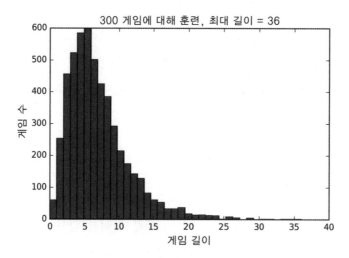

그림 21-30: 300게임 동안 훈련된 Q-테이블을 사용해 0에서 40까지의 이동이 필요한 게임의 수(512개의 시작판을 각각 10번 플레이)

'즉시 승리'는 0 이동에 해당하는 첫 번째 열에 있다. 이들은 시작 보드에 이미 세로 열 또는 가로 행으로 배열된 세 개의 점이 있는 게임이다. 승리할 수 있는 게임 구성은 6가지이고 가능한 모든 보드 구성을 각각 10번씩 실행했기 때문에 승리한 보드로 60번 시작했다.

그림 21-30의 게임은 100번 이동 컷오프에 도달하지 않았기 때문에 알고리듬이 오래 지속되는 루프에 빠지지 않았음을 알 수 있다. 루프는 영원히 교대하는 두 가지 상태이거나 스스로를 감싸는 긴 줄일 수 있다. 루프는 플리퍼에서 가능하며 시스템이 루프에 들어가는 것을 명시적으로 방지하는 기본 Q-학습 알고리듬은 없다.

루프가 승리하지 않아 보상을 제공하지 않는 시스템이 '발견'돼 루프를 피하는 방법을 학습했다고 말할 수 있다. 어떤 시점에서 이동을 하거나 무작위로 도입된 뒤집기의 결과로 이전에 방문한 상태로 돌아간 경우 상대적으로 높은 ε 값은 결국 새로운 동작을 선택해 종료할 좋은 기회가 있음을 의미한다.

그림 21-31과 같이 훈련 게임의 수를 3,000개로 늘려보자.

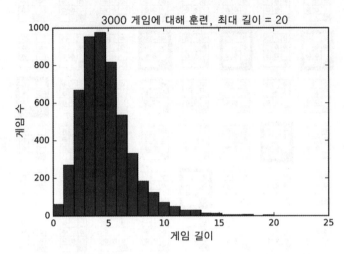

그림 21-31: 3,000번의 게임을 통해 훈련된 Q-테이블을 기준으로 5,120번의 게임을 플레이한 결과, 다양한 길이의 게임 수

알고리듬은 많은 것을 학습했다. 가장 긴 게임은 이제 겨우 20번 이동했으며, 대부분의 게임은 10번 이하의 이동으로 승리한다. 4~5개의 이동 주위에 더 밀집된 클러스터를 보는 것이 좋다.

3,000번의 훈련이 끝난 후 하는 전형적인 게임을 살펴보자. 그림 21-32는 왼쪽에서 오른쪽으로 진행되는 게임을 보여준다. 알고리듬은 승리하고자 8번의 동작을 취했다.

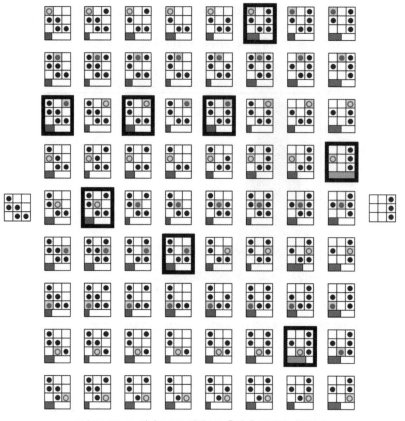

그림 21-32: Q-러닝 3,000 에피소드 훈련 후 플리퍼 게임하기

그림 21-32는 고무적인 결과가 아니다. 시작 보드만 보면 이 게임에서 네 가지 움직임으로 승리하는 방법이 최소한 네 가지 이상임을 알 수 있다. 예를 들어 왼쪽 하단 사각형을 뒤집은 다음 가운데 열과 맨 오른쪽 열에 있는 세 개의 점을 뒤집는다. 그러나 알고리듬은 타일을 무작위로 뒤집는 것 같다. 결국 해결책을 찾게 되지만 확실히 우아한 결과는 아니다.

더 많은 에피소드에 대해 알고리듬을 훈련하면 성능이 향상될 것으로 기대한다. 3,000번의 추가 훈련 에피소드(총 6,000번) 후 그리고 다른 수의 이동이 필요한 게임의 수를 살펴보면 그림 21-33의 결과를 얻는다.

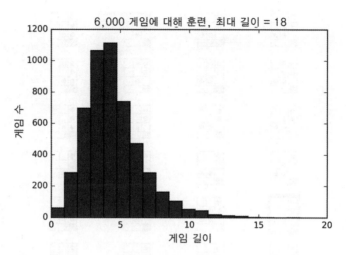

그림 21-33: 6,000개의 게임으로 Q-테이블을 훈련시킨 후 5,120개의 게임에서 승리하고자 주어진 수의 이동이 필요한 게임의 수

그림 21-31의 결과와 비교하면 3,000 게임의 훈련 후 가장 긴 게임은 20개에서 18개로 줄어들었고 3, 4단계의 짧은 게임은 더 빈번해졌다.

이 그림은 알고리듬이 학습 중임을 시사하지만 실제로 게임할 때 어떤 성능을 내고 있는 걸까? 실제로 알고리듬의 능력이 크게 향상됐다.

그림 21-34는 그림 21-32와 매우 동일한 게임을 보여준다. 그림 21-32는 승리하려면 8개의 이동이 필요하다. 그림 21-34 보드의 최소 횟수인 4개의 이동만 필요하다(이를 달성하는 방법은 여러 가지가 있다).

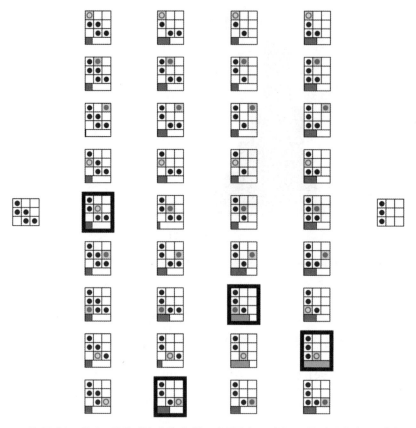

그림 21-34: 그림 21-32의 게임, 훈련 에피소드가 많아져 Q-러닝으로 좀 더 효율적으로 해결

Q-러닝은 10%의 이동 후에 타일이 무작위로 뒤집히는 매우 예측할 수 없는 학습 환경에서도 아주 잘 수행됐다. 예측 불가능성을 극복하고 6,000번의 훈련 실행만으로도 대부분의 게임에서 이상적인 솔루션을 찾는다.

SARSA

Q-러닝은 훌륭한 작업을 수행하지만 의존하고 있는 Q-값의 정확도를 감소시킬 수 있는 결함이 있다. 이것은 그림 21-29를 설명할 때 언급한 문제다. 반드

시 취해야 할 행동은 아니지만 가장 가능성이 높은 다음 행동의 점수를 기반으로 미래 보상을 결정한다는 점에 주목했다. 즉, 업데이트 규칙은 다음 동작에서 가장 높은 점수를 받은 작업을 선택한다고 가정하고 새 Q-값의 계산은 해당 가정을 기반으로 한다. 엡실론-그리디 정책과 소프트맥스 정책 모두 일반적으로 가장 값이 큰 행동을 선택하기 때문에 이는 불합리한 가정이 아니다. 하지만 이러한 정책 중 하나가 다른 작업 중 하나를 선택하는 경우 가정은 잘못된 것이다.

정책이 업데이트 규칙에서 사용한 작업이 아닌 다른 작업을 선택하면 계산에 잘못된 데이터가 사용돼 결국 해당 작업에 대해 계산하는 새 값의 정확도가 떨어진다. 다행스럽게도 이 문제를 해결할 수 있다.

알고리듬

Q-러닝의 모든 장점을 유지하는 것이 좋겠지만 실제로 다음 행동으로 선택하지 않을 확률이 있을 때 가장 높은 점수를 받는 다음 행동의 Q-값을 사용해 행동의 Q-값를 계산하는 실수를 피하자. Q-러닝을 약간 수정해 SARSA로 알려진 새로운 알고리듬을 만들어 이를 수행할 수 있다(Rummery and Niranjan 1994). 이것은 'State-Action-Reward-State-Action'의 약어다. 'SARS' 부분은 그림 21-17부터 시작 상태(S), 작업(A), 보상(R), 결과 상태(S)를 저장한 이후부터 다뤘다. 여기서 새로운 것은 끝에 추가 작업 'A'다.

SARSA는 정책에 따라 다음 셀을 선택하고(가장 큰 셀을 선택하는 대신) 행동 선택(마지막에 추가 'A'가 있음)을 기억함으로써 다음 상태에서 잘못된 셀을 선택하는 문제를 해결한다. 그런 다음 새로 이동할 때 이전에 계산하고 저장한 행동을 선택한다.

즉, 행동 선택 정책을 적용하는 시점을 옮겼다. 이동을 시작할 때 행동을 선택하는 대신 이전 이동 중에 선택하고 선택을 기억한다. 이를 통해 새로운 Q-값을 구축할 때 실제로 사용할 행동 값을 사용할 수 있다.

이 두 가지 변화(행동-선택 단계를 이동하고 선택한 행동을 기억하는 것)는 모두 SARSA와 Q-러닝을 구분하지만 학습 속도에 큰 차이를 만들 수 있다.

SARSA를 사용한 세 가지 연속 동작을 살펴보겠다. 첫 번째 이동은 그림 21-35 에 나와 있다. 이것이 첫 번째 이동이기 때문에 그림 21-35(a)에서 이 이동에 대한 행동을 선택하고자 정책을 사용한다. 정책을 사용하는 유일한 시간이다. 행동을 선택하면 정책을 사용해 2번째 이동에 대한 행동을 선택한다. 그림 21-35(b)에서 환경으로부터 보상을 받고 방금 선택한 행동에 대한 Q-값을 업데이트한다.

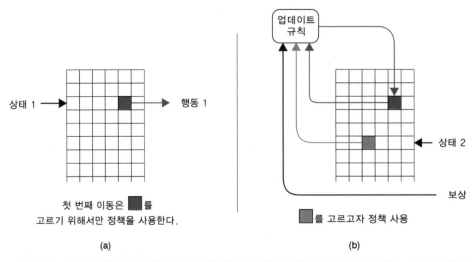

그림 21-35: 게임의 첫 번째 움직임에서 SARSA를 사용한다. (a) 정책을 사용해 현재 행동을 선택한다. (b) 또한 정책을 사용해 다음 행동을 선택하고 현재 Q-값을 다음 행동에 대한 Q-값으로 업데이트한다.

두 번째 이동은 그림 21-36에 나와 있다. 이제 지난번에 고른 행동을 사용하고 거기에 도착하면 세 번째 움직임에서 사용할 행동을 선택한다.

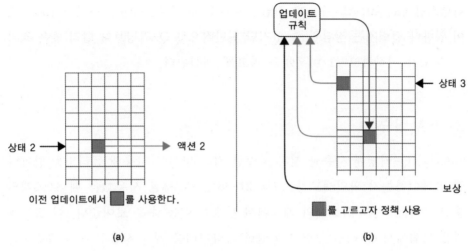

그림 21-36: SARSA를 이용한 두 번째 움직임. (a) 지난번에 직접 선택한 행동을 한다. (b) 다음 행동을 선택하고 이 Q-값을 사용해 현재 행동의 Q-값을 업데이트한다.

세 번째 이동은 그림 21-37에 나와 있다. 여기서 다시 이전에 결정된 행동을 취하고 다음 네 번째 행동을 위한 작업한다.

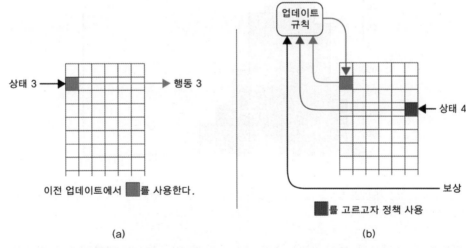

그림 21-37: SARSA를 이용한 세 번째 움직임. (a) 두 번째 이동 중에 결정한 조치를 취한다. (b) 네 번째 움직임에 대한 행동을 선택하고 현재 행동의 Q-값을 개선하고자 그 Q-값을 사용한다.

다행스럽게도 SARSA도 수렴할 것임을 증명할 수 있다. 이전과 마찬가지로 시간이 얼마나 걸릴지는 장담할 수 없지만 일반적으로 Q-러닝보다 빨리 좋은 결과가 나오기 시작하고 그 이후에는 빠르게 개선된다.

SARSA 실습

SARSA가 Q-러닝에 사용한 것과 동일한 접근 방식을 사용해 플리퍼를 얼마나 잘 플레이하는지 확인해보자. 그림 21-38은 SARSA를 사용했을 때 3,000개의 훈련 에피소드 후 5,120개의 게임에서 필요한 이동 수를 보여준다. 이 그림과 다음 그림에서 Q-러닝 그림과 동일한 파라미터를 계속 사용한다. 학습률 α는 0.95이고 모든 이동 후 확률이 0.1인 무작위 뒤집기를 도입하고, 할인 계수 γ는 0.2이다. 그리고 ε이 0.1로 설정된 엡실론-그리디 정책으로 움직임을 선택한다.

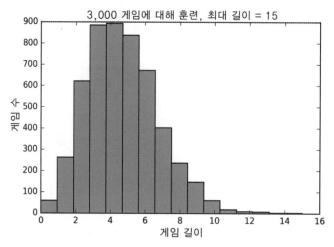

그림 21-38: 3,000 게임으로 훈련 후 SARSA를 사용한 5,120 게임의 길이. 최대 6개 이상의 이동이 필요한 게임은 몇 개뿐이다.

대부분의 값이 4에 모여 있어 보기 좋다. 가장 긴 게임은 15단계에 불과하며 8보다 긴 단계는 거의 없다.

대표적인 게임을 살펴보자. 그림 21-39는 왼쪽에서 오른쪽으로 진행되는 게임을 보여준다. 알고리듬은 승리하고자 7개의 움직임이 필요했다. 이러한 움직임은 끔찍하지 않지만 더 빨리 해결할 수 있다는 것을 알고 있다.

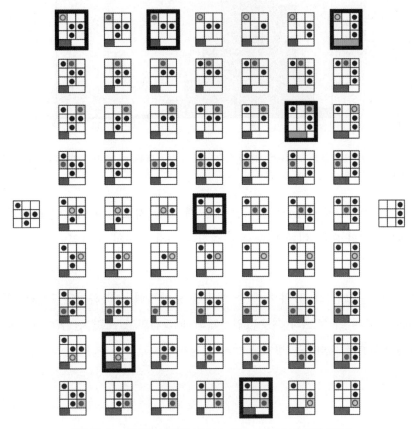

그림 21-39: SARSA로 3,000 에피소드 훈련 이후 플리퍼 게임 플레이

항상 그렇듯이 더 많은 훈련을 하면 더 나은 성과를 얻을 수 있다. 이전과 마찬가지로 6,000개의 에피소드로 훈련을 두 배로 늘리겠다.

그림 21-40은 6,000개 훈련 에피소드 후 5,120개의 게임 길이를 보여준다.

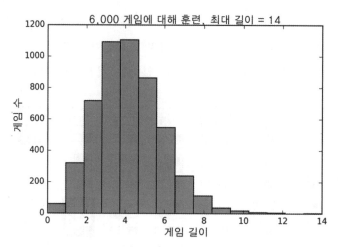

그림 21-40: 6,000 게임 훈련 후 SARSA를 사용한 5,120 게임의 길이. 대부분의 게임이 얼마나 더 짧아졌는지, 어떤 게임도 루프에 걸리지 않았다는 것에 주목하자.

가장 긴 게임이 15에서 14로 줄어들어 크게 외칠 정도는 아니지만 길이가 3과 4인 짧은 게임의 수는 이제 더욱 뚜렷해졌다. 6개 이상의 움직임이 필요한 게임은 많지 않았다.

그림 21-41은 그림 21-39와 동일한 게임을 보여주며 승리하려면 7개의 이동이 필요하다. 이제 이 보드의 최솟값인 3개의 움직임만 있으면 된다(다시 말하지만 3개의 움직임으로 승리하는 방법은 여러 가지가 있다).

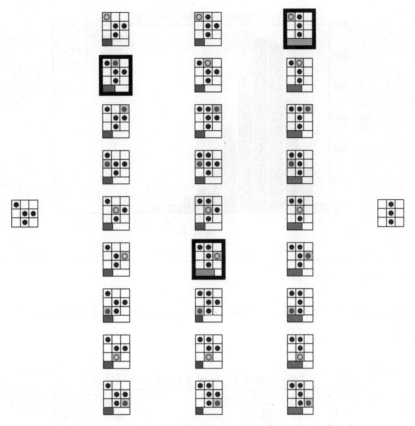

그림 21-41: 그림 21-39와 같은 게임, 3,000번의 훈련 에피소드 추가 후

Q-러닝과 SARSA 비교

Q-러닝 알고리듬과 SARSA 알고리듬을 비교해보자. 그림 21-42는 Q-러닝과 SARSA를 6,000 게임으로 훈련시킨 후 가능한 모든 5,120 게임에서의 길이를 보여준다. 이 결과는 알고리듬을 새롭게 실행해서 만들었기 때문에 이전 그림들과 약간 다르며 임의의 이벤트들이 다르다.

거의 비슷하지만 Q-러닝은 SARSA의 최대 12개보다 긴 몇 가지 게임을 생성한다.

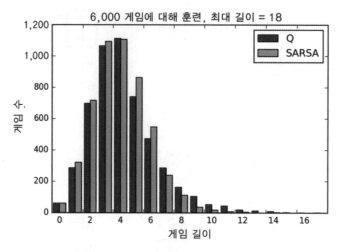

그림 21-42: Q-러닝과 SARSA 모두 6,000 게임으로 훈련한 후 게임 길이 비교. SARSA에서 가장 긴 게임은 11단계인 반면 Q-러닝은 18단계까지 올라간다.

더 많은 훈련이 도움이 된다. 각 60,000 게임씩 훈련 시간을 10배 늘렸다. 결과는 그림 21-43에 나와 있다.

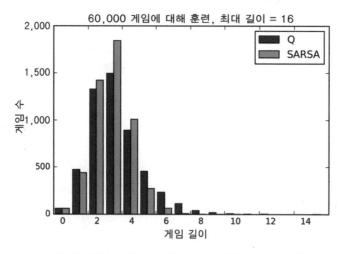

그림 21-43: 훈련 시나리오는 그림 21-42와 같지만 이번에는 60,000 게임을 훈련시켰다.

이 수준의 훈련에서 SARSA는 플리퍼에서 훌륭히 동작하고 있으며 거의 모든 게임이 6개 이하로 나온다(7개의 움직임이 필요한 게임은 거의 없다). Q-러닝은 일부 게임을 해결하고자 최대 16단계가 필요해 전반적으로 약간 나쁘다. 하지만 역시 4개 이하의 영역에 크게 집중돼 있다.

이 간단한 게임에 대해 Q-러닝과 SARSA를 비교하는 또 다른 방법은 점점 더 긴 훈련 세션 후에 평균 게임 길이를 그리는 것이다. 이는 그것들이 게임에서 이기는 방법을 얼마나 효과적으로 배우고 있는지에 대한 아이디어를 제공한다. 그림 21-44는 플리퍼 게임에서 평균 게임 길이를 보여준다.

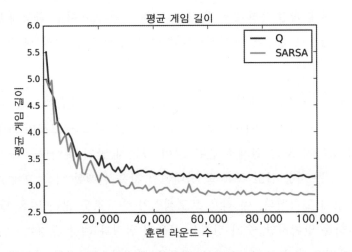

그림 21-44: 1회부터 100,000회까지 훈련 세션에 대한 평균 게임 길이(1,000 단위로 증가)

여기에서 추세는 쉽게 볼 수 있다. 두 알고리듬 모두 빠르게 하락한 다음 수평을 유지하지만 노이즈 시작 후에 SARSA는 항상 더 나은 성능을 발휘해 궁극적으로 모든 게임에서 거의 절반의 움직임을 절약한다(즉, 일반적으로 두 게임마다 하나의 움직임을 덜 수행한다). 100,000개의 훈련 게임에 도달할 때쯤에는 두 알고리듬 모두 개선을 멈춘 것으로 보인다. 각 알고리듬의 Q-테이블은 환경에 의해 도입된 무작위 반전으로 인해 시간이 지남에 따라 약간 변경돼 안정적인 상태로 정착된 것 같다.

따라서 Q-러닝과 SARSA가 모두 플리퍼를 학습하는 데 큰 역할을 할 수 있지만 SARSA의 게임 길이가 일반적으로 더 짧다.

큰 그림

강화학습의 큰 그림을 복습해보자.

환경과 에이전트가 있다. 환경은 에이전트에 두 가지 숫자 목록(상태 변수와 사용 가능한 행동)을 제공한다. 에이전트는 정책을 사용해 비공개 정보와 함께 이 두 목록을 고려해 작업 목록에서 값 중 하나를 선택하고 이를 환경에 반환한다. 이에 대한 응답으로 환경은 에이전트에게 숫자(보상)와 두 개의 새 목록을 제공한다.

목록을 보드와 행동으로 해석하는 것은 게임을 배우는 측면에서 Q-러닝을 생각할 수 있게 해주기 때문에 훌륭했다. 하지만 에이전트는 그것이 게임에 있는지, 규칙이 있는지 또는 실제로 많은 것이 있는지 알지 못한다. 두 개의 숫자 목록이 들어오는 것을 알고 목록 중 하나에서 값을 선택한 다음 그에 대한 응답으로 보상 값이 도착한다. 이 작은 프로세스가 흥미로운 많은 일을 할 수 있다는 것은 놀라운 일이지만, 숫자 집합을 사용해 환경과 해당 환경에 대한 행동을 설명하는 방법을 찾을 수 있고 좋은 행동을 구별하는 조잡한 방법이라도 찾을 수 있다면 나쁜 것에서 이 알고리듬은 고품질 작업을 수행하는 방법을 학습할 수 있다.

이것은 간단한 플리퍼 게임에서 작동했지만 실제로 이 모든 Q-테이블 항목이 얼마나 실용적일까? 플리퍼에는 9개의 사각형이 있고 각각에 점이 있거나 없을 수 있으므로 게임에는 512개의 행과 9개의 열 또는 4,608개의 셀이 있는 Q-테이블이 필요하다. 삼목두기 게임에는 9개의 사각형이 있으며 각각은 공백, X 또는 O의 세 가지 기호 중 하나를 가질 수 있다. 이 게임의 Q-테이블에는 20,000개의 행과 9개의 열 또는 180,000개의 셀이 필요하다.

크기는 크지만 최신 컴퓨터에 비해 터무니없이 크지는 않다. 하지만 좀 더 도전적인 게임을 원한다면 어떻게 될까? 3 × 3 보드에서 삼목두기 게임을 하는 대신 4 × 4 보드에서 게임을 한다고 가정한다. 그러한 보드가 4,300만 개보다 좀 더 많으므로 테이블은 4,300만 행과 9개의 열을 갖거나 3억 9000만 셀보다 약간 적다. 이는 현대 컴퓨터의 경우에도 꽤 크다. 한 단계만 더 높여서 5 × 5 보드에서 삼목두기 게임을 해보자. 이건 거의 터무니없는 것처럼 보인다. 보드에는 거의 8,500억 개의 상태가 있다. 약간의 야심을 가지고 13 × 13 보드에서 플레이하면 상태의 수가 가시적인 우주의 원자 수보다 많다는 것을 알게 된다 (Villanueva 2009). 사실 그것은 대략 10억 개의 가시적인 우주에 있는 원자의 수다.

이 게임을 위한 테이블을 저장하는 것은 원격으로 실용적이지는 않지만 하고 싶은 것은 전적으로 합리적인 일이다. 더 합리적으로 바둑을 두고 싶을 수도 있다. 바둑 게임의 표준 보드는 19 × 19 교차의 격자며 각 교차는 비어 있거나 검은색 돌 또는 흰색 돌이 있을 수 있다. 이것은 삼목두기 보드와 비슷하지만 헤아릴 수 없을 정도로 더 크다. 행에 173자리가 필요한 레이블이 있는 테이블이 필요하다. 그러한 수치는 매우 비실용적일 뿐만 아니라 이해할 수도 없다.

그러나 이것은 딥마인드[Deep Mind] 팀이 세계 챔피언 인간 플레이어(DeepMind 2020)를 이긴 것으로 유명한 알파고[AlphaGo]를 구축하는 데 사용한 기본 전략이다. 그들은 강화학습과 딥러닝을 결합해 이를 수행했다. 이 심층 강화학습 접근 방식의 주요 통찰력 중 하나는 Q-테이블의 명시적 저장을 제거하는 것이었다. 테이블은 보드 상태를 입력으로 취하고 이동 번호와 Q 값을 출력으로 반환하는 함수로 생각할 수 있다. 살펴봤듯이 신경망은 이와 같은 것을 예측하는 방법을 배우는 데 탁월하다.

보드 입력을 받아 실제로 테이블을 유지한다면 각 움직임에 대해 얻을 Q-값을 예측하는 딥러닝 시스템을 구축할 수 있다. 충분한 훈련을 통해 이 네트워크는

Q-테이블을 포기하고 네트워크만 사용할 수 있을 만큼 충분히 정확해질 수 있다. 이와 같은 시스템을 학습하는 것은 어려울 수 있지만 훌륭한 결과를 얻을 수 있다(Mnih et al. 2013; Matiisen 2015). 심층 강화학습은 비디오 게임, 로봇 공학, 심지어 의료까지 다양한 분야에 적용됐다(François-Lavet et al. 2018). 이는 또한 지금까지 존재한 바둑 게임 최고의 플레이어인 알파제로[AlphaZero]의 중심 알고리듬이기도 하다(Silver et al. 2017; Hassabis and Silver 2017; Craven and Page 2018).

강화학습은 수동으로 레이블이 지정된 데이터베이스가 필요하지 않기 때문에 지도학습보다 이점이 있다. 이는 종종 시간과 비용이 많이 드는 프로세스다. 반면 에이전트를 원하는 행동으로 안내하는 보상을 생성하기 위한 알고리듬을 설계해야 한다. 복잡한 상황에서는 해결하기 어려운 문제가 될 수 있다.

이는 필연적으로 알아야 할 높은 수준의 개요였다. 강화학습에 대한 훨씬 더 많은 정보는 전용 참고 자료에서 찾을 수 있다(François-Lavet et al. 2018; Sutton and Baro 2018).

요약

21장에서 강화학습[RL]의 몇 가지 기본 아이디어를 살펴봤다. 기본 아이디어가 세계를 행동하는 에이전트와 다른 모든 것을 포함하는 환경으로 나누는 것임을 살펴봤다. 에이전트는 옵션 목록을 받고 정책을 사용해 하나를 선택한다. 환경은 후속 효과와 함께 해당 행동을 실행한 다음(게임에서 복귀 이동을 하거나 시뮬레이션 또는 실제 행동을 수행하는 것을 포함할 수 있음) 에이전트에게 선택한 품질을 설명하는 보상을 반환한다. 일반적으로 보상은 에이전트가 어떤 식으로든 환경을 개선하는 데 얼마나 잘 성공했는지 설명한다.

이러한 아이디어를 테이블에 보상을 기록하는 간단한 알고리듬으로 플리퍼라는 1인용 게임에 적용하고 간단한 정책을 사용해 가능한 한 가장 높은 보상이 있는 이동을 선택한다. 이것이 현실 세계의 예측 불가능성을 잘 처리하지 못한다는 것을 알았으므로 더 나은 업데이트 규칙과 학습 정책으로 방법을 Q-러닝 알고리듬으로 개선했다.

그런 후 다음 움직임을 미리 선택해 해당 방법을 다시 개선해 SARSA 알고리듬을 만들었다. SARSA는 플리퍼를 더 잘하는 방법을 배웠다. 실제로 수많은 알고리듬이 강화학습 범주에 속하며 항상 더 많은 알고리듬이 제공된다. 이는 활발한 연구 개발 분야다.

22장에서는 생성된 데이터를 훈련 데이터 세트의 데이터와 확실하게 구분할 수 없을 정도로 이미지, 비디오, 오디오, 텍스트, 기타 종류의 데이터를 생성할 수 있는 생성기를 훈련하는 강력한 방법을 살펴본다.

22

생성적 적대 신경망

데이터 생성은 매우 흥미롭다. 이 기술은 그림, 노래, 조각품이 입력일 때 입력과 유사한 것들을 만들 수 있게 해준다. 18장에서 훈련 데이터와 유사한 새로운 데이터를 생성하고자 오토인코더를 사용하는 방법을 다뤘다. 22장에서는 데이터 생성에 관한 완전히 다른 접근 방식을 살펴본다. 다룰 시스템의 유형은 **생성적 적대 신경망**^{Generative Adversarial} ^{Network} 또는 GAN이라고 부른다. 이 시스템은 두 개의 서로 다른 심층 네트워크가 서로 연결돼 있는 영리한 전략에 기반을 두고 있으며, 하나의 네트워크가 훈련 데이터에서 나온 것은 아니지만 훈련 데이터와 아주 유사한 새로운 샘플을 생성해 다른 네트워크에서 이 차이를 구별할 수 없게 하는 것을 목표로 한다.

GAN 방법은 실제로 새로운 데이터를 생성하는 네트워크를 훈련시키는 기술이다. 훈련시킨 생성기^{generator}는 다른 것들과 유사한 신경망일 뿐이고 훈련시킨 방법은 더 이상 관련이 없다. 하지만 필드에서는 보통 GAN 그 자체로서 GAN 방식으로 훈련한 생성기를 가리킨다. 어떤 것의 이름을 짓는 것은 그것이 하는 일이 아니라 어떻게 그 일을 하는 방법을 학습했는지에 따라 짓는 것이 조금 이상하다. 보통 생성기라고 하지만 종종 GAN이라고도 불리는 생성기를 훈련시키고자 GAN 기술을 사용한다.

2인 1조로 이뤄진 팀이 어떻게 서로의 학습을 도우며 지폐 위조를 학습할 수 있는지 살펴보는 것으로 GAN 방식에 대한 설명을 시작하겠다. 두 사람을 신경망으로 대체하면 될 것이다. 이 네트워크 중 하나는 위조를 발견하는 데 점점 더 능숙해지고, 다른 하나는 위조를 만드는 데 점점 더 능숙해진다. 훈련 과정이 끝나면 위조범은 원하는 만큼 새 지폐와 여러 지폐를 만들 수 있고, 탐지 담당자는 위조지폐와 진짜 지폐를 확실하게 구분할 수 없다. 이 과정은 개의 사진에서부터 누군가가 말하는 소리까지 모든 종류의 데이터에 대해 작동한다.

이러한 결합된 네트워크를 구축, 학습, 활용해 서로 다른 종류의 레이어를 사용해 새로운 데이터를 합성하는 방법을 살펴보겠다. 이러한 네트워크의 데이터 생성 부분을 학습하고 활용할 때 주의해야 할 문제를 다룸으로써 22장을 마무리한다.

지폐 위조

GAN을 소개하는 일반적인 방법은 위조 작업에 비유하는 것이다. 주요 아이디어를 더 잘 드러낼 수 있도록 일반적인 발표들에 대한 변형을 소개하겠다.

얘기는 글렌Glenn과 던Dawn이라는 두 명의 공모자로 시작한다. 글렌의 이름은 G로 시작하는데, 그가 생성기Generator의 역할을 하기 때문이다. 던의 이름은 D로 시작하며, 그가 판별기Discriminator 역할을 하기 때문이다. 이 상황에서 주어진 지폐가 진짜인지 아니면 글렌이 만든 위조지폐인지 하나를 결정하는 임무를 맡게 된다. 글렌과 던은 시간이 지남에 따라 둘 다 발전할 것이고, 따라서 상대방도 발전할 것이다.

생성기로서 글렌은 하루 종일 뒷방에 앉아 꼼꼼히 금속판을 만들고 위조지폐를 인쇄한다. 던은 이 작업의 반인 품질 관리를 담당한다. 글렌의 위조지폐와 함께 뒤섞인 진짜 지폐 더미를 가져와 어느 것이 위조인지 결정하는 것이 그의 일이다. 위조범에 대한 처벌은 종신형이기 때문에 이들은 모두 아무도 진짜와 구별할 수 없는 지폐를 만들고자 하는 의욕이 강하다. 이들이 사는 나라의 통화는 솔라라고 불리며, 10,000 솔라 지폐를 위조하고 싶어 한다.

유의할 점은 1만 솔라 지폐가 모두 같지 않다는 점이다. 최소 지폐마다 일련번호가 고유하다. 그러나 실제 지폐는 긁히고, 접고, 끌어당기고, 찢기고, 더럽히고, 여러 방법으로 처리된다. 새 지폐이면서 선명한 지폐는 눈에 띄기 때문에 글렌과 던은 유통되고 있는 다른 화폐들과 똑같이 생긴 화폐를 만들고 싶어 한다. 그리고 진짜 지폐처럼, 모든 위조지폐는 고유해야 한다.

실제 상황에서 글렌과 던은 분명히 엄청난 양의 실제 지폐로 시작해 모든 세부 사항들을 자세히 살펴보고 가능한 모든 것을 학습할 것이다. 그러나 이 연산을 은유로 사용하고 있으므로 이 상황이 이 장의 전용 알고리듬과 더 잘 일치하게 몇 가지 제한 사항을 적용할 것이다. 첫째, 일을 조금 단순화하고 지폐의 한 쪽에만 관심이 있다고 하자. 둘째, 글렌과 던이 시작하기 전에 학습할 청구서 더미를 각각에 주지 않을 것이다. 사실 던이나 글렌도 실제 10,000 솔라 지폐가 어떻게 생겼는지 전혀 모른다고 가정해보겠다. 분명 이것은 일을 훨씬 더 어렵게 만들 것이다. 잠시 후에 이에 대한 의혹이 풀릴 것이다. 이들에게 주는 한 가지는 글렌에게 간다. 10,000 솔라 지폐 모양과 크기와 일치하는 빈 직사각형의 큰 종이 더미다.

그들은 각각 일상을 따른다. 매일 아침 글렌은 앉아서 지금까지 그가 갖고 있는 모든 정보를 사용해 몇 가지 위조지폐를 만든다. 처음에는 아무것도 모르기 때문에 종이에 다양한 색의 잉크를 뿌릴 수 있다. 아니면 얼굴이나 숫자를 그린다. 그는 기본적으로 무작위로 물건을 그린다. 동시에 던은 은행에 가서 실제

10,000 솔라 지폐 더미를 인출한다. 아주 약하게 연필로 각각의 뒷면에 진짜[Real]라는 단어를 쓴다. 그리고 글렌의 일과가 끝나면 그날의 위조지폐를 모아 각각 뒷면에 위조[Fake]라는 단어를 약하게 적는다. 그런 다음 그는 두 더미를 함께 섞는다. 그림 22-1은 이 아이디어를 보여준다.

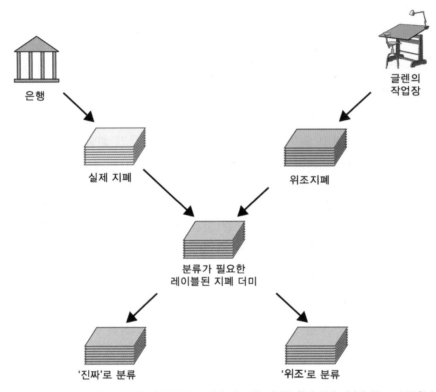

그림 22-1: 던은 은행에서 가져온 실제 지폐와 글렌이 만든 위조지폐를 함께 섞어 진짜와 위조로 분류한다.

이제 던은 그의 본업을 한다. 그는 지폐를 하나씩 훑어보는데, 뒷면을 보지 않고 진짜인지 위조인지 구분한다. 그가 "이 지폐가 진짜인가?"라고 스스로에게 물었을 때, "예"라는 대답은 이 지폐에 대한 긍정적인 반응이고 "아니요"라는 대답은 그 지폐에 대한 부정적인 반응이라고 부른다.

던은 신중하게 이 더미를 진짜와 위조 두 무더기로 분류한다. 각각의 지폐가 진짜일 수도 있고 위조일 수도 있기 때문에 그림 22-2에 요약한 것처럼 네 가지 가능성이 있다.

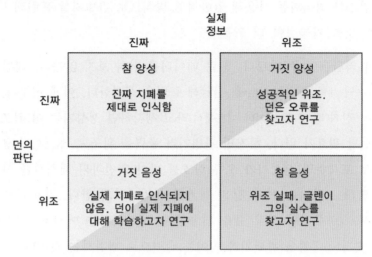

그림 22-2: 던이 지폐를 검사할 때 지폐는 진짜이거나 위조일 수 있고, 그는 지폐가 진짜이거나 위조라고 선언할 수 있다. 이렇게 하면 네 가지 조합이 나온다.

던이 지폐를 확인할 때 지폐가 진짜이고 그가 지폐가 진짜라고 말한다면 그의 '긍정적인positive' 결정은 정확하며 **참 양성**TP, True Positive을 얻는다. 지폐가 진짜지만 그의 결정이 '부정적'인 경우(그가 지폐를 위조라고 생각함) **거짓 음성**FN, False Negative 이다. 지폐가 위조지만 그가 지폐가 진짜라고 생각하는 경우 **거짓 양성**FP, False Positive이다. 마지막으로 지폐가 위조이고 그가 지폐를 위조라고 올바르게 식별하면 **참 음성**TN, Tue Negative이다. 참 양성을 제외한 모든 경우에 던이나 글렌은 작업을 개선하고자 이 예제를 사용한다.

경험에서 학습

던과 글렌은 각각 **판별기**Discriminator와 **생성기**Generator라고 불리는 신경망에 대한 인간의 대명사일 뿐이라고 언급했다.

판별기는 **분류기**^{classifier}다. 각 입력을 진짜 또는 위조의 두 가지 클래스 중 하나에 할당한다. 예측이 틀릴 때 해당 네트워크의 오차 함수는 큰 값을 갖는다. 그런 다음 역전파와 최적화를 사용해 일반적인 방식으로 판별기를 훈련해 다음번에 클래스를 맞출 가능성이 더 커진다.

생성기의 역할은 아주 다르다. 훈련 데이터를 전혀 보지 않는다. 대신 무작위 입력(예, 수백 개의 숫자 리스트)을 전달해 출력을 생성한다. 이게 전부다. 판별기가 출력이 진짜(즉, 훈련 데이터 세트에서)라고 생각하면 생성기는 이 위조를 제거하고 개선할 필요가 없다. 하지만 판별기가 출력을 위조(즉, 합성이며 생성기에서 나온 것)로 포착하면 생성기가 오류 신호를 받아 역전파와 최적화를 사용해 판별기에 의해 포착되는 이와 같은 결과에서 멀어지게 한다. 생성기를 실행할 때마다 새로운 무작위 시작 값을 제공한다. 생성기에는 어려운 작업이 있다. 이 작은 숫자 목록들을 판별기를 속이는 출력으로 변환하는 것이다. 예를 들어 의도한 출력은 바흐^{Bach}가 작곡한 것처럼 들리는 노래, 사람처럼 들리는 연설, 사람처럼 보이는 얼굴, 10,000 솔라만큼 가치가 있는 사용된 통화일 수 있다.

어떻게 이런 시스템을 훈련할 수 있을까? 생성기는 만들려고 하는 데이터를 절대 볼 수 없으므로 이 데이터로부터 학습할 수 없다. 잘못된 경우에만 알 수 있다.

놀랍게도 잘 작동하는 접근 방식은 시행착오 방식이다. 앞에서 설명한 것처럼 완전히 훈련되지 않은 생성기와 판별기로 시작한다. 판별기에게 일부 데이터를 전달하면 기본적으로 각 데이터 조각을 임의의 클래스에 할당한다. 동시에 생성기는 무작위 출력을 생성한다. 이것들은 모두 불규칙적이며 본질적으로 의미 없는 결과를 만들어낸다.

하지만 분류하는 데이터에 적절한 레이블을 지정하기 때문에 판별기는 천천히 학습하기 시작한다. 판별기가 좀 더 좋아지면 생성기는 판별기를 통과할 때까지(즉, 판별기는 이것이 생성기에서 나온 것이 아닌 실제 데이터라고 생각한다) 출력에 대해 다양한 변형을 시도한다. 생성기는 지금까지의 최고 수준 작업으로 머물러 있다. 판별기가 좀 더 좋아지고 차례로 생성기가 좀 더 좋아진다. 시간이 지남에 따라 판별기가 실제 데이터와 생성된 데이터의 차이에 매우 민감하고 생성기가 이러한 차이를 가능한 한 작게 만드는 데 매우 능숙해질 때까지 각 네트워크의 작은 개선 사항이 누적된다.

신경망으로 위조

그림 22-2는 던이 각 지폐에 대해 결정을 내린 후 발생할 수 있는 네 가지 상황을 보여준다. 판별기와 생성기가 서로를 향상시키게 훈련하는 방법을 더 자세히 살펴보자. 이 설명은 개념을 다루기 위한 것이므로 한 번에 하나의 샘플을 진행한다. 실제로 이러한 아이디어를 더 복잡하지만 더 효율적인 방식으로 구현하는 경우가 많다(예, 한 번에 하나의 샘플이 아닌 미니배치로 훈련).

그림 22-2에서의 네 가지 가능성을 순서도 형식으로 더 자세히 살펴보자.

참 긍정의 경우부터 시작한다. 판별기는 입력된 진짜 지폐의 이미지가 실제로 진짜 지폐임을 올바르게 보고한다. 이는 이 상황에 판별기에게 원하는 것이기 때문에 수행할 학습이 없다. 그림 22-3은 이 과정을 시각적으로 보여준다.

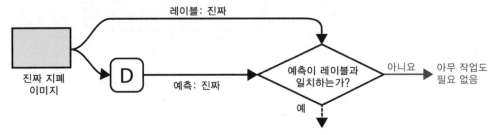

그림 22-3: 참 긍정(TP) 케이스. 판별기(D)가 진짜 지폐를 진짜라고 제대로 예측함. 결과에 대해 아무 작업도 필요 없음

다음으로 판별기가 진짜 지폐를 위조라고 잘못 선언하는 경우는 거짓 음성이다. 결과적으로 판별기는 이 오류를 반복하지 않도록 실제 지폐에 대해 더 많이

알아야 한다. 그림 22-4는 그런 상황을 보여준다.

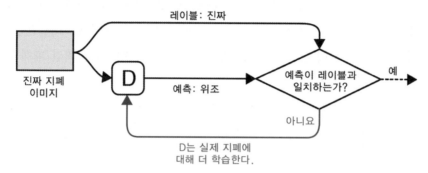

그림 22-4: 지폐가 진짜지만 판별기가 위조라고 말하면 거짓 음성(FN)을 얻는다. 판별기는 실제 지폐에 대해 더 많이 알아야 이러한 실수를 반복하지 않는다.

거짓 양성의 경우는 판별기가 생성기에 속아 위조된 지폐를 진짜라고 선언할 때 발생한다. 이 경우 판별기는 지폐를 더 자세히 조사하고 잘못된 점이나 부정확성을 찾아 다시 속지 않게 해야 한다. 그림 22-5는 이것이 어떻게 진행되는지 보여준다.

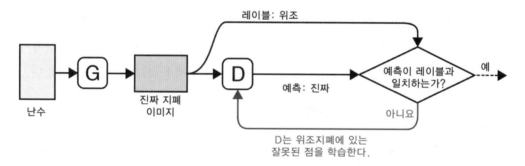

그림 22-5: 거짓 양성(FP) 상황에서 판별기는 생성기로부터 위조지폐를 받지만 진짜로 분류한다. 생성기가 더 좋아지게 강제하고자 판별기는 이 특정한 위조를 다시 틀리지 않도록 자신의 실수로부터 학습한다.

마지막으로 참 음성의 경우는 판별기가 위조를 올바르게 식별하는 경우다. 이 경우 그림 22-6에서 볼 수 있듯이 생성기는 출력을 개선시키는 방법을 배워야 한다.

이 네 가지 가능성 중 하나(TP)는 어느 쪽 네트워크에도 영향을 미치지 않으며, 그중 두 개(FN 및 FP)는 판별기가 진짜와 위조지폐를 인식하는 능력을 향상시키며, 하나만(TN) 반복적인 실수를 피하고 배우기 위한 생성기를 학습시킨다.

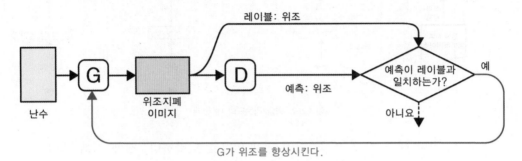

레이블: 위조

예측: 위조

난수

위조지폐
이미지

예측이 레이블과
일치하는가?

예

아니요

G가 위조를 향상시킨다.

그림 22-6: TN(참 음성) 시나리오에서는 판별기에게 생성기에서 나온 위조지폐를 전달하며 판별기는 이를 위조로 올바르게 식별한다. 이 경우 생성기는 출력이 좋지 않다는 것을 알게 되고 위조 기술을 향상시켜야 한다.

학습 과정

이제 앞 절에서 다룬 피드백 루프를 판별기와 생성기 모두에 대한 단일 훈련 단계로 조합해보겠다. 일반적으로 네 단계 집합을 계속해서 반복한다. 각 단계에서 판별기에게 진짜 또는 위조지폐를 전달하고 응답에 따라 방금 다룬 네 가지 순서도 중 하나를 따른다.

먼저 판별기를 훈련시킨 다음 생성기를 훈련시키고, 그런 다음 판별기를 다시 훈련하고 생성기를 다시 훈련한다. 이 아이디어는 하나 또는 다른 네트워크가 학습해야 하는 세 가지 상황 각각에 대해 테스트하는 것이다. 생성기가 학습하는 참 음성의 경우는 잠시 후에 알게 될 이유 때문에 두 번 반복한다. 그림 22-7은 네 단계를 요약한 것이다.

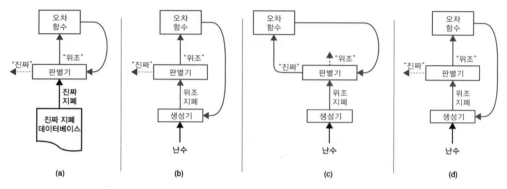

그림 22-7: 학습 라운드의 네 단계

첫째, (a) 부분에서 거짓 음성으로부터 배우려고 노력한다. 실제 지폐 데이터 세트에서 판별기에게 임의의 지폐를 전달한다. 이것이 위조라고 오분류된다면 판별기에게 이 실수로부터 학습하도록 지시한다.

둘째, (b) 부분에서 참 음성을 얻는다. 생성기에게 난수를 전달해 위조지폐를 만들고 이를 판별기에게 건네준다. 판별기가 위조를 포착하면 더 나은 위조를 생성하고자 학습하려고 시도하는 생성기에게 알려준다.

셋째, (c) 부분에서 거짓 양성을 얻는다. 생성기에 새로운 무작위 값을 전달해 생성기가 새로운 위조지폐를 만들게 하고 이를 판별기에게 넘긴다. 판별기가 속아서 지폐가 진짜라고 말하면 판별기는 실수로부터 학습한다.

(d) 부분에서는 두 번째 단계부터 참 음성 테스트를 반복한다. 생성기에 새로운 난수들을 전달해 새로운 위조지폐를 만들고 판별기가 위조를 찾아내면 생성기를 학습한다.

생성기의 학습 단계를 두 번 반복하는 이유는 많은 경우에 가장 효율적인 학습 스케줄은 두 네트워크를 거의 동일한 속도로 업데이트하는 것으로 나타났기 때문이다. 판별기는 두 가지 유형의 오류에서 학습하는 반면 생성기는 한 가지 오류에서만 학습하므로 생성기에 대한 학습 기회를 두 배로 늘려서 두 가지 모두 거의 동일한 속도로 학습할 수 있다.

900

이 과정을 통해 판별기는 진짜 지폐를 식별하고 위조지폐의 오류를 찾아내는 능력이 점점 향상되고 생성기는 결국 발견할 수 없는 위조지폐를 만드는 방법을 찾는 능력이 점점 더 좋아진다. 이 한 쌍의 네트워크가 함께 하나의 GAN을 구성한다. 두 네트워크가 '학습 배틀learning battle'을 하고 있는 것을 상상할 수 있다(Geitgey 2017). 판별기가 위조를 찾는 데 점점 더 능숙해짐에 따라 생성기는 그에 상응해 하나를 더 잘 통과시켜야 하므로 판별기가 위조를 더 잘 찾아내고 생성기가 위조를 더 잘 만드는 등의 작업을 수행해야 한다.

궁극적인 목표는 실제 데이터의 모든 측면에 대한 깊고 광범위한 지식을 갖는 판별기를 얻는 동시에 판별기를 여전히 속일 수 있는 생성기를 갖는 것이다. 이는 위조 결과가 실제 예제와는 다르지만 통계적으로 구분할 수 없다는 것을 말해주는데, 이것이 목표였다.

왜 적대일까?

생성적 적대 신경망GAN, Generative Adversarial Network라는 이름은 앞의 설명에 비춰볼 때 이상하게 보일 수 있다. 방금 설명한 두 네트워크는 적대적이지 않고 협력적인 것으로 보인다. 적대의 선택은 상황을 약간 다른 방식으로 바라보는 데서 나온다. 다뤘던 던과 글렌 사이의 협력 대신 던은 경찰과 함께 하는 탐정이고 글렌은 혼자 일하고 있다고 상상할 수 있다. 은유가 작동하게 하려면 글렌이 위조한 지폐 중 어느 것이 탐지됐는지 알아낼 수 있는 방법이 있다고 상상해야 한다(아마도 던의 사무실에 이 정보를 전달하는 공범이 있을 것이다).

위조범과 탐정을 서로 반대되는 것으로 상상한다면 이들은 실제 적대적이다. 이것이 GAN 주제가 원본 논문에서 표현된 방식이었다(Goodfellow et al. 2014). 적대적 관점은 네트워크를 설정하거나 훈련하는 방법에 대해 아무것도 변하지 않지만 네트워크에 대해 생각하는 다른 방식을 제공한다(Goodfellow 2016).

적대적이라는 단어는 게임 이론game theory(Watson 2013)이라는 수학의 한 분야에서 유래했으며, 판별기와 생성기를 속임수와 탐지의 게임에서 적으로 본다.

게임 이론 분야는 경쟁자가 어떻게 자신의 이점을 극대화할 수 있는지 연구하는 데 전념한다(Chen, Lu, and Vekhter 2016; Myers 2002).

GAN 학습의 목표는 다른 네트워크가 이를 방해할 수 있음에도 불구하고 각 네트워크를 최대 능력으로 개발하는 것이다. 게임 이론가들은 이 상태를 내쉬 균형Nash equilibrium이라고 부른다(Goodfellow 2016).

이제 일반적인 훈련 기법을 알았으니 실제로 판별기와 생성기를 만드는 방법을 살펴보자.

GAN 구현

GAN에 대해 얘기할 때 판별기, 생성기, 생성기와 판별기를 함께 사용하는 세 가지의 별개 네트워크를 다룬다. 그림 22-7에서 이러한 구조 중 두 가지를 다뤘다. (a) 부분에서는 판별기만을 갖고 있다. (b) ~ (d) 부분에서는 생성기와 판별기를 결합했다. 나중에 다루겠지만 훈련이 끝나고 새로운 데이터를 만들고 싶을 때 판별기를 버리고 생성기만 사용한다.

일반적으로 이러한 네트워크 중 어떤 것을 다루고 있는지는 컨텍스트에서 명확하다. 앞서 언급했듯이 누군가 GAN에 대해 말할 때 일반적으로 적대적 프로세스로 학습한 후 훈련된 생성기를 의미한다. GAN이라는 단어는 필드에서 유연하게 사용된다. 그것은 방금 설명한 훈련 방법, 훈련 중에 사용된 결합시킨 생성기-판별기 네트워크 또는 훈련 후에 최종적으로 끝난 후의 독립형 생성기를 가리킬 수 있다. 보통 사람들은 'GAN을 훈련'할 것이라고 말한다. 즉, GAN 방법을 사용해 GAN이라고 부를 수 있는 생성기를 훈련할 것이라는 의미다. 올바른 해석은 일반적으로 컨텍스트에서 명확하기 때문에 헷갈리지 않는다.

충분히 배경에 대해 다뤘다. GAN을 구축하고 훈련시켜보자.

판별기

판별기는 그림 22-8과 같이 세 가지 모델 중 가장 단순하다. 샘플을 입력으로 사용하고 출력은 입력이 위조 시도가 아닌 훈련 데이터 세트에서 온 것이라는 네트워크의 신뢰도를 보고하는 단일 값이다.

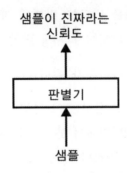

그림 22-8: 판별기의 블록 다이어그램

판별기를 만드는 방법에 제한 사항은 없다. 얕거나 깊을 수 있으며 완전 연결 레이어, 컨볼루션 레이어, 순환 레이어, 트랜스포머 등 모든 종류의 레이어를 사용할 수 있다. 지폐 위조 예시에서 입력은 지폐의 이미지고 출력은 네트워크의 결정을 나타내는 실수다. 값이 1이면 판별기가 입력이 실제 지폐인지 확신하고 값이 0이면 판별기가 위조임을 확신한다. 0.5의 값은 판별기가 어느 쪽이라고 말할 수 없음을 의미한다.

생성기

생성기는 많은 난수를 입력으로 사용한다. 생성기의 출력은 합성한 샘플이다. 블록 다이어그램은 그림 22-9에 있다.

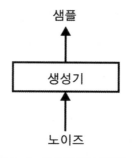

그림 22-9: 생성기의 블록 다이어그램

판별기와 마찬가지로 생성기를 만드는 방법에 제약은 없다. 얕거나 깊을 수 있으며 원하는 모든 종류의 레이어를 사용할 수 있다.

지폐 위조의 예에서 출력은 이미지가 된다.

그림 22-9의 생성기에 대한 손실 함수는 그 자체로 관련이 없으며 일부 구현에서는 정의조차 하지 않는다. 다음 절에서 볼 수 있듯이 생성기를 판별기에 연결해 생성기를 훈련하므로 생성기는 결합된 네트워크에 대한 손실 함수에서 학습한다.

GAN이 완전히 훈련되면 보통 판별기를 버리고 생성기를 유지한다. 결국 판별기의 목적은 생성기를 훈련시켜 새로운 데이터를 만드는 데 사용할 수 있게 하는 것이었다. 생성기를 판별기에서 떼어내면 생성기를 원하는 방식으로 사용해 무제한의 새 데이터를 만들 수 있다.

이제 생성기와 판별기의 블록 다이어그램이 있으므로 실제 훈련 프로세스를 더 자세히 살펴볼 수 있다. 이를 통해 두 네트워크의 구현을 살펴보겠다. 그런 다음 이들을 훈련시키고 어떻게 동작하는지 볼 것이다.

GAN 훈련

이제 GAN을 훈련하는 방법을 살펴보자. 업데이트를 적용하는 위치를 표시하고자 그림 22-7에 있는 학습 라운드 네 단계를 확장한다.

첫 번째 단계는 거짓 음성을 찾는 것이므로 그림 22-10과 같이 진짜 지폐를 판별기에게 전달한다. 이 단계에서는 생성기를 전혀 사용하지 않는다. 여기에서 오차 함수는 진짜 지폐를 위조로 보고하는 경우 판별기에 벌점을 부여하도록 설계됐다. 이런 일이 발생하면 오류는 판별기를 통과해 역전파 단계를 유도하고 가중치를 업데이트해 진짜 지폐를 더 잘 인식할 수 있게 한다.

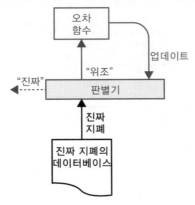

그림 22-10: 거짓 음성 단계에서 판별기는 진짜 지폐를 위조로 분류한 경우 이에 벌점을 부여하는 오차 함수에 연결된다.

두 번째 단계는 참 음성을 찾는다. 이 단계에서는 생성기의 출력을 판별기의 입력에 직접 연결해 하나의 큰 모델을 만든다. 그림 22-11과 같이 생성기로 들어가는 임의의 숫자부터 시작한다. 생성기의 출력은 위조지폐이며 판별기에 전달된다. 이 위조지폐가 위조지폐로 정확히 식별돼 생성기가 위조를 하다가 적발되면 오차 함수는 큰 값을 갖도록 설계된다.

그림 22-11에서 판별기에 대한 업데이트 단계를 회색으로 표시했지만 업데이트라고 표시된 화살표는 분명 판별기를 통과하고 있다. 여기서 진행 중인 것은 업데이트 화살표가 역전파와 최적화를 결합한다는 것이다. 역전파는 각 가중치에 대한 그래디언트를 계산하지만 실제로는 아무것도 변경하지 않는다는 것을 기억하자. 그래디언트를 기반으로 가중치를 업데이트하는 것은 최적화 단계다. 그림 22-11에서 생성기에 최적화를 적용하려고 한다. 즉, 그래디언트를 찾아야

한다. 하지만 역전파는 네트워크의 끝에서 시작까지 그래디언트를 계산하기 때문에 생성기에서 그래디언트를 찾는 유일한 방법은 먼저 판별기에 대해 그래디언트를 계산하는 것이다. 두 네트워크 모두에서 그래디언트를 찾지만 생성기의 가중치만 변경했다. 판별기가 고정돼 있다고 말하는데, 이는 판별기의 그래디언트를 계산하더라도 그 가중치를 변경하지 않는다는 것을 의미한다. 이렇게 하면 해당 시간에 생성기 또는 판별기만 훈련할 수 있다.

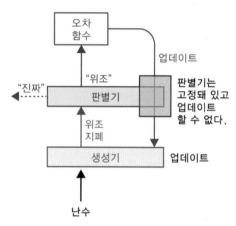

그림 22-11: 참 음성 단계에서 임의의 숫자를 생성기에 입력해 위조지폐를 생성한다. 판별기가 위조로 레이블을 지정하면 판별기를 통해 그래디언트를 주입하지만 생성기만 업데이트한다.

생성기의 가중치를 개선하면 판별기를 더 잘 속이는 방법을 배울 수 있다.

이제 거짓 양성을 찾는다. 그림 22-12와 같이 위조지폐를 생성해 진짜라고 분류하면 판별기에 벌점을 부여한다.

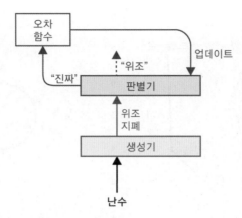

그림 22-12: 거짓 양성 단계에서는 판별기에게 위조지폐를 전달한다. 이것이 진짜라고 분류된다면 위조를 더 잘 찾아내고
자 판별기를 업데이트한다.

마지막으로 그림 22-11의 참 음성 단계를 반복해 판별기와 생성기 모두 각 학습
라운드에서 업데이트할 기회를 두 번 갖게 된다.

GAN 실습

충분한 이론을 다뤘다. GAN 시스템을 구축하고 훈련시켜보자. 2D에서 프로세
스에 대한 의미 있는 그림을 그릴 수 있도록 아주 간단한 것을 선택할 것이다.

훈련 데이터 세트의 모든 샘플을 추상적인 공간에 있는 점들의 구름으로 상상
해보겠다. 결국 각 샘플은 궁극적으로 숫자의 목록이며 숫자만큼 차원이 있는
공간의 좌표로 취급할 수 있다. '진짜' 표본 집합은 가우스 분포를 갖는 있는
2D 구름에 속하는 포인트가 된다. 2장에서 가우스 곡선의 중앙에 큰 언덕이
있으므로 대부분의 점은 언덕 근처에 있을 것으로 예상하며 바깥쪽으로 이동할
수록 점점 더 적은 수의 점이 있을 것으로 예상한다. 각 샘플은 해당 분포에서
나온 단일 지점이다. 2D상에 있는 분포 중앙을 (5,5)에 놓고 표준 편차를 1로
지정하자. 그림 22-13은 이 분포를 보여준다.

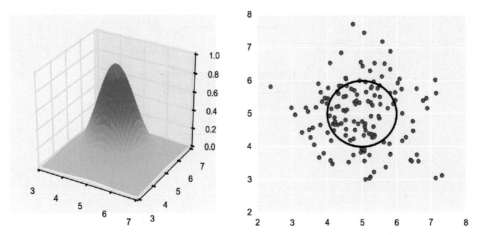

그림 22-13: 시작 분포는 (5,5)를 중심으로 하는 가우시안 범프며 표준 편차는 1이다. 왼쪽: 3D의 얼룩이다. 오른쪽: 2D로 얼룩에서 한 표준 편차의 위치를 나타내는 원과 이 분포에서 무작위로 추출한 일부 대표점

생성기는 주어진 난수를 이 분포에 속하는 것으로 보이는 점으로 바꾸는 방법을 학습하려고 노력할 것이다. 목표는 판별기가 생성기가 만든 합성 점들과 실제 점들을 구분할 수 없도록 잘 수행하는 것이다. 다시 말해 생성기가 난수를 받아 (5,5)가 중심인 원래의 가우스 범프에서 나온 임의의 점을 그린 결과일 수 있도록 출력 점을 생성하기를 원한다.

그림 22-14에서와 같이 단일 지점만 주어지면 판별기가 가우스 분포에서 추출한 원본 샘플인지 생성기가 생성한 합성 샘플인지 확실히 말하기는 어렵다.

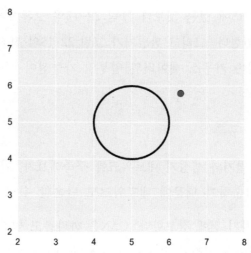

그림 22-14: 단일 샘플이 있고 이것이 가우스 분포에서 추출됐는지 확인하려고 한다.

15장에서 다룬 오랜 친구인 미니배치(또는 보통 배치라고 함)를 사용해 판별기를 더 쉽게 만들 수 있다. 시스템을 통해 한 번에 하나의 샘플을 실행하는 것보다 많은 샘플을 실행할 수 있고, 보통 32에서 128 사이에 있는 2의 거듭제곱만큼이다. 전체의 많은 점이 주어지면 가우스 구름인지 여부를 결정하기 쉬워진다. 그림 22-15는 생성기가 생성할 수 있는 몇 가지 점의 집합을 보여준다. 배포자 distributor가 이러한 점들이 기존 분포에서 나온 것 같지 않다는 것을 쉽게 알아차리길 바랄 것이다.

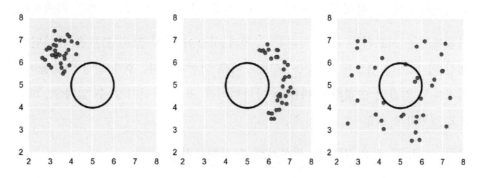

그림 22-15: 시작 가우스 분포에서 임의로 선택한 결과일리가 없는 일부 점의 집합

생성기가 그림 22-15에 있는 것보다 그림 22-13의 오른쪽에 있는 것과 같은 점을 생성하기를 원한다. 그리고 판별기가 그림 22-15의 점집합을 가짜로 분류하기를 원한다. 기존 가우스 데이터의 일부일 가능성이 매우 낮기 때문이다.

판별기와 생성기 구축

이 문제에 대한 판별기와 생성기 네트워크를 구축해보자. 기존 분포(2D 가우시안 분포)가 너무 단순하기 때문에 네트워크도 단순할 수 있다.

동작 방식을 파헤치기 전에 경고한다. GAN은 까다롭고 민감한 것으로 유명하다. 훈련하기가 매우 어렵기로 악명이 높다(Achlioptas et al. 2018). 생성기 또는 판별기의 아키텍처가 약간 변경되거나 일부 하이퍼파라미터(예, 학습률 또는 드롭아웃 비율)가 약간만 변경돼도 실질적으로 쓸모없는 GAN을 뛰어난 성능으로 만들 수 있으며 반대의 경우도 마찬가지다. 설상가상으로 하나의 네트워크가 아닌 두 개의 네트워크를 훈련하고 함께 작동하게 해야 하므로 탐색^{search}하고 미세 조정^{fine-tune}해야 하는 하이퍼파라미터 선택이 압도적일 수 있다(Bojanowski et al. 2019). 따라서 GAN을 개발하는 동안 학습하고자 하는 특정 데이터를 사용해 실험하고 가능한 한 빨리 좋은 디자인과 좋은 하이퍼파라미터를 얻으려고 노력해야 한다. 이는 보통 좋은 네트워크와 하이퍼파라미터를 찾고자 훈련 데이터에서 조금만 발췌한 부분으로 여러 작은 실험을 시도하는 것을 의미한다.

다음에서는 시도하는 많은 막다른 골목과 성능이 좋지 않은 모델을 건너뛴다. 대신 이 데이터 세트에 잘 맞는 모델로 바로 이동하겠다. 추가 변경이나 올바른 위치에서 약간만 수정하면 다루는 아키텍처를 크게 개선시킬 수 있다(즉, 더 빠르고 정확하게 학습시킬 수 있음).

그림 22-16과 같은 간단한 생성기로 시작해보자.

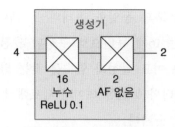

그림 22-16: 간단한 생성기. 임의의 숫자 네 개를 받아 (x,y) 쌍을 계산한다.

이 모델은 0에서 1까지의 범위에서 균일하게 선택한 4개의 임의의 값을 취한다. 16개의 뉴런과 누수[leaky] ReLU 활성화를 갖는 완전 연결 레이어로 시작한다(13장에서 누수 ReLU는 일반 ReLU와 같지만 음수 값에 대해 0을 반환하는 대신 작은 숫자(여기서는 0.1)만큼 크기 조정한다).

그다음에는 활성화 함수[AF]가 없고 뉴런이 두 개뿐인 또 다른 완전 연결 레이어가 이어진다. 이는 생성기를 위한 것이다. 생성되는 두 값은 점의 x와 y 좌표다.

단지 18개의 뉴런과 54개의 가중치를 갖는 이 두 레이어에게 상당히 많은 것을 요구하고 있다. 균등하게 분포된 네 개의 난수 집합을 중심이 (5,5)이고 표준편차가 1인 가우스 구름에서 그릴 수 있는 2D 점으로 변환하는 방법을 학습하기를 원하지만 결코 이 목표에 대해 아무것도 말해주지 않는다. 점들의 미니배치가 원하는 것과 확실한 일치가 아닐 때만 알려주고 뉴런이 어디에서 잘못됐는지, 어떻게 바로잡는지 알아내자.

판별기는 그림 22-17에 있다.

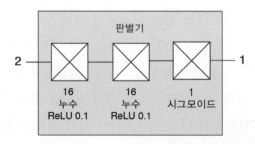

그림 22-17: 단순한 판별기. (x, y) 점을 받아 진짜인지 가짜인지 알려준다.

이것은 생성기의 시작 부분과 동일한 형태의 두 레이어로 시작한다. 각각은 누수 ReLU 활성화를 갖는 16개 뉴런으로 구성된 완전 연결 레이어다. 끝에는 단 한 개의 뉴런과 시그모이드 활성화 함수를 갖는 완전 연결 레이어가 있다. 출력은 입력이 훈련 데이터와 동일한 데이터 세트에서 나온 것이라는 네트워크의 신뢰도confidence로 단일 숫자다.

마지막으로 생성기와 판별기를 함께 사용해 결합된 모델을 만들며, 이는 가끔 생성기-판별기라고도 한다. 그림 22-18은 이 조합을 보여준다.

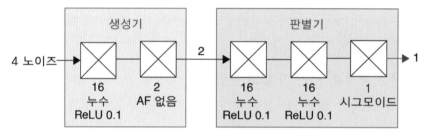

그림 22-18: 생성기와 판별기를 결합한다.

생성기는 출력으로 (x,y) 쌍을 주고 판별기는 입력에 (x,y) 쌍을 받기 때문에 두 네트워크는 완벽하게 함께 동작한다. 생성기의 입력은 네 개의 임의의 숫자 집합이며, 판별기의 출력은 생성기가 생성한 점이 훈련 데이터 세트 분포에서 나왔을 가능성을 알려준다.

그림 22-18에서 '생성기'와 '판별기'로 표시된 모델은 그림 22-16과 그림 22-17의 모델을 복사한 것이 아니라 실제로 하나의 큰 모델을 만들고자 서로 연결돼 있는 아주 똑같은 모델이라는 점을 명심해야 한다. 다시 말해 하나의 생성기 모델과 하나의 판별기 모델이 있다. 그림 22-18의 결합 모델을 만들 때 기존의 두 모델만을 결합한다. 현대의 딥러닝 라이브러리를 사용하면 이러한 종류의 애플리케이션만을 위한 공유 컴포넌트로 여러 모델을 만들 수 있다. 결합 모델은 생성기와 판별기의 최신 버전을 사용해야 하기 때문에 동일한 모델을 여러 구성으로 사용하는 것이 적절하다.

912

네트워크 훈련

그림 22-18에 있는 결합 모델을 사용해 생성기를 훈련시킬 때 판별기도 함께 훈련시키지는 않는다. 업데이트 단계 동안 판별기를 회색으로 표시한 그림 22-11에서 이를 살펴봤다. 네트워크의 일부이고 생성기에 대한 그레이디언트를 생성하는 데 도움이 되기 때문에 판별기를 통해 역전파를 실행해야 하지만 업데이트 단계는 생성기의 가중치에만 적용한다.

판별기와 생성기를 번갈아가면서 훈련하기를 원한다는 것을 기억하자. 그림 22-18에 있는 전체 네트워크에 역전파를 적용한다면 생성기뿐만 아니라 판별기의 가중치를 업데이트할 것이다. 두 모델을 거의 같은 속도로 훈련시키고 판별기는 별도로 훈련시키기를 원하기 때문에(실제 데이터에 대한 훈련도 필요하므로) 라이브러리가 생성기의 가중치만 업데이트하도록 알려줘야 한다.

레이어가 가중치를 업데이트해야 하는지 여부를 제어하는 메커니즘은 라이브러리마다 다르지만 일반적으로 특정 레이어에서 업데이트를 방지하고자 고정freeze, 잠금lock, 비활성화disable 같은 용어를 사용한다. 그런 다음 판별기를 학습할 때 업데이트를 고정 해제unfreeze, 잠금 해제unlock, 활성화enable할 수 있으며 이러한 레이어들이 학습하게 한다.

훈련 과정을 요약하고자 훈련 데이터 세트에서 포인트들의 작은 묶음으로 시작한다. 그런 다음 그림 22-7에 있는 네 단계 프로세스를 따라 판별기와 생성기를 번갈아가며 훈련시킨다.

네트워크 테스트

몇 가지 결과를 살펴보자. GAN을 훈련시키고자 시작 가우스 분포에서 10,000개의 무작위 포인트를 추출해 훈련 데이터 세트를 만들었다. 그런 다음 32개의 점으로 구성된 미니배치를 사용해 네트워크를 훈련시켰다. 10,000개의 포인트를 모두 시스템에 실행하면 한 에폭이 된다.

1부터 13 에폭까지의 결과는 그림 22-19에 있다.

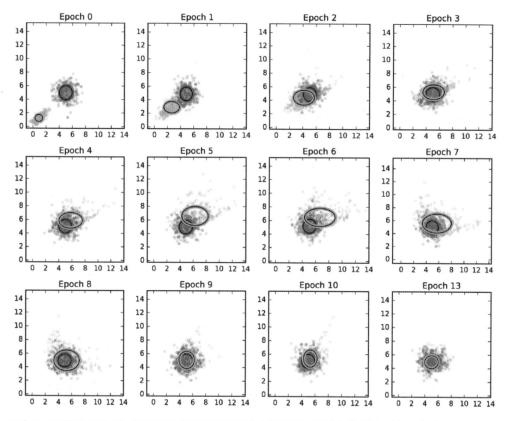

그림 22-19: 간단한 GAN 실습. 파란색 점은 원래 데이터 세트다. 주황색 점은 생성기가 생성했다. 결과 그림을 왼쪽에서 오른쪽으로, 위에서 아래로 확인하자. 에폭(Epoch) 0은 훈련에서 첫 에폭 후의 결과를 보여준다.

시작 가우스 분포는 파란색 점으로 표시했고 파란색 원은 평균과 표준 편차를 보여준다. GAN에 의해 학습되고 있는 분포는 주황색으로 표시했고 타원은 생성한 미니배치 점들의 중심과 표준 편차를 보여준다. 그림은 0~10 에폭 이후와 13 에폭 이후의 결과를 보여준다. 그림을 보기 쉽게 하고자 각 그림은 원래 데이터와 생성한 데이터에서 임의로 선택한 부분집합만 보여준다.

한 에폭 이후 GAN이 생성한 점들은 남서-북동 방향으로 대략 (1,1)을 중심으로 흐릿한 선을 형성한다는 것을 확인할 수 있다. 각 훈련 에폭이 지나갈수록 원본 데이터의 중심과 형태에 더 가까워진다. 에폭 4에서 생성된 샘플은 중심을 지나 치며 원형보다는 타원형이 된다. 하지만 13 에폭까지 다시 돌아와 아주 잘 일치 해 보일 때까지 두 가지 특성을 모두 수정한다.

그림 22-20은 판별기와 생성기에 대한 손실 곡선을 보여준다.

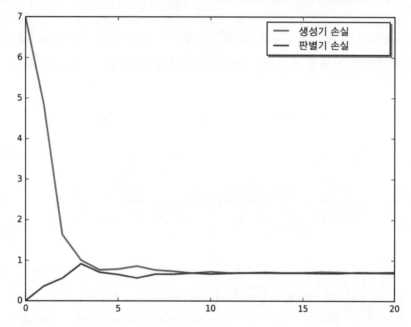

그림 22-20: GAN의 손실. 이들은 만나며 이상적인 0.5보다 조금 높은 값을 유지하는 것처럼 보인다.

이상적으로 판별기는 약 0.5에서 안정되며, 이는 입력이 실제 데이터 세트에서 나온 것인지 생성기가 만든 것인지 확신할 수 없다는 것을 의미한다. 이 작은 예제에서는 거의 비슷했다.

DCGAN

원하는 어떤 종류의 아키텍처를 사용하든지 판별기와 생성기를 만들 수 있다고 언급했다. 지금까지 다룬 간단한 모델은 작은 2D 데이터 세트에 적합한 덴스 레이어로 구현했다. 하지만 이미지로 작업하고 싶다면 16장에서 다뤘듯이 컨볼루션 레이어들은 이미지 처리에 매우 적합하기 때문에 이들을 사용하는 것을 선호한다. 여러 컨볼루션 레이어로 구성된 GAN은 **심층 컨볼루셔널 생성적 적대 신경망**^{Deep Convolutional Generative Adversarial Network}을 나타내는 약자 DCGAN이라고 한다.

이전의 장들에서 살펴본 MNIST 데이터에 대해 DCGAN을 훈련해보자. Gildenblat (2020)가 제안한 모델을 사용할 것이다. 생성기와 판별기는 그림 22-21에 나와 있다.

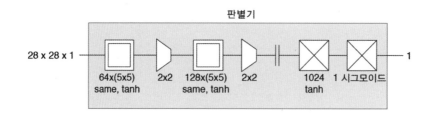

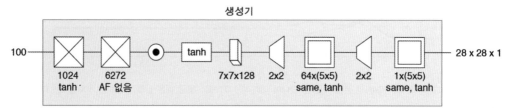

그림 22-21: 상단: MNIST에 대한 DCGAN의 판별기. 하단: 생성기

이 네트워크의 판별기에서는 명시적 다운샘플링(또는 풀링^{pooling}) 레이어를 사용하고 생성기에서는 업샘플링(또는 확장^{expanding}) 레이어를 사용한다. 이들을 컨볼루션 단계의 일부로 만들기보다는 이렇게 사용하는데, 이는 원래 제안된 네트워크에서의 방식이기 때문이다. 생성기 안에 점이 있는 원은 배치 정규화^{batchnorm}

레이어로, 과적합을 방지하는 데 도움이 된다. 하이퍼볼릭 탄젠트^{tanh} 활성화 함수 이후의 작은 3D 박스는 두 번째 완전 연결 레이어에서 나오는 1D 텐서를 다음에 나오는 업샘플링과 컨볼루션 레이어에 적합한 3D 텐서로 변환하는 형태 변환^{reshaping} 레이어다. 표준 이진 교차 엔트로피$^{binary\ cross\ entropy}$ 손실 함수 및 학습률 0.0005와 모멘텀 0.9로 설정된 네스테로프 SGD 옵티마이저로 훈련시켰다.

생성기의 두 번째 덴스 레이어는 6,272개 뉴런을 사용한다. 이 숫자는 신비롭게 보일 수 있지만 생성기와 판별기에 동일한 양의 데이터를 제공한다. 판별기에서 두 번째 다운샘플링 레이어의 출력은 7 × 7 × 128 또는 6,272 요소의 형태를 갖는다. 생성기의 두 번째 완전 연결 레이어에 6,272 값을 제공함으로써 첫 번째 업샘플링 레이어에 동일한 형태의 텐서를 전달할 수 있다. 즉, 판별기의 컨볼루션 단계의 끝은 7 × 7 × 128 형태의 텐서이므로 생성기에서 컨볼루션 단계의 시작에 7 × 7 × 128 형태의 텐서를 전달한다.

판별기와 생성기는 거의 모두 동일한 단계를 따르지만 순서가 반대다.

한 에폭 동안 훈련한 후에 생성기의 결과는 예상할 수 있듯이 상당히 이해하기 어렵다. 그림 22-22는 결과가 어떤지 보여준다.

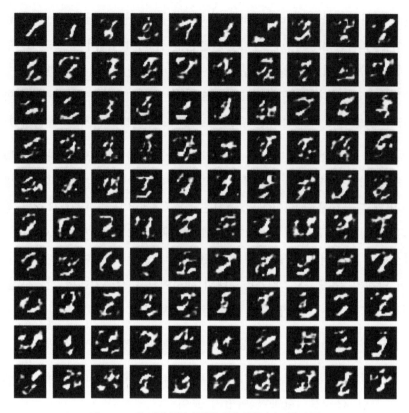

그림 22-22: 한 에폭 동안 훈련한 후에 생성기가 만든 얼룩들

100 에폭 동안 훈련한 후에 생성기는 그림 22-23에 있는 결과를 생성했다. 판별기가 여전히 생성기의 출력을 식별하는 경우가 있기 때문에 더 오래 훈련할 수 있었지만 생성기의 진행 상황을 확인할 수 있기 때문에 여기서 멈추는 것이 좋아 보인다.

그림 22-23: 그림 22-21에 있는 심층 컨볼루셔널 GAN을 MNIST 데이터 세트에 대해 100 에폭 동안 훈련한 후의 출력

진행 상황을 평가하고자 뒤로 돌아가 보면 이는 놀라운 결과다. 생성기는 데이터 세트를 본 적이 없음을 기억하자. MNIST 데이터가 어떻게 생겼는지 전혀 모른다. 지금까지 한 작업은 실수로 구성된 3D 텐서를 생성한 다음 해당 텐서의 값이 얼마나 좋은지 나쁜지를 알려주는 피드백을 받는 것뿐이었다. 시간이 지남에 따라 숫자처럼 보이는 텐서를 생성했다. 어떻게든 생성기는 난수를 인식 가능한 숫자로 바꾸는 방법을 찾았다. 놀랍다. 약간의 오작동이 있지만 대부분의 숫자는 쉽게 알아볼 수 있다.

이것으로 GAN에 대한 기본적인 설명을 마친다.

계속 진행하기 전에 약간의 실용적인 조언을 검토할 가치가 있다. 앞서 GAN은 특정 아키텍처와 훈련 변수에 매우 민감하다고 언급했다. 유명한 논문에서 DCGAN을 조사하고 좋은 결과로 이어지는 몇 가지 경험 법칙을 발견했다 (Radford, Metz, and Chintala 2016). 언제나 그렇듯이 실험은 성공의 열쇠다. 작은 변화는 보통 효율적으로 학습하거나 느리게 학습하거나 전혀 학습하지 못하는 GAN 사이의 차이를 만든다.

도전 과제

실제로 GAN을 사용하는 데 있어 가장 큰 도전 과제는 구조와 하이퍼파라미터 모두에 대한 민감도일 것이다. <고양이와 쥐cat and mouse> 게임을 하려면 양 당사자가 항상 밀접하게 일치해야 한다. 판별기나 생성기 중 하나가 다른 것보다 너무 빨리 향상되면 다른 하나는 절대 따라잡을 수 없다. 앞서 언급했듯이 이러한 모든 값의 올바른 조합을 얻는 것은 GAN에서 우수한 성능을 얻는 데 필수적이지만 조합을 찾는 것은 어려울 수 있다(Arjovsky and Bottou 2017; Achlioptas et al. 2017). 새로운 DCGAN을 훈련할 때 좋은 출발점을 제공하고자 일반적으로 앞서 주어진 경험 법칙을 따르는 것이 좋다.

GAN의 이론적 문제는 현재 GAN이 수렴할 것이라는 증거가 없다는 것이다. 선형으로 분리 가능한 두 데이터 세트 사이의 구분선을 찾는 13장의 단일 퍼셉트론을 상기해보자. 충분한 훈련 시간이 주어지면 퍼셉트론은 항상 이 구분선을 찾을 수 있음을 증명할 수 있다. 하지만 GAN의 경우 이러한 증거는 어디에도 없다. 말할 수 있는 것은 많은 사람이 적어도 일부 GAN을 제대로 훈련시키는 방법을 찾았지만 그 이상은 보장할 수 없다는 것뿐이다.

큰 샘플 사용

GAN의 기본 구조는 1,000 × 1,000 픽셀과 같은 큰 이미지를 생성하도록 생성기를 훈련하려고 할 때 문제가 발생할 수 있다. 계산상의 문제는 이 모든 데이터를 사용해 판별기가 생성된 가짜를 실제 이미지와 구별하기 쉽다는 것이다. 이 모든 픽셀을 동시에 수정하려고 하면 입력과의 일치에 더 가까워지기보다는 생성기의 출력이 거의 랜덤한 방향으로 이동하는 오차 그래디언트가 발생할 수 있다(Karras et al. 2018). 게다가 이러한 큰 샘플들의 많은 개수를 처리하기에 충분한 컴퓨팅 성능, 메모리, 시간을 찾는 실질적인 문제가 있다. 모든 픽셀은 하나의 피처이므로 한 면이 1,000 픽셀인 모든 이미지에는 백만 개의 피처가 있다(컬러 사진의 경우 3백만 개다).

최종 고해상도 이미지가 정밀한 검사에도 견딜 수 있기를 원하기 때문에 큰 훈련 데이터 세트를 사용하려고 한다. 거대한 이미지의 큰 컬렉션을 처리하는 데 필요한 시간은 빠르게 늘어날 것이다. 빠른 하드웨어라도 사용할 수 있는 시간에 작업을 수행하지 못할 수 있다.

큰 이미지를 구축하기 위한 실용적인 접근 방식을 프로그레시브^{Progressive} GAN 또는 ProGAN이라고 한다(Karras et al. 2018). 이 기술로 시작하려면 훈련 데이터 세트의 이미지 크기를 다양한 더 작은 크기로 조정한다. 예를 들어 한 면에 512 픽셀, 128 픽셀, 64 픽셀 등 한 면에 4 픽셀까지 축소한다. 그런 다음 각각 적은 수의 컨볼루션 레이어로 구성된 작은 생성기와 판별기를 구축한다. 4 × 4 이미지로 이러한 작은 네트워크를 훈련시킨다. 훌륭히 작업을 수행하면 각 네트워크의 끝에 몇 개의 컨볼루션 레이어를 추가하고 네트워크가 8 × 8 이미지에 대해 잘 작동할 때까지 기여도를 점차적으로 혼합한다. 그런 다음 각 네트워크의 끝에 몇 개의 더 많은 컨볼루션 레이어를 추가하고 16 × 16 이미지로 훈련시키는 방식이다.

이러한 방식으로 생성기와 판별기는 성장하면서 이들의 훈련을 기반으로 구축할 수 있다. 이는 한 면에 1,024 픽셀인 풀사이즈 이미지까지 작업을 할 때 이미한 면에 512 픽셀인 이미지를 생성하고 판별하는 데 훌륭한 GAN을 갖고 있다는 것을 의미한다. 시스템이 잘 작동될 때까지 더 큰 이미지로 많은 추가적인 훈련을 할 필요도 없다. 이 과정은 처음부터 실물 크기의 영상으로만 훈련했을 때보다 완료하는 데 훨씬 더 적은 시간이 걸린다.

모드 붕괴

GAN은 훈련의 허점을 이용할 흥미로운 방법을 갖고 있다. 생성기가 판별기를 속이는 방법을 배우기 원한다는 것을 기억해보자. 이는 거의 쓸모없는 방법으로 이 일에 성공할 수 있다.

고양이 사진을 만들도록 GAN을 훈련시키려 한다고 가정해보자. 생성기는 판별기가 실제로 받아들이는 하나의 고양이 이미지를 생성한다고 가정하자. 교활한 생성기는 매번 이 이미지만 만들어낼 수 있다. 노이즈 입력에 어떤 값을 사용하든 간에 항상 그 하나의 이미지를 얻는다. 판별기는 이것이 얻는 모든 이미지는 그럴듯하게 실제라고 말해주기 때문에 생성기는 목표를 달성하고 학습을 중단한다.

이는 신경망이 요구하는 것을 수행하고자 교활한 솔루션을 찾는 또 다른 예지만 반드시 원하는 상황은 아니다. 생성기는 임의의 숫자를 판별기가 실제 샘플과 구별할 수 없는 새로운 샘플로 변환하기 때문에 요구한 것을 정확히 수행했다. 문제는 생성기에 의해 만들어진 모든 샘플이 동일하다는 것이다. 아주 교활한 성공이다.

하나의 성공적인 출력을 계속해서 생성하는 이 문제를 **모드 붕괴**^{modal collapse}라고 한다(첫 번째 단어는 모달^{modal}로, '모드^{mode}-얼^{ull}'로 발음되고 모드 또는 작업 방식을 의미하며 '모델'이 아니다). 생성기가 하나의 샘플(이 예제의 경우에는 고양이의 단일 사진)로 머무는 경우 이 상황은 **전체**^{full} **모드 붕괴**로 설명한다. 훨씬 더 일반적인 것은 시스템이 동일한 적은 수의 출력을 생성하거나 약간의 변형을 생성하는 경우다. 이 상황을 부분partial 모드 붕괴라고 한다.

그림 22-24는 잘못 선택한 일부 하이퍼파라미터를 사용해 3 에폭 동안 훈련한 후 DCGAN을 한 번 실행한 것을 보여준다. 시스템이 다른 어떤 것보다 훨씬 더 많은 종류의 1을 출력하는 모드로 접어들고 있다는 것은 매우 분명하다.

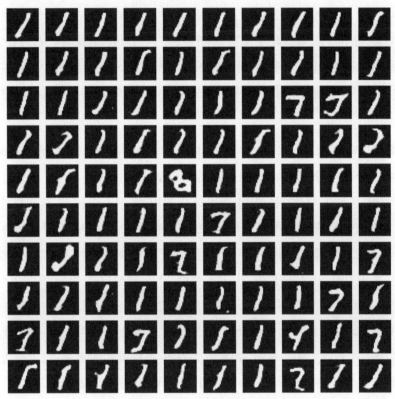

그림 22-24: 단 3 에폭 동안 훈련한 후에 이 DCGAN은 모드 붕괴의 분명한 징후를 보이고 있다.

이 문제를 해결하기 위한 스키마들이 있다. 가장 좋은 권장 사항은 이전에 했던 것처럼 데이터의 미니배치를 사용하는 것부터 시작하는 것일 것이다. 그런 다음 해당 미니배치에서 생성된 출력의 다양성을 측정하고자 몇 가지 추가 항term으로 판별기의 손실 함수를 확장할 수 있다. 출력이 모두 동일하거나 거의 동일한 몇 개의 그룹에 속하는 경우 판별기는 결과에 더 큰 오차를 부여할 수 있다. 그러면 해당 조치가 오차를 줄이기 때문에 생성기가 다양화된다(Arjovsky, Chintala and Bottou 2017).

생성한 데이터로 훈련

GAN의 가장 일반적인 용도는 판별기를 속이는 생성기를 훈련시키는 것이다. 그런 다음 판별기를 제거하고 원하는 만큼 새 데이터를 만들 수 있는 생성기를 남겨두면 모든 데이터가 원래 데이터 세트에서 나오는 것처럼 보인다. 따라서 고양이나 돛단배, 구절, 장작에서 나오는 연기의 새로운 이미지들을 무제한으로 만들 수 있다.

생성 데이터나 합성 데이터를 사용해 다른 신경망을 훈련시키는 것은 유혹적일 수 있다. 결국 거대한 데이터 세트는 신경망을 훈련시키는 데 꼭 필요한 것이다. 하지만 훈련한 생성기는 거의 완벽하지 않기 때문에 이는 매우 위험한 작업이다. 한 가지 문제는 생성기의 출력으로 가능한 모든 세부 사항을 알아차릴 수 있을 정도의 강력한 판별기를 만드는 것이 매우 어렵다는 것이다. 생성기의 출력은 판별기가 알아차릴 수 없거나 아주 낮은 페널티를 할당하는 방식으로 항상 약간 치우쳐 있을 수 있다. 생성기의 출력이 불완전할 수 있다는 점도 문제다. 모드 붕괴 예제에서 봤듯이 생성기의 결과가 입력의 전체 범위에 걸쳐 있지 않을 수 있다. 예를 들어 주어진 화가의 스타일로 새로운 그림을 만드는 임무를 맡은 화가는 자신의 작품 범위가 훨씬 더 넓을지라도 항상 풍경화, 초상화, 정물화만 만들어낼 수 있다.

발생할 수 있는 모든 문제를 완전히 파악하는 것은 매우 어렵다. 완벽한 생성기를 구축하고자 열심히 노력하더라도 항상 원하는 만큼 다양하거나 현실적이지 않은 데이터를 생성하면서 원하는 기준(판별기가 표현함)을 충족하는 또 다른 교활한 방법을 찾는 것 같다. 또 다른 문제는 기준 자체가 생각하는 것만큼 명확하지 않거나 광범위하지 않다는 것이다.

요컨대, 생성기의 출력에는 판별기를 통과하는 오차와 편향이 포함될 수 있다. 해당 데이터로 새 시스템을 훈련하면 전혀 인식하지 못할 수 있는 오차와 편향이 상속된다. 그 차이는 미묘할 수 있지만 실제로는 여전히 결과에 영향을 미칠 수 있다. 이는 맹점과 편향이 있다는 사실을 깨닫지 못한 채 중요한 결정을 내릴 수 있는 강력한 신경망을 훈련했다고 믿는 위험한 상황을 만들 수 있다. 중대한 안전이나 의료 애플리케이션에 훈련한 네트워크를 사용하거나 인터뷰, 학교 입학, 은행 대출 승인과 같은 사회적 상황에서 네트워크를 사용할 때 인식하지 못하는 지속적인 오차로 인해 심각한 결함이 있거나 불공정한 결정을 받을 수 있다. 편향, 오차, 편견, 오판, 기타 데이터베이스의 일반적인 문제는 생성기가 새 데이터를 생성하는 기본 기반이 된다. 결과는 저절로 계속되며 자기 영속적self-perpetuating, 자기 충족적self-fulfilling이며 잘못된 시스템이다. 이를 간단한 신조로 요약할 수 있다. 편향이 들어가면bias in, 편향이 나온다bias out.

우수한 데이터에 대한 신경망 훈련은 여전히 결함이 있는 결과를 생성할 수 있다. 결함이 있는 데이터에 대한 훈련 네트워크는 훨씬 더 심각한 결함이 있는 결과를 생성할 수 있다. 일반적으로 합성 데이터나 생성한 데이터로 네트워크를 훈련시키려는 유혹은 물리치는 것이 좋다.

요약

22장에서는 두 개의 작은 조각으로 생성적 적대 신경망GAN을 구축하는 방법을 다뤘다. 생성기는 주어진 데이터 세트에서 나온 것 같은 그럴듯한 새로운 데이터를 생성하는 방법을 학습하고, 판별기는 주어진 데이터 세트에 있는 실제 데이터와 생성기의 출력을 구별하는 방법을 학습한다. 둘은 훈련하면서 서로에게서 배우고 각자의 기술을 향상시킨다. 훈련이 성공적으로 완료되면 판별기는 합성 데이터와 실제 데이터를 확실하게 구별할 수 없다. 이 시점에 일반적으로 판별기를 버리고 임의의 개수만큼 새 데이터가 필요한 모든 애플리케이션에서 생성기를 사용한다.

생성기와 판별기가 거의 같은 속도로 학습하도록 훈련을 교대로 진행하는 것을 살펴봤다. 그런 다음 완전 연결 레이어로 간단한 GAN을 구축해 2D에서 데이터 점들을 만드는 방법을 다뤘고, MNIST로 새 이미지 데이터를 생성하는 방법을 학습시킨 컨볼루셔널 GAN을 구축하는 방법을 살펴봤다.

GAN은 훈련하기 어려운 것으로 악명이 높기 때문에 일반적으로 좋은 시작점을 제공하는 컨볼루셔널 GAN에 대한 몇 가지 경험 법칙rules of thumb을 다뤘다. 훈련 중에 크기를 늘려 큰 출력을 생성할 수 있다는 것을 살펴봤고, 생성기가 항상 동일한 출력(또는 적은 수의 출력)을 생성하는 모드 붕괴를 피하고자 미니배치를 사용할 수 있음을 알아봤다.

합성 데이터를 사용한 훈련의 위험성에 대한 간단한 설명으로 22장을 마쳤다.

23

창의적인 애플리케이션

책의 끝에 다다랐다. 진행하기 전에 좀 쉬면서 즐겨보자. 23장에서는 신경망을 사용해 예술 작품을 창조하는 몇 가지 창의적인 방법을 살펴본다. 두 가지 이미지 기반 애플리케이션을 탐구한다. 이미지를 광란의 사이키델릭psychedelic 예술 작품으로 바꾸는 딥 드리밍, 다른 예술가들의 스타일처럼 보이는 그림으로 사진을 변형시킬 수 있는 신경적 스타일 전이를 다룬다. 가장 마지막에 딥러닝을 통해 이 책을 훨씬 더 많이 만들어낼 수 있는 텍스트 생성을 빠르게 훑어본다.

딥 드리밍

딥 드리밍deep dreaming에서는 컨볼루셔널 신경망에서 필터를 시각화하는 것에 활용하고자 발명된 아이디어들을 예술 작품을 만드는 데 사용한다. 결과 이미지를 수정해 서로 다른 필터를 자극시켜 이미지들이 사이키델릭 패턴으로 폭발하게 된다.

필터 자극

17장에서는 컨볼루셔널 신경망에 있는 필터의 이미지나 시각화를 만들었다. 딥 드리밍과 스타일 전이는 모두 시각화 기술을 기반으로 한다. 좀 더 자세히 살펴보자. 17장에서와 같이 VGG16을 다시 사용함(Simonyan and Zisserman 2020)으로써 설명을 진행하겠지만 CNN 이미지 분류기는 대체할 수 있다. 여기서의 유일한 관심사는 컨볼루션 단계이기 때문에 17장에서 설명한 대로 전체 네트워크를 사용하지만 이 장의 그림에서는 그림 23-1과 같이 컨볼루션과 풀링 레이어만 표시한다.

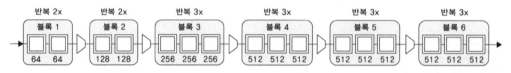

그림 23-1: VGG16을 단순화한 그림으로 컨볼루션 레이어와 풀링 레이어들만 보여준다.

VGG16의 마지막 몇 단계는 네트워크에서 적절한 출력 클래스를 예측하는 데 도움이 되기 때문에 생략한다. 이 애플리케이션에서는 네트워크 출력에 대해 신경 쓰지 않는다. 여기서 유일한 관심은 컨볼루션 레이어의 필터가 입력을 평가할 수 있게 네트워크를 통과시켜 이미지를 실행하는 것이다. 목표는 시작 이미지를 수정해 선택한 일부 레이어를 최대한 흥분시키는 것이다. 예를 들어 몇 개의 픽셀이 가운데가 어두운 경우 눈을 찾는 필터가 약간 반응할 수 있다. 목표는 픽셀을 수정해서 필터가 점점 더 활성화되게 하는 것이다. 이는 픽셀이 점점 더 눈과 비슷해 보인다는 것을 의미한다.

이를 위해 새로운 도구가 필요하지 않다. 해야 할 일은 최대화하려는 필터 출력을 선택하는 것이다. 하나의 필터만 선택하거나 네트워크의 다양한 부분에서 여러 필터를 선택할 수 있다. 사용할 필터를 선택하는 것은 전적으로 개인적이며 예술적이다. 일반적으로 입력 이미지가 원하는 방식으로 변경되는 것을 볼 때까지 다양한 필터를 시도하면서 찾아본다.

단계들을 알아보자. 그림 23-2에서와 같이 세 개의 서로 다른 레이어 각각에서 하나의 필터를 선택한다고 가정하자. 네트워크가 처리하는 이미지를 네트워크에 제공하는 것으로 시작한다.

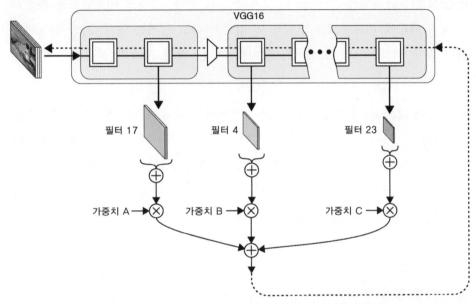

그림 23-2: 딥 드림 알고리듬은 여러 레이어로 구성된 손실을 사용한다.

선택한 첫 번째 필터에서 피처 맵을 가져와 모든 값을 더한 다음에 선택한 가중치를 곱해 이 합계가 얼마나 많은 영향을 미칠지 결정한다. 가중치^{weight}라는 단어를 사용하고 있지만 이는 네트워크 내부의 가중치가 아니다. 딥 드림 프로세스에서 각 필터의 영향을 제어하는 데 사용하는 값일 뿐이다. 선택한 다른 필터들을 합산하고 가중치를 부여한다. 이제 결과들을 더한다. 이는 선택한 필터가 입력 이미지에 얼마나 강력하게 반응하는지 알려주는 하나의 숫자며, 각 레이어의 필터에 얼마나 많은 영향을 미치고 싶은지에 따라 가중치를 부여한다. 이 수치를 다중 필터 손실$^{multifilter\ loss}$ 또는 다중 레이어 손실$^{multilayer\ loss}$이라고 한다.

이제 까다로운 부분이 나온다. 다중 필터 손실이 네트워크의 '오차'가 된다. 이전 장들에서는 역전파^{backprop}를 하고자 오차를 사용했다. 역전파는 모든 네트워크 가중치에 대한 그래디언트를 계산해 마지막 레이어에서 시작해 첫 번째 레이어로 되돌아가는 것이다. 그런 다음 이러한 그래디언트를 사용해 네트워크의 가중치를 수정해 오차를 최소화했다. 하지만 이 작업을 여기서 할 것은 아니다. 대신 오차(필터 응답)를 가능한 한 크게 만들고 싶다. 그리고 네트워크를 훈련하지 않기 때문에 네트워크를 변경해 이 작업을 하고 싶지는 않다. 가중치가 변경되지 않게 네트워크를 고정시킬 것이다. 대신 픽셀 자체의 색상들을 수정할 것이다.

따라서 이 오차로 시작해 평소와 같이 역전파를 사용해 네트워크의 모든 가중치에 대한 그래디언트를 찾는다. 하지만 첫 번째 히든 레이어에 도달하게 되면 픽셀 값 자체를 갖고 있는 입력 레이어로 한 발자국 더 뒤로 보낸다. 그런 다음 평소와 같이 역전파를 사용해 픽셀의 그래디언트를 찾는다. 결국 입력 픽셀을 변경하면 네트워크에서 계산한 값이 변경돼 오차가 변경된다. 역전파를 사용해 일반적인 훈련 설정에서 오차를 줄이고자 네트워크 가중치를 변경하는 방법을 학습할 수 있는 것처럼 동일한 역전파 알고리듬을 사용해 이 오차를 증가시키고자 픽셀 값을 변경하는 방법을 찾을 수 있다.

이제 평소와 같이 최적화optimization 단계를 적용한다. 훈련을 하지 않고 네트워크가 고정돼 있으므로 네트워크 가중치를 건드리지 않는다. 하지만 픽셀의 그래디언트를 사용해 색상 값을 수정해 오차를 최대화하고 선택한 필터들을 더 강력하게 자극한다.

그 결과로 필터가 더 많이 응답하는 방식으로 픽셀 색상이 약간 변경돼 더 큰 오차를 생성하고 픽셀에서 새로운 그래디언트를 찾는 데 사용해 픽셀이 필터를 더 많이 자극하게 하고, 루프를 반복할 때마다 그림이 점점 더 많이 바뀐다.

이는 예술적인 과정이기 때문에 일반적으로 모든 업데이트(또는 몇 번의 업데이트) 후에 출력을 확인해보고 마음에 들면 중지한다.

딥 드리밍 실행

그림 23-3의 개구리를 출발점으로 삼아 이 알고리듬을 작동시켜보자.

그림 23-3: 차분하고 생각하고 있는 개구리

그림 23-4는 여러 시도로 선택한 필터(와 필터에 있는 가중치)를 사용해 개구리 이미지에 대한 '드림'을 나타낸다.

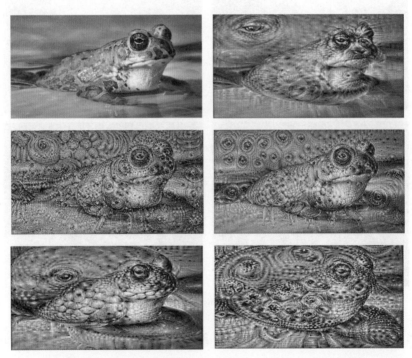

그림 23-4: (상단 좌측에 있는) 개구리 이미지로 시작한 딥 드림 결과 일부

선택한 필터 중에 일부가 눈에 반응했기 때문에 그림 23-4에서 많은 눈이 보인다. 말들과 신발에 반응하는 필터를 선택한다면 이미지에서 많은 말과 신발을 볼 수 있을 것이다.

그림 23-5는 개의 이미지에서 시작했을 때 결과를 보여준다. 개 이미지가 각 면마다 약 1,000 픽셀 정도로 네트워크가 훈련한 이미지보다 4배 이상 크기 때문에 이미지의 변화는 대부분 더 미세한 질감이다. 오른쪽 아래에 있는 이미지는 네트워크의 훈련 데이터와 같은 크기인 224 × 224 크기의 개 이미지를 사용했다.

그림 23-5: 개에 대한 딥 드림

이 기술의 이름은 영화 <인셉션Inception>을 기념해 인셉셔니즘inceptionism(Mordvintsev, Olah, and Tyka 2015)이었으나 딥 드림으로 더 자주 알려지게 됐다. 이름은 네트워크가 원본 이미지에 대해 '꿈을 꾸고' 있다는 시적 암시이며, 반환되는 이미지

932

는 네트워크의 꿈이 어디로 갔는지 보여준다. 딥 드림은 생성되는 거친 이미지 때문만이 아니라 최근 딥러닝 라이브러리를 사용해 구현하는 것이 어렵지 않기 때문에 인기를 얻었다(Bonaccorso 2020).

이 기본 알고리듬에 대한 많은 변형이 있었지만(Tyka 2015) 이들은 단지 표면을 긁는 것뿐이다. 레이어의 가중치를 자동으로 결정하거나 각 레이어의 개별 필터에 가중치를 적용하는 방식을 상상할 수 있다. 활성화 맵$^{activation\ map}$을 추가하기 전에 활성화 맵을 '마스킹^{masking}'해 일부 영역(예, 배경)을 무시하게 하거나 픽셀 업데이트를 마스킹해 원본 이미지의 일부 픽셀들을 한 레이어 출력들의 집합에 대한 응답으로 전혀 변경되지 않게 할 수도 있고, 대신 다른 레이어 출력들의 집합에 대한 응답으로 많이 변경할 수도 있다. 레이어와 가중치의 다양한 조합을 입력 이미지의 여러 영역에 적용할 수도 있다. 예술 제작에 대한 딥 드리밍 접근 방식은 새로운 발견을 위한 많은 여지가 있다.

깊은 꿈을 꾸는 데 '올바른' 또는 '최상의' 방법은 없다. 이것은 끌리는 이미지를 찾고자 미학, 직감, 거친 추측을 따르는 창의적인 예제다. 네트워크, 레이어, 가중치의 특정 조합에서 어떤 결과가 나올지 예측하기 어려우므로 이 과정은 인내와 많은 실험에 대한 보상을 제공한다.

뉴럴 스타일 전이

딥 드림 기법의 변형을 사용해 놀라운 일을 할 수 있다. 즉, 한 아티스트의 스타일을 다른 이미지로 전이시키는 것이다. 이 프로세스를 뉴럴 스타일 전이$^{neural\ style\ transfer}$라고 한다.

스타일 표현

문화는 종종 예술가의 독특한 시각적 스타일을 찬양한다. 그림에 집중해보자. 그림 스타일의 특징은 무엇인가? '스타일'에는 주제, 구성, 재료, 도구와 같이 다양한 선택에 영향을 미치는 누군가의 세계관이 포함될 수 있기 때문에 선뜻 답하기 어려운 문제다. 시각적인 겉모습에만 전적으로 집중해보자. 이렇게 좁혀도 그림의 '스타일'이 무엇을 의미하는지 정확하게 식별하기는 어렵지만 색상과 모양을 사용해 형태를 만드는 방법, 캔버스 전체에 걸쳐 이러한 형태의 유형과 분포를 의미한다고 말할 수 있다(Art Story Foundation 2020; Wikipedia 2020).

이 설명을 수정하려고 하기보다 야구장에 있는 것처럼 보이는 동시에 심층 컨볼루션 네트워크의 레이어와 필터 측면에서 공식화할 수 있는 것을 찾을 수 있는지 확인해보자.

이 절의 목표는 기본 이미지라고 하는 수정하려는 사진과 스타일 참조[style reference]라고 하는 스타일을 일치시키려는 두 번째 사진을 찍는 것이다. 예를 들어 개구리가 기본 이미지가 될 수 있고 모든 그림이 스타일 참조가 될 수 있다. 이를 사용해 생성된 이미지라고 하는 새 이미지를 만들고자 한다. 이 이미지에는 스타일 참조의 스타일로 표현된 기본 이미지의 **콘텐츠**[content]가 있다.

시작을 위해 어디서도 나오지 않는 주장을 할 것이다. 이미지가 생성하는 레이어 활성화를 보고 거의 같은 방식으로 활성화되는 레이어 쌍을 찾아 이미지 스타일(예, 그림)을 특성화[characterize]할 수 있다고 말이다. 이 아이디어는 2015년에 발표된 획기적인 논문에서 나왔다(Gatys, Ecker, and Bethge 2015). 세부 사항에 들어가지 않고 프로세스는 심층 컨볼루션 네트워크를 통과시켜 스타일 참조를 실행하는 것으로 시작한다. 딥 드림과 마찬가지로 출력을 무시하고 대신 컨볼루션 필터에만 집중한다.

주어진 레이어에 있는 모든 활성화 맵은 동일한 크기를 가지므로 쉽게 서로 비교할 수 있다. 레이어에 있는 첫 번째 활성화 맵(즉, 첫 번째 필터의 출력)부터 시작해보자. 이를 두 번째 필터가 생성한 활성화 맵과 비교하고 이 쌍에 대한 점수^{score}를 생성할 수 있다. 두 맵이 아주 유사한 경우(즉, 필터가 동일한 위치에서 반응하는 경우) 이 쌍에 높은 점수를 할당하고, 맵이 아주 다른 경우 해당 쌍에 낮은 점수를 부여한다. 그런 다음 첫 번째 맵을 세 번째 맵과 비교하고 점수를 계산한 다음 첫 번째와 네 번째 맵을 비교하고 점수를 계산하는 방식으로 진행된다. 그런 다음 두 번째 맵에서 시작해 레이어의 다른 모든 맵과 비교한다. 각 측면에 레이어의 필터 수만큼 셀이 있는 그리드로 결과를 구성할 수 있다. 그리드의 각 셀에 있는 값은 해당 레이어 쌍에 대한 점수를 알려준다. 이 그리드를 그램 행렬$^{Gram\ matrix}$이라고 한다. 모든 레이어에 대해 하나의 그램 행렬을 만들어보겠다.

이제 스타일에 대한 개념을 더 공식적으로 다시 말할 수 있다. 이미지의 스타일은 모든 레이어에 대한 그램 행렬로 표현된다. 즉, 각 스타일은 고유한 형식의 그램 행렬을 생성한다.

이 주장이 사실인지 확인해보자. 그림 23-6은 1907년 파블로 피카소의 유명한 자화상을 보여준다. 여기에는 색깔을 갖는 큰 블록과 두껍고 어두운 선과 같은 스타일이 많다. 이를 VGG16을 통과시켜 실행하고 각 레이어에 대해 그램 행렬을 저장해보자. 이들을 스타일 행렬$^{style\ matrices}$이라고 부르고 이 이미지의 스타일 표현으로 저장할 것이다.

그림 23-6: 파블로 피카소(Pablo Picasso)의 1907년 자화상

그램 행렬이 스타일을 나타낸다면 랜덤 노이즈의 시작 이미지를 수정하는 데 사용할 수 있다. 네트워크를 통해 노이즈를 갖는 입력 이미지를 실행하고 이미지 행렬image matrices이라고 하는 그램 행렬을 계산한다. 스타일 행렬이 실제로 어떤 방식으로든 피카소 이미지의 스타일을 나타낸다고 하면 노이즈가 있는 이미지의 픽셀 색상을 변경할 수 있고, 이미지 행렬이 스타일 행렬에 가까워지게 돼 노이즈가 있는 이미지는 그림의 스타일을 취할 것이다.

일단 해보자. 네트워크를 통해 노이즈를 실행하고 각 레이어에서 이미지 행렬을 계산하고 해당 레이어에 대해 저장한 스타일 행렬과 비교할 것이다. 이 두 행렬의 차이를 합산해 차이가 클수록 결과가 더 커진다. 그런 다음 모든 레이어에 대해 이러한 차이들을 합산하며 이것이 네트워크의 오차다. 딥 드림과 마찬가지로 이 오차를 사용해 시작 부분의 픽셀을 포함해 전체 네트워크에 대한 그래디언트를 계산하지만 픽셀의 색상만 수정한다. 딥 드림과 달리 이제 목표는 오차를 최소화시켜 픽셀을 변경해 색상이 스타일 참조의 픽셀과 같은 그램 행렬을 생성하게 하는 것이다.

그림 23-7은 이 과정의 결과를 보여준다. 이 시각화를 위해 각 레이어의 오차를 해당 레이어까지 포함한 모든 레이어에서의 모든 행렬의 차이 합으로 계산했다.

이것은 주목할 만하다. 블록 3의 세 개의 컨볼루션 레이어에 도달할 때쯤에는 그림 23-6의 원래 스타일 참조와 매우 유사한 추상화abstracts를 생성하고 있다. 색상을 갖는 얼룩들은 점진적으로 유사하게 색상 변화를 보여준다. 다른 색상을 갖는 일부 영역 사이에는 어두운 선이 있으며 붓놀림brushstroke 질감texture도 볼 수 있다.

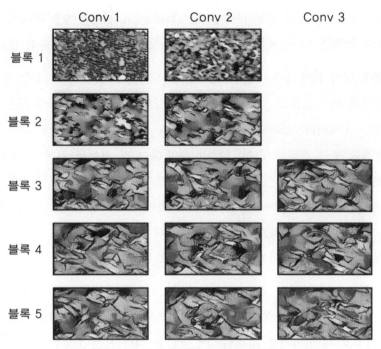

그림 23-7: VGG16에서 노이즈를 그램 행렬과 일치하게 한 결과

그램 행렬은 실제로 피카소의 그림 스타일을 포착했다. 하지만 왜일까? 결말이 실망스럽지만 대답은 아무도 실제로 모른다는 것이다(Li et al. 2017). 그램 행렬이 측정하는 것에 대한 수학을 기록하는 다양한 방법이 있지만 이 기술이 스타일이라고 부르는 이 애매한 아이디어를 포착하는 이유를 이해하는 데에는 도움이 되지 않는다. 뉴럴 스타일 전이에 대한 원본 논문(Gatys, Ecker, and Bethge 2015)이나 좀 더 자세한 후속 논문(Gatys, Ecker, and Bethge 2016)에서는 저자가 어떻게 아이디어를 얻었는지 또는 왜 그렇게 작동하는지 잘 설명하지 않는다.

콘텐츠 표현

딥 드림에서는 이미지에서 시작해 픽셀을 변경해 이미지를 조작했다. 뉴럴 전이에서 동일한 작업을 시도하고 노이즈가 아닌 이미지로 시작하면 이미지가 빠르게 손실된다. 그램 행렬 간의 차이를 최소화하는 효과는 입력 이미지에 큰 변화를 일으켜 원하는 스타일로 이동하지만 이 과정에서 이미지의 내용을 잃게 된다.

이 문제에 대한 해결책은 여전히 노이즈로 시작하는 것이다. 이유는 노이즈가 잘 작동하기 때문(그림 23-7 참조)이지만 두 번째 오차 항을 추가해 원본 이미지의 본질을 유지한다. 스타일 참조(그램 행렬의 차이로 측정)와 일치하지 않는 입력을 벌점을 주는 스타일 손실$^{style\ loss}$을 부과하는 것 외에도 기본 이미지(스타일화하려는 그림)와 너무 많이 다른 입력에도 벌점을 주는 콘텐츠 손실$^{content\ loss}$을 부과한다. 노이즈로 시작해 이 두 오차 항(일반적으로 서로 다른 것들을 강조하기 위함)을 함께 추가해 노이즈의 픽셀을 변경해 수정하고자 하는 그림의 색상과 보고 싶은 스타일을 동시에 더 가깝게 일치시킨다.

콘텐츠 손실을 수집하는 것은 쉽다. 그림 23-3의 개구리처럼 기본 이미지를 가져와 네트워크를 통해 실행한다. 그런 다음 모든 필터의 활성화 맵을 저장한다. 그 이후로 새 이미지를 네트워크에 공급할 때마다 콘텐츠 손실은 해당 입력에 대한 필터 응답과 기본 이미지에서 얻은 응답 간의 차이일 뿐이다. 결국 모든 필터가 시작 이미지와 동일한 방식으로 입력에 응답하면 입력이 시작 이미지(또는 매우 가까운 것)가 된다.

스타일과 콘텐츠를 함께

요약하자면 네트워크에 스타일 참조를 통과시키고 각 레이어를 지난 다음에 모든 필터 쌍에 대한 그램 행렬을 저장한다. 다음으로 스타일화하고 싶은 기본 그림을 찾아 네트워크를 통과시켜 실행하고 모든 필터에서 생성된 피처 맵을 저장한다.

이 저장된 데이터를 사용해 그림의 스타일화된 버전을 만들 수 있다. 노이즈로 시작해 네트워크에 전달한다. 전체 프로세스의 블록 그림은 그림 23-8에 있다.

콘텐츠 손실부터 시작해보자. 맨 왼쪽에 있는 연한 파란색 둥근 모서리 직사각형에서는 첫 번째 컨볼루션 레이어의 필터에서 피처 맵을 수집하고 이 맵과 기본 이미지(예, 개구리)에서 저장한 맵 간의 차이를 계산한다. 두 번째 컨볼루션 레이어의 피처 맵에도 동일한 작업을 수행한다. 모든 레이어에 대해 이 작업을 수행할 수 있지만 이 그림과 다음 예제의 경우 2개 후에 중단했다(이것은 실험에 따라 다른 개인 선택이다). 이러한 모든 차이 값 또는 콘텐츠 손실을 합산하고 이 합산 값을 어떤 값으로 크기 조정한다. 이 값은 그림 콘텐츠가 입력 이미지의 색상에 궁극적으로 얼마나 영향을 미치는지 조정할 수 있게 해준다.

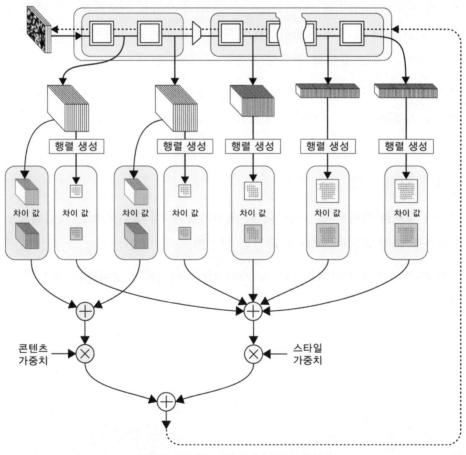

그림 23-8: 뉴럴 스타일 전이의 블록 다이어그램

이제 스타일을 다뤄보자. 각 레이어에 대해 연한 노란색의 둥근 모서리 직사각형에서 각 필터의 출력이 다른 모든 필터의 출력과 얼마나 일치하는지 알려주는 그램 행렬을 계산한다. 그런 다음 해당 행렬을 이전에 저장한 스타일 행렬과 비교한다. 이러한 모든 차이 값을 더해 스타일 손실을 얻고 픽셀 색상을 수정할 때 스타일이 미치는 영향을 제어할 수 있는 일부 값으로 크기를 조정한다.

콘텐츠와 스타일 손실의 합은 오차 값이다. 딥 드림과 마찬가지로 네트워크 전체에서 그리고 다시 픽셀까지 그래디언트를 계산한다. 그러고 나서 네트워크의 가중치를 그대로 둔다. 딥 드림과 달리 이전에 저장한 콘텐츠 및 스타일 정보와 일치하는 입력을 원하기 때문에 이 전체 오차를 최소화하고자 픽셀 값을 수정한다. 그 결과 원본 노이즈가 천천히 변경돼 원본 이미지와 더 유사해짐과 동시에 스타일 필터와 관계성relationships도 갖게 된다.

딥 드림과 마찬가지로 뉴럴 스타일 전이를 구현하는 것은 최신 딥러닝 라이브러리를 사용하면 간단하다(Chollet 2017; Majumdar 2020).

스타일 전이 실행

이것이 실제로 얼마나 잘 작동하는지 확인해보자. 다시 VGG16을 네트워크로 사용하고 그림 23-8에 요약된 과정을 따른다.

그림 23-9는 각각 독특한 스타일을 가진 9개의 이미지를 보여준다. 이들은 스타일 참조다.

그림 23-9: 스타일 참조 역할을 하는 서로 다른 스타일의 9개 이미지. 왼쪽에서 오른쪽으로 그리고 위에서 아래로 빈센트 반 고흐의 〈별이 빛나는 밤(Starry Night)〉, 윌리엄 터너(J. M. W. Turner)의 〈미노타우로스 호의 난파(The Shipwreck of the Minotaur)〉, 에드바르 뭉크(Edvard Munch)의 〈절규(The Scream)〉, 파블로 피카소의 〈앉아 있는 누드(Seated Female Nude)〉, 파블로 피카소의 〈자화상(Self-Portrait 1907)〉, 에드워드 호퍼(Edward Hopper)의 〈나이트호크 (Nighthawks)〉, 저자의 Sergeant Croce, 클로드 모네(Claude Monet)의 〈노란 수련과 라일락(Water Lilies, Yellow and Lilac)〉, 바질리 칸딘스키(Wassily Kandinsky)의 〈구성 VII(Composition VII)〉이다.

이 스타일을 오랜 친구인 개구리에게 적용해보자. 그림 23-10은 그 결과를 보여준다.

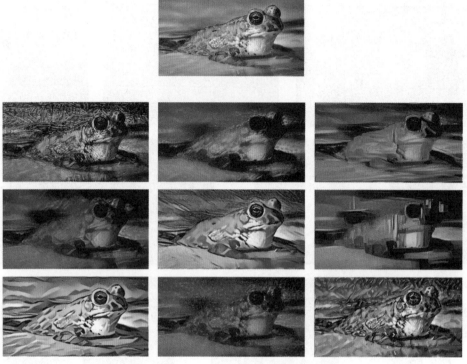

그림 23-10: 그림 23-9의 9가지 스타일을 개구리 사진에 적용(상단)

홀륭하다. 이 이미지는 디테일이 많기 때문에 면밀히 검토해야 한다. 언뜻 보면 각 스타일 참조의 색상 팔레트가 개구리 사진으로 옮겨진 것을 알 수 있다. 그러나 질감과 가장자리, 색상 블록이 어떻게 형성되는지 확인해보자. 이 이미지는 단순히 색상이 변경된 개구리나 두 이미지의 오버레이나 혼합이 아니다. 대신 다양한 스타일의 개구리에 대한 고품질의 디테일한 이미지다. 이를 좀 더 명확하게 확인하고자 그림 23-11은 각 개구리의 동일한 확대 영역을 보여준다.

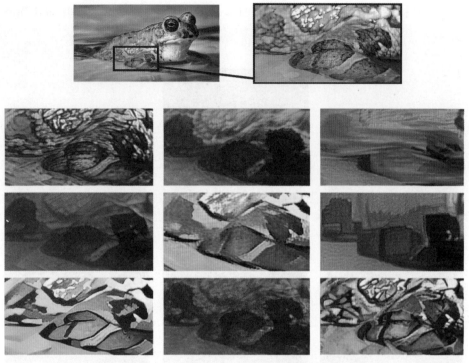

그림 23-11: 그림 23-10의 9가지 스타일 개구리에 대한 세부 정보

이 이미지는 상당히 다르며 모두 기본 스타일과 일치한다.

다른 예를 살펴보자. 그림 23-12는 도시 사진에 적용된 스타일을 보여준다.

이 이미지들이 모두 무작위 노이즈로 시작됐다는 것을 기억할 때 더욱 놀랍다. 각 이미지에 대해 콘텐츠 손실을 0.025로, 스타일 손실을 1로 가중치를 지정해 스타일이 콘텐츠보다 픽셀 변경에 40배 더 큰 영향을 미쳤다. 이 예제에서는 약간의 콘텐츠가 큰 도움이 됐다.

그림 23-10부터 23-12까지에서 볼 수 있듯이 뉴럴 스타일 전이의 기본 알고리듬은 훌륭한 결과를 생성한다. 이 기술은 알고리듬의 유연성, 생성되는 결과 유형, 아티스트가 원하는 결과를 생성하고자 적용할 수 있는 제어 범위를 개선하고자 여러 방식으로 확장되고 수정됐다(Jing et al. 2018). 관객을 완전히 둘러

싸는 비디오와 구형 이미지에 대해서도 적용됐다(Ruder, Dosovitskiy and Brox 2018).

그림 23-12: 위에서 본 도시 사진(상단)에 그림 23-9의 9가지 스타일 적용

딥 드림과 마찬가지로 뉴럴 스타일 전이는 많은 변형과 탐색이 허용되는 일반적인 알고리듬이다. 분명히 많은 흥미롭고 아름다운 예술적 효과가 발견되기를 기다리고 있다.

이 책을 더 만들어보기

단지 재미를 위해 19장에서 다뤘던 것처럼 단어별로 새로운 텍스트를 생성하는 RNN을 통해 이 책의 초판 텍스트(이 절 제외)를 실행했다.[1] 전체 텍스트는 427,000 단어들로 약 10,300 단어의 어휘^{vocabulary}에서 나왔다. 이 텍스트를 학습하고자 각각 128개의 셀이 있는 2개의 LSTM 레이어로 구성된 네트워크를 사용했다.

이 알고리듬은 지금까지 만든 텍스트를 기반으로 가장 가능성이 높은 다음 단어를 찾고, 가장 가능성이 높은 그다음 단어를 찾고, 그다음으로 계속 반복해 중지할 때까지 계속하는 방식으로 자기회귀적으로 출력을 생성한다. 이런 식으로 텍스트를 생성하는 것은 문자를 입력할 때 휴대폰이 제시하는 서너 단어 중 하나만 반복적으로 선택해 메시지를 만드는 게임(Lowensohn 2014)과 같다.

다음은 250번의 반복 후에 출력에서 수동으로 선택한 몇 개의 문장이다. 구두점을 포함해 생성된 그대로는 다음과 같다.

- The responses of the samples in all the red circles share two numbers, like the bottom of the last step, when their numbers would influence the input with respect to its category.
- The gradient depends on the loss are little pixels on the wall.
- Let's look at the code for different dogs in this syllogism.

이 출력들이 거의 말이 되는 것이 정말 놀랍다.

문장 전체가 재미있지만 시스템이 단편적인 부분만 만들어내던 훈련 시작 직후에 가장 재미있고 시적인 부분들이 나왔다. 다음은 단지 10 에폭 이후에 수동으로 발췌한 몇 가지 발췌문이며, 정확히 나온 그대로 담았다.

---

1. 이 절에서 사용된 텍스트는 원서의 영문 텍스트를 기반으로 새로운 텍스트를 영문으로 생성하는 것이기에 생성된 문장은 번역하지 않고 영문 그대로 뒀다. – 편집자

- Set of of apply, we + the information.
- Suppose us only parametric.
- The usually quirk (alpha train had we than that to use them way up).

이것들은 대부분 일관성이 없지만 이 합성적인 문구들에서 약간의 진실을 추출할 수 있다. 이 책의 주요 목표 중 하나는 분명히 '정보를 +하는' 것이었다.

RNN도 좋지만 트랜스포머 기반 생성기가 훨씬 더 좋다. 이 책의 현재 판에 대해 중간 정도 크기의 GPT-2 생성기 인스턴스를 미세 조정했다(이 절은 제외했다). 다음은 창조해낸 범위(두 번째 집합은 그림 캡션으로 표시됨)로 수동 선택한 출력의 일부다.

- This is the neural network that's been hailed as the queen of artificial neurons. It's no surprise that her name is Christine, but it does speak volumes about the state of the field.
- We can chain together several of these versions into a single tensor of a classifier that is essentially a jack-in-the-box.
- Let's use a small utility to take a shortcut that will let us make word predictions on the fly, even if we aren't the right person online or offline.
- In this view, a 1 in this range is a perfect integer, while a 0 in this range is a hyper-realized string of numbers. The approach we adopted in Chapter?6 is to treat all 0's as incomplete, and all 1's as incomplete, since we still have some information about the system we're evaluating.
- Figure 10-7: A grid of negative images that don't have labels.
- Figure 10-10: A deep learning system learns how to create and remove license plates from a dataset.

요약

네트워크에서 선택한 필터를 자극하고 야생적이고 환각적인 이미지를 만들고자 이미지를 조작하는 방법인 딥 드림을 살펴보는 것으로 23장을 시작했다. 그런 다음 뉴럴 스타일 전이를 살펴봤다. 이 기법을 사용해 무작위 노이즈 입력을 천천히 변경해 동시에 입력 이미지와 다양한 화가의 작품과 같은 스타일 참조처럼 변경되게 한다. 마지막으로 이 책의 원고에서 새로운 텍스트를 만들고자 작은 RNN과 트랜스포머를 사용했다. 언뜻 보기에 익숙하거나 그럴듯해 보이는 새로운 텍스트를 만드는 것은 재미있다.

맺음말

이 책은 딥러닝의 기본 개념만 다뤘다. 이 분야는 놀라운 속도로 발전하고 있다. 매년 새로운 발전은 컴퓨터가 인식, 분석, 예측, 합성할 수 있는 모든 기대치를 무시하는 것 같다.

새로운 작업을 따라잡는 것만으로도 모든 시간을 써야 될 수도 있다. 새로운 개발 상황을 파악하는 한 가지 방법은 arXiv('아카이브'로 발음) 서버라는 https://arxiv.org/에서 웹 사이트를 확인하거나 https://arxiv.org/list/cs.LG/recent 에서 머신러닝 섹션을 확인하는 것이다. 이 사이트는 새로운 논문이 저널과 콘퍼런스에 게재되기 전에 미리 인쇄된 논문을 호스팅한다. 그러나 arXiv를 보는 것조차 압도적일 수 있으므로 많은 사람이 http://www.arxiv-sanity.com의 arXiv Sanity Preserver와 https://s2-sanity.apps.allenai.org/cold-start의 Semantic Sanity 프로젝트를 사용한다. 두 사이트 모두 저장소에서 특정 키워드와 아이디어가 포함된 논문만 필터링하는 데 도움이 된다.

이 책에서는 딥러닝의 기술적 배경에 초점을 맞췄다. 사람들에게 영향을 줄 수 있는 방식으로 이러한 시스템을 사용할 때 알고리듬 자체보다 훨씬 더 많은 것을 고려해야 한다는 점을 명심하는 것이 중요하다(O'Neil 2016). 효율성 때문에 딥러닝 시스템은 영향을 받는 사회에 미치는 영향을 거의 검토하거나 고려하지 않은 채 광범위하고 빠르게 배포되고 있다.

오늘날 딥러닝 시스템은 취업 제안, 학교 입학, 형량 구형, 개인 및 기업 대출, 심지어 의료 검진의 해석에 영향을 미치거나 결정하는 데 사용되고 있다. 딥러닝 시스템은 사람들이 뉴스와 소셜 미디어 피드에서 확인하는 것을 제어해 건강하고 정보가 풍부한 사회를 구축하는 것이 아니라 해당 피드를 제공하는 조직의 이익을 늘리고자 항목을 선택한다(Orlowski 2020). '스마트 스피커'와 '스마트 디스플레이'(마이크 및 카메라도 포함)의 딥러닝 시스템은 집에 있는 사람들을 쉬지 않고 듣고 관찰하며 때로는 캡처한 데이터를 분석하고자 원격 서버로 전송한다. 문화는 그러한 지속적인 감시를 두려워했지만 이제 사람들은 이러한 장치에 비용을 지불하고 집과 침실과 같은 이전의 사적인 공간에 기꺼이 둔다. 딥러닝은 학교에서 잠재적으로 문제를 일으킬 수 있는 어린이를 선별하고, 국경을 넘어 질문에 답변하는 사람들의 정직성을 평가하며 시위와 기타 모임에서 얼굴을 인식해 개인을 식별하는 데 사용된다. 이러한 알고리듬의 실수는 성가신 것부터 근본적으로 삶을 변화시키는 것까지 다양하다. 결과가 정확하지 않은 경우에도 이러한 시스템은 점점 더 공공 및 사생활에 영향을 미치는 중대한 결정을 내린다.

딥러닝 시스템은 훈련하는 것과 알고리듬만큼만 우수하며, 시간이 지남에 따라 훈련 데이터의 편향, 편견, 명백한 오차가 결과 알고리듬에 의해 지속되고 강요된다는 사실을 알게 된다. 이러한 시스템은 인간과 다른 생물체를 다룰 때 기대하는 정확성과 공정성에 훨씬 미치지 못한다. 알고리듬은 공감과 연민이 완전히 부족하다. 그들은 예외적인 상황에 대한 감각이 없으며 자신의 결정이 초래할 수 있는 기쁨이나 고통에 대한 개념이 없다. 이들은 사랑, 친절, 두려움, 희망, 감사, 슬픔, 관대함, 지혜 또는 서로에게 가치 있게 여기는 다른 어떤 특성도 이해할 수 없다. 감탄하거나, 울거나, 웃거나, 슬퍼하거나, 축하하거나, 후회할 수 없다.

딥러닝은 개인과 사회에 큰 도움이 될 것이다. 하지만 모든 도구는 무기로 사용할 수 있으므로 해당 도구의 소유자에게 이익이 되고 영향을 받는 사람에게는 불리하다. 머신러닝 시스템은 종종 실제로 눈에 띄지 않기 때문에 시스템 오차가 오랫동안 감지되지 않을 수 있다. 문제가 발견된 후에도 이러한 시스템을 판매하거나 사용해 이익을 얻는 조직에 책임을 묻고자 막대한 사회적, 정치적 조치와 변화를 가져오기 위한 더 많은 노력이 필요할 수 있다.

머신러닝 시스템의 또 다른 위험은 엄청난 양의 훈련 데이터에 대한 끝없는 요구다. 이는 우정과 가족 관계부터 여행하기 좋아하는 장소와 시간, 먹고 싶은 음식, 복용하는 약, 그들의 DNA가 그들에 대해 밝히는 것에 이르기까지 사람들의 삶에 대한 이전의 사적인 정보를 수집, 정리, 판매하는 것 외에는 아무것도 하지 않는 조직을 위한 시장을 만든다. 이 데이터는 개인을 괴롭히고 겁을 주고 협박하는 데 사용될 수 있다.

또한 방대한 양의 데이터에 대한 수요는 조직이 규모가 커질수록(종종 덜 책임감 있게) 더 많은 데이터를 수집할 수 있고 알고리듬이 더 강력해져 의사결정에 더 많은 영향을 미치게 된다. 이는 더 많은 데이터를 수집할 수 있기 때문에 피드백 루프에서 조직의 힘을 공고히 할 수 있다는 것을 의미한다. 그러한 시스템의 모든 불완전성은 확대되고, 규모 때문에 개인에 대한 부정적인 영향은 이러한 시스템을 운영하는 사람들이 전혀 알아차리지 못할 수 있다. 일반적으로 그러한 조직에 대한 유일한 경쟁은 동일한 규모의 다른 조직에서 올 것이며, 자체적인 편견과 오차가 포함된 자체의 거대한 데이터베이스가 있는 시스템을 제공해 오늘날 친숙한 편향된 거대 기업의 전투로 이어진다. 이처럼 지속적이고 증가하는 권력 집중은 중대하고 강력하게 시행되는 통제와 규제를 받지 않을 때 자유 사회에서 위험한 힘이다. 슬프게도 이러한 통제는 오늘날 거의 볼 수 없다.

딥러닝은 연예인에서 정치인에 이르기까지 모든 사람의 모습을 포착해 소프트웨어를 악용하는 사람이 원하는 대로 무엇이든 말하거나 행동하는 사람을 사실적으로 묘사하는 이미지, 오디오, 비디오를 생성할 수 있는 알고리듬을 만들어냈다. 사회는 계약을 시행하고, 갈등을 조정하고, 공인을 높이거나 수치스럽게 하고, 선거에 영향을 미치고, 법정에서 증거 역할을 하고자 캡처된 오디오, 사진, 비디오에 의존하게 됐다. 신뢰할 수 있는 사진과 녹음, 비디오가 아닌 소문, 기억, 의견으로 객관적인 역사적 기록을 대체한다. 누군가가 실제로 말하거나 행동한 내용을 문서화하는 신뢰할 수 있는 시청각 증거가 없다면 가장 목소리가 크고, 부자이거나, 가장 설득력 있는 목소리가 여론, 선거, 법원에서 많은 결과를 결정할 것이다. 객관적 사실을 찾거나 신뢰하기 점점 더 어려워질 것이기 때문이다.

딥러닝은 매력적인 분야며 이것이 문화와 사회에 어떤 영향을 미칠지 이제 막 이해하기 시작했다. 학습 알고리듬은 확실히 범위와 영향력 면에서 계속해서 성장할 것이다. 이들은 사람들이 더 행복해지게 돕고, 더 공정하고 지지적인 사회를 가능하게 하며, 더 건강하고 다양한 개인, 사회, 정치, 물리적 환경을 조성함으로써 엄청난 선을 창조할 기회를 갖는다. 기업의 이익이나 정부의 통제를 축소하더라도 이러한 긍정적인 결과를 얻고자 노력하는 것이 중요하다.

모든 도구와 마찬가지로 항상 딥러닝을 사용해 인류의 최고를 이끌어내고 모두를 위한 더 나은 세상을 만든다는 것을 기억해야 한다.

참고 문헌

즉시 액세스할 수 있도록 온라인에서 사용할 수 있는 참고 자료를 사용하는 것을 선호한다. 이외에는 일반적으로 책과 기타 인쇄물이지만 때때로 유료 결제가 필요하더라도 중요한 온라인 참조를 포함했다. 여기에 있는 모든 링크는 책 집필 당시에 살아있는 상태였다. 하지만 인터넷은 휘발성이기 때문에 이 링크 중 일부는 확실히 변경되거나 작동이 중지될 수 있다. 링크가 작동하지 않으면 검색 엔진을 사용해 찾고자 하는 참고 자료의 제목이나 저자를 찾는 것이 좋다. 종종 새로운 위치로 이동됐을 수 있다. 사라진 경우 https://archive.org/web/의 웨이백 머신^{Wayback Machine}에서 저장된 사본을 찾을 수 있다. 또한 구글 검색 엔진을 사용해 참고 자료를 검색할 수도 있다. 구글 검색 엔진은 더 이상 활성화돼 있지 않은 페이지의 캐시된 버전을 제공하기도 한다.

즐겨 쓰는 브라우저에 링크를 입력하면 되지만 링크가 살아있는 상태인 온라인 복사본 https://nostarch.com/deep-learning-visual-approach/로 이동하는 것을 추천한다.

1장

Bishop, Christopher M. 2006. *Pattern Recognition and Machine Learning.* New York: Springer-Verlag. Available at https://docs.google.com/viewer?a=v&pid=sites&srcid=aWFtYW5kaS5ldXppc2N8Z3g6MjViZDk1NGI1NjQzOWZiYQ.

Goodfellow, Ian, Yoshua Bengio, and Aaron Courville. 2017. *Deep Learning.* Cambridge, MA: MIT Press. Available at https://www.deeplearningbook.org/.

Saba, Luca, Mainak Biswas, Venkatanareshbabu Kuppili, Elisa Cuadrado Godia, Harman S. Suri, Damodar Reddy Edla, TomažOmerzu, John R. Laird, Narendra N. Khanna, Sophie Mavrogeni, et al. 2019. "The Present and Future of Deep Learning in Radiology." European Journal of Radiology 114 (May): 14-4.

2장

Anscombe, F. J. 1973. "Graphs in Statistical Analysis." *American Statistician* 27, no. 1 (February): 17-1.

Banchoff, Thomas F. 1990. *Beyond the Third Dimension: Geometry, Computer Graphics, and Higher Dimensions.* Scientific American Library Series. New York: W. H. Freeman.

Brownlee, Jason. 2017. "How to Calculate Bootstrap Confidence Intervals for Machine Learning Results in Python." *Machine Learning Mastery* (blog). Last updated on August 14, 2020. https://machinelearningmastery.com/calculate-bootstrap-confidence-intervals-machine-learning-results-python/.

Efron, Bradley, and Robert J. Tibshirani. 1993. *An Introduction to the Bootstrap*. Boca Raton, FL: Chapman and Hall/CRC, Taylor and Francis Group.

Matejka, Justin, and George Fitzmaurice. 2017. "Same Stats, Different Graphs: Generating Datasets with Varied Appearance and Identical Statistics Through Simulated Annealing." In *Proceedings of the 2017 CHI Conference on Human Factors in Computing Systems* (Denver, CO, May 6-1): 1290-4. https://www.autodesk.com/research/publications/same-stats-different-graphs.

Norton, John D. 2014. "What Is a Four Dimensional Space Like?" Lecture notes. Department of History and Philosophy of Science, University of Pittsburgh, PA. https://www.pitt.edu/~jdnorton/teaching/HPS_0410/chapters/four_dimensions/index.html.

Teknomo, Kardi. 2015. "Bootstrap Sampling Tutorial." Revoledu. https://people.revoledu.com/kardi/tutorial/Bootstrap/index.html.

ten Bosch, Marc. 2020. "N-Dimensional Rigid Body Dynamics." ACM Transactions on Graphics 39, no. 4 (July). https://marctenbosch.com/ndphysics/NDrigidbody.pdf.

Wikipedia. 2017a. "Anscombe's Quartet." Last modified June 21, 2020. https://en.wikipedia.org/wiki/Anscombe%27s_quartet.

Wikipedia. 2017b. "Random Variable." Last modified August 21, 2020. https://en.wikipedia.org/wiki/Random_variable.

3장

Glen, Stephanie. 2014. "Marginal Distribution." Statisticshowto.com. February 6, 2014. http://www.statisticshowto.com/marginal-distribution/.

Jaynes, Edwin Thompson. 2003. Probability Theory: The Logic of Science. Cambridge, UK: Cambridge University Press.

Kirby, Roger. 2011. Small Gland, Big Problem. London, UK: Health Press.

Kunin, Daniel, Jingru Guo, Tyler Dae Devlin, and Daniel Xiang. 2020. "Seeing Theory."

Seeing Theory. Accessed September 16, 2020. https://seeing-theory.brown.edu/#firstPage.

Levitin, Daniel J. 2016. A Field Guide to Lies: Critical Thinking in the Information Age. New York: Viking Press.

Walpole, Ronald E., Raymond H. Myers, Sharon L. Myers, and Keying E. Ye. 2011. Probability and Statistics for Engineers and Scientists, 9th ed. New York: Pearson.

4장

Cthaeh, The. 2016a. "Bayes' Theorem: An Informal Derivation." *Probabilistic World.* February 28, 2016. http://www.probabilisticworld.com/anatomy-bayes-theorem/.

Cthaeh, The. 2016b. "Calculating Coin Bias with Bayes' Theorem." *Probabilistic World.* March 21, 2016. http://www.probabilisticworld.com/calculating-coin-bias-bayes-theorem/.

Genovese, Christopher R. 2004. "Tutorial on Bayesian Analysis (in Neuroimaging)." Paper presented at the Institute for Pure and Applied Mathematics Conference, University of California, Los Angeles, July 20, 2004.
http://www.stat.cmu.edu/~genovese/ talks/ ipam-04.pdf.

Kruschke, John K. 2014. *Doing Bayesian Data Analysis: A Tutorial with R, JAGS, and Stan*, 2nd ed. Cambridge, MA: Academic Press.

Stark, P. B., and D. A. Freedman. 2016. "What Is the Chance of an Earthquake?" UC Berkeley Department of Statistics, Technical Report 611, October 2016. https://www.stat.berkeley.edu/~stark/Preprints/611.pdf.

VanderPlas, Jake. 2014. "Frequentism and Bayesianism: A Python-Driven Primer." Cornell University, Astrophysics, arXiv:1411.5018, November 18, 2014. https://arxiv.org/abs/1411.5018.

5장

3Blue1Brown. 2020. 3Blue1Brown home page. Accessed September 1, 2020. https://www.3blue1brown.com.

Apostol, Tom M. 1991. *Calculus, Vol. 1: One-Variable Calculus, with an Introduction to Linear Algebra*, 2nd ed. New York: Wiley.

Berkey, Dennis D., and Paul Blanchard. 1992. *Calculus.* Boston: Houghton Mifflin Harcourt School.

6장

Bellizzi, Courtney. 2011. "A Forgotten History: Alfred Vail and Samuel Morse." Smithsonian Institution Archives. May 24, 2011. http://siarchives.si.edu/blog/forgotten-history-alfred-vail-and-samuel-morse.

Ferrier, Andrew. 2020. "A Quick Tutorial on Generating a Huffman Tree." *Andrew Ferrier* (tutorial). Accessed November 12, 2020. https://www.andrewferrier.com/oldpages/huffman_tutorial.html.

Huffman, David A. 1952. "A Method for the Construction of Minimum-Redundancy Codes." In *Proceedings of the IRE* 40, no. 9. https://web.stanford.edu/class/ee398a/handouts/papers/Huffman%20-%20Min%20Redundancy%20Codes%20-%20IRE52.pdf.

Kurt, Will. 2017. "Kullback-Leibler Divergence Explained." *Probably a Probability* (blog), Count Bayesie. May 10, 2017. https://www.countbayesie.com/blog/2017/5/9/kullback-leibler-divergence-explained.

Longden, George. 1987. "G3ZQS' Explanation of How FISTS Got Its Name." FISTS CW Club. Accessed September 1, 2020. https://fists.co.uk/g3zqsintroduction.html.

McEwen, Neal. 1997. "Morse Code or Vail Code?" The Telegraph Office. http://www.telegraph-office.com/pages/vail.html.

Pope, Alfred. 1887. "The American Inventors of the Telegraph, with Special References to the Services of Alfred Vail." *The Century Illustrated Monthly Magazine* 35, no. 1 (November). http://tinyurl.com/jobhn2b.

Serrano, Luis. 2017. "Shannon Entropy, Information Gain, and Picking Balls from Buckets." *Medium.* November 5, 2017. https://medium.com/udacity/shannon-entropy-information-gain-and-picking- balls-from-buckets-5810d35d54b4.

Seuss, Dr. 1960. *Green Eggs and Ham.* Beginner Books.

Shannon, Claude E. 1948. "A Mathematical Theory of Communication." *Bell Labs Technical Journal* (July). http://people.math.harvard.edu/~ctm/home/text/others/shannon/entropy/entropy.pdf.

Stevenson, Robert Louis. 1883. *Treasure Island.* Project Gutenberg. Available at https://www.gutenberg.org/ebooks/120.

Thomas, Andrew. 2017. "An Introduction to Entropy, Cross Entropy and KL Divergence in Machine Learning." *Adventures in Machine Learning* (blog). March 29, 2017.

Twain, Mark. 1885. *Adventures of Huckleberry Finn (Tom Sawyer' Comrade).* Charles L. Webster and Company. Available at https://www.gutenberg.org/ebooks/32325.

Wikipedia. 2020. "Letter Frequency." Wikipedia. Last modified August 31, 2020. https://en.wikipedia.org/wiki/Letter_frequency.

7장

Aggarwal, Charu C., Alexander Hinneburg, and Daniel A. Keim. 2001. "On the Surprising Behavior of Distance Metrics in High Dimensional Space." Conference paper presented at the International Conference on Database Theory 2001 in London, UK, January 4-, 2001. https://bib.dbvis.de/uploadedFiles/155.pdf.

Arcuri, Lauren. 2019. "How to Candle an Egg." *The Spruce* (blog). April 20, 2019. https://www.thespruce.com/definition-of-candling-3016955.

Bellman, Richard Ernest. 1957. *Dynamic Programming.* Princeton, NJ: Princeton University Press.

Domingos, Pedro. 2012. "A Few Useful Things to Know About Machine Learning." *Communications of the ACM* 55, no. 10 (October). https://homes.cs.washington.edu/~pedrod/papers/cacm12.pdf.

Hughes, G. F. 1968. "On the Mean Accuracy of Statistical Pattern Recognizers." IEEE Transactions on Information Theory 14, no. 1: 55–3.

Nebraska Extension. 2017. "Candling Eggs." Nebraska Extension in Lancaster County, University of Nebraska-Lincoln. http://lancaster.unl.edu/4h/embryology/candling.

Numberphile. 2017. "Strange Spheres in Higher Dimensions." YouTube. September 18, 2017. https://www.youtube.com/watch?v=mceaM2_zQd8.

Spruyt, Vincent. 2014. "The Curse of Dimensionality." *Computer Vision for Dummies* (blog). April 16, 2014. http://www.visiondummy.com/2014/04/curse-dimensionality-affect-classification/.

8장

Muehlhauser, Luke. 2011. "Machine Learning and Unintended Consequences." LessWrong (blog). September 22, 2011. http://lesswrong.com/lw/7qz/machine_learning_and_unintended_consequences/.

Schneider, Jeff, and Andrew W. Moore. 1997. "Cross Validation." In A Locally Weighted Learning Tutorial Using Vizier 1.0. Department of Computer Science, Carnegie Mellon University, Pittsburgh, PA, February 1, 1997. https://www.cs.cmu.edu/~schneide/tut5/node42.html.

9장

Bishop, Christopher M. 2006. *Pattern Recognition and Machine Learning*. New York: Springer-Verlag.

Bullinaria, John A. 2015. "Bias and Variance, Under-Fitting and Over-Fitting." *Neural Computation, Lecture 9* (lecture notes), University of Birmingham, United Kingdom. http://www.cs.bham.ac.uk/~jxb/INC/l9.pdf.

Domke, Justin. 2008. "Why Does Regularization Work?" *Justin Domke' Weblog* (blog). December 12, 2008. https://justindomke.wordpress.com/2008/12/12/why-does-egularization-work/.

Domingos, Pedro. 2015. *The Master Algorithm.* New York: Basic Books.

Foer, Joshua. 2012. *Moonwalking with Einstein: The Art and Science of Remembering Everything.* New York: Penguin Books.

Macskassy, Sofus A. 2008. "Machine Learning (CS 567) Notes." (PowerPoint presentation, Bias-Variance. Fall 2008. http://www-scf.usc.edu/~csci567/17-18-bias-variance.pdf.

Proctor, Philip, and Peter Bergman. 1978. "Brainduster Memory School," from *Give Us A Break,* Mercury Records. https://www.youtube.com/watch?v=PD2Uh_TJ9X0.

10장

Centers for Disease Control and Prevention. 2020. "Body Mass Index (BMI)." CDC. gov. June 30, 2020. https://www.cdc.gov/healthyweight/assessing/bmi/.

Crayola. 2020. "What Were the Original Eight (8) Colors in the 1903 Box of Crayola Crayons?" Accessed on September 10, 2020. http://www.crayola.com/faq/your-istory/what-were-the-original-eight-8-colors-in-the-1903-box-of-crayola-crayons/.

Turk, Matthew, and Alex Pentland. 1991. "Eigenfaces for Recognition." *Journal of Cognitive Neuroscience* 3, no. 1. http://www.face-rec.org/algorithms/pca/jcn.pdf.

11장

Bishop, Christopher M. 2006. *Pattern Recognition and Machine Learning*. New York: Springer.

Raschka, Sebastian. 2015. *Python Machine Learning*. Birmingham, UK: Packt Publishing.

Steinwart, Ingo, and Andreas Christmann. 2008. *Support Vector Machines*. New York: Springer.

VanderPlas, Jake. 2016. *Python Data Science Handbook*. Sebastopol, CA: O'Reilly.

12장

Bonab, Hamed, R., and Fazli Can. 2016. "A Theoretical Framework on the Ideal Number of Classifiers for Online Ensembles in Data Streams." In *Proceedings of the 25th ACM International Conference on Information and Knowledge Management (CIKM), 2016* (October): 2053–6.

Ceruzzi, Paul. 2015. "Apollo Guidance Computer and the First Silicon Chips." Smithsonian National Air and Space Museum, October 14, 2015. https://airandspace.si.edu/stories/editorial/apollo-guidance-computer-and-first-ilicon-chips.

Freund, Y., and R. E. Schapire. 1997. "A Decision-Theoretic Generalization of On-line Learning and an Application to Boosting." *Journal of Computer and System Sciences* 55 (1): 119–9.

Fumera, Giorgio, Roli Fabio, and Serrau Alessandra. 2008. "A Theoretical Analysis of Bagging as a Linear Combination of Classifiers." *IEEE Transactions on Pattern Analysis and Machine Intelligence* 30, no. 7: 1293–9.

Kak, Avinash. 2017. "Decision Trees: How to Construct Them and How to Use Them for Classifying New Data." RVL Tutorial Presentation at Purdue University, August 28, 2017. https://engineering.purdue.edu/kak/Tutorials/DecisionTreeClassifiers.pdf.

RangeVoting.org. 2020. "Glossary of Voting-Related Terms." Accessed on September 16,

2020. http://rangevoting.org/Glossary.html.

Schapire, Robert E., and Yoav Freund. 2012. *Boosting Foundations and Algorithms*. Cambridge, MA: MIT Press.

Schapire, Robert E. 2013. "Explaining Adaboost." in *Empirical Inference: Festschrift in Honor of Vladimir N. Vapnik*. Berlin, Germany: Springer-Verlag. Available at http:// rob.schapire.net/papers/explaining-adaboost.pdf.

13장

Clevert, Djork-Arne, Thomas Unterthiner, and Sepp Hochreiter. 2016. "Fast and Accurate Deep Network Learning by Exponential Linear Units (ELUs)." Cornell University, Computer Science, arXiv:1511.07289, February 22, 2016. https://arxiv.org/abs/ 511.07289.

Estebon, Michele D. 1997. "Perceptrons: An Associative Learning Network," Virginia Institute of Technology. http://ei.cs.vt.edu/~history/Perceptrons.Estebon.html.

Furber, Steve. 2012. "Low-Power Chips to Model a Billion Neurons." *IEEE Spectrum* (July 31). http://spectrum.ieee.org/computing/hardware/lowpower-chips-to-model-a-illion-neurons.

Glorot, Xavier, and Yoshua Bengio. 2010. "Understanding the Difficulty of Training Deep Feedforward Neural Networks," In *Proceedings of the 13th International Conference on Artificial Intelligence and Statistics (AISTATS), 2010* (Chia Laguna Resort, Sardinia, Italy): 249-6. http://jmlr.org/proceedings/papers/9/glorot10a/ lorot10a.pdf.

Goldberg, Joseph. 2015. "How Different Antidepressants Work." WebMD Medical Reference (August). http://www.webmd.com/depression/how-different-ntidepressants-work.

Goodfellow, Ian J., David Warde-Farley, Mehdi Mirza, Aaron Courville, and Yoshua Bengio. 2013. "Maxout Networks." In *Proceedings of the 30th International*

Conference on Machine Learning (PMLR) 28, no. 3: 1319–7. http://jmlr.org/proceedings/papers/v28/goodfellow13.pdf.

He, Kaiming, Xiangyu Zhang, Shaoqing Ren, and Jian Sun. 2015. "Delving Deep into Rectifiers: Surpassing Human–Level Performance on ImageNet Classification." Cornell University, Computer Science, arXiv:1502.01852, February 6, 2015. https://arxiv.org/abs/1502.01852.

Julien, Robert M. 2011. *A Primer of Drug Action*, 12th ed. New York: Worth Publishers.

Khanna, Asrushi. 2018. "Cells of the Nervous System." *Teach Me Physiology* (blog). Last modified August 2, 2018. https://teachmephysiology.com/nervous–system/components/cells–nervous–system.

Kuphaldt, Tony R. 2017. "Introduction to Diodes and Rectifiers, Chapter 3 – Diodes and Rectifiers." In *Lessons in Electric Circuits, Volume III. All About Circuits.* Accessed on September 18, 2020. https://www.allaboutcircuits.com/textbook/emiconductors/chpt–3/introduction–to–diodes–and–rectifiers/.

LeCun, Yann, Leon Bottou, Genevieve B. Orr, and Klaus–Rober Muller. 1998. "Efficient BackProp." In *Neural Networks: Tricks of the Trade*, edited by Gregoire Montavon, Genevieve B. Orr, and Klaus–Rober Muller. Berlin: Springer–Verlag. 9–8. http://yann.lecun.com/exdb/publis/pdf/lecun–98b.pdf.

Limmer, Steffen, and Slawomir Stanczak. 2017. "Optimal Deep Neural Networks for Sparse Recovery via Laplace Techniques." Cornell University, Computer Science, arXiv:1709.01112, September 26, 2017. https://arxiv.org/abs/1709.01112.

Lodish, Harvey, Arnold Berk, S. Lawrence Zipursky, Paul Matsudaira, David Baltimore, and James Darnell. 2000. *Molecular Cell Biology*, 4th edition. New York: W. H. Freeman; 2000. http://www.ncbi.nlm.nih.gov/books/NBK21535/.

McCulloch, Warren S., and Walter Pitts. 1943. "A Logical Calculus of the Ideas Immanent in Nervous Activity." *Bulletin of Mathematical Biophysics* 5, no. 1/2: 115–33. http://www.cs.cmu.edu/~./epxing/Class/10715/reading/McCulloch.and.Pitts.pdf.

Meunier, David, Renaud Lambiotte, Alex Fornito, Karen D. Ersche, and Edward T. Bullmore. 2009. "Hierarchical Modularity in Human Brain Functional Networks."

Frontiers in Neuroinformatics (October 30). https://www.frontiersin.org/articles/
10.3389/neuro.11.037.2009/full.

Minsky, Martin, and Seymour Papert. 1969. *Perceptrons: An Introduction to Computational Geometry.* Cambridge, MA: MIT Press.

Oppenheim, Alan V., and S. Hamid Nawab. 1996. *Signals and Systems*, 2nd ed. Upper Saddle River, NJ: Prentice Hall.

Purves, Dale, George J. Augustine, David Fitzpatrick, Lawrence C. Katz, Anthony-Samuel LaMantia, Jomes O. McNamara, and S. Mark Williams. 2001. *Neuroscience*, 2nd edition, Sunderland, MA: Sinauer Associates. http://www.ncbi.nlm.nih.gov/books/NBK11117/.

Ramachandran, Prajit, Barret Zoph, and Quoc V. Le. 2017. "Swish: A Self-Gated Activation Function." Cornell University, Computer Science, arXiv:1710.05941, October 27, 2017. https://arxiv.org/abs/1710.05941.

Rosenblatt, Frank. 1962. *Principles of Neurodynamics: Perceptrons and the Theory of Brain Mechanisms.* Washington, DC: Spartan.

Rumelhart, David E., Geoffrey E. Hinton, and Ronald J. Williams, 1986. "Learning Representations by Back-Propagating Errors." Nature 323, no. 9: 533–6. https://www.cs.utoronto.ca/~hinton/absps/naturebp.pdf.

Serre, Thomas. 2014. "Hierarchical Models of the Visual System." (Research notes), Cognitive Linguistic and Psychological Sciences Department, Brain Institute for Brain Sciences, Brown University. https://serre-lab.clps.brown.edu/wp-content/uploads/2014/10/Serre-encyclopedia_revised.pdf.

Seung, Sebastian. 2013. *Connectome: How the Brain' Wiring Makes Us Who We Are.* Boston: Mariner Books.

Sitzmann, Vincent, Julien N. P. Martel, Alexander W. Bergman, David B. Lindell, and Gordon Wetzstein. 2020. "Implicit Neural Representations with Periodic Activation Functions." Cornell University, Computer Science, arXiv:2006.09661, June 17, 2020. https://arxiv.org/abs/2006.09661.

Sporns, Olaf, Giulio Tononi, and Rolf Kotter. 2005. "The Human Connectome: A

Structural Description of the Human Brain." *PLoS Computational Biology* 1 no. 4 (September 2005). http://journals.plos.org/ploscompbiol/article/file?id=10.1371/journal.pcbi.0010042&type=printable.

Timmer, John. 2014. "IBM Researchers Make a Chip Full of Artificial Neurons." Ars Technica. August 7, 2014. https://arstechnica.com/science/2014/08/ibm-researchers-make-a-chip-full-of-artificial-neurons/.

Trudeau, Richard J. 1994. *Introduction to Graph Theory*, 2nd ed. Garden City, NY: Dover Books on Mathematics.

Wikipedia. 2020a. "History of Artificial Intelligence." Last modified September 4, 2020. https://en.wikipedia.org/wiki/History_of_artificial_intelligence.

Wikipedia. 2020b. "Neuron." Last modified September 11, 2020. https://en.wikipedia.org/wiki/Neuron.

Wikipedia. 2020c. "Perceptron." Last modified August 28, 2020. https://en.wikipedia.org/wiki/Perceptron.

14장

Dauphin, Yann, Razvan Pascanu, Caglar Gulcehre, Kyunghyun Cho, Surya Ganguli, and Yoshua Bengio. 2014. "Identifying and Attacking the Saddle Point Problem in High-Dimensional Non-Convex Optimization." Cornell University, Computer Science, arXiv:1406.2572, June 10, 2014. http://arxiv.org/abs/1406.2572.

Fuller, Robert. 2010. "The Delta Learning Rule Tutorial." Institute for Advanced Management Systems Research, Department of Information Technologies, Abo Adademi University, November 4, 2010. http://uni-obuda.hu/users/fuller.robert/delta.pdf.

NASA. 2012. "Astronomers Predict Titanic Collision: Milky Way vs. Andromeda." NASA *Science Blog*, Production editor Dr. Tony Phillips, May 31, 2012. https://science.nasa.gov/science-news/science-at-nasa/2012/31may_andromeda.

Nielsen, Michael A. 2015. "Using Neural Networks to Recognize Handwritten Digits." In *Neural Networks and Deep Learning*. Determination Press. Available at http://neuralnetworksanddeeplearning.com/chap1.html.

Pyle, Katherine. 1918. *Mother's Nursery Tales*. New York: E. F. Dutton & Company. Available at https://www.gutenberg.org/files/49001/49001-h/49001-h.htm#Page_207.

Quote Investigator, 2020. "You Just Chip Away Everything That Doesn't Look Like David." Quote Investigator: Tracing Quotations. Accessed October 26, 2020. https://quoteinvestigator.com/tag/michelangelo/.

Seung, Sebastian. 2005. "Introduction to Neural Networks." 9.641J course notes, Spring 2005. MITOpenCourseware, Massachusetts Institute of Technology. https://ocw.mit.edu/courses/brain-and-cognitive-sciences/9-641j-introduction-to-neural-networks-spring-2005/.

15장

Bengio, Yoshua. 2012. "Practical Recommendations for Gradient-Based Training of Deep Architectures." Cornell University, Computer Science, arXiv:1206.5533. https://arxiv.org/abs/1206.5533v2.

Darken, C., J. Chang, and J. Moody. 1992. "Learning Rate Schedules for Faster Stochastic Gradient Search." In *Neural Networks for Signal Processing II, Proceedings of the 1992 IEEE Workshop* (September): 1-1.

Dauphin, Y., R. Pascanu, C. Gulcehre, K. Cho, S. Ganguli, and Y. Bengio. 2014. "Identifying and Attacking the Saddle Point Problem in High-Dimensional Nonconvex Optimization." Cornell University, Computer Science, arXiv:1406.2572, June 10, 2014. http://arxiv.org/abs/1406.2572.

Duchi, John, Elad Hazan, and Yoram Singer. 2011. "Adaptive Subgradient Methods for Online Learning and Stochastic Optimization." *Journal of Machine Learning Research* 12, no. 61: 2121-9. http://jmlr.org/papers/v12/duchi11a.html.

Hinton, Geoffrey, Nitish Srivastava, and Kevin Swersky. 2015. "Neural Networks for Machine Learning: Lecture 6a, Overview of Mini-Batch Gradient Descent." (Lecture slides). University of Toronto, Computer Science. https://www.cs.toronto.edu/~tijmen/csc321/slides/lecture_slides_lec6.pdf.

Ioffe, Sergey, and Christian Szegedy. 2015. "Batch Normalization: Accelerating Deep Network Training by Reducing Internal Covariate Shift." Cornell University, Computer Science, arXiv:1502.03167, March 2, 2015. https://arxiv.org/abs/502.03167.

Karpathy, Andrej. 2016. "Neural Networks Part 3: Learning and Evaluation." (Course notes for Stanford CS231n.) Stanford CA: Stanford University. http://cs231n.ithub.io/neural-networks-2/.

Kingma, Diederik. P., and Jimmy L. Ba. 2015. "Adam: A Method for Stochastic Optimization." Conference paper for the 3rd International Conference on Learning Representations (San Diego, CA, May 7-): 1-3.

Nesterov, Y. 1983. "A Method for Unconstrained Convex Minimization Problem with the Rate of Convergence o(1/k2)." *Doklady ANSSSR* (trans. as *Soviet Mathematics: Doclady*) 269: 543-7.

Orr, Genevieve. 1999a. "Learning Rate Adaptation." In *CS-449: Neural Networks*. (Course notes.) Salem, OR: Willamette University. https://www.willamette.edu/~gorr/classes/cs449/intro.html.

Orr, Genevieve. 1999b. "Momentum." In *CS-449: Neural Networks*. (Course notes.) Salem, OR: Willamette University. https://www.willamette.edu/~gorr/classes/cs449/intro.html.

Qian, N. 1999. "On the Momentum Term in Gradient Descent Learning Algorithms." *Neural Networks* 12(1): 145-1. http://www.columbia.edu/~nq6/publications/omentum.pdf.

Ruder, Sebastian. 2017. "An Overview of Gradient Descent Optimization Algorithms." Cornell University, Computer Sciences, arXiv:1609.04747. June 15, 2017. https://arxiv.org/abs/1609.04747.

Srivasta, Nitish, Geoffrey Hinton, Alex Krizhevsky, and Ilya Sutskever. 2014. "Dropout: A Simple Way to Prevent Neural Networks from Overfitting." *Journal of Machine Learning Research* 15 (2014): 1929-8. https://jmlr.org/papers/volume15/srivastava14a.old/srivastava14a.pdf.

Wolpert, David H. 1996. "The Lack of A Priori Distinctions Between Learning Theorems." *Neural Computation* 8, 1341-0. http://citeseerx.ist.psu.edu/viewdoc/download?doi=10.1.1.51.9734&rep=rep1&type=pdf.

Wolpert, D. H., and W. G. Macready. 1997. "No Free Lunch Theorems for Optimization." *IEEE Transactions on Evolutionary Computation* 1, no. 1: 67-2. https://ti.arc.nasa.gov/m/profile/dhw/papers/78.pdf.

Zeiler, Matthew D. 2012. "ADADELTA: An Adaptive Learning Rate Method." Cornell University, Computer Science, arXiv:1212.5701. http://arxiv.org/abs/1212.5701.

16장

Aitken, Andrew, Christian Ledig, Lucas Theis, Jose Caballero, Zehan Wang, and Wenzhe Shi. 2017. "Checkerboard Artifact Free Sub-pixel Convolution: A Note on Sub-pixel Convolution, Resize Convolution and Convolution." Cornell University, Computer Science, arXiv:1707.02937, July 10, 2017. https://arxiv.org/abs/1707.02937.

Britz, Denny. 2015. "Understanding Convolutional Neural Networks for NLP," WildML (blog), November 7, 2015. http://www.wildml.com/2015/11/understanding-convolutional-neural-networks-for-nlp/.

Canziani, Alfredo, Adam Paszke, and Eugenio Culurciello. 2017. "An Analysis of Deep Neural Network Models for Practical Applications." Cornell University, Computer Science, ArXiv:1605.07678, April 4, 2016. https://arxiv.org/abs/1605.07678.

Culurciello, Eugenio. 2017. "Neural Network Architectures," *Medium: Towards Data Science*, March 23, 2017. https://medium.com/towards-data-science/neural-network-architectures-156e5bad51ba.

Dumoulin, Vincent, and Francesco Visin. 2018. "A Guide to Convolution Arithmetic for Deep Learning." Cornell University, Computer Science, arXiv:1603.07285, January 11, 2018. https://arxiv.org/abs/1603.07285.

Esteva, Andre, Brett Kuprel, Roberto A. Novoa, Justin Ko, Susan M. Swetter, Helen M. Blau, and Sebastian Thrun. 2017. "Dermatologist-Level Classification of Skin Cancer with Deep Neural Networks." *Nature* 542 (February 2): 115-8. http://cs.stanford.edu/people/esteva/nature/.

Ewert, J. P. 1985. "Concepts in Vertebrate Neuroethology." *Animal Behaviour* 33, no. 1 (February): 1-29.

Glorot, Xavier, and Yoshua Bengio. 2010. "Understanding the Difficulty of Training Deep Feedforward Neural Networks." In *Proceedings of the 13th International Conference on Artificial Intelligence and Statistics* (Sardinia, Italy, May 13-5): 249-56. http://jmlr.org/proceedings/papers/v9/glorot10a/glorot10a.pdf.

He, Kaiming, Xiangyu Zhang, Shaoqing Ren, and Jian Sun. 2015. "Delving Deep into Rectifiers: Surpassing Human-Level Performance on ImageNet Classification." Cornell University, Computer Science, arXiv:1502.01852, February 6, 2015. https://arxiv.org/abs/1502.01852v1.

Kalchbrenner, Nal, Edward Grefenstette, and Phil Blunsom. 2014. "A Convolutional Neural Network for Modelling Sentences." Cornell University, Computer Science, arXiv:1404.2188v1, April 8, 2014. https://arxiv.org/abs/1404.2188.

Karpathy, Andrej. 2016. "Optimization: Stochastic Gradient Descent." Course notes for Stanford CS231n, Stanford, CA: Stanford University. http://cs231n.github.io/neural-networks-2/.

Kim, Yoon. 2014. "Convolutional Neural Networks for Sentence Classification." Cornell University, Computer Science, arXiv:1408.5882, September 3, 2014. https://arxiv.org/abs/1408.5882.

Levi, Gil, and Tal Hassner. 2015. "Age and Gender Classification Using Convolutional Neural Networks." IEEE Workshop on Analysis and Modeling of Faces and Gestures

(AMFG), at the IEEE Conference on Computer Vision and Pattern Recognition (CVPR) (Boston, June). http://www.openu.ac.il/home/hassner/projects/cnn_agegender/.

Lin, Min, Qiang Chen, and Shuicheng Yan. 2014. "Network in Network." Cornell University, Computer Science, arXiv:1312-4400v3, March 4, 2014. https://arxiv.org/abs/1312.4400v3.

Mao, Xiao-Jiao, Chinhua Shen, and Yu-Bin Yang. 2016. "Image Restoration Using Convolutional Auto-encoders with Symmetric Skip Connections." Cornell University, Computer Science, arXiv:16.06.08921v3, August 30, 2016. https://arxiv.org/abs/1606.08921.

Memmott, Mark. "Do You Suffer from RAS Syndrome?" *'Memmos' Memmott' Missives and Musings*, NPR, 2015. https://www.npr.org/sections/memmos/2015/01/06/605393666/do-you-suffer-from-ras-syndrome.

Odena, Augustus, Vincent Dumoulin, and Chris Olah. 2016. "Deconvolution and Checkerboard Artifacts." *Distill*. October 17, 2016. https://distill.pub/2016/deconv-checkerboard/.

Oppenheim, Alan V., and S. Hamid Nawab. 1996. *Signals and Systems*, 2nd ed. Upper Saddle River, NJ: Prentice Hall.

Quiroga, R. Quian, L. Reddy, G. Kreiman, C. Koch, and I. Fried, 2005. "Invariant Visual Representation by Single Neurons in the Human Brain." *Nature* 435 (June 23): 1102-07. https://www.nature.com/articles/nature03687.

Serre, Thomas. 2014. "Hierarchical Models of the Visual System." In Jaeger D., Jung R. (eds), *Encyclopedia of Computational Neuroscience*. New York: Springer. https://link.springer.com/referenceworkentry/10.1007%2F978-1-4614-7320-6_345-1.

Snavely, Noah. "CS1114 Section 6: Convolution." Course notes for Cornell CS1114, Introduction to Computing Using Matlab and Robotics, Ithaca, NY: Cornell University, February 27, 2013. https://www.cs.cornell.edu/courses/cs1114/2013sp/sections/S06_convolution.pdf.

Springenberg, Jost Tobias, Alexey Dosovitskiy, Thomas Brox, and Martin Riedmiller. 2015. "Striving for Simplicity: The All Convolutional Net." Cornell University, Computer Science, arXiv:1412.6806, April 13, 2015. https://arxiv.org/abs/1412. 6806.

Sun, Y., X. Wang, and X. Tang. 2014. "Deep Learning Face Representation from Predicting 10,000 Classes." Conference paper, for the *2014 IEEE Conference on Computer Vision and Pattern Recognition* (Columbus, OH, June 23–28): 1891–8.

Zeiler, Matthew D., Dilip Crishnana, Graham W. Taylor, and Rob Fergus. 2010. "Deconvolutional Networks." Conference paper for the Computer Vision and Pattern Recognition conference (June 13–8). https://www.matthewzeiler.com/ mattzeiler/deconvolutionalnetworks.pdf.

Zhang, Richard. 2019. "Making Convolutional Networks Shift-Invariant Again." Cornell University, Computer Science, arXiv:1904.11486, June 9, 2019. https://arxiv.org/ abs/1904.11486.

17장

Chollet, François. 2017. "Keras-team/Keras." GitHub. https://keras.io/.

Fei-Fei, Li, Jia Deng, Olga Russakovsky, Alex Berg, and Kai Li. 2020. "Download." ImageNet website. Stanford Vision Lab. Stanford University/Princeton University. Accessed October 4, 2020. http://image-net.org/download.

ImageNet. 2020. "Results of ILSVRC2014: Classification + Localization Results." Stanford Vision Lab. Stanford University/Princeton University. Accessed October 4, 2020. http://image-net.org/challenges/LSVRC/2014/results.

LeCun, Y., B. Boser, J. S. Denker, D. Henderson, R. E. Howard, W. Hubbard, and L. D. Jackel. 1989. "Backpropagation Applied to Handwritten Zip Code Recognition." *Neural Computing* 1(4): 541–51. Available at http://yann.lecun.com/exdb/publis/ pdf/lecun-89e.pdf.

Moosavi-Dezfooli, Seyed-Mohsen, Alhussein Fawzi, Omar Fawzi, and Pascal Frossard. 2017. "Universal Adversarial Perturbations." Cornell University, Computer Science, arXiv:1610.08401, March 9, 2017. https://arxiv.org/abs/1610.08401.

Rauber, Jonas, and Wieland Brendel. 2017. "Welcome to Foolbox Native." Foolbox. https://foolbox.readthedocs.io/en/latest.

Rauber, Jonas, Wieland Brendel, and Matthias Bethge. 2018. "Foolbox: A Python Toolbox to Benchmark the Robustness of Machine Learning Models." Cornell University, Computer Science, arXiv:1707.04131, March 20, 2018. https://arxiv.org/abs/1707.04131.

Russakovsky, Olga, et al. 2015. "ImageNet Large Scale Visual Recognition Challenge." Cornell University, Computer Science, arXiv:1409.0575, January 30, 2015. https://arxiv.org/abs/1409.0575.

Simonyan, Karen, and Andrew Zisserman. 2015. "Very Deep Convolutional Networks for Large-Scale Image Recognition." Cornell University, Computer Science, arXiv:1409.1556, April 10, 2015. https://arxiv.org/abs/1409.1556.

Zeiler, Matthew D., and Rob Fergus. 2013. "Visualizing and Understanding Convolutional Networks." Cornell University, Computer Science, arXiv: 1311.2901, November 28, 2013. https://arxiv.org/abs/1311.2901.

18장

Altosaar, Jann. 2020. "Tutorial: What Is a Variational Autoencoder?" *Jaan Altosaar* (blog). Accessed on September 30, 2020. https://jaan.io/what-is-variational-autoencoder-vae-tutorial/.

Audio Mountain. 2020. "Audio File Size Calculations." AudioMountain.com Tech Resources. Accessed on September 30, 2020. http://www.audiomountain.com/tech/audio-file-size.html.

Bako, Steve, Thijs Vogels, Brian McWilliams, Mark Meyer, Jan Novák, Alex Harvill,

Prdeep Sen, Tony DeRose, and Fabrice Rousselle. 2017. "Kernel-Predicting Convolutional Networks for Denoising Monte Carlo Renderings." In *Proceedings of SIGGRAPH 17, ACM Transactions on Graphics* 36, no. 4 (Article 97). https://s3-us-west-1.amazonaws.com/disneyresearch/wp-content/uploads/20170630135237/Kernel-Predicting-Convolutional-Networks-for-Denoising-Monte-Carlo-Renderings- Paper33.pdf.

Chaitanya, Chakravarty R. Alla, Anton Kaplanyan, Christoph Schied, Marco Salvi, Aaron Lefohn, Derek Nowrouzezahrai, and Timo Aila. 2017. "Interactive Reconstruction of Monte Carlo Image Sequences Using a Recurrent Denoising Autoencoder." In *Proceedings of SIGGRAPH 17, ACM Transactions on Graphics* 36, no. 4 (July 1). http://research.nvidia.com/publication/interactive-reconstruction-monte-carlo-mage-sequences-using-recurrent-denoising.

Chollet, François. 2017. "Building Autoencoders in Keras." *The Keras Blog*, March 14, 2017. https://blog.keras.io/building-autoencoders-in-keras.html.

Doersch, Carl. 2016. "Tutorial on Variational Autoencoders." Cornell University, Statistics, arXiv:1606.05908, August 13, 2016. https://arxiv.org/abs/1606.05908.

Donahue, Jeff. 2015. "mnist_autoencoder.prototxt." BVLC/Caffe. GitHub. February 5, 2015. https://github.com/BVLC/caffe/blob/master/examples/mnist/mnist_autoencoder.prototxt.

Dürr, Oliver. 2016. "Introduction to Variational Autoencoders." Presentation at Datalab-Lunch Seminar Series, Winterthur, Switzerland, May 11, 2016. https://tensorchiefs.github.io/bbs/files/vae.pdf.

Frans, Kevin. "Variational Autoencoders Explained." (Tutorial) Kevin Frans website, August 6, 2016. http://kvfrans.com/variational-autoencoders-explained/.

Jia, Yangqing, and Evan Shelhamer, 2020. "Caffe." Berkeley Vision online documentation, Accessed October 1, 2020. http://caffe.berkeleyvision.org/.

Kingma, Diederik P., and Max Welling, "Auto-Encoding Variational Bayes." Cornell, Statistics, arXiv:1312.6114, May 1, 2014. https://arxiv.org/abs/1312.6114.

Raffel, Colin. 2019. "A Few Unusual Autoencoders." Slideshare.net. February 24, 2019.

https://www.slideshare.net/marlessonsa/a-few-unusual-autoencoder-colin-raffel.

Rezende, Danilo Jimenez, Shakir Mohamed, and Daan Wierstra. 2014. "Stochastic Backpropagation and Approximate Inference in Deep Generative Models." In *Proceedings of the 31st International Conference on Machine Learning (ICML), JMLR: W\&CP 32* (May 30). https://arxiv.org/abs/1401.4082.

Wikipedia. 2020a. "JPEG." Accessed on September 30, 2020. https://en.wikipedia.org/wiki/JPEG.

Wikipedia. 2020b. "MP3." Accessed on September 30, 2020. https://en.wikipedia.org/wiki/MP3.

19장

Barrat, Robbie. 2018. "Rapping-Neural-Network." GitHub, October 29, 2018. https://github.com/robbiebarrat/rapping-neural-network.

Bryant, Alice. 2019. "A Simple Sentence with Seven Meanings." *VOA Learning English: Everyday Grammar* (blog). May 16, 2019. https://learningenglish.voanews.com/a/a-simple-sentence-with-seven-meanings/4916769.html.

Chen, Yutian, Matthew W. Hoffman, Sergio Gómez Colmenarejo, Misha Denil, Timothy P. Lillicrap, Matt Botvinick, and Nando de Freitas. 2017. "Learning to Learn Without Gradient Descent by Gradient Descent." Cornell University, Statistics, arXiv:1611.03824v6, June 12, 2017. https://arxiv.org/abs/1611.03824.

Chen, Qiming, and Ren Wu. 2017. "CNN Is All You Need." Cornell University, Computer Science, arXiv:1712.09662, December 27, 2017. https://arxiv.org/abs/1712.09662.

Chollet, Francois. 2017. "A Ten-Minute Introduction to Sequence-to-Sequence Learning in Keras." *The Keras Blog*, September 29, 2017. https://blog.keras.io/a-ten-minute-introduction-to-sequence-to-sequence-learning-in-keras.html.

Chu, Hang, Raquel Urtasun, and Sanja Fidler. 2016. "Song from PI: A Musically Plausible Network for Pop Music Generation." Cornell University, Computer Science, arXiv:1611.03477, November 10, 2016. https://arxiv.org/abs/1611.03477.

Deutsch, Max. 2016a. "Harry Potter: Written by Artificial Intelligence." *Deep Writing* (blog), Medium. July 8, 2016. https://medium.com/deep-writing/harry-potter-written-by-artificial-intelligence-8a9431803da6.

Deutsch, Max. 2016b. "Silicon Valley: A New Episode Written by AI." *Deep Writing* (blog), Medium, July 11, 2016. https://medium.com/deep-writing/silicon-alley-a-new-episode-written-by-ai-a8f832645bc2.

Dickens, Charles. 1859. A Tale of Two Cities. Project Gutenberg. https://www.utenberg.org/ebooks/98.

Dictionary.com. 2020. "How Many Words Are There in the English Language?" Accessed October 29, 2020. https://www.dictionary.com/e/how-many-words-in-english/.

Doyle, Arthur Conan. 1892. *The Adventures of Sherlock Holmes.* Project Gutenberg. https://www.gutenberg.org/files/1661/1661-0.txt.

Full Fact. 2020. "Automated Fact Checking." Accessed October 29, 2020. https://fullfact.org/automated.

Geitgey, Adam. 2016. "Machine Learning Is Fun Part 6: How to Do Speech Recognition with Deep Learning." Medium. December 23, 2016. https://medium.com/@ageitgey/machine-learning-is-fun-part-6-how-to-do-speech-recognition-with-deep -learning-28293c162f7a.

Google. "Google Translate." 2020. https://translate.google.com/.

Graves, Alex, Abdel-rahman Mohamed, and Geoffrey Hinton, "Speech Recognition with Deep Recurrent Neural Networks." *2013 IEEE International Conference on Acoustics, Speech and Signal Processing (ICASSP),* Vancouver, BC, Canada, May 26-31. https://www.cs.toronto.edu/~fritz/absps/RNN13.pdf.

Heerman, Victor, dir. 1930. *Animal Crackers.* Written by George S. Kaufman, Morrie Ryskind, Bert Kalmar, and Harry Ruby. Paramount Studios. https://www.imdb.com/title/tt0020640/.

Hochreiter, Sepp, Yoshua Bengio, Paolo Frasconi, and Jürgen Schmidhuber. 2001. "Gradient Flow in Recurrent Nets: The Difficulty of Learning Long-Term

Dependencies." in S. C. Kremer and J. F. Kolen, eds. *A Field Guide to Dynamical Recurrent Neural Networks*. New York: IEEE Press. https://www.bioinf.jku.at/publications/older/ch7.pdf.

Hughes, John. 2020. "English-to-Dutch Neural Machine Translation via Seq2Seq Architecture." GitHub. Accessed October 29, 2020. https://colab.research.google.com/github/hughes28/Seq2SeqNeuralMachineTranslator/blob/master/Seq2SeqEnglishtoDutchTranslation.ipynb#scrollTo=8q4ESVzKJgHd.

Johnson, Daniel. 2015. "Composing Music with Recurrent Neural Networks." *Daniel D. Johnson* (blog). August 3, 2015. https://www.danieldjohnson.com/2015/08/03/composing-music-with-recurrent-neural-networks/.

Jurafsky, Dan. 2020. "Language Modeling: Introducing N-grams." Class notes, Stanford University, Winter 2020. https://web.stanford.edu/~jurafsky/slp3/slides/LM_4.pdf.

Kaggle. 2020. "Sunspots." Dataset, Kaggle.com. Accessed October 29, 2020. https://www.kaggle.com/robervalt/sunspots.

Karim, Raimi. 2019. "Attn: Illustrated Attention." Post in Towards Data Science (blog), Medium, January 20, 2019. https://towardsdatascience.com/attn-illustrated-attention-5ec4ad276ee3.

Karpathy, Andrej, and Fei-Fei Li. 2013. "Automated Image Captioning with ConvNets and Recurrent Nets." Presentation slides, Stanford Computer Science Department, Stanford University. https://cs.stanford.edu/people/karpathy/sfmltalk.pdf.

Karpathy, Andrej. 2015. "The Unreasonable Effectiveness of Recurrent Neural Networks." *Andrej Karpathy blog*, GitHub, May 21, 2015. http://karpathy.github.io/2015/05/21/rnn-effectiveness/.

Kelly, Charles. 2020. "Tab-Delimited Bilingual Sentence Pairs." Manythings.org. Last updated August 23, 2020. http://www.manythings.org/anki/.

Krishan. 2016. "Bollywood Lyrics via Recurrent Neural Networks." *From Data to Decisions* (blog), December 8, 2016. https://iksinc.wordpress.com/2016/12/08/bollywood-lyrics-via-recurrent-neural-networks/.

LISA Lab, 2018. "Modeling and Generating Sequences of Polyphonic Music with the

RNN-RBM." Tutorial, Deeplearning.net. Last updated June 15, 2018. http://deeplearning.net/tutorial/rnnrbm.html#rnnrbm.

Mao, Junhua, Wei Xu, Yi Yang, Jiang Wang, Zhiheng Huang, and Alan Yuille. 2015. "Deep Captioning with Multimodal Recurrent Neural Networks (m-RNN)." Cornell University, Computer Science, arXiv:1412.6632, June 11, 2015. https://arxiv.org/abs/1412.6632.

McCrae, Pat. 2018. Comment on "How Many Nouns Are There in English?" Quora. November 15, 2018. https://www.quora.com/How-many-nouns-are-there-in-English.

Moocarme, Matthew. 2020. "Country Lyrics Created with Recurrent Neural Networks." *Matthew Moocarme* (blog). Accessed October 29, 2020. http://www.mattmoocar.me/blog/RNNCountryLyrics/.

Mooney, Raymond J. 2019. "CS 343: Artificial Intelligence: Natural Language Processing." Course notes, PowerPoint slides, University of Texas at Austin. http://www.cs.utexas.edu/~mooney/cs343/slides/nlp.ppt.

O'Brien, Tim, and Irán Román. 2017. "A Recurrent Neural Network for Musical Structure Processing and Expectation." Report for CS224d: Deep Learning for Natural Language Processing, Stanford University, Winter 2017. https://cs224d.stanford.edu/reports/O%27BrienRom%C2%B4an.pdf.

Olah, Christopher. 2015. "Understanding LSTM Networks." *Colah's Blog*, GitHub, August 27, 2015. http://colah.github.io/posts/2015-08-Understanding-LSTMs/.

Pascanu, Razvan, Tomas Mikolov, and Yoshua Bengio. 2013. "On the Difficulty of Training Recurrent Neural Networks." Cornell University, Computer Science, arXiv:1211.5063, February 16, 2013. https://arxiv.org/abs/1211.5063.

R2RT. 2016. "Written Memories: Understanding, Deriving and Extending the LSTM." *R2RT* (blog), July 26, 2016. https://r2rt.com/written-memories-nderstanding-eriving -and-extending-the-lstm.html. 1111111

Rajpurkar, Pranav, Robin Jia, and Percy Liang. 2018. "Know What You Don't Know: Unanswerable Questions for SQuAD." Cornell University, Computer Science, arXiv:1806.03822, June 11, 2018. https://arxiv.org/abs/1806.03822.

Roberts, Adam, Colin Raffel, and Noam Shazeer. 2020. "How Much Knowledge Can You Pack into the Parameters of a Language Model?" Cornell University, Computer Science, arXiv:2002.08910, October 5, 2020. https://arxiv.org/abs/2002.08910.

Robertson, Sean. 2017. "NLP from Scratch: Translation with a Sequence to Sequence Network and Attention." Tutorial, PyTorch. https://pytorch.org/tutorials/intermediate/seq2seq_translation_tutorial.html.

Schuster, Mike, and Kuldip K. Paliwal. 1997. "Bidirectional Recurrent Neural Networks." *IEEE Transactions on Signal Processing*, 45, no. 11 (November). http://citeseerx.ist.psu.edu/viewdoc/download?doi=10.1.1.331.9441&rep=rep1&type=pdf.

Sturm, Bob L. 2015a. "The Infinite Irish Trad Session." *High Noon GMT* (blog), Folk the Algorithms, August 7, 2015. https://highnoongmt.wordpress.com/2015/08/07/the-infinite-irish-trad-session/.

Sturm, Bob L. 2015b. "'Lisl's Stis': Recurrent Neural Networks for Folk Music Generation." *High Noon GMT* (blog), Folk the Algorithms, May 22, 2015. https://highnoongmt.wordpress.com/2015/05/22/lisls-stis-recurrent-neural-networks-for- folk-music-generation/.

Sutskever, Ilya, Oriol Vinyals, and Quoc V. Le. 2014. "Sequence to Sequence Learning with Neural Networks." Cornell University, Computer Science, arXiv:1409.3215, December 14, 2014. https://arxiv.org/abs/1409.3215.

Unicode Consortium. 2020. Version 13.0.0, March 10, 2020. https://www.unicode.org/versions/Unicode13.0.0/.

van den Oord, Äaron, Sander Dieleman, Heiga Zen, Karen Simonyan, Oriol Vinyals, Alex Graves, Nal Kalchbrenner, Andrew Senior, and Koray Kavukcuoglu. 2016. "WaveNet: A Generative Model for Raw Audio." Cornell University, Computer Science, arXiv:1609.03499, September 19, 2016. https://arxiv.org/abs/1609.03499.

Vicente, Agustin, and Ingrid L. Falkum. 2017. "Polysemy." *Oxford Research Encyclopedias: Linguistics*, July 27, 2017. https://oxfordre.com/linguistics/view/10.1093/acrefore/9780199384655.001.0001/acrefore-9780199384655-e-325.

20장

Alammar, Jay. 2018. "How GPT3 Works – Visualizations and Animations." *Jay Alammar: Visualizing Machine Learning One Concept at a Time* (blog). GitHub. Accessed November 5, 2020. http://jalammar.github.io/how-gpt3-works-visualizations-animations/.

Alammar, Jay. 2019. "A Visual Guide to Using BERT for the First Time." *Jay Alammar: Visualizing Machine Learning One Concept at a Time* (blog). GitHub. November 26, 2019. http://jalammar.github.io/a-visual-guide-to-using-bert-for-the-first-time/.

Bahdanau, Dzmitry, Kyunghyun Cho, and Yoshua Bengio. 2016. "Neural Machine Translation by Jointly Learning to Align and Translate." Cornell University, Computer Science, arXiv:1409.0473, May 19, 2016. https://arxiv.org/abs/1409.0473.

Brown, Tom B., et al., 2020. "Language Models Are Few-Shot Learners." Cornell University, Computer Science, arXiv:2005.14165, July 22, 2020. https://arxiv.org/pdf/2005.14165.pdf.

Cer, Daniel, et al. 2018. "Universal Sentence Encoder." Cornell University, Computer Science, arXiv:1803.11175 April 12, 2018. https://arxiv.org/abs/1803.11175.

Cho, Kyunghyun, Dzmitry Bahdanau, Fethi Bougares, Holger Schwenk, and Yoshua Bengio. 2014. "Learning Phrase Representations Using RNN Encoder-Decoder for Statistical Machine Translation." In *Proceedings of the 2014 Conference on Empirical Methods in Natural Language Processing (EMNLP)* (Doha, Qatar, October 25-29, 2014): 1724-34. http://emnlp2014.org/papers/pdf/EMNLP2014179.pdf.

Chromiak, Michał. 2017. "The Transformer-Attention Is All You Need." *Michał Chromiak's Blog*, GitHub, October 30, 2017. https://mchromiak.github.io/articles/2017/Sep/12/Transformer-Attention-is-all-you-need/.

Common Crawl. 2020. Common Crawl home page. Accessed November 15, 2020. https://commoncrawl.org/the-data/.

Devlin, Jacob, Ming-Wei Chang, Kenton Lee, and Kristina Toutanova. 2019. "BERT: Pre-training of Deep Bidirectional Transformers for Language Understanding." Cornell University, Computer Science, arXiv:1810.04805, May 24, 2019.

https://arxiv.org/abs/1810.04805.

Devlin, Jacob, Ming-Wei Chang, Kenton Lee, Kristina Toutanova. 2020. "Google-Research/bert." GitHub. Accessed November 5, 2020. https://github.com/google-research/bert.

El Boukkouri, Hicham. 2018. "Arithmetic Properties of Word Embeddings." *Data from the Trenches* (blog), Medium, November 21, 2018. https://medium.com/data-from-the-trenches/arithmetic-properties-of-word-embeddings-e918e3fda2ac.

Facebook Open Source. 2020. "fastText: Library for Efficient Text Classification and Representation Learning." Open source software. Accessed November 5, 2020. https://fasttext.cc/.

Frankenheimer, John, dir. 1962. *The Manchurian Candidate*, written by George Axelrod, based on a novel by Richard Condon., M. C. Productions. https://www.imdb.com/title/tt0056218/.

Gluon authors. 2020. "Extracting Sentence Features with Pre-trained ELMo." Tutorial, Gluon, Accessed November 5, 2020. https://gluon-nlp.mxnet.io/examples/sentence_embedding/elmo_sentence_representation.html.

He, Kaiming, Xiangyu Zhang, Shaoqing Ren, and Jian Sun. 2015. "Deep Residual Learning for Image Recognition." Cornell University, Computer Science, arXiv:1512.03385, December 10, 2015. https://arxiv.org/abs/1512.03385.

Hendrycks, Dan, Collin Burns, Steven Basart, Andy Zou, Mantas Mazeika, Dawn Song, and Jacob Steinhardt. 2020. "Measuring Massive Multitask Language Understanding." Cornell University, Computer Science, arXiv:2009.03300, September 21, 2020. https://arxiv.org/abs/2009.03300.

Howard, Jeremy and Sebastian Ruder. 2018. "Universal Language Model Fine-Tuning for Text Classification." Cornell University, Computer Science, arXiv:1801.06146, May 23, 2018. https://arxiv.org/abs/1801.06146.

Huston, Scott. 2020. "GPT-3 Primer: Understanding OpenAI's Cutting-Edge Language Model." *Towards Data Science* (blog), August 20, 2020. https://towardsdatascience.com/gpt-3-primer-67bc2d821a00.

Kaplan, Jared, Sam McCandlish, Tom Henighan, Tom B. Brown, Benjamin Chess, Rewon Child, Scott Gray, Alec Radford, Jeffrey Wu, and Dario Amodei. 2020. "Scaling Laws for Neural Language Models." Cornell University, Computer Science, arXiv:2001. 08361, January 23, 2020. https://arxiv.org/abs/2001.08361.

Kazemnejad, Amirhossein. 2019. "Transformer Architecture: The Positional Encoding." *Amirhossein Kazemnejad's Blog*, September 20, 2019. https://kazemnejad.com/blog/transformer_architecture_positional_encoding/.

Kelly, Charles. 2020. "Tab-Delimited Bilingual Sentence Pairs." Manythings.org. Accessed November 6, 2020. http://www.manythings.org/anki/.

Klein, Guillaume, Yoon Kim, Yuntian Deng, Jean Senellart, and Alexander M. Rush. 2017. "OpenNMT: Open-Source Toolkit for Neural Machine Translation." Cornell University, Computer Science, arXiv:1701.02810, March 6, 2017. https://arxiv.org/abs/1701.02810.

Liu, Yang, Lixin Ji, Ruiyang Huang, Tuosiyu Ming, Chao Gao, and Jianpeng Zhang. 2018. "An Attention-Gated Convolutional Neural Network for Sentence Classification." Cornell University, Computer Science, arXiv:2018.07325. December 28, 2018. https://arxiv.org/abs/1808.07325.

Mansimov, Elman, Alex Wang, Sean Welleck, and Kyunghyun Cho. 2020. "A Generalized Framework of Sequence Generation with Application to Undirected Sequence Models." Cornell University, Computer Science, arXiv:1905.12790, February 7, 2020. https://arxiv.org/abs/1905.12790.

McCormick Chris, and Nick Ryan, 2020. "BERT Fine-Tuning Tutorial with PyTorch." *Chris McCormick* (blog). Last updated March 20, 2020. https://mccormickml.com/2019/07/22/BERT-fine-tuning/.

Mikolov, Tomas, Kai Chen, Greg Corrado, and Jeffrey Dean. 2013a. "Efficient Estimation of Word Representations in Vector Space." Cornell University, Computer Science, arXiv:1301.3781, September 7, 2013. https://arxiv.org/abs/1301.3781.

Mikolov, Tomas, Ilya Sutskever, Kai Chen, Greg Corrado, and Jeffrey Dean. 2013b. "Distributed Representations of Words and Phrases and Their Compositionality."

Cornell University, Computer Science, arXiv:1310.4546, October 16, 2013. https://arxiv.org/abs/1310.4546.

Mishra, Prakhar. 2020. "Natural Language Generation Using BERT Introduction." *TechViz: The Data Science Guy* (blog). Accessed November 6, 2020. https://prakhartechviz. blogspot.com/2020/04/natural-language-generation-using-bert.html.

Paulus, Romain, Caiming Xiong, and Richard Socher, 2017. "A Deep Reinforced Model for Abstractive Summarization." Cornell University, Computer Science, arXiv:1705.04304, November 13, 2017. https://arxiv.org/abs/1705.04304.

Pennington, Jeffrey, Richard Socher, and Christopher D. Manning. 2014. "GloVe: Global Vectors for Word Representation." in *Proceedings of the 2014 Conference on Empirical Methods in Natural Language Processing (EMNLP)* (October): 1532–43. https://nlp.stanford.edu/pubs/glove.pdf.

Peters, Matthew E., Mark Neumann, Mohit Iyyer, Matt Gardner, Christopher Clark, Kenton Lee, and Luke Zettlemoyer. 2018. "Deep Contextualized Word Representations." Cornell University, Computer Science, arXiv:1802.05365. March 22, 2018. https://arxiv.org/abs/1802.05365.

Radford, Alec, Jeffrey Wu, Rewon Child, David Luan, Dario Amodei, and Ilya Sutskever. 2019. "Language Models Are Unsupervised Multitask Learners." OpenAI, San Francisco, CA, 2019. https://cdn.openai.com/better-language-models/language_ models_are_unsupervised_multitask_learners.pdf.

Raffel, Colin, Noam Shazeer, Adam Roberts, Katherine Lee, Sharan Narang, Michael Matena, Yanqi Zhou, Wei Li, and Peter J. Liu. 2020. "Exploring the Limits of Transfer Learning with a Unified Text-to-Text Transformer." Cornell University, Computer Science, arXiv:1910.10683, July 28, 2020. https://arxiv.org/abs/1910. 10683.

Rajasekharan, Ajit. 2019. "A Review of BERT Based Models." *Towards Data Science* (blog), June 17, 2019. https://towardsdatascience.com/a-review-of-bert-based-models-4ffdc0f15d58.

Reisner, Alex. 2020. "What's It Like to Be an Animal?" SpeedofAnimals.com. Accessed November 6, 2020. https://www.speedofanimals.com/.

Russell, Stuart, and Peter Norvig. 2009. *Artificial Intelligence: A Modern Approach*, 3rd ed. New York: Pearson Press.

Sanh, Victor, Lysandre Debut, Julien Chaumond, and Thomas Wolf. 2020. "DistilBERT, a Distilled Version of BERT: Smaller, Faster, Cheaper and Lighter." Cornell University, Computer Science, arXiv:1910.01108, March 1, 2020. https://arxiv.org/abs/1910.01108.

Scott, Kevin. 2020. "Microsoft Teams Up with OpenAI to Exclusively License GPT-3 Language Model." *Official Microsoft Blog*, September 22, 2020. https://blogs.microsoft.com/blog/2020/09/22/microsoft-teams-up-with-openai-to-exclusively-license-gpt-3-language-model/.

Shao, Louis, Stephan Gouws, Denny Britz, Anna Goldie, Brian Strope, and Ray Kurzweil. 2017. "Generating High-Quality and Informative Conversation Responses with Sequence-to-Sequence Models." Cornell University, Computer Science, arXiv:1701.03185, July 31, 2017. https://arxiv.org/abs/1701.03185.

Singhal, Vivek. 2020. "Transformers for NLP." *Research/Blog*, CellStrat, May 19, 2020. https://www.cellstrat.com/2020/05/19/transformers-for-nlp/.

Socher, Richard, Alex Perelygin, Jean Y. Wu, Jason Chuang, Christopher D. Manning, Andrew Y. Ng, and Christopher Potts. 2013a. "Deeply Moving: Deep Learning for Sentiment Analysis-Dataset." Sentiment Analysis. August 2013. https://nlp.stanford.edu/sentiment/index.html.

Socher, Richard, Alex Perelygin, Jean Y. Wu, Jason Chuang, Christopher D. Manning, Andrew Y. Ng, and Christopher Potts. 2013b. "Recursive Deep Models for Semantic Compositionality Over a Sentiment Treebank." Oral presentation at the Conference on Empirical Methods in Natural Language Processing (EMNLP) (Seattle, WA, October 18-21). https://nlp.stanford.edu/~socherr/EMNLP2013_RNTN.pdf.

spaCy authors. 2020. "Word Vectors and Semantic Similarity." spaCy: Usage. https://spacy.io/usage/vectors-similarity.

Sutskever, Ilya, Oriol Vinyals, and Quoc V. Le. 2014. "Sequence to Sequence Learning with Neural Networks." Cornell University, Computer Science, arXiv:1409.3215, December 14, 2014. https://arxiv.org/abs/1409.3215.

Tay, Yi, Mostafa Dehghani, Dara Bahri, and Donald Metzler. 2020. "Efficient Transformers: A Survey." Cornell University, Mathematics, arXiv:2009.0673, September 1, 2020. https://arxiv.org/abs/2009.0673.

Taylor, Wilson L. 1953. "'Cloze Procedure': A New Tool for Measuring Readability." *Journalism Quarterly*, 30(4): 415–33. https://www.gwern.net/docs/psychology/writing/1953-taylor.pdf.

TensorFlow authors. 2018. "Universal Sentence Encoder." Tutorial, TensorFlow model archives, GitHub, 2018. https://colab.research.google.com/github/tensorflow/hub/blob/master/examples/colab/semantic_similarity_with_tf_hub_universal_encoder.ipynb#scrollTo=co7MV6sX7Xto.

TensorFlow authors, 2019a. "Why Add Positional Embedding Instead of Concatenate?" *tensorflow/tensor2tensor* (blog). May 30, 2019. https://github.com/tensorflow/tensor2tensor/issues/1591.

TensorFlow authors. 2019b. "Transformer Model for Language Understanding." Documentation, TensorFlow, GitHub. https://colab.research.google.com/github/tensorflow/docs/blob/master/site/en/tutorials/text/transformer.ipynb.

TensorFlow authors. 2020a. "Elmo." TensorFlow Hub, November 6, 2020. https://tfhub.dev/google/elmo/3.

TensorFlow authors. 2020b. "Transformer Model for Language Understanding." Tutorial, TensorFlow Core documentation. Last updated November 2, 2020. https://www.tensorflow.org/tutorials/text/transformer.

Thiruvengadam, Aditya. 2018. "Transformer Architecture: Attention Is All You Need." *Aditya Thiruvengadam* (blog), Medium. October 9, 2018. https://medium.com/@adityathiruvengadam/transformer-architecture-attention-is-all-you-need-aeccd9f50d09.

Vaswani, Ashish, Noam Shazeer, Niki Parmar, Jacob Uszkoreit, Llion Jones, Aidan N.

Gomez, Łukasz Kaiser, and Illia Polosukhim. 2017. "Attention Is All You Need." Cornell University, Computer Science, arXiv:1706.03762v5, December 6, 2017. https://arxiv.org/abs/1706.03762v5.

Vijayakumar, Ashwin K., Michael Cogswell, Ramprasath R. Selvaraju, Qing Sun, Stefan Lee, David Crandall, and Dhruv Batra. 2018. "Diverse Beam Search: Decoding Diverse Solutions from Neural Sequence Models." Cornell University, Computer Science, arXiv:1610.02424. October 22, 2018. https://arxiv.org/abs/1610.02424.

von Platen, Patrick. 2020. "How to Generate Text: Using Different Decoding Methods for Language Generation with Transformers." *Huggingface* (blog), GitHub, May 2020. https://huggingface.co/blog/how-to-generate.

Wallace, Eric, Tony Z. Zhao, Shi Feng, and Sameer Singh. 2020. "Customizing Triggers with Concealed Data Poisoning." Cornell University, Computer Science, arXiv:2010.12563, October 3, 2020. https://arxiv.org/abs/2010.12563.

Walton, Nick. 2020. "AI Dungeon: Dragon Model Upgrade." *Nick Walton* (blog) July 14, 2020. https://medium.com/@aidungeon/ai-dungeon-dragon-model-upgrade-7e8ea579abfe and https://play.aidungeon.io/main/home.

Wang, Alex, Amanpreet Singh, Julian Michael, Felix Hill, Omer Levy, and Samuel R. Bowman. 2019. "GLUE: A Multi-Task Benchmark and Analysis Platform for Natural Language Understanding." Cornell University, Computer Science, arXiv:1804.07461, February 22, 2019. https://arxiv.org/abs/1804.07461.

Wang, Alex, Amanpreet Singh, Julian Michael, Felix Hill, Omer Levy, and Samuel R. Bowman. 2020. "GLUE Leaderboards." GLUE Benchmark. Accessed November 6, 2020. https://gluebenchmark.com/leaderboard/submission/zlssuBTm5XRs0aSKbFYGVIVdvbj1/-LhijX9VVmvJcvzKymxy.

Warstadt, Alex, Amanpreet Singh, and Sam Bowman. 2018. "CoLA: The Corpus of Linguistic Acceptability." NYU-MLL. https://nyu-mll.github.io/CoLA/.

Warstadt, Alex, Amanpreet Singh, and Sam Bowman. 2019. "Neural Network Ability Judgements." Cornell University, Computer Science, arXiv:1805.12471, October 1, 2019. https://arxiv.org/abs/1805.12471.

Welleck, Sean, Ilia Kulikov, Jaedeok Kim, Richard Yuanzhe Pang, and Kyunghyun Cho. 2020. "Consistency of a Recurrent Language Model with Respect to Incomplete Decoding." Cornell University, Computer Science, arXiv:2002.02492, October 2, 2020. https://arxiv.org/abs/2002.02492.

Woolf, Max. 2019. "Train a GPT-2 Text-Generating Model w/ GPU." Google Colab Notebook, 2019. https://colab.research.google.com/drive/1VLG8e7YSEwypxU-noRNhsv5dW4NfTGce#scrollTo=-xInIZKaU104.

Xu, Lei, Ivan Ramirez, and Kalyan Veeramachaneni. 2020. "Rewriting Meaningful Sentences via Conditional BERT Sampling and an Application on Fooling Text Classifiers." Cornell University, Computer Science, arXiv:2010.11869, October 22, 2020. https://arxiv.org/abs/2010.11869.

Zhang, Aston, Zachary C. Lipton, Mu Li, and Alexander J. Smola. 2020. "10.3: Transformer." In *Dive into Deep Learning.* https://d2l.ai/chapter_attention-mechanisms/transformer.html.

Zhang, Han, Ian Goodfellow, Dimitris Metaxas, and Augustus Odena. 2019. "Self-Attention Generative Adversarial Networks." Cornell University, Statistics, arXiv:1805.08318. June 14, 2019. https://arxiv.org/abs/1805.08318.

Zhu, Yukun, Ryan Kiros, Richard Zemel, Ruslan Salakhutdinov, Raquel Urtasun, Antonio Torralba, and Sanja Fidler. 2015. "Aligning Books and Movies: Towards Story-Like Visual Explanations by Watching Movies and Reading Books." Cornell University, Computer Science, arXiv:1506.06724, June 22, 2015. https://arxiv.org/abs/1506.06724.

21장

Asadi, Kavosh, and Michael L. Littman. 2017. "An Alternative Softmax Operator for Reinforcement Learning." In *Proceedings of the 34th International Conference on Machine Learning* (Sydney, Australia, August 6–11). https://arxiv.org/abs/1612.05628.

Craven, Mark, and David Page. 2018. "Reinforcement Learning with DNNs: AlphaGo to AlphaZero." CS 760 course notes, Spring, School of Medicine and Public Health, University of Wisconsin-Madison. https://www.biostat.wisc.edu/~craven/cs760/lectures/AlphaZero.pdf.

DeepMind team. 2020. "Alpha Go." DeepMind (blog). Accessed October 8, 2020. https://deepmind.com/research/alphago/.

Eden, Tim, Anthony Knittel, and Raphael van Uffelen. 2020. "Reinforcement Learning." University of New South Wales. Accessed October 8, 2020. http://www.cse.unsw.edu.au/~cs9417ml/RL1/algorithms.html.

François-Lavet, Vincent, Peter Henderson, Riashat Islam, Marc G. Bellemare, Joelle Pineau, "An Introduction to Deep Reinforcement Learning." Cornell University, Machine Learning, arXiv:1811.12560, December 3, 2018. https://arxiv.org/abs/1811.12560.

Hassabis, Demis, and David Silver. 2017. "AlphaGo Zero: Learning from Scratch." *DeepMind* (Blog), October 18, 2017. https://deepmind.com/blog/alphago-zero-learning-scratch/.

Matiisen, Tambet. 2015. "Demystifying Deep Reinforcement Learning." Computational Neuroscience Lab, Institute of Computer Science, University of Tartu, December 15, 2015. https://neuro.cs.ut.ee/demystifying-deep-reinforcement-learning/.

Melo, Francisco S. 2020. "Convergence of Q-Learning: A Simple Proof." Institute for Systems and Robotics, Instituto Superior Técnico, Portugal. Accessed October 9, 2020. http://users.isr.ist.utl.pt/~mtjspaan/readingGroup/ProofQlearning.pdf.

Mnih, Volodymyr, Koray Kavukcuoglu, David Silver, Alex Graves, Ioannis Antonoglou, Daan Wierstra, and Martin Riedmiller. 2013. "Playing Atari with Deep Reinforcement Learning." NIPS Deep Learning Workshop, December 19, 2013. https://arxiv.org/ abs/1312.5602v1.

Rummery, G. A., and M. Niranjan. 1994. "On-Line Q-Learning Using Connectionist Systems." Engineering Department, Cambridge University, UK, September 1994. http://citeseerx.ist.psu.edu/viewdoc/download?doi=10.1.1.17.2539&rep=rep1&type=pdf.

Silver, David, et al. 2017. "Mastering the Game of Go Without Human Knowledge." *Nature* 550 (October 19, 2017): 354–59. https://www.nature.com/articles/nature24270.epdf.

Sutton, Richard S., and Andrew G. Baro. 2018. *Reinforcement Learning: An Introduction*, 2nd ed. Cambridge, MA: MIT Press. Available at http://www.incompleteideas.net/book/the-book-2nd.html.

Villanueva, John Carl. 2009. "How Many Atoms Are There in the Universe?" *Universe Today*, July 30, 2009.
http://www.universetoday.com/36302/atoms-in-the-universe/.

Watkins, Christopher. 1989. "Learning from Delayed Rewards." PhD thesis, Cambridge University, UK. http://www.cs.rhul.ac.uk/~chrisw/new_thesis.pdf.

22장

Achlioptas, Panos, Olga Diamanti, Ioannis Mitliagkas, and Leonidas Guibas. 2018. "Representation Learning and Adversarial Generation of 3D Point Clouds." Cornell University, Computer Science, arXiv:1707.02392, June 12, 2018. https://arxiv.org/abs/1707.02392v1.

Arjovsky, Martin, and Léon Bottou. 2017. "Towards Principled Methods for Training Generative Adversarial Networks." Cornell University, Statistics, arXiv:1701.04862, January 17, 2017. https://arxiv.org/abs/1701.04862v1.

Arjovsky, Martin, Soumith Chintala, and Léon Bottou. 2017. "Wasserstein GAN." Cornell University, Statistics, arXiv:1701.07875, December 6, 2017. https://arxiv.org/abs/1701.07875v1.

Bojanowski, Piotr, Armand Joulin, David Lopez-Paz, and Arthur Szlam. 2019. "Optimizing the Latent Space of Generative Networks." Cornell University, Statistics, arXiv 1717.05776, May 20, 2019. https://arxiv.org/abs/1707.05776.

Chen, Janet, Su-I Lu, and Dan Vekhter. 2020. "Strategies of Play." In *Game Theory*,

Stanford Department of Computer Science, Stanford University, Stanford, CA. Accessed October 6, 2020. https://cs.stanford.edu/people/eroberts/courses/soco/projects/1998-99/game-theory/Minimax.html.

Geitgey, Adam. 2017. "Machine Learning Is Fun Part 7: Abusing Generative Adversarial Networks to Make 8-bit Pixel Art." Medium. February 12, 2017. https://medium.com/@ageitgey/abusing-generative-adversarial-networks-to-make-8-bit-pixel-art- e45d9b96cee7#.v1o6o0dyi.

Gildenblat, Jacob. 2020. "KERAS-DCGAN." GitHub. Accessed October 6, 2020. https://github.com/jacobgil/keras-dcgan.

Goodfellow, Ian J., Jean Pouget-Abadie, Mehdi Mirza, Bing Xu, David Warde-Farley, Sherjil Ozair, Aaron Courville, and Yoshua Bengio. 2014. "Generative Adversarial Networks." Cornell University, Statistics, arXiv:1406.2661, June 10, 2014. https://arxiv.org/abs/1406.2661.

Goodfellow, Ian. 2016. "NIPS 2016 Tutorial: Generative Adversarial Networks." Cornell University, Computer Science, arXiv:1701.00160, December 31, 2016. https://arxiv.org/abs/1701.00160.

Karras, Tero, Timo Aila, Samuli Laine, and Jaakko Lehtinen. 2018. "Progressive Growing of GANs for Improved Quality, Stability, and Variation." Cornell University, Computer Science, arXiv:1710.10196, February 26, 2018. https://arxiv.org/abs/1710.10196.

Myers, Andrew. 2002. "CS312 Recitation 21: Minimax Search and Alpha-Beta Pruning." Computer Science Department, Cornell University. https://www.cs.cornell.edu/courses/cs312/2002sp/lectures/rec21.htm.

Radford, Alec, Luke Metz, and Soumith Chintala. 2016. "Unsupervised Representation Learning with Deep Convolutional Generative Adversarial Networks." Cornell University, Computer Science, arXiv:1511.06434, January 7, 2016. https://arxiv.org/abs/1511.06434.

Watson, Joel. 2013. *Strategy: An Introduction to Game Theory*, 3rd ed. New York: W.W. Norton and Company.

23장

The Art Story Foundation, 2020. "Classical, Modern, and Contemporary Movements and Styles." Art Story site. Accessed October 7, 2020. http://www.theartstory.org/section_movements.htm.

Bonaccorso, Giuseppe. 2020. "Neural_Artistic_Style_Transfer." GitHub. Accessed October 7, 2020. https://github.com/giuseppebonaccorso/keras_deepdream.

Chollet, François. 2017. *Deep Learning with Python*. Shelter Island, NY: Manning Publications. https://github.com/fchollet/deep-learning-with-python-notebooks/blob/master/8.3-neural-style-transfer.ipynb.

Gatys, Leon A., Alexander S. Ecker, and Matthias Bethge. 2015. "Neural Algorithm of Artistic Style." Cornell University, Computer Science, arXiv:1508.06576, September 2, 2015. https://arxiv.org/abs/1508.06576.

Gatys, Leon A., Alexander S. Ecker, and Matthias Bethge. 2016. "Image Style Transfer Using Convolutional Neural Networks." in *Proceedings of the 2016 IEEE Conference on Computer Vision and Pattern Recognition* (Las Vegas, NV, June 27-30). https://pdfs.semanticscholar.org/7568/d13a82f7afa4be79f09c295940e48ec6db89.pdf.

Jing, Yongcheng, Yezhou Yang, Zunlei Feng, Jingwen Ye, and Mingli Song. 2018. "Neural Style Transfer: A Review." Cornell University, Computer Science, arXiv:1705.04058v1, October 30, 2018. https://arxiv.org/abs/1705.04058.

Li, Yanghao, Naiyan Wang, Jiaying Liu, and Xiaodi Hou. 2017. "Demystifying Neural Style Transfer." Cornell University, Computer Science, arXiv:1701.01036, July 1, 2017. https://arxiv.org/abs/1701.01036.

Lowensohn, Josh. 2014. "I Let Apple's QuickType Keyboard Take Over My iPhone." *The Verge* (blog), September 17, 2014. https://www.theverge.com/2014/9/17/6337105/breaking-apples-quicktype-keyboard.

Majumdar, Somshubra. 2020. "Titu1994/Neural-Style-Transfer." GitHub, Accessed October 7, 2020. https://github.com/titu1994/Neural-Style-Transfer.

Mordvintsev, Alexander, Christopher Olah, and Mike Tyka. 2015. "Inceptionism: Going Deeper into Neural Networks." *Google AI Blog*, June 17, 2015. https://

research.googleblog.com/2015/06/inceptionism-going-deeper-into-neural.html.

O'Neil, Cathy. 2016. *Weapons of Math Destruction*. New York: Broadway Books.

Orlowski, Jeff. 2020. *The Social Dilemma*. Exposure Labs, Argent Pictures, and Netflix. Accessed October 7, 2020. https://www.thesocialdilemma.com/the-film/.

Ruder, Manuel, Alexey Dosovitskiy, and Thomas Brox. 2018. "Artistic Style Transfer1 for Videos and Spherical Images." Cornell University, Computer Science, arXiv:1708. 04538, August 5, 2018. https://arxiv.org/abs/1708.04538.

Simonyan, Karen, and Andrew Zisserman. 2020. "Very Deep Convolutional Networks for Large-Scale Visual Recognition." *Visual Geometry Group* (blog), University of Oxford. Accessed October 7, 2020. http://www.robots.ox.ac.uk/~vgg/research/very_deep/.

Tyka, Mike. 2015. "Deepdream/Inceptionism - recap." *Mike Tyka* (blog), July 21, 2015. https://mtyka.github.io/code/2015/07/21/one-month-after-deepdream.html.

Wikipedia authors. 2020. "Style (visual arts)." Wikipedia. September 2, 2020. https://en.wikipedia.org/wiki/Style_(visual_arts).

이미지 크레딧

위키미디어^{Wikimedia}와 위키아트^{Wikiart}의 이미지는 공개 도메인에 있는 것으로 확인했다. 픽사베이^{Pixabay}의 이미지는 크리에이티브 커먼즈^{Creative Commons} CC0 라이선스에 따라 공개 도메인에 배포된 것이다. 나머지 인증되지 않은 이미지는 필자가 작성한 것이다.

1장

그림 1-3: 바나나

https://pixabay.com/en/bananas-1642706

그림 1-3: 고양이

https://pixabay.com/en/cat-2360874

그림 1-3: 카메라

https://pixabay.com/en/photography-603036

그림 1-3: 옥수수

https://pixabay.com/en/pop-corn-785074

10장

그림 10-3: 소

https://pixabay.com/en/cow-field-normande-800306

그림 10-3: 얼룩말

https://pixabay.com/en/zebra-chapman-steppe-zebra-1975794

그림 10-40: 허스키

https://pixabay.com/en/husky-sled-dogs-adamczak-1105338

그림 10-40: 허스키

https://pixabay.com/en/husky-dog-outdoor-siberian-breed-1328899

그림 10-40: 허스키

https://pixabay.com/en/dog-husky-sled-dog-animal-2016708

그림 10-40: 허스키

https://pixabay.com/en/dog-husky-friend-2332240

그림 10-40: 허스키

https://pixabay.com/en/green-grass-playground-nature-2562252

그림 10-40: 허스키

https://pixabay.com/en/husky-dog-siberian-husky-sled-dog-2671006

16장

그림 16-5, 16-7: 개구리

https://pixabay.com/en/frog-toxic-yellow-netherlands-1463831

17장

그림 17-17에서 17-22: 오리

https://pixabay.com/en/duck-kaczor-animal-wild-bird-duck-268105

그림 17-23: 호랑이

https://pixabay.com/photos/tiger-animal-wildlife-mammal-165189/

18장

그림 18-1: 소

https://pixabay.com/en/cow-field-normande-800306

그림 18-2: 얼룩말

https://pixabay.com/en/zebra-chapman-steppe-zebra-1975794

그림 18-8과 장 전체: 호랑이

https://pixabay.com/photos/tiger-animal-wildlife-mammal-165189/

23장

그림 23-3과 장 전체: 개구리

https://pixabay.com/en/waters-nature-frog-animal-swim-3038803/

그림 23-5: 개

https://pixabay.com/photos/labrador-retriever-dog-pet-1210559/

그림 23-6, 23-7, 23-9: 파블로 피카소의 <자화상 1907>

https://www.wikiart.org/en/pablo-picasso/self-portrait-1907

그림 23-9: 빈센트 반 고흐의 <별이 빛나는 밤>

https://commons.wikimedia.org/wiki/File:VanGogh-starry_night_ballance1.jpg

그림 23-9: 윌리엄 터너의 <미노타우로스 호의 난파>

https://commons.wikimedia.org/wiki/File:Shipwreck_of_the_Minotaur_William_Turner.jpg

그림 23-9: 에드바르 뭉크의 <절규>

https://www.wikiart.org/en/edvard-munch/the-scream-1893

그림 23-9: 파블로 피카소의 <앉아있는 누드>

https://www.wikiart.org/en/pablo-picasso/seated-female-nude-1910

그림 23-9: 에드워드 호퍼의 <나이트호크>

https://commons.wikimedia.org/wiki/File:Nighthawks_by_Edward_Hopper_1942.jpg

그림 23-9: 클로드 모네의 <노란 수련과 라일락>

https://www.wikiart.org/en/claude-monet/water-lilies-yellow-and-lilac-1917

그림 23-9: 바질리 칸딘스키의 <구성 VII>

https://www.wikiart.org/en/wassily-kandinsky/composition-vii-1913

그림 23-12: 도시

https://pixabay.com/en/town-building-urban-architecture-2430571/

찾아보기

그림으로 배우는 딥러닝

발 행 | 2022년 5월 31일

지은이 | 앤드류 글래스너
옮긴이 | 김 창 엽 · 소 재 현

펴낸이 | 권 성 준
편집장 | 황 영 주
편 집 | 조 유 나
          김 다 예
디자인 | 윤 서 빈

에이콘출판주식회사
서울특별시 양천구 국회대로 287 (목동)
전화 02-2653-7600, 팩스 02-2653-0433
www.acornpub.co.kr / editor@acornpub.co.kr

책값은 뒤표지에 있습니다.